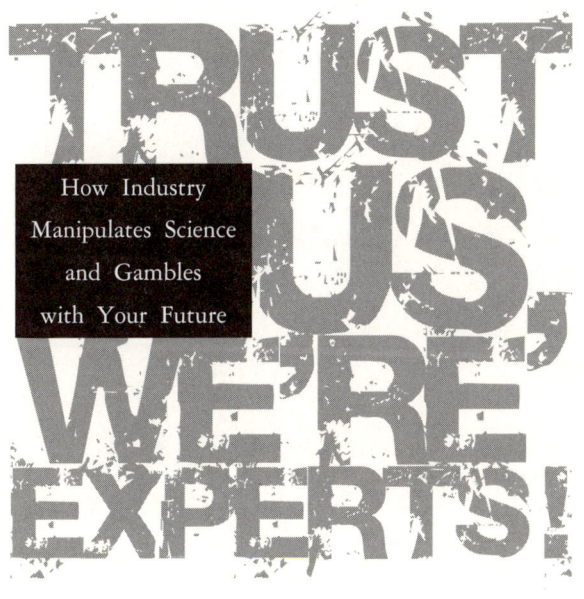

거짓 나침반

존 스토버 · 셸던 램튼 | 정병선 옮김

시울
2006

옮긴이 ● 정병선

연세대 신문방송학과를 졸업했으며 2006년 현재 번역, 집필, 다큐멘터리 작업을 하고 있다. 엮은 책으로 『우리가 어떻게 비행기를 만들었나』 등이 있고, 옮긴 책으로 『우리는 왜 달리는가』, 『한 뙈기의 땅』, 『참호에서 보낸 1460일』, 『보통 사람들을 위한 제국 가이드』, 『그 많던 지식인들은 다 어디로 갔는가』, 『전쟁의 얼굴』, 『전쟁과 우리가 사는 세상』, 『브레인 스토리』 등이 있다.

TRUST US, WE'RE EXPERTS by John Stauber and Sheldon Rampton

Copyright ⓒ 2001 by John Stauber and Sheldon Rampton
Korean Translation Copyright ⓒ 2006 by Siwool Publishing Co.

All rights reserved including the right of reproduction in whole or in part in any form.
This edition published by arrangement with Jeremy P. Tarcher, a member of Penguin Group (USA) Inc. through Shinwon Agency Co., Seoul

이 책의 한국어판 저작권은 신원 에이전시를 통한 Penguin Group (USA) Inc.와의 독점계약으로 도서출판 시울이 소유합니다.
저작권법에 의해 한국 내에서 보호를 받는 저작물이므로 무단전재와 복제를 금합니다.

거짓 나침반

지은이 | 존 스토버 · 셸던 램튼
옮긴이 | 정병선
펴낸이 | 이명회
펴낸곳 | 도서출판 시울
편 집 | 김진한 임효진
디자인 | 홍수진

첫 번째 찍은 날 | 2006년 7월 21일

등 록 | 2004. 7. 6. 제313-2004-00176호
주 소 | 121-836 서울시 마포구 서교동 325-1 원천빌딩 3층
전 화 | 전화 3141-9640 팩스 02-3141-9641

ISBN 89-956197-7-5 03300

값 18,000원

일러두기

1. 인명·지명·작품명은 될 수 있는 한 '외래어 표기법'(1986년 1월 문교부 고시)과 이에 근거한 『편수자료』(1987년 국어연구소 편)를 참조해 표기했으나, 주로 원어에 근접하게 표기하는 것을 원칙으로 삼았다. 단, 국내에 전혀 알려져 있지 않거나 잘못 알려진 경우가 아니라면 이미 널리 알려진 표기법은 그대로 사용했다.

2. 각주에서 '지은이 주'는 참조표(※)로 별도 표시했다. 후주는 원서와 동일하게 표기했으나 본문에 필요하다고 판단한 주는 별표(*)로 각주 처리했다.

3. 본문에서 읽는이의 이해를 돕기 위해 간단한 설명이나 덧붙이고 싶은 말이 있을 경우에는 대괄호([ ]) 안에 적어뒀다.

4. 본문에서 **진한 글씨**로 표시된 부분은 지은이가 강조한 부분이며, 단행본·전집·정기간행물 등에는 겹낫쇠(『 』)를, 논문·논설·단편 등에는 홑낫쇠(「 」)를, 영화·연극·방송 등에는 단꺾쇠(< >)를 사용했다.

감사의 글

미디어민주주의센터(CM&D)에 감사드린다. 우리는 이 단체를 위해 책을 썼고, 이 단체에서 일하는 것이 좋다. 미디어민주주의센터의 동료 마고 롭(Margo Robb)과 로라 밀러(Laura Miller)에게도 감사드린다. 미디어민주주의센터는 다음 비영리 재단의 임직원에게도 감사의 인사를 전한다. 이 작업은 그들의 재정적 지원이 있었기에 가능했다. 체인징호라이즌스채리터블트러스트(Changing Horizons Charitable Trust), 캐롤린재단(Carolyn Foundation), 비데일재단(Bydale Foundation), 제니퍼앨트먼재단(Jenifer Altman Foundation), 디어크릭재단(Deer Creek Foundation), 그로진스기금(Grodzins Fund), 리처드앤로다골드먼기금(Richard & Rhoda Goldman Fund), 리토위츠재단(Litowitz Foundation), 턴패밀리기금(Stern Family Fund), 스록우드기금(Rockwood Fund, Inc.), 제시스미스노이즈재단(Jessie Smith Noyes Foundation, Inc.), 플로렌스앤존슈만재단(Florence and John Schumann Foundation), HKH재단, DJB재단, 환경보전재단, 터너재단, 윈슬로재단.

이 책에 실릴 내용을 토론하고, 조사하고, 집필하면서 보낸 여러 해 동안 많은 분들이 우정과 격려와 새로운 생각과 비판과 영감을 제공해 주었다. 특히 그랜트 애버트, 댄 배리, 샤론 비더, 엘런과 에디 비칼레스, 찰리 크레이, 크리스 크로스비, 해리엇 M. 크로스비, 로니 커밍스, 캐롤 번스타인 페리, 샤론 홀랜드 포스, 미셸 게일-시넥스, 로스 겔브스팬, 웨이드 그린, 웬디 고든, 마이클 핸슨, 에밀리 히든, 린다 제임슨, 데이빗 킹, 에릭 콜리, 셀던 크림스키, 도나 발칸 리토위츠, 수와 아트 로이드(Sue and Art Lloyd),

크리스 맨디, 제럴드 마코위츠, 케이미 마타이, 케빈 맥콜리, 밥 맥체스니, 조 멘델슨, 데이브 메릿, 올리다 메신저, 마거릿 멜론, 피터 몬태그, 팀 넬슨, 댄 퍼킨스, 톰 프링글, 아파드 푸츠타이, 캐롤린 라펜스퍼거, 스콧 롭, 애비 라커펠러, 데이빗 로스너, 데브라 슈바르츠, 주디스 시어스, 루이스 슬레신, 폴 앨런 스미스, 샌드라 스타인그래버, 버지니아 와딕, 낸시 워드, 데니즈 윌슨, 존 우드먼시, 위니프레드 우드먼시에게 감사드리고 싶다.

계간지 『홍보 감시』에 실렸던 글의 일부를 본문에서 사용할 수 있도록 허락해 준 세 명의 재능 있는 탐사 저널리스트들에게도 감사드린다. 여기에 그 내용을 밝혀둔다. 3장 「당신이 무엇을 먹을지 결정하기」의 조엘 블레이퍼스, 5장 「야수 포장하기」와 10장 「지구 온난화」의 밥 버튼, 7장 「살인 감자의 공격」의 캐런 차먼.

존은 부모님 존 H.와 진 M. 스토버 및 아내 로라(Laura)가 보여 준 끝없는 신뢰와 사랑과 인내에 특별한 감사의 인사를 드린다. 셸던은 영감과 모범을 보여 준 캐롤 번스타인 레비(Carol Bernstein Levy) 박사와, 가족인 르네 램튼, 데비 블랑코, 케니 램튼에게 감사드린다.

마지막으로 감사드려야 할 분들이 있다. 그들이 없었다면 이 책도 나오지 못했을 것이다. 통찰력 있고 인내심 많은 우리의 편집자 '허리케인' 미치 호로위츠, 사려 깊은 조언자이자 우리의 에이전트 톰 그레이디, 우리의 믿음직한 출판업자 조엘 포티노스, 제러미 P. 타처의 켄 J. 사이먼과 앨리슨 소벨, 존과 오랫동안 교류해 온 친구이자 선배 조언자 제레미 리프킨.

차례

■ 감사의 글 ▪ 4　　　　　　　　■ 들어가는 글: 냄새 검사 ▪ 8

I부 기만의 시대

1장 - 제3자 기술　　　　　　　　　　　　　　15
| 우리의 말을 믿어라, 우리는 독점 금지에 반대한다　　| 포템킨의 책략
| 누군가 다른 사람의 입　　　　　　　　　　　　　　| 뉴스 만들기 외

2장 - 정보 조작의 탄생　　　　　　　　　　　49
| 갈릴레오 VS 보호자들　　　　　　　| 정보 조작의 귀재
| 과학과 '지적인 소수'　　　　　　　　| 표면상의 위장 단체 외

3장 - 당신이 무엇을 먹을지 결정하기　　　　80
| 자연 과학과 유동적 진실　　　　　　| 넌 아둔하고 역겨워
| 도덕의 나침반을 교란하기　　　　　　| 달콤한 말 외

II부 위험한 산업

4장 - 죽어야 산다　　　　　　　　　　　　　110
| 다른 질병, 똑같은 이야기　　　　　| 알려지지 않으면 오염이라는 것도 없다
| 납과 '나비들의 집'　　　　　　　　| 더 빠른 자동차, 더 느려진 아이들 외

5장 - 야수 포장하기　　　　　　　　　　　　143
| 온건한 환경주의　　　　　　　　　| 분노를 계산하기
| 주사위 던지기　　　　　　　　　　| 재앙에 대비한 예행연습 외

6장 - 사전 예방 대책 차단하기　　　　　　　173
| 우리가 소중하게 여기는 모든 것의 종말　| '어쩌면'이라고 말하지 마
| 여성과 아이들이 우선이다　　　　　　　| 난 위험이 좋아 외

*7*장 - 살인 감자의 공격　　　　　　　　　　217
　| 콘카나발린 A(con A)　　　　| 작은 감자, 거대한 이해관계
　| 표시가 없다고? 그럼 문제가 없다는 얘기!　　| 터미네이터 외

Ⅲ부 전문 지식 산업

*8*장 - 돈으로 살 수 있는 과학　　　　　　　277
　| 핵에 관한 헛소리　　　　| 군사 기밀에서 사업상의 비밀로
　| 문제를 일으킬 수 있는 발표는 절대로 하지마라　　| 미리 정해진 결론 외

*9*장 - 쓰레기 과학과 건전 과학　　　　　　316
　| 담배 과학이 쓰레기 과학을 만났을 때　　| 쓰레기 청소부의 독설
　| 작은 일에 화를 내다가 터무니없는 일은 묵인하기　　| 친구와 적 외

*10*장 - 지구 온난화　　　　　　　　　　384
　| 무감각 상태를 조장하기 위한 로비　　| 처음에는 빙하가 있었다
　| 더운 날씨를 좋아하는 사람도 있다　　| 말은 무성하고 행동은 굼뜨고 외

*11*장 - 권위에 도전하라　　　　　　　　416
　| 선전은 선전일 뿐!　　| 안내 받으며 성장하자　　| 과학은 항상 옳은가?
　| 예방이 최선이다　　| 검은 돈의 흐름　　| 위장 단체 간파하기
　| 책임성을 요구하라　　| 적극적으로 나서라　　| 우리가 바로 전문가다

　■ 부록: 추천 도서와 자료 ▪ 456　　　■ 옮긴이 후기 ▪ 462
　■ 후주 ▪ 464　　　　　　　　　　　　■ 찾아보기 ▪ 497

들어가는 글

냄새 검사

> 이 세상은 사태를 어떻게 주물러야 할지 아는 사람들에 의해 굴러
> 간다. 그들은 형편이 어떻게 돌아가는지를 안다. 그들은 잘 준비
> 되어 있다. 그리하여 한 무리의 사람들이 모든 것을 운영한다.
> 그러나 우리는, 우리는 그냥 농민일 뿐이다. 우리는 사태 전개를
> 알지 못한다. 당연히 아무것도 할 수가 없다.
> ─ 도리스 레싱(Doris Lessing) 『선량한 테러리스트』

사실 이 책은 우리가 첫 번째 책 『독성 폐기물은 여러분에게 좋은 것입니다! *Toxic Sludge Is Good for You!*』를 함께 작업하면서 이미 시작되었다고 할 수 있다. 자료를 조사하던 우리는 미국 환경보호국(EPA)이 발간한 홍보 전략 문건에서 충격적인 구절을 발견했다. 그들은 하수 찌꺼기를 농업용 비료로 판매해야 한다고 주장하고 있었고, 여기에는 '대중적 이해의 장벽'이라는 큰 문제'가 있다고 말했다. 다시 말해 "하수 찌꺼기는 악취를 풍기고, 질병을 유발하거나 적어도 불쾌하고 혐오스럽다는 인식이 광범위하게 퍼져 있다"는 얘기였다. 내용은 이렇게 이어진다. "폐기물을 바라보는 대중의 태도에 비합리적인 요소가 존재하고, 이것은 앞으로도 대중 교육이 그렇게 성공적이지는 못하리라는 것을 의미한다."

결국 사람들이 하수를 고약하다고 생각하기 때문에 비합리적이라는 것이다.

우리는 다음 저서 『미국의 광우병 소 Mad Cow U.S.A.』를 집필할 때에도 마찬가지로 충격적인 구절을 만날 수 있었다. 육가공업계에서 폐기물을 배출할 때, 그 처리 과정에서 사용하는 불미스런 관행을 조사하던 때였다. '정제(rendering, 精製)'는 동물의 먹을 수 없는 부위와 병든 짐승의 사체를 갈아서 음식물로 만드는 방법이다. 이런 재료들은 흔히 해체의 마지막 단계가 되어야 정제 공장에 도착한다. 정제 작업은 냄새가 고약한 공정으로, 하수 처리 공장에서 벌어지는 사태만큼 해롭거나, 더 해롭다. 다시 한 번 우리는, 산업이 악취에 관한 불만을 이해하고 다루는 방식에 충격을 받았다. 정제업자들은 '호기(呼氣)오염 분석기'라는 장비를 개발하기에 이르렀다. 이것은 '콧구멍 삽입용 관이 두 개 달린 직육면체의 작은 기계'이다. 이 관을 사용하는 정제 공장의 감독은 여과되어 이론적으로는 냄새가 없는 공기를 흡입하면서 '주위 대기의 냄새'가 자신의 공장과는 무관하다고 주장했다. 산업계는 이런 사이비 과학적 검사 방법을 바탕으로 그 냄새가 존재하지 않으며 무시해도 좋다고 확신하기에 이르렀던 것이다. 산업계의 한 고문은 인근 주민들이 악취에 고통을 호소하자 '파킨슨병에 걸린 사람들의 광기'라고 치부해 버렸다.

다시 한 번, 대중이 불쾌한 악취라도 맡을라치면 그들은 미친 사람 취급을 당했다. 동네 사람들의 코를 믿어서는 안 되었던 것이다. '호기오염 분석기'가 내놓은 신뢰할 수 있는 과학적 자료와 비교해 볼 때 그들의 불평은 '일화적'일 뿐이었다.

놀라운 점은 이 구절들이 진지하고도 권위적인 어조로 작성되었다는 것이다. 이 사람들이 농담을 하고 있다면 대수롭지 않은 일일 것이다. 그러나 그들은 사뭇 **심각했다**. 정말이지 그들은 자신들이 엄청난 신용 사기를 저지르고 있다고는 생각하지 않았다. 그들은 문자 그대로 그들의 '분석'이 합리적이고, 객관적이며, 이성적인 반면에 자신들을 비판하는 사람들은 속고 있고, 편견에 사로잡혀 있으며, 감정적으로도 치우쳐 있다고 믿고 있었다. 그들은 전문가들이었고, 대중은 그저 '가르침'의 대상이었다.

과학자들에 대한 일반적인 이미지는 냉정하게 객관적으로 진리를 탐색하는 사람들이라는 것이다. 과학자들의 진리 추구는 독립적인 발견과 함께 시작되고, 이어서 동료들의 비판을 받고, 최종적으로 공익을 위해 발표되고 사용된다고 여겨졌다. 그러나 최근 들어 많은 비평가들이 이 이상적인 관념에 이의를 제기해 왔다. 학계의 비평가들이 무의식적인 편견을 조장하는 구조적·경제적 요인에 초점을 맞추는 반면, 운동 단체 — 환경 운동가는 물론이고 '쓰레기 과학'에 맞서는 친기업 운동가까지 — 는 '기업의 매춘부'나 '환경 공포를 조장하는 자들'의 의도적인 기만행위에 관심을 기울인다. 고의적인 기만행위만큼이나 의식하지 못하는 편견이 존재한다는 것도 분명하다. 그러나 이 가운데 어느 것도 사태를 충분히 해명해 주지는 못한다. 오늘날 과학의 이름으로 이루어지는 속임수를 이해하려면 인식 과정 자체를 전문적으로 관리하고 조정하는 특수 전문가 집단의 특별한 관습과 실천을 파악하는 것이 필요하다. 홍보산업 말이다.

세계 최대의 홍보기업 버슨-마스텔러(Burson-Marsteller)의 웹사이트에서는 이런 문구를 찾아볼 수 있다. "인식이야말로 실재다. 인식은 우리가 보는 것에, …… 우리가 믿는 것에, …… 우리가 행동하는 방식에 색을 입힌다. 인식을 관리하고 조정해서 …… 행동에 동기를 부여하고 …… 기업 활동의 결과를 긍정적인 것으로 만들 수 있다."(원문은 타원형으로 표현되어 있다)[1]

이 문구가 버슨-마스텔러가 믿는 바와 관련해 여러분에게 특별하게 대단한 무언가를 말해 주는 것은 아니다. 변호사가 고객의 관점과 견해를 지지하는 것처럼 버슨-마스텔러의 일도 자신의 의견을 고수하는 것이 아니라 고객의 의도를 알리고 파는 것이다. 그리하여 버슨-마스텔러와 같은 회사들이 공적 무대에 어떤 전문가를 등장시킬지를 결정하는 중요한 권위자로 부상했다. 버슨의 고객 가운데는 담배 회사 필립 모리스(Philip Morris)와 종합화학 회사 유니언 카바이드(Union Carbide)도 있었다. 버슨은 필립 모리스를 위해 전국흡연자연맹(National Smokers' Alliance)을 조직했고, 보팔 참사[1984년 인도 마디아프라데시 주 보팔 시에 위치한 유니언 카바이드의 살충제 공장에서 메틸이소시안이라는 독가스가 누출되어 일어난 환경 재난]의 여파 속에서 유니언 카바이드의 명성을 회복시켜 주었다. 버슨-마스텔러가 공적 무대에서 연기를 시키기 위하여 육성하는 전문가들처럼 인식 과정을 통제하거나 조정하는 버슨-마스텔러의 자체 전문가들도 자신의 이익을 위해 대중을 조종할 필요가 있다고 생각한다. 버슨-마스텔러의 세계 홍보 책임자 제임스 린드하임은 영국화학산업협회(BSCI)에서의 연설에서 자신의 생각을 드러냈다. 요점은 "위험을 인식하는 것에 관한 심리적·사회적 연구가 아주 재미있다"는 것이다. 연구 결과는 "분명하고도 합리적인 접근법이 성공할 가능성이 없다는 것을 암시한다. …… 실제로 연구 결과는 다양한 규모의 위험에 대한 사람들의 인식과 수용 가능성이 합리적 요소가 아니라 정서적 요소에 기초하고 있음을 알려 준다. …… 화학산업과 화학산업이 생산하는 제품의 전략을 수립하는 데서 이 모든 연구 결과가 요긴하게 쓰일 수 있다. 예를 들어 논리와 정보에 기초한 전략은 성공할 가능성이 없다. 우리는 비논리와 정서의 왕국에 살고 있다. 우리는 인간 심리의 감정적 측면을 조작하는 수단을 가지고 사태에 대응해야 한다. …… 우리는 정신과 의사가 되어야만 한다. 대중이 사태의 진상을 전체적으로 바르게 받아들이도록 도우려면 어떻게 해야 하는지를 합리적으로 이해해야 한다. 그러나 나의 관심사를 진지하게 받아들이는 대중의 신뢰 속에서만 대화가 시작될

수 있다는 것도 알아야 한다."라)

　린드하임이 대중의 '정신과 의사'로서 어떻게 봉사하자고 제안하는가? 인식 과정을 지휘하고 통제하는 전문가로서의 자신의 역할과 '대중의 신뢰'를 얻고자 하는 자신의 욕망을 어떻게 일치시키는가? 이것들은 흥미로운 질문이다. 그러나 린드하임이 대중은 감정적이며 합리적 담론을 수행할 능력이 없다고 믿는 이유를 묻는 것이 훨씬 더 흥미로울 것이다. 홍보산업 자체의 전문가들은 물론이고 대량 소비를 위해 홍보업계가 동원하는 전문가들의 사고방식에도 이런 가정이 도사리고 있다.

　이런 가정이 조금 놀라운 것은 사실이지만 그렇다고 꼭 거짓인 것도 아니다. 이런 가정은 현대 사회에서 너무나도 보편적인 현상이 되어버린 엘리트주의적 가치를 반영한다. 이런 가정은 철학적·심리적 차원에서 민주주의의 가치를 심각하게 훼손하는 반민중적 편견을 조장한다. 우리가 이 책을 쓴 이유는 두 가지다. TV 뉴스나, 과학적 토론자 집단이라며 얼굴을 내미는 전문가들을 동원하기 위해 사용되는 홍보전략을 폭로하고, 이런 조작 행위들을 가능케 하는 근본적인 가정들을 파헤치는 것이 그 두 가지 목표다.

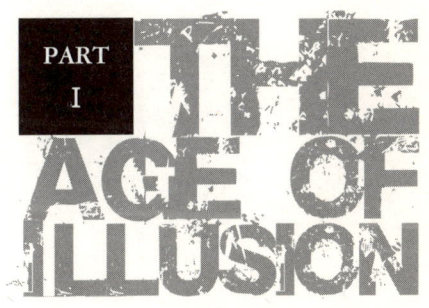

I부 기만의 시대

제3자 기술

제3자의 추천은 신상품의 선전으로 이어져 시장에서 엄청난 성공을 보장해 주기도 한다. 그러나 거꾸로 심각한 문제를 덮어버려 사태가 걷잡을 수 없이 전개되거나 구체적인 제품이나 회사 전체에 재앙이 되기도 한다.

— 대니얼 에델만, 에델만 PR 월드와이드의 설립자

　

이 책이 독자 여러분의 기대를 뛰어넘어 부를 성취하는 비밀을 담고 있다고 우리가 말했다고 치자. 이 책을 통해 여러분이 더 강해지고, 더 건강해지고, 더 총명해지고, 모든 면에서 더 나은 사람으로 거듭날 수 있다고 말했다 치자. 인생이 사랑으로 더욱 충만해지고, 걱정과 결핍에서 자유롭고, 온갖 종류의 질병에서 여러분을 보호해 주는 지식을 얻을 수 있다고 말이다.

통찰력이 있는 독자라면 이런 주장을 의심의 눈초리로 바라볼 것이다. 여러분은 이렇게 생각할지도 모른다. "이 자식들 야바위꾼임에 틀림없어. 나한테 지들 책을 팔아먹으려고 별 쇼를 다 하는군. 내가 네 놈들의 거짓부렁에 속아 넘어갈 것 같냐?"

하지만 우리 책이 중요한 사람들의 추천사를 싣고 있다면? 그들은 여러분이 자주 들어 보았고 존경하는, 게다가 훌륭한 직함을 갖고 있는 믿음직한 사람들이다. 여러분은 출판사가 뒤표지에 인쇄해 놓은 추천사들을 보게 된다. 여러분이 잠깐 시간을 내서 그 글들을 읽고 추천사가 가지는 중요성과 의미를 곰곰이 생각해 보기를 바란다.

우리와는 아무 관계가 없는 사람들이 그 추천사를 써주었다고 가정해 보자. 그것이 사실이라면 여러분의 의심은 조금쯤 줄어들지도 모르겠다. 그러나 다시 한 번 우리가 일을 꾸며서 이 사람들이 실제로는 우리를 옹호하면서도 겉으로는 무관해 **보이도록** 꾸몄다고 가정해 보자. 우리가 외관상 이해관계가 없는 똑똑한 제3자의 입을 빌려 칭찬을 받아낼 수 있다면, 여러분의 친구나 이웃들이 입소문으로 그 말들을 퍼뜨리도록 만들 수만 있다면, 우리가 여러분을 무대 뒤에서 벌어지는 음모와 완전히 떨어뜨려 놓은 채 그 모든 일을 할 수 있다면 아이러니하게도 여러분은 우리의 말을 믿기 시작할 것이다.

당연한 얘기지만 우리가 이 일을 성공적으로 해낼 가능성은 거의 없다. 우리도, 출판사도 이 웅장한 계획을 감낭할 수 없기 때문이다. 우리는 우리가 할 수 있는 최선을 다하고 있다. 그러나 우리는 마이크로소프트(Microsoft)가 아니다.

우리의 말을 믿어라, 우리는 독점 금지에 반대한다

1998년 4월, 마이크로소프트에 대한 법무부의 반독점 조사 활동이, 눈에 띄지 않던 성가신 일에서 회사의 미래를 위협하는 심각한 도전으로 바뀌기 시작했다. 회사의 기밀문서 상당량이 『LA 타임스』의 수중에 들어갔던 것이다. 익명의 내부 고발자가 유출한 이 문서는 세계 최대의 홍보회사

가운데 하나인 에델만 PR 월드와이드가 마이크로소프트를 옹호하기 위해 수립한 수백만 달러짜리의 미디어 전략을 상세히 밝히고 있었다. 미디어 전략은 11개 주의 법무장관들이 고려하고 있던 새로운 반독점 조사 활동을 가로막는 데 맞추어져 있었다. 『LA 타임스』는 에델만의 계획을 "마이크로소프트에 대한 대중의 지지를 고조시킴으로써 주 정부 조사관들에게 영향을 미칠 의도로 수립된 대규모 미디어 캠페인"이라고 설명했다. 그 계획안은 애리조나, 캘리포니아, 플로리다, 미시건, 뉴욕, 노스캐롤라이나, 오하이오, 펜실베이니아, 텍사스, 버지니아, 위스콘신 주에서 지역 홍보회사들을 하도급업자로 고용하라고 제안했다. 자유기고가들을 고용해서 의견서를 작성하게 한 다음 지역의 홍보회사들이 지역 신문사들에 투고하게끔 되어 있었다. 『LA 타임스』의 그렉 밀러와 레슬리 헬름은 이렇게 언급했다. "이 정교한 계획은 …… 수많은 비정상적인 ─ 어쩌면 비윤리적이라 할 ─ 방법들에 기대고 있다. 마이크로소프트 최고위 미디어 담당자들의 위임을 받았으면서도 겉보기에는 지역 회사들에 의해 자발적인 추천으로 제시되는 기사, 편집자에게 보내는 편지, 의견서를 집중적으로 보내는 방법도 그 가운데 하나였다." 유출된 문서의 문구를 빌리면 '각 주의 회사 로비스트들에게 영향력 있는 수단'을 만들어 주는 것이 목표였다. 긍정적인 언론 보도를 바탕으로 '주의 정치 상담역들이' 마이크로소프트에 우호적인 '주장을 펼칠 수 있'을 것이었다.[1]

기자들은 그 문서를 손에 쥐고 마이크로소프트의 대변인 그렉 쇼와 '고양이와 쥐' 놀이를 했다. 기자들이 쇼의 이름이 분명하게 적혀 있는 내부 메모를 갖고 있다고 추궁할 때까지 쇼는 부인으로 일관했다. 메모를 제시하자 그는 잽싸게 말을 바꾸었다. 에델만의 계획안이 존재한다는 것을 인정하면서도 그것은 단지 제안이었을 뿐이라고 둘러댔던 것이다. "우리가 스스로를 마이크로소프트의 대변인이라고 여기지 않는 사람들을 고용해야 한다는 생각은 완전히 잘못된 것입니다." 쇼의 말을 더 들어 보자. "실제로 우리가 받은 제안은 아주 현실적인 것입니다."²⁾

컴퓨터업계 쪽 언론에서 며칠 동안 난처한 사설들이 나오고 난 후 에델만 계획안은 거의 잊혀졌다. 1년 후 몇 건의 뉴스 기사에서 『워싱턴 포스트』와 『뉴욕 타임스』에 전면 광고 형식으로 등장한 '240명의 경제학자가 클린턴 대통령에게 보내는 공개서한'을 언급했을 때 에델만 계획은 언급되지 않았다. 독립연구소(Independent Institute)라고 하는 캘리포니아의 비영리 싱크탱크가 이 광고에 돈을 지불했다. 그들은 마이크로소프트가 연방 검사들의 공격을 받기 시작할 때부터 이 회사를 앞장서서 방어해 온 보수 단체이다. "소비자들은 이런 식의 반독점 활동을 요구하지 않았다. 반독점을 요구한 것은 경쟁 회사들이다." 공개서한은 이렇게 선언했다. "제안된 개입안의 다수가 성공한 미국 기업들을 약화시키고, 해외에서의 경쟁력을 훼손할 것이다. …… 우리는 반독점 당국이 반독점 보호 조치를 포기하라고 촉구한다." 캘리포니아, 존스 홉킨스, 마이애미, 아메리칸, 로욜라, 오하이오 주립, 다트머스, 노스웨스턴, 컬럼비아, 스탠포드, 코넬 대학교 등에서 권위 있는 경제학자들이 이렇게 선언했다.³⁾

서한 아래쪽 신문 광고 하단에는 독자들에게 더 많은 정보를 원한다면 『승자와 패자, 그리고 마이크로소프트: 첨단 기술의 경쟁과 독점 금지』라는 신작 도서를 읽어 보라고 권하는 구절이 있었다. 독립연구소가 발행한 이 책은 같은 기관의 연구원이었던 스탠 리보위츠(Stan Liebowitz)와 스티븐 마골리스(Stephen Margolis)라는 두 명의 경제학자들이 쓴 것이었다. 런던에서 발행되는 주간지 『이코노미스트』와 잡지 『와이어드』 같은 출판물들이 이 책에 관한 우호적인 서평을 실었다. 『월스트리트 저널』은 "이제부터는 판사나 경제학자, 기타 전문가, 또는 기자들이 마이크로소프트 문제를 다루려거든 먼저 리보위츠와 마골리스의 논의를 검토해야 할 것이다. …… 그렇지 않았다가는 비난을 면치 못할 것"이라고 말했다.

컴퓨터업계의 소식을 전달해 주는 잡지『뉴스바이츠』는 독립연구소의 입장이 "마이크로소프트를 뻔뻔스럽게 옹호하는 당파적 주장"이라면서 마이크로소프트가 공개서한 광고나『승자와 패자, 그리고 마이크로소프트』 발행에 단 한 푼도 지원하지 않았다고 주장한 독립연구소 대변인의 발언을 확인 취재했다. 독립연구소의 대변인은 마이크로소프트가 그들의 회원사라고 인정했다.『뉴스바이츠』는 대변인이 "회원사의 회비가 대략 1,000달러부터 시작된다고 말했지만 그동안 마이크로소프트가 연구소에 얼마를 기부했는지는 밝히지 않았다"고 보도했다.[4]

그러나 1999년 9월에 또 한 번 내부 문건이 유출되고 말았다. 이번에는 『뉴욕 타임스』의 조엘 브링클리 기자가 이 문건들을 입수했다. 브링클리는 마이크로소프트가 단일한 외부 단체로는 독립연구소의 최대 기부자라는 것을 폭로했다. 1999년 회계 연도에 마이크로소프트는 연구소 운영 예산의 20퍼센트를 제공했다. 마이크로소프트는『승자와 패자, 그리고 마이크로소프트』의 출판 비용을 지원한 것은 물론이고 공개서한이 실린 신문 광고에도 돈을 댔다. 브링클리가 입수한 문서에는 독립연구소의 소장 데이빗 서로우(David Theroux)가 마이크로소프트의 변호사 존 켈리에게 보내는 청구서도 포함되어 있었다. 모두 15만 3,868.67달러였는데, 전면 광고비 전액과 서로우와 동료 한 명이 광고 게재와 함께 예정된 기자간담회에 참석하는 데 지출한 항공료와 부대비용 5,966달러가 포함된 금액이었다.

"서로우는 마이크로소프트가 회비를 납부하는 연구소의 회원사라고 오래전부터 말해 왔다." 브링클리의 기사를 더 읽어 보자. "그러나 그는 시종일관 마이크로소프트가 '2,000개의 회원사들 가운데 하나일 뿐'이라고 주장했다. 그들이 내는 회비는 조직의 전체 예산에 비춰볼 때 하찮은 수준으로 특수한 지위를 전혀 누리지 못한다는 것이다. 서로우는 그 대가로 마이크로소프트가 받는 것은 '연구소가 발행하는 출판물의 증정본과 주최 행사의 할인 티켓'뿐이라고 말했다. 그리고 마이크로소프트가 신문 광고와는 아무 관계가 없다고도 주장했다. 서로우는 인터뷰에서, 광고 비용은 '연구소의 일반 기금에서 지출했다'고 말했다."[5]

『뉴욕 타임스』로 흘러 들어간 문서들은 이런 주장이 거짓말이라는 것을 밝혀 주었다. 그러나 서로우는 얼굴빛도 바꾸지 않고 브링클리의 기사가 '도둑질한' 문서로 '인신공격'하는 것이라고 응수했다. 그는 이렇게 받아쳤다. "컴퓨터업계의 일부 인사들이 독립연구소와 우리가 간행한 새 출판물의 신용을 훼손하기 위해 쓸 수 있는 방법을 전부 동원할 정도로 비열해지고 있는 것 같다. 브링클리 기자가 정보의 원천으로 신뢰하는 대상은 '정체를 밝히기를 거부하는 컴퓨터업계와 결탁한 마이크로소프트의 적대자'이다. …… 결론: 브링클리의 비난으로 우리의 책과 공개서한이 조금이라도 부정확해지거나 신뢰할 수 없게 되는가? 전혀 그렇지 않다."[5]

독립연구소는 스스로를 "광범위한 경제적·사회적 쟁점들에 관한 과학적 탐구를 후원하는 …… 어디에도 소속되어 있지 않은 학술적인 공공정책 연구 및 교육 집단"이라고 밝히고 있다. 서로우는 연구소가 마이크로소프트를 옹호하는 것이 기업 재정의 후원 속에서 이루어졌다고 보는 것은 부적절하다고 주장했다. "우리가 학문을 연구하는 방법은 재원과는 무관하기" 때문이라는 것이다. 이런 주장에 진실이 조금은 들어 있다. 독립연구소를 기업의 대변자일 뿐이라고 한다면 경솔한 일일 것이다. 독립연구소의 재원이 밝혀졌을 때 서로우가 지적한 것처럼 이 연구소는 마이크로소프트가 연방 정부의 정밀 조사를 받기 오래전인 1990년부터 독점금지법에 반대했다. 리보위츠와 마골리스 교수가 가끔씩 돈을 받고 자문역으로 마이크로소프트를 위해 일했지만 그들이 『승자와 패자, 그리고 마이크로소프트』에서 지지한 입장은 마이크로소프트가 정부 조사의 표적이 되기 여러 해 전부터 개진된 것이었다.

그러나 독립연구소가 정말로 독립적인 체하는 것도 웃기는 일이다. 마이크로소프트는 연구소가 중요한 광고를 통해 자신의 목소리를 널리 알리는 것을 돕는 일에 분명한 이해관계가 있었다. 그리고 정확하게 이런 이유 때문에 마이크로소프트의 기부액이 한 신문사 기자에게 유출될 때까지 비밀에 부쳐졌던 것이다. 기업의 기부자들과 보수적 싱크탱크 사이의 관계를 조사해 온 작가 데이빗 캘러핸(David Callahan)은 마이크로소프트와 독립연구소의 관계가 '현행의 세법하에서 완벽하게 합법적'이라고 말한다. 그러나 "동시에 이 관계에는 분명 뭔가 잘못된 것이 있다. …… 보수적 싱크탱크가 기업의 후원자들이나 이사회를 구성하는 기업의 지도자들에게 정말로 신세를 지고 있지 않다고 생각한다면 그것은 순진한 발상이다. 이것은 지갑의 힘이 작동하는 방식일 뿐이다. 정치인들이 살아남기 위해 중요한 기부자들의 요구를 무시할 수 없는 것과 똑같이 어떤 기관도 그들의 후원자를 무시할 수 없다"[7]고 덧붙였다.

포템킨의 책략

러시아 예카테리나 여제의 치세에 여제의 최측근 가운데 한 명은 육군 원수 그리고리 포템킨(Grigori Potemkin)이었다. 포템킨은 그녀를 위하여 수많은 간계를 부렸다. 예카테리나가 외국의 고위 인사들과 시골을 순방하면 포템킨은 그녀가 방문하기 전에 가짜 마을을 만들라고 지시했다. 번영의 환상을 심어주기 위해서였다. 그 이후로 '포템킨 마을'이라는 용어는 정교하고 인상적이지만 실제로는 알맹이가 빠진 사물이나 상황에 대한 은유로 자리잡았다.

마이크로소프트가 독립연구소에 재정을 지원한 행위는 현대의 홍보전략으로서 포템킨의 속임수라고 할 만하다. 후원자들의 대외 정책 목표에 부합하는 견해를 선전하고 자금을 지원함으로써 여론을 조작하는 것이니 말이다. 에델만 계획이 『LA 타임스』에 처음 폭로되었을 때 홍보업계의 간행물들은 전국의 홍보산업에 종사하는 사람과 인터뷰를 했다. 홍보산업 종사자들은 이 계획이 이상하다거나 문제가 있다고는 전혀 느끼지 못했다. "내가 보기에 그것은 아주 전형적인 홍보계획이다. 우리도 그렇게 한다." 유력한 홍보회사의 사장은 『인사이드 PR』에서 이렇게 말했다.

홍보산업에 종사하는 딜렌슈나이더 그룹(Dilenschneider Group)의 로버트 딜렌슈나이더는 마이크로소프트의 계획을 '인위적 캠페인'이라고 비판했다. 딜렌슈나이더는 그 전략이 윤리적으로 문제가 있고 마이크로소프트 자신의 이익에도 해가 될 것이라고 말했다. "언론이 눈치를 채면서 이 이야기는 컴퓨터업계의 추잡한 사태로 비화되었다." 딜렌슈나이더의 얘기를 더 들어 보자. "그로 인해 세계에서 가장 부유하고 가장 강력한 인물인 빌 게이츠가 오즈의 마법사처럼 되어 버렸다. 사실이 왜곡되면서 진실은 사라져 버린 것이다."[비] 그러나 딜렌슈나이더 같은 비판은 소수에 불과했다.

『잭 오드와이어스 뉴스레터』는 "미디어 전략은 인쇄해 놓고 보면 그다지 건전해 보이지 않지만 홍보에서는 기본적 관례로 자리잡았다"고 말했다. 홍보업계의 또 다른 주요 간행물인 이 잡지는 계속해서 마이크로소프트가 미래에 다시 꼬리를 잡히지 않기 위해 활용할 만한 조언들을 제시했다. "홍보전문가들은 그와 관련해 이렇게 말했다. '신문 1면에 실리기를 원하지 않는 것은 절대로 적지 말라.' …… 내용에 관한 '논의들'은 배포해야겠지만 언론 관계 방법론은 절대로 안 된다. 이렇게 하면 논의사항들이 공개된다고 해도 언론은 마이크로소프트에서 진행된 전반적인 논쟁만을 보도할 수 있을 것이다."[미]

마이크로소프트와 그 옹호자들이 지적한 것처럼, 실제로는 경쟁 기업들도 유사한 '언론 관계 방법론'을 동원해 대중의 논쟁을 공격적으로 조장했다. 넷스케이프(Netscape), 선 마이크로시스템스(Sun Microsystems), 오라클(Oracle)이 '디지털 시대의 경쟁과 혁신을 촉진하는 프로젝트'(ProComp)를 출범시킴으로써 자신들의 독점 금지 입장을 밀어붙였다. 넷스케이프는 대법관 후보자로 추천받기도 했던 로버트 보크(Robert Bork)를 대변인으로 고용했다. 할리우드가 '어울리지 않는 배역'이라고 말할 법한 결정이었다. 사실 보크는 1978년에 정부의 반독점법을 통렬하게 비판한『독점 금지의 역설』을 쓴 사람이었다.『내셔널 저널』은 "보크를 성공한 대기업들에 대한 판에 박힌 비판가로 단순히 치부할 수만은 없다"고 말했다. "독점 금지 반대자라는 보크의 명성은 먼 옛날로 거슬러 올라간다. 예일 대학교 법학과 교수였을 때, 그의 학생들은 이 주제에 관한 보크의 강의를 '독점 지지' 강의라고 불렀다."[10] 그러나 보크는 넷스케이프에 고용되면서 주요 언론에 자신의 입장 변화에 따른 7,000단어짜리 성명서와 의견서를 발표했다. 그는 연방 검사들이 "마이크로소프트가 운영 체제를 경쟁사들을 위협하는 몽둥이로 사용하는 것을 그저 중단시키려는 것뿐"[11]이라고 설명했다. 마이크로소프트 대항 연합은 한 때 대통령 후보자였고 지금은 워싱턴의 강력한 로비 회사 베르너, 리퍼트, 베른하르트, 맥퍼슨 앤 핸드(Verner, Liipfert, Bernhard, McPherson & Hand)에서 활동 중인 밥 돌(Bob Dole)도 고용했다. 캠페인 기부금으로 넷스케이프, 선, 아메리카 온라인(America Online)에게 1만 7,500달러를 받은 상원의원 오린 G. 해치(Orrin G. Hatch, 공화당—유타 주)가 반(反)마이크로소프트 함대에 추가로 승선했다. 전직 하원의장 뉴트 깅그리치(Newt Gingrich)와 연계하고 있는 싱크탱크 진보와자유재단(PFF)도 여기에 참여했다. 진보와자유재단의 주요 재정 후원자는 넷스케이프, 오라클, 선이었고 게이트웨이 2000(Gateway 2000), IBM, 휴렛패커드(Hewlett Packard), 컴퓨서브

(CompuServe), 아메리카 온라인 등의 마이크로소프트 적대자들도 여기에 줄을 대고 있었다.

『뉴욕 타임스』에 실린 독립연구소 폭로 기사조차도 오라클 사가 기획한 것으로 밝혀졌다. 마이크로소프트가 독립연구소에 자금을 댔다는 정보를 캐내기 위해 오라클은 탐정 회사를 고용해 마이크로소프트의 '쓰레기통을 뒤지게' 했고, 워싱턴의 홍보회사 클로팩, 레너드, 셰히터 앤 어소시에이츠(Chlopak, Leonard, Schechter & Associates)를 통해 그 유죄 입증 문서를 유포했다.[12]

컴퓨터업계에서는 이런 일이 전혀 새롭지 않다. "이런 종류의 계획은 …… 정부 규제가 존재하는 케이블 및 TV 산업이나 기타 산업계에서 기업들이 표준적으로 동원하는 무기의 일부이다." 한 정보원이 에델만 홍보계획을 살펴본 후 잡지『PC 위크』에 한 말이다.[13] 컴퓨터 산업 칼럼니스트 데이빗 코시(David Coursey)는 더 나아갔다. "마이크로소프트의 사태가 나쁜 소식이라고 생각한다면 컴퓨터 및 소프트웨어업계를 통신, 방송, 케이블 산업 등과 비교해 보라. 그들의 정치 공작을 알게 된다면 이번 사태는 새발의 피로 보일 것이다."[14]

그리고리 포템킨이 오늘날 살아 있다면 현대의 미디어 환경에 만연한 정략적 권모술수의 현란함과 방대함을 보고 깜짝 놀랄 것이다. 몇 가지 다른 사례들을 소개한다.

■ 1995년 나이지리아의 군사독재 정권이 극작가 켄 사로-위와(Ken Saro-Wiwa)를 처형했다. 그들과 석유 회사 쉘(Shell)은 국제적인 비난에 직면했다. 나이지리아 보안군은 쉘의 천연가스 굴착 사업에 반대하는 항의 시위를 잠재우기 위하여 주민을 학살하고 원주민 오곤족을 위협했다. 오곤족 지도자 사로-위와는 쉘이 주민에 맞서 '환경 전쟁'을 벌이고 있다고 비난했다. 나이지리아는

흑인 소유의 미국 신문을 여러 면 구입해서 화려한 칼라 광고를 했고, 오곤족 지역에 대한 '사실 확인 취재 여행'에 비용을 대면서 신문 편집자들을 초청했다. 미국의 군소 신문들은 습관적으로 돈의 유혹에 넘어간다. 뜻밖의 광고 수입과 취재 여행이 제공되자 비판은 흐지부지되고 말았다. 실제로 몇몇 신문은 나이지리아의 비참한 인권 기록을 비판하는 것이 '인종 차별적'이라는 사설까지 실었다.

■ 1997년 가을, 조지타운 대학교의 신용연구센터(Credit Research Center)는 많은 채무자들이 채권자들에 대한 의무를 이행하지 않고 빠져나가기 위해 일부러 파산을 활용하고 있다는 보고서를 발표했다. 은행과 신용카드 회사의 로비스트들이 이 연구 보고서를 활용했다. 그들은 소비자들이 파산 구제 신청을 하는 게 더 어려워지게끔 연방법을 바꿔야 한다고 의회를 상대로 로비를 벌였다. 전직 미 재무장관 로이드 벤츤(Lloyd Bentsen)은 『워싱턴 타임스』에서 이 보고서를 인용하며 신용연구센터의 학문적 권위를 '파산법 개혁' 필요성의 증거로 제시했다. 벤츤은 신용연구센터가 철저하게 신용카드 회사와 은행 및 기타 대부업자들의 자금으로 운영되고 있다는 사실은 언급하지 않았다. 비자 유에스에이(Visa USA)와 마스터카드 인터내셔널(MasterCard International)이 신용연구센터에 연구 지원금으로 10만 달러를 제공했다. 벤츤은 자신이 신용 대부업계의 로비스트로 고용되어 일한 적이 있다는 사실도 언급하지 않았다.[15]

■ 영국 옥스퍼드에 위치한 사회문제연구센터(SIRC)는 스스로를 '사회 문제 연구를 수행하기 위해 설립된 독립적 비영리 단체'라고 소개한다. 이 단체는 과학 및 공공의 안전이라는 쟁점과 관련해 기사 작성의 윤리를 관장하는 기자들의 '실천 요강'을 만들어야 한다고 주장했다. '건강과 관련해 무책임한 공포를 조장하는 것'을 중단시키기 위한 실천 요강은 이렇게 밝히고 있다. "과학

기사는 사실을 정확히 전달해야 한다. 실천 요강의 위반 사례는 언론중재위원회(Press Complaints Commission)에 보고되어야 한다." 사회문제연구센터는 대중의 '위험인자 공포'(riskfactorphobia) 때문에 이런 것이 필요하다고 말한다. 그들은 대중이 유전자변형 음식물과 그로 인한 질병을 걱정하면서 지나치게 민감해진 상황을 설명한답시고 '위험인자 공포'라는 말을 만들어냈다. 사회문제연구센터는 선술집을 순회하며 폭음을 일삼는 행위가 얼마나 즐거운지 밝히는 보고서를 영국 언론에 배포해 상당한 인기를 누리기도 했다. 그러나 『영국 의학 저널』이 이 단체를 자세히 살펴본 결과는 충격 그 자체였다. 사회문제연구센터가 MCM 리서치(MCM Research)라고 하는 홍보회사와 같은 사무실을 쓰고 있었던 것이다. 심지어는 책임자와 주요 인력까지 같았다. 이 기업은 '사회 과학'을 활용해 고객의 문제를 해결해 준다는 모토를 내걸고 있었다. 주류 및 식당업계의 내로라하는 회사들이 이 기업의 고객이었다. "여러분의 홍보가 가끔은 너무 홍보적이라고 생각지 않으십니까?" MCM의 웹사이트는 대중을 기만하는 자신들의 능력을 노골적으로 자랑하면서 이렇게 묻고 있었다. "MCM은 귀사가 운영하는 사업의 긍정적인 측면들을 사회적·심리적으로 연구합니다." 문구는 이렇게 이어진다. "연구 결과는 홍보문구나 시장조사 자료처럼 보이지 않습니다. 우리의 보고서는 그 자체로 신뢰감을 주고 재미있는데다가 읽기에도 즐겁습니다. 우리의 보고서가 언론과 소비자들의 상상력을 사로잡는 이유가 바로 여기에 있습니다."[15]

■ 기업 후원자들은 수많은 힘 있는 비영리 단체들과 '협력 관계'를 구축해 왔다. 그들은 해당 조직의 명의와 로고를 광고에 사용할 수 있는 권리의 대가로 돈을 지불한다. 예를 들어 브리스톨-마이어스 스큅(Bristol-Meyers Squibb)은 미국심장협회(AHA)의 명의와 로고를 자사가 개발한 콜레스테롤 강하 약물 프라바콜(Pravachol) 광고에 사용하는 대가로 이 조직에 60만 달러를 주었다.

미국암협회(ACS)는 스미스클라인 비캠(SmithKline Beecham) 사에게 100만 달러를 받고 비캠의 금연 보조제 니코덤 CQ와 니코레트의 광고에 자신의 로고를 사용할 수 있도록 허가했다. 존슨 앤 존슨(Johnson & Johnson)의 한 자회사가 니코틴 패치 경쟁 상품 니코트롤 광고에 미국폐협회(American Lung Association)의 로고를 쓰기 위해 250만 달러를 쏟아 부으며 맞대응하고 나섰다. 1999년에 제조사들은 이런 식의 유사한 후원 계약으로 6억 3,000만 달러를 지출했다. 그 가운데 일부는 미국당뇨병협회(American Diabetes Association)와 에스키모 파이 코퍼레이션(Eskimo Pie Corporation)의 거래처럼 추악하기까지 했다. 그들의 거래는 에스키모 사가 개발한 '무설탕'(Sugar Free) 냉동 디저트들이 미국당뇨병협회의 보증을 받았다는 인상을 심어주기 위한 것이었다. 그러나 실제로 이 디저트에는 지방과 포화지방이 다량 함유되어 있다. 포화지방은 비만과 심장병을 유발하는 요인으로 당뇨병 환자들에게는 위험한 성분이다. 이런 거래에 가담한 비영리 단체들은 그들의 명의와 로고가 사용된다고 해서 해당 제품을 보증하지는 않는다고 주장하지만 기업 후원자들은 전혀 다르게 생각한다. 『오드와이어스 PR 서비스 리포트』는 "홍보전문가들은 고객의 제품에 대한 소비자들의 신용을 구축하는 데서 이런 제3자의 보증이 아주 유용한 방법이라고 보고 있다"고 밝히고 있다. 『오드와이어스』는 "비영리 단체의 집행부와, 그들이 민간 산업 분야와 맺는 관계를 언급할 때 '보증'이란 말을 사용하지 말라"고 충고한다. "비영리 단체들이 선호하는 용어는 이런 것들이다. 추천, 후원, 승인, 협력 관계."[17]

■ 제품 안전성에 관한 뉴스 보도에 '소비자경보(Consumer Alert)'라는 단체가 자주 등장한다. 이 단체가 기업의 자금으로 운영되고, 그들의 입장이 소비자연합(Consumers Union) 같은 독립적인 소비자 단체의 입장과는 흔히 정면으로 배치된다는 사실을 말해 주는 기자는 거의 없다. 예를 들어 소비자경보는

소비자제품안전위원회(Consumer Product Safety Commission)가 제기한 의류 원단의 항염성(flame-resistance) 기준에 반대하고, 체중감량 약물인 덱스펜플루라민(리덕스) 같은 제품을 옹호한다. 이 약물은 심장 판막의 손상과 관계가 있다고 밝혀져 시장에서 회수되었다. 회원의 기부금으로 운영되는 소비자연합과 달리 소비자경보는 자사 제품을 변호해 준 기업들의 자금으로 운영된다. 화이자 파머큐티클스(Pfizer Pharmaceuticals), 올스테이트 보험 기금(Allstate Insurance Fund), 안호이저-부시(Anheuser-Busch), 엘랑코(Elanco), 아메리칸 시안아미드(American Cyanamid), 엘리 릴리(Eli Lilly), 엑손(Exxon), 화학산업협회(Chemical Manufacturers Association), 쿠어스(Coors), 업존(Upjohn), 몬산토(Monsanto), 시바-가이기(Ciba-Geigy), 쉐브론 USA(Chevron USA), 맥주연구소(Beer Institute), 필립 모리스 등이 이 조직의 후원사다.[18]

■ 1993년 말에 오염에반대하는어머니들(MOP)이라는 단체가 출현했다. 그들은 스스로를 "전국적으로 수천 명의 지지자를 거느린 호주 최대의 여성 환경 단체"라고 밝혔다. "호주 여성의 복지와 권리에 관심을 갖고 있는 어머니와 기타 여성이 주요 회원"이라고도 했다. MOP는 플라스틱 우유병에 반대하는 캠페인을 벌였다. 이 단체는 폐기물 처리, 플라스틱과 접촉한 우유의 발암 위험성, 빛에 노출된 우유의 품질 저하 문제에 관심을 기울였다. 대변인 앨러나 맬로니는 "우리가 소비자에게 보내는 메시지는 플라스틱 용기에 담긴 우유를 구매하지 말라는 것이다"라고 말했다. MOP의 회원 자격은 자유로웠다. 그로 인해 몇몇 사람들이 이 단체가 자신들의 목표를 널리 알리려고 비용이 많이 드는 홍보활동을 수행해 내는 것에 의문을 가지게 되었다. MOP는 호주 전역에 지부가 있다고 주장했지만 앨러나 맬로니만이 유일한 대변인처럼 보였다. 하지만 투표인 명부 같은 기본적인 공적 자료를 뒤져봐도 그런 사람을 찾을 수가 없었다. 공식 문서 상단에 인쇄된 MOP의 주소는 세 개였는데, 전부

각각 다른 도시의 사서함이었다. 마침내 1995년 2월에 호주의 한 신문이 '앨러나 맬로니 여사'의 정체를 밝혀냈다. 그녀는 J. R. 앤 어소시에이츠(J. R. and Associates)라는 홍보회사의 사장, 재닛 런들(Janet Rundle)이었다. 런들은 언리미티드 퍼블릭 릴레이션스(Unlimited Public Relations)라는 홍보회사를 소유하고 있는 트레버 머너리(Trevor Munnery)의 사업 파트너이기도 했다. 언리미티드 퍼블릭 릴레이션스는 우유 포장용 종이팩을 만드는 종이팩제조업협회(ALC)를 위해 일하고 있었다. 이런 상황이 폭로되면서 MOP는 대중의 시야에서 사라졌고 여전히 그 모습을 보이지 않고 있다.[19]

누군가 다른 사람의 입

홍보업계에서는 '제3자 기술'이라고 알려진 이런 홍보전략을 공통적으로 구사하고 있다. 포터/노벨리 홍보회사(Porter/Novelli PR firm)의 부사장 메릴 로즈(Merrill Rose)는 이 기술을 간략하게 설명한다. "누군가 다른 사람의 입을 빌려서 당신이 하고 싶은 말을 하라."[20] 이 전략이 얼마나 효과적일까? 포터/노벨리가 연구 용역을 준 한 조사 보고서에 따르면 응답자의 89퍼센트가 '독립적 전문가들'을 '기업 위기의 시대에 아주 믿을 만하거나 다소 믿을 만한 정보의 원천'이라고 생각하는 것으로 드러났다. 이 기술은 제품의 특징을 과장하거나 속이는 데 사용되는가 하면 제품의 위해성이나 기업의 사업 활동 과정에서 형성된 비판과 관련해 의구심을 조장하는 데도 활용된다. '누군가 다른 사람'이 포템킨이 되어 후원자의 의견을 충실하게 전달한다. 이 과정에서 그들의 견해는 '독립적'인 것으로 포장된다. 여러분은 텔레비전 광고에서 가장 분명하고 노골적인 형태로 이 기술을 본다. 실험실 가운을 착용한 배우들이 출현해 '의사 열 명 가운데 아홉 명이' 자사의 아스피린을 '선택한다'고 말하는 것이다. 그러나 광고는 **분명히** 선전이다. 따라서 좀더 미묘한 형태의 제3자 기술은 관객들이 자신이 경험하는 것을 깨닫지 못하도록 차단하는 데 있다. 한 홍보전문가는 "최고의 홍보는 결국 뉴스처럼 보이도록 하는 것"이라고 말한다. "사람들은 홍보가 언제 위력을 발휘하는지를 모른다. 그저 자신들의 생각이 서서히 바뀌고 있다고 생각할 뿐이다."[21]

여론 조작의 의식적 수단으로서 제3자 기술이 언제 어디서 시작되었는지를 정확하게 규명하기는 어렵다. 고대 이래로 중요한 쟁점에 관한 논쟁들은 많은 사람들이 유명 인사에게 느끼는 경외감에 대한 호소로 변질되기 일쑤였다. 중세에 성직자들과 왕의 권위는 그들의 교의가 민중의 실제 경험이나 과학적 실험의 증거와 충돌할 때에도 경험을 초월하는 진리의 표준으로 여겨졌다. 공식적으로 수용된 종교적 견해에 이의를 제기한 사람들은 이교도라는 딱지 속에서 체포되어 처형될 수도 있었다. 그 또는 그녀는 악마와 거래를 한 것이 분명하다고 간주되었다.

토론토 대학교의 철학과 교수 더글러스 월턴(Douglas Walton)은『전문가의 견해에 호소하기: 권위에 의한 논증』이라는 저서에서 "권위에 의한 논증이 오류로 받아들여지게 된 것은 불과 19세기 말과 20세기 초부터였다"고 말한다. "과학이 부상하면서 일종의 실증주의적 사고방식이 태동했고, 그것은 다시 지식이 과학적 실험과 수학적 계산에 기초해야 한다는 생각으로 이어졌다. 다른 모든 것은 '주관적'이라고 본 것이다."[22]

과학의 부상은 커뮤니케이션의 혁명과 동시에 일어났다. 인쇄술이 개발되었고, 현대는 전자 미디어의 시대이다. 움베르토 에코(Umberto Eco)가 지적한 것처럼 모든 커뮤니케이션의 수단은 내부에 기만의 수단을 함께 갖고 있다. 언어가 등장하면서 거짓말이 가능해진 것처럼 매스미디어가 출현하면서 더 새롭고, 더 현란하며, 더 미묘하고 정교한 선전 기술이 떠올랐다. 인터넷의 익명성을 바탕으로 14살 소년을 24살의 여성용 속옷 모델로 꾸밀 수 있는 것처럼 매스미디어에서는 사상 처음으로 견해를 주장하는 사람들의 정체를 숨기는 일이 가능해졌다. 메시지를 전달하는 사람의 정체를 숨기면서 메시지만 전달할 수 있게 된 것이다. 노골적인 기만행위를 저지르지 않고서도 이런 식으로 은폐하는 게 가능해졌다. 전설적인 '홍보의 아버지' 에드워드 버네이스(Edward Bernays) —— 그의 활동은 2장에서 다룰 것이다 —— 가 월도프-아스토리아(Waldorf-Astoria) 호텔의 고문으로 경력을 쌓는 과정에서 이런 일이 가능하다는 것을 어렴풋하게나마 입증해 보였다. 당시 월도프-아스토리아 호텔은 곧 문을 닫을 것이라는 소문에 시달리고 있었다. 버네이스는 직접적인 방식으로 소문을 부인했다가는 오히려 확신만 키우게 될 것이라는 사실을 간파했다. 그래서 그는 월도프-아스토리아 호텔에게 세계 최고의 요리사와 10년 계약에 서명했다는 사실을 대대적으로 발표하라고 조언했다. 유명 요리사의 존재가 호텔이 전달하고자 하는 메시지의 상징적인 선언으로 바뀌었던 것이다.

"설득하는 사람은 대규모 청중으로 구성된 집단들에 어떻게 다가갈 수 있을까?" 버네이스는 제3자 기술의 초기 공식 가운데 하나를 도입했다. "그는 집단의 지도자를 통해 그렇게 할 수 있다. 개인은 자신이 속한 집단의 지도자에게 안내를 구하는 경향이 있기 때문이다. …… 지도자는 여론 형성에서 중요한 역할을 맡는다. 그들은 선전가들이 광범위한 개인에게 접근할 수 있는 수단을 마련해 준다. 혼란스럽게 충돌하는 많은 관념들이 개인의 눈길을 끌기 위해 경합하는 상황에서 그 개인은 권위를 얻기 위해 다른 사람들에게 기대게 되기 때문이다. 오늘날처럼 복잡한 세계에서 자신의 판단을 정당화하고, 완전히 독자적인 조사와 증거 평가에 기초해 행동할 수 있는 사람은 아무도 없다. …… 그러므로 집단의 지도자가 여론을 형성하는 중요한 인물이 된다. 그가 특정한 생각을 받아들이면 많은 추종자들도

그 생각을 수용한다."㉓

잭 오드와이어(Jack O'Dwyer)는 제3자 기술이 홍보와 광고를 구분해 준다고 보았다. "여러분의 회사가 대중이나 피고용인, 고객, 공급자 등을 직접 상대하기를 원할지도 모른다." 오드와이어의 말을 더 들어 보자. "그러나 이것은 홍보회사를 제대로 활용하는 방법이 아니다. 회사가 많은 청중을 확보하고 있는 유력한 기자와 분석가들에게 유용한 정보를 제공할 때 최고의 효력을 발휘할 수 있다. 여러분은 비교적 적은 비용으로도 제3자의 보증과 함께 폭넓은 독자층과 시청자층을 확보할 수 있다. …… 팸플릿이나 판매촉진 행사, 광고보다는 제3자의 보증을 구하라."㉔

홍보의 관점에서 볼 때 제3자 기술은 몇 가지 혜택을 가져온다.

■ **제3자 기술은 사태를 위장해 준다.** 그것은 메시지 이면에 존재하는 이권을 숨겨준다. 필립 모리스가 직접 나서서 "변호사들이 담배 회사를 기소하는 것을 중단시켜야 한다"고 선언한다면 그 메시지는 비웃음 속에서 잊히고 말 것이다. 빌 게이츠가 자신을 대변하는 사설을 쓴다면, 오염원을 배출하는 기업이 오염 때문에 질병이 발생하는 것은 아니라고 주장한다면 마찬가지로 비난받을 것이다. 그러나 누군가 다른 사람의 입으로 똑같은 메시지를 전달한다면 그 메시지가 누리지 못했을 신용이 발생한다.

■ **제3자 기술은 독립성을 장려하는 체하면서도 이권을 보장해 준다.** 실제로 메시지가 저항의 축도인 것처럼 보이게끔 만들어지는 경우가 있다. 에드워드 버네이스가 기획한 전설적인 홍보기술 하나를 예로 들어 보자. 그는 여성참정권론자들을 담배 산업을 지지하는 제3의 대리인으로 활용했다. 1929년에 미국담배 회사(American Tobacco Company)에 고용된 버네이스는 여성들이 담배를 피우도록 설득하라는 임무를 떠맡았다. 당시까지만 해도 여성의

흡연은 '여자답지 못한' 처신으로 사회에서 용납되지 않았다. 버네이스는 담배를 여성 해방의 상징으로 만듦으로써 이런 불리함을 장점으로 바꾸어 버렸다. 버네이스의 선동으로 마침내 1929년 뉴욕 시 부활절 일요일 행진에서 사건이 벌어졌다. 여배우 열 명이 여성의 불평등에 항의하는 의미로 감히 담배를 피워 물었던 것이다. 버네이스는 그녀들을 '자유의 횃불' 여단이라고 불렀다. "각종 신문의 제1면이 그 자유의 행진을 기사와 사진으로 실었다." 버네이스는 나중에 이렇게 회상했다. "그 사건이 일어나고 몇 주에 걸쳐 많은 사설들이 흡연의 금기에 맞서 행진했던 젊은 여성들의 행위를 찬양하거나 매도했다." 여성들이 떼를 지어 담배를 피우기 시작했다. 불과 몇 주 후에 브로드웨이의 한 극장은 여태까지 남성 전용이었던 흡연실을 여성에게 개방했다.[25]

■ **제3자 기술은 사실에 기초한 이야기를 감정적 상징으로 대체해 버린다.** 메시지를 전달하는 사람의 정체가 메시지 자체의 내용보다 상징적으로 더 중요해지는 경우가 있다. 목재 산업의 고문이자 환경 운동에 대항하는 사이비 민중 운동 단체로 '와이즈유스'(Wise Use)를 설립한 론 아놀드(Ron Arnold)는 제3자 기술 사용의 근본 원리를 설명한다. "대중은 여러분이 산업가로서 이야기할 때 자기 이익 말고는 아무것도 말하지 않는다고 확신한다. 이 문제의 해답은 친기업적 시민운동가 단체이다. 이런 단체가 여러분의 산업을 효과적이고도 확실하게 옹호해 줄 수 있다. 이런 단체는 가족의 신성함, 굳게 맺어진 공동체의 가치, 농민의 타고난 지혜 같은 위력적인 전형들을 활용할 수 있다. …… 그리하여 대중을 여러분의 적에 맞서도록 돌려놓을 수 있다. …… 여러분은 이것이야말로 시간을 두고 이루어져야 하는 가장 현명한 투자 가운데 하나임을 깨닫게 될 것이다."[26]

스스로 돕는 것을 돕다

사람들이 자기들끼리 이야기하는 상황이라면 홍보전문가들은 그들이 제3자 기술을 사용하는 이유를 더 솔직하게 말할 수 있다. 클린턴/르윈스키(Clinton/Lewinsky) 드라마가 펼쳐지는 과정에서 『오드와이어스』는 이렇게 언급했다. "클린턴 행정부에 필요한 것은 신뢰할 만한 제3자들이다. 양과 질 모두에서 제3자가 들고 일어나 행정부를 방어해 주어야 한다. 한마디로 말해서 클린턴 행정부에는 홍보가 필요하다." 왜냐하면 "제3자는 논쟁의 당사자들이 할 수 없는 말을 할 수 있기"[27] 때문이다.

1994년에 워싱턴의 홍보 및 로비 회사 APCO 앤 어소시에이츠(APCO & Associates)의 닐 코언(Neal Cohen)은 미국 최고의 로비스트 가운데 일부가 모여 만든 동업자 단체 공보위원회(PAC)가 주최한 회의에서 동일한 논리를 들먹였다. APCO는 '불법 행위 제거' 운동을 주도하던 주요 홍보회사 가운데 하나였다. 불법 행위 제거 운동은 '과도한' 소비자 책임 소송에 반대하는 캠페인을 벌이면서 보험업계와 담배업계로부터 엄청난 재정 지원을 받고 있다. 코언은 언뜻 보기에도 대중이 무리 없이 불법 행위 제거를 받아들이도록 만드는 것은 어렵다고 말했다. "그것은 그다지 흥미로운 쟁점이 못 된다." 그리고 "평범한 사람들에게 '불법 행위'는 디저트이다. 그것은 지켜야 할 원리가 아니다." 게다가 불법 행위 제거의 총체적 목표는 기업을 고소하려는 일반 시민의 행동을 더 어렵게 만드는 것이다. 그렇다고 대중이 길거리로 나서는 것도 아니다. 그는 실제로 사람들이 불법 행위 제거 운동의 뒤에 보험업계와 담배업계가 자리하고 있다는 것을 알게 되면 바로 이 운동을 거부할 것이라고 말했다. 그는 이런 예를 들었다. "우리가 미시시피 주에서 법안을 통과시키려고 한다. 그런데 우리에게는 문제가 하나 있다. 우리의 산업은 법안을 통과시킬 수가 없다. 입법가들이 우리가 이 법안을 원하는 유일한 산업이라는 것을 알게 되면 상황은 끝이다. 따라서 사태를 좀더 복잡하게 만들기 위해 다른 업계를 하나 끌어들여 이 노력에 자금을 댄다. 그들이 우리보다 더 나빠야 한다. 대중은 그들을 더 혐오한다. 그런데 실제로는 미시시피 주에 그들이 생산한 제품은 말할 것도 없고 생산 설비가 하나도 없다. …… 불법 행위 제거 운동의 지도자가 스테이트 팜(State Farm) 보험 회사라면 여러분은 법안을 통과시키지 못할 것이다. 스테이트 팜 사는 신뢰할 수가 없다. 안 그런가? 그 회사는 제 잇속을 알아서 잘도 챙기기 때문이다."

불법 행위 제거 운동에 조금이라도 신뢰성을 부여하려면 APCO는 문제를 재구성하는 방법을 찾아야만 했다. 그들은 변호사들에 대한 대중의 혐오감을 활용했다. 코언의 설명을 들어 보자. "우리는 '소송 남발'이라는 개념을 중심으로 뭉쳤다. 그리고 대중이 그로 인해 주머니 사정에 영향을 받고, 두려움을 갖게 되고, 법률 관련 직업에 분노하게 되는 상황을 이해할 수 있도록 개념의 범위를 확대했다. …… 내게 있어 제1의 규칙은 본질에서 멀어지게 하는 것이다. 입법 활동의 세부 사항에 관해 얘기하지 마라." 그는 이렇게 조언했다. "'소송 남발', '법정 변호사의 탐욕', '일자리 증가'에 관해 이야기하라."

코언은 연합을 구성할 때 "여러분에게 헌신적인 지도자가 필요하다"고 충고했다. "여러분에게는 대변인도 필요한데, 그 대변인을 잘 훈련시켜야 한다. 그리고 대변인은 한 명만 두어야 한다. …… 가능하다면 사회적 성취나 업적을 이룬 사람을 찾아내라. 무언가 대단한 사람으로 보일 필요까지는 없고 입법가들과 비슷한 수준 정도면 된다." 가능하다면 대중도 끌어들여야 한다. 그러나 참여시키지는 말고 후원자로만 남겨두어야 한다. "우리는 다수의 고용주 및 정치적 기여자들과 함께 전형적인 사람들이 섞이도록 확실하게 조치했다. 우리는 우리 고객과 함께 미시시피 주민 1,500명을 섞어 놓았다. …… 우리는 훨씬 더 많은 집단이 사태를 파악할 수 있도록 쟁점을 확대했다. 그리하여 이 쟁점은 지역의 풀뿌리 민주주의 문제로 초점이 맞추어졌다." 그러나 외관과 실재는 별개의 문제다. "회원 자격이 광범위하다고 해서 지도부가 광범위한 것으로 오해해서는 안 된다." 그는 계속해서 충고한다. "광범위한 회원 자격은 '대중이 무엇을 보는가?', '입법가들이 무엇을 보는가?'를 보여 준다. 의사 결정은 핵심 집단 세 명 정도면 충분하다. 그들은 동일한 이해관계를 가지고 일을 수행하며 입장을 바꾸지도 않는다." 광고나 연구 용역이 연합의 외양을 꾸며줄 수도 있다. "우리는 메시지를 전달하기 위해 가능한 모든 전술을 사용했다. 우리는 언론의 관심을 끌기 위해 여론조사도 활용했다. …… 우리는 지역의 교수를 동원해 조사 연구를 수행했다. 우리는 연구 하나에 5,000달러를 지출했다. …… 언론의 관심을 끄는 것이 목표였다. …… 우리는 언론의 관심을 끌기 위해 부분적으로 텔레비전과 광고 게시판도 이용했다."[28]

뉴스 만들기

　　뉴스 미디어는 논리상 제3자 기술의 당연한 표적이다. 뉴스 미디어는 수백만 명에게 접근할 수 있고, 대중은 기자들이 중립적인 태도로 진실을 정확하게 조사하는 사람이라고 믿기 때문이다. 홍보업계는 기자들의 입 속에 자신들이 하고 싶은 말을 집어넣는 기술에 통달했다. 기자들 대다수가 너무나 실없고 경솔해서 시간을 많이 잡아먹는 탐사 보도를 할 수가 없고 결국 기업과 정부가 내놓는 보도자료의 정보에 크게 의존하고 있기 때문이다. 우리가 알고 있는 것처럼 1920년대의 홍보산업 초창기에 활약했던 아이비 리(Ivy Lee)가 보도자료를 고안했다. 기자 출신이었던 아이비 리는 자신의 고객이 기자들에게 정보를 많이 제공하면 할수록 기자들이 따로 나가서 직접 조사할 가능성이 줄어든다는 사실을 간파했다. 초기의 보도자료는 타자기로 친 성명서에 불과했다. 그렇지만 오늘날 홍보회사는 정기적으로 배급되는 칼럼을 생산하고, PR 뉴스와이어(PR Newswire) 같은 자체 통신사도 보유하고 있다. 이런 통신사들은 인터넷을 통해 기자들에게 보도자료를 즉시 전달할 수 있다. 위스콘신의 주요 일간지 경제면 편집자 제니퍼 서리노(Jennifer Sereno)는 자신이 전자 보도자료를 선호한다고 말한다. '통신사의 다른 기사처럼 보도자료가 화면에 뜨기' 때문이다. "우리는 팩스로 볼 때보다 더 빨리 내용을 파악할 수 있다. …… 아주 편리하다. 기사를 작성하는 기자에게 그 내용을 전자적 형태로 바로 보낼 수도 있다. 타자 입력 시간도 줄여 준다."[29]

보도자료를 제공하는 것에 처음부터 기만적인 요소가 있었던 것은 아니다. 그러나 이 관행은 현대의 정보 환경을 미묘하지만 중요하게 바꾸어 놓았다. PR 뉴스와이어의 보도자료와 실제의 신문 기사를 비교해 보면 신문 기사들이 축어적으로 되풀이되는 일이 비일비재하다는 것을 알 수 있다. 기자의 독립적 보도라고 지면에 등장한 내용이 실제로는 관련 기업의 보도자료라는 것을 독자에게 일러주는 일은 거의 없다. 스콧 커틀립(Scott Cutlip)이 수행한 연구에 따르면, 미국 신문에 통상 실리는 뉴스 내용의 40퍼센트가 홍보성 보도자료, 이야기 메모, 제언이었다고 한다. 1980년에 『컬럼비아 저널리즘 리뷰』는 『월스트리트 저널』의 한 호를 분석한 결과 뉴스 기사의 절반 이상이 '순전히 보도자료에 기초한 것'임을 확인했다. 보도자료는 빈번하게 '거의 축어적이거나 바꿔 쓰기 형태로' 재인쇄되었다. 추가 보도는 거의 없었다. 그러면서도 많은 기사들에는 '『월스트리트 저널』의 상근 기자'가 작성했다고 기명되어 있었다.[30] 그때 이후로 문제가 개선되었다거나 다른 신문은 많이 다를 것이라고 생각할 이유는 전혀 없다. "여러분이 TV로 보는 것 대부분은 사실상 미리 준비된 홍보제품이다. 신문에서 읽는 것, 텔레비전에서 보는 것 대부분은 뉴스가 아니다." 유력한 홍보회사의 한 고위 책임자는 이렇게 말했다.[31]

특히 전자 미디어에서 이 경향이 두드러진다. 일부 홍보회사는 사전에 녹화되는 대언론 발표와 '비디오 보도자료'(video news release; VNR)를 전문적으로 제작한다. 홍보회사가 뉴스 기사를 전부 쓰고, 찍고, 제작해 위성이나 인터넷으로 전세계 수천 개의 TV 방송국에 전송하는 것이다. 시카고에 위치한 KEF 미디어 어소시에이츠(KEF Media Associates)의 케빈 폴리(Kevin Foley)는 "1980년대 초에 뉴스 취재 인력이 크게 줄고, 케이블 텔레비전의 등장과 함께 뉴스 프로그램의 방송 시간이 늘어나면서 VNR 제작과 배포의 황금시대를 맞이했다"고 말했다. 1991년에는 VNR이 하루에 10개씩 제작되었다. 1년이면 4,000개인 셈이다.[32] 오늘날 그 수는 훨씬 더 많아졌다. 그러나 정확한 숫자를 아는 사람은 아무도 없다. 특히 제약 회사와 식품업계가 VNR을 집중적으로 활용한다. 홍보회사들은 연구자들이 귀리기울, 마늘빵, 호두, 오렌지주스 등에서 새로 밝혀낸 건강상의 장점은 물론 개발된 신약의 혁신성까지, 자신의 고객이 팔려고 하는 제품은 무엇이든지 대대적으로 선전하는 VNR을 끊임없이 공급한다. VNR이 실제 뉴스처럼 보이도록 하려면 섬세한 접근이 필요하다. 홍보자문을 담당하는 데브라 하우스(Debra Hauss)는 VNR 제작자들에게 "너무 상업적으로 보인다"고 충고한다. "제품 정보를 너무 많이 집어넣지 말라"는 것이다.[33] VNR에 지상파 기자로 일했던 사람을 기용할 수도 있다. 이렇게 짜맞춘 이야기가 실제로는 간교하게 날조된 광고라는 사실을 TV 방송국이나 네트워크에서 일하는 사람들은 잘 이해하고 있다. 그러나 뉴스를 시청하는 대중은 이 사실을 거의 알지 못한다. 매일 저녁 뉴스 시간에 여러분은 기자들이 밖으로 나가 직접 취재한 내용과 뒤섞인 VNR 화면을 본다. 그러나 이 사실을 거의 깨닫지 못할 것이다. VNR이 전혀 편집되지 않은 상태에서 뉴스 꼭지로 사용되는 경우도 있다. 시청자들이 보고 있는 내용이 특정한 고객을 대리해서 홍보회사가 구체적인 선전의 이익을 노리고 제작한 것이라는 사실을 알려 주지도 않는다.

미국식품의약국(FDA)의 약물 광고 및 표시 부서 책임자인 케네스 페더(Kenneth Feather)는 VNR이 대중을 조종해서 승인받지 못한 약물의 사용을 촉진하고 후원사의 제품이 타사 제품보다 뛰어나다는 것을 은밀히 강조한다고 말했다. 이 VNR들이 제약 회사에서 만든 것인데도 그 사실을 솔직하게 밝히는 사람이 한 명도 없다는 것이 심각한 문제라고도 했다. 말 잘하는 의사들이 화면에 나와 증언을 한다. 그들의 발언은 뉴스 프로그램의 형식과 완벽하게 부합하도록 미리 정해진다. 그렇게 제작된 VNR은 의사들이 제품 판촉을 위해 제약 회사들에 고용되었다는 사실을 알려 주지 않는다. 실제로 제약 회사들이 VNR을 활용해 식품의약국이 유료 광고를 허락하지 않은 제품을 옹호하는 경우도 많다. 약물의 미승인 사용을 촉진하고, 대중의 압력을 바탕으로 규제 당국의 정밀 조사를 받고 있는 약물을 승인하라고 정부에게 강제하기도 하는 것이다. 뉴욕 소재 바루치 대학교의 마케팅 교수 유진 세쿤다(Eugene Secunda)는 "최근까지도 제약 회사들은 대중을 겨냥한 TV 광고에 대체로 소극적이었다"고 말했다. "그러나 그들은 VNR과 같은 새로운 미디어 기술을 활용하는 것에는 부담을 덜 느끼고 있다. 식품의약국은 VNR과 관련된 공식 정책을 아직 수립하지 못한 상태이다."[34]

가상 초현실

오늘날의 미디어가 어느 정도까지 현실을 오도할 수 있는지가 1998년 영화 <왝 더 독 Wag the Dog>에서 풍자적으로 표현되었다. 정부의 고문들은 할리우드의 어느 방음 스튜디오에서 가짜 전쟁을 날조해 대통령의 성추문에 대한 대중의 관심을 딴 데로 돌려놓는다. <왝 더 독>이 처음 공개되었을 때 비평가들은 작품의 유머에 쾌재를 불렀지만 개연성은 떨어진다고 생각했다. 그러다가 클린턴 대통령과 모니카 르윈스키의 정사가 대중에게 폭로되었다. 클린턴이 탄핵 청문회 전야에 '아랍의 테러리스트'를 폭격한다고 발표했을 때는 더 많은 사람들이 이 영화가 정말로 에둘러서 표현된 작품이 아닌가 하고 생각하기 시작했다. 의문은 계속된다. 권력자들이 우리의 현실 인식을 얼마나 조작하고 통제하는 것일까?

우리가 기술적으로 정교하게 조작된 환상 속에서 살고 있다는 생각은 현대 영화에서 반복적으로 등장하는 주제이다. <토털 리콜 Total Recall>에서 아놀드 슈워제네거는 자신의 기억이 정부가 날조해 심어놓은 것이라는 사실을 발견한다. <네트 Net>에서는 샌드라 블록의 신원이 세계의 정보 데이터베이스를 통제하는 기업에 의해 지워져 버린다. <트루먼 쇼 The Truman Show>에서 짐 캐리는 거대한 포템킨 마을에서 살아간다. 자신의 모든 생활이 TV로 방송되고 있다는 사실을 전혀 모른 채 말이다. 가상현실은 <스타 트렉 Star Trek>의 후반기 에피소드에서도 두드러지게 나타난다. 사람들이 인위적인 모험을 즐기기 위해 '홀로데크'(holodeck)라고 하는 가상현실 방에 들어가면 프로그래머의 요구에 따라 파리의 카페나 무성한 열대 우림 또는 다른 유사 환경이 실현되는 것이다. <X 파일 The X-Files> 시리즈에서는 스컬리와 멀더 요원이 허구한 날 광대한 음모의 미로를 헤맨다. 그들은 '진실이 저 너머에 있다'고 확신하지만 발견할 수도 없고 음모자들의 정체를 밝혀내지도 못한다. "이것이 오늘날 영화계에서 유행하는 개념인 것 같다. 신학과 기술을 혼합해 조금 불가사의하고 신비한 정도의 존재 망상증을 버무려내는 것 말이다." 영화 비평가 테드 앤서니(Ted Anthony)의 논평이다.[35]

이런 망상증은 저널리스트 월터 리프먼(Walter Lippmann)이 1921년에 언급했던 의사 환경(pseudo-environment)을 대중이 더 잘 인식하고 있음을 보여 준다. "사람과 외부 세계 사이에 의사 환경이 개입한다는 것이다. …… 사람들은 허구의 매개를 통해 주변 환경에 적응한다."[35)

리프먼은 제1차 세계대전 때 미국 전쟁 장관의 비밀 보좌역을 수행했고 '휴전'(armistice)이라는 용어를 만들어 내는 데도 참여했다. 이런 경험 때문에 그는 민주주의의 미래 전망을 불신했다. 『여론』이라는 저서에서 그는 아군을 포함해 전쟁에 가담한 모든 진영이 전장의 손실 상황에서부터 각국 정부의 진짜 전후 처리 목표에 이르기까지 온갖 문제들을 자국민에게 속였다고 시인했다. 리프먼은 "우리는 이것을 선전(propaganda)이라고 부르게 되었다"고 썼다. "사태에 독자적으로 접근하는 것을 불허할 수 있는 사람들이 뉴스를 자신들의 목적에 부합하도록 만든다."[37)

리프먼은 허구의 '의사 환경'이 불가피하며 필수적이라고 주장했다. 부분적으로 정보가 대중에게 전달되는 속도에 제약이 있기 때문이라는 것이었다. 그는 아무리 유능한 전신수라도 하루에 1,500단어 이상을 전송하는 것은 무리라고 말했다. 따라서 외국의 통신원들은 그들의 일차적 설명을 '몇 단어'로 압축해야만 했다. 그리고 "그 몇 단어들이 행동, 사고, 감정, 결과의 총체적 연쇄상을 효과적으로 드러내야만 한다. …… 문체의 대가라고 해도 완벽한 정의가 요구하는 진실의 모든 요소들을 100단어의 사건 기사로 포장할 수 있을지는 의문이다."[38) 그러므로 여론이란 정보가 충분히 제공된 가운데서 이루어진 합의라기보다는 불완전한 정보에 기초한 설익은 생각과 고정관념 및 사람들의 개인적 편견이 뒤범벅된 것이라고 할 수 있다.

리프먼은 이 세계의 복잡성을 대중에게 교육하는 것이 불가능하다고 상정하고 "결정을 내려야만 하는 사람들에게 눈에 보이지 않는 사실을 알려 주는 독립적인 전문가 조직이 존재하지 않으면"³⁹⁾ 민주주의가 작동할 수 없다고 주장했다. 그는 전문가가 '과거 그 어느 때보다 앞으로 더 많은 권력을 행사'해야 한다고 주장했다. '유권자와 통치자가 관련 사실들을 더 파악하지 못할 것이기 때문'이라는 것이다. "모든 통치 기관이 조사 및 정보 위원회를 구성하게 될 것이다. 그 위원회들은 전세계 모든 군대의 정보 부서처럼 각 분야로 촉수를 내뻗을 것이다."⁴⁰⁾ 리프먼은 사태가 이렇게 전개되는 것이 바람직하다고 생각했다. 심지어 구성원들이 종신 재직권을 누리는 '전문가들의 위원회'가 정부의 보조를 받아 구성되어야 한다고도 주장했다.⁴¹⁾ 그는 "목표는 온갖 문제와 관련해 모든 시민에게 전문가적 견해를 갖도록 짐을 지우는 게 아니라 그 짐을 시민에게서 책임을 지는 통치자에게로 돌리는 것"이라고 말했다.⁴²⁾

리프먼은 전문가와 함께 특화된 **유형**의 전문가도 부상하리라고 보았다. 그들의 임무는 대중의 사고를 통제하고 관리하는 일이 될 것이었다. 리프먼은 "심리 연구의 결과를 살펴보면 민주주의가 현대의 커뮤니케이션 수단과 결부되어 새로운 국면을 맞이했다는 것을 알 수 있다"고 말했다. "설득은 대중 정부의 자기의식적 기술이자 정규 기관으로 자리를 잡았다. 우리 가운데 그 결과를 이해하지 못할 사람은 없다. 그러나 동의를 끄집어 내는 방법에 관한 지식이 모든 정치적 계산을 바꾸고 모든 정치적 전제를 수정할 것이라고 말하는 것은 결코 용감한 예언이 못 된다.""⁴³⁾

우리가 살고 있는 오늘날의 세계는 여러 면에서 리프먼의 세계와는 다르다. 정보 전송의 어려움에 관한 리프먼의 주장은 인터넷, 캠코더, 휴대전화, 광섬유 케이블, 위성 안테나에 기반을 둔 오늘날의 세계에서는 부적절할 뿐만 아니라 터무니없어 보이기까지 한다. 정보 병목 현상은 이제 존재하지 않는다. 오히려 우리는 흡수할 수 있는 양보다 더 많은 정보에 매일 융단폭격을 당하고 있다. 그렇다고 현대의 정보 미디어가 리프먼이 언급한 '의사 환경'을 제거한 것은 아니다. 실제로 미디어의 소음은 훨씬 더 커졌다.

비(非)정보 오락 산업

미디어 의사 환경을 창조하는 것은 결코 쉬운 일이 아니다. 시간이 필요하고, 돈이 들며, 앞선 기술이 있어야 한다. 기업의 홍보활동으로 미국에서 매년 얼마가 지출되는지를 정확히 아는 사람은 아무도 없다. 그러나 대략 100억 달러는 될 것이다. 홍보산업은 자신들의 임무에 적합한 기술을 개발하기 위해 사회 과학을 활용해 왔다. 심리학자, 사회학자, 여론조사 전문가들이 컴퓨터 프로그래머와 제휴해 복잡한 데이터베이스를 구축한다. 이 데이터베이스는 개별 도시민의 유력한 '심리지도'[psychographics, 수요 조사를 목적으로 소비자의 행동 양식, 가치관 등을 심리학적으로 측정하는 기술]를 가려 뽑을 수 있을 만큼 아주 정교하다. 과거의 홍보대행사들은 고객의 관심을 끌기 위해 광고에 의존했다. 전자 미디어 시대인 오늘날의 홍보산업은 수신자 부담 전화번호(800번호)와 전화 광고, 쌍방향 웹사이트와 동시성 다지점 팩스 전송 등을 활용한다. 여러 수단을 활용하는 최근의 홍보산업은 일상생활 깊숙이 스며들어 있다. 다만 홍보산업이 보이지 않는 것은 정말로 그것이 곳곳에 깔려 있기 때문이다. 제품의 상표명이 찍힌 T-셔츠에서부터 영화 홍보에 이르기까지 '쟁점 관리'(issue management), '인식 통제'(perception management), '위기 경영'(crisis management)이라는 이름으로(오늘날 유행하는 전문 용어를 몇 개만 들더라도) 보이지 않는 곳에서 온갖 활동이 이루어지는 것이다.

캐피털 스피커스(Capital Speakers)나 셀레브러티 포커스(Celebrity Focus)

같은 이름을 가진 일부 기업은 홍보를 위해 일할 명사와 전문가 대변인을 전문적으로 영입한다. 캐피털 스피커스는 자기들이 '지구상의 어떤 달변가와 연예인도 모두' 제공할 수 있다고 으스댄다. 설레브러티 포커스는 고객들이 '노련한 전문가들에게 명사들의 고용을 맡김으로써 홍보에만 집중할' 수 있다고 말한다.[44] 다른 홍보전문가들은 장래의 전문가와 대중 앞에 서는 것이 능숙치 못한 기업 경영자들에게 의회나 텔레비전에 자신을 드러내는 방법을 전문적으로 가르친다. 어떤 옷을 입어야 할지, 어떤 색깔의 넥타이를 매어야 할지, 어떻게 앉고 서야 할지(발을 뻗어야 카메라 앞에서 동요한 것처럼 보이지 않는다는 등), 어떤 어휘를 사용해야 할지, 선택한 단어를 어떻게 발음해야 할지, 답하고 싶지 않은 질문을 받았을 때 "할 말 없습니다 (no comment)." 같은 꼴사나운 문구를 쓰지 않으면서도 아무것도 알려 주지 않는 방법 등을 가르쳐주는 것이다. 대형 홍보회사들은 이 모든 서비스와 이상을 한 번에 다 제공한다. 광고, 홍보, 전통적인 로비 활동, 조사 연구, 여론조사, 우편물 송부, 쟁점과 관련해 '일반 시민'의 지지를 만들어 내는 일 등을 한꺼번에 다 해결해 주는 것이다.

연방 정부가 홍보에 돈을 쓰는 것은 법으로 금지되어 있다. 그러나 이런 금지 조처가 아무런 장애가 되지 못한다는 사실이 밝혀졌다. 똑같은 활동이 '공보'(public affairs)라는 이름이나 다른 완곡어들 속에서 이루어지기 때문이다. 1986년에 상원의원 윌리엄 프록스마이어(William Proxmire)는 일반회계국에 연방기관들이 공보 활동에 돈을 얼마나 쓰느냐고 질의했고, 23억 달러정도라는 답변을 받았다. 의회와 백악관의 홍보활동 비용은 포함되지 않은 금액이었다. 비용 증가를 알아볼 수 있는 정부 통계나 기준이 전혀 없지만 1986년 이후로 그 액수가 늘었다는 것은 틀림없는 사실이다. 레이건 행정부가 중앙아메리카에 군사 개입을 시도했던 1980년대에 라틴 아메리카 및 카리브해 외교국(Office of Public Diplomacy for Latin America and the Caribbean)은 제3자 기술을 동원해 언론의 전쟁 보도를 주물렀다. 예를 들어 1985년 3월 11일에 존 길마텐(John Guilmarten) 교수는 『월스트리트 저널』에 자신의 이름을 걸고 특별 칼럼을 투고해 니카라과 정부가 위험한 무기를 만들고 있다고 주장했다. 이란/콘트라(Iran/Contra) 게이트 청문회 중에 공개된 백악관의 내부 비망록에 따르면 "길마텐 교수는 우리 외교국의 자문 위원으로 우리 직원과 협력해서 이 기사를 작성했다. …… 외교국은 이 기사를 준비하는 데에 공식적으로 어떤 역할도 하지 않았다." 비망록에는 외교국의 자문 위원들이 초고를 작성하고 콘트라 게이트의 주모자들이 재가를 해 『워싱턴 포스트』와 『뉴욕 타임스』에 투고된 특집 기사들도 언급되어 있었다. 놀라운 점은 비망록이 콘트라 게이트 연루자들과 워싱턴의 다양한 뉴스 미디어 사이의 인터뷰를 성사시키기 위해 '컷아웃'[cutout, '제3자'에 대한 CIA식 용어. '무리를 떠난 동물'이라는 뜻이 있다] 기법이 동원되었다는 사실을 언급하고 있다는 것이다. 이 프로그램은 공작 첫 해에만 1,500건의 정치 집회와 150개 도시의 논설위원 239명에게 자료를 송부하는 것을 승인해 달라고 요구했다. 백악관이 이 선전의 우두머리였다는 사실은 공작 과정 내내 은폐되었다.

일부 홍보캠페인은 재미있다. 하찮은 수준의 홍보도 있고, 대중에게 유익한 홍보도 분명 존재한다. 그러나 이런 식의 사고 통제 실험이 누적되어 발생한 인간의 희생은 막대하다. 여론 조작 전문가들 때문에 미국과 다른 국가들이 20세기에 반복적으로 전쟁을 벌였다. 워싱턴 D.C는 유명한 홍보회사들의 본거지이다. 그들의 고객 가운데는 자국민을 고문하고 살인하며 심지어는 미국을 상대로 간첩 행위를 하면서 동시에 해외 원조와 무역 특혜를 얻기 위해 로비를 벌이는 독재 정권들까지 포함되어 있다. 민간 의료업계는 건강 보험 개혁을 막기 위해 계속해서 대규모 홍보활동과 로비전을 펼쳐왔다. 그 결과 미국은 국민의 상당수가 비보험 상태로 남아 있는 유일한 주요 산업 열강이다. 다른 어떤 국가보다 1인당 의료비 지출은 더 많으면서 국민의 실질적 건강 상태는 하위에 머무르는 것이다.[15]

홍보업계가 사용하는 여러 기술 중에서 잘못된 것은 하나도 없다. 로비, 일반 대중을 조직하기, 뉴스 미디어 활용 등은 대중에게 생각을 제시하는 방법들이다. 개인으로서 우리는 이런 활동에 참여할 권리가 있을 뿐만 아니라 우리의 사회와 삶을 구체화하는 결정들에 참여할 책임도 진다. 보통 사람들은 사회의 변화를 위해 조직할 권리를 가진다. 그러나 보통 사람들이 홍보회사가 특수한 이해관계를 갖는 고객을 대신해서 수행하는 수백만 달러 규모의 캠페인을 할 수는 없다. 대개 대기업, 기업 협회, 정부들이 그 고객이다. 홍보업계는 돈을 가지고 변호사, 방송 전파, 위성, 현란한 정보는 물론이고 다른 비싼 첨단 기술까지 동원해 진정한 시민 개혁가들을 제압한다.

대중은 거의 본능적으로 미디어가 조작되는 세상에 살고 있다는 사실을 알고 있다. 특정한 선전 캠페인을 간파해 내느냐의 여부와 상관없이 우리 모두는 우리가 반쪽짜리 진실, 고의적 모호성, 교묘한 이미지 캠페인의 시대에 살고 있다는 것을 안다. 누군가가 "그건 광고야." 하고 말할 때 그 말은 거의 긍정적인 의미가 아니다. 홍보업계 여성 사장들의 모임 회장인 베티 키핀(Betty Keepin)은 이렇게 말한다. "홍보는 대중이 신뢰하지 않는 것을 지칭하는 다용도 문구로 자리잡았다." 1994년에 미국홍보협회(PRSA)와 록펠러재단(Rockefeller Foundation)은 대중이 어떤 유형의 인물을 가장 신뢰하는지 알아보기 위해 5년 동안 마흔다섯 개의 상이한 인물 유형을 평가했다. 여기에는 '개인이 쟁점과 관련해 입장을 옹호하거나 신봉하면서 그 사람을 신뢰하는 정도'를 측정하기 위해 미국홍보협회가 고안한 '전국 신뢰 지수'가 사용되었다. 미국홍보협회에게는 아주 당황스럽게도 홍보전문가들이 거의 꼴찌였다. 정확히 43등이었다. 42등은 '유명 운동선수'였고,

'유명 연예인'과 'TV 및 라디오의 토크쇼 진행자'를 겨우 따돌린 등수였던 것이다.[46]

미국홍보협회의 연구는 1999년에 완료되어 6월 18일에 별다른 선전 없이 발표되었다. 『오드와이어스』는 "이 시기가 7월 4일 독립기념일 직전의 휴가 기간으로 그 결과가 널리 알려지기를 원치 않았던 사람들에게는 최고로 좋은 시기"였다고 말했다. 업계 종사자들은 연구 결과를 걱정하기 시작했다. 일부는 자기들이 '홍보를 홍보'해야 할지도 모르겠다고 말했다. 그딴 캠페인은 실패할 수밖에 없다고 체념하는 사람도 나타났다. 그러나 국제기업홍보가협회(International Association of Business Communicators) 회장 데이브 시퍼트(Dave Siefert)에게 그 연구 결과는 놀랍지도 않았고 특별히 나쁜 소식도 아니었다. 시퍼트는 홍보전문가들이 '막후에서' 일한다고 말했다. 사람들은 "우리 작업의 결과를 보는 것이지 우리의 개인적 관계에는 관심이 없다." 홍보산업이 그 자체로 신뢰를 결여할 수 있을지는 모른다. 그러나 미국홍보협회의 조사 연구는 '애국적 전문가'가 미국에서 세 번째로 신뢰받는 인물 유형이라는 사실을 알려 주었다(대법원 판사와 교사에 뒤이어). 시퍼트도 "홍보전문가들이 개발한 메시지를 흔히 애국적 전문가들이 전달하고 있다"고 말했다.[47]

대중적 삶의 많은 부분이 이루어지는 미디어 환경은 두 종류의 전문가를 탄생시켰다. 막후의 조작 전문가들과, 그들이 대중의 소비를 진작시키기 위해 선별하고 교육해 내보내는 무대 위의 전문가들이 그 두 종류이다. 무대 뒤에서 일하는 전문가들은 무대 뒤에 남는 것을 좋아한다. 그들에 대한 환상이 만들어지려면 보이지 않아야 하기 때문이다. 레이건 대통령의 보좌관을 지냈고 현재 에델만의 부사장으로 재직하고 있는 에드워드 롤린스(Edward Rollins)는 "우리 쪽 사람들은, …… 상황을 통제할 수 없을 때 앞에 나서는 것을 싫어한다"고 말한다.[48] 오늘날의 조작 전문가들은 오즈의 마법사 같다. 그들은 감탄과 공포를 불러일으키는, 쾅 하고 울리면서도 고압적인 목소리로 말하는 재주를 완성했다. 그러나 그들은 자신들의 진짜 정체가 까발려지는 것을 두려워한다. 보이지 않는 줄, 연기, 거울을 활용해 작은 사람과 보잘것없는 생각을 훌륭하고 설득력이 있는 것처럼 보이게 만드는 흥행사들이 그들의 정체다. 마법사가 도로시에게 "장막 뒤의 남자에게 관심을 갖지 말아 달라"고 간청하는 데에는 이유가 있다. 그러나 도로시는 마법사가 사용하는 마술의 계략을 보고 이해한 다음에야 비로소 집에 돌아갈 수 있었다.

2 정보 조작의 탄생

> 남북 전쟁부터 현대까지 아마추어들이 후퇴하고 전문 직업군이 꾸준히 성장하면서 전문 지식의 권위가 유례 없이 확대된 사건만큼 선명하게 두드러지거나 현대 미국의 탄생을 심층적으로 해명해 주는 발전상도 거의 없다.
> ── 토머스 L. 해스컬(Thomas L. Haskell)[1]

    찰스 T. 여키스(Charles T. Yerkes)는 하얀 차양을 친 단상 위에 앉아 있었다. 800명의 명사들이 기립 박수로 환영하자 이 자선가는 얼굴을 붉혔다. 시카고 대학교 총장 윌리엄 레이니 하퍼(William Rainey Harper)가 여키스의 '신실함과 수수함'을 치하했다. 대학위원회 의장은 여키스가 물질 만능의 시대에 정신의 가치를 표상하는 기념비적 건물을 짓는 데 일조함으로써 "인간의 정신을 앙양하고 명예를 드높이는 일"에 기여했다고 말했다.
    1897년 10월 21일 시카고의 새 천문대 개관식 행사였다. 여키스가 천문대 건설에 많은 돈을 기부했던 것이다. 여키스가 일어나서 답례 연설을 했다. 그의 겸손한 연설은 기부 행위의 이타적 본질을 넌지시 암시했다. 여키스는 이렇게 말했다. "천문학이 더 많은 후원자를 갖지 못하는 한 가지 이유는 이 분야가 전적으로 비영리적이기 때문이다. 천문학 애호가가 얻을

수 있는 금전상의 가치는 아무것도 없다. 천문학 애호가는 아무것도 팔 수가 없다."^{라)}

정말로 아무것도 팔 게 없었는지도 모른다. 그러나 여키스가 무언가를 사려고 노력하고 있었다는 것은 분명하다. 악명에 대한 방향(芳香)이 그것이었다. 당시의 아첨꾼을 제외한다면 그는 시카고에서 가장 미움 받는 사람 가운데 한 명이었다. 이 악덕 자본가는 기금을 착복한 혐의로 옥살이를 하고 나온 뒤에 사업 전략을 개발해 승승장구했다. 여키스는 이 전략을 "낡은 쓰레기를 사서 대충 손본 다음 다른 녀석들에게 팔아치우기"라고 설명했다. 여키스는 도시의 새 전차 사업을 지배하면서 제국을 건설했다. 이들이 전력선을 부실하게 가설했기 때문에 1895년에만 382명이 죽거나 다쳤다. 일리노이 주 의원들을 매수하려던 그의 노골적인 공작이 시민 개혁 운동에 불을 붙였다. 뇌물반대시민독립동맹(Citizens Independent Anti-Boodle League)이 결성되었다. 여키스에게 기부금을 얻으려고 노력했던 대학 관리들과 천문학자들도 다른 시민만큼이나 사태를 잘 이해하고 있었다. 그의 천문대 투자 행위가 새로운 이미지를 얻어 보려는 얄팍한 위장술에 불과하다는 사실을 말이다. 되돌아보면 당시에 누가 누구의 광대짓을 하고 있었는지 말하기가 쉽지 않다. 그날의 화려한 행사가 끝난 후 시카고의 신문과 뇌물반대동맹은 공격을 재개했다. 여키스는 마침내 도시에서 불명예스럽게 쫓겨났고, 몇 년 후 조용히 가난한 삶을 마쳤다.

오늘날의 관점에서 볼 때 여키스와 그의 자선 행위에서 가장 놀라운 점은 별스러울 정도의 무익함이다. 여키스가 악당이었을지는 모르지만 홍보맨은 전혀 아니었던 것이다. 실제로 1897년에는 '홍보'라는 용어가 있지도 않았다.

후원자가 없다는 여키스의 말과는 달리 실제로 19세기의 미국에서 천문학은 과학 후원 사업에서 인기가 제일 많았다. 시민 단체들이 집집마다 방문해 기부금을 모아 망원경 건조 자금을 댔다. 여러 도시들이 가장 큰 렌즈를 갖춘 장비를 보유하고 있다는 명예를 얻기 위해 경쟁할 정도였다. 여키스가 아주 잠깐 대중의 용인을 받았던 그 순간에 말했던 것처럼 천문학은 '전적으로 비영리적인', 문자 그대로 별을 관찰하는 학문이었고, 실제로 천문학의 비영리적 속성이 정확하게는 천문학의 매력이었다. 사람들은 박물관이나 위대한 문학 작품을 보듯이 천문학에 열광했다. 그들은 하늘을 응시했고, 창조의 미스터리를 깊이 생각했으며, 우주의 본질을 철학적으로 설명했다. 당시만 해도 과학과 기술은 여전히 두 개의 다른 대상이었다. 전차를 움직였던 여키스의 전기 모터는 실제의 기술이었다. 맹목적인 힘을 발휘하는 기계, 산업의 위력과 미국인의 재주에 대한 궁극적 표현이었던 셈이다. '과학'은 좀 달랐다. 더 훌륭하고 덜 실제적인 어떤 것이었다. 간이 실험실에서 대충 메모를 하고, 오지에서 공룡의 뼈나 암석 표본을 파헤치고, 새로운 이론을 생각해 내고, 아무리 빈약하더라도 긁어모을 수 있는 자료를 바탕으로 실험을 하는 괴짜 학자들의 활동이었던 것이다. 과학자들의 기묘한 탐구 행위는 높게 평가되었지만, 특별한 존경의 대상은 아니었고 연구 자금이 풍족하지도 않았다. 역사학자 하워드 밀러(Howard Miller)는 "과학과 과학자들에 대한 미국인의 무관심은 …… 과학과 과학 지향의 기술이 19세기 미국인의 삶에서 특별히 두드러지는 특징이 아니었다는 사실의 자연스런 귀결이었다"고 말한다. "산업, 농업, 군사 기술의 압도적인 강제력이 발휘된 20세기가 되어서야 비로소 대중은 연구가 국가적 자원이라는 것을 깨닫게 된다. 그때까지도 과학자들은, 그들 가운데 한 명이 말한 것처럼, 대체로 '사회 질서에 해를 끼치지는 않지만 호기심이 강한 무익한 존재들'이었다."[ㅋ]

'멘로 파크의 마법사' 토머스 앨버 에디슨은 발명가이자 무슨 일이든 닥치는 대로 하는 만물 수선공이었다. 에디슨은 과학 연구자가 아니라 기술

개발자였다. 뉴저지 주 멘로 파크에 있었던 그의 '발명 공장'은 문자 그대로 세상을 바꾸는 수백 개의 발명품을 만들어냈다. 타자기, 축음기, 전구, 전신기, 축전지, 전기 계량기와 모터, 활동사진 등을 말이다. 그러나 에디슨은 평생에 걸쳐 '순수 과학'이라고 할 만한 것을 단 하나밖에 발견하지 못했다. 진공 상태에서 달구어진 금속이 전자를 방출한다는 관찰 결과가 그것이다. 이 현상은 자신의 목표에 비춰볼 때 실용성이 전혀 없었기 때문에 에디슨은 공책에 그 결과를 기록해 두고는 까맣게 잊어 버렸다. 그러나 발명가이자 사업가로서 거둔 성공 덕택에 에디슨은 뒤에 출현할 과학자들의 원형으로 자리잡기에 이른다. 절친한 동료이자 에디슨의 숭배자였던 자동차 제조업자 헨리 포드(Henry Ford)는 이렇게 말했다. 에디슨은 "이론적 과학자와 실제적 과학자를 구분하는 데에 확실한 종지부를 찍었다. 그리하여 오늘날 우리는 과학적 발견을 하면서 인간의 필요에 따른 현재와 미래의 적용 가능성도 함께 생각한다. 그는 산업에서 낡은 어림수의 경험 법칙을 가져와 그것을 정확한 과학적 지식으로 바꾸었다. 한편으로 에디슨은 과학적 연구를 실용적인 용도로 돌려놓았다."4)

에디슨의 눈에, 그리고 분명히 포드의 눈에 '실용적인 용도'는 사실상 영리적 실행 가능성과 같은 말이었다. 그들의 과학 개념은 미국의 실용주의 전통과 완벽하게 일치한다. 이것은 분명 미덕을 가지는 개념이었다. 그 결점들이 당장 분명한 형태로 드러나지는 않았지만.

갈릴레오 VS 보호자들

역사적으로 볼 때 과학은 흔히 자신을 민주주의의 정치 철학과 연결시켜 왔다. 과학은 자유롭게 제 구실을 다하기 위해 언론, 사상, 결사의 자유라는 민주주의 가치들에 의존한다. 실제로 고대 그리스의 민주 정체(政體)는 상당량의 과학적 문헌을 쏟아낸 최초의 서구 사회였다. 중세의 암흑시대에는 권위주의 통치가 복귀하면서 과학적 탐구 활동이 억압받았다. 과학이 왕과 교회의 절대적 권위에 위협이 되었기 때문이다. 이탈리아의 수학자이자 천문학자인 갈릴레오 갈릴레이는 지구가 태양의 주위를 돈다는 사실을 입증하기 위해 끈질기게 노력함으로써 과학적 천재성과 함께 지적 자유의 중요성을 상징하게 되었다. 갈릴레오는 1633년 로마의 종교 재판소에서 이단 선고를 받고 생의 마지막 8년을 가택 연금 상태로 살았다. 물론 최종적으로는 그의 천문학 결론들이 만장일치로 승인되었고, 오늘날 갈릴레이는 억압적 권위에 맞서 단호하게 과학적 이견을 제시하는 행위의 본보기로 자주 언급된다.

민주주의 철학의 핵심 원리는 '민중이' 자신들의 삶에 영향을 미치는 결정들을 다른 누구보다 더 잘 할 수 있다고 믿는 것이다. 이런 가정에서 출발해 민중이 정부를 선출하고 정부는 그들의 이해관계에 봉사해야 한다는 원리가 이어진다. 기업과 같은 다른 기관들은 돈을 번다고 하는 사적 목표를 추구하는 게 용인되지만 민중이 그들의 활동을 해롭다고 판단할 경우 제한을 받기도 한다.

역사적으로 보면 이런 민주주의 사상의 대안으로 '보호자' 개념의 다양한 이형들이 존재해 왔다. 대중은 현명한 판단을 내릴 수가 없고, 따라서 더 영리하고 정보가 더 많고 더 합리적이고 아무튼 더 잘 다스릴 수 있는 누군가가 대중을 통치해야만 한다는 생각이 바로 그것이다. 플라톤은 '철학자-왕'이 사회를 다스려야 한다고 생각했다. 그에게 철학자-왕이란 '통치학'을 이해하고, 외관을 꿰뚫어 참 정의의 근본적 '형태들'을 포착해 낼 수 있는 사람이었다. 이런 능력은 희귀한 것이라고 가정되기 때문에 '대중'에게 통치를 허용했다가는 혼란과 무정부 상태와 악덕이 판을 치게 되리라는 생각이 자연스럽게 이어진다. 민중에게는 자신을 대신해서 통치해 줄 보호자가 필요하다는 관념이 온갖 권위주의 정권의 이론적 근거로 합리화되어 왔다. 유럽의 군주제에서부터 중국과 소련의 마르크스–레닌주의 정권은 물론 아르헨티나, 브라질, 칠레, 파라과이, 나이지리아 등에서 테러 지배를 일삼아 온 군사 정부에 이르기까지 그 스펙트럼은 다양하다.

실제로 플라톤에게 통치의 '왕도'는 키메라(근거 없는 환상)이다. 정치는 과학보다는 예술(기예)에 더 가깝다. 정치는 수학적이거나 물리적인 '과학의 법칙'으로 환원할 수 없는 도덕적 명제에 의존한다. 낙태가 합법이어야 하는가? 핵무기 제조는 윤리적인가? 가난한 사람들은 무상 의료를 받아야 하는가? 이것들은 과학 기술이 답변하지 못하는 중요한 질문 가운데 몇 가지에 불과하다.

민주주의와 보호자주의 사이의 투쟁에서 과학은 독특하면서도 모순적인 역할을 담당했다. 갈릴레오와 같은 이단적인 천체 관찰자들이 사회의 보호자들에 맞서 과학의 반란을 주도했는가 하면 다른 사람들은 열정적으로 왕실에 봉사했다. 가끔은 자신들의 전문 지식을 바탕으로 스스로 통치자가 되는 것이 당연하다고 생각하는 사람들도 나타났다.

근대의 과학적 방법론을 최초로 체계화한 철학자로 널리 인정받는 프랜시스 베이컨(Francis Bacon) 경은 제임스 1세 때 영국의 대법관이었다. 그는 결코 보호자주의의 적이 아니었다. 그러나 그는 왕의 권위와 종교적 전통에 기초한 당대의 교의들이 진부해졌다는 사실을 알고 있었다. 베이컨은 "많은 사람들이 한 사람의 지도력에 기꺼이 굴복한다. …… 그들은 무언가 새로운 것을 보탤 능력이 없어졌다"고 썼다. "철학이 처음 움터서 성장한 경험의 근원과 분리될 때 그 철학은 죽은 것이 되어버리기 때문이다." 이와는 달리 과학적 방법론은 '많은 개인의 재능'을 활용함으로써 '새로운 힘과 자격을 차지할 수 있는' 능력을 보여 주었다고 말했다.[5] 철학자–왕의 통치 개념에 대한 대안으로서 그는 기술 엘리트가 통치하는 유토피아 사회를 꿈꾸었다. 기술 엘리트는 과학이 생산한 지식을 활용해 효율성과 질서, 진보의 이해 속에서 사회를 통치할 것이었다.

1660년에 영국의 공식 과학 협회로 창립된 자연지식의증진을위한왕립학회(Royal Society for the Improvement of Natural Knowledge)는 과학 지식이 삶의 모든 방면과 영역에서 비롯되어야 한다는 베이컨의 신념에서 많은 영감을 얻었다. 학회의 헌장이 발표되던 당시 회원의 3분의 2는 전업 과학자가 아니라 관련 분야에 흥미가 있는 아마추어들이었다. 당시의 과학자들은 협소한 전문가들이 아니라 물리학에서 신학에 이르기까지 당대의 온갖 사상에 관심을 가진 포괄적 지식인이었다. 그들은 지식에 대한 열망을 상업과 농업과 산업에 대한 실질적인 관심과 결합시켰다. 학회의 첫 번째 역사가였던 스프랏 주교(Bishop Sprat)는 이렇게 썼다. 우리는 "훌륭하고 값진 것들이 학식 있는 사람들에 의해서뿐만이 아니라 장인의 작업장, 상인들의 항해, 농부의 경작지, 유산 계급의 정원에서도 매일 공표되는 모습을 본다."

그러나 동시에 명백한 엘리트주의의 요소가 과학적 이상주의자들의 사고에 침투했다. 베이컨은 '평민들의 태생적 타락상과 위험한 기질'을 공공연하게 경멸했다. 그는 과학을 '대중이 법의 지배를 받아들이고, 권위에 복종하고, 자신들의 도전적인 태도를 잊도록' 가르치는 수단으로 보았다.[5] 마찬가지로 스프랏도 고귀한 태생의 아마추어 회원들이 왕립학회에 참여하는 것에서 특별한 가치를 발견했다. "자유롭고 구애를 받지 않는 유산 계급은, 그 폭넓은 교육과 풍족한 재산과 고귀한 신분의 보편적 아량을 바탕으로 야비한 생각들을 가장 혐오할 것이다."[7]

자신들의 사상으로 대혁명을 불러왔던 프랑스의 철학자들은, 아이작 뉴튼(Isaac Newton)의 수학 및 물리학 이해 방식을 통치권에 부여하고 싶어 했다. 그들은 사람들이 인간 사회의 '근본 법칙들'을 인식하게 되면 모두의

향상을 위해서 '세계-기계'를 부드럽게 효율적으로 작동시킬 수 있을 것이라고 믿었다.[9] 이런 신념은 자코뱅파를 통해 현실화되었다. 역사학자 루이스 코저(Lewis Coser)는 그들의 목표가 "순수 이성의 이미지에 따라 프랑스를 다시 만드는 것"이었다고 말한다. '순수 이성'에 대한 자코뱅파의 무한한 헌신과 '모든 이에게 올바를 것을 강요하는, 자연 법칙에의 복종'이 정확히 프랑스의 공안 정국과 기요틴 통치로 이어졌던 것이다. 코저는 "자연의 요구가 위반되는 한, 부패와 악한, 공공적 가치에 대한 미온적 태도가 존재하는 한 숙청은 계속되어야 했다"고 논평한다. "그렇게 숭고한 목표를 추구하는 과정에서 윤리적으로 강력하게 무장한 사람들은 어떠한 연민도 느끼지 않았다. 그들의 적은 실수를 한 게 아니었다. 그들의 적은 죄인이었던 것이다. 따라서 그들을 거리낌 없이 몰살시킬 수 있었다."[10]

혁명의 이상과 현실 사이에는 너무나도 커다란 간극이 존재했다. 그러나 이성으로 완벽한 세계를 만들겠다는 유토피아적 몽상은, 포기하기에는 너무나 유혹적이었다. 프랑스 대혁명은 환멸에 길을 내주었다. 철학자 클로드-앙리 생-시몽(Claude-Henri Saint-Simon)이 19세기의 가장 인기 있는 사상가 가운데 한 명으로 떠올랐다. 생-시몽은 후대 사상가들에게도 큰 영향을 미쳤다. E. H. 카(E. H. Carr)가 생-시몽을 "사회주의의 선구자이자 테크노크라트의 아버지요 전체주의의 시조"라고 묘사한 것은 적절했다.[10] 프랜시스 베이컨처럼 생-시몽도 과학과 기술이 "사회적·기술적 주요 문제들을 해결해" 줄 것이라고 믿었다. 그러나 테크노크라트가 사회를 통치하려면 '무지한 대중'을 통제해야만 했다. 이것은 "대중 민주주의와 정치를 포기해야 한다"는 의미였다.[11] 생-시몽은 대중을 대신해서 다른 모든 사람들을 인도할 수 있는 새로운 과학을 확립해야 한다고 제안했다. 그는 이것을 '조직의 과학'이라고 불렀다.[12]

생-시몽의 사상을 널리 퍼뜨린 사람은 그의 문하생이던 오귀스트 콩트

(Auguste Comte)였다. 콩트는 정치가 결국 '응용 물리학'의 형태를 띠게 될 것이라고 믿었다. 그들의 사고는 여러 면에서 자코뱅파의 사상과 유사했다. 다른 점이라면 공포 지배와 혁명 재판 때문에 생-시몽과 콩트가 정치, 나아가 민주주의 자체에 어느 정도 반감을 가졌다는 사실이다. 그들은 "정치인들이 과학 기술 엘리트들로 대체되어야 한다고 확신했다." 사회학자 프랭크 피셔(Frank Fischer)는 계속해서 이렇게 쓰고 있다. "이런 생각은 테크노크라트의 저술에서 반복적으로 등장한다. 역사적인 맥락만이 바뀔 뿐이다. 놀랍게도 관념 자체는 항상 같다."[13]

과학은 단순히 물리적 세계를 연구하는 학문을 뛰어넘어 극적인 변화를 겪었다. 물리학이라는 자연 과학은 정확한 측정과 엄격한 기계적 법칙 덕택에 사람들이 생물학이나 언어, 인간 행동, 심지어 전체 사회의 행위처럼 보다 말랑말랑한 주제를 탐구할 때조차 본받으려고 애쓰는 합리성과 규율의 모범이자 은유로 자리잡았다. 그런데 웬일인지 이런 학문들이 정확한 측정과 예측에 전혀 힘쓰지 않았는데도 사태는 심각해 보이지 않았다. 과학은 방법론이기를 그만두고 이데올로기가 되었다.

이데올로기처럼 과학도 다양하게 상충하는 정치적 용도로 쓰였다. 영국에서는 공리주의자들이 당대의 복지 제도였던 구빈법 폐지를 지지하면서 자료를 수집하는 일에 착수할 때 과학의 엄격성을 채택했다. 대신 그들은 더 '효율적인'(다시 말해 더 싸게 먹히는) 구빈원 제도를 실시했다. 구빈원에서 이루어진 지독한 착취는 후에 찰스 디킨스(Charles Dickens)의 여러 소설에서 비통할 정도로 자세하게 묘사된다. 다시 얼마 후에 이번에는 페이비언[Fabian: 1884년 영국 런던에서 결성된 영국의 사회주의자] 사회주의자들이 마찬가지로 세심하게 편집된 정확한 통계 보고서를 들고 나와 복지국가 영국의 길을 닦았다. 이 보고서를 통해 그들은 '전문가의 조언 부족으로 일체의 의사 결정이 제한받는 상황에서' 스스로를 "비공식적 전문가 '서기들'"로 확립하고자 했다.¹⁴⁾ 공리주의자들의 자료 수집에 대한 집착 역시 그 유명한 빅토리아 청서(Victorian Blue Book)의 편찬으로 이어졌다. 이 보고서들은 인류 역사상 가장 집약적인 형태의 사회 통계로, 칼 마르크스도 자본주의에 대한 자신의 기소장을 작성하는 데에 필요한 정보를 전부 이 청서에서 얻었다. 역사와 계급투쟁에 관한 마르크스의 '과학'은 전투적 지식인이 행사하는 완벽하게 합리적인 국가 권력에 대한 믿음을 바탕으로 러시아의 볼셰비키 혁명을 고무했다. 자코뱅파처럼 볼셰비키도 '역사의 객관적 법칙'을 과학적으로 조작해 이상적인 사회를 만들어가고 있다고 믿었다. 이런 이상은 실제에서 다시 한 번 관료 독재와 공포 통치로 타락하고 말았다.

'통치의 과학'이 미국에 상륙하다

미국에서는 테크노크라트라는 의제가 19세기의 마지막 사반세기에 부상한 진보당 운동에서 뚜렷하게 드러났다. 잡지 『뉴 리퍼블릭』의 창건자 허버트 크롤리(Herbert Croly)도 월터 리프먼처럼 오귀스트 콩트의 철학에 크게 감동을 받았다. 한편 보수 쪽의 정치 지형에서는 프레더릭 테일러(Frederick Taylor)가 '과학적 관리'라고 하는 이론을 발전시키고 있었다. 테일러는 노동자들의 시간과 동작 연구를 바탕으로 생산성을 최대한 끌어올린다는 목표하에 공장과 작업 공정을 설계하려고 노력했다. 그의 태도는 자본가들뿐만 아니라 러시아 혁명의 지도자 V. I. 레닌에게도 매력적으로 보였다. 레닌은 소비에트의 공장들이 "테일러주의를 조직적으로 연구하고 가르쳐야 한다"고 강조했다. 레닌은 테일러주의를 "작업 과정 중의 기계적 움직임을 분석하고, 부적절하거나 서툰 동작을 배제하며, 정확한 작업 방법을 완성하고, 최선의 계산 및 제어 체계를 도입하는 분야에서 가장 위대한 과학적 업적" 가운데 하나라고 불렀다.[15]

피셔는 "과학적 관리의 기능이 이중적이었다"고 논평한다. "첫째, 그들은 (시간 및 동작 연구를 통해) **노동자들이 이미 알고 있는 것**, 곧 작업 과정의 세부 사항을 계획하고 지휘하는 방법을 배우기 위해 작업장에 들어가야 했다. 둘째, 경영 계획과 분석을 통하여 테일러주의자들은 새롭게 획득한 지식을 활용해 **관리 통제하에 놓여 있는** 생산 과정을 '효율적으로' 재설계했다. …… 작업 현장에서 더 전문화된 노동자들에게 덜 복잡한 과제를 부여함으로써 노동의 분화가 증대했다. 노동의 분화는 비용을 절감해 주었다. 숙련 노동자들이 값싼 비숙련 노동자들로 대체되었다. 노동자들에게 노동은 덜 흥미로워졌고 더 반복적인 것으로 바뀌었다. 그러나 경영진은 더 많은 이윤을 누릴 수 있었다. 저항을 좌절시키기 위해 테일러의 전략은 다수의 기술적 변화도 채택했다. 예를 들어 노동자들이 생산 과정**을 이해할 수 없도록** 만드는 작업이 입안되었던 것이다. …… 테일러의 말처럼, '현장에서는 가능한 모든 뇌 활동이 제거되고 계획 부서로 집중되어야 했다.'"[16]

노동자들은 각자의 작업 공정에 대한 통제권을 빼앗겼을 뿐만 아니라 심리적으로도 합리적인 사고를 하기에 부적합한 존재로 선언되었다. 그 시발점은 널리 인용되고 있는 '호손 연구'(Hawthorne Studies)이다. 호손 연구는 어쩌면 사회 과학의 역사에서 가장 폭넓게 분석되고 토론된 실험일 것이다. 연구가 수행되었던 웨스턴 일렉트릭(Western Electric)의 공장 이름을 딴 호손 연구는 하버드 대학교의 엘튼 메이요(Elton Mayo) 교수가 주도했다. 그는 여성 노동자 집단을 연구하면서 그녀들을 더 생산적으로 만들 수 있는 요소가 무엇인지 알아내려고 했다. 호손 연구가 영향력을 행사할 수 있었던 까닭은, 무언가가 '입증'되었기 때문이 아니라 메이요의 결론을 기꺼이 경청할 준비가 되어 있던 사업가들이 존재했기 때문이다. 메이요는 노동자와 경영진의 심리에 근본적인 차이가 있다고 주장했다. 경영진은 논리와 합리성의 기반 위에서 행동하는 반면 노동자들은 감정의 지배를 받는다는 것이었다.[17]

양차 세계대전 사이의 기간은 '기계의 시대'라고 일컬어진다. 기계 기술이 사회 전반에 퍼지던 시기였다. 자동차가 유행했고 기계가 합리성, 질서, 효율성, 힘, 진보의 상징으로 자리잡았다.[18] 미국에서 초보적인 '테크노크라시 운동'이 전개되었다. "과학이 낭비, 실업, 굶주림, 소득의 불안정을 영원히 추방하고 있다. …… 우리는 과학이 결핍의 경제를 풍요의 시대로 대체하는 것을 지켜보고 있다. …… 우리는 기능적 적합성이 우스꽝스럽고 낭비적인 무능력을 대체하고, 사실이 무질서를 대체하고, 산업 계획이 산업의 혼란을 대체하는 것을 지켜보고 있다."[19] 테크노크라시 운동은 스스로를 '테크노크라시 주식회사'라고 부르기도 하면서 원시적인 파시즘의 경향을 드러냈다. 피셔는 "엄격한 위계 구조로 조직된 테크노크라시 운동의 성원들은 특별한 휘장을 단 회색 제복을 입었고, 회색 자동차를 운전했고, 특별한 구호로 서로에게 인사했다"고 언급한다.[20]

제1차 세계대전의 여파 속에서 당시의 역사학자 프레더릭 루이스 앨런(Frederick Lewis Allen)은 과학이 "불명예를 뒤집어쓰지 않은 위대한 지적 영향력 가운데 하나"라고 말했다. "과학의 권위는 엄청났다. 길거리의 남자든 부엌의 여자든 실험실에서 탄생한 새로운 기계와 장치들을 사방팔방에서 만난 사람들은 과학이 거의 모든 것을 해낼 수 있다고 믿기에 이르렀다. 그들은 과학 정보와 이론에 압도당하고 있었다. 신문은 대중에게 최신의 발견을 알려 주는(또는 오도하는) 기사를 실었다. 이제 앨버트 아인슈타인의 새로운 이론이 1면을 장식했다. 실제로는 아무도 그것을 이해하지 못했지만 말이다. 지식의 대강이 언론에서 쏟아져 나왔다. 언론은 사람들에게 미행성설과 원자의 구성을 알려 주었고 원시 혈거인(穴居人)의 일상생활을 아무렇게나 설명했으며 전자, 내분비샘, 호르몬, 비타민, 반사 작용, 정신병을 소개했다."21)

1920년대는 지그문트 프로이트의 성 심리 이론이 대규모 청중을 확보한 시기이기도 했다. 앨런은 "심리학이 왕이었다"고 말한다. "프로이트, 아들러, 융, 왓슨이 수만 명의 신봉자를 거느렸다. 지능 검사원들이 IQ를 찾아내겠다고 학교로 몰려갔다. 정신과 의사들이 사업 분야에 초빙되어 종업원을 고용하거나 해고했고, 광고 정책을 결정했다."

정보 조작의 귀재

지그문트 프로이트는 에드워드 L. 버네이스에게 특별한 영향력을 행사했다. 버네이스는 '홍보의 아버지'로 알려진 인물이다. 그에게 프로이트는 단순히 우뚝 솟은 지성이 아니라 가족 구성원이자 개인적 스승이었다. 버네이스는 엘리(Eli Bernays)와, 프로이트의 누이인 애너(Anna Freud Bernays)의 아들로 태어났다. 실제로 프로이트 가문과 버네이스 가문은 사이가 아주 좋아서 프로이트 자신이 엘리의 누이인 마사(Martha Bernays)와 결혼하기에 이른다. 이 일로 에드워드 버네이스는 지그문트 프로이트에게 두 번씩이나 조카가 되었다. 프로이트가 버네이스를 통해 초창기의 홍보산업에 미친 영향은 엄청난 것이었다. 그리고 그 유산은 프로이트 커뮤니케이션스(Freud Communications)의 가장 직접적인 가계도를 통해 오늘날까지도 유지되고 있다. 프로이트의 증손자인 매튜 프로이트(Matthew Freud)가 이 막강한 영국의 홍보회사를 소유하고 있는 것이다. 프로이트 커뮤니케이션스는 아놀드 슈워제네거, 실베스터 스탤론, 브루스 윌리스, 휴 그랜트, 파멜라 앤더슨

같은 유명 인사들을 관리하는 것 외에도 볼보(Volvo)와 피자헛(Pizza Hut) 같은 회사를 위해 일했고, 1995년에는 펩시(Pepsi)가 새로 출시한 소다수의 홍보도 맡았다.

에드워드 버네이스가 자신의 유명한 삼촌 지그문트 프로이트를 아버지로 받아들였다는 주장은 전혀 과장이 아니다. 버네이스는 기회가 있을 때마다 유럽으로 가서 프로이트를 방문했고, 시가를 선물했으며, 프로이트의 저서『정신분석 강의』의 미국 내 번역과 출판을 주선하고 도와주었다. 프로이트에게 이런 노력들은 고마운 원조였다. 전후의 인플레이션 때문에 재정적으로 곤궁함에 빠져 있었기 때문이다. 그러나 두 사람의 관계는 젊은 에드워드의 열정 때문에 어느 정도 긴장 속에 놓여 있었다. 그가 프로이트의 학문적 엄격함을 대중적 거래라고 하는 저급한 요구에 종속시키려고 했던 것이다. 버네이스가 "가정에서 아내가 차지하는 정신적 위치"라는 주제의 기사를 써달라는 잡지『코스모폴리탄』의 제안을 들고 프로이트를 찾았다. 프로이트는 신랄한 어조의 편지로 거부 의사를 밝혔다. 그는 "너희 나라 편집자들이 교양 없는 대중의 천박한 취향에 전적으로 굴복하는 사태야말로 미국 문학이 저급함을 벗어나지 못하는 원인이다"라고 썼다.

간헐적으로 긴장이 계속되었으나 버네이스는 자신이 프로이트와 결연해야 사상가이자 이론가로서의 명성을 확고히 할 수 있다고 판단했다. 버네이스가 자신만의 기념비적 저작을 몇 권 저술하면서 버네이스의 명성은 더 확고해졌다. 대표적인 저술들로는『여론의 구체화』,『동의의 주조』,『선전』이 있다. 홍보산업의 역사를 연구하는 스콧 커틀립은 이렇게 말한다. "버네이스를 처음 만나면 얼마 지나지 않아 프로이트가 화제로 떠올랐다. 버네이스가 프로이트와 맺고 있는 관계는 그의 사고와 상담에서 언제나 가장 중요한 위치를 차지하고 있었던 것이다."[22] 어윈 로스(Irwin Ross)는 1958년의 인물평에서 버네이스가 홍보산업의 '학자적 열망'과 '자기 자신을 곤경에 처한 기업들을 상대하는 일종의 정신분석학자로 생각하고자 하는 인물'의 전형이었다고 평했다. "물론 그는 정신분석학자보다 훨씬 더 많은 얘기를 한다. …… 말들이 끝없는 폭포수처럼 쏟아진다. 복잡한 다음절 어들이 비판적인 청중을 안심시킨다. 전문용어들이 거대한 베개처럼 떨어지면서 불안한 마음을 달래준다. 사람들은 버네이스의 말을 이따금씩만 흐릿하게 이해할 뿐이다. 그러나 뭔가 대단하게 들린다. 〔버네이스의 피고용인이었던〕 모리스 M. 리(Morris M. Lee, Jr.)는 이렇게 말한다. '나는 알아들었고 그래서 직접 쓸 수 있었다. 그러나 나는 상황을 이해해 본 적이 결코 없었다.'"[23]

버네이스를 알았던 사람들은 이구동성으로 그가 자만심이 대단했고 습관적으로 자신을 과시하는 인물이었다고 말한다. 버네이스의 글에는 자신의 저술과 공적 발언에 관한 긴 참고문헌 목록이 포함되어 있다. 로스는 이렇게 말한다. "그의 글을 담고 있는 편집자 주(註)조차도 불멸이다. …… 자신의 참고문헌에 단지 버네이스를 언급하기만 한 책들이 버네이스의 참고문헌에 다시 실린다. 감사의 말에 버네이스를 포함시켰던 저자는 자신의 작품이 다시 감사의 대상이 되는 현실을 보게 된다. 버네이스를 '간접' 인용한 책은 당연하게도 무명 상태에서 벗어난다. 버네이스가 언급된 소설도 마찬가지이다."[24] 버네이스는 『사상의 전기』라는 제목으로 850쪽짜리 회고록도 집필했다. 그는 100살이 넘은 후에 두 번째 회고록 『최초의 100년』을 썼다. 버네이스의 자만 때문에 직업적 성공이 방해를 받기도 했다. 동시대에 홍보업계에 종사하던 많은 동료들은 버네이스를 무척 싫어했다. '선전' 및 '대중을 통제하고 조작하는 일'에 관한 솔직한 고백으로 업계의 명성에 먹칠을 하는 뻔뻔스런 허풍선이로 인식되었던 것이다.

버네이스는 프로이트주의의 과학적 언명들을 일종의 마케팅 기법으로 활용했다. 자신의 용역을 근심 많은 기업 중역들에게 판매했던 것이다. 그는 이렇게 설명했다. "홍보전문가란, 자신의 고객과 그 고객이 사회적으로 건전한 활동을 위해 의존해야 하는 대중 사이에서 발생할 수 있는 부조화와 균형을 평가하는, 훈련과 경험을 통해 자격을 갖춘 사회 전문가라고 사회학자들이 부르는 존재이다."[25] 가장 중요한 저서 『선전』에서 버네이스는 사회의 혼란과 갈등을 극복하기 위해서는 여론을 과학적으로 조작하는 일이 꼭 필요하다고 주장했다. 그는 "대중의 조직화된 관습과 의견을 의식적이고 지적으로 조작하는 행위야말로 민주 사회의 필수적인 구성 요소이다. 이렇게 보이지 않는 사회의 메커니즘을 조종하는 사람들이 우리 조국의 진정한 지배력인, 보이지 않는 정부를 구성한다"고 썼다. "우리가 결코 들어본 적이 없는 사람들이 우리를 통치하고, 우리의 마음을 형성하고, 우리의 취향을 만들고, 우리의 생각을 주조한다. 우리가 살고 있는 민주 사회가 조직되는 방식의 논리적 귀결은 바로 이것이다. 압도적으로 많은 사람들이 원활하게 기능하는 사회의 구성원으로 함께 살아가려면 이런 식으로 협력해야만 한다. …… 정치든 사업이든, 우리의 사회적 행위든 윤리적 사고든 삶의 거의 모든 활동에서 우리는 비교적 소수의 지배를 받는다. …… 우리를 지배하는 그 소수는 대중의 정신 과정과 사회적 유형을 파악하고 있다. 줄을 잡아당겨서 대중의 마음을 통제하는 것이 바로 그들인 것이다."[26]

그러나 버네이스가 프로이트 삼촌의 발자취를 따랐던 방식에는 놀라운 역설이 자리하고 있었다. 프로이트의 '대화 치료법'은 환자의 무의식적 충동과 숨겨진 동기를 밝히려고 했다. 그것들을 의식적 담론의 세계로 끌어내면 사람들이 더 건강한 삶을 영위할 수 있도록 도울 수 있다고 믿었던 것이다. 그러나 버네이스는 심리학의 기술을 활용해 고객들의 동기를 **위장했다**. 버네이스의 방식은 대중이 자신들의 의식을 주조하는 힘들을 깨닫지 못하도록 만드는 고의적인 전략의 일부였던 것이다.

과학과 '지적인 소수'

버네이스가 1920년대에 홍보의 '과학'을 발전시켰던 것은 결코 우연이 아닙니다. 그 10년 동안 대량 생산, 대량 커뮤니케이션, 대량 소비가 시작되었고, 기술 진보는 유사 종교로 신봉되었다. 이 모든 경향은 사회 문제가 공학적 방식으로 제거될 수 있고, 민주주의는 위험하며, 중요한 결정들은 전문가에게 맡겨야 한다는 믿음을 공유했다. 버네이스는 정신분석 이론 외에도 19세기에 활약한 프랑스의 사회철학자 귀스타브 르 봉(Gustave Le Bon)의 사상에서 많은 것을 도출해냈다. 그는 '대중의 신성한 권리는 왕의 신성한 권리를 갈아치우는 것'이라며 안절부절 못하던, 열렬한 민주주의의 비난자였다. 역사학자이자 『홍보: 정보 조작의 사회사』의 저자이기도 한 스튜어트 유엔(Stuart Ewen)은 르 봉이 "언제고 폭도가 사회를 장악해 자신이 신성하다고 여기던 모든 것을 파괴할지도 모른다"며 두려워했다고 말한다. "르 봉은 군중의 사회 심리를 연구하기 시작한다. 그가 보기에 군중은 합리적 주장을 바탕으로 움직이는 존재가 아니라 생각 없이 반사적으로 움직이는 존재이다. 군중은 오직 정서적 호소에만 반응하며 생각하거나 추론할 수 있는 능력이 없다. 군중을 이끄는 데 흥미를 느끼는 사람이 있다면 그는 논리가 아니라 무의식적인 동기에 호소해야만 한다." 유엔은 특히 버네이스가 보는 르 봉의 사상이 "거의 모든 사람에게 적용된다"고 말한다. "합리적 사고를 할 수 있는 사람은 어디에도 없다. 감정과 이성을 사로잡는 가장 효과적인 방법은 정서에 호소하는 것이다. 1920년대에는 대중 정서의 분위기를 지속적으로 파악하는 조직을 만들기 위해서 르 봉 식의 사회 심리학이 활용되었다. 조사 연구(survey research), 여론 조사, 포커스 그룹(focus group, 테스트할 상품에 대해서 토의하는 소비자 집단)이 전부 대중의 마음을 이끄는 과학과 결부되어 만들어졌다."[27]

유엔은 버네이스를 말년에 인터뷰하고 나서 버네이스의 '뻔뻔스러울 정도로 위계적인 사회관'에 큰 충격을 받았다. "그는 많은 사람들이 아무 생각 없이 본능적으로 주변 세계에 반응하는 반면, 역사의 흐름을 심사숙고 하면서 그 과정에 영향을 미치는 책임을 떠맡은 '지적인 소수'가 존재한다고 거듭 주장했다. …… 버네이스는 보통 사람들이 생각하고, 이해하고, 자신들이 살고 있는 세계를 상대로 행동할 수 있는 능력을 전혀 신뢰하지 않았다. …… 대화 내내 버네이스는 자기 식대로 잘못 이해한 민주주의를 설명했다. 고등 교육을 받은 여론 형성 책략가들이 지속적으로 노력하면서 사회적 지형을 분석하고, 지적 능력에 제한이 있는 대중이 그들에게 의견을 구해야 한다는 것이다."[28]

버네이스는 인간 행동의 무의식적 동기에 관한 프로이트의 이론을 바탕으로 사람들의 사고 과정이 무의식적일 뿐만 아니라 떼거리 성향이 있다고 생각했다. "폭도들의 폭력에서 확인되는 집단의 열정과, 절대 공포 상태에서 보게 되는 군중의 억누르기 어려운 생각에 사람들은 굴복한다"는 말이다. …… "평범한 시민이야말로 이 세상에서 가장 효율적인 검열관이다. 그 자신의 태도가 그와 사실들 사이에 존재하는 가장 커다란 장벽이다. 자신의 '논리 차단 회로', 자신의 절대주의가 그로 하여금 집단의 반응을 배제하고 경험과 사유를 바탕으로 사태를 직시하는 것을 차단하는 장애물이다."[29]

다행스럽게도 버네이스는 떼거리 성향으로 인해 사람들이 '지도자의 영향을 크게 받기'도 한다는 사실을 추가로 언급했다.[30] 그는 홍보를 공학 같은 응용과학으로 보았다. 홍보를 통해 사회의 지도자들이 혼란과 지리멸렬 속에서 질서를 구현할 수 있다고 생각한 것이다. 그는 "만약 우리가 집단 심리의 메커니즘과 동기를 이해한다면, 대중은 상황을 모르겠지만 우리의 의지에 따라서 대중을 통제하고 제어하는 것"이 가능해질 것이라고 주장했다. …… "이론과 실천이 충분한 성공으로 열매를 맺으면 우리도 마치 자동차 운전자가 가솔린의 유입을 조작함으로써 차의 속도를 제어할 수 있는 것처럼 특정한 메커니즘을 조작해 상당한 수준의 정확성을 바탕으로 어느 정도 여론에 변화를 줄 수 있다는 점을 알게 될 것이다."[31]

이런 종류의 통제를 실시하는 것은 단순한 선택안이 아니라 의무였다. "여론의 힘이 끊임없이 증가하고 있고 앞으로도 계속 증가하리라는 것은 확실하다. 마찬가지로 여론이 아래로부터의 충동으로 더 영향 받고, 변화하고, 선동되고 있다는 것도 분명하다. …… 따라서 교양인, 학자, 전문가, 지식인 등 사회 상류층의 임무는 명확하다. 그들이 여론에 도덕적·영적 동기를 주입해야 한다."[32] 버네이스는 홍보전문가가 이 일을 할 수 있다고 말했다. 인간 본성에 대한 전문적 훈련과 식견을 바탕으로 "홍보전문가는 소속 집단에서 걸어 나와 공명정대한 관찰자의 시선으로 특정 문제를 바라보고, 개인과 집단의 심리에 관한 자신의 지식을 활용해 고객의 관점을 전달할 수 있기 때문이다."[33]

물론 에드워드 버네이스는 자신만의 '논리 차단 회로'를 가졌다. 첫째로 홍보전문가가 '공명정대한 관찰자'이면서 동시에 고객의 특수 변호인이 될 수 있다는 그의 관념은 명백히 모순이다.

표면상의 위장 단체

버네이스는 우연히 홍보업계에 입문했다. 대학 친구가 운영하던 월간지 『의학 평론의 평론』 편집자로 일하던 1913년에 그는 당시 유명 배우였던 리처드 베넷(Richard Bennett)이 <하자품 Damaged Goods>이라는 연극에 몰두하고 있음을 발견했다. 버네이스는 이 작품을 '성 교육을 위해 분투하는 선전극'이라고 설명했다. <하자품>은 매춘 같은 성적인 문제들을 다루었고, 당대의 기준으로 볼 때 대단히 솔직했다. 베넷은 경찰이 연극을 단속할 것이 두려웠고, 그것을 막기 위해 버네이스를 고용했다. 버네이스는 가치에 기초해서 연극을 옹호하지 않았다. 영악하게도 그는 스스로 '『의학 평론의 평론』 사회 기금'이라고 부른 집단을 조직해 저명한 의사들과 사회 엘리트들의 가입을 권유했다. 이 조직은 교육을 통해 성병을 퇴치하는 임무를 갖고 있다고 공언했다. 그렇지만 이 조직의 진짜 목표는 <하자품>을 추천하는 것이었고, 계획은 보기 좋게 성공했다. 연극은 경찰의 방해를 전혀 받지 않고 예정대로 공연되었다.

"이것은 대중적 근거를 확보하기 위해 오늘날 흔히 행해지는 조치의 개척자적 움직임이었다. 권위 있는 후원회 조직 말이다." 홍보산업의 역사를 연구하는 스콧 커틀립은 이렇게 말한다. "홍보의 역사를 돌이켜보건대 그 사건을 위장 집단이자 제3자 기술을 활용한 최초의 시도로 규정할 수 있을 것이다." 버네이스는 몇 번이고 그 기술을 이용했다. 그는 이 기술을 '우리 사회를 구성하고 있는 각기 다른 다양한 요소 가운데서 한 가지 생각을 지지하게 만드는 가장 효과적인 방법'이라고 불렀다. "여론 선도자들과 집단의 선도자들이 민주 사회에서 영향력을 행사하며 선거구민의 상징으로 등장한다."[34] 버네이스는 1920년대까지는 아침식사로 드물게만 먹던 베이컨의 판촉을 돕기도 했다. 한 유명 의사의 도움을 얻어 동료 의사들이 기름진 아침식사의 유익한 효과를 칭찬하도록 간청하거나 유도해냈고, 베이컨과 달걀로 아침식사를 하는 유명 인사들을 사진에 담았다. 그는 유나이티드 프루트 컴퍼니(United Fruit Company)를 대신해서 바나나를 판매하기 위해 '셀리악병 프로젝트'(celiac project)를 개시했다. 바나나를 먹이면 소화장애인 셀리악병을 앓고 있는 어린이를 치료할 수 있다고 밝힌, 20년이나 묵은 의학 논문을 재출판하면서 유포한 것이다.[35]

비영리 교육단체로 제1차 세계대전 이후에 활동을 했던 선전분석연구소(IPA)는 "버네이스는 록펠러, 카네기, 필렌(Filene)을 다 합친 것보다 더 많은 연구소와 기금, 기관, 재단을 만들었다"고 논평했다. "온도연구재단(Temperature Research Foundation)이 전형적인 예였다. 그들이 내세운 목표는 '미국민의 건강과 여가와 행복과 경제에 영향을 미치는, 온도가 조절되는 최신의 발명품과 관련해 공정하고 과학적인 정보를 확산시키는 것'이었다. 작은 목표 ── 너무나 작아서 버네이스는 이 이야기를 하는 것조차 잊어 먹었다 ── 는 켈비네이터(Kelvinator)의 냉장고, 에어컨, 전기난로의 판매를 촉진하는 것이었다."[36]

버네이스의 또 다른 초기 고객인 담배업계도 자신들의 제품을 판매하기 위해 전문가의 증언에 크게 의존했다. 그들은 오페라 가수와 의사들을 영입해 담배가 목을 진정시키고 소화를 돕는다고 주장했다. 이런 종류의 광고가 보편화되자 버네이스는 '목소리문화를옹호하는담배협회'(Tobacco Society for Voice Culture)라는 가짜 조직을 만들어 경쟁사 하나를 속여 넘겼다. 이 협회는 조롱하듯이 자신의 임무가 "담배 관련 증언을 해야 한다는 긴장 속에서 목소리가 갈라진 가수와 배우들의 안식처를 만드는 것"이라고 주장했다.[37]

빛의 50년 축전

버네이스는 자서전을 전체 5부로 구성했는데, 제3부에 「성취」라는 제목을 달았다. 제3부는 1923~1929년의 활동을 다룬다. 그 시기에 홍보산업이 태어났고, 버네이스는 무명에서 부와 명성을 거머쥔 유력 인사로 성장했다. 1929년 1월에는 뉴저지 벨 전화 회사(New Jersey Bell Telephone Company),

프록터 앤 갬블(Procter & Gamble), 녹스 젤라틴(Knox Gelatin), 미국담배 회사가 버네이스의 주요 고객이었다. "1월 한 달에만 고객들은 우리에게 총 1만 6,524.43달러를 지급했고, 우리 이익은 1만 1,868.78달러였다"고 말했다. "그것은 시도되지 않은 미지의 영역에 모험적으로 발을 들여놓은 38세의 청년에게 나쁘지 않은 액수였다." 사실 그 액수는 오늘날의 기준으로 봐도 월간 수입으로는 적지 않은 금액이다. 인플레이션을 감안하지 않는다고 할지라도 말이다. "나는 잘하고 있었다." 그는 이렇게 회고한다. "하지만 홍보상담이라는 직업은 존경을 받지 못했다. 나는 그런 처지가 부당하다고 느꼈다. 고객들은 우리가 그들을 위해 무엇을 해줄 수 있는지 알았고, 그래서 우리의 방법을 우러러봤다. 그러나 많은 사람들에게 우리는 여전히 추문이나 만들며 떠들썩하고 저속한 과대광고나 일삼는 존재였다. 마치 언론과 사업의 본래 모습을 위협하는 듯한 존재였던 것이다."[38]

1928년에 버네이스의 책 『선전』이 출간되었다. 새로운 기업 고객들이 몰려들었지만 한 바탕 비난 소동도 일어났다. 잡지 『에디터 앤 퍼블리셔』는 버네이스를 '우리 시대의 젊은 마키아벨리'라고 불렀다. 또 다른 작가는 이렇게 논평했다. "보편적 이익에 반하고 공동의 번영을 방해하는 특수하고 이기적인 목표를 실현하기 위해 활동하는 홍보대행사들은 상당한 수준의 부패는 물론이고 그 이상의 독창성과 발명의 재주를 활용한다."[39] 이런 비판에 약이 오른 버네이스는 "우리가 보는 대로 다른 사람도 우리를 보도록 만들어줄 극적인 사건"을 무대에 올릴 수 있는 기회를 고대했다.[40]

1929년 2월에 버네이스가 그토록 기다리던 기회가 왔다. 제너럴 일렉트릭(General Electric)의 회장인 나폴레옹 보인턴(Napoleon Boynton)이 그를 찾아왔던 것이다. 제너럴 일렉트릭도 버네이스처럼 약간의 이미지 문제가 있었고 그래서 그의 도움을 원했다. 조명 장치 생산을 독점해 장기간 의회의 공격을 받고 있던 제너럴 일렉트릭은 전구가 인류에게 가져다준 혜택을 널리 알리는 대대적인 홍보행사를 계획했다. 마침 토머스 에디슨의 전구 발명 50주년이 다가오고 있었다. 그들이 기획한 '빛의 50년 축전' 행사를 통해 에디슨을 찬미하는 것보다 이 산업의 이미지를 더 품위 있게 만들 수 있는 방법이 또 어디에 있겠는가? 전기 조명 장치 시장에서 제너럴 일렉트릭의 주요 경쟁사였던 웨스팅하우스(Westinghouse Corporation)도 이 이미지 쇄신 작업에 함께하기를 원했다.

버네이스는 "나는 이 과제가 가지는 잠재적 중요성을 깨달았고, 주어진 일에 몸을 던졌다"고 말한다. "미국—이 문제라면, 세계도—은 새로운 영웅의 탄생을 기다리고 있었다. 가장 의미 있고 유익한 발명품 가운데 하나인 전구의 탄생 50주년이 다가오고 있었다. 게다가 그 발명가가 여전히 생존해 있었다."[46]

폐렴에서 회복 중이던 82세의 에디슨은 당시 사업 활동에서 은퇴해 유액 분비 식물에서 고무를 추출해내는 공정을 개발하는, 비현실적이며 결국은 실패로 끝난 노력에 말년을 바치고 있었다. 게다가 제너럴 일렉트릭과 웨스팅하우스를 대하는 에디슨의 태도는 매우 부정적이었다. 에디슨은 사업가로 잘 나가던 시절에 조지 웨스팅하우스를 최대의 경쟁자로 보면서 그를 '사기꾼'이자 '적'이라고 생각했다. 제너럴 일렉트릭으로 말하자면 이 회사는 한때 에디슨의 소유였다. '에디슨 제너럴 일렉트릭 회사'(Edison General Electric Company)라는 이름의 기업이 J. 파이어폰트 모건(J. Pierpont Morgan)의 1891년 인수 합병으로 에디슨의 통제를 벗어났다. 모건은 그 회사를 인수하자마자 에디슨의 이름을 빼버림으로써 에디슨을 모욕했다. 이 악덕 자본가들이 이제야 한 시대를 풍미했던 에디슨을 예우하자고 생각했다는 것은 뜻밖이었다.

헨리 포드가 이 계획의 가교 역할을 했다. 에디슨에 대한 포드의 존경과 사랑은 끝이 없었다. 게다가 포드에게는 선전에 대한 자신만의 대망이 있었다. 몇 년 전에 무심코 "역사는 허튼소리에 불과하다"고 내뱉은 말 때문에 그는 멍청한 또라이라는 세간의 목소리에 시달리고 있었다. 그는 전통과 문화를 전혀 이해하지 못하는, 돈만 많았지 무식한 기계공이라는 오명을 벗어버리고 싶었다. 비판자들에 대한 포드의 대응은 자신만의 역사를 창조하는 것이었다. 포드가 의도한 역사는 책에 기록으로 남겨지는 역사가 아니라 사물에 새겨지는 역사였다. 그가 인간 진보의 근본적 표현 형태라고 본 기계 장치와 인공물 같은 사물 말이다. 포드는 자신의 출생지인 미시건 주 디어본에 약 1만 평 규모의 산업 박물관을 세우고 그곳에 쟁기, 가구, 우유통, 버터 제조기, 도자기 세트, 부싯돌식 발화총, 대형 괘종시계, 뮤직 박스, 증기 기관, 탈곡기, 소방차, T 모델 자동차 등 미국의 기계공과 제철공과 장인들의 기억을 보존할 수 있는 것이면 무엇이든 채워 넣었다. 포드는 에디슨에게 영예를 부여하려는 계획이 자신의 기념비적 계획에도 큰 도움이 되리라는 것을 깨달았다. 포드는 자신의 박물관을 에디슨 기술 박물관으로 개명했고, 에디슨이 발명에 열중했던 멘로 파크 단지를 똑같이 재건축해 박물관의 주축으로 삼았다. 그는 이제는 퇴락해 버린 원래 에디슨 실험실의 천공반, 선반, 녹슨 기계, 화학 약품을 담았던 빈 병 등 구할 수 있는 것이면 무엇이든지 사들였고, 전체 건물을 판자와 벽돌 하나하나 다 해체해 기차로 디어본까지 가져와 재조립했다. 그는 원래의 수목과 관목 일부까지 옮겨 심었다. 멘로 파크는 물론이고 에디슨이 사용하던 낡은 옥외 변소를 재건축할 때 비용은 전혀 문제가 되지 않았다. 빛의 50년 축전을 축하하기 위해 버네이스는 에디슨에게 전등 발명의 순간을 재현하는 행사에 참석해 달라고 부탁했다. 행사는 에디슨의 실험이 성공한 지 정확히 50년째 되는 날인 1929년 10월 21일에 포드가 재건한 실험실에서 열릴 예정이었다.

 버네이스는 이제 홍보맨의 지상낙원 속에서 살고 있었다. 그의 고객들은 헨리 포드와 경쟁하면서 누가 이 나이든 발명가의 유산을 가장 명예롭게 기릴 수 있는지를 보았다. 그가 쇼를 벌이는 일에 착수했을 때 돈은 문제가 되지 않았다. 찰스 T. 여키스가 별볼일없는 망원경에서 기대할 수 있었던 것과는 완전히 달랐다. 그 사건은 예일 출신의 한 사회심리학자가 나중에 '평화시에 이 나라에서 만들어진 가장 놀라운 선전 사례 가운데 하나'라고 불렀을 정도로 광적인 활동이었다. 재현 행사가 벌어지기 전 몇 달 동안 축하 행사들이 공익 기업체들로 확산되었다. 지역의 관련 활동들이 탄력을 받았다. 신문 편집자들과 뉴스와 영화를 만드는 사람들을 위한 오찬 모임이 열렸다. 『사이언티픽 아메리칸』, 『새터데이 이브닝 포스트』 및 다른 잡지들이 에디슨과 그의 업적을 기리는 특집호를 냈다. 라이온스 클럽, 키와니스 클럽, 로터리 클럽, 보이 스카우트와 걸 스카우트, 상공회의소, 여성 클럽들이 이 행사를 화제로 삼기 시작했다. 앨버트 아인슈타인, 존 J. 퍼싱(John J. Pershing) 장군, 제인 애덤스(Jane Addams), 버드 제독(Admiral Byrd) 등이 에디슨에게 보낸 감사의 글들이 취합되었다. 버네이스는 미국 우정공사 총재에게 전구 발명을 축하하는 2센트짜리 기념우표를 발행하라고 설득했다. 작곡가 조지 M. 코핸(George M. Cohan)은 음악적 헌사를 바쳤다. 패션쇼, 불꽃놀이, 퍼레이드가 열렸다. "빛의 50년 축전은 더 이상 홍보업무에 의존하지 않았다"고 버네이스는 즐겁게 회고했다. "진행 과정에 모두가 참여하고 있었다. 떠들썩한 분위기가 시골 오지에서 브로드웨이에 이르기까지 미국을 전체를 장악했다. 시장과 주지사들이 빛의 50년 축전을 축하하는 성명서를 발표했다. 대학들은 에디슨과 그가 이룩한 발명의 의미들에 관한 강연을 제공했다. 교육 단체들은 글짓기 대회를 열었다. 도서관 사서들은 에디슨 관련 책들을 전시했다. 박물관들은 빛의 역사를 조명하는 전시회를 마련했다."[42]

버네이스조차도 캠페인의 규모와, 미국인들의 마음을 성공적으로 사로잡았다는 사실에 깜짝 놀랐다. 그는 말년에 자신의 이력을 수놓았던 온갖 에피소드 가운데서 이 사건을 가장 자주 회상했다. "나는 그 사건을 객관적으로 보려고 노력했다." 그의 말을 더 들어 보자. "누군가가 미국인의 삶에 의미 있는 기여를 한 대가를 기념하자 — 빛의 50년 축전 — 는 아이디어를 낸다. 그가 신화가 될 수 있겠다는 생각이 든다. 그래서 신화를 만들기 시작한다. 아마도 신화가 성장하도록 돕는다고 말하는 편이 더 정확할 것이다. 대중은 자신의 실현되지 않은 열망을 표현하면서 그 신화가 압도적이고 의미 있는 실재가 될 때까지 신화의 구성에 참여한다. …… 프로이트의 명제를 인정하든 안 하든 사람들은 아버지를 대신할 수 있는 사람을 원한다. 그것이 신화 만들기이다. 에디슨은 더할 나위 없는 대상이었다. 다가올 전자 공학 시대를 상징하는 위대한 발명가였던 것이다."^{네)}

열정을 만족시키기에는 시기도 적절했다. 미국은 호황을 구가하고 있었다. 주식 시장은 치솟았고, 엘리베이터 승무원부터 가장 부유한 가문까지 모두가 투기의 광란에 뛰어들었다. 모두가 부유한 것처럼, 부유해지고 있는 것처럼 보였다. 이런 상황이 영원할 것 같았다. 10월이 다가왔고, 기세는 꺾일 줄을 몰랐다. 주식 시세 표시기(에디슨이 최초로 성공한 발명품 중의 하나)는 하락세는 물론이고 소강상태나 일시적 조정 국면 없이 꾸준한 증가세를 유지했다. 다우 존스 지수가 4월 9일 299.13에서 9월 3일 381.17까지 상승했다. 웨스팅하우스의 주가가 151에서 286으로 올랐다. 제너럴 일렉트릭은 268에서 391로 상승했다.

10월 21일이 다가오면서 어떤 명사들을 그 날의 행사에서 **배제해야** 할지가 골칫거리로 떠올랐다. 허버트 후버(Herbert Hoover) 대통령, 오빌 라이트(Orville Wright), 존 D. 록펠러(John D. Rockefeller, Jr.), 윌 로저스(Will Rogers), 퀴리 부인(Madame Curie) 등 수백 명의 명사들이 참석했다. 귀한 손님들이 디어본에 도착했고, 그랜드 트렁크 레일웨이(Grand Trunk Railway)의 기차 모형에 탑승해서 경축 행사를 가졌다. 소년 시절의 에디슨이 이 회사의 기차에서 '신문팔이 소년'으로 일하면서 샌드위치와 신문, 다른 편의 제공 물품을 승객들에게 팔았던 것이다. 축하 행사의 하나로 한 소년이 비슷한 상품 꾸러미를 에디슨에게 건네주었다. 에디슨이 이 바구니를 후버 대통령에게 증정하도록 미리 준비되어 있었다. 그러나 적어도 버네이스에게만은 이 의식이 상상했던 것보다 만족스럽지 못했다. "질병으로 쇠약해진 에디슨이 바구니를 받아서 후버 대통령에게 전달했다. 그는 어린 시절의 판매 행위를 재현하겠다는 가상한 노력 속에서 '사탕이요, 사과요, 샌드위치요, 신문이 왔어요!' 하고 외쳤다. 우리 모두 당황했다. 옛 시절이 딱할 정도로 애처롭게 떠올랐던 것이다." 버네이스의 회상이다.

실제로 그 날의 행사는 약간 슬프고 모순적이었다. "그것은 홍보행사에 불과했고, 우리는 마음에 들지 않았다." 에디슨의 딸 매들린은 나중에 이렇게 말했다. 전기 작가 닐 볼드윈(Neil Baldwin)에 따르면, 에디슨의 아내 미나 역시 '혼란스런 감정'을 느꼈다. 그녀는 "강렬한 아이러니를 보았다. 공동 후원사 제너럴 일렉트릭이 에디슨에 대해 야단법석을 떨면서 그의 상징적 존재를 마음대로 사용하고 있었던 것이다. 특히 남편이 회사와 결별한 후 오랫동안 불행한 상황에 처했던 것을 생각한다면 더욱 그랬다."[44]

버네이스의 회고록에는 나오지 않지만 사실 버네이스 자신도 그날 포드에게는 앙심의 대상이었다. 뻔뻔스런 반유대주의자였던 포드는 처음부터 버네이스를 싫어했다. 그는 버네이스가 디어본 행사 기획에 참여하는 것도 마지못해 허락했다. 포드는 버네이스의 부단한 자기 과시 노력을 한층 더 비꼬았다. 빛의 50년 축전을 기록한 또 다른 사람에 의하면 버네이스가 "사실상 포드의 분노를 부채질했다. 축하객들이 디어본에 도착하자 버네이스가 계속해서 후버, 에디슨, 그리고 행사 주관자 포드와의 단체 사진에 끼어들려고 했던 것이다. 포드는 프레드 블랙(Fred Black)을 따로 불러 '버네이스를 여기서 쫓아내라'고 지시했다. '안 그러면 내가 해리 베넷(Harry

Bennett)의 부하를 시켜서 놈을 담장 밖으로 던져 버리겠다.' 블랙이 버네이스에게 경고를 전달했고, 버네이스는 촬영 범위 밖으로 빠져 나왔다."⁴⁵⁾

그날 행사의 절정은 저녁 6시 15분에 맞춰져 있었다. 촛불 만찬에 뒤이어 "인자한 노인의 풍모를 한 에디슨이 포드 및 후버 대통령과 함께, 옮겨 온 멘로 파크의 실험실로 걸어와 전등의 발명을 재현했다"고 버네이스는 회고했다. 이 나이든 발명가가 탄소실과 진공의 구체를 어떻게 만들었는지를 시현해 보이면 라디오 아나운서 그레이엄 맥나미(Graham McNamee)가 청취자들에게 모든 장면을 극화해 들려주었다. "등이 이제 준비되었습니다. 벌써 50년 전의 일이군요! 켜질까요? 밝게 빛날까요? 에디슨이 전선을 만집니다. …… 신사 숙녀 여러분, 불이 들어 왔습니다! 빛의 50년 축전이 마침내 절정에 도달했습니다!" 실험실 건물 전체가 탐조등으로 비춰졌다. 포드가 주문한 자유의 종(Liberty Bell) 복제품이 울려 퍼졌다. 사이렌과 휘파람 소리가 디트로이트 시내에 물결쳤다. 비행기가 상공을 날았다.

감정에 북받쳤던지 에디슨은 비틀거리다가 주저앉아 흐느꼈다. 아내가 에디슨을 진정시키고 따뜻한 우유를 가져다주었다. 에디슨은 다시 활기를 찾은 듯했다. 그는 부축을 받으며 윗자리로 안내되었고, 후버 대통령의 치하 연설을 경청했다. 에디슨은 답례로 겨우 몇 마디만을 할 수 있었다. 그는 창백해졌고 탈진해서 의자에 주저앉았다. 아내와 후버의 주치의가 에디슨을 부축해 방 밖으로 데리고 나갔다. 그는 소파에 누웠고, 약물을 처방받았다. 그가 포드의 집에서 자신의 집으로 돌아가는 여행을 소화할 수 있을 만큼 건강을 회복하는 데에는 여러 날이 걸렸다. 이것이 그 노인의 마지막 공식 행사였다. 모두가 그 사실을 알고 있었다.⁴⁶⁾

사람들이 몰랐던 것은 그날의 경축 행사가 여러 면에서 후버가 성대하게 치른 마지막 제전이기도 했다는 사실이다. 빛의 50년 축전은 10월 21일 월요일에 열렸다. 그러나 3일 후에는 빛이 아니라 어둠이 세상을 압도했다.

에디슨과 그의 발명품들에 대한 축하 행사는 미국인들의 마음에 큰 이정표를 남겨 놓았다. 그러나 1929년 10월 24일을 훨씬 더 잘 기억하고 있다. 암흑의 목요일. 주식 시장이 붕괴한 날이다.

전문가들의 헛소리

대공황의 놀라운 역사적 사실 가운데 하나는 사회의 경제 및 정치 전문가들이 대공황을 전혀 예측하지 못했다는 점이다. 그들은 닥친 사태에 현명하게 대처하지도 못했다. 붕괴 14일 전에 어빙 피셔(Irving Fisher)는 이렇게 예언했다. "몇 달 후면 주가가 지금보다 훨씬 더 높아질 것으로 본다." 미국에서 가장 저명한 학자이자 예일 대학교 경제학과 교수였던 피셔는 자신감이 너무 넘쳤던지 시장이 붕괴하면서 자신도 오늘날의 시세로 1억 4,000만 달러 정도를 날렸다. 가장 유명한 영국의 경제학자 존 메이나드 케인즈(John Maynard Keynes)도 100만 파운드를 날렸다. 암흑의 목요일이 닥친 다음 날 『뉴욕 저널』의 표제는 "전문가들, 활황을 예언하다"였다. 하버드경제학회는 신문 구독자들에게 이렇게 말하면서 그 소식에 대응했다. "1920~1921년 같은 심각한 불황이 일어날 가능성은 없다. 우리는 장기간의 파산을 맞이하고 있지 않다."

대공황이 일시적인 하향 국면이 아니라는 사실이 명백해지자 후버 대통령은 에드워드 버네이스를 3인의 대통령 직속 비상고용위원회에 임명했다. 버네이스는 "그것이야말로 진정한 홍보위원회였다"고 회고록에 썼다. 후버가 사회 보장이나 공공사업 프로그램 같은 '사회주의적' 원조 사상을 거부하자 위원회는 할 수 있는 일이 거의 없었다. "우리는 고용을 확대하는 다양한 방법들을 장려했다. 일과 및 주간 일정을 축소하고, 1회 근무 시간을 단축하고, 교대 근무를 촉진하고, 비번을 순환시키는 방법이 동원되었다. 우리는 고용주들에게 무급으로 일시 해고 상태를 받아들이려는 직원을 찾아내고, 한 가정에서 임금을 버는 사람이 둘 이상인 경우를 찾아내라고 재촉했다. 노동 기회를 나눠 갖기 위한 조치였다. 우리는 고용주들에게 우선 고용 대상자들의 목록을 작성하고, 적절한 시간제 임금을 책정하라고 말했다." 그러나 결국에 가서는 버네이스도 자신도, '이런 노력이 아무 소용이 없다는 사실'을 깨달았다. "특히 일자리를 나누자는 생각이 웃겼다. 희생의 부담을 고용주가 아니라 봉급생활자에게 고스란히 전가하는 것이었기 때문이다." 사업가들과 홍보업자들은 공허한 구호를 남발했다. "돈을 쓰는 것이 애국이다", "매일 10센트 이상을 소비하면 어려운 시절을 빨리 종식시킬 수 있다", "크리스마스 쇼핑에 나서면 실업자를 도울 수 있다." 경제가 더 어려워지자 신문들은 필사적 응원에 매달렸다. 한 신문의 헤드라인은 이랬다. "미국이 실업자 구제에 발 벗고 나서면서 낙관주의가 득세하다." 또 다른 신문의 표제는 "후버의 실업자 지원 정책이 가시적 성과를 드러내다"였다. "산업계의 자발적인 협력으로 문제가 해결될 것이라고 대통령께서 천명하다."[47]

1932년에 버네이스는 실패할 운명에 놓였던 후버의 재선 캠페인에 합류했다. 그는 후버를 찬양할 만한 전문가들을 끌어 모았다. 이제 경제가 '건전한 기초' 위에 올라섰고 "달러의 추락도 끝났다"고 예언한 예일 대학교 경제학자 두 명도 여기 포함되어 있었다.[48] 그는 '무당파진상조사위원회'(Non-Partisan Fact-Finding Committee)를 결성했다. 이 위원회는 후버가 그의 적수 프랭클린 델라노 루스벨트(Franklin Delano Roosevelt)를 크게 앞지르고 있다는 여론조사 결과를 발표했다. 그러나 사업가들과 그들의 추종자를 제외하고는 아무도 이 단체의 말을 믿지 않았다. 루스벨트의 당선과 함께 새로운 전문가들이 등장했다. 전반적인 복지를 확충하기 위해 무엇을 할 수 있고 무엇을 해야 하는지, 새롭고도 숭고한 사상으로 무장한 전문가들 말이다. 후버와 보수파에게는 이 사건이야말로 한 시대의 종말이자 그들이 믿었던 모든 것이 사라지는 순간이었다. 그러나 버네이스와 홍보산업에는 사상 유례가 없는 사업의 기회가 열리고 있었다.

3 당신이 무엇을 먹을지 결정하기

모든 것이 가능하다. 그러나 실재하는 것은 아무것도 없다.
—— 리빙 컬러(Living Colour)의 노랫말

1992년에 식품업계의 국제식품정보위원회(IFIC)는 G. 클로테르 라파이유(G. Cloraire Rapaille) 박사를 '국제 시상 조사 전문가'로 고용해 '미국인들이 식품 생명공학과 유전공학을 어떻게 생각하는지' 조사하게 했다. 농업 분야에 생명공학 기술을 사용하는 것을 지지하는 홍보 로비 단체 IFIC는 자신들이 신기술에 대한 소비자들의 우려를 어떻게 해결할 수 있을지를 알고 싶었다. 조사 연구를 지원하는 '중핵 집단'이 소집되었다. 이 팀은 몬산토 농업 회사(Monsanto Agricultural Company), 뉴트라스위트(NutraSweet), 크라프트 제너럴 푸드(Kraft General Foods), 듀폰(DuPont), 칼젠(Calgene), 아지노모토(Ajinomoto)의 대표자들로 구성되었다. 다른 연구 후원사들로는 프리토레이(FritoLay), 코카-콜라(Coca-Cola), M&M/마스(M&M/Mars) 캔디 회사, 프록터 앤 갬블, 네슬레(Nestle)가 참여했다. 조사 연구팀의 목표는 "공포나 부정적 의미를 불러일으키지 않고 제품과 공정에 관한 정보를 긍정적으로

표현하는 언어와 메시지, 그리고 소송 전략을 개발하는 것"이었다.[1)]

라파이유 박사는 '원형 연구'라고 하는 기술을 사용하는 융 계열의 심리학자이다. 라파이유는 원형 연구가 '의견, 태도, 동기의 근본적 원인'을 탐구하는 것이라 주장한다. IFIC에 제출된 그의 보고서에서 볼 수 있듯이 "이 세상의 모든 집단에게는 각인의 순간이라고 하는 최초의 의미 있는 경험이 존재한다. 원형이란 각인의 기초가 되는 유형이다. 원형은 문화에 의해 전적으로 예정되어 있다. 따라서 특정 문화의 원형은 모두에게 보편적이다. …… 원형은 집단 무의식을 형성하는 정서의 논리이다." 라파이유의 이론은 이 원형을 발견하면 "여러분도 책처럼 소비자를 '읽을' 수 있고, 소비자들의 무의식적 '논리'를 이해할 수 있다"고 약속했다.[2)]

원형을 밝혀내는 라파이유의 과정은 광고인이나 홍보맨이 '포커스 그룹'이라고 부르는 집단과 여러 면에서 비슷했다. 그러나 라파이유 박사는 그들을 '각인 집단'이라고 부르기를 더 좋아했다. 각인 집단은 20~30명의 평범한 미국인들로 구성되었다. 라파이유의 '원형 탐구자들'은 일련의 '이완 훈련과 시각화'를 통해 각인 집단을 연구했다. 생명공학과 관련해 마음 속 깊은 곳에 있는 생각들을 끄집어내는 것이 그 목적이었다.[3)]

이 연구 결과 생명공학 산업이 갈림길에 서 있다는 결론이 나왔다. "한편으로 우리는 대중의 엄청난 지지를 받고 있다. 우리는 새롭게 개선된 각종 식품을 소비자들에게 가져다주는 농민들로 비칠 수가 있다. 그러나 만약 우리가 우리 자신과 우리 제품을 정확하게 선전하지 않으면 히틀러나 프랑켄슈타인으로 인식되기 쉽다." 어떤 '각인'이 새로운 음식물에 대한 대중적 인식의 원형을 제공하느냐에 따라 차이가 발생했다. 그리고 대중은 대체로 식품업계의 어휘 선택에 기초해 자신의 원형을 선택했다.[4)]

연구는 "식품 생명공학 및 유전공학에 관한 정보를 전달함에 있어서 이제 우리는 프랑켄슈타인 식품이 아니라 농업, 잡종, 자연의 질서와 동일한 맥락에서 소비자들이 이들 제품을 볼 수 있도록 하는 다양한 '유인' 어휘들을 알고 있다"고 결론 맺고 있다. '사용할 수 있는 어휘' 범주에서 라파이유는 아름다움, 관대함, 어린이, 선택, 잡종, 다양성, 지구, 농부, 꽃, 과일, 미래 세대, 고된 노동, 유산, 개선, 유기농, 순수함, 품질, 토양, 전통, 건강 같은 용어들을 제안했다. '사용해서는 안 될 어휘'에는 생명공학, 화학, DNA, 경제적, 실험, 산업, 실험실, 기계, 조작, 돈, 살충제, 이윤, 방사선, 안전, 과학자가 포함되었다.[5]

완성된 연구에 첨부된 메모에서 IFIC의 리비 마이크셀(Libby Mikesell)과 톰 스텐젤(Tom Stenzel)은 교훈을 이렇게 요약했다. "생명공학의 공학은 어떤 형태로든 생명과 연계되면 '두려움'이라는 뉘앙스를 가진다. …… 생명공학은 우리가 논의에서 사용할 만한 용어가 못 된다." 그들은 계속해서 이렇게 썼다. "라파이유는 우리에게 전통 및 자연과의 연계를 암시하는 말들 사이에 유전자라는 말을 '끼워 넣으라'고 권한다. 그가 제안한 몇 가지 용어들을 살펴보면 '유전공학 원예', '자연의 유전학', '자연 유전학 원예'가 있다. 라파이유는 이 용어들의 사용 방법을 보여 주는 예로 이런 문장을 만들었다. 새로운 유전적 발견을 바탕으로 21세기에는 우리도 멋들어진 원예가가 될 수 있습니다. 매우 정교한 수준의 이종 교배를 달성해 19세기 원예가들의 꿈을 실현할 수 있게 된 것입니다."[6]

라파이유가 작성한 '쓰지 말아야 할 어휘' 목록에 나오는 많은 용어들이 유전공학 식품을 개발하는 데서 사용되는 실제의 과학 공정을 정직하게 형상화하고 있다는 사실에 주목해야 한다. 반면 '사용해야 할 어휘'의 대부분은 그 공정의 새롭고 독특한 온갖 것들의 세부 사항을 덮어 버리는 모호하고 유쾌한 느낌의 완곡한 단어들이다. 라파이유 박사는 소르본 출신의 철학 박사이다. 그러나 그의 분석 방법에 박사 학위가 꼭 필요한 것은 아니다. 럿거스 대학교 교수이자 『허튼소리』를 쓴 윌리엄 러츠(William Lutz)는 산업계와 정부의 유사한 언어 창조 사례들을 목록으로 만들었다. 이 가운데 많은 어휘가 융 계열의 원형 탐구학을 전혀 모르는 사람들에게서 나온 것이다. 예를 들어 레이건 행정부는 '세금'의 대체 용어로 '세입 확대'라는 말을 만들었다. 카지노는 자신을 '게임 산업'이라고 부르기를 좋아한다. 기업은 실패한 벤처 사업을 '계약 불이행 자산'이라고 부른다. 군대는 민간인 사망자를 '부수적 피해'로, 폭탄을 '수직 전개 대인 장비'로, 적군 살해를 '표적 제거'라고 부른다.

생명공학 방어 전략을 수립하기 위해 IFIC가 라파이유 같은 사람을 선택한 것에 존재하는 아이러니에도 주목할 필요가 있다. 생명공학이 대중에게 위협을 가하든 그렇지 않든 그것이 현대 과학의 한 사례라는 것은 부인할 수 없다. 생명공학 옹호자들은 종종 과학의 대의를 언급하면서 반대자들을 과학 기술에 겁을 내는 비합리적인 사람들이라고 비난한다. IFIC의 보고서는 "우리 모두가 과학적 사실에 대한 대중의 정서적 반응에 좌절하고 있다"고 발표했다. 그러나 라파이유가 IFIC에 건넨 충고는 정서적 반응을 불러일으키고 과학에 대한 일체의 언급을 회피하기 위해 용의주도하게 계산된 것이었다. 더구나 그의 분석 방법론 자체는 기껏 해야 과학적 방법의 서투른 모방에 불과하다. 비합리적이라는 대중의 마음을 밝히려는 그들의 집요한 노력은 에드워드 버네이스와 그의 유명한 삼촌 지그문트 프로이트가 남겨 놓은 유산의 현대적인 사례인 셈이다.

자연 과학과 유동적 진실

과학은 인간 행동의 다른 어떤 결과보다 더 절대적인 확신을 제공하는 지식을 생산한다. 그리고 이 능력 덕택에 현대 사회에 영향력을 행사한다.

합리적인 사람들일지라도 셰익스피어나 종교에 관해서는 의견이 다를 수 있다. 그러나 그들도 열역학의 법칙에는 모두 동의한다. 이것은 과학 이론 중에서도 특히 자연 과학이, 여러 독립적 연구자들에 의해 명확하게 규정된, 반복할 수 있는 실험을 바탕으로 증명할 수 있어야 한다는 방법론을 통해 발전해 왔기 때문이다. 실험이 가설을 입증하지 못한다면 그 가설은 기각되거나 수정되어야만 한다.

그러나 과학이 누리는 바로 그 권위로 인해 다양한 종류의 유사 과학이 탄생했다. 과학적이라고 주장하는 골상학이나 우생학 같은 학문들 말이다. 저명한 과학철학자 칼 포퍼(Karl Popper)는 이 문제를 진지하게 고민한 다음 '사이비 과학'이라는 용어를 만들어 옥석을 가려냈다. 포퍼는 '반증 가능성'이라는 방법을 이용해 과학과 사이비 과학의 차이점을 구별했다. 다시 말해 오류가 있을 경우 실험을 통해 입증할 수 있는 방식으로 정식화되어야 과학이라는 말이다. 그러나 사이비 과학은 아주 모호하게 말해지기 때문에 증명도, 반증도 불가능하다. 로버트 영선(Robert Youngson)은 자신의 저서 『과학의 대실책: 과학자들이 때때로 얼마나 그릇될 수 있는가에 관한 간략한 역사』에서 "과학과 사이비 과학의 차이는, 과학의 진술은 오류로 입증될 수 있지만 사이비 과학의 진술은 그럴 수 없다는 데 있다"라고 말한다. "이 기준을 적용해 보면 과학적으로 보이는 주장의 상당수 — 아마도 여러분이 열렬히 믿고 있는 것의 대부분이 여기에 포함될 것이다 — 가 완전히 거짓이라는 사실을 알게 된다. 더 놀라운 것은 온갖 사이비 과학의 주장을 허위라고 결론 내리지 않는다는 현실이다. 그것들 가운데 일부는 진실일지도 모른다. 그러나 여러분은 결코 이 사실을 가려낼 수 있는 방법이 없다. 따라서 사이비 과학의 명제들은 여러분이 과학적 사실을 바탕으로 가질 수 있는 확고부동한 보장과 신뢰를 주장할 자격이 없다."[7]

이런 기준으로 판단해 보면 프로이트와 융 및 기타 인물들의 정신분석

이론들을 포함해 다수의 '사회 과학'은 사실상 사이비 과학이라고 할 수 있다. 이것은 프로이트와 융이 허풍선이나 바보라는 얘기가 아니다. 프로이트와 융은 모두 인간의 정신을 매혹적으로 통찰한 창조적 사상가이다. 그러나 정신병 환자들의 꿈에서 자료를 얻어내는 조사 방법은, 우리가 물리학이나 화학 같은 자연 과학에서 떠올리는 질서 정연한 측정 방법과는 상당한 차이가 있다.*

심리학 이론들은 과학적 한계와는 무관하게 홍보산업의 사고방식에서 눈에 띄게 두드러지고 있다. 심리학이 홍보의 세계관에 제공하는 권위 있는 정당화가 실제의 유효성보다 더 중요하다. 사람들은 기본적으로 비합리적이며 따라서 무대 뒤에서 활약하는 조정자 집단이 대중의 이익을 구현하기 위해 여론을 형성하는 작업이 꼭 필요하다는 믿음 말이다. 그러나 이 믿음은 민주주의의 이상은 물론이고 과학적 방법 자체의 근본적이고 필수적인 이데올로기적 바탕과도 충돌한다. 과학자들이 시대 상황이나 시공 연속체에 존재하는 특정 요소들에 관해 어떤 결론에 도달하기 위해서는 먼저 '진실이 외부에 존재하'고 그들의 조사 활동이 자신들을 그 대상에 더 가까이 다가가도록 만들어 준다고 믿어야만 한다. 그러나 홍보의 세계관은 진실을 무한히 변형하거나 조작할 수 있는 것으로 본다. 클로테르 라파이유 같은 사람들에게 진실은 **발견되어야** 할 실체가 아니라 **창조되는** 것이다. 교묘한 어휘 선택과 용의주도한 외양의 배치를 통해서 말이다.

---

* Ibid., pp.225~226. 아이작 아시모프(Isaac Asimov)도 그의 백과사전이라 할 수 있는 『새로운 과학 안내서 *New Guide to Science*』(New York, NY: Basic Books, 1985), p.845에서 비슷한 결론을 내리고 있다. "정신분석학은 과학이기보다는 여전히 기예(art)로 남아 있다. 정신 의학에서는 물리학이나 기타의 '자연' 과학에서 수행되는 것과 같은 엄격하게 통제된 실험이 대단히 어렵다. 의사들은 주로 직관이나 주관적 판단에 기초해 결론을 내려야만 한다. …… 그것은 감염성 질환의 병원균 이론에 필적할 만큼 모든 것을 포괄하면서 일반적으로 수용되는 이론을 낳지 못했다. 실제로 정신과 의사 수만큼이나 많은 정신 의학 학파가 존재하는 것이다."

"선택해야 한다면 당신은 고객에 봉사하겠습니까, 아니면 진실을 따르겠습니까?" 한 기자가 우리 시대 최고의 정보 조작 전문가 가운데 한 사람인 존 스캔론(John Scanlon)에게 물었다. 1991년의 인터뷰 석상에서였다.

"사람들은 언제나, 언제나 진실을 따릅니다." 스캔론의 대답을 더 들어 보자. "그러나 진실은 자주, 당신도 알다시피, 고정되어 있지 않기 십상입니다. 유동적일 수 있는 것입니다. …… 진실처럼 보이는 것도 막상 우리가 바라보면 진실이 아닌 경우가 있습니다. 뜯어보고 뒤집어 보고 다른 각도에서 바라보면 말입니다. …… 우리가 누구의 진실을 이야기하고 있는 건가요? 당신의 진실입니까, 아니면 나의 진실입니까?"[비]

존 스캔론은 고위층 인사, 특히 분란에 휩싸인 고객들을 전문적으로 대변해 왔다. 1997년에 업계의 간행물 『인사이드 PR』은 그를 세계 제2위의 '위기관리' 전문가로 선정했다. 위기관리란 고객들이 추문을 떨쳐 버리고 오명을 벗을 수 있게 돕는 홍보의 전문 분야이다. 스캔론은 1999년에 유명한 펠라치오녀이자 자화자찬형의 거짓말쟁이인 모니카 르윈스키를 대변했다. 르윈스키가 자신의 책 『모니카 이야기』를 판촉하려고 미디어에 출연하기 시작했던 것이다. 르윈스키에게도 밝혀야 할 진실의 다른 판본이 있었던 것 같다. 자신이 그녀와 맺었던 성 관계가 '현재성'에 관한 각자의 정의가 무엇이냐에 달려 있었던 빌 클린턴 대통령처럼 말이다. 스캔론이 맡은 과제에는 베트남전 당시의 사령관 윌리엄 웨스트모얼랜드(William Westmoreland)가 명예 훼손 혐의로 CBS를 고발했을 당시 CBS를 편드는 일도 포함되어 있었다. 그러던 그가 나중에는 CBS의 간판 시사 프로그램 <식스티 미니츠 60 Minutes>를 공격하기도 했다. 스캔론은 담배 제조 회사 브라운 앤 윌리엄슨(Brown & Williamson)을 위해 일하면서 내부 고발자 제프리 위건드(Jeffrey Wigand)를 음해하려고 노력하고 있었다. 그의 이야기는 영화 <인사이더 The Insider>를 통해 극화되었다. 두 경우에서 스캔론의 방법은 같았다. 언론의 관심을 사건의 본질에서 다른 곳으로 돌리기 위해 적대 진영에 불리한 사실들을 최대한 유포해 퍼뜨리는 것이다. 위건드의 경우에 스캔론은 충분한 증거가 없는 주장들 — 위건드가 가게 물건을 훔치는 좀도둑이며 아내를 구타하는 폭력 남편에 술주정뱅이라는 — 을 폭넓게 수집해 그 서류를 신문 및 방송 기자들에게 돌렸다. 마침내 『월스트리트 저널』이 스캔론이 배포한 서류의 내용을 확인하기 위해 취재를 시작했고 그 서류가 중요한 부분이 빠져 있는, 실체 없는 소문을 짜깁기해놓은 것임을 파악했다. 그러나 적어도 한동안은 진실에 관한 담배 회사의 주장이 우세했다. 위건드뿐만 아니라 장차 다른 내부 고발자들도 나서지 않는 게 신상에 좋을 것이라는 강력한 메시지를 전달받았다. 스캔론은 이혼 소송 중이던 아이배너 트럼프(Ivana Trump)도 대변했다. 스캔론은 '우리의 일은 매우 과학적'이라고 말했다. 그러나 그에게 '과학적'이라는 말은 입자물리학자가 생각하는 것과는 아주 다른 것을 의미했다. "우리는 트럼프 여사와 함께 만났다. 처음부터 그녀와 그녀의 변호사들과 만나 그녀가 알리고자 하는 중요하고 구체적인 메시지가 무엇인지 이야기를 나누었다. 내 말은 우리가 매우 분명한 입장을 갖고 있었다는 것이다."[9] 그러나 '매우 분명한 입장'을 갖는다는 것은 실제 과학자들의 활동인 진리 추구와는 완전히 다른 것이다.

진리를 대하는 스캔론의 탄력적인 태도가 어느 만큼은 정도에서 벗어났다고 생각해 볼 수도 있다. 그러나 그것은 정도에서 벗어난 태도가 아니다. 에델만 월드와이드 사에서 한때 스캔론의 상사로 일했던 리처드 에델만(Richard Edelman)은 훨씬 더 나아간다. '미디어 기술이 폭발적으로 팽창하는 시대에'는 여러 가지 다른 판본의 진실이 존재할 뿐만 아니라 "당신이 스스로를 위해 생산하는 진실 이외에는 어떤 진실도 존재하지 않는다."[10]

"마케팅은 제품의 전투가 아니라 인식의 전투이다. 이 문제와 관련해 진실은 아무 의미가 없다." 광고 책임자 잭 트라우트(Jack Trout)는 이렇게 말한다. 덧붙이기를, 홍보의 역할은 "정확히 광고와 동일한 것을 전달하는 것이다." 홍보는 자신의 독특한 능력을 활용해서 '제3자의 신용'을 제공하고 "복잡한 미디어 환경 속에서 제품의 입지를 강화한다."[11]

홍보의 철칙 가운데 하나는 정보 조작이 절대로 **입증 가능한 거짓말**일 수 없다는 점이다. 이것은 홍보를 가르치는 모든 교과서에 실려 있는 붙박이 진리이다. "기자를 속이지 마라"는 산업계의 규칙으로 자리잡았다. 다행스럽게도 빠져나갈 구멍은 있다. 정보 조작은 본질이 아니라 외관을 다루는 기예이다. 스스로를 위해 만든 진리를 제외할 경우 어떤 진리도 존재하지 않는다면 거짓말은 불필요할 뿐더러 심지어 무의미해지기도 한다. 진실을 존중하기 때문에 사실을 속이는 거짓말을 한다. 홍보업계 종사자들은 진실을 위조하지 않는다. 진실이 존재한다는 것을 믿지도 않는데 어떻게 위조를 하겠는가? 정보 조작에서 잉태되고 모든 정보 조작은 한결같이 똑같다는 명제로까지 발전한 이 세계관은 원래의 주인인 미디어 조작 산업 복합체 (media-spindustrial complex)를 벗어나 바이러스처럼 확산되어 나머지 사회까지 감염시키기 시작했다. 홍보 역사학자 스튜어트 유엔은 "우리는, 모두가 대중의 마음을 사로잡고 대중의 승인을 얻기 위해 끊임없이 투쟁하는 세계에 살고 있다"고 말한다. "나는 대중이 진실은 없고 정보 조작만이 존재하는 것으로 믿는다고 생각한다. 교양 있는 중간 계급의 많은 사람들이 살아가기 위해 장광설을 늘어놓기 때문이기도 하다."[12]

넌 아둔하고 역겨워

스콧 커틀립은 정보 조작의 시대에 접어들면서 민주주의를 실천하는 일까지 평판이 나빠졌다고 안타까워한다. 조지아 대학교 저널리즘 명예

교수인 커틀립은 홍보업계에 오랫동안 종사했을 뿐만 아니라 이 분야의 역사를 연구하기도 했다. 커틀립이 처음 '홍보업계에 발을 들여놓은 것'은 1936년이었다. 당시 그는 웨스트버지니아 주지사 예비 선거에서 민주당 후보의 공보 비서관으로 일했다. "선거 운동 예산이 적었던 당시에는 정치 홍보활동이 단순했다. TV도 없었고, 여론조사도 없었고, 후견인도 없었고, 선거 운동 상담역이라는 것도 없었으니 말이다." 그는 이렇게 회고한다. "주 정치에서 후보자들은 카운티 청사나 시골 학교의 연설에 의존해야 했다. 그들은 소도시의 중심가를 걸으면서 악수했다. 지역 신문을 위해 연설 내용의 일부를 억지로 광고하기도 했고, 지역 라디오 방송국과 인터뷰를 하기도 했다. 후보자는 이런 방식으로 유권자들과 만났다. 후보자는 유권자들의 불만과 요구와 열망을 청취했다. 그러나 오늘날 대통령에서 주지사, 상원의원에 이르는 주요 후보자들은 유권자들과의 접촉이 철저하게 차단된다. 공항 담장이나 1,000달러 리셉션에서 관례적으로 손을 맞잡는 행사를 제외하고는 말이다." 오늘날 수백만 달러가 소요되는 선거 운동은 "최신의 여론조사 결과에 종속되고, 실체가 아니라 환영을 전달하는 현란한 TV 광고에 의해 강화되고, 협잡꾼 같은 상담역들에 의해 조종된다." 커틀립의 말을 더 들어 보자. "이것이 진보인가? 이런 선거 운동이 우리의 민주주의 과정에 봉사하는가? 나의 대답은 '아니올시다'이다."[13]

이 모든 복잡한 홍보의 결과 미국인들이 여전히 민주주의를 의식적으로 떠받들지만 그 의미는 상당히 퇴색해 버리고 말았다. 실제로 민주주의는 많은 민중의 삶에서 따분하고 무의미한 것이다. 정치 과정은 공식적으로는 우리가 그래야 한다고 생각하는 방식대로 움직인다. 선거 운동이 벌어지고, 유권자는 표를 던지고, 당선자는 공직에 취임하면서 선서를 한다. 그러나 모두가 알고 있는 추악한 진실은 선거 공약이 빈말이라는 것이다. 선거 공약은 후보자들이 믿는 것이 아니라 그들의 전문 여론 조사원들이 우리가 듣기를 원한다며 말해준 것을 바탕으로 하고 있다. 만약 당신이 유례없는 이런 값비싼 선전 캠페인의 책임자들에게 왜 민주주의의 과정을 타락시키느냐고 묻는다면 그들은 자신들이 아니라 유권자들에게 문제가 있다고 말할 것이다. 유권자들이 '불합리하고', '무식하고', '냉담해서' 다른 어떤 호소에도 반응하지 않는다는 것이다. 클로테르 라파이유처럼 그들도 사용해서는 안 되는 말, 감히 입 밖에 내서는 안 되는 개념이 존재한다는 결론에 도달했다. 겉으로 보기에 오늘날의 대중은, 구름처럼 몰려가 몇 시간씩 앉아서 에이브러햄 링컨(Abraham Lincoln)과 윌리엄 더글러스(William Douglas)의 논쟁을 경청하던 150년 전의 반(半)문맹 유권자들보다 심각한 대화에 덜 굶주려 있으며 이해 능력도 떨어진다.

유엔은 "당신이 대중을 합리적으로 행동하지 않는 존재로 보기 시작하는 바로 그 순간부터 홍보담당자나 기자로서의 당신 임무가 변하기 시작한다"고 말한다. "대중에게 정보를 제공하는 사람들이 대중에게 지성이 있다는 사실을 더 이상 믿지 않는 순간이 전환점이다."[14] 민주주의의 가치를 냉소주의로 깎아내리는 이런 이데올로기가 오늘날 민주주의와 국민 주권의 대의 속에서, 통치한다고 말하는 정계의 내부 인사들 사이에서 자주 표면화되는 것을 지켜보는 일은 몹시 고통스럽다. "매번 정치 쟁점에서 대중은 제멋대로이거나 사실을 잘못 아는 존재로 경시된다. 대중은 정책 입안자와 전문가들이 알고 있는 더 큰 복잡성을 파악할 능력이 없는 존재로 간주되는 것이다." 윌리엄 그레이더(William Greider)는 워싱턴의 정가를 연구한 1992년도 저서 『누가 국민에게 말하는가』에서 이렇게 말했다. "논쟁에서 대중은 '감정적'인 반면 통치하는 자들은 '합리적'이고 '책임 있는' 선택을 하는 것으로 여겨진다. 관리 통제의 남성 문화에서 '감정'은 약한 것, '사실'은 단호하고 강한 것이다. 물론 '합리적'인 것과 그렇지 않은 것을 규정하는 능력 자체가 정치적 이해관계에 따른다는 것이 진실이기는 하다.

...... 엘리트들에게 통치의 과학은 대중의 '정서'를 관리하고 통제하는 지속적 투쟁이다. 그들이 올바른 대중 정책을 전복시키지 못하도록 말이다."15)

일부 조언자들은 우리가 너무 바보라서 세계를 이해할 수 없을 뿐만 아니라 정신적으로 병들어서, 우리의 병을 진단하기 위해 만들어낸 몇 가지 사이비 과학 용어들로 표현하자면 '화학'이나 '기술'이라는 말만 들어가도 '두려워하는' 일종의 '철부지 같은 퇴행 현상'을 보이고 있다고 믿고 있다. 도살장에서 나오는 폐기물을 처리하는 정제 공장의 상담역 제임스 콕스(James Cox)는 '과도한 불평꾼'이라는 말을 들고 나와 도살장에서 배출되는 냄새에 항의하는 사람들을 비난했다. 그는 과도한 불평꾼이 '비정상적으로 대응하고' 있으며, '일종의 파킨슨병적 광기'에 시달리고 있다고 주장했다. 환경보호국도 비슷한 결론을 내렸다. 이 사실은 자신들의 하수 찌꺼기 배출 계획에 대한 '대중의 인식 장벽'을 극복하려는 노력에서 드러났다. 환경보호국은 "하수 찌꺼기가 악취를 풍기고, 질병을 야기하며, 불쾌하다고 보는 널리 알려진 인식"이 문제라고 말했다. "하수에 대한 대중의 태도는 비합리적이다. 이것은 대중 교육이 완벽하게 성공하지는 못하리라는 점을 의미한다." 감정적인 대중과는 달리 전문적인 지식으로 무장한 환경보호국은 더 잘 알고 있고 따라서 대중의 코를 신뢰하지 않는다. "하수에서 나는 냄새를 어느 정도까지 상상할 수 있는지 알아내는 것은 쉬운 일이 아니다." 이것이 환경보호국의 결론이다.

테네시 주 리지탑에 사는 타마라 리치(Tamara Rich)는 "내 아이가 지금 와타우가 초등학교에 다니고 있다"고 말한다. "학교와 집 둘 다 '쇼우 미 팜스'(Show Me Farms)라고 하는 하수 처리장에서 1킬로미터 정도 떨어져 있다. 전문가들은 우리에게 전혀 위험하지 않다고, 냄새도 전혀 나지 않는다고 말할 것이다. 작년에 주민들은 외출할 때 자주 마스크를 착용했다. 우리 애가 다니는 학교는 창문을 열 수 없었고, 아이들의 실외 활동도 거의 허락할 수 없었다. 지금 우리는 집을 팔려고 내놓았다. 하지만 팔릴 가능성이 거의 없다. 리지탑 시민들은 뇌졸중 발병률도 높은 것 같다. 밴더빌트 병원에 따르면 미지의 독성 물질 때문이라고 한다. 한 어린이는 폐 기능 부전 현상도 보였다. 밴더빌트 병원은 이것도 미지의 독성 물질 때문이라고 보았다."

테크노크라트와 정보 조작 전문가가 보는 타마라 리치는 '과도한 불평꾼'일 뿐이다. 질병, 불편함, 피해 사례에 관한 그들의 이야기는 '근거 없는 일화들'로 진지하게 고려할 필요가 없다. 구두약과 하수 침전물의 차이를 구분하지 못하는 대중의 명백한 무능력을 고려한다면 누군가가 우리를 대신해서 생각해줘야만 한다. 전문가들이 개입하는 지점이 바로 여기다.

도덕의 나침반을 교란하기

홍보업계 종사자들이 직업이 제기하는 윤리적 딜레마를 외면한다고 생각한다면 그것은 실수다. 그들은 자신들을 화제로 이야기를 하고, 심지어 농담을 일삼기도 한다. "미디어 경영'98"이라는 이틀 일정의 1998년 업계 세미나에서 홍보산업 상담역 짐 루카스제프스키(Jim Lukaszewski)는 두 개의 워크숍을 열었다. 그는 빈정대는 유머를 홍보식으로 각색한 만화를 슬라이드로 보여 주면서 워크숍을 시작했다. 만화의 한 대목은 이랬다. "윌슨 씨, 나는 당신의 정직함과 고결함을 높이 평가합니다. 하지만 이 회사에는 그런 사람을 위한 자리가 없습니다." 또 다른 대목에서는 한 CEO가 홍보담당자에게 이렇게 말한다. "우리는 직원의 절반을 해고하고 임원들의 봉급을 올릴 거야. 이 사실을 언론에 발표하면서 잘 포장하도록."

킬킬거리는 웃음이 잦아들자 루카스제프스키는 자신을 '사람들의 나

뿐 소식을 관리하는 전문가'라고 소개했다. "만약 여러분의 주차장 아래 백만 갤런의 톨루엔이 있다면 불러야 할 사람은 바로 접니다."16) 포춘 500(Fortune 500, 경제지 『포춘』이 매년 게재하는 미국 및 해외 기업의 매출 규모 상위 500개사 목록) 기업들의 고문인 루카스제프스키는 제품 리콜, 공장 폐쇄, 화학물질 오염, 유해 폐기물 적발 등의 사건에서 고위 경영자들과 함께 일해 왔다. 홍보업계 내부 간행물에 실린 광고에서 그는 자신을 '전문가의 전문가'라고 말한다. 그는 고객들이 <식스티 미니츠>나 <나이트라인 Nightline> 인터뷰, 또는 의회 청문회의 증언에 대비할 수 있도록 준비시킨다. 그는 뉴욕 대학교에서 커뮤니케이션을 가르치면서 『계간 홍보』, 『홍보 기자』, 『홍보 전술』 등의 간행물에 논설도 여러 편 발표했다.

루카스제프스키는 자신의 웹사이트(www.e911.com)에 최근에 맡았던 일을 몇 가지 소개하고 있다. 다음의 발췌문이 보여 주듯이 루카스제프스키의 고객은 대부분 환경, 인권, 노동, 기타 시민 단체들의 비난을 받아 온 기업들이다.

■ "확대일로에 있던 공장 시설과 너무 가까운 마을들을 재배치하는 계획과 관련해 남아메리카의 한 국영 석유화학기업에 조언을 하다. 다양한 전략을 바탕으로 소송, 세계 각지의 비정부 기구 및 지원 단체들의 운동가 개입, 반정부 활동, 문화적 개입으로 인한 피해, 장기간에 걸쳐 구축된 지역 사회와 회사의 협력과 관계된 문제들을 해결하다."

■ "캐나다 천연자원 회사의 환경 담당 고위 관리에게 회사와 가장 중요한 미국 고객들에 맞서 미국의 환경 단체들이 벌여 온 공격적 캠페인에 대응하는 전략을 제시하다."

■ "반핵 운동가들의 연차 주주 총회 방해 활동에 대비해 미국의 주요 방위 산업 계약자와 경영진을 준비시키다."

■ "농장 담보물을 회복할 권리를 빼앗긴 것에 항의하는 대중의 시위에 대비하기 위해 전국 금융 협동조합의 최고 책임자, 고위 경영진, 지역 책임자들을 준비시키다."

■ "동물 실험 문제와 관련해 미국 최대의 동물 권리 옹호 협회의 공격을 받고 있던 포춘 500의 완구 제조업체에 조언을 하다."

■ "중간 규모 제조 설비 공장 주변에 살고 있던 주민들이 소음, 냄새, 삶의 질에 대해 쏟아내던 불만과 관련해 구체적으로 대책을 강구한 대면 접촉 방식을 개발하다."

■ "미국 및 국제 노동 단체들이 중미와 남미의 생산 활동에 항의하며 제기한 공익 소송에 대해 미국의 주요 소매상 고위 경영진에게 상담을 해주다."

실제의 짐 루카스제프스키는 상냥하고 침착하며 진지해 보인다. 미국 홍보협회 윤리위원인 그는 이 업계에서 도덕의 화신 같다. 루카스제프스키는 윤리적인 행동이야말로 오늘날의 세계에서 오명과 악평을 피할 수 있는 유일한 길이라고 주장한다. 그런데 '윤리적'인 부분이 어디에 있는가? 미디어 경영'98 세미나에서 루카스제프스키는 고객들이 "운동가들과 부딪치는 상황을 해결할" 수 있도록 조언한다고 설명했다. "그것은 피할 수 없는 일이다. 우리는 결국 그들과 함께 해야만 할 것이다. 오늘 그 일을 하자. 아마도 우리가 그들을 행복하게 해주지는 못할 것이다. 그러나 사태를 어느 정도 진정시켜서 그들이 소송을 제기하지 못하게 만들 수는 있을 것이다. …… 현장에서는 명예로운 행동이 결정적인 요소이다. 언론 보도가 아니라는 얘기이다. …… 당신이 사기꾼이라면, 당신이 인간 말종이라면 내가 조언하는 미디어 전략도 소용없다."

이런 이야기는 "언론이 공격해 올 때: 피할 것인가, 협력할 것인가?"라는 흥미로운 제목의 공개 토론회에서 이루어졌다. 루카스제프스키는 케이머/싱어 어소시에이츠(Kamer/Singer Associates)의 래리 케이머(Larry Kamer)와 논쟁하면서 회피 전략을 지지했다. 그는 "당신의 메시지가 존중될 때에만 미디어에 반응하라"고 말했다. "미국 헌법에는 언론에 한 말을 취소시킬 수 있다는 조항이 없다." 그는 위기 상황에서 의사를 효과적으로 전달하려면 글로 미리 작성된 원고를 발표하거나 그렇지 못할 경우에는 입을 다물라고 충고했다. 친구와 친척들의 입단속까지 하려면 "배관 테이프를 가지고 다녀야 할 것"이라는 농담도 했다.[17]

다음날 루카스제프스키의 메시지는 정반대로 돌변한 것 같았다. 그는 "언론 상대"라는 이름의 워크숍에서 홍보전략이 네 가지 원칙에 기초해야 한다고 주장했다. (1) 개방성과 접근 가능성. (2) 진정성 …… 무조건적인 정직이야말로 유일한 정책이다. (3) 반응성 …… 모든 관심은 당연히 정당하다는 인식. (4) 비밀은 없다. 우리의 행동, 우리의 태도, 우리의 계획, 심지어 우리의 전략 토론마저도 의심할 여지가 없는 난공불락의 긍정성을 확보해야만 한다.[18]

당신이라면 회피 전략을 구사하면서 어떻게 개방성과 접근 가능성을 달성하겠는가? 루카스제프스키의 방법은 이렇다. 먼저 고객이 대답하기를 가장 두려워하는 질문을 열 개 정도 만든다. 그리고 고객이 누군가가 물어봐 주길 바라는 질문들의 목록도 만든다. 그런 다음 각각의 질문에 대답을 해보고 작성된 원고 내용을 연습한다.

실제 인터뷰에서 루카스제프스키는 고객들에게 '연결어'를 사용하라고 충고한다. 그들의 답변이 까다로운 질문보다는 선호하는 질문에 반응하도록 하기 위해서 말이다. 그는 이런 가교 역할을 수행할 수 있는 어구들을 수없이 만들어 냈다.

- "저도 그 말을 들었습니다, 그러나 참된 관심은 ……에 두어야 할 것입니다."
- "여론은 다를 수 있습니다, 그러나 저는 ……을 믿습니다."
- "이것은 훨씬 더 고민스러운 문제입니다. ……"

(그들이 묻기를 원하는 질문이 '더 고민스럽다'고? 이것이야말로 사전에도 존재하지 않는 '무조건적인 정직'에 대한 이상하고도 새로운 정의다.) 루카스제프스키는 인터뷰 시간도 극도로 제한한다. 기자들은 잘해야 30분 정도 그의 고객들과 인터뷰할 수 있다. 그렇게 하지 않을 경우 기자들이 준비한 원고 내용과 다른 '엉뚱한 질문들을 즉석에서' 할 수 있다고 두려워하는 것이다. 그는 고객들에게 인터뷰 과정에서 자신들의 메시지를 세 번 정도 반복하라고 충고한다. 실제로 기자들이 10분 정도의 내용만을 인용하기 때문이다. 루카스제프스키는 상황을 더 통제하기 위해서 기자가 질문들 사이에서 (문자 그대로) 7초 이상 지체하면 인터뷰를 종료해 버린다는 원칙도 세워두고 있다. 미디어 경영'98 세미나에서 청중에게 이 점을 강조하기 위해 일부러 1부터 7까지 세어 보기까지 했다. "보라! 충분히 긴 시간이다." 그는 말했다. "이보다 더 오래 지체한다면 악수를 청하고 이렇게 말하라. '찾아 주셔서 감사합니다.' 물론 여기서도 여러분은 긍정적인 언어를 사용해야 한다."[19]

루카스제프스키는 심지어 인터뷰 중인 고객들이 그들의 답변 원고를 기자들에게 배포해야 한다고 권한다. 그는 이것을 '의사소통의 목적물'이라고 부른다. "답변 원고를 기자들에게 주어 보라. 그들이 얼마나 정확해질 수 있는지를 보고 깜짝 놀랄 것이다." 그의 말을 더 들어 보자. "일반적으로 의사소통의 목적물이 이야기의 핵심이 된다."[20]

달콤한 말

롤스톤 퓨리나(Ralston Purina)에서 분리 독립한 인재 파견 회사 롤코프 홀딩(Ralcorp Holding)의 홍보책임자 팻 파렐(Pat Farrell)은 정직함을 뿌리 뽑겠다는 루카스제프스키의 열정을 이해하고 공유한다. 파렐의 이력서에는 20년 이상의 '경영 활동'이 적혀 있다. 그 내용은 "기업 혁신, 리엔지니어링, 인원 삭감, 규모 축소, 자본 확대, 제품 개선, 기술 발전, 시너지, 장기 계획, 단기 전망, 신제품 소개, 비용 절감안, 전략적 대안, 집중 분야 갱신" 등이다. 파렐은 독극물 테러를 목적으로 한 식품 조작, 해고, 작업장에서 발생한 충격 살인 두 건을 고용주들이 해결할 수 있도록 도왔다. 그는 "동시에 한 일은 아니었다"고 적고 있다.

1996년 11월에 열린 한 홍보업계의 회의에서 파렐은 거대 화학기업 몬산토의 인공 감미료 아스파탐(상표명 뉴트라스위트)의 이미지 개선을 담당했던 경험을 소개했다. 뉴트라스위트가 대중에게 수용되는 과정에 어려움이 있었던 것이다. 파렐은 대중의 '감정적이고 비논리적인 반응' 때문이라고 진단했다. 그는 "이미 수용 중인 식단의 범위를 뛰어 넘어 판로를 확대하고자 했기 때문에 우리 회사로서는 이 문제가 중요했다"고 설명했다. 몬산토는 대중의 반감을 파악하기 위해서 심리학자를 고용했다. 파렐은 심리학자의 이름은 알려 주지 않았다. 심리학자의 충고는 유전자조작 식품에 대한 클로테르 라파이유의 제안들과 놀라울 정도로 비슷했다.

파렐은 몬산토가 여러 해 동안 뉴트라스위트를 '인공 감미료'라고 불러왔다고 말했다. 그러나 그들은 '인공'이라는 말이 "암, 두통, 쥐 실험, 실험실, 분투하는 과학자, 알레르기, 간질을 떠오르게 한다"는 사실을 깨달았다. "이 가운데 어느 것도 식욕을 돋우지 못한다." 뉴트라스위트를 '설탕의 대체물'로 포장한 것도 실수였다. 파렐은 "사람들은 설탕과 비슷하다고 주장되는 것을 좋아하지 않는다"고 말했다. '설탕에 관한 기억이 유년 시절을 환기하기' 때문이라는 것이다. "걱정거리가 별로 없었던 단순했던 시절에 설탕은 달콤한 보상이었다. …… 우리가 선택한 어휘들이 우리의 제품을 부자연스럽고, 위험하고, 달콤하지 않은 제품으로 규정하고 있었다. 이런 것들 때문에 사람들은 우리가 뉴트라스위트를 인류 역사상 가장 사랑 받는 식품보다 더 뛰어난 것이라고 믿고 있다고 결론지었다." 그 심리학자는 그들에게 이렇게 충고하기도 했다. "미국인은 고된 노력을 통해 성취된 발견과 혁신을 숭배하고 엄청난 자부심을 느낀다."

이런 지식으로 무장한 뉴트라스위트는 '달콤한 말'을 창조해냈다. 파렐에 따르면 "'대체물', '인공', '화학', '실험실', '과학자' 같은 단어들이 우리의 어휘집에서 영원히 사라졌고, 대신 '발견', '선택', '다양성', '독특함', '다른', '새로운 맛'과 같은 말이 투입되었다."

파렐은 달콤한 말을 사용하면서 이제 뉴트라스위트가 아래의 질문에 어떻게 대응하는지를 예로 들었다. 당신은 아스파탐이 안전한지를 어떻게 아는가? 답은 이렇다. "아스파탐은 거의 30년 전에 발견되었다. 그때 이후로 우리 회사와 전세계의 수백 명 — 당신이나 나처럼 가족이 있는 사람들이다 — 은 소비자들이 뉴트라스위트의 맛을 선택할 때 그 선택에 확신을 가질 수 있도록 노력해 왔다. 사람들은 가능한 모든 방법으로 우리가 만든 재료를 확인해 왔다. 실제로 우리는 소비자들이 안심하고 뉴트라스위트를 선택할 수 있도록 이런 제품 표시를 장려한다. 지난 30년 동안 우리는 이렇게 해왔고, 앞으로도 항상 그럴 것이다. 우리 재료가 들어간 제품을 선택할 때 여러분은 확신해도 좋다. 그러나 신뢰가 없다면 여러분은 다른 선택을 할 것이다."

그러나 완곡어구만으로 모든 것이 다 해결되지는 않는다. 워싱턴의 홍보전문가 제프 프린스(Jeff Prince)는, 홍보전문가가 가끔씩은 달콤한 말뿐만이 아니라 세력 과시도 해줘야 한다고 말한다. 전국식당연합회(National Restaurant Association)가 수행한 식품 전쟁에 참여했던 프린스도 1996년의 같은 회의에서 자신이 공익과학센터(CSPI)와 싸웠던 몇 년간의 경험을 소개했다. 공익과학센터는 설탕과 지방이 많이 들어 있는 음식물의 위험성과 폐해를 소비자들에게 경고하는 비영리 단체로 언론 환경에 정통한 조직이다. 공익과학센터는 영화관에서 판매되는 팝콘에 지방이 너무 많이 들어 있다는 사실을 폭로했고, 페투치니 알프레도[fettuccine Alfredo, 페투치니를 버터, 치즈, 크림에 버무려서 맛을 낸 이탈리아 요리]를 '접시에 담아 제공되는 심장 발작'이라고 불러 헤드라인을 장식하기도 했다. 최근 이 단체는 올레스트라[Olestra, 저칼로리에 콜레스테롤을 함유하지 않은 지방 대체품으로 상표명이다]와 연관된 배변 장애와 다른 건강상의 문제들을 대중에게 알리는 일에 집중해 왔다. 올레스트라는 프록터 앤 갬블이 개발한 '살이 안 찌는 지방'으로 와우(Wow)라는 감자튀김에 사용되고 있다.

프린스는 공익과학센터를 '과학의 과대망상을 악용한 초절정 야수'라고 규정했다. 프린스는 TGI 프라이데이스(TGI Friday's)의 버섯 치즈버거와 튀긴 양파링에 약 1,800칼로리의 열량과 베이컨 다섯 조각, 초콜릿이 덮인 도넛 네 개, 페페로니 피자 세 조각, 바나나 스플릿 두 개, 빅 맥 하나를 다 합친 것과 같은 양의 지방이 들어 있다는 사실을 밝힌 공익과학센터의 보고서를 특별히 지목했다.[21] 프린스는 "식당업계는 관심을 가져야 한다"고 말했다. 공익과학센터의 영양 정보로 인해서 결국 '소비자의 신뢰가 추락하고 외식에 대한 반감이 증대할' 것이기 때문이다.

전국식당연합회는 공익과학센터의 메시지에 대응하는 세 가지 전략을 내놓았다. 첫 번째이자 가장 중요한 전략은 '다양성과 선택'을 강조하는 것이었다. "연구 결과에 따르면 외식을 할 때 영양에 신경을 쓰지 않는 사람은 불과 31퍼센트뿐으로 식당은 고객들에게 저지방의 식단을 제공함으로써 봉사한다고 주장하는 것이다. 식당연합회가 밀어붙인 두 번째 전략은 '식품 경찰'(food police)이라는 노선이다. 그들은 이 방침을 최대한으로 밀어붙였다." 프린스의 말을 계속 들어 보자. "개념의 출발은 사람들이 자신을 대신해서 선택을 하거나 간섭하는 제3자를 필요로 하지 않는다는 것이다. 특히 이 제3자가 비인간적이고, 융통성 없고, 금욕적이고, 완고한 것처럼 보일 때는 말이다." 식당업계가 채택한 세 번째 전술은 공익과학센터의 과학, 정확성, 절차에 의문을 제기하는 것이다. 프린스는 지금까지 이 전술은 충분히 활용되지 못했다면서 "공익과학센터의 과학에 반대하는 주장을 내세우고, 사람들이 연구 결과를 언제 어디에 어떻게 발표하는지와 관련해 전반적인 의문을 제기하는 활동을 종합적으로 조율해야 한다"고 촉구했다. "과학이 적절하게 사용되고 있는지 의문을 제기하라. 여러분이 이런 노력을 하면 할수록 공익과학센터의 신뢰도를 조금씩 무너뜨릴 수 있다."

그러나 관련 기업들이 공익과학센터를 직접 공격하기보다는 제3자 기술을 채택하는 것이 낫다고 말했다. "전국식당연합회나 프록터 앤 갬블이 직접 나서서 주장을 제기하면 아무도 믿지 않을 것이다. 그들의 권위는 옆구리가 이미 부딪쳐서 훼손된 상태이다. …… 내가 하고 싶은 말은 배후의 지령을 통해 미디어를 교육하라는 것이다. 여러분은 이해관계가 얽혀 있는 기업들과 거리를 두어야 한다. …… 그리고 여러분은 과학 단체를 참여시켜야만 할 것이다." 프린스의 말은 계속된다. "전반적인 계획을 실현하려면 상당히 과학적인 전문 지식이 필요할 것이다. 미디어를 관리하는 뛰어난 기술과 거의 무한대의 용의주도함도 필요할 것이다. 그러나 협력해서 노력하기만 한다면 가능한 일이라고 본다. 왜냐하면 언론이 이제 더 이상 공익과학센터를 믿으려고 하지 않기 때문이다. 그들은 이제 공익과학센터의 이야기를 그대로 전달하지 않는 이유를 대고 싶어한다. 그런데도 우리는 아직까지 언론에게 이런 자료를 제공하지 못했다. 기금이 풍족하지 못한 조직이나 신생 단체가 이 일을 맡는 게 좋을 것이다. 아무튼 식품업계가 단결해 이 일을 성사시켜야 한다. …… 우리에게는 훌륭하게 작성된 객관적인 명분이 필요할 것이다. 우리에게는 전문가의 증언이, 어쩌면 토론자집단까지 필요할 것이다. 우리는 『워싱턴 포스트』의 하워드 커츠(Howard Kurtz) 같은 미디어 비평가의 지지를 얻어야만 한다. …… 우리에게는 그들의 지지가 필요하고, 나는 우리가 그렇게 할 수 있다고 생각한다."

프린스의 발언이 있고 나서 몇 달도 채 지나지 않아 공익과학센터는 보수적 싱크탱크의 집중 공격을 받았다. 이 가운데 몇몇 단체는 프록터 앤 갬블로부터 엄청난 자금을 지원 받았다. 이것이 짜고 한 공격이라는 것을 입증해 주는 서류상의 증거는 하나도 없다. 그러나 적어도 공익과학센터의 책임자 마이클 제이콥슨(Michael Jacobson)에게는 단순한 우연으로 보이지 않았다. 제이콥슨은 "전체 작전에서 배후 조종의 냄새가 난다"고 말했다. 후버재단(Hoover Foundation)의 헨리 밀러(Henry Miller)가 신랄한 어조의 칼럼을 통해 올레스트라를 방어하면서 공익과학센터를 공격했다. 이 칼럼은 『월스트리트 저널』에 실렸고, 이어서 『워싱턴 타임스』와 『신시내티 인콰이어러』에도 다시 실렸다. 프록터 앤 갬블의 재단으로부터 약 12만 5,000달러를 받은 미국기업연구소(American Enterprise Institute)의 노먼 온스테인(Norman Ornstein)은 『유에스에이 투데이』 칼럼에서 공익과학센터가 식품의약국으로 하여금 올레스트라를 금지하라고 위협했다고 비난하면서 이 단체를 '국민의 보모'라고 비아냥거렸다. 『디트로이트 뉴스』는 산업계의 자금을 지원받는 조직인 소비자경보에 가입한 작가 두 명의 칼럼을 실었다. 그들은 공익과학센터를 '영양 문제 운동가들의 주제넘은 의견'을 제시하는 '식품 경찰'이라고 조롱했다. "식품 경찰의 공격"이라는 제목의 또 다른 기사가 『리더스 다이제스트』에 실렸다. 프록터 앤 갬블은 이 잡지사의 제3위 광고주이다. 『뉴 리퍼블릭』 기사에서는 공익과학센터가 '부실한 자료를 활용해' 대중을 '오도'했다고 비난했다. 『뉴 리퍼블릭』의 부편집자 스티븐 글래스(Stephen Glass)가 이 기사를 작성했는데, 글래스는 우익 집단인 헤리티지 재단(Heritage Foundation)이 운영하는 잡지 『정책 논평』에서 일한 전력이 있다. (대중을 오도했다는 문제에 관해 말하자면 글래스야말로 그런 부류에 속하는 사람이다. 나중에 글래스가 『뉴 리퍼블릭』에서 쫓겨난 사건은 언론계 최악의 추문 가운데 하나였다. 글래스가 상습적으로 정보를 위조했고, 그가 작성한 기사 가운데 일부가 실제로 완전한 허구였다는 사실이 밝혀진 것이다.)※

공익과학센터를 상대로 이루어진 가장 흥미로운 공격은 산업계로부터 자금을 지원받는 조직인 건전과학진보연대(TASSO)에서 나왔다. 공익과학센터가 아침 식사로 먹는 음식물에 다량 함유되어 있는 지방과 콜레스테롤

※ 글래스는 해고 직전까지 언론계의 샛별이었다. 그는 『뉴 리퍼블릭』은 물론이고 『롤링스톤』, 『하퍼스』, 『조지』 같은 잡지에 글을 썼다. 그의 부정행위가 적발된 것은 1998년 6월이었다. 다른 잡지의 기자가 글래스의 기사 중에서 언급된 회사가 존재하지 않는다는 사실을 발견했던 것이다. 추가 조사가 있었고, 글래스가 『뉴 리퍼블릭』에 쓴 41개 기사 가운데 6개가 완전한 허구이며, 21개는 사실과 허구를 뒤섞어 놓은 기사라는 것이 밝혀졌다. 존재하지 않는 조직과 사건과 인물들이 등장했다. "경찰과정의재단", "전직 캘리포니아 주 경관 도니 타이스(Donny Tyes)", "일리노이 주의 한 젊은 대학 교수 대니얼(Daniel)", "텔레비전 뉴스 프로듀서 제임스(James)", 『점프 나우』라고 하는 "스카이다이빙업계의 소규모 소식지", 전직 부시 대통령을 환생한 예수로 믿는 듯한 "조지 허버트 워커 크라이스트 교회"가 이런 사례들이다. 『뉴 리퍼블릭』은 1998년 6월 29일자 "독자들에게 알립니다"를 통해 사과했다. 이 사기 행각에 대해 더 자세히 알고 싶다면 Ann Reilly Dowd, "The Great Pretender," *Columbia Journalism Review*, July/August 1998을 보라.

에 관한 연구 보고서를 발표하자 건전과학진보연합이 PR 뉴스와이어를 통하여 "헛소동—— 공익과학센터가 제기한 최근의 협박에 건전과학집단이 답한다"라는 보도자료를 발표했다. 그러나 이 보도자료는 **잘못된 점**에 대해 공익과학센터와 논쟁하는 것이 아니라 결론이 너무나 **정확해서** 언급할 만한 가치가 없다면서 연구 보고서를 공격했다. "공익과학센터의 셜록 홈즈들은 달걀과 소시지와 버터에 지방이 들어 있고, 이것들이 콜레스테롤 수치를 상승시킬 수 있다는 사실을 발견했다. 그래서 어쩌자는 것인가?" 보도자료는 이런 식으로 조롱했던 것이다.

건전과학진보연합 의장 개리 캐러더스(Garrey Carruthers)는 "이것은 공익과학센터가 아무거나 보도하겠다는 의지로 충만한 맹목적 뉴스 미디어의 싸구려 관심을 얻어 보겠다는 것 말고는 다른 어떤 목적도 없이 '과학'이라는 덮개로 상식을 덮어 버리는 방식을 보여 주는 하나의 예에 불과하다"고 불평했다. "모두가 나서서 이런 쓰레기 과학에 반대한다고 말해야 할 때다."[22]

흥미로운 사실은 그 공격이 과학 자체를 다시 정의하는 방식이다. 건전과학진보연합에게 '건전한 과학'과 '쓰레기 과학'을 구별하는 것은 사실들의 진실 여부에 관한 경험적 질문이 아니라 사실들이 드러나는 방식에 대한 홍보성 질문에 따른 것이었다. 경험주의 전통에서 과학자들은 동료들이 폭넓게 수용되는 사실들을 되풀이한다고 해서 공격하지 않는다. 물리학자가 중력이 존재한다고 말했다고 해서 다른 물리학자들이 그 물리학자를 '쓰레기 과학'을 했다고 비난하지는 않을 것이다. 그러나 건전과학진보연합의 보도자료는 공익과학센터가 제출한 보고서와 관련해 사실 관계를 묻지 않고 그 연구가 뉴스 가치가 없다는 투로 기자들을 설득하려고 했다. 이런 식이었다. 사람들은 자기들이 먹는 음식에 지방이 얼마나 많이 들어 있는지를 이미 충분히 알고 있다. 그런데 왜 새삼스럽게 호들갑을 떨고 그러는가? 마이클 W. 파리자(Michael W. Pariza)는 "전혀 뉴스가 안 된다"고 말했다. 그는 식품업계에게 자금을 지원 받는 위스콘신 대학교의 연구자이자 건전과학진보연합의 고문이다. 이 말은 건전과학진보연합의 보도자료에서 인용한 것이다.[2]

다음 해에 공익과학센터는 또 다른 연구 보고서를 발표했다. 이 보고서는 영양사 203명을 조사해 식당 음식물의 영양학적 내용을 평가하는 그들의 능력을 측정했다. 보고서는 "전문적으로 훈련받은 영양사들이 다섯 개 식당 음식물의 칼로리를 평균 37퍼센트, 지방은 49퍼센트 적게 어림했다"고 지적했다. "203명의 조사 대상 영양사 가운데 모든 음식물의 칼로리 및 지방 내용물을 정확한 값의 20퍼센트 이내로 어림한 사람은 한 명도 없었다."

마리온 네슬(Marion Nestle) 박사는 "조사 결과는 영양 전문가라 할지라도 식당 음식물의 칼로리와 지방 함량을 정확히 추정할 수는 없다는 것을 입증한다"고 말했다. 네슬 박사는 뉴욕 대학교 식품영양학과장으로 공익과학센터와 함께 이 연구를 수행했다. 네슬은 "영양학자들이 식당 음식물 속에 뭐가 들어 있는지 알 수 없다면 소비자들도 마찬가지"라고 덧붙였다. "대규모 식당의 음식물들은 다수의 미국인이 비만으로 가는 원인 가운데 하나이다."

실제로 1999년 6월에 발표된 미 보건복지부의 보고서는 미국 성인의 절반 이상과 아동의 20퍼센트 이상이 과체중이라고 밝혔다. 질병통제및예방센터 국장 제프리 코플란(Jeffrey Koplan) 박사는 "우리는 비만이라고 하는 역병에 직면하고 있다"고 말했다. 모든 부문에서 "전체 국민이 더 뚱뚱해지고 있다. 그러나 비만이 가장 빠르게 증가하고 있는 대상은 어린이들이다. …… 무슨 일이 벌어질지 이것보다 더 나쁜 조짐은 없다."

임상 영양 연구자 로버트 쿠시너(Robert Kushner) 박사는 "사태가 아주 불가사의하다"고 말했다. "사람들이 자신에게 무슨 일이 일어나고 있는지도 모른다. 불성실하게 말한다면, 미국인들이 뚱뚱해지는 것은 외계인의 음모다. …… 나는 식당 산업을 1960년대의 담배 산업에 비유할 수 있다고 생각한다. 그쪽 업계의 태도는, 자신들은 대중이 원하는 것을 내놓을 뿐이라는 것이다. …… 많은 미국인들은 자기가 음식물을 얼마만큼 먹고 있는지를 계산하느라고 분주하다. 당신이 100명에게 한 접시의 음식을 내놓는다면 그들에게서 100가지 다른 추측을 듣게 될 것이다."[24]

그러나 그렇다고 뭘 어쩌자는 것인가? 그것은 분명히 우리의 선택이었다. 더구나 그것은 뉴스도 아니다. 와우 감자튀김을 한 번이라도 먹어 봤을 것 아닌가?

Ⅱ부 위험한 산업

2부 들어가는 글

피터 번스타인(Peter Bernstein)은 『신들에 반대한다』에서 수백 년 전만 해도 우리가 오늘날 인식하는 것처럼 위험이 존재하지는 않았다고 말한다. 물론 죽음과 질병이 다른 수많은 비극과 함께 존재하기는 했다. 그러나 사람들은 그것들을 자신이 거의 통제할 수 없는, 신께서 정한 운명의 불가피한 결과로 받아 들였다. 사람들은 위험보다는 운명에 관해 생각했다. 사람들은 각자 다른 직업 선택, 기술, 사회 정책의 결과들을 비교하거나 검토하지 않았다. 사람들 대부분에게 그런 선택의 기회가 아예 없었기 때문이다. 위험을 감수하는 것은 주사위나 카드로 도박을 일삼던 자들에게나 해당했다. 노름꾼은 위험을 측정하고, 수량화하고, 관리하는 방법을 진지하게 연구한 최초의 집단으로 오늘날의 세계를 지배하고 있는 체계와 전세들의 상당 부분을 개척한 사람들이다.[1]

세계적 자본주의는 과학 및 기술과 손을 잡고 부상하면서 누구도 무시할 수 없는 거대한 부를 창조해냈다. 그러나 그 과정에서 우리는 전대미문의 도박꾼이 되고 말았다. 21세기에 접어든 오늘날, 우리는 엄청난 규모의 기술적 가능성을 직면하고 있다. 복제, 유전자가 조작된 아기, '기능 식품'(neutraceutical)의 음식물 대체, 인간 신체에 외과적으로 이식된 사이보그 확장물 등. 기술의 변화는 가속적이고, 그로 인해 의도하지 않은 결과와 위험이 발생해도 미리 예측할 수 있는 사람은 아무도 없다. 경제와 정치가 세계화되었다는 것은 우리가 지구 저편의 사건에 과거 어느 때보다 더 빨리, 그리고 더 강렬하게 영향을 받게 되었다는 얘기다. 이렇게 복잡한 세계이므로 전문가들이 우리를 안내해, 우리의 구매 습관이나 보건 문제, 공공 정책 논쟁 등을 구체적으로 정하는 것은 별로 놀라운 일도 아니다. 그러나 이런 기술을 창조한 전문가들, 우리로 하여금 그것들을 사용하도록 고무하는 전문가들이 이런 기술 때문에 발생한 문제들에 대해서는 철저하게 무지할 수도 있다.

20세기에 이루어진 진보의 부정적인 측면으로는 전쟁과 정부가 주도하거나 후원한 잔학 행위가 있다. 기술 발달 덕택에 이 과정에서 약 1억 8,000만 명이 죽었다. 이 수치는 인류 역사의 다른 어떤 세기에 발생한 비극보다 규모가 더 큰 것이다.[2] 사실 이 숫자도 각 정부들이 **신중하게 줄여 잡은** 사망자 수일 뿐이다. 기술 발달과 관련된 다른 문제들, 사고, 폭력의 목록을 떠올려 보자. 기차 탈선, 독성 화학물질 방출, 항생제 내성 질병의 증가 등을 첫손에 꼽을 수 있다. 진보는 우리에게 공기 오염, 지하수 오염, 매립지 증가, 종의 소멸, 삼림 파괴, 핵 물질 운반에 따른 위험과 폭발, 식품의 화학물질 노출, 중동의 사담 후세인과 일본 테러리스트의 신경가스 공격을 선물해 주었다. 전세계적인 핵전쟁 같은 최악의 참사가 아직 일어나지는 않았지만 그 가능성은 언제나 존재한다.

우리가 감히 할 수 없는 도박이 있다는 것은 분명하다. 그러나 기술이 **빠른** 속도로 발달하면서 그런 변화에서 발생하는 이득에 집착하는 경제적 이해 당사자들은 개별적인 위험과 전체 사회의 혜택에 대한 자신들의 견해를 강제하는 일에 더 능숙해졌다. 2부에서는 산업의 전문가들이 위험과 그 위험을 대중과 함께 토론하는 전략에 대해 어떻게 생각하고 있는지를 살펴본다.

4 죽어야 산다

그들은 노동자들의 탄원에 어깨를 으쓱하며 냉소를 보낸다. 그들은 비용을 절감하기 위해 노동자들의 건강을 파괴한다. 그들은 의사와 연구자 같은 전문가를 고용한다. 그들은 고의적으로 직업병을 살아가면서 발생할 수 있는 평범한 질병으로 오진하고, 편향된 기사를 쓰며, 관심을 중요한 문제에서 딴 데로 돌려놓는다. 그들은 규제가 계속되면 산업이 몰락할 것이라고 경고하면서 규제의 불필요성을 강조한다. 그들은 토지를 강탈하면서 주민들을 유린한다. 그로 인해 수백만 명이 불필요한 고통을 당하고 수십만 명이 죽는다.

― 레이첼 스콧(Rachel Scott), 『근육과 피』[1)]

1930년대 초반의 호크스 네스트(Hawk's Nest) 참극으로 몇 명이 죽었는지 아는 사람은 아무도 없다. 앞으로도 알 수 없을 것이다. 아마 사망자 수는 타이타닉 호의 침몰과 함께 스러져간 사람들의 수보다도 훨씬 더 많을 것이다. 사실 타이타닉 호도 사상자를 정확하게 알기 위해 필요한 승선원 명부나 기타 명단이 전혀 없다. 이 가운데 많은 사람이 무연고 묘지에 묻혔다. 여러분이 역사책에서 호크스 네스트에 관한 이야기를 읽어 보았을 가능성도 거의 없다. 산업 보건 연구자들이 그 사건을 미국 역사상 최악의 산업 재해로 인정하고 있지만 말이다. 재앙이 발생한 웨스트버지니아 주에서 그 사건을 화제로 올린다는 것은 오랫동안 위험한 행동이었다. 1939년에 웨스트버지니아의 주지사는, 작가들이 호크스 네스트에 관한 자세한 이야기를 하지 않을 때까지 자신이 통치하는 주에 대한 연방 작가 안내서(Federal Writer's Guide)를 내주지 않았다. 심지어는 1960년대에조차 웨스트버지니아 대학교의 한 교수가 생존자들과의 인터뷰를 시도했다가 죽여 버리겠다는 위협을 수십 번이나 받았다. 1986년에는 마틴 처니액(Martin Cherniack)이라는 의사가 그 재앙을 꼼꼼하게 기록한 보고서를 작성했다. 책 제목은 『호크스 네스트 사고』였다. 논평가들은 높이 평가했지만 처니액의 책은 곧 절판되어 세상에서 사라졌다.

타이타닉의 승객들 가운데는 부유한 가문의 자제들이 포함되어 있었다. 따라서 그들의 죽음은 책과 영화로 기념될 만큼 중요했다. 그러나 호크스 네스트에서 일했던 노동자들은 가난했고, 대부분이 흑인이었으며, 대공황의 초기였으므로 희생될 수 있는 존재라고 여겨졌다. 그들은 더 나은 임금과 안정된 일자리를 약속받고 탄광을 떠나 유니언 카바이드가 건설하고 있던 수력 발전소로 향했다. 그들은 물길로 이용될 5킬로미터의 터널 굴착 공사에 투입되었다. 수력 발전소가 근처에 있는 석유화학 공장에 전력을 공급해야 했던 것이다. 노동자들은 터널의 오염된 공기가 작업 인부의 절반을 조기 사망에 이르게 하리라는 점을 알 길이 없었다. 터널은 오늘날에도 여전히 건재하다. 이 시설을 토목학의 기적으로 추켜세우는 기념 명판 뒤에서 말이다. 1986년 웨스트버지니아 주는 마침내 현장에 두 번째 기념비를 세우는 데 동의했다. 그곳에서 사망한 노동자들에게 바치는 열한 줄의 문구가 실린 1미터 크기의 정방형 표지물이었다.

노동자들이 뚫었던 산은 대부분이 규토였다. 규토는 모래와 석영이 추출되는 단단한 유리질의 광물이다. 규토 먼지를 흡입하면 허파의 산소 흡수 능력이 파괴돼 희생자들을 서서히 질식시키며 치명적인 질병으로 발전한다는 사실이 이미 15년 전에 밝혀진 상태였다. 과학자들이 그 질병을 '규폐증'이라고 이름 붙이기 전에도 이 질병은 '광부 폐병', '도공 폐결핵', '연마공의 소모성 질환'이라고 불렸다. 먼지와 접촉해야 하는 직업과 관련된 명칭들이었다. 호크스 네스트에서 유니언 카바이드의 경영진과 토목 기사들은 규토 먼지와 관련된 위험을 염려했다. 그들은 정기적인 감리를 위해 터널에 진입할 때 안면 보호구와 호흡 장치를 착용했다. 그러나 하루에 8~10시간을 일하면서 먼지를 들이마셨던 노동자들은 위험 경고를 듣지도 못했고, 안면 보호구를 지급받지도 않았다. 작업 현장에 물 뿌리는 공정만이라도 있었다면 공기 중의 먼지량은 크게 줄었을 것이다. 그러나 이런 조치도 전혀 없었다. 나중에 의사 한 명이 "회사에 소속된 의사들은 노동자들에게 문제점이 무엇인지 말해 주는 것이 허용되지 않았다"고 증언했다. 호흡이 곤란하다며 고충을 호소한 노동자는 자신의 병증이 폐렴이나 '터널병'이라는 얘기를 들었다.[2] 의사들은 치료약으로 '검은 악마'라고 불리는 것을 처방해 주었다. 그것은 설탕과 중탄산나트륨으로 만든 아무 짝에도 쓸모없는 알약이었다.

평균적인 규토 먼지가 발생하는 상황에서 노동자들은 20~30년 정도 작업을 한 후에야 규폐증에 걸리는 것으로 예측되었다. 하지만 분사(噴砂) 작업 같은 직업의 경우에는 속도가 빨라서 10년 만에 발병하기도 한다. 호크스 네스트의 상황은 아주 심각했고, 노동자들은 1년도 채 지나지 않아 급성 규폐증으로 사망했다. 노동자들의 거주지와 작업 현장을 연결하는 도로는 '죽음의 행진로'가 되었다. 퇴근하는 노동자들은 하얀 돌가루를 뒤집어 쓴 유령과 같은 몰골을 하고 있었다. 많은 사람들이 야위었고, 병들었고, 기침했고, 피를 흘렸다.[3] "노동자들을 본 기억이 난다. 흑인과 백인을 구별할 수가 없었다. 모두 흰색 먼지를 뒤집어쓰고 있었으니 말이다." 호크스 네스트 터널 인근에 살았던 한 여인의 말이다.

터널 굴착 노동자였던 조지 로비슨(George Robison)은 사람들이 너무 아파서 일할 수 없는 상태가 될 때까지 회사가 제공한 주택에서 살아야만 했다고 말했다. 쓸모가 없어지면 보안관이 그들을 강제로 쫓아냈다. 로비슨은 "많은 노동자가 터널 캠프에서 죽었다"고 말했다. "그들은 병원에서, 바위 아래서, 그 밖의 온갖 장소에서 죽었다. 내가 핀치(Finch)라고 알고 있던 한 노동자는 규폐증으로 바위 아래서 죽었다."4) 지역의 어느 장의사는 회사의 돈을 받고 인근 공터에 공동묘지를 조성해 노동자 169명을 매장했다.5) 어떤 노동자의 미망인은 남편의 시신을 발굴하고는 까무러칠 뻔했다. 남편이 죽은 뒤 불과 몇 시간 만에 회사가 남편을 묻었다고 했는데, 파보았더니 남편의 시신 위에 다른 세 명의 시체가 더 있었던 것이다.6) 자신들의 사랑하는 가족에게 무슨 일이 일어났는지를 끝끝내 알 수 없었던 가족들도 있었다. 그들이 회사에 어떻게 된 일인지 물어보자 회사는 해당 노동자가 직장을 옮기면서 떠나갔다고만 말했다.

전투적인 노동 운동과 프랭클린 델라노 루스벨트의 뉴딜 정책으로 호크스 네스트의 추문이 전국에 알려졌다. 1935년에 의회 청문회가 열렸다. 한 상원의원은 호크스 네스트 사태를 '미국 산업계의 캘커타식 블랙홀'이라고 불렀다. 유니언 카바이드의 한 토건업자는 이렇게 인정했다. "내가 그 깜둥이들을 죽이리라는 것을 알았다. 그러나 이렇게까지 빨리 일이 진행될 줄은 몰랐다."7) 터널에서 작업한 노동자들의 추정 사망자 수는 최소 수백 명에서 최대 2,000명에 이르렀다. 더 끔찍했던 사실은 호크스 네스트의 재앙이 따로 떨어진 별개의 사건이 아니었다는 것이다. 전국적으로 다른 노동자들 수천 명이 유리 공장, 광산, 도기 제조소, 건설 현장에서의 직업적인 노출 때문에 규폐증을 앓고 있었다. 사람들의 관심이 커지자 대중지와

4장 죽어야 산다 113

과학잡지들이 '먼지가 많이 발생하는 직종'에 관한 기사들을 쓰기 시작했다. 노동 장관 프랜시스 퍼킨스(Frances Perkins)는 규폐증과의 '전쟁'을 선포했다.

산업계의 반응은, 기업의 이익이 유사한 위험에 직면할 때마다 끊임없이 반복될 전형적인 것이었다. 과학 저술가 제임스 웍스(James Weeks)가 말했듯이 "놀랍게도 석면 관련 질병, '탄진폐증', 면폐증, 직업적 노출로 인해 발생하는 각종 암, 납 중독 등과 관련해서도 유사한 이야기—'과학적' 용어의 의미는 물론 책임의 귀속과 관련해—를 할 수 있었다."[8] 각각의 경우에서 질병을 일으키는 노출 상황은 더 심각한 문제의 증상일 뿐이었다. 기업들은 지속적 산업화와 연관된 치명적 위험을 계속 부인했다. 호크스 네스트에서 죽어가던 노동자들에게 거짓말을 했던 회사 소속 의사들은 히포크라테스 선서의 새로운 판본을 따르고 있었다. "사장에게는 어떤 해를 입혀서도 안 된다." 건강을 이유에 종속시키는 이런 태도는 산업계를 위해 일하는 의사들 사이에서 보편적일 뿐만 아니라 매우 악명 높은 것이었다. 의사이자 공중보건 개혁가인 앨리스 해밀턴(Alice Hamilton)이 말한 것처럼, 개인영업을 그만두고 이런 식으로 고용된 의사들은 결국 '동료 의사들의 경멸의 대상'이 되었다. 회사에 소속된 의사들은 같은 직업군에서 가장 무능하고 가장 비도덕적이라고 낙인찍혔다.

위생에 관해 신나게 떠들기

1935년의 호크스 네스트 청문회가 휴회된 지 일주일이 채 되지 않았을 때 산업가들이 멜론연구소(Mellon Institute)에서 은밀히 만났다. 멜론연구소는 금융가 앤드류와 리처드 멜론(Andrew and Richard Mellon)이 1913년에

'과학과 산업의 실질적인 협력을 통해 미국 제조업자들의 이익을 도모할 목적으로' 세운 재단이었다. 그 회합은 멜론연구소에 본부를 둔 새로운 조직, 공기위생재단(AHF)의 설립으로 이어졌다. 멜론의 비밀 보고서는 "규폐증에 관한 최근의 대중적 오해와 의회 조사위원회의 공개 청문회 개최 명령으로 인해 많은 국민의 관심이 규폐증에 쏠렸다"고 적고 있다. "이로 인해 정당성의 여부와는 상관없이 비슷한 주장들이 폭증할 것이고, 나아가 부적절한 입법 제안이 나올 가능성도 아주 높다." 이런 놀라운 법률 제정과 소송을 피하기 위해서 공기위생재단은 홍보캠페인을 계획했다. 이 캠페인은 '모든 관련자들에게 왜곡되지 않은 사태의 본 모습을 전달할 것'을 모의했다.[9]

주요 과학자들과 정부 관리들이 재단의 회원과 이사로 임명되었다. 재단 대변인들의 발언은 업계의 대중적인 간행물 속에서 폭넓게 인용되기 시작했다. 공기위생재단의 대표 알프레드 C. 허스(Alfred C. Hirth)는 "악덕 변호사들에 의해 직장에서 쫓겨난 사람들과 비교할 때 규폐증 환자는 거의 없다"고 말했다. 공기위생재단 내부의 '악덕 변호사' 시어도어 C. 워터스(Theodore C. Waters)는 의사들이 규폐증에 관한 주장들을 조작하고 있다고 비난했다. "많은 경우에 직원들은 의사들한테서 규폐증에 걸렸거나 걸릴 가능성이 많다는 얘기를 듣는다. 그런데 그 의사라는 사람들은 규폐증 진단이나 그 영향에 관해 잘 알지도 못할 뿐더러 경험도 부족하다. 이런 엉터리 조언 때문에 자신의 상태를 걱정하게 된 직원들이 직장을 떠나고 마는 것이다. 그 직장만이 자신이 생활비를 벌 수 있는 유일한 분야인데도 말이다."[10]

기업들은 마침내 최악의 혹사를 막기 위해 노력하기 시작했다. 환기 시설을 개선했고, 물을 뿌려서 먼지를 가라앉혔으며, 마스크를 지급했고, 규토에 노출되는 것을 줄이기 위한 다른 방법들도 동원했다. 호크스 네스트와 같은 무자비한 학살은 쉽게 예방할 수 있었다. 이런 소식은 사업 활동에 악재로 작용하는 신문 기사만을 양산했다. 업계는 소송으로 인해 자신들의 재정적 부담이 증대하고 있다는 사실도 깨달았다. 20세기 초의 법률 제도는 노동자들이 사장을 고소하는 것을 크게 제한하고 있었다. 그러나 1930년대가 되자 법원이 고용주들에게 실질적 책임이나 처벌적 손해 배상금을 물리는 사례가 늘어났다. 계속되는 배심원 평결과 늘어나는 손해 배상 재정액 때문에 '먼지 발생 사업장'은 주 정부가 노동자 배상 부칙에 규폐증을 포함시켜야 한다고 주장하면서 자신들의 문제를 법원 밖으로 끌고 나갔다.

산업계는 공기위생재단과 함께 효과적인 선전 공식을 만들어 냈다. 부분적인 개혁과 함께 '과학적' 진술을 통해 안전성을 보증하는 전략을 취한다는 내용이었다. 물론 이 활동에는 선의의 중립적인 냄새가 나는 조직의 지원을 활용한다. 먼지 발생 업계의 지배를 받으며 그들을 위해 일하고 있었던 공기위생재단이 '제3자 기술'을 효과적으로 구현했다. 공기위생재단 전원위원회 의장 C. E. 롤스턴(C. E. Ralston)은 재단의 제5연차 총회에서 "외부의 독립 기관에서 제출한 조사 보고서는 법정이나 배상 위원회에서 해당 분야의 관련 인사들이 준비한 보고서보다 더 큰 공신력을 가진다"고 말했다. 1940년에 공기위생재단은 회원사 225개를 거느리며 아메리칸 스멜팅 앤 리파이닝(American Smelting and Refining), 존스-맨빌(Johns-Manville), 유나이티드 스테이츠 스틸(United States Steel), 유니언 카바이드, PPG 인더스트리(PPG Industries) 같은 당대의 주요 오염원 배출업자들을 대변하고 있었다. 1941년에 공기위생재단은 산업위생재단(그리고 산업보건재단으로 한 번 더 이름을 바꾸어 오늘에 이르고 있다)으로 이름을 바꾸면서 먼지 관련 질병 이외의 다른 산업 보건 쟁점들에도 관심을 두기 시작한다. 1970년대에 이 단체는 기업 후원사를 400개 이상 보유했다. 여기에는 걸프 오일(Gulf Oil), 포드 자동차(Ford Motor), 제너럴 모터스(General Motors), 뉴저지 스탠다드 오일(Standard Oil of New Jersey), 카웨키 버릴코 인더스트리스(Kawecki

Berylco Industries), 브러시 베릴륨(Brush Beryllium), 보잉(Boeing), 콘솔리데이티드 코울(Consolidated Coal), 제너럴 밀스(General Mills), 오웬스-코닝 파이버 글래스(Owens-Corning Fiberglass), 굿이어(Goodyear), 모빌 석유(Mobil Oil), 다우 케미컬(Dow Chemical), 제너럴 일렉트릭, 웨스턴 일렉트릭 등이 포함되어 있었다.[11]

1930년대 중반에 규폐증은 1990년대의 석면처럼 악명을 떨치면서 '직업병의 황제'로 군림했다. 그러나 1930년대 말에는 공기위생재단의 공작으로 인해 규폐증이 신문의 헤드라인에서 사라지기 시작한다. 규폐증의 역사는 직업병과 공중보건 정책을 연구하는 제럴드 마코위츠(Gerald Markowitz)와 데이빗 로스너(David Rosner) 교수의 공저 『치명적인 먼지』에 자세히 기록되어 있다. 두 사람은 1940년대에 산업 보건전문가들이 규폐증을 '과거의 질병'으로 선포했고, 1950년대에는 규폐증이 "공식적으로 더 이상 문제가 되지 않았으며, 따라서 규폐증을 거론하는 사람들은 '진부하고 해묵은 문제를 꺼낸' 것에 대해 사과해야만 했다"고 말한다. 규폐증이 신문의 헤드라인에서 사라진 사건은 호크스 네스트의 참상을 은폐한 일보다 훨씬 더 심각한 사태임에 틀림없다. 질병의 원인이 충분히 밝혀져 병을 예방할 수 있었는데도 질병 자체가 없어지지 않았던 것이다. 영국과 유럽의 다른 지역에서는 1949년 이후로 분사 작업이 금지되었다. 그러나 미국에서는 국립직업안전및보건연구소(NIOSH)가 현재 약 100만 명의 미국 노동자가 규폐증에 걸릴 위험을 안고 있다고 추산한다. 그 중에서도 10만 명은 위험성이 매우 높은 직업군, 곧 광부, 분사 작업원, 착암공, 도기 제작공 및 벽돌공, 체질 하는 사람, 유리 공장 노동자들이다. NIOSH는 이 가운데 5만 9,000명이 규토 노출로 인한 병을 앓게 될 것이라고 보고 있다.

로스너와 마코위츠는 "규폐증이 과거의 질병이며 노동자들이 충분한 환기, 강철이나 아연 첨정석 같은 비규토성 연마재로의 대체, 보호 장비를 통해 적절하게 보호받을 수 있다는 사실이 여러 해 동안 강조되었지만 세계대전 후에 노동자들이 계속해서 과다한 양의 규토에 노출되면서 규폐증이 전혀 사라지지 않았다는 것이 진실"이라고 쓰고 있다. "그러나 제2차 세계대전이 끝나고 10년에 걸쳐 규폐증이 만연한 실태를 밝혀 주는 신뢰할 만한 통계를 확보하는 것은 사실상 불가능하다. 산업계는 물론이고 규폐증을 대하는 산업 위생 및 의료계의 총체적인 기만행위 때문이다. 사망 진단서에 규폐증이 사망 원인이나 주요 원인으로 기록되는 일은 거의 없었다. 의사들은 규폐증을 진단하는 훈련을 전혀 받지 못했을 뿐만 아니라 산업 노동자들에게서 이 질병이 폭넓게 나타나는 까닭을 의심해 볼 만한 이유도 발견하지 못했다."[12]

뉴스 보도와 질병통제및예방센터[13]에서 취합한 자료를 바탕으로 우리가 파악한 최근의 사례들은 다음과 같다.

■ 39세의 남성이 분사 작업원으로 22년 동안 일한 후 1993년 4월에 규폐증과 결핵 진단을 받았다. 그는 22년 동안 하루 6시간씩 분사 작업을 했다. 그는 목탄 여과 호흡 장치를 착용했지만 소용없었다.

■ 비흡연자 남성이 타일 작업공으로 23년을 일한 후 49세의 나이에 중증 규폐증, 폐기종, 천식으로 진단을 받았다. 타일에 구멍을 뚫고 갈아서 윤을 내는 게 그의 일이었다. 그는 모르타르 먼지에 노출되었고 분사 작업도 맡았다. 그는 마스크를 착용하지 않았다. 작업 분진 규제안에 관한 정보를 노동자들이 몰랐기 때문이다.

■ 벽돌공이 41년 동안 일한 후 70세의 나이에 규폐증, 폐기종, 폐암 진단을 받았다. 그는 작업할 때 마스크를 썼지만 충분한 보호책이 되지 못했다.

■ 47세의 남성이 착암공으로 22년을 일한 후 1992년에 중증 규폐증으로 진단을 받았다. 그는 1994년 사망할 때까지 2년 동안 투병했다. 그가 사용한 착암기에는 분진 제거 장치가 장착되어 있었다. 그러나 대부분의 경우처럼 고장이었다.

■ 41세의 석탄 광원 레슬리 블레빈스(Leslie Blevins)는 석탄층에 도달하기 위해 3개월 동안 사암을 파들어 갔다. 회사의 지시에 따라 그는 자신의 사암 굴착 행위를 연방 조사관들에게 숨겼다. 그는 "할 수 있다고 생각되는 일이 많지 않았다. 더구나 그렇게 하지 않으면 짐을 싸서 집으로 돌아가야 했다"고 설명했다. 그가 사용한 굴착 기계는 낡은 장비였다. 먼지를 가라앉히기 위해 사용하던 살수 장치는 언제나 고장이었다. 먼지 때문에 숨이 막힐 지경이었다. 그는 "가끔씩 굴착 장비를 끄고 밖으로 나가 신선한 공기를 들이마시거나 토했다"고 말했다. 그러면 "사장이 내게 와서 다시 들어가라고 말했다." 1년 후에 그는 중증 규폐증으로 진단을 받았다. 의사는 그에게 살날이 2년뿐이라고 말해 주었다. 그러나 그는 3년을 살고 죽었다.[14]

규폐증에 걸린다고 해서 모두 죽는 것은 아니다. 일부는 영구 장애자로 전락해서 산업계가 호크스 네스트의 참극 이후 내놓은 노동자 보상 제도에 지원을 요청하기도 한다. 그러나 그들이 혜택을 받으려면 보험 회사와 지난한 투쟁을 벌여야만 한다. 『휴스턴 크로니클』의 기자 짐 모리스(Jim Morris)는 "비록 그들이 승리한다고 해도 받게 되는 보상금은 전에 받던 임금 수준에 못 미치며 이마저도 불과 몇 년이면 지급이 끝나 버린다"고 말한다. "예를 들어 텍사스 주에서 '영구 1급' 장애자의 최대 수혜 기간은 401주, 곧 7년 반이 약간 넘는 기간 동안 주당 438달러이다. 이것은 앞으로 25년을 더 일할 수 있었던 40세의 규폐증 희생자에게는 전혀 위안이 되지 못하는 액수이다."[15]

명백한 사실의 재발견

오늘날까지도 대다수의 주와 연방 정부는 규폐증을 추적하기 위해 어떤 진지한 시도도 하지 않고 있다. 실제로 규폐증은 보고 의무가 있는 질병으로도 분류되어 있지 않다. 케네스 로즌먼(Kenneth Rosenman) 박사는 "전반적인 감시 체계를 살펴본다면 웃기는 코메디"라고 말한다. 미시건 주립 대학교 의과 대학 부교수인 로즈먼 박사는 정부의 보건 관리들이 "작업장에서 실제로 얼마나 많은 사람들이 추락이나 기타 외상으로 사망하는지조차 알지 못한다"고 말한다. "아마도 노동 통계국은 규폐증 실태를 75퍼센트 정도 줄여서 잡고 있을 것이다."[16] 결국 오늘날의 노동자들도 호크스 네스트 시절의 노동자들과 크게 다르지 않은 환경 속에 처해있는 셈이다. 치명적인 먼지에 노출되어 죽어가는 사람이 몇 명인지 아는 사람은 아무도 없다. 어쩌면 앞으로도 없을 것이다. 노동자 자신과 몇몇 진지한 학자들, 고립적으로 활동하는 정부 관리들을 제외하면 실제로 이 문제에 관심을 갖는 사람은 아무도 없다.

호크스 네스트의 비극 이후로 규폐증에 관한 이야기는 비슷하게 전개되었다. 규폐증은 십 년 정도의 주기로 새롭게 '발견되고', 규제 개혁이 이루어진다. 아울러 규폐증을 물리치려는 노력도 산업계의 캠페인 때문에 매번 좌절당했다. 그들의 캠페인 역시 공기위생재단이 수립해놓은 모범을 답습한다. 예를 들어 보자. 1960년대에 대학의 연구자들이 루이지애나 주 조선소 노동자들에게 규폐증이 만연해 있다고 보고했다. 1970년대에도 유사한 보고로 인해 국립직업안전및보건연구소가 노동자들의 규토 노출에 대해 더 엄격한 기준을 제출하기에 이르렀다. 그러자 관련 업계가 규토안전협회(SSA)라고 하는 단체를 만들었다. 공기위생재단처럼 규토안전협회도 노동자의 안전을 염려했다. 그들은 자신들의 임무가 "규토 제품 사용에 따른 건강상의 위험을 조사해 보고하고, 경제적으로 실행할 수 있는 보호 조치를 충분히 제공하는 것"이라고 밝혔다.[17] 물론 여기에서 가장 중요한 문구는 '경제적으로 실행할 수 있는'이다. 실제로 규토안전협회는 규토 노출을 제한하는 새로운 정책 **전부**를 실행할 수 없는 것으로 간주했다. 로비 활동을 통해 직업안전및보건청(OSHA)이 NIOSH가 제안한 새로운 기준을 채택하는 것을 저지하는 데 성공한 규토안전협회는 1982년에 해산했다. 자신들의 진짜 임무를 완수했으니 더 유지할 필요가 없었던 것이다. 동시에 새로운 규폐증이 역병처럼 부상했다. 이번에는 파이프와 저장 탱크에 분사 작업을 하던 텍사스의 석유 노동자들이었다. 『휴스턴 크로니클』이 6개월간의 탐사 취재를 통해 1992년에 다음과 같은 사실을 밝혀냈다. "규폐증은 의사들에 의해 오진되었고, 산업 관리들에 의해 무시되었으며, 그 병에 걸릴 가능성이 가장 많은 노동자 자신들조차 모르기 일쑤였다. …… 과거의 경고들과 연구들은 무시되었고, 제품은 허위로 광고되었으며, 정부 규제는 있으나마나였다. 특히 아주 위험해서 NIOSH가 1974년에 금지를 권고했던 분사 작업과 관련해서 말이다." 1996년에 NIOSH는 노동자 50만 명 이상이 여전히 규토에 노출되고 있다고 추산했다.[18] 질병통제센터(Centers for Disease Control)의 한 연구 보고서는 1968년부터 1994년 사이에 규폐증 관련 사망이 1만 4,824건이라고 밝혔다.

이런 발표들이 이어지자 1997년에 규폐증 일소를 위한 전국 회의가 열렸다. 연방 정부 직원, 산업계 대표, 노조 관료, 공중보건 종사자를 망라해 600명 이상이 이 회의에 참석했다. 새로 밝혀진 증거에 따르면 규토 노출은 규폐증뿐만 아니라 폐암을 불러일으킬 우려도 있었다. 1998년 5월에 미국 안전기사협회(American Society of Safety Engineers)의 공식 간행물은 결정질 규토를 '새로운 석면'이라고 명명했다. 다시 한 번 규토 노출의 위험성이 재발견되었다. 호크스 네스트의 참극이 발생하고 거의 70년 동안 규폐증은 매번 되풀이해서 '새로운' 질병으로 떠올랐다.

산업계 역시 다시 움직였다. 분쇄 석재, 모래, 자갈을 생산하는 골재업계의 내부 간행물 『애그먼』은 "규토 공포가 급소를 찌르기 시작했다"며 불평했다. 패턴 보그스(Patton Boggs)라고 하는 워싱턴의 유력한 법률 회사에서 골재업계의 로비스트로 활약하는 마크 사빗(Mark Savit)이 같은 잡지에 글을 투고해 "직업안전및보건청, 광산안전및보건청(MSHA), 환경보호국 같은 규제 기관들이 이 문제와 관련해 대중의 정서를 크게 자극했다"면서 비난했다. '앞으로 우리 업계의 사업 방식에 커다란 영향을 미칠 수'도 있다는 것이었다. 그러나 사빗은 산업계가 '당국이 내걸려고 하는 규제 조치들에 도전하면서 그들이 기반을 두고 있는 문제투성이 과학을 폭로할 수 있는 다양한 기회'를 가질 수도 있다고 덧붙였다. "그 첫 번째 단계로 내가 소속된 법률 회사 패턴 보그스가 1997년 3월 24일에 '다음 세기의 규토 — 건전한 공공 정책, 조사 연구, 책임 한도의 필요성'을 후원할 것이다. 이 날은 직업안전및보건청과 광산안전및보건청의 회합이 있기 하루 전날이었다. 일급 과학자, 산업계 및 협회의 책임자, 변호사들이 참가자들에게 앞으로 있을 공격에서 자신을 보호하는 데 필요한 수단을 제공할 것이다."[19]

두 번째 조치로 '먼지 발생 업종들'은 또 다른 단체를 결성했다. 이번에는 규토연합(Silica Coalition)이라는 이름이었다. 로스너와 마코위츠는 "이 단체의 목표는 표면상 정부의 규토 규제 조치 변화로 인해 영향 받게 될 기업들에게 '건전한 과학'과 '법률적 지원'을 제공하는 것이지만 업계 대표들이 규토의 위험성과 그에 따른 소송의 위협을 더욱 깊이 인식하고 있다는 것도 분명하다"고 말한다.[20]

다른 질병, 똑같은 이야기

우리가 규폐증의 역사를 상세히 설명한 까닭은 정부와 산업계, 공중보건 당국이 비슷한 건강상의 많고 많은 위협에 어떻게 대응해 왔는지를 전형적으로 보여 주기 때문이다. 매년 80만 명 이상이 새로 직업병에 걸린다. 이 가운데 직장에서의 상해를 포함해 무려 8만 명이 사망한다.『내과학 기록』에 실린 1997년도 보고서는 "직업병과 상해로 인한 의료 비용이 AIDS 치료 비용보다 훨씬 더 큰 것 같다"고 결론지었다. "전체 비용은 알츠하이머병 치료 비용보다 더 크고 암, 온갖 순환기 질병, 근골격계 질환 전체의 치료 비용을 합한 것과 같다."[21] 1991년에『뉴욕 타임스』의 노동 담당 기자였던 윌리엄 세린(William Serrin)은 직업안전및보건법(OSHA)이 1970년에 통과된 이후 직장에서 근무 중에 사망한 노동자가 약 20만 명이고, 작업 환경이 불러온 질병으로 사망한 노동자는 무려 200만 명 이상이라고 말했다. 세린은 "하루에 남자와 여자와 어린이가 300명씩 죽는다는 얘기이다. AIDS, 약물, 음주 운전, 그 밖에도 온갖 형태의 자동차 사고로 인한 사망자보다 노동 현장에서 매년 더 많은 사람들이 죽는다"고 밝혔다. "이게 다가 아니다. 직업안전및보건법이 시행된 이후 작업 현장의 사고로 영구 장애인이 된 사람은 무려 140만 명이나 된다. 그러나 지난 20년 동안 작업 현장의 안전 규정 위반으로 법무부에 의해 기소된 사람은 14명에 불과했다. 이 가운데 사우스다코타 주의 건설업자 한 명만이 노동자 두 명이 함몰 사고로 사망한 것에 대해 유죄 선고를 받고 감옥에 갔다. 그는 45일간 감옥에 있었다."[22]

수십 년 동안 많은 사건에서 기업 관리들과 국가 공무원들은 생명을 위협하는 화학물질이 위험하다는 것을 알면서도 노동자 보호를 외면했고 공공연하게 노동자들이 안전하다고 주장했다. 예를 들어 용매로 사용되는 벤젠은 1920년대 초부터 위험 물질로 인식되었고, 미국석유연구소(API)에 제출된 1948년 독물학 보고서에서 백혈병과 다른 암들의 원인으로 지목되었다. 이 단체는 "절대적으로 안전한 벤젠 농도는 0"이라고 발표했다. 그러나 벤젠은 여전히 정유 및 화학 공장에서 폭넓게 사용되거나 제조되고 있으며 오늘날에도 작업장 한쪽을 차지하고 있다.

석면은 무려 1918년에 그 위험성이 밝혀졌는데, 프루덴셜 보험 회사(Prudential Insurance Company)의 의료 통계학자는 '상해 상황을 상정하고' 석면을 취급하는 노동자들에게는 보험을 받지 말라고 조언했다. 메트로폴리탄 생명보험 회사(Metropolitan Life Insurance Company)도 1922년에 석면을 폐섬유증의 원인으로 지목하면서 비슷한 결론을 내렸다. 석면을 취급하는 노동자들 사이에서 석면폐(asbestosis)와 '산업성 암'이 시시때때로 발생한다는 수많은 기사가 산업위생재단의 1930년대 파일에 등장한다. 이들 산업 분야 내부에서는 석면과 암 사이의 연관성을 이미 오래 전부터 이야기하고 있었던 것이다. 마침내 1944년 『미국 의학협회 저널』이 처음으로 석면이 '직업암의 원인 물질 가운데 하나'라고 보고했다. 1948년에 미국석유연구소의 의학 자문위원회는 노동자들이 석면과 벤젠에 노출되는 상황을 '완전히 없애야' 한다고 지적했다. 그러나 산업계는 이것을 오도하는 연구 보고서를 잇달아 만들어 냈다. 대표적인 예가 퀘벡석면광업협회(Quebec Asbestos Mining Association)가 돈을 댄 1958년의 대규모 연구이다. 약 6,000명의 석면 광부들을 대상으로 한 이 조사는 석면폐와 관련해 수행된 최대 규모의 연구로서 폭넓게 인용되었다. 산업위생재단이 작성한 그 보고서는 방법론에 주의를 기울이지 않는다면 매우 인상적으로 보였다. 뉴욕 소재 헌터 대학교의 직업및환경보건센터 책임자인 데이빗 코텔척(David Kotelchuck)은 "방법상 수많은 오류가 있지만 그 중에서도 과학적으로 용납할 수 없는 한 가지 결정적인 결함이 있었다"고 말한다.

대니얼 브라운(Daniel Braun)과 T. 트루언(T. Truan) 조사관은 폐암을 유발한다고 알려진 물질에 노출되는 것과 질병이 최초로 가시적 징후를 나타내는 것 사이에 20년이라는 시간차가 존재한다는 사실(소위 잠복기)을 사실상 무시했다. 그들은 비교적 젊은 노동자들을 조사했고, 그 가운데 3분의 2가 20~44세 사이였다. 노동자의 30퍼센트만이 20년 이상 근속했다. 그 20년이란 세월이 폐암의 추정 잠복기이다. 조사 연구에는 젊은이들이 많이 포함되는 바람에 브라운과 트루언은 당연하게도 광부들 사이에서 통계적으로 의미 있는 폐암 증가 사례를 확인하지 못했다. 물론 그들은 향후에 폐암에 걸릴 운명이었지만 조사 당시에는 너무 젊었기 때문에 병을 확인할 수 없었을 뿐이다. 나중에 분명하게 밝혀진 것처럼 그들은 오도하는 자료를 바탕으로 명백한 위험을 감추어 버렸다.[23]

1960년에 석면폐를 주제로 한 과학 논문은 모두 63편이 발표되었다. 이 가운데 11편은 석면업계의 자금을 지원 받았고, 나머지 52편은 병원과 의과 대학에서 제출한 것이었다. 산업계가 지원한 11편의 연구 보고서는 석면이 폐암의 원인이라는 사실을 만장일치로 부인하면서 석면폐의 심각성을 과소평가했다. 비산업계의 연구 보고서가 도달한 결론과는 정반대의 입장이었다. 1962년에 걸프 오일이 노동자들에게 알려 준 절연체 취급 설명서에는 "석면 섬유가 …… 호흡 기관에 해롭지 않다"고 쓰여 있었다. "이 소재로 작업을 한다고 해서 개인의 건강이 위험에 처하지는 않는다."[24] 오늘날 우리 모두가 알고 있듯이 이 조언은 단순한 거짓말이 아니라 사람을 죽이는 거짓말이었다. 산업계가 자행해 온 부인의 역사를 간결하게 요약한 사람은 보스턴 대학교의 데이빗 오조노프(David Ozonoff)이다. 오조노프는 석면 소송의 목격자로서, 석면업계가 사용한 일련의 방어 전략을 이렇게 설명했다.

석면은 당신의 건강을 해치지 않는다. 좋다, 석면이 당신의 건강을 해치지만 그렇다고 암을 불러일으키지는 않는다. 좋다, 석면이 암을 불러일으킬 수도 있다. 그러나 우리 회사의 석면은 안 그렇다. 좋다, 우리 회사의 석면이 암을 불러일으킬 수도 있다. 그러나 이 사람이 걸린 암하고는 상관없다. 좋다, 우리 석면이 암을 불러일으킬 수도 있다. 그렇지만 이 사람이 노출된 양 정도로는 어림도 없다. 좋다, 석면이 이 정도 수준이면 암을 불러일으킨다고 치자. 그러나 이 사람이 병에 걸린 것은 흡연 같은 다른 원인 때문이다. 좋다, 그가 우리 석면에 노출되었고, 그게 원인이 되어 암에 걸렸다고 치자. 그러나 그가 석면에 노출되었을 당시에는 우리도 그 위험성을 알지 못했다. 좋다, 사실 우리는 위험성을 알고 있었다. 그러나 규제 법령은 이미 만기가 되었다. 좋다, 규제 법령이 유효하다. 그러나 우리가 유죄라면 우리는 사업에서 철수할 것이고, 그러면 모두의 상태가 더욱 악화될 것이다. 좋다, 우리가 사업에서 손 떼겠다. 그러나 회사의 일부라도 우리가 유지할 수 있도록 해주고, 우리가 불러일으킨 피해에 대한 책임도 탕감해줘야 한다.

1900년대 초에 처음 관찰되었으나 발견 이후 50년 동안 거의 연구되지 않은, 면직 공장 노동자들의 직업병인 면폐증과 관련된 이야기도 상당히 비슷하게 전개되었다. 1945년에 발표된 미국 노동부의 한 보고서는 면폐증이 미국 내 면직 공장에서는 문제가 안 된다고 밝혔다. 사태의 심각성이 드러난 것은 예일 대학교의 한 연구원이 면폐증으로 고통받고 있다는 것이 확인된 교도소 재소자들의 건강 상태를 연구하면서부터였다. 애틀랜타 소재의 연방 교도소가 운영하던 면직 공장에서 이 사태가 발생했다.[29] 베릴륨 노출, 납, 수은, 카드뮴 등의 중금속 노출, 유리 섬유, 석탄 분진 같은 폐 손상, 클로르덴, 다이옥신 같은 화학물질로 인한 노동자 사망과 관련해서도 관리 감독 소홀이라는 비슷한 역사를 확인할 수 있다.

알려지지 않으면 오염이라는 것도 없다

1970년대에 DDT, PCB, 염화 비닐, 벤젠 같은 화학물질의 유해 효과에 관한 증거들이 쌓이기 시작하면서 모빌 석유, 몬산토, 유니언 카바이드 같은 기업들이 광고와 홍보캠페인을 다양하게 전개했다. 그들은 몬산토의 "화학물질이 없다면 생명도 없습니다" 같은 표어를 사용했다. 유니언 카바이드의 선전 작업에만 약 200명의 회사 간부가 참여했다. 회사의 홍보부가 연설, 강연 테이프, 판에 박힌 논설, 공립학교에 제공할 교육용 필름, 신문과 잡지 기사들을 대량으로 생산하는 과정을 모두 담당했다.[26]

선전 작업은 과도한 규제가 미국의 창조성과 번영을 가로막고 있다는 인상을 불러일으키는 미심쩍은 통계들에 크게 의존했다. 염화 비닐이 희귀한 형태의 간암을 일으킨다는 증거가 나오자 화학기업들은 염화 비닐 노출에 대한 연방 정부의 규제안을 실시할 경우 200만 개의 일자리가 사라지고 650억 달러의 비용이 추가로 들게 될 것이라고 발표했다. 화학 협회는 '연방 기준은 업계의 수용 능력을 넘어서는 것'이라고 선언했다. 업계의 죽겠다는 아우성은 일단락되었고 연방 기준이 적용되었다. 화학업계는 계속 번영했다. 일자리는 없어지지 않았고, 업계가 추산한 액수의 5퍼센트만이 비용으로 지출되었다.[27]

직업병에 관한 정보는 거의 취합되지 않으며, 뉴스로 보도되는 일도 거의 없다. 20세기 초에 산업 안전이라는 개념은 미국에서 낯설고 생소한 것이었다. 당시에 이 나라 최초의 산업보건의 앨리스 해밀턴이 '위험한 직업군'이라는 것을 조사하기 시작했다. 해밀턴은 자서전에서 자신이 이 문제를 깊이 인식하게 된 과정을 설명했다. "산업 질병에 관심을 갖게 된 것은 헐 하우스[Hull House, 미국의 사회봉사가 제인 애덤스가 1889년 시카고에 세운 복지 시설]에서의 경험 때문이기도 했다. 노동자 계층이 거주하는 구역에 살면서 노동자들과 그들의 아내를 만났다. 나는 노동자들이 직면한 위험 상황에 관한 얘기를 듣지 않을 수 없었다. 대규모 제강 공장에서 발생하는 일산화탄소 사고, 납 중독으로 불구가 된 도장공, 가축 수용소에서 일하는 사람들의 폐렴과 류머티즘에 관해 알게 되었다." 해밀턴은 도서관으로 달려갔고 "산업 노동자들이 처한 위험과 그들을 보호하기 위한 방법을 알아내기 위해 닥치는 대로 읽었다. 그러나 관련 사례라는 것은 전부 독일 아니면 영국, 오스트리아, 네덜란드, 스위스에 관한 것이었다. 이탈리아와 에스파냐도 있었는데 오직 미국만 없었다. 이들 나라에서는 산업 의학이 엄연한 의과학의 한 분야였다. 우리 나라에서만 존재하지 않았던 것이다."[28]

수십 년이 흐른 후 레이첼 스콧은 1974년에 『근육과 피』를 집필하기 위한 조사에 착수하면서 상황이 별로 달라지지 않았다는 사실을 확인했다. 그녀의 책 『근육과 피』는 주물 공장과 다른 산업 무대에서 작업하는 노동자들의 질병을 살펴본 책이다. "도서관에서 나는 주물 공장 노동자들이 처한 위험 상황에 관한 설명을 조금이나마 찾을 수 있기를 바랐다. 흔히 먼지나 증기와 결부되는 질병들인 심장병, 호흡기 질환, 폐암이 주물 공장 노동자들에게서 더 많이 발생하는지의 여부를 알려줄 사망률 연구 같은 것 말이다. 프랑스의 연구, 이탈리아의 연구, 독일의 연구가 있었고, 영국의 연구도 조금이지만 찾을 수 있었다. 그러나 미국의 자료는 단 하나도 없었다. …… 도서관에서 실패했지만 나는 당대 미국 주물 공장에 관한 연구가 하나도 없다는 사실을 여전히 믿을 수가 없었다. 그러나 연방 및 주 공무원들과 통화하고 나서 주물 노동자들이 흔히 경험하는 위험한 환경에 어떻게 대응하는지를 아는 사람이 정말이지 아무도 없다는 것을 알게 되었다."[29]

오늘날에도 상황은 크게 나아지지 않았다. 시카고 소재의 전미안전한 일터연구소(National Safe Workplace Institute)의 조지프 키니(Joseph Kinney)는

"우리 미국인들은 노동 관련 사망자 및 부상에 관해서보다 가축 도살에 관한 자료를 더 정확하게 구비하고 있다"고 말한다. 이 단체는 1987년에 형이 작업장에서 사고로 죽었는데도 사장은 단돈 800달러의 벌금만을 물고 마는 현실에 자극받은 키니가 세운 것이었다.[30]

공기위생재단처럼 산업계가 돈을 대는 선전 캠페인이 이런 정보의 공백을 만들어 냈다. 다른 사람의 문제는 내 문제가 아니고, 현대 사회가 제공하는 혜택은 그 위험을 넘어선다는 관념도 동시에 확산되었다. 그러나 노동자들에게 무슨 일이 일어나는지에 대한 이런 무관심에는 대가가 따른다. 석탄 광산의 카나리아처럼 노동자들도 우리 모두에게 영향을 미치는 더 광범위한 환경상의 위험과 최초로 만나고 그것을 인식하는 존재일 가능성이 높다. 다른 곳보다 작업장에서 해로운 화학물질에 노출되는 일이 더 빈번하고 정도도 더 심각하다. 병에 걸리는 노동자들은 작업에 사용되는 용매와 금속과 살충제가 더 광범위한 환경에도 위협이 된다는 것을 일찍 경고해 준다. 실제로 새로운 보건상의 위험을 발견하고 최초로 경보를 발하는 존재는, 의사나 과학자나 학자나 정부 관리들이 아니라 노동자였다.

납과 '나비들의 집'

노동자들이 납에 중독된 오랜 역사를 되새겨 본다면, 간단한 상식만으로도 미국과 다른 산업 국가들이 20세기 내내 경험한 대규모 납 오염 사태를 막아야 했다는 것을 알 수 있다. 납은 고대부터 독물로 알려졌으니까 말이다. 서기 1세기에 납을 채굴하는 광부들은 작업할 때 동물의 방광을 입에 달았다. 납을 흡입하는 것을 막기 위한 수단이었다. 벤자민 프랭클린(Benjamin Franklin)은 '납의 해로운 효과'에 관해 적었다. 인쇄공 일을 하면서 자신이 직접 경험했던 것이다. 프랭클린은 이렇게 썼다. "유용한 진리가 널리 알려지고 실천되기까지 많은 시간이 걸린다는 것은 걱정스런 일이다." 프랭클린이 현대까지 살았더라면 납의 위험성을 알리는 '유용한 진리'가 '알려지고 실천되는' 것을 막기 위해 기업의 선전가들이 제기하는 '과학적' 주장들을 보고 크게 놀랐을 것이다.

"납을 위험물로 지정하는 법률적 조치가 이루어지는 데 왜 그렇게 오랜 세월이 걸렸을까?" 프레도니아 소재 뉴욕 주립 대학교에서 역사를 가르치는 윌리엄 그래브너(William Graebner) 교수는 이렇게 묻는다. "이 질문에 대한 가장 중요한 대답은, 납업계가 환경적 관점이 승리하는 것을 원하지 않았다는 것이다. 납업계는 1925년 이후 40년 동안 납에 관한 지식의 생산과 유포에 막강한 영향력을 행사했다. 이 영향력을 과학 연구 활동에 대한, 납 관련 문제점들의 인식에 대한 일종의 헤게모니라고 설명한다면 가장 적절할 것이다."[31]

납에 노출되면 빈혈증, 신장암, 뇌 손상, 복부 통증, 체중 감소, 허약 체질, 생식계 장애, 유산이 발생할 수 있다. 납이 뇌에 미치는 영향은 심각하고 영구적일 수 있으며 환각, 떨림 현상, 정신 착란이 일어나고 심지어 죽을 수도 있다. 1861년에 소설가 찰스 디킨스가 이런 영향들을 상세하게 소개했다. 디킨스는 납 공장에서 일하다가 미쳐간 여성들의 비극을 폭로했다. 영국은 19세기 말에 작업장의 납 노출 정도를 규제했고, 호주와 여러 유럽 국가들은 1920년대에 페인트의 납 성분을 규제했다. 페인트의 납 성분이 도장공들에게 큰 영향을 미치고 있었으며, 아동 납 중독의 가장 흔한 원인이었던 것이다. 그러나 미국에서는 규제 기구가 정반대로 움직였다. 미국 전체가 자동차와 '폭연(爆燃)이 전혀 없는 휘발유'의 발견에 홀려 있었던 것이다.

1922년에 제너럴 모터스의 연구자들은 휘발유에 테트라에틸납을 첨가하면 내연기관의 힘을 증대시킬 수 있다는 사실을 발견했다. 이 발견을 바탕으로 제너럴 모터스는 1920년대 말에 포드를 밀어내고 미국 제1의 자동차 제조업체로 부상했다. 그러나 산업 위생학자들은 즉시 부정적인 면을 알아차렸다. 페인트의 납 성분은 나쁘지만, 적어도 건조된 페인트에는 대부분의 납 성분이 고체의 형태로 고정되어 있기 때문에 흡수하기가 쉽지 않다. 그러나 테트라에틸납은 유성의 액체로 피부를 통해 쉽게 흡수되거나 소산 과정에서 흡입된다. 그래서 고체 형태의 납보다는 테트라에틸납의 '생물학적 이용 가능성'이 더 크다. 일련의 비극이 곧 발생했다. 대중의 관심을 끈 첫 번째 사건은 뉴저지 주 엘리자베스에 있는 스탠다드 오일 소유의 테트라에틸납 처리 공장에서 일어났다. 1924년 10월 24일부터 5일 동안 공장 노동자 49명 가운데 5명이 죽었고, 35명이 납 중독으로 인한 중증 치매와 다른 신경 질환에 걸렸다. 몇 명은 정신병원에 감금된 채 남은 생을 보내야 했다.

    회사의 대변인들은 이런 경우에 너무나도 익숙하게 반복되는 모범을 좇아 해당 사태에 대응했다. 노동자들의 운명을 비난하고 나섰던 것이다. 이 사건을 보도한 『뉴욕 타임스』는 회사 소속의 의사가 "공익적 관점에서는 이 문제와 관련해 할 말이 전혀 없음"을 암시했다고 전했다. 현장 주임들은 "이 사람들이 너무 열심히 일하다가 미쳐 버린 것" 같다고 말했다.[32] 그러나 노동자들이 테트라에틸납을 취급하다가 사망한 다른 사건들에 관한 기사가 곧 등장했다. 제너럴 모터스의 연구소가 있는 오하이오 주 데이턴에서 노동자들이 죽었고, 뉴저지 주 딥워터의 듀폰 화학 공장에서도 같은 일이 일어났다. 2년 동안 딥워터 공장에서만 납 중독 사례가 300건 이상이나 보고되었다. 일부는 그 기간에 테트라에틸납을 취급했던 듀폰 노동자의 80퍼센트가 중독되었다고 주장했다. 다른 노동자들은 테트라에틸납 부서를 '나비들의 집'이라고 불렀다. 노출된 노동자들이 환각 상태에서 보았다

고 주장하는, 존재하지 않는 곤충에 관한 서글픈 농담이었다.㉣

납을 첨가한 휘발유를 도입시키기 위한 정치 투쟁은 역사적 갈림길에 섰다. 미국 사회에서 기술 발달과 기업 권력의 향후 방향을 결정하는 순간이었던 것이다. 자동차는 미국의 모든 가정이 경제적 성공의 상징으로 갖기를 열망하던 기계적 '닭'으로 떠오르고 있었다. 동시에 자동차는 기술 혁신이 인간의 자유와 진보를 구현한다는 관념을 상징하고 있었다. '폭연이 전혀 없는' 휘발유는 자동차 엔진이 더 강력해지고, 더 효율적이며, 더 빠른 속도를 내게 한다는 것을 의미했다. 간단히 말해서 현대 사회가 보여 주는 바람직한 진보의 모든 것을 상징하고 있었던 셈이다. 그러나 몇 군데에서 발생한 노동자 중독 사고는 이런 진보가 엄청난 대가 속에서 이루어지리라는 것을 암시했다. 그로부터 50년 후에 고속도로를 질주하는 차량의 수를 알 수 있는 사람은 아무도 없었다. 누구도 상상하지 못했을 것이다. 그러나 휘발유에 첨가된 납이 배기관을 통해 액체가 아니라 연무 형태로 배출되리라는 것은 분명했다. 엔진을 떠나는 순간 납은 생물학적으로 이용할 수 있었다. 납은 공기 중을 떠다니다가 서서히 지면으로 떨어져 도로와 토양을 오염시켰다.

노동자들의 중독 사태에서 얻은 예방 차원의 적절한 대응은 납이 첨가된 휘발유를 금지하는 것이어야 했다. 그러나 자동차 제조업자들과 정부 관리들은 유연 휘발유의 납 함유량이 아무런 위험을 제기하지 않을 만큼 적다고 가정하기로 마음먹었다. 듀폰의 회장은 미국공중위생국 국장에게 보내는 편지에서 이렇게 말했다. 이 문제는 "아주 심각한 고려 대상이다. …… 그러나 실질적인 실험 데이터가 전혀 없는 실정이다." 자료가 없다고 말하면서도 그는 '도로에는 납이 없을 것이고, 따라서 탐지해내거나 흡수하는 것이 불가능할 것'이라고 확신했다. 제품의 잠재적 위험성에 대한 대중의 염려를 최소화하기 위해서 유연 휘발유에는 에틸(Ethyl)이라는 이름이 붙여졌다. '납'이라는 단어를 고의로 뺀 것이다.

제너럴 모터스는 유연 휘발유의 도입을 과학적으로 합리화하기 위해 미국광산국(U.S. Bureau of Mines)으로 눈을 돌렸다. 미 정부의 공식 기관인 광산국은 '독립적'이고 따라서 유연 휘발유의 안전성에 대해 신뢰할 수 있는 평가를 내릴 수 있는 것으로 여겨졌다. 그러나 실제로 이 기구는 여러 각도에서 독립성이 훼손되어 있었다. 이 기구가 광산 노동자들의 안전과 관련해 보여 준 행태는 그들이 산업계의 충실한 하수인이라는 사실을 입증했다. 실제로 광산국은 광산업을 활성화시키고 지원하기 위해 존재하는 기관이었다. 그리고 테트라에틸납은 채굴된 납의 새로운 거대 시장을 약속하고 있었다. 최악이었던 것은, 제너럴 모터스가 광산국에 돈을 대면서 유연 휘발유의 안전성을 연구하게 했다는 점이다. 이해관계가 명백하게 충돌했다. 저명한 공공보건전문가 몇몇이 거의 쓸모가 없다는 사실이 드러났던 것이다. 예일 대학교의 손꼽히는 공중보건 생리학자 얀델 헨더슨(Yandell Henderson)은 이렇게 썼다. "미국 정부의 전문가들이 제너럴 모터스에게 돈을 받고 이 조사 활동을 수행했다는 사실이 내게는 너무나도 불행해 보인다." 그는 "절대적으로 공평한 조사가 시급히 필요하다"고 말했다.[24]

에틸 가솔린 회사(Ethyl Gasoline Corporation)가 회사명에서 '납'이라는 단어를 빼 버린 것처럼 광산국도 제너럴 모터스가 돈을 댄 연구 활동과 관련한 내부 통신에서 납에 관한 언급을 빼 버렸다. 이 누락에 관해 질문을 받자 광산국의 한 관리는 그 행위가 고의적인 것이었다고 대답했다. 그는 "누락 행위가 어느 정도 널리 알려진다고 해도 '납'이라는 용어가 사용을 거부하는 편견을 조장하기 때문에 상황이 그렇게 나쁘지는 않을 것"이라고 말했다. 납의 독성에 관한 연구에서 '납'이라는 말을 삭제했다는 것은 과학적 엄격함에서 크게 벗어난 행동이다. 광산국의 연구 보고서가 과학적 속임수였다는 것은 놀라운 일이 아니다. "에틸 가솔린을 사용하는 자동차의 배기가스에 장기간 노출되어도 납 중독의 위험성이 전혀 없다"는 '증거'로서 광산국의 보고서가 즉시 배포되었다.

산업계는 광산국 말고도 케터링응용생리학연구소(Kettering Laboratory of Applied Physiology)와 찰스 F. 케터링재단(Charles F. Kettering Foundation)의 과학적 지원을 받았다. 오늘날의 슬로언-케터링 암 연구소(Sloan-Kettering Institute for Cancer Research)의 전신인 이 재단과 연구소는 모두 찰스 케터링(Charles Kettering)이 설립했다. 케터링은 테트라에틸납을 휘발유 첨가물로 개발 중이던 회사의 활동에 직접 간여하고 있던 제너럴 모터스의 중역이었다. 연구소의 첫 번째 소장 로버트 키호(Robert Kehoe)는 에틸 가솔린 회사의 의료 책임자였다. 키호는 납의 위험성에 관해 곧 미국에서 가장 많은 발언을 하는 과학자로 떠올랐다. 1960년대까지도 여전히 막강한 영향력을 행사했던 키호의 저술들은 납이 인간의 몸속에서 '자연적으로' 발생하고, 인체가 저강도의 납 노출을 '자연스럽게' 제거한다고 주장했다. '자연 상태의' 낮은 수준이라면 납은 안전했다. 그는 문제가 되는 노출은 '나비들의 집'에서 발생한 노동자들의 납 중독처럼 급성 노출뿐이라고 말했다. 이후에 단호하게 논박당한 이런 논리로 인해 산업계는 납 중독을 환경적으로 규정해 테트라에틸납을 금지해야 한다는 위협을 물리칠 수 있는 과학적인 무기를 얻었다.

신의 선물, 휘발유

1925년 5월 20일에 미국 공중위생국 국장은 전국적인 회의를 소집했다. 노동계, 산업계, 공중보건협회의 대표자들이 이 자리에 모여서 테트라에틸납의 미래에 관한 이야기를 나눴다. 로스너와 마코위츠는 "이 회의에서 각자 다른 참가자들의 이데올로기가 분명하고도 반복적인 형태로 드러났다. 갈등 양상을 에워싸고 있는 과학적, 정치적, 경제적, 지적 쟁점들을 평가해 볼 수 있는 중요한 포럼이었던 것이다"고 말한다. 한 참가자의 증언에 따르면 방에 모인 사람들이 "정반대되는 입장을 드러냈다. 산업계 종사자들, 화학자들, 엔지니어들은 산업 중독과 같은 사소한 일로 위대한 산업의 진보를 가로막아서는 안 된다는 태도를 고수했다. 그러나 보건전문가들은 민중의 건강을 가장 먼저 고려해야 한다는 주장을 굽히지 않았다."[35]

에틸 가솔린 회사의 프랭크 하워드(Frank Howard)는 산업계의 관점을 대변했다. 그는 회의에서 '자동차 연료를 지속적으로 발전시키는 일은 우리 문명에서 필수적'이라고 말했다. 하워드는 유연 휘발유의 발견이 '신의 선물'이라고 주장했다. "특정 환경에서 죽는 동물도 있고 안 죽는 동물도 있는데 우리가 신의 선물을 포기해야 하는가?" 그는 이렇게 물었다. "단지 두려움 때문에 이런 혁신적 발명품을 포기하는 행위야말로 전례가 없는 대실수라고 생각한다."[36]

그러나 모두가 이런 신념을 공유한 것은 아니었다. 광산국의 연구 보고서를 비판했던 예일 대학교의 생리학자 얀델 헨더슨은 자동차 산업이 성장하면서 수십만 파운드의 납이 미국의 모든 주요 도시의 도로에 축적될 것이라고 경고하는 선견지명을 보여 주었다. 헨더슨의 말을 들어 보자. "상황은 서서히 더 악화될 것이고, 납 중독은 우리가 알아차리지 못하는 사이에 진행될 것이다. …… 유연 휘발유가 거의 보편적으로 사용될 것이고, 엄청나게 많은 자동차가 팔릴 것이다. …… 그리고 마침내 국민과 정부가 상황의 심각성에 깜짝 놀랄 것이다."[37]

실제로는 헨더슨의 경고조차도 사태를 과소평가한 것으로 판명되었다. 1970년대 중반 즈음 미국 자동차에 사용되고 있던 휘발유의 90퍼센트가 에틸이었다. 미국에서 유연 휘발유가 사용된 그 60년 동안 약 3,000만 톤의 납이 자동차 배기가스로 방출되었다. 하워드 밀키(Howard Mielke)는 "가다 서다를 반복하는 교통 상황에서 자동차가 1리터로 5킬로미터를 주행할 때, 북적대는 교차로에 1년 동안 쌓이는 납의 양은 무려 4~5톤에 이를 수도 있다"고 말한다. 밀키는 뉴올리언스 소재 루이지애나 자비에 대학교 약학 대학의 환경 독물학자이자 납 전문가이다. "그 정도 양이라면 미국의 모든 주요 교차로에 납 제련소를 두고 있다고 해도 지나치지 않다. 그 결과 토양이 거대한 납 저장소로 바뀌고 말았다."[38]

산업협회들, 특히 납산업협회(Lead Industry Association)가 납의 환경적 위험성을 대중에게 경고하는 연구 활동에 경계 태도를 늦추지 않고 열심히 대응했다. 1939년에 보스턴 아동병원의 소아과 의사인 랜돌프 바이어스(Randolph Byers) 박사는 납 중독을 성공적으로 치료받은 어린이 20명의 발달 과정을 추적했다. 바이어스 박사는 아이들이 급성 증상을 치료받았지만 다수가 심각한 학습 장애를 겪고 있으며 인격 장애를 드러낸다는 사실을 확인했다. 납업계는 100만 달러 소송을 걸겠다고 바이어스를 위협했다. 1955년에는 필라델피아 주택 연구 보고서가 이 도시의 어린이들이 납 성분 페인트 조각을 먹고 병에 걸려 죽어가고 있다는 사실을 폭로했다. 당연한 얘기지만 이 보고서도 대중의 인식이나 공공 정책에 의미 있는 영향을 전혀 미치지 못했다. 1960년대에는 캘리포니아기술연구소(California Institute of Technology)의 한 과학자가 유연 휘발유가 공중보건을 위협한다는 보고서를 발표했다. 납업계는 해당 연구소에서 그를 쫓아내는 공작을 벌였다. 아동납중독종식연합(Alliance to End Childhood Lead Poisoning)의 돈 라이언(Don Ryan)은 "정말이지 납 사용을 광범위하게 장려해 온 것이야말로 더러운 속임수와 비열한 과학의 슬픈 역사"라고 말한다.[39]

규폐증 사건에서 '먼지 발생 업계'를 방어하기 위해 조직된 산업위생재단도 케터링재단의 로버트 키호가 작성한 납 옹호 문건들을 널리 유포하는 데 도왔다. 이 재단은 정부가 납을 규제할 필요가 없다고 주장했고, '확실치 않은 우발적 사고와 해롭다고 하는 영향들을 과장하고 극화하는' 사람들에게 악담을 퍼부었다.[40] 산업위생재단의 불평과 불만은 직업적 위험성과는 다른 환경적 위험성에 대한 산업계의 보편적 태도를 드러낸 것이었다. '나비들의 집' 사태와 같은 고농도의 직업적 노출은 급성으로 명백한 결과를 가져온다. 그러나 저농도의 환경적 노출 효과는 덜 분명할 뿐만 아니라 과학적으로 입증해내기가 더 어렵다. 상식적인 예방 조치를 생각해본다면 저농도일지라도 노출을 피하는 것이 좋다. 그러나 위해의 결정적인 증거가 없는 상황에서 산업계는 그런 예방책을 극단적이고 비과학적이며 불필요하다고 규정했다. 산업계의 캠페인 덕택에 휘발유의 납 성분 배출에 관한 미국 최초의 정부 규제안은 1973년까지도 발효되지 못했다. 성장하고 있기 때문에 성인보다 훨씬 더 납에 민감한 어린이들에게는 그런 규제 조치마저도 불충분했다.

더 빠른 자동차, 더 느려진 아이들

납 노출의 위험이 처음 허버트 니들먼(Herbert Needleman)의 관심을 끈 것은 1950년대였다. 당시에 니들먼은 의대 대학생이었다. 니들먼은 학비라도 벌어볼 요량으로 여름 방학을 이용해 뉴저지 주 딥워터의 듀폰 화학 공장에서 날품팔이 노동을 했다. 니들먼은 나이든 노동자들이 외톨이로 지내는 것을 목격했다. 그들은 말과 행동이 서투르고 느렸다. 그들은 휴식 시간에 허공을 응시하며 멍하니 있었다. 동료들은 바로 그 사람들이 '나비들의 집' 사건의 생존자라고 알려 주었다. 몸이 크게 망가졌지만 여전히 일할 수는 있었던 것이다.

니들먼은 납 중독에 관한 자료들을 읽기 시작했다. 그는 특히 바이어스가 수십 년 전에 해놓은 작업을 보고 충격을 받았다. 바이어스는 납이 어린이들에게 미치는 장기적인 효과를 언급하고 있었다. 그는 1974년에 1, 2학년 학생 2,500명을 대상으로 연구했다. 납은 뼈와 이빨에 축적되는 경향이 있으므로 그는 어린이들의 '젖니'를 검사해 어떤 아이들이 평균 이상으로 납에 노출되었는지를 파악할 수 있었다. 1979년 『뉴잉글랜드 의학 저널』에 발표된 연구 보고서는 큰 반향을 불러일으켰다. 과거에는 안전한 것으로 여겨졌던 노출 정도로도 정신 발달 장애가 발생했던 것이다. 납에 노출된 아이들은 지능이 낮은 것 외에도 지나치게 활동적인 경우가 많았고, 주의력 결핍으로 고통받았으며, 폭력 행동이나 비행을 저지를 가능성이 높았다.

작가 토머스 A. 루이스(Thomas A. Lewis)는 "논문은 납업계에 치명적이었고, 바야흐로 결정적 시기가 닥쳐왔다"고 말한다. 1977년에 "가정용 페인트에 들어가는 납 성분을 금지하는 연방 법령이 발효되었다. 납에 노출되는 작업장은 1978년의 직업안전및보건법하에서 엄격한 감시와 개선 조치를 취해야 했다. …… 니들먼의 연구는 훨씬 더 엄중한 규제가 필요하다는 점을 암시하고 있었다."

물론 산업계의 전문가들은 이 사실에 동의하지 않았다. 산업계가 후원하는 국제납아연연구조직(International Lead Zinc Research Organization)으로부터 상당한 자금을 제공받은 케이스 웨스턴 대학교의 발달 심리학자 클레어 언하트(Claire Ernhart) 박사가 특히 그랬다. 언하트는 납 오염 및 정화와 관련된 소송에서 피고측을 방어하는 법정의 '전문가 증인' 역할도 곧잘 떠맡았다. 예를 들어 1982년에 그녀는 환경보호국 배심원단 앞에서 납업계를 지지하는 증언을 했다. 그들은 모든 유연 휘발유를 단계적으로 없애는 방안을 심사숙고하고 있었다. 보다 최근에 그녀는, 한 소녀가 납 성분이 들어 있는 페인트를 먹고 심각한 뇌 손상을 보여 집주인이 고소당하자 그를 위해 전문가 증언을 했다.

1981년에 언하트는 니들먼의 연구가 엉터리라면서 공식적으로 비난하고 나섰다. 그리하여 6인의 외부 전문가로 구성된 환경보호국 조사 활동이 2년에 걸쳐 실시되었다. 니들먼의 자료를 검토하고 재분석한 평가단은 인과관계가 분명하지 않은 통계 오류를 몇 개 확인하고는 그의 자료가 저농도의 납이 아이들의 건강을 해친다는 가설을 입증하기에는 불충분하다고 결론지었다. 평가단은 언하트의 자료가 니들먼의 가설을 반박하기에 불충분하다는 결론도 내렸다. 그러나 언하트에게는 홍보캠페인의 조직적 협력이 있었다. 환경보호국 상급 과학자 조엘 슈워츠(Joel Schwartz)의 말에 따르면, 당시 세계 최대의 홍보회사였던 힐 앤 놀턴(Hill & Knowlton)이 평가단의 보고서 초안으로 "온 세상을 도배했다." 보고서는 전국의 기자들에게 송부되었다. 거기에는 환경보호국 자문 평가단이 니들먼의 결론을 거부했다고 주장하는 설명서가 첨부되었다. 실제로 니들먼은 환경보호국 평가단의 비판에 일일이 대응했다. 니들먼의 대응은 아주 설득력이 있었고, 환경보호국은 자신의 입장을 철회하고 니들먼의 결론을 휘발유에 첨가되는 납 성분을 제한하는 정책의 기초로 채택하기에 이른다. 힐 앤 놀턴은 자신의 입장을 고수했다. 1992년에 슈워츠는 이렇게 말했다. "오늘날까지도 그들은 첫 번째 보고서를 유포하고 있다."[41]

1991년에 니들먼은 납 선광의 정화와 관련해 계류 중이던 한 수퍼펀드 [Superfund, 공해 방지 사업을 위한 대규모 자금] 고소건에서 납 제련소를 공박하는 증언을 하기로 되어 있었다. 언하트와 또 다른 심리학자 샌드라 스카(Sandra Scarr)가 피고측을 옹호하는 전문가 증언을 하기 위해 고용되었다. 이 사건은 각하되었고, 니들먼의 신뢰성은 다시 한 번 공격받았다. 언하트와 스카는 국립보건원에 보내는 한 편지에서 니들먼이 과학적으로 용납될 수 없는 행동을 저질렀다고 고발했다. 니들먼이 초기의 조사 활동과 관련해 "협력하기를 거부했다"고 주장하면서 비난의 화살을 돌린 것이었다. 니들먼이 소속된 대학은 조사단을 소집했다. 조사단은 "사기 행위, 위조, 표절 등의 증거가 전혀 없다"는 점을 확인했으면서도 '조사 연구 활동의 부정 가능성을 배제'할 수 없다고 덧붙이면서 추가 조사를 권했다. 이 조사는 1992년까지 계속 진행되었고, 그 과정에서 니들먼은 공청회를 요구해 자리를 마련할 수 있었다. 니들먼은 이 자리에서 자신의 비난자들과 공개적으로 격돌했다. 이틀간의 격론장에서 니들먼은 다른 과학자들이 자신을 위해 증언할 수 있도록 해달라고 요청했다. 여기에는 환경보호국의 조엘 슈워츠도 포함되어 있었다.

언하트와 스카는 이해할 수 없는 세부 통계에 기초하고 있었다. 기본적으로 그들은 니들먼이 자료의 변수들을 조작해 납에 반대하는 편협한 결과를 만들어 냈다고 주장하고 있었다. 그러나 니들먼을 옹호한 과학자들은 그런 변수들이 분석의 범위를 넘어선다고 할지라도 그 결과가 니들먼이 1979년에 출판한 결론과 근본적으로는 같을 것이라고 증언했다. 다시 말해 아이들의 이빨에서 납이 100만분의 10씩 증가할 때마다 지능지수가 2점씩 떨어진다는 내용이었다. 두 달간의 심의 끝에 공청회 위원회는 니들먼이 과학적 부정을 저질렀다는 증거가 전혀 없다고 결론지었다. 그러나 위원회는 니들먼의 조사 연구 방법이 '비표준적'이었다고 덧붙였다. 분노한 니들먼은 소송을 제기해 대학 당국이 과거의 발언을 철회하도록 요구했다.

이 사건은 미연방연구윤리국(Office of Research Integrity)에서 또 한 차례의 공청회로 다시 주목을 받았다. 2년 정도 지난 다음 연구윤리국은 니들먼이 의도적 과학 부정행위에서는 무죄라면서도 '수많은 오류와 허위 진술'을 했다고 밝혔다. 그러나 이것들 대부분은 통계의 특성상 니들먼이 내린 결론에는 아무런 영향도 미치지 못했다. 1981년 조사 활동의 결론과 동일했던 것이다. 13년간의 고통 끝에 니들먼은 조금이나마 명예를 회복할 수 있었다. 하지만 니들먼은 1995년에 이렇게 말했다. "납업계의 사람들은 여전히 허위 진술로 나의 작업을 믿지 못하게 만들고 있다."^{나)}

"미국에서는 시민들이 수신자 부담으로 납업계에 전화 연락을 하면 두툼한 관련 정보를 제공받을 수 있다. 여기에는 납 연구자 엘런 실버겔드(Ellen Silbergeld)나 다른 사람들의 연구 활동에 의문을 제기하는 사이비 과학 논문, 니들먼 연구의 진실성을 고발한 것과 관련된 『월스트리트 저널』의 기사 따위가 들어 있다. 그러나 국립보건원에 출석해 니들먼의 정당성을 옹호한, 같은 기자가 쓴 보다 최근 『월스트리트 저널』 기사는 빠져 있다." 잡지 『커먼 코스』는 1992년에 이렇게 적었다. "납 관련 자료는 납산업협회와 계약을 맺고 있는 에델만 PR 월드와이드가 발행한다."^{다)}

승자와 패자

허버트 니들먼의 작업은 그나마 성공한 경우라고 할 수 있다. 니들먼의 연구는 다른 연구자들이 수행한 수십 건의 개별 과학 연구들에 의해 확인되면서 보편적으로 인정받았다. 그의 연구 활동에서 비롯된 연방 정부의 규제 조치 덕택에 미국에서 휘발유에 첨가되는 납의 양이 1970년대 이전을 기준으로 99.8퍼센트 감소했다. 미국인의 혈액에서 확인되는 납의 양 역시 극적으로 줄어들었다.

그러나 오늘날까지도 북아메리카인들은 산업화 이전 세대보다 혈액에 100~500배 더 많은 납을 지니고 산다. 자동차 교통량이 아주 많은 도시의 성인들은 혈중 납 농도가 데시리터 당 약 20~25그램이다. 말초 신경계를 손상시킬 수 있는 수준의 절반 정도인 셈이다. 인간에게서 공공연한 화학물질 중독의 임계점에 평균 농도가 이렇게까지 근접했던 경우는 없었다. 이 사태가 우리에게 어떤 영향을 끼쳤을까? 우리가 더 멍청해지고, 덜 합리적으로 변했을까? 납업계야말로 이 문제와 관련해 언제나 첫 번째 응답자이기 때문에 여기에 어느 정도의 과학적 정확성을 가지고 대답하기란 전혀 불가능하지는 않다고 해도 상당히 어려운 것은 사실이다.

그러나 우리가 확실하게 알고 있는 것은 납업계가 오늘날까지도 지속적으로 로비를 벌여, 납 사용을 억제하면서 독성 폐기물을 정화하는 데 필요한 기금을 조성하려는 납 소비세의 도입을 막고 있다는 사실이다. 정화 작업이 필요한 이유는, 1970년 이전에 건축되어 도색된 주택의 벽에 여전히 약 300만 톤의 납이 남아 있기 때문이다. 교통량이 많은 도로 주변의 토양에도 추가로 500만 톤이 축적되어 있다. 건전지에 사용된 납은 그냥 버려지거나 소각되고, 수도 설비에 사용된 납은 사람들이 마시는 물에 들어간다. 납 정화 작업에 반대하는 주장은 다양한 분야의 경제 세력들에게서 나온다. 전국물기업협회(National Association of Water Companies)는 납 파이프를 교체하고 싶어하지 않는다. 전국부동산업자협회(National Association of Realtors)와 전국주택건설업자협회(National Association of Home Builders)는 납 성분 페인트가 칠해진 가정의 정화 비용을 부담하는 것을 꺼린다. 전자업체, 수도관업체, 요업 분야가 전부 그들의 제품에 납을 사용하고 있다. 『커먼 코스』는 "많은 소비자 및 환경 문제처럼 납과의 전쟁도 대개는 대중의 시야를 벗어나 의회와 관료들만이 참여한 가운데서 수행된다"고 논평한다. "산업계가 정부의 정책 입안자들을 끈질기게 물고 늘어져서 그들의 저항을 격파하거나 끝까지 버텨서 승리를 얻어낼 수 있는 것은 이 때문이다."[44] 다시 말해서, 이 전쟁은 돈만 아는 전문가들이 대중의 건강을 옹호하는 사람들을 끊임없이 압도하면서 간교한 술책으로 승리를 거두는 그런 전쟁인 셈이다. 전문가들의 임무는 문자 그대로 대중에게 납을 잔뜩 주입하는 것과 같다.

야수 포장하기

"왕국의 사정이 다 좋지는 않아." 코퍼러트(Corporate) 왕은 위대한 상업 궁전의 왕좌에 앉아 한숨을 쉬었다. …… "내겐 도시의 불평꾼들이 이 심각한 사태에 대해 왈가왈부하는 것을 막아 줄 사람이 필요해. 우리는 여왕의 이미지를 개선하고, 백성이 여왕의 은덕을 칭송하도록 만들어야 해. 해자(垓子)의 물이 해롭지 않고, 사람들이 병에 걸리는 이유가 늙었기 때문이라는 것을 입증해 줄 사람이 필요해."

―― 카워스키 앤 커리지 PR 회사(Karwoski & Courage PR firm)의 웹사이트에 실려 있는 「우화」[1)]

"많은 사람들이 당신을 형편없는 배우라고 생각한다. …… 그저 그런 배우에서 명배우, 대중의 멋진 친구로 변신하려면 어떻게 해야 할까?" 피터 샌드먼(Peter Sandman)은 이렇게 물었다. 그는 호주, 필리핀, 남아프리카공화국, 파푸아뉴기니, 미국에서 온 400명의 홍보책임자와 광산 경영자들 앞에서 연설을 하고 있었다.

1998년 호주의 환경워크숍광물위원회를 대상으로 열린 '스타의 매력'이라는 강좌에서 샌드먼은 호주 광산업계가 점점 더 긴급하게 자문해오던 질문을 던졌다. 광산업계는 좋은 평판을 얻으려고 홍보와 광고 캠페인에 수백만 달러를 쏟아 부었지만 결과는 신통치 못했다. 바로 그때 사근사근한 '위기 소통' 전문가 샌드먼이 성공의 비법을 전수했던 것이다.

먼저 샌드먼은 업계의 대중적 이미지가 추락하는 이유를 열거했다. 파푸아뉴기니의 부갱빌 섬에서 내전이 발발하는 데 리오 틴토 광산이 담당한 역할, 파푸아뉴기니의 하천에 폐광물을 투기한 사건, 또 다른 광산에서 폐광물로 쌓은 댐이 무너진 일, 호주 원주민들의 뜻을 거스르고 국립공원에 우라늄 광산을 설치하려던 한 기업의 공작 등. 샌드먼은 "여러분이 말썽꾼이라는 인식이 점점 더 퍼지고 있다. 이렇게 되면 당연히 광산 허가를 얻기가 더 어려워진다"고 말했다. 샌드먼은 업계의 적절한 '페르소나'[persona, 가면을 쓴 외적 인격]를 정해야 해결책을 찾을 수 있다고 충고했다.

샌드먼은 업계에 '낭만적 영웅'의 이미지를 덧씌우는 것이 하나의 방법이 될 수 있다고 말했다. "낭만적 영웅은 이렇게 말한다. '글쎄, 비판자들이 틀렸다. 나는 악한이 아니다. 나는 정말 멋진 사람이다. 광업과 광물 산업은 세계를 멋진 곳으로 만들어 주는 주역이다.'" 그러나 샌드먼은 이런 방법이 광산업계의 TV 광고로 사용되다가 이미 실패했다고 언급했다.

그는 업계를 '오해로 피해를 받고 있는 희생자'로 묘사하는 것이 두 번째 방법이 될 수 있을 것이라고 제안했다. "여러분이 다윗이고 [환경주의자들이] 골리앗이라고 생각하는 것이다." 그러나 이 방법도 마찬가지로 성공할 가능성은 거의 없었다. 그는 "아무도 여러분이 다윗이라고 생각하지 않는다"고 말했다. "여러분은 골리앗처럼 보인다. 특히 호주에서는 말이다. '오해 때문에 피해를 받고 있는 희생자'는 별로 효과적이지 못하다."

세 번째 방법은 광산업계를 '협력자'로 그리는 것이다. 그러나 샌드먼은 광산업자들에게 이렇게 말했다. "여러분이 어떤 다른 이미지를 거치지 않는다면 '악한'에서 '협력자'로 바뀔 수가 없다. 인간의 특성을 고려해 볼 때 나는 사람들이 중간 단계를 거치지 않고 어떤 대상을 나쁜 놈에서 좋은 놈으로 다르게 여길 수 있다고 생각하지 않는다."

샌드먼은 '개심한 죄인' 전략을 중간 단계로 삼을 수 있다고 말했다. "할 수만 있다면 효과는 만점이다. …… 사실 '개심한 죄인'은 브리티시 페트롤늄(British Petroleum)의 존 브라운(John Brown)이 성공적으로 써 먹은 전략이다. 그것은 쉘이 브렌트 스파(Brent Spar, 다국적 석유 회사 쉘이 북해의 원유 채취 플랫폼으로 사용했던 시설물로 1995년에 침몰시키겠다는 계획을 발표했다가 환경단체의 저항에 부딪쳐 백지화되었다) 사건에 적용한 전략이기도 하다. 거대 석유 기업 둘은 이렇게 말하는 데 성공했다. '모두가 우리를 나쁜 놈이라고 생각한다. …… 우리는 우리가 좋은 사람들이라고 선언하면서 시작할 수가 없다. 따라서 우리가 발표해야 할 내용은, 마침내 우리가 나쁜 놈이었다는 사실을 깨달았으며 앞으로 잘하겠다는 것이다.' …… 한동안 반성하는 과정을 거쳐야 비판자와 대중이 업계의 이미지를 좋게 받아들이는 것이 더 쉬워진다."

그러나 샌드먼은 호주 광업의 경우 '개심한 죄인'조차도 '힘든 전략'이 될 것으로 예상했다. '기업들이 생각을 고쳐먹었다고 말해도 대중은 여전히 회의적이기' 때문이다.

다행스럽게도 업계가 구원받을 수 있는 '중간' 단계가 하나 더 있었다. 샌드먼은 "내가 생각하기에, 지금까지 가장 효과적이었던 것은 다섯 번째 이미지"라고 말했다. "그것은 '철창에 갇힌 야수'이다. '철창에 갇힌 야수'라는 페르소나는 무엇인가? 유용하고, 심지어 필수 불가결하지만 위험한 것. 이것이 내가 여러분에게 추천하는 이미지이다. 여러분이 '악한'에서 '협력자'로 바꾸고 싶다면 가장 손쉬운 길은, 할 수 있다면 계속해서 악한으로 남겠지만 철창 때문에 그럴 수 없다고 주장하는 것이다."

산업계가 왜 스스로를 그렇게 부정적으로 묘사해야 하는가? 샌드먼의 설명에 따르면 '철창에 갇힌 야수'는 적어도 산업계가 더 이상은 유해하지 않다는 생각을 전달해 주는 썩 괜찮은 이미지이기 때문이다. "여러분의 행동은 훨씬 더 나아지고 있다. 물론 스스로 원해서 그런 것도 아니고, 여러분이 광산업계들의 테레사 수녀가 되어서도 아니다. 비정부기구들, 단속원들, 주위 사람들, 사회 전체가 여러분에게 적어도 마음을 고쳐먹어야 더 많은 돈을 벌 수 있다는 사실을 설득하는 데 성공했기 때문이다."

"사람에게는 두 가지 기본적인 태도가 있다." 샌드먼의 조언을 더 들어 보자. "첫째, 여러분은 원할 경우 마음대로 강간하고 약탈한다. 그러나 다행스럽게도 그럴 생각이 없다. 둘째, 그럴 의향이 있고 능력이 허용해서 마음대로 강간하고 약탈한다. 그러나 다행스럽게도 더 이상은 아무 제재도 받지 않고 그렇게 할 수가 없다." 샌드먼은 이렇게 말했다. "나는 두 번째 태도가 진실이라고 생각한다. 두 번째 생각이 잘 팔릴 것이라고 확신한다. 나는 여러분이 왜 첫 번째 태도를 고수하는지 이해할 수가 없다. 여러분의 자존심을 높이고 분노를 삭이는 역할을 제외하면 첫 번째 태도는 아무짝에도 쓸모가 없다. 다시 묻겠다. 여러분은 누구의 분노를 누그러뜨리려고 하는가? 비판자들인가, 아니면 여러분 자신인가? 여러분은 그럭저럭 대충 살고 싶은가, 아니면 부자가 되고 싶은가?"

온건한 환경주의

샌드먼의 솔직한 충고가 이상해 보일지도 모른다. 그러나 세계 최대 규모의 회사 가운데 몇몇은 샌드먼을 위기소통 전문가로 인정하고 그의 분석과 해법에 큰돈 —— 시간당 650~1,200달러 —— 을 지불하고 있다. 화학기업협회(Chemical Manufacturers Association), 시바-가이기, 다우 케미컬, 듀폰, 엑손, 네바다 주 유카 산의 고준위 핵 폐기장 건설과 관련되어 있는 미 에너지부, 주택의 라돈 및 납 검사를 담당하고 있는 환경보호국이 샌드먼의 고객들이다. 그는 어떤 종류의 고객을 거절할까? 샌드먼은 "나는 위기 소통 전략을 발전시켜서 담배 판매고를 높이지는 않을 것"이라고 말한다. "나는 권총업계에게 일을 제안받은 적이 없다. 그러나 그런다고 해도 수락하지는 않을 것 같다. 지금 다시 생각해 보니 담배업계가 자신의 죄를 전부 자백할 준비가 되어 있다면 그들을 위해서도 일할 수 있지 싶다. 내가 생각하기에 아주 불명예스럽게 행동해 온 기업이 몇 개 있다. 캐런 실크우드(Karen Silkwood) 사망 사건이 떠오른다. 내가 솔직하게 말하지 않는 그들을 위해 일할 것 같지는 않다."*

방법은 물론이고 본질에서도 샌드먼은 많은 홍보업체들의 전형성에 도전한다. 럿거스 대학교에서 인간생태학을 가르쳤던 샌드먼은 매사추세츠 주 뉴턴의 한 작은 사무실에서 일한다. 대기업들이 지배하는 산업계에서 샌드먼은 자신의 1인 기업이 더 커지는 것을 결코 허용하지 않는다. 작가로서 아주 많은 글을 쓰는 샌드먼은 자신을 '온건한' 환경주의자라고 설명한다. 샌드먼은 환경보호기금(Environmental Defense Fund)에서도 일하고 있다. 그는 조작적인 홍보기술을 가차 없이 비판하며, 많은 홍보맨들과는 달리 자신의 전략과 전술을 솔직하게 밝힌다. 직설적인 질문을 던져도 대개는

---

* 캐런 실크우드는 오클라호마 주 크리센트에 위치한 커-맥기 회사(Kerr-McGee company)의 플루토늄 연료 생산 공장의 화학 기술자였다. 공장 안전에 비판적이었던 그녀가 의심스런 상황에서 사망했다. 전하는 바에 따르면 사망하기 전 일주일 동안 그녀는 회사가 공장을 안전하게 유지 관리하는 활동을 소홀히 했음을 입증하는 증거들을 수집 하고 있었다고 한다. 사실 그녀 자신이 알 수 없는 상황에서 셀 수 없을 정도로 플루토늄에 노출되었다. 1974년 11월 13일 그녀가 살해되었다. 공장 안전에 관한 자신의 주장을 입증해 줄 문서를 전달하기 위해 『뉴욕 타임스』 기자를 만나러 가는 도중 그녀의 자동차가 콘크리트 제방과 충돌했던 것이다. 사고 현장에서는 그녀의 파일들을 찾을 수가 없었다. 많은 사람들은 그녀가 자동차 추격전 끝에 사망한 것으로 믿고 있다.

5장 야수 포장하기 147

솔직한 대답을 들을 수 있다.

그러나 수박 겉핥기식으로 물어보면 다른 정보조작 전문가들의 합리화와 아주 비슷한 태도를 보인다. 쉘 사가 나이지리아의 군사 독재 정권과 협력한 사건을 예로 들어 보자. 쉘은 원주민 오곤족을 겨냥한 군사 정부의 억압을 바탕으로 오곤족의 땅에서 천연가스를 쉽게 뽑아낼 수 있었다. 오곤족의 지도자로 떠오른 극작가 켄 사로-위와는 나이지리아 군사 독재 정권에 체포되었다. 사로-위와와 다른 일곱 명의 오곤족 운동가가 군사 법정의 재판을 거쳐 1995년에 교수형을 당했다.

샌드먼은 사로-위와의 처형 이후 쉘이 국제적 비난에 직면했던 것이 정당했느냐는 질문을 받으면 한숨을 내쉰다. "정말 어려운 문제이다." 샌드먼은 말한다. "나는 분노가 정당했다고 생각한다. 나는 쉘이 할 수 있는 일이 전혀 없었다는 생각도 든다." 샌드먼은 오곤족이 당한 고통을 '대체로 정당한 것'으로 인정하면서도 사로-위와를 오곤족의 '톰 페인'[Tom Paine, 「상식」과 「인권」으로 유명한 미국 독립혁명기의 팸플릿 저자]으로, 그들의 캠페인을 무장반란으로 규정한다. "사로-위와가 무장하지는 않았지만 …… 오곤족을 팸플릿으로 선동했다"고 말한다. "사로-위와와 함께 처형된 사람 가운데 일부는 무장반란에 참여한 군인이었다."

페인과 같은 사람들이 죽어도 싼지에 관한 의문은 제쳐놓더라도 앤디 로웰(Andy Rowell)은 샌드먼의 합리화에 등장하는 사실들 자체를 통렬하게 반박했다. 앤디 로웰은 1992년부터 쉘의 활동을 감시해 온 영국의 프리랜서 작가이다. 로웰은 "샌드먼의 관점은 기업 고객이 제공하는 정보에 의존하는 정보조작 전문가의 전형적인 태도이다. 샌드먼의 관점은 나이지리아에서 실제로 일어난 사건들의 진실과는 아무런 관계가 없다"고 말한다. 그는 『그린 백래시』라는 저서를 포함해 이 문제와 관련된 논설을 많이 썼다. 로웰은 "샌드먼의 이야기는 일어난 사태가 아니다. 그것은 쉘이 우리가 일어났다고 믿기를 바라는 사태"라고 말한다. "그것은 유럽의 홍보사무실에서 만들어낸 가상현실이다. …… 오곤족의 투쟁은 생태계와 사회 정의를 옹호하는 비폭력 투쟁이었다. 무장반란이 아니었다. 오곤족의 요구는 환경을 파괴해 온 석유업계가 이중 기준을 철회하고, 자신들의 땅 아래서 시추해가는 석유 자원에서 비롯한 부를 더 공정하게 나누자는 것뿐이었다. 오곤족은 잔인하게 탄압받았다. 2,000명 이상이 살해되었다. 3만 명이 집을 잃었고, 셀 수 없이 많은 사람들이 강간당하거나 고문당했다. 나이지리아 군부는 쉘 사에게 병참과 재정을 지원을 받았다.":*

쉘은 나이지리아 최대의 외국 투자 자본으로, 나이지리아에서의 석유 채굴 사업으로 벌어들이는 한 해 이윤이 3억 1,200만 달러로 추정된다. 쉘의 고압 파이프라인이 오곤족이 살고 있는 니제르 강 삼각주를 종횡으로 교차하면서 화염을 내뿜는 것은 물론이고 소음을 불러오고 대기를 오염시켰다. 심지어는 이런 사태가 오곤족 거주지의 반경 100미터 내에서 발생하기도 한다. 작업 과정에서 어마어마한 양의 석유가 버려지고 폐기물 저장 시설이 형편없이 운영되면서 지역 환경이 파괴되었다.

쉘이 켄 사로-위와의 처형을 막기에는 역부족이었다는 샌드먼의 주장도 회사의 공식 입장을 되풀이하는 것에 불과하다. 처형 당시에 쉘은 "캠페인 단체의 일부는 우리가 정치에 개입해야 한다고 말한다"고 발표했다. "그러나 우리가 그럴 수 있다고 해도 그렇게 해서는 안 된다. 정치는 정부와 정치가들의 일이다. 기업들이 자신의 경제적 영향력을 동원해 정부를 지원하거나 끌어 내리는 세계는 정말이지 소름끼치고 어두운 세상일 것이다."리)

---

* 1990년에 지역 공동체들이 조직화를 시작했고, 켄 사로-위와가 선출되어 새로운 운동 단체 MOSOP를 지도하게 되었다. 성난 폭도들이 MOSOP에 반대하는 오곤족 네 명을 살해하자 정부가 켄 사로-위와와 다른 여덟 명을 체포했다. 그들은 9개월 동안 고문을 받았고, 마침내 특별군사법정에서 살인 '교사' 혐의로 유죄를 선고받았다. 국제 사회의 법률 전문가들은 이 판결이 '근본적으로 문제가 있으며 불공정하다'고 비난했다.

나이지리아에서 쉘이 차지하고 있는 막강한 존재감을 잘 알고 있는 로웰과 다른 논평가들은 이런 불간섭 성명이 실재와 모순된다고 말한다. 실제로 쉘은 지역의 오곤족 공동체가 1990년에 활동을 시작하자 나이지리아 정부에 편지를 보내 "시급히 안전을 보장해 달라"고 요구했다. 정부는 악명 높은 경찰기동타격대를 투입했다. 경찰기동타격대는 1991년에 우무에켐 마을에서 주민 80명을 도륙하기도 했다. 쉘에 반기를 든 운동은 1993년 30만 명이 참가한 대중 시위로 절정에 달했다. 쉘은 니제르 강 삼각주에서 벌이던 사업 활동을 잠시 중단하지 않을 수 없었다. 같은 해에 사니 아바차(Sani Abacha) 장군이 나이지리아를 통제하게 되었다. 아바차 장군은 항의자들을 강력하게 탄압했다. 2,000명 이상이 사망했다. 나이지리아 보안군에서 흘러나온 내부 비망록은 쉘이 나이지리아 군부를 지원하고 있음을 상세하게 밝히고 있었다. 비망록은 '원활한 경제 활동이 이루어지도록 하기 위해서 취해진 …… 잔혹한 군사 작전'이라고 묘사한 일에 군인들이 참가했고, 그들에게 쉘이 돈을 지급했다는 사실을 밝혀두고 있기도 했다. 군사 전술에는 '심리 전술'과 결부된 '파괴 작전'(살인)과 함께 '권한이 없는 방문객들, 특히 유럽에서 오곤족을 찾아온 사람들을 제한하는 조치'가 포함되었다.[3]

켄 사로-위와의 동생 오웬스 위와(Owens Wiwa) 박사는 "쉘이 나이지리아 정치에 깊숙이 관여하고 있다"고 말했다. "켄이 석방되지 않을 경우 쉘이 나이지리아에서 철수하겠다고 위협했다면 그는 지금 살아 있을 것이다." 오웬스는 켄을 처형하려는 과정 사이에 자신이 브라이언 앤더슨(Brian Anderson)과 세 차례의 개별 면담을 가졌다고 말했다. 앤더슨은 쉘의 나이지리아 지사장이었다. 위와는 말한다. "내가 앤더슨에게 형과 다른 사람들의 석방을 위해 힘써줄 것을 부탁할 때마다 앤더슨은 우리가 해외에서 벌어지는 항의 캠페인을 중단하면 자신이 켄과 다른 사람들을 석방시켜줄 수 있을 것이라고 말했다. 나는 큰 충격을 받았다. 사실 나는 그러고 싶었다. 그러나 내게는 국제환경운동가들의 항의 캠페인을 제어할 힘이 없었다."[44]

분노를 계산하기

나이지리아의 사례가 보여 주는 것처럼 샌드먼은 자신을 고객의 관점에 동화시키는 경향이 있다. 그러나 그렇다고 해서 샌드먼이 고객들에게 그들이 듣기를 원하는 말만 해 준다는 얘기는 아니다. 자신을 '분노관리' 전문가라고 말하는 샌드먼은 기업들에게 대중의 승인을 얻고자 한다면 적어도 표면상으로나마 자신의 행동을 바꾸어야 한다고 말한다.

샌드먼의 이론은 '분노'(Outrage)라는 프로그램으로 구체화되어 있다. 이것은 기업 활동에 마음이 상한 '투자자들'의 분노를 예견하고 관리하는 노력을 지원하도록 설계된 소프트웨어 꾸러미이다. 분노 소프트웨어는 개당 3,000달러에 판매되고 있으며, 전세계를 무대로 사용해 보려면 4만 8,000달러를 지불해야 한다. 데모판도 사용해 볼 수 있다. 데모판은 기업을 계몽하기 위한 샌드먼의 방법이 어느 범위까지 적용되는지를 자세하게 보여 준다. 데모판에는 다음과 같은 시나리오가 제시된다. "사우스 사이드 가에 있는 우리 공장은 오랫동안 확연히 눈에 띄는 연기를 대기 중에 배출해 왔고, 아주 심한 경우도 가끔 있었다. 우리하고는 거의 관계가 없는 가난한 소수민족 거주자들이 이 문제와 관련해 어떤 조치를 취하려고 최근에 조직 활동을 시작했다. 어쩌면 우리 공장을 폐쇄시키려고 할지도 모른다." 이제 데모판은 사용자들에게 필요한 단계를 거쳐 사람들을 동맹자, 중립자, 반대자로 분류하라고 한다. 데모판이 제시하는 '반대자' 목록은 '사우스사이드 라티노협회', '찰스 부인', '시 공기정화위원회', '시에라클럽'[Sierra Club,

미국의 자연 환경 보호 단체], '그린피스', '사우스 사이드 초등학교', '가장 가까운 곳에 사는 주민들'이다.

데모판은 "당연히 우리는 중요한 투자자들이 힘을 어느 정도 동원할 수 있는지에도 관심이 있다"고 설명한다. 데모판에서 이용자들은 투자자들의 '열정'과 '힘'의 중복 부분을 측량할 수 있는 상당히 조악하지만 효과적인 공식을 사용할 수 있다. 그들이 이 두 가지 영역에서 어떻게 자리를 잡고 있느냐에 따라서 기업은 네 가지 전략 중 하나를 선택할 수 있다. '회피, 격퇴, 배격, 승복.' 힘은 있지만 열정이 없는 투자자들은 '회피'해야 한다. 반대자의 주의를 흐트러뜨리고 화제를 바꾸어라. 아니면 그들의 관심이 다른 곳으로 이동할 때까지 마냥 기다려라. 반면 열정은 있으나 힘이 없는 사람들은 '격퇴'할 수 있다. 물론 그들은 걱정한다. 그러나 그들이 달리 무엇을 할 수 있겠는가? 열정도 힘도 없는 사람들은 훨씬 더 쉽다. 그들은 '배격'해버리면 된다. 샌드먼은 진짜로 개혁해야만 하는 한 가지 경우는 강력한 열정과 힘을 모두 갖고 있는 사람들을 상대할 때라고 말한다. 열정과 힘을 갖고 있는 사람들은 '고려해야 하는 세력'이다. 회사는 마침내 그들의 요구에 '승복'해야만 할 것이다.

샌드먼은 대부분의 경우 대중이 회사의 활동과 관계된 위험과 위기의 수준을 부정확하게 인식한다고 믿고 있다. 대중과 전문가들이 동의하지 않는 부분에서 샌드먼은 일반적으로 전문가들이 옳다고 생각한다. 샌드먼은 "가장 흔하게 경험하는 상황은 기업이 많은 피해를 주는 것이 아니라 바보처럼 행동하는 것"이라고 말한다. "반응이 늦고, 오만하고, 심지어 솔직하지 못하게 구는 태도 말이다. 기업은 자신이 많은 피해를 주지 않고 있기 때문에 바보처럼 군다는 욕을 먹고 있다고 생각한다. 대중은 기업이 바보처럼 처신하기 때문에 틀림없이 많은 피해를 주고 있다고 생각한다."

이런 분석은 기업들이 대중에게 입히는 진정한 피해와 위험에 관심을 갖기보다는 **인지 과정**과 관련한 홍보에 집중해야 한다는 태도를 보여 준다. 대중은 기업이 '민감하게 반응한다'고 생각할까, 아니면 '둔감하다'고 생각할까? 기업은 '정직'한가, '거짓말쟁이'인가? 지역 사회에 영향을 미치는 결정들이 '자발적'인가, '강요'에 의한 것인가? 기업이 '자연적인' 행동을 하고 있는 것으로 보이는가, 아니면 '산업적'인 행동을 하고 있는 것으로 보이는가? '낯익고 익숙한 것인가', '낯설고 이국적인 것인가?' '공정한가', '불공정한가?' 샌드먼은 이런 질문들에 답하다보면 대중의 분노를 잘 관리할 수 있게 된다고 말한다. 기업들이 더 이상 바보로 여겨지지 않으려면 대중 커뮤니케이션에서 미안해하는 겸양의 자세를 취해야 한다. 그는 일정한 범위 내에서 "자신이 과거에 저지른 잘못을 인정하라"고 조언한다. 그는 "내 말은, 당신이 했다는 것을 아는 사람이 아무도 없고 그래서 우리가 그 사실을 알게 되면 당신이 감옥에 가야 하는, 그런 일을 실토하라는 게 아니"라고 덧붙인다. "그런 일이 하나라도 있다면 커뮤니케이션 자문을 구하기에 앞서 법률 자문을 구하는 게 낫다. 나는 대중의 인식에 자리잡은 부정적인 것들에 관해 얘기하고 있다. …… 당신이 그런 과오들을 계속해서 고백해야 하는가, 아니면 한 번만 밝히는 것으로 충분한가? 내가 하고 싶은 말은 당신이 끊임없이 고백해야 한다는 것이다. 당신은 그런 고백 속에서 뒹굴어야 한다."

대중적 겸손이라고 하는 이 전략의 배후 논리는, 샌드먼이 창안해 이제 홍보업계가 폭넓게 인용하고 있는 공식에 요약되어 있다. 그는 겸손이 대중의 분노를 덜어준다고 설명한다. 실제로 대중의 분노는 그 어떤 실질적인 위험보다 기업의 이윤에 더 큰 위협이 될 수 있다. 그는 "위험에 분노가 더해진 것이 위기"라고 말한다.

이런 기만적인 단순 공식이 홍보업계의 위기 소통에 관한 주요 토론 주제가 되었다. 홍보회사 힐 앤 놀턴의 회장이자 총지배인인 토머스 벅마스터(Thomas Buckmaster)나 버슨-마스텔러의 제임스 린드헤임(James Lindheim) 같은 주요 홍보업 종사자들이 이것을 교의로 채택했다. 벅마스터는 위기소통 전문가들이 위험에 분노가 더해진 상황이 위기라는 것을 이해함으로써 '일반 서민, 투자자, 대중'의 공포와 적의를 이겨낼 수 있다고 말한다. 그는 분노의 '불합리함' 때문에 "두려워하는 사람들에게 모든 것을 가르치고 알리려는 것은 불가능하다"고 말한다. "사람들이 일단 분노하게 되면 위험에 관한 통계는 들으려고 하지 않는다. …… 그들은 숫자상의 위기를 비교하지는 않는다." 벅마스터는 이렇게 말한다. "분노관리가 위기관리보다 더 중요하다."[5]

주사위 던지기

거의 모든 사람들에게 '위기'와 '위험'은 사실상 같은 말이다. 그러나 전통적인 위기 분석가들은 두 단어에 약간 다른 의미를 부여한다. 그들은 당신에게 이렇게 말할 것이다. 날카로운 칼날이 위험의 예라면 칼이 실제로 누군가를 다치게 할 가능성은 위기이다. 그러나 샌드먼의 공식은 다른 종류의 위기에 관심이 있다. 특정한 위험이 기업의 근본을 훼손할 가능성 말이다. 샌드먼의 공식은 기업의 평판과 수익성이 위험과 결부된 직접적인 책임을 뛰어넘어, 대중이 위험에 대응하는 방식에 영향을 받는다는 사실을 인정한다.

기업가들은 위기를 경제적 실체로 생각하는 것에 익숙하다. 그들은 이 위기를 심각한 자세로 다룬다. 그들은 엄격하고 정교한 위기관리 시스템을 개발해 왔다. 기업가들이 특수하게 발전시킨 어휘들을 살펴보자. 국가별 위험도, 환율변동 위험, 인플레이션 및 가격 위험, 신용 위험, 보험, 잔여 재산 불확정 비용, 위험 부담, 확률, 변량, 표준 편차, 다각화 등이다. 전자상거래 증권전문가 대니얼 기어(Daniel Geer)는 "알맹이가 있는 금융 회사라면 전부 공식적인 위기관리 부서를 두고 있다"고 말한다. "정상적인 금융업체라면 사거나 팔 수 있도록 위기를 포장하는 일에 열중한다. 예를 들어 위기를 유가증권화하거나 세밀하게 등급을 매겨서 관리할 수 있도록 하는 것이다. 낮은 단계의 자동차 할부금에서부터 최신 파생 금융 상품에 이르기까지 모든 것은 위험을 담보로 거래된다. 위기를 포장하는 새로운 방법을 고안했을 때 월스트리트나 런던이나 도쿄에서 만들어지는 자금의 양을 절대로 과소평가하지 마라. …… 위기관리와 돈이 연관되어 있다는 것을 이해하기 위해서 스왑 거래 옵션, 부저당(副抵當) 융자 채무, 배당 소멸 등을 알 필요는 없다. 자본주의 사회에서 어디에 돈이 있는지가 중요하다면 그것이 최고이다. 위기가 중요한 것이다."[5]

기업가들은 돈을 가지고 도박을 한다. 나쁜 도박은 누군가가 돈을 잃었다는 것을 의미할 뿐이다. 화학물질이나 다른 잠재적 환경 및 건강상의 문제에 대한 '위험 분석'은 '비용 편익 분석'에서 비롯된다. 그리고 비용 편익 분석은 다시 민간 기업들이 사용하는 단순한 손익 계정에서 나온다. 그러나 자연 환경이나 인간의 삶처럼 중요한 것들을 가지고 도박을 하는 데 이 방법론이 사용되고 옹호할 수 없는 자의적인 가정들이 방정식에 도입된다. 인간의 삶을 달러로 환산하면 얼마일까? 우리가 숨 쉬는 공기, 토양의 비옥도, 계속해서 아이를 낳을 수 있는 능력과 건강의 가치는 얼마일까? 암 환자들의 병원 치료에 드는 비용을 알 수는 있다. 그러나 환자와 가족들이 견뎌야 하는 고통의 가격은 어떻게 매겨야 할까? 정부의 정책 입안자들과 생산물 책임 소송에서 이런 물음들에 대한 답변이 나왔고, 다양한 해답이 제시되었다.

현대 사회가 직면한 어려운 의사 결정의 대부분은 이런 질문을 포함하고 있다. "얼마나 안전해야 충분히 안전한 것인가?" 핵폐기물, 재조합 DNA, 식품첨가물, 화학공장 폭발은 이런 의문을 던져주는 기술 진보의 몇 가지 사례일 뿐이다. 대답하기는 어렵다. 불확실성이 복합적으로 얽혀있기 때문이다. 위험의 규모를 예측할 수 없고, 자료와 이론이 상충하고, 사업 거래상의 비밀이 존재하고, 사회적 가치들이 부딪치고, 기술 전문가와 대중의 의견이 일치하지 않는 것이다. 이런 문제들이 해결될 가능성이 더 줄어드는 이유는, 그 결과로 고통받는 사람들에게 해를 끼친 자들이 비난을 받지 않으려고 정치 술수와 억지 이론을 동원하기 때문이다. 영국 워릭 대학교의 수학과 교수 이언 스튜어트(Ian Stewart)는 "위기 분석은 미묘한 분야"라고 말한다. "그것은 정교하면서도 꽤 고지식한 방법론으로 몇 가지 측면에서 남용될 수 있다. 이익을 과장하고 위험을 축소하는 것도 그런 사례이다. 특히 어떤 집단이 위험을 강조했는데 다른 집단이 이익을 강조하고 나설 때 험악한 사태가 벌어진다."7) 위기관리는 단순한 기술이 아니다. 심리학, 경제학, 정치학, 그리고 기득권 세력 전부가 "위험과 혜택을 비교 평가한다"는 객관적으로 보이는 언어 표현 뒤에 진을 치고 있다.

어떤 위험까지가 괜찮은가 하는 문제는 결국 판단을 내리는 사람이 그 위험과 관련해 어떤 입장에 서 있느냐에 달려 있다. 현재의 규제 시스템 하에서 화학물질에 노출될 위험은 대개 그런 노출 때문에 고통을 받는 사람들에게 떠넘겨진다. 10년 내지 20년 후에 그들이 암으로 쓰러지거나 그들의 자녀가 건강 문제로 고통을 겪게 된다 해도 원인을 규명하는 것 — 법정에서 그것을 입증하는 것은 고사하고 — 은 사실상 불가능하다. 기업들은 이런 시스템이 유익하다고 생각한다. 이런 시스템이 기술 혁신을 장려하는 것은 사실이다. 그러나 다른 사람들이 치러야 하는 대가가 클 수 있다. 담배 산업과 유연 휘발유 제조업체들이 비극적으로 입증한 것처럼.

『주간 레이첼의 환경과 건강』의 편집자 피터 몬태그(Peter Montague)는

"위험 평가는 지미 카터(Jimmy Carter) 대통령 재직 시절에 처음 사용된 의사 결정 기술이다. 지미 카터는 핵 공학자로 훈련받았다"고 말한다. 이 잡지는 환경보전과 공중보건 문제들에 관한 심층 보도와 의견을 제시하는 시사 통신이다. 몬테그는 "위험 평가는 기껏해야 활용할 수 있는 과학적 증거를 분석함으로써 의사 결정의 합리적 근거를 찾으려는 정직한 노력일 뿐이다. 이론상으로 위험 평가는 여전히 매력적인 이상"이라고 말한다. "그러나 20년의 실천 과정에서 위험 평가의 이상은 심각하게 훼손되었고, 다른 많은 위험 평가자들도 오명을 뒤집어썼다." 그는 "현대적 기술 대부분이 인간 이해력의 범위를 훨씬 넘어서면서 위험하고, 장기간 지속되며, 전혀 예측할 수 없는 부산물을 발생시킨다"는 인식이 점점 더 확대되면서 위험 평가라는 것이 생겨났다고 말한다. 지금까지 들어 보지 못한 부를 만들어 낸 기술들이 한번도 본 적이 없는 문제들을 함께 만들어 냈다. 도시 쓰레기, 산업 폐기물, 농업 화학물질, 자동차 배기가스, 공장 굴뚝의 연기, 온실 기체 등.

정부의 관리자들과 오염 배출 업체들은 1970년대부터 이런 문제들을 해결하라는 압력을 받기 시작했다. 그들은 영향을 평가하고, 이익 대비 위험을 비교 검토하고, 위험과 안전의 노출 기준을 가르는 수학적 임계점을 정하는 정량적 측정법을 고안하는 일에 나섰다. 그러나 이런 노력에는 많은 어려움이 따른다. 자연 환경은 실험실과 아주 다르다. 실제로 실험실 연구가 화합물들이 방출되는 환경이나 다른 수많은 상황을 재현하는 것은 불가능하다. 재정적 현실 또한 실험실 연구로 밝혀지는 정보의 품질을 제한한다. 예를 들어 어떤 화학물질이 암을 발생시키는지를 확인하려면 연구자들은 대개 비교적 적은 수의 쥐에게 문제의 화학물질을 대량으로 투여한다. 수만 마리의 쥐에게 적은 양을 노출시키는 방법을 사용하면 큰돈이 들기 때문이다. 소량 노출의 효과는 대량 노출에 따른 통계적 외삽법으로 추정된다. 그러나 또 다른 연구자 집단이 이 외삽법 모형의 정확성을 평가해 보았더니 소량 노출의 예측 결과가 단 한 개의 변수에 의해서도 크게 달라질 수 있었다. 그들은 이것이 "당신에게 커피 한 잔을 살 수 있을 만큼 돈이 있는지 아니면 국가 부채를 다 갚아 버릴 수 있을 만큼 돈이 있는지를 알 수 없는 것과 같다"고 말한다.[8]

1995년에 세 명의 유명한 위험 평가자들 애너 팬(Anna Fan), 로버트 하우드(Robert Howd), 브라이언 데이비스(Brian Davis)가 위험 평가에 대해 상세하게 정리한 책을 출간했다. 그들은 여기서 누군가가 면역계나 신경계, 또는 유전자 손상으로 고통받고 있는지를 확인하기 위해 어떤 검사법을 사용해야 하는지 과학적으로 합의된 바가 전혀 없다고 지적했다. 다시 말해서 과학에는 위험 평가의 핵심을 차지하고 있는 질문들에 정량적인 확실한 답변을 제공할 수 있는 수단이 없다는 것이다. 몬태그는 "위험 평가에는 다른 문제들도 있다"고 말한다. "과학에는 다각적 노출의 효과를 분석할 수 있는 방법이 전혀 없다. 거의 모든 현대인이 처한 상황은 다각적 노출이다. 살충제, 자동차 배기가스, 고기, 생선, 유제품에 들어 있는 다이옥신, 처방약, 담배 연기, 식품첨가물, 지구의 손상된 오존층을 뚫고 들어오는 태양 자외선 등 말이다. 이런 공격의 누적 효과를 과학적으로 파악하는 일은 불가능하다. 따라서 위험 평가자들 대부분은 이런 불편한 현실들을 그냥 배제해버린다. 그러나 그렇게 해서 산출된 위험 평가는 믿을 수가 없다. …… 위험 평가가 말할 수 없는 것을 약속하고, 그리하여 잘해야 오도하고 최악의 경우 사기라는 것이 이제 명백해졌다. 위험 평가는 '위험'과 '안전'을 합리적으로 평가하는 체하지만 사실 그렇게 할 수 있는 능력이 전혀 없다. 필요한 자료가 없을 뿐만 아니라 표준화된 해석 방법도 존재하지 않기 때문이다."[9]

산업계와 정부는 공식적으로는 여전히 위험 평가를 위해 노력하고 있다. 그러나 더 많은 이탈자들은 그것이 과학이기보다는 기예라고 실토한다.

각자 다른 위험 평가자들이 같은 증거를 가지고도 활동 과정의 비용 및 이익과 관련해 정반대의 결론을 들고 나타난다. 불확실성이 우세한 곳에서는 정보조작 전문가들이 정보의 공백을 채우기 위해 달려든다. 위험 평가라는 방법론은 그 한계가 명백하다 해도 기업의 정보조작 전문가들에게 중요한 이득을 제공한다. 과학 역사학자 데이빗 노블(David Noble)은 "이 방법들은 정치적으로 특히 유용하다. 이 방법들을 사용하면 숫자놀음 속에서(숫자는 쉽게 조작할 수 있다) 정부의 기업 규제라는 근본적인 정책 문제들을 차단할 수 있기 때문이다. 쟁점보다는 통계에 관심을 집중시켜버리는 것"이라고 말한다. "이 방법들은 다른 혜택도 준다. 합리성을 독차지하고 있는 것처럼 보인다는 것도 그 중의 하나다. 질적이거나(qualitative) 주관적인 의사 결정은 전부 불합리한 것으로 분류되어 듣지도 않고 내던진다. 이 방법들은 이렇게 경험과 직관을 무효로 만들어 기술적으로 허용된 사람을 제외하고는 그 누구도 논쟁에 참여시키지 않는다. 논쟁은 이해할 수 없는 수수께끼가 되고 만다. 사람들은 스스로 판단하는 것을 미루고 그 책임을 전문가들(그 책임을 자신들에게 돈을 지불한 사람들에게 이미 넘겨 버린)에게 넘기라는 분위기가 조성된다."[10]

위험 분석은 다양한 형태로 등장한다. 어떤 방법은 모든 분석 대상을 정량화하려고 한다. 기업 이윤이나 창출된 부와 같이 순수하게 수량화할 수 있는 요소들과 더불어 인간의 삶이나 환경의 아름다움처럼 계량할 수 없는 질적인 요소들을 돈으로 계산하는 것이다. 이것을 바탕으로 다양한 대안들을 정리한다. 그렇게 해서 비용이 가장 적게 드는 대안이 '용인 가능성'이 가장 많은 위험이 된다. 또 다른 방법은 다른 종류의 위험을 비교하는 작업에 크게 의존한다. 특정 기술이나 화학물질을 사용함으로써 건강상의 위험이 제기된다면 분석가는 누군가가 그 화학물질에 노출되어 죽을 가능성을 계산해 그 확률이 교통사고나 홍수에 익사하는 등의 다른 사고로 죽을 위험보다 더 낮다는 것을 보여 주는 식이다. 사람들이 자동차를 운전하거나 댐 하류에서 살기로 결정했다면 그에 따른 위험도 받아들여야만 한다. 마찬가지로 이 화학물질도 받아들여져야만 하는 것이다. 분석가는 이렇게 결론을 내린다.

"누군가가 발암성 오염 물질이 두렵다면 그는 자신이 매일 차를 몰고 직장으로 출퇴근하는 더 큰 위험에 노출되어 있다는 것을 알아야 한다. 이게 웬 야단법석이란 말인가! 침착하라." 노블의 말을 더 들어 보자. "이런 방법들이 분석가에게 매력적인 이유는 이것이 분석가의 특권을 강화해 주기도 하지만 그것 말고도 흔히 직관에 반하는 결과를 나오게 하기 때문이다. 분석가가 아닌 사람이 예상한 방식으로는 답이 나오지 않는 것이다. 기술을 신봉하고 조장하는 사람들에게 이런 결과가 반가운 이유는 비전문가의 순진함이 계속해서 끝없이 드러나기 때문이다. 이렇게 해서 대중은 자신의 경험과 본능에 의존하는 행위를 더 조심하게 되고, 사태를 멀리서만 조망할 줄 아는 전문가의 지혜에 의존하게끔 만들어진다."[11]

캘리포니아 대학교 산타 바바라 캠피스의 물리학과 교수 H. W. 루이스 (H. W. Lewis)는 현대 위험 평가자의 태도를 예증해 준다. 루이스 교수는 국방, 핵무기 및 다른 문제들에서 정부의 수많은 위험평가위원회를 주관해 왔다. 그는 진정한 위험을 밝혀 준다고 장담하는 『기술 위험』이라는 책을 썼다. "독성 화학물질, 온실 효과, 극초단파 방사, 원자력 발전, 항공기 여행, 자동차 여행, 온갖 종류의 발암성 물질, 마음의 평화를 교란하는 다른 위협 등. 만약 있다면 무엇이든지 말이다." 위험을 측정하기 위해 사용되는 통계 기술을 바탕으로 사망률과 교훈을 제시하는 이 책은 여러 면에서 유용하고 친절한 안내서이다. 루이스는 인구 과잉 문제가 기술이 던져주는 위험보다 더 심각하고 절박하다고 생각한다. 분별 있는 사람들 대부분이 분명 이런 판단에 동의할 것이다. 그는 오늘날 개인들이 직면하고 있는 가장 커다란 위험 가운데 일부가 흡연이나 자동차 사용 같은 활동에서 비롯한다고 지적한다. 논란의 여지가 없는 사실이다. 나아가 루이스는 삶의 모든 위험을 제거하는 것이 불가능하다고 말한다. 물론 이것도 명백한 사실이다. 그리하여 그는 이렇게 묻는다. 그런데도 사람들은 도대체 왜 자기가 보기에는 사소한 위험인 핵폐기물이나 살충제 같은 대수롭지 않은 일에 그렇게 걱정을 해대는가? 루이스는 이렇게 답을 정했다. 대중은 불합리하고 교양 수준도 형편없다. "UFO나 윤회를 믿는 일부 사람들의 심리 상태는 상상을 초월한다. 지구가 1년에 한 번씩 태양 주위를 돈다는 사실을 알고 있는 사람은 절반도 안 된다. 학교에서 진화론을 가르치는 행위를 합법화하는 투쟁은 결코 끝나지 않고 있다." 그는 계속해서 이렇게 쓰고 있다. "우리의 국민 교육이 위험에 처해 있다."[12]

루이스는 대중의 무지가 아주 심각해 민주주의 자체가 위험에 빠져 있다고 믿고 있다. 루이스는 "우리는 참여 민주정을 선택했는데, 여기에는 교양 있는 사람들만이 아니라 국민 모두가 참여하고 있다"고 말한다. "민주주의 과정에서 공익은 훼손된다. 기술 때리기가 전문이고 대중의 공포심을 활용해 자신의 생계를 꾸려 가는 말솜씨가 현란한 사람들이 나타났고, 이 사람들이 많은 미디어 전문가들에게 수용되면서 사태가 악화되었다."[13]

그러나 역설적인 것은 루이스 자신도 '오늘날 자주 볼 수 있는 기술 반대 운동의 핵심 세력'이 교육 수준이 낮은 사람들이 아니라 가장 부유하고 그래서 가장 교육을 잘 받은 사람들로 구성되어 있다고 생각한다는 점이다. 그는 "이것은 중상류 계급의 현상인 것 같다"고 말한다. "풍요로운 사회를 살고 있는 우리는 온통 안전에 정신이 팔려 있다. 그러나 덜 풍요로운 사회에서는 위험이 생존의 정상적인 조건으로 받아들여진다. …… 그런 사람들은 진짜로 기술이 환경을 파괴하고 있는지도 모른다며 걱정한다. 아마도 그들은 기술적으로 덜 진보한 다른 나라들의 환경을 살펴본 적이 없을 것이다."14)

이런 논리를 따라 결론에 다다르면 우리는 중앙아메리카에 있는 노동을 착취하는 공장의 가난한 노동자들에게서 위험에 따르는 문제들과 관련해 단서를 찾고 교훈을 얻어야 할 것 같다. 그러나 그들 대부분은 정말로 지독한 문맹인 데다가 책을 쓰거나 위험평가위원회에서 일을 해달라는 부탁을 받지는 않기 때문에 그 짐은 온전히 루이스 자신의 몫이 된다. 교양 있는 중상류 계급의 구성원인 루이스가 가난한 노동자들을 대변해야 하는 것이다.

위험이 위기로 바뀔 때

위험을 평가하는 노력의 한 가지 문제점은 많은 요소들 — 특히 인간적 요소 — 이 결코 수량화될 수 없다는 것이다. 1984년 인도의 보팔에서 독가스가 유출된 사건을 예로 들어 보자. 보팔 참사는 세계 최악의 산업재해로 널리 알려져 있다. 이 사고로 2,000명 이상이 죽었고, 약 20만 명이 심각한 후유증에 시달리고 있다. 이중 상당수는 남은 삶 동안 앞을 보지 못하는 맹인이 되었거나 호흡기에 손상을 입었다. 유니언 카바이드 소유의 살충제 공장에서 메틸 이소시아네이트 가스가 누출되면서 재앙이 일어났다. 『타임스』는 이 재앙을 '광대한 죽음의 안개가 자욱하게' 도시 전체를 덮었다고 표현했다. 『포춘』은 이렇게 썼다. "사망자 수보다 더 끔찍했던 것은 죽어가던 사람들의 상태였다. 남자, 여자, 아이들이 어둠 속에서 허둥지둥 달려가다가 경련을 일으키더니 몸부림치며 괴로워했다. 독가스의 원래 목표물이었던 벌레들처럼 말이다."*

재앙이 발생한 후 유니언 카바이드의 상담역이었던 피터 샌드먼은 노동자의 고의적인 태업 때문에 사고가 일어났다고 말했다. 그는 "유니언 카바이드는 설득력 있는 증거를 갖고 있다"고 주장한다. "범죄적 무리가 수천 명을 살상하려고 하지는 않았을 것이다. 그는 메틸 이소시아네이트 시설을 파괴함으로써 실제로 있었거나 혹은 없었을지도 모를 부당한 처우에 대해 단지 보복하려고 했을 뿐이었다."[15] 샌드먼은 이렇게 주장하면서 유니언 카바이드가 여러 해 동안 반복적으로 퍼뜨린 음모 이론을 되풀이했다. 그러나 유니언 카바이드는 자신들의 주장이 사태의 진실임을 확인할 수 있게 해주는 구체적인 정보와 자료를 충분하게 단 한 번도 제공하지 않았다.[16] 그들의 이런 주장이 사실이라 할지라도 회사의 책임이 덜어지지는 않는다. 전반적인 안전장치 미흡이 보팔 참사로 이어졌기 때문이다. 사건 당시 이런 대재앙을 막기 위해 설계된 냉동 장치가 고장난 채 다섯 달 동안이나 방치되고 있었다. 다른 비상 안전장치들도 사용할 수 없는 상태였다. 공장에는 사람이 부족했고, 예산 삭감 때문에 직원들은 제대로 교육받지 못했다. 공장에는 독극물 방출을 탐지하는 컴퓨터 감시 체계가 없었다. 노동자들의 코가 타는 듯이 아프고 눈에서 눈물이 흘러야 가스 누출 사실이 확인되는 시스템이었던 것이다. 주변 마을에 비상사태를 알리는 경보 시스템도 전혀 존재하지 않았다. 많은 사람들의 생명을 구할 수도 있었던 비상사태 안내나 다른 실행안을 갖추려는 노력이 전혀 없었던 것이다. 『뉴욕 타임스』의 기사처럼 보팔은 "조작 실수, 설계 결함, 유지 관리 태만, 훈련 부족이 총체적으로 뒤얽힌 결과"였다. 그리고 이 모든 상황에는 기업 경영진의 결정이 자리하고 있었다. 기술적 요인이 아니라 인간적 요소 말이다.[17]

---

* Steven Fink, Crisis Management (New York: American Management Association, 1986), pp.169~170. 정확한 사망자 및 부상자 통계는 존재하지 않는다. 사망자 추정치는 최소 1,700명이고 최대 4,500명이다. 부상자가 20만 명이라고 널리 얘기되고 있지만 이것도 어림한 수치일 뿐이다.

몬태그는 "불확실성은 두 종류가 있다"고 말한다. "첫 번째는 알려진 가능성을 갖는 위험이다(한해 자동차 사고로 목숨을 잃을 가능성처럼 그 사고와 사망률이 이미 알려져 있는 위험). 두 번째는 진짜 불확실성을 갖는 위험으로, 이것은 가능성을 알 수 없는 사건이다." 인간적 요소와, 환경적 문제와 결부된 많은 위험이 진짜 불확실성을 수반한다. 이런 위험은 수량화될 수 없기 때문에 위험평가기구 내부에서 유령처럼 취급되는 경향이 있다. 과소평가되거나, 엄정한 지식보다는 추측을 바탕으로 자의적으로 평가하게 되는 것이다.

대개 주요 사고들을 보면 사전에 전문가들이 그런 사건은 절대로 일어나지 않는다고 예견했던 창피한 경우들을 쉽게 확인할 수 있다. "나는 배의 침몰을 야기하는 상황을 상상조차 할 수 없다. …… 현대의 조선술은 그런 가능성을 뛰어 넘는다." 타이타닉 호의 선장 에드워드 J. 스미스(Edward J. Smith)는 이렇게 말했다.[18] 체르노빌에서 핵 발전소가 녹아내리기 1년 전에 소련의 전력산업 담당관은 소비에트의 공학자들이 10만 년은 기다려야 체르노빌의 원자로가 심각한 사고를 당할 것으로 확신하고 있다고 발표했다.[19] 우주 왕복선 챌린저 호가 폭발하기 직전에 NASA의 우주 왕복선 프로그램 워싱턴사무소 책임자인 브라이언 오코너(Bryan O'Connor)는 이렇게 말한다. "위험 평가 결과 우주 왕복선을 잃을 확률이 어느 정도인지 물었다. 나는 1만분의 1이라는 얘기를 들었다."[20]

실제로 재앙이 닥치면 위기 소통은 '위기관리'라고 하는 홍보의 또 다른 분야에 자리를 내어준다. 1979년에 스리마일 섬에서 원자로가 거의 녹아내리기 직전까지 갔을 때 생겨난 위기관리는 이제 상담자들이 산업계의 세미나와 회의에서 많은 돈을 받고 가르쳐 주는 주제로 자리를 잡았다. 이들은 기업의 성 희롱 사건이나 착복 스캔들에서부터 공장 폭발, 파업, 노동자 피격, 독극물 유출, 제품 조작 테러, 식품 오염에 이르기까지 모든 분야의 사건에서 악명과 오명을 씻어 내는 일을 돕는다. 엑손 발데즈 호 (Exxon Valdez)의 기름 유출 사건[1989년 3월 24일 알래스카의 프린스 윌리엄 해협에서 엑손 발데즈 호가 좌초하면서 기름이 유출되었고, 해양 생태계가 심각하게 훼손되었다], 식당 체인 잭 인 더 박스(Jack in the Box)의 햄버거가 대장균에 오염된 사건, TWA 800편의 추락 사고, 팬 암(Pan Am)의 로커비 참사 등이 그런 예들이다.

위기 소통 전문가들은 흔히 대중에게 위험은 경미하며 위기는 먼 데 있다고 말하지만 위기관리자들은 고객들에게 위험이 곳곳에 있으며 재앙은 일어나게 되어 있다고 경고한다. "두 종류의 기업이 있다. 위기를 겪은 회사와 겪을 회사." 『PR 위크』는 1999년 5월에 이렇게 선언했다. "그것은 타이밍과 혜안의 문제다. 그러나 조만간 많은 기업은 자신을 도와주는 위기 전문가가 필요하게 될 것이다." 케첨 홍보회사(Ketchum PR firm)의 피츠버그 지사장은 1999년에 피츠버그 지사에서 내는 수익의 35~40퍼센트가 위기 상담에서 발생하는 것으로 추산했다. 『PR 위크』는 가까운 미래에 "위기 상담이 홍보업계에 수억 달러를 벌어줄 수 있을 것"으로 보았다.[21]

홍보회사 코퍼러트 리스폰스 그룹(Corporate Response Group)의 로버트 윌커슨(Robert Wilkerson)은 "모든 기업이 위험한 줄타기를 하면서 위기가 발생할 가능성이 점점 커지고 있다. 더 적은 수의 사람들에 의해서 사태가 더 빠르게 진행되고 있다. 그러면서 위험 가능성이 늘어나는 것"이라고 설명했다. 그들의 위기 개요 목록에는 다음과 같은 것들이 있다. 사기 행위, 유럽의 노동 분규, 식품 수출 금지, 항공기 추락, 기름 유출, 제품 리콜, 적대적인 기업 사이에서의 인수 합병.[22]

이런 사례들의 범위가 시사하는 것처럼 위기관리는 건강이나 안전 등의 쟁점에 국한되지 않는다. 정보조작 전문가들은 정치인, 명사, 기업들의 세평을 수리하고 교정한다. 사실 그들의 서비스에 돈을 낼 수 있는 부유한 사람이면 누구든지 상관 없다. 변호사 하워드 루빈스틴(Howard Rubenstein) 소유의 루빈스틴 어소시에이츠(Rubenstein Associates)는 업계 최고의 위기관리자들 가운데 하나로 통한다. 조지 스틴브레너(George Steinbrenner), 루퍼트 머독(Rupert Murdoch), 도널드 트럼프(Donald Trump), '비열함의 여왕' 리오나 헴슬리(Leona Helmsley), 스포츠 방송 아나운서 마브 앨버트(Marv Albert)가 이 회사의 고객들이다. 루빈스틴은 필리핀의 국부를 훔친 이멜다 마르코스(Imelda Marcos)를 도왔다는 혐의로 기소된 억만장자 애드넌 카쇼기(Adnan Khashoggi)를 담당했고, 머독과 트럼프의 이혼 소송을 관리했으며, 캐시 리 지포드(Kathie Lee Gifford)가 곤경에서 탈출할 수 있도록 도왔다. 남편 프랭크(Frank)가 혼외정사를 했는가 하면 자신의 이름을 단 의류를 생산하는 공장에서 아동의 노동을 착취하고 있던 사실이 드러났던 것이다.

루빈스틴 어소시에이츠의 부사장 개리 르위(Gary Lewi)는 "캐시 리 지포드의 문제나 리오나 헴슬리 사건을 내가 처리할 수 있다는 사실은 정말이지 매력적이다. 지적 능력을 동원해야 하는 모험적인 과제이기 때문"이라고 말한다. "더럽혀진 명예를 세탁하는 방법"이라는 홍보세미나에서 르위는 자기 기술의 지적 엄격함뿐만 아니라 도덕적 엄정함도 강조했다. 그는 "캐시 리 지포드 사건 대응에서 비윤리적인 것은 전혀 없었다"고 말했다. 리오나 헴슬리 건에 관해 말하자면 "그녀가 정말 개 같은 년일지는 몰라도 그것 때문에 감옥에 갈 정도는 아니라고 생각한다. …… 여러분은 여러분 자신만의 도덕을 가져야 한다. 어떤 고객도 여러분에게 자신의 도덕과 윤리를 강요하지는 못한다. 나 자신이 언론을 상대로 거짓말을 하거나 의도적으로 회피하고, 언론이 나를 거짓말이나 일삼는 무식쟁이로 여기면서 더 이상 나의 전화를 상대하지 않으려고 한다면 차라리 밥집이나 하는 게 나을 것이다." 루빈스틴 어소시에이츠가 거절한 고객이 있느냐는 질문을 받자 르위는 이렇게 대답했다. "인터넷으로 아동 포르노를 불법적으로 거래하던 동료가 있었다. 회사는 그를 해고하고 이미지를 개선하려고 했다. 우리는 힘이 빠졌다. 그것은 분명 한때 유행했던 어떤 것이었고, 회사의 문화도 그것을 용인했었다. 우리는 다시는 그 근처에 가려고 하지 않았다."²³⁾

그러나 홍보업계는 지독할 정도로 한계를 벗어난 고객들의 평판을 회복시키겠다는 '지적인' 도전 과제를 떠맡으면서 가끔씩 정도를 벗어난 즐거움을 추구하는 것 같다. 미국홍보협회가 발행하는 월간지『홍보 전술』1997년 7월호에서 작가 스티브 크리센조(Steve Crescenzo)는 홀로코스트 당시에 살해당한 가족들의 재산을 회복하려던 유태인 생존자들이 스위스 당국을 고발한 사건을 자세히 소개했다. "당신이라면 나치에 의해 살해당한 사람들의 이빨에서 절취한 금임을 알고서도 구매한 사람을 고객으로 받아들이겠는가?" 크리센조는 이렇게 물었고, 이런 종류의 고객만을 받아들인 홍보회사들의 활동과 노력을 칭찬했다.[24]『홍보 전술』은 강간으로 기소된 마이크 타이슨(Mike Tyson)과 살인으로 기소된 O. J. 심슨(O. J. Simpson)이 무죄에서 방면된 사례들을 소개하면서 커버스토리와 관련 기사 몇 편에서 홍보의 또 다른 쟁점을 다뤘다. "일급 운동선수가 사악한 범죄로 기소되어 장기간 투옥될 위험에 처해 있다. 당신은 그의 홍보를 위해 무엇을 하겠는가?"『홍보 전술』은 다양한 홍보전문가들에게 질문을 던졌다. 타이슨과 심슨에게 주어진 공짜 충고 내용은 이런 것들이었다.

■ "타이슨을 지원하는 사람들은 그를 '재창조'해야 한다. 리처드 닉슨(Richard Nixon)이 재창조된 것처럼 말이다."

■ 타이슨은 "자신이 신뢰할 수 있는 몇몇 기자들과 원만하게 관계를 유지하는 일을 진지하게 고려하고, 또 실제로 노력해야 한다."

■ 한 홍보책임자는 심슨의 경우 "개조해야 할 것이 많다"고 말했다. 그러나 월풀 코퍼레이션(Whirlpool Corporation)의 홍보책임자인 런 퍼스(Run Fuhs)는 "심슨이 일종의 대중적 속죄 과정을 거쳐 제한적인 여건에서나마 어쩌면 유명 인사들의 대변자가 될 수도 있을 것"이라고 말했다.

■ 또 다른 홍보전문가는 심슨이 선택할 수 있는 최고의 전략은 "한동안 뒤로 물러나서 말과 행동을 자제하고, 굳이 발언을 해야 한다면 겸손하게 굴고, 친절하고 바른 사람이 되는" 것이라고 말했다. "그는 자신을 느리게 반추해야 한다. 첫 단추를 끼우는 작업으로는 사회봉사가 좋을 것이다."[25]

다시 말해서 타이슨과 심슨의 홍보공식은 피터 샌드먼이 악평에 직면한 호주의 광업계와 다른 기업들에게 해준 조언과 기본적으로 비슷하다. 부드럽게 말하라. 겸손함을 보여라. 지은 죄에 대해 '대중적인 회개'의 과정을 밟아라. 홍보교과서『위기 소통』은 엑손 발데즈 호의 기름 유출 사건을 분석하면서 이런 결론을 제시한다. "만약 미디어가 프린스 윌리엄 해협의 현장에서 CEO가 기름을 뒤집어 쓴 새를 손에 들고 울부짖는 모습을 영상으로 포착했다면 전체 상황과 이야기 전개는 완전히 달라졌을 것이다."[26] 기름 유출을 통탄할 필요가 없다. 당신이 절규하는 모습을 보는 것만으로도 충분하니까.

재앙에 대비한 예행연습

홍보회사들은 실제의 위기에 직면해 있지 않을 때면 아직 발생하지 않은 위기에 대비해 자신들의 고객을 연습시킨다. 1999년 4월에 힐 앤 놀턴 홍보회사는 가상 위기(Virtual Crisis)를 발표했다. 이 대화형 CD-ROM은 위기 대응을 모의 훈련시켜준다. 그러나 재고에서 가상 위기를 찾지는 마시라. 『PR 위크』는 "가상 위기는 그 자체만으로는 활용할 수가 없다"고 전했다. "시뮬레이션을 이끌 수 있도록 특별히 교육받은 힐 앤 놀턴 사의 조력자 두 명이 참가해 무려 20명에 이르는 기업의 팀 지도자들을 훈련에 참가시켜야 하는 것이다. (대개 여섯 시간이 소요되는) 시뮬레이션을 마치면 힐 앤 놀턴의 직원이 참가자들의 결정과 대응에 대해 종합적인 구두 비평을 제공한다. 전체 훈련 비용은 1만 달러이다. …… 이 프로그램은 진짜 위기가 닥쳤을 때 효과적으로 대응하고 적절하게 의사소통해야 하는 최고위 경영자들을 위해 설계되었다." 스리마일 섬의 방사능 누출 사고 당시 힐 앤 놀턴의 위기관리팀에서 일했던 리처드 하이드(Richard Hyde)가 전무이사로 승진해 개발한 이 프로그램으로 '참가자들은 다른 전반적인 문제들'을 처리하면서 동시에 '언론을 물리치는' 능력을 기를 수 있다.[27]

일부 위기관리 전문가들은 기업 경영자들에게 더 실질적인 경험을 제공하기 위해 컴퓨터 시뮬레이션을 뛰어 넘어 실제의 현장 상황을 창출하는 '전쟁 게임'(war game)을 전문적으로 다룬다. 엑손 발데즈 호의 기름 유출 사고 이후 실시된 그런 연습에서 홍보회사 케머-싱어 앤 어소시에이츠는 1만 배럴의 기름 유출을 흉내내기 위해 기름 대신 팝콘과 오렌지 껍질을 사용했다. 이틀간의 이 '대규모 훈련'에는 쉐브론(Chevron) 직원 약 600명이 참가했다. 직원들이 가짜로 누출된 기름을 제거하기 위해 가상의 전투를 수행하는 동안 쉐브론의 경영자들은 케머-싱어의 직원들과 자사의 홍보 전문가들이 퍼붓는 질문 세례와 불평에 대응하는 훈련을 받았다. 그들은 그일에 관계가 없는 다양한 사람, 곧 환경 운동가, 갈채를 노리고 연기를 하는 정치꾼, 고통받는 지역 주민, 이것저것 의문을 제기하는 기자 같은 역할을 수행했다.

위기 대응 훈련은 홍보활동에서 단순한 훈련 이상의 의미를 가진다. 케이머-싱어의 래리 케이머는 실제의 위기에선 사람들이 원래의 문제를 악화시킬 수 있는 스트레스, 강렬한 감정, 다른 압력들에 직면한다고 말한다. 사전에 위기에 대처하는 연습을 함으로써 경영자들은 비상사태 대응책의 취약성을 점검할 수 있고, 어쩌면 진짜 위기가 발생했을 때 생명과 재산을 보호할 수 있을지도 모른다. 케이머는 "사전 연습 없이 위기나 비상사태에 대응하는 것은 매우 위험하다"고 말한다. "더 중요한 것은 그것이 무책임하다는 것이다. …… 진짜 위기는 계획이나 능력을 검증할 시간을 조금도 주지 않는다. 당신은 계획안이 효과적으로 작동하는지를 파악하기도 전에 세균전과 맞먹는 상황의 한 가운데로 떨어지고 싶지는 않을 것이다."[28]

케이머-싱어의 재앙에 대비한 예행연습과 결부된 연출법과 상징성은 재미있는 읽을거리를 만들어 내기도 한다. 1997년에 홍보업계의 저술가 폴 홈스(Paul Holmes)는 그런 종류의 한 훈련에 참가하고, 그 경험을 자신이 발행하는 잡지 『명성 관리』의 커버스토리로 실었다. 홈스는 훈련 중에 홍보팀이 "네 개의 독립된 '대본'에 따라 움직였다"고 분명하게 말했다. "대본이라는 것은 기본적으로 언론, 주민, 정치인, 그리고 궁극적으로 회사에 반대하는 주장을 펴는 사람들이 제기하는 전화 요구들이다." 기존의 연극 연출이 우리에게 제작자와 관객의 세계관에 관한 어떤 것을 말해 주는 것처럼 케이머-싱어가 쉐브론을 위해 준비한 대본도 홍보업계와 기업의 세계관을 살짝 들여다볼 수 있는 재미있는 경험을 제공한다.

우선 케이머-싱어의 대본은 기업의 실제 과실 가능성을 조심스럽게 줄여 준다. 가상 위기의 시작을 보여 주는 기름 유출은, 개인이 조종하는 비행기가 회사의 석유 탱크 하나와 알 수 없는 이유로 충돌하면서 발생한다. 이야기가 전개되면서 대중은 간단한 역할로 등장한다. 그들은 잘해야 독특한 말썽꾼, 최악의 경우 위험한 바보로 정형화되어 있다. 홈스는 "(거의 무한대로 즉흥적이기 때문에 가장 재미있는) 지역 사회의 요구들은, 이번 주말에 자기 집을 팔 계획으로 백만장자를 꿈꾸는 사람, 출퇴근하면서 타는 여객선이 취소되어 화가 난 통근자나 낯선 충돌 사고 소리에 침대에서 떨어져 발목이 부러진 노인까지 다양하다"고 쓰고 있다. 기자들은 처음에 회사가 정화 요원들의 야간 근무를 불허하는 안이한 방식을 취했다며 비난한다. 그러고는 회사가 태도를 바꿀 때 정치적 압력에 굴복했다고 다시 비난한다. 주지사, 하원의원, 상원의원 모두가 조사 활동을 벌이겠다고 협박한다. 시장 역시 기자들을 대동하고 재해 현장을 둘러보겠다고 요구한다. 그러고는 예정된 시간에 나타나지 않는다. 노동조합은 기름 유출을 핑계 삼아 파업을 벌이겠다고 위협한다. 환경운동집단은 웹사이트를 개설해 회사가 기름 유출을 방조했다며 맹공격을 퍼붓는다. 지역 주민은 회사의 정화 차량 한 대가 자기 집 고양이를 치었다며 불평한다. 또 다른 주민은 "[비속어 삭제] 총을 사서 손봐주겠다"고 위협한다. 미국의 주요 보수 논평 프로그램 가운데 하나인 <부시 왐보그(Bush Wambaugh) 쇼>에서도 프로듀서가 떠들어댄다. "왐보그 씨는 펜대만 굴리는 관료, 재수 없는 꼴통 페미년들, 급진적 환경보호운동가들이 이 나라를 접수하고 있다며 걱정이 아주 많다. 그는 쉐브론과 같은 거대 기업이 주주들의 이익을 보호하지는 않고 감상적이고 나약한 자유주의자들에게 아첨하는 이유를 알고 싶어한다."[29]

<왐보그 쇼>의 프로듀서는 이렇게 설명한다. "당신의 회사는 물가에서 기름을 뒤집어 쓴 새를 구조하고 있다. 맞는가? …… 이제 그 새들은 모두 깨끗하게 되었다. 당신의 회사는 정화 작업과 단체 운영비는 물론 정화 작업을 감독하는 사람들에게도 돈을 지불한다. …… 그렇지만 정화 작업이 완료된 후에 결국 이 새들의 90퍼센트 이상이 죽을 것 아닌가?"

회사의 홍보담당자는 "유감스럽게도 내게는 그런 정보가 없다. 사태를 자세히 살펴보아야 할 것"이라고 외교적으로 응답한다. 홈즈는 왐보그의

논평이 '사실'이라고 말한다. "기름을 뒤집어 쓴 후에 '구조된' 거의 모든 새가 결국은 죽는다. 정화 작업의 주요 목표는 지역의 자원봉사자들이 뭔가 쓸모있는 일을 하고 있다는 느낌을 받게 만드는 것이다. 이런 활동은 대개 상징적인 조치일 뿐이지만 기업이 환경 문제에 민감하게 대응한다는 메시지를 전달해 주는 효과적인 방법이기도 하다."[30]

사전 예방 대책 차단하기

우리의 활동이 인간의 건강과 환경에 해로운 위협을 가할 경우 인과 관계가 과학적으로 충분히 입증되지 않았다고 할지라도 사전 예방 조치를 취해야 한다.
— 사전 예방 대책에 관한 윙스프레드 선언문〔Wingspread Statement, 1998년 1월 23~25일에 걸쳐 위스콘신 주 라신의 윙스프레드 센터에서 열린 회의에서 초안이 작성되고 통과된 선언문으로 32명이 서명했다. 원문은 http://www.gdrc.org/u-gov/precaution-3.html에서 확인할 수 있다〕

홍보회사들이 거의 예측하지 않는 한 가지 위기는, 그들이 작성한 내부 문서가 외부로 유출될 가능성이다. 1991년에 케첨 홍보회사에서 이런 일이 일어났다. 그 회사의 직원 한 명이 미국 그린피스의 시애틀 사무소에 「클로록스 회사(Clorox Company)의 위기관리 계획안 초안」 사본을 팩스로 보냈던 것이다. 그는 그 초안으로 제출된 몇 가지 방법들을 보고 크게 좌절했던 게 틀림없다.

환경운동가들이 클로록스 사에서 제조해 판매하던 가정용 표백제를 규탄하는 캠페인을 전개했다. 여기에 대응하기 위한 케첨 계획안은 "내년에 발생할 수도 있는 일부 쟁점들을 마치 '점쟁이'처럼 정확하게 지적하려고 했다. 각각의 예상 시나리오에 대해 우리는 각각 다른 수준의 대응과 처리를 제안한다." 예상 시나리오들을 보자.

■ **"위기 시나리오 1번**: 1993년까지 염소를 제로로 그린피스는 지구상에서 염소를 뿌리 뽑는 세계적인 노력을 지속하겠다고 선언했다." 케첨의 이 시나리오에서 그린피스는 염소 노출과 암의 연관성을 보여 주는 연구 보고서를 제출한다. 시위대가 클로록스 본사 앞에서 집회를 연다. 기자들이 "점심을 먹으려고 건물을 나서던 클로록스의 순진한 직원 세 명을 인터뷰한다. 직원들도 염소의 안전성이 의심스럽다는 데에 동의한다." 이런 상황에서 케첨은 회사가 "이런 일을 후속 보도가 전혀 이루어지지 않는 하루 동안만의 미디어 이벤트로 만드는 것"을 목표로 삼아야 한다고 충고했다. 그렇게 하기 위해 클로록스는 자신들이 "그린피스의 연구 내용을 독립적인 제3자가 검토하도록 해 그 결과를 언론에 보고하겠다고 약속하는" 회견을 해야 한다. (이 최후의 전략은 목표에 부합하지 않는 것처럼 보인다. 그러나 독립적인 연구의 내용이 회사의 입장을 지지할 경우에는 언론의 주목을 거의 끌지 못하는 법이다. 이런 활동의 주된 가치는 기자들로 하여금 그린피스의 정직함과 과학 능력에 의문을 갖도록 유도하는 데 있다.) 이와 함께 위기관리팀은 "이미 잠재적으로 자기편이라는 것이 확인된 영향력 있는 주요 인사들, 과학자들, 정부의 환경 및 보건 관리들, 다른 인물들에게 경보를 발하기" 시작한다. "염소에 관해 이야기해 줄 독립적 과학자들의 명단을 언론에 제공한다. (이 명단은 위기관리 계획안에 따라 이미 파일에 정리되어 있어야 한다.)"

■ **"위기 시나리오 2번**: 자연으로 돌아가라. 더 '자연적인' 가정용 청소 제품을 사용하자는 운동이 힘을 얻고 있다." 이 시나리오에서는 저명한 신문 칼럼니스

트가 액체상 염소 표백제의 환경적 위험을 공격하고, 소비자들이 식초나 붕사(硼砂)와 같은 더 안전하고 자연적인 청소 제품을 다시 찾기 시작한다. 미국의 주요 열 개 도시에서 클로록스 사에 항의하는 피켓 시위가 발생한다. 케첨의 계획안에서는 다시 한 번 제3자 기술이 두각을 나타낸다. "독립적인 과학자가 급파되어 그 칼럼니스트와 만나 쟁점을 토론한다. 클로록스의 과학자나 독립적인 과학자, 또는 이 둘이 열 개 도시에 파견되어 대 언론 홍보를 수행한다. …… 〔위기관리팀이〕 동조적인 언론, 지역과 주와 전국의 정부 지도자들, 소비자 전문가들이 제품을 방어하는 성명을 발표하도록 꾸민다. 그러면 이 발표문은 지역 사회에 널리 알려진다. …… 산업협회(염소 연구소?)의 광고 캠페인 구호는 다음과 같다. '환경 테러를 중단하라.' 그린피스와 그 칼럼니스트에게 접근 태도와 방법에서 더 책임감을 가지고 더 합리적으로 판단하라고 요구하는 것이다. …… 관련 시장에 비디오와 오디오 뉴스를 공급하는 것도 고려하라. …… 그 칼럼니스트와 그린피스를 상대로 한 명예훼손 소송이 효과적일지, 효과적이라면 얼마나 효과적일지를 알아보라."

■ "**위기 시나리오 3번**: 전국독물학프로그램(NTP) 연구." 이번에는 NTP 연구가 염소를 동물 발암성 물질이라고 결론짓는다. 당연히 이런 결론은 "언론에 전국적으로 보도된다." 이에 대한 대응으로 케첨은 "제3의 과학 전문가들을 워싱턴으로 파견해 의회와 환경보호국에 증언하고 조언하도록 해야 한다"고 제안한다. …… "제3자적 대변인들을 주요 텔레비전 방송과 신문 인터뷰에 내보인다. 산업계는 국회의원들에게 금지 입법을 막아 달라고 요구하는 서민들의 청원서를 보낸다."

각각의 시나리오와 전략은 구체적인 위기가 발생하기 전에 '과학계의 인사들'을 영입해 '클로록스의 환경 메시지에 제3자적 신뢰를 부여하는 작업'을 가져왔다. "위기관리팀은 클로록스 사가 대변인으로 동원하는 비교적 적은 수의 과학자와 학자 외에도 보건 및 환경 문제와 관련해 미디어가 논평을 부탁할 만한 과학, 의학 및 학술단체의 광범위한 네트워크도 길들여야만 한다. 미국의학협회, 미국소아과학회, …… 미국가정의학과학회, 미국보건협회의 지회들이 여기에 속한다. 클로록스 사에 봉사하는 제3자적 과학자들이 이 집단과의 대화에 필요한 신뢰를 제공한다."*

케첨의 계획안이 폭로되자 회사는 언제나 그렇듯 부인으로 일관했다. 클로록스의 대변인 샌디 설리번(Sandy Sullivan)은 "클로록스의 경영진은 그 계획안 작성에 개입하지 않았으며 보고서의 권고사항에 따라 행동하지도 않는다"고 말했다. 케첨의 회장 데이빗 드로비스(David Drobis)는 계획안과 관련해서 유별나거나 부적절한 것이 전혀 없다고 주장했다. 그는 "회사가 그런 계획안을 갖고 있다고 해서 놀랄 일이 아니"라고 말했다. "그런 일을 하지 않는 주요 기업이 있다면 오히려 그게 더 놀라운 일이다."1)

경제지 『경영 보고서』와의 인터뷰에서 케첨의 회장 폴 알바레즈(Paul Alvarez)는 더 자세하게 입장을 밝혔다. "우리는 우리 고객들에게 닥칠 최악의 상황들을 일상적으로 그려본다. 그것이 우리의 일이다. …… 클로록스의 경우, 우리는 그린피스가 염소 문제에 매달리고 있다는 것을 알고 있었다. 그래서 우리의 고객 클로록스가 염소를 사용하지 않는데도 공격 대상으로 오인 받을 일이 걱정되었다."2)

사실을 말하자면 클로록스는 염소를 사용한다. 구체적으로 말해서 하이포아염소산나트륨이다. 이것은 표백제와 소독제로 널리 사용되는 염소를 기반으로 한 화학물질이다. 알바레즈는 하이포아염소산나트륨이 일반

---

* Crisis Management Plan for the Clorox Company, 1991 Draft Prepared by Ketchum Public Relations. 더 많은 인용문을 확인하려면 우리의 전작 *Toxic Sludge Is Good for You!: Lies, Damn Lies and the Public Relations Industry*(Monroe, ME: Common Courage Press, 1995)를 보라.

적으로 환경에 해를 끼치지 않는다고 말하려 했던 것 같다. 전 산업에서 염소 사용을 단계적으로 제한하자고 주장하는 그린피스도 가정용 표백제는 긴급한 관심사에서 낮은 순위를 매긴다.*

정말로 케첨이 자신들의 일만 묵묵히 하고 있을지도 모른다. 그러나 많은 홍보회사들이 대중이 사람들의 건강과 환경에 영향을 미칠 수도 있는 최악의 시나리오를 생각해 보는 것을 막기 위해 부지런히 활동하면서 동시에 앞을 다투어 '고객이 처하게 될 최악의 상황을 상정하는 것'은 아이러니이다. 그린피스가 앞장서서 반대하는 염소계 화학물질인 유기염소를 놓고 벌어지는 이판사판의 홍보전쟁터보다 이 아이러니가 더 분명하게 드러나는 지점도 없다. 환경운동가들과 보건전문가들은 유기염소가 암에서 불임, 선천적 결손증에 이르기까지 우리에게 온갖 위협을 가하고 있다고 믿는다. 그러나 10년이 넘는 세월 동안 화학업계는 대중과 정부의 정책 입안자들에게 위험이 전혀 없다고 설득하고 있다. 누가 그렇게 하고 있는지를 보자. 화학제조업체협회, 염소연구소, 염소화학위원회(CCC), 플라스틱연구소, 전국제조업협회, 미국상공회의소 등이다.

이 논쟁에서 양측은 동일한 과학 정보를 바탕으로 다른 해석을 내린다. 그러나 양측의 근본적 차이점은 과학에 있지 않다. '예방 원리'라고 하는 개념에서 차이가 있는 것이다.

---

* 그린피스의 과학자 팻 코스트너(Pat Costner)는 하이포아염소산나트륨이 두 가지 측면에서 문제가 있다고 말한다. "첫째, 하이포아염소산나트륨을 생산하고 사용하려면 지속적으로 염소를 만들어야 하는데, 염소는 다이옥신의 원천일 뿐만 아니라 인위적으로 개변되는 온갖 다이옥신의 근원 물질이다. 둘째, 하이포아염소산나트륨의 일부가 다이옥신에 오염된 것으로 확인되었다." 그러나 그린피스에서 활동했던 찰리 크레이(Charlie Cray)는 이렇게 말한다. "하이포아염소산나트륨은 광범위하게 사용되고 있는 염소를 단계적으로 줄여 나가자는 우선순위 목록에서 낮은 위치에 머문다. 다른 분야에서 사용되는 염소의 양이 훨씬 더 많고, 환경 독성이나 지속성, 생체 축적도가 비교적 낮기 때문이다." Margo Robb, "Fwd: Re: chlorine," July 3, 2000, personal e-mail to Sheldon Rampton에서 인용.

돌다리도 두드려 보고 건너라

우리들 대부분은 어린 시절에 예방 원리의 초보적인 개념을 배웠다. 부모들은 우리에게 길을 건너기 전에 양쪽 방향을 두루 살피라고 가르쳤으며 "후회하는 것보다는 안전한 것이 더 낫다"고 타일렀다. 사회 및 환경 정책의 지침인 예방 원리는, 기술 진보로 인해 인간의 보건과 환경이 과거에는 상상할 수도 없었던 피해를 입을 수 있다는 인식이 차츰 늘어나면서 최근에 부상했다. 새로운 능력에는 새로운 책임이 따른다. 예방 원리는 사태가 발생하기 전에 잠재적 재앙을 예견하고 예방하는 것을 목표로 한다.

이 원리는 다양하게 정식화되었다. 1992년 리우데자네이루에서 열린 유엔지구정상회의는 이렇게 선언했다. "심각하고 되돌릴 수 없는 위험의 가능성이 존재할 때, 충분한 과학적 확실성이 담보되어 있지 않다는 이유로 환경의 파괴를 예방하는 효과적인 대책을 미루어서는 안 된다." 예방 원리는 지구 온난화 문제를 다룬 교토 의정서를 포함해 다양한 국제 협약으로 구체화되어왔다. 예방 원리는 다음과 같은 조약문 속에서 유럽 차원의 법률로 제정되기도 했다. "공동체의 환경 정책은 …… 예방 원리에 기초해야 한다. 예방적 활동이 취해져야 하고, 환경적 위해가 최우선순위에서 근원적으로 제거되어야 하며, 오염자가 비용을 부담해야 한다." 1998년 1월 미국과 캐나다와 유럽에서 모인 과학자, 환경운동가, 정부 연구원, 노동조합 대표들의 국제회의는 「예방 원리에 관한 윙스프레드 선언문」을 채택했다. 선언문은 그 원리를 이렇게 규정한다. "[인간의] 활동이 보건과 환경에 위협을 가할 경우 인과 관계가 과학적으로 충분히 규명되지 않았다고 할지라도 예방 조치를 취해야 한다."

캐롤린 라펜스퍼거(Carolyn Raffensperger)와 조엘 티크너(Joel Tickner)는 공저 『대중의 건강과 환경을 보호하기』에서 "예견하고 사전에 조치를 취하는 것이 예방 원리의 기본"이라고 설명한다. "예견하고 사전에 조치를 취하는 것은 '무엇보다도 위해를 가하지 말 것'과 '예방이 치료보다 낫다'는 기본적 개념에 뿌리박고 있는 환경과 공중보건의 핵심 사상이다. …… 위험에 대한 과학적 불확실성이 이 원리를 받치고 있다. 엄청난 규모의 시간과 공간을 포괄하는 현대의 문제들을 기존의 과학 수단으로 평가하는 일은 어렵다. 따라서 우리는 특정한 활동이 위험을 야기하는지의 여부를 확실하게 알 수 없다. 그러나 우리는 관찰력과 분별력을 바탕으로 위험을 예견하고 사전에 조치를 취할 수 있다."[3]

과학적 불확실성이 예방 원리의 받침점이 되는 이유는 기술 혁신과 결부된 위험을 당대에 입증하기가 거의 불가능하기 때문이다. 예를 들어 DDT가 발견되었을 때 그것은 당시에 사용되고 있던 독성 금속화합물의 안전한 대체재로 여겨졌다. 염화불화탄소(CFC)도 냉장고의 냉각제로 처음 사용되었을 때 매우 안전한 것으로 여겨졌고, 과학자들이 지구의 오존층을 파괴한다는 사실을 발견하기 전까지 수십 년 동안 사용되었다. 유연 휘발유를 도입할 당시 그것에 대한 염려에는 과학적 근거가 있었다. 그러나 반박할 수 있을 만한 정도는 아니었다. 각각의 경우에서 증거가 나타나기를 기다린다는 것은 건강과 환경에 이미 심각한 위해가 발생했을 때까지 행동을 취하지 않는다는 것을 의미했다. 명백한 증거를 수집하는 과정은 비용이 많이 들고 시간이 오래 걸린다. 제품이 광범위하게 사용되고 있고, 산업계가 해당 제품을 방어하는 데서 기득권을 누리는 경우라면 특히 더 그렇다. 예방 원리의 바탕에는 결정적인 과학 증거가 없다는 것을 핑계로 인간의 건강과 환경을 보호하기 위한 조치를 외면해서는 안 된다는 사상이 있다.

물론 다른 모든 일반적 지침처럼 예방 원리도 남용될 수가 있다. 소비자 연합의 진 핼로란(Jean Halloran)은 "예방 원리가 국내 산업과 농업을 보호하는 편리한 방편이 될 수 있다는 점이 문제"라고 말한다. "예를 들어 네덜란드산 온실 재배 토마토가 미국산 온실 재배 토마토의 판매를 크게 잠식하고 있는 이유는 네덜란드산 토마토가 맛이 훨씬 더 좋기 때문이다. 미국의 토마토업계는 돈을 주고 고용할 만한 과학자를 찾는다. 결국 네덜란드에서 재배되는 토마토가 세포 재생에 영향을 주는 독성 화학물질을 조금 더 많이 함유하고 있다고 말해 줄 과학자를 고용하기에 이른다. 그는 최악의 경우 3년 이상 네덜란드산 토마토를 먹는 사람의 20퍼센트가 심각한 재생 능력 장애를 겪을 수도 있다고 암시하는 이론까지 제출한다. 미국의 토마토 재배 농가는 예방 원리에 따라서 수입 금지를 요구한다."

가상의 시나리오와 실제의 위험 사이에서 일정한 균형이 필요하다는 것은 분명하다. 핼로란은 "이런 상황이 실질적인 문제라면 사람들은 과학적 불확실성과 이익 사이에서 비교 검토하게 된다"고 말한다. "소 성장 호르몬(rBGH)의 경우에 소비자들은 이익이 전혀 없으므로 위험을 감수할 이유도 전혀 없다. 새로운 항암제라면 우리는 상당한 위험을 감수할 것이다. 쇠고기 호르몬의 경우 우리는 각자 다른 판단에 이르는 서로 다른 두 집단을 상정할 수 있다. 사회 구성원의 인지 과정에 영향을 미치기 위해 위험을 과장하거나 과소평가하는 과학을 쇠고기업계가 왜곡하리라는 것을 충분히 예상할 수 있다.""[44]

아마도 거의 모든 사람들은 예방 원리가 위험하거나 생소한 화학물질, 제품, 산업적 적용을 승인하고 평가하는 과정의 일부로 이미 자리를 잡았다고 생각할 것이다. 별로 관심이 없는 사람들에게는 "분별 있는 과학으로 위험을 평가한다"고 말하는 산업계의 로비스트와 "잠재적인 위험을 미리 차단하기 위해 행동한다"고 주장하는 환경운동가 사이에 큰 차이가 없어 보일지도 모르겠다. 그러나 실제의 세계에서 그 차이는 훨씬 더 크다. 오늘날의 규제 정책은 기본적으로 과학적 자료에 의해 위험한 것으로 입증되지 않는 것은 무엇이든지 자연으로 배출하는 것을 허용한다. 이것은 실제로 피해가 발생할 때까지는 예방 활동을 하지 않겠다는 의미이다.

예를 들어 1998년에 미국 농무부는 어떤 농법이 측정할 수 있는 토질 저하를 불러오지 않을 경우 그것 모두를 '유기농'이라고 정의하는 '유기 농업'의 기준을 공표하려고 했다. 유기농을 하는 노스다코타 주의 농부 프레더릭 커셴먼(Frederick Kirschenmann)은 "우리가 토질 '저하'를 증명할 수 있는 수단 중의 하나로 지렁이가 입는 피해를 측정하는 방법이 있었다"고 말한다. 전국유기농업기준위원인 그는 이렇게 덧붙인다. "그러나 내가 상담해 온 모든 토양학자들은 실제의 농업 행위와 지렁이 수 사이의 인과 관계를 확립하려면 종종 여러 해가 걸린다고 말했다. 그리고 그때조차도 어떤 방법이 토질 저하를 불러왔는지를 정확하게 증명하는 것은 거의 불가능하다. 이것은 현행 규제안(예를 들어 위험 평가)하에서 우리가 여러 해에 걸쳐 생태적으로 해로운 농업 활동을 허용해야만 할지도 모른다는 사실을 의미한다. 토질 저하를 증명해내기 전에는 '아니다'라고 말할 수 없기 때문이다. 토양과 관련해서는 특히 그렇다. 토양학자들이 토질 측정법에 관해 여전히 논쟁을 벌이고 있으며 토양 미생물도 이제야 겨우 이해하기 시작한 단계이기 때문이다. …… 여러 해가 흐르고 나서야 비로소 우리는 어떤 미생물이 토양과 식물계에 어떤 영향을 미치는지를 알게 될 것이다. 그리고 다시 몇 년이 더 흘러야 우리는 이 소규모 생태계를 활용할 수 있는 토양 관리법 — 유기 농업에 관한 우리의 이해에서 결정적인 지위를 차지하는 — 을 깨우치게 될 것이다. 한편 위험 평가 모형을 사용하는 당국자들은, 우리가 이 미생물계에 해로울지도 모른다고 염려하는 농법을 금지할 권한이 없다. 아직까지 필수적인 인과 관계 자료를 확보해서 그 사실을 증명하지는 못했기 때문이다."[5]

커셴먼이 말하는 것처럼 이 '위험 관리' 방법은 역사적으로 유기 농업을 규정해 온 예방 원리와는 반대의 양상을 보여 준다. 커셴먼은 이렇게 말한다. "우리는 항상 자연이라고 하는 생물학적·진화적 체계의 복잡한 상관관계를 이해할 수 있는 명민함을 가지지 못했다는 가정을 바탕으로 활동해 왔다. …… 따라서 우리는 조심스럽게 행동하지 않을 수 없다. 우리가 절대적으로 필요하지 않을 경우, 또 단순히 위험하지 않은 것으로 판명되는 것을 뛰어넘어 안전한 것으로 입증될 때까지 외인성 물질을 항상 거부해 온 것도 다 그런 이유 때문이다."[6]

예방 원리를 채택하면 신기술을 채택할지 판단하는 과정에서 증거를 제시해야 한다는 부담이 사라진다. 예방 원리 채택의 기조는 혁신보다 안전을 우선시하는 것이다. 사실 이런 이유 때문에 기존 산업계가 위험 분석 모형의 사용을 선호하는 것이다. 위험 분석 모형을 사용하면 평소처럼 기업에 우호적인 이론적 근거를 만들어 내기가 더 쉬워진다. 그레고리 본드(Gregory Bond)는 "과학적 불확실성에 직면했을 때 대중의 안전과 복지에 책임을 지는 의사 결정권자들이 더 자주 예방 원리라고 하는 기조를 선택한다"고 불평한다. 본드는 다우 케미컬의 제품 신뢰도 담당자이다. "소비자들과 일반 대중이 이런 접근 태도를 요구하고 있다. 광우병이 광범위한 분노를 불러온 유럽에서 특히 그렇다. 예방 원리 채택으로 산업계는 크게 긴장하고 있다. 이런 조치가 분별 있는 과학보다는 개인의 의견, 공포, 풍자에 기초해 공공 정책을 입안하는 '위험한 비탈길'을 막 내려가기 시작하는 것으로 보이기 때문이다."[7]

화학산업에서 예방 원리는 그야말로 혁명이다. 건강에 미치는 장기간의 영향을 알아보는 면밀한 검사 없이, 화학물질 수만 종이 이미 폭넓게 사용되고 있기 때문이다. 생명공학 산업에서 이 원리는 위험하다. 개발 중인 제품 수천 종이 유전자변형 식품이거나 의학 치료제이며, 그것이 안전하다고 믿고 있지만 그 안전성이라는 것도 실제 적용 과정에서만 입증될 수 있는 다른 과정을 포함하기 때문이다. 자동차, 화석 연료, 광업의 경우에도 예방 원리는 위험하다. 지구 온난화에 관해 늘어나는 증거들이 그들의 사업 수행 방식에 상당한 변화를 강요하기 때문이다. 따라서 그들의 입장에서는 "후회하기보다는 안전한 것이 더 낫다"는 구호가 경제적 쇠퇴, 이윤 손실, 갈등을 의미한다. 존재 여부가 확실치도 않은 위험 때문에 말이다.

우리가 소중하게 여기는 모든 것의 종말

먼거번, 비스코 앤 더친(MBD)이라는 워싱턴 소재의 홍보회사 회장 잭 먼거번(Jack Mongoven)은 "예방 원리에 따르면 제조업자가 제품을 시장에 내놓기 위해 그 제품이 어떤 위험도 없다는 것을 먼저 증명해야만 한다"고 불평한다. 먹거번은 반(反)환경주의 소식지 『에코로직』에서 이렇게 경고했다. "운동가들은 이 무기를 활용해 다른 미국인의 행동을 통제하고, …… 규제·보건 법률·사회에서 정부가 수행하는 역할에 관한 미국인의 사고방식을 혁명적으로 바꾸려고 한다. …… 예방 원리를 지지하는 사고방식이 우세해지면 미래의 역사학자들이 20세기의 마지막 시기를 '계통적 시대의 사망'이나 '전체론적 시대의 탄생'이라고 부를지도 모른다." 다시 말해 '논리와 절대적 순수성, 유클리드와 아리스토텔레스의 명료함과 확실성에 헌신하는 태도'가 종말을 고한다는 이야기다. 그에 따르면 이런 원리들은, "서구 문명에 과학적 지식의 기초와 진보의 수단을 제공했다." 먼거번은 기업들이 "예방 원리를 진지하게 바라보고 그것에 대응하는 전략을 개발해야" 한다고 경고했다. "산업계가 이 과정에 참여하지 않음으로써 논리와 건전한 과학이 우위를 점하도록 확실히 조치를 취하지 못한다면 예방 원리와 비슷한 것들을 강요하는 모호한 사고방식을 포함해 그 대가를 치러야만 할 것이다."[日]

그레고리 본드처럼 잭 먼거번도 합리적으로 사고하지 못하고 과학의 원리들을 파악하지 못하는 대중의 무능력에 호소하는 수사적 쩜으로 예방원리를 바라본다. 그는 "현대의 '상식'은 대다수의 미국인이 이해하는 바, 사실 검토를 바탕으로 하지 않고 개인이나 집단의 직관과 유추에서 생긴다"고 불평한다. 먼거번 자신은 과학자가 아니면서도 다양한 과학 쟁점들을 판단하고, 변함없이 고객들의 이해관계에 부합하는 결론을 내렸다. 그는 "상식에는 잘못된 것들이 많이 있다"고 말한다. "오존층 10퍼센트 감소의 영향, 지구 온난화의 잠재적 효과, 천연 독물과 비교되는 인공 독소의 영향, 산성비의 효과가 그런 예들"이라는 것이다. "이미 알고 있는 오류를 바탕으로 터무니없는 정책을 수립하여 개인이나 집단의 목표에 봉사하는 일이, 특히 해당 쟁점이 과학과 연관될 때 더욱 심해진다. 평범한 미국 사람들이 과학과 과학적인 방법에 무지하기 때문이다."[9]

여러분은 먼거번, 비스코 앤 더친이라는 회사에 관해 들어본 적이 없을 것이다. 이 회사는 일부러 노출을 피한다. 기업의 지속적인 비밀 조사 활동을 대신 맡아주는 이 회사는 '정책 정보'라고 하는 것을 전문적으로 제공한다. 회사 자료는 스스로를 "쟁점 관리를 전문적으로 취급하는 공보 회사"라고 설명한다. "고객들이 자신에게 부정적인 영향을 미칠 수도 있는 정책 변화 운동을 예상하고, 맞서고, 대응할 수 있도록 돕는다"[10]는 것이다. MBD는 자신의 활동을 비밀에 부치고, 고객 명단을 알려 주지 않는다. 그러나 회사의 내부문서에는 "포춘 100대 기업 거의 전부가 고객이며, 포춘 상위 20개사가 6대 주요 고객"이라고 적혀 있다.[11] 알려진 고객으로는 몬산토, 듀폰, 필립 모리스, 쉘, 염소화학위원회가 있다. 염소화학위원회는 염소를 바탕으로 한 화학물질이 일련의 광범위한 환경 및 건강 문제와 연관이 있다는 증거가 끊임없이 늘어나는 현실에 대응하기 위해 1993년에 조직된 화학제조업체협회의 기구이다.

MBD가 제공하는 서비스는 결코 저렴하지 않다. 정기 고객은 매달 3,500~9,000달러를 내야 한다. MBD는 특별 기관에 대한 특별 보고서를 발간하는데, 기업 고객들에게 한 부에 1,000달러 이상을 받고 판매한다. MBD의 자료에 따르면 그들이 일상적으로 감시하거나 조사하는 단체들은 이런 쟁점들과 관계가 있다. "산성비, 동물권, 깨끗한 공기, 깨끗한 물, 멸종 위기에 처한 종, 환경 단체와 운동, 온실 효과, 오존층, 열대림, 지구 기후 변화, …… 공해 방지 사업을 위한 대규모 자금, 유해 폐기물 및 독성 폐기물, 환경 정의, 마실 물, 위험 평가와 건전한 과학, 여성과 아동의 건강, …… 소각, 대양의 쓰레기, 포장, 일회용품, 폴리스틸렌, 재활용, 매립지, 쓰레기 소각 에너지, …… 동유럽 개발, 녹색당(미국 이외 지역), 그린피스, …… 실내 공기 오염, 다이옥신, 염소, 유기농 또는 지속 가능한 농업(환경 영향이 적은 지속 가능한 농업), 살충제, …… 화학물질 과민증, 내분비 체계 교란, …… 온갖 형태의 생명공학, …… 채식주의와 완전 채식주의, …… 기름 유출, 습지."[12]

MBD의 홍보문건은 자기들이 '변화를 목표로 하는 세력'에 관해 '엄청난 양의 자료'를 확보하고 있다고 자랑한다. MBD가 말하는 변화를 목표로 하는 세력에는 '운동가, 공익 단체, 교회, 노동조합 또는 학계'가 포함된다.[13] 그들이 구비하고 있는 전형적인 서류에는 조직의 역사적 배경, 주요 인물의 신상 정보, 재원, 조직 구조와 입회 방식, 간행물, 공공 정책 논쟁에서 해당 조직의 영향력을 배제하거나 흡수할 수 있는 잠재적 가능성을 확실하게 알아보기 위해 작성된 조직 '평가'가 담겨 있다.[14]

이런 정보를 취합하기 위해서 MBD는 비영리 단체의 우편물 수취자 명단이 필요하다. 이들은 운동가들의 소식지와 그 밖의 간행물을 읽고 자신들의 고객에게 영향을 미칠 수도 있는 쟁점에 관한 정보를 수집한다. 이 회사의 현장 요원들은 그들이 감시하고 조사하는 단체의 회원들에게 전화를 걸어 동정적인 체하면서 예의 바르게 자세한 질문을 던진다. 그들은 자신들이 조사하는 단체의 지지자라든가, 친구의 친구라든가, 기자라고 말하면서 가끔씩 자신들을 거짓으로 소개한다.* 그러나 대부분 그들은 그들이 조사하는 단체에 아주 제한적인 정보만을 준다. 머리글자만으로 회사를 소개하거나 MBD를 완곡하게 '조사 연구 단체'라고 설명하는 식이다. 그러면 '이론이 분분한 정책 쟁점들을 사회적으로 책임 있는 균형 잡힌 자세로 해결하기' 위해 노력하는 단체로 둔갑하게 되는 것이다. 예를 들어 보자. 몬산토가 유전자 재조합 기술로 만든 소 성장 호르몬의 식품의약국 승인을 얻기 위해 한창 캠페인을 벌이던 시기에 MBD의 캐라 지글러(Kara Ziegler)는 하루 동안 소 성장 호르몬에 반대하는 사람들에게 전화를 걸어 정보를 수집했다. 지글러는 상원의원 러스 페인골드(Russ Feingold), 소비자연합의 마이클 핸슨(Michael Hansen) 박사(잡지 『소비자 보고서』의 발행자), 위스콘신주의 낙농가 프랜시스 굿맨(Francis Goodman)에게 전화를 했다. 1996년 6월에 MBD의 다른 직원 에밀리 프리즈(Emily Frieze)는 환경운동가 폴 오럼(Paul Orum)에게 전화를 걸어 부동액으로 사용되는 독성물질 에틸렌글리콜과 관련된 활동 계획을 물었다. 해당 물질을 제조하는 업체들이 정부에게 알려야 할 의무가 있는 폐기독성물질목록에서 에틸렌글리콜을 빼 버리기 위해 로비를 벌이던 바로 그때였다. 1996년 5월에는 자신을 타니아 캘라모네리(Tanya Calamoneri)라고 밝힌 MBD의 스파이가 화학물질오염에대한대안을찾는시민의모임(CACC) 집행위원장 앤 헌트(Ann Hunt)와 접촉하려 했다. 이 단체는 미국 최대의 염소 제조업체인 다우 케미컬의 본사 근처에 위치한

---

* 각종의 운동 단체에 잠입해 조사 활동을 수행하기 위해 MBD와 기타 홍보회사들이 채택한 기만책들의 사례를 확인하려면 우리의 전작 Toxic Sludge Is Good for You!: Lies, Damn Lies and the Public Relations Industry(Monroe, ME: Common Courage Press, 1995)의 제5장 "Spies for Hire", pp.47~64를 보라.

미시건 주의 조직이다. 캘라모네리는 CACC가 후원하는 환경회의에 관한 정보를 원했다. 헌트는 이렇게 말했다. "나는 그녀에게 어떤 단체를 대표하느냐고 물었다. 그녀의 대답은 'MBD'였다. 그녀는 자신이 정책 및 조사 자문 집단에서 일한다고 소개했다. 나는 나중에야 MBD가 먼거번, 비스코 앤 더친이라는 사실을 알았다. 먼거번, 비스코 앤 더친은 염소화학위원회를 위해 일하는 주요 상담역이자 정보 사냥꾼이었다. …… 나는 미시건 주 중부에서 자그마한 시민단체가 하는 일에 관심을 갖고 있는 어둠의 세력이 존재한다는 사실에 큰 충격을 받았다."

먼거번은 이런 정보 수집 활동들이 비윤리적이라는 비난에 "분노한다"고 소리 높여 말한다. 그는 "우리는 항상 우리가 어떤 사람들인지 정확히 밝힌다"고 말한다. "우리는 항상 자신을 워싱턴에 있는 자문 회사라고 소개해 왔다. 우리는 스파이가 아니다."

그러나 먼거번의 회사가 꼬치꼬치 캐물었던 대상들의 생각은 다르다. 호주의 작가이자 환경운동가인 밥 버튼(Bob Burton)은 자신이 우편으로 받은 MBD의 '설문지'가 그릇된 인상을 주면서 오도했다고 분노한다. 잭 먼거번의 아들 바트(Bart)가 작성한 첨부 설명서는 "아시아 및 전세계에서 주요 기업과 소비자 및 환경 단체의 상호 이해와 협력을 증진하기 위해 수행되는 뜻 깊은 조사 활동에 도움을 줄 것"을 요구했다. "귀하나 동료가 귀 조직에 관한 정보를 전화나 팩스나 우편으로 우리에게 보내 주신다면 정말 기쁘겠습니다. 우리에게 귀 조직의 정확한 상을 제공해 줄 어떤 자료도 환영합니다. 기본적 구조, 관심사, 활동상(과거·현재·미래), 결연 관계와 목표 등 어떤 것이든 좋습니다. 귀 조직에서 발행한 소식지나 기타 간행물을 한두 부 보내주실 수도 있을 것입니다. 덧붙여서 귀 조직이 관심을 갖고 있는 쟁점과 관련해 호주와 아시아의 전반적 상황에 대한 견해도 밝혀 주신다면 무척 기쁘겠습니다." 먼거번은 이 정보가 "기업의 정책 결정자들이 공익

운동을 더 잘 이해하도록" 돕는 데 사용될 것이라고 약속했다.[15]

그러나 운동가들이 설문지에 성실히 답변하면서 협력해 준 것에 대해 MBD가 어떤 고마움을 느꼈다고 주장하든 간에, 그 고마움이 예를 들어 작성된 보고서의 사본을 보내 주는 것과 같이 의미 있는 방식으로는 전혀 드러나지 않았다. 그 보고서는 기밀 도장을 찍어 그들의 고객에게만 판매되었다.

자유 기업 체제를 방어하기

홍보분야에서 일하는 많은 사람들처럼 잭 먼거번도 기자로 출발했다. 이어서 그는 공화당에 고용되어 정치계로 진출했다. 공화당전국위원회의 대 언론 책임자로 일하면서 닉슨, 포드, 레이건 대통령의 자문역을 수행했던 것이다. 운동가들의 활동을 방해하는 먼거번의 작업은 1981년에 시작되었다. 네슬레에 고용된 먼거번은 네슬레가 제3세계에서 유아용 유동식 판매에 반대하는 대규모 항의 운동을 처리하는 것을 도왔다. 당시 네슬레는 세계 최대의 유아용 유동식 판매 회사였는데, 이 제품은 유럽과 미국에서 과잉 생산된 우유로 유아용 유동식을 만들어 짭짤한 이익을 보게 해주었다. 네슬레와 다른 다국적 기업들은 광고와 소책자, 병원에 배포한 공짜 제품을 통해 제3세계의 많은 엄마들이 모유 수유에서 유동식으로 바꾸는 데 성공했다. 광고는 의료전문가들이 가게에서 구입하는 유아용 유동식 사용을 옹호하고 있으며, 그것이 더 과학적이고, 아이의 건강에 더 좋으며, 진정으로 아이를 걱정하는 어머니들이라면 낡은 모유 수유보다는 현대적인 유동식을 선택할 것이라고 주장했다.

네슬레의 판촉 자료는 분말 형태의 유아용 유동식이 수유 기구를 살균

하는 시설은 말할 것도 없고 제품을 희석하기 위한 깨끗한 마실 물이 거의 없는 제3세계에서 아이들에게 치명적일 수도 있다는 사실을 알려 주지 않았다. 아프리카의 소아과 의사 세실리 윌리엄스(Cecily Williams)는 이런 위험을 확인한 최초의 의사 가운데 한 명이다. "부적절한 수유 행위 때문에 아이들이 대규모로 사망하는 사태를 매일 지켜보던 윌리엄스는 용기 있게 나서서 이렇게 선언했다. "유아 수유에 관한 거짓 선전을 가장 범죄적인 선동 행위로 처벌하고, 이에 따른 사망을 살인으로 간주해야 한다."

네슬레는 자신을 비판하는 사람들이 "세계의 자유무역 체제를 간접적으로 공격하고 있다"고 맹렬히 비난했다. 잭 먼거번은 네슬레의 영양조정센터(NCCN) 부사장으로 취임해 자사 제품의 불매 운동에 참여한 교회 조직, 학생 단체, 노동조합, 여성 조직 및 보건 종사자들에 관한 자료를 수집하기 시작했다. 영양조정센터의 회장 라파엘 페이건(Rafael Pagan)에 따르면 이 감시 조사 활동의 기본적인 흐름은 '광신적인 주요 운동가들과 그 밖의 많은 추종자 집단을 분리하는 것'이었다. 그들이 보기에 "이런 광신적인 운동가들은 부를 창조하는 기업들이 제3세계의 발전을 돕는 데서 수행하는 정당한 역할을 부인하는 사람들이다."

기업을 비판하는 사람들이 '광신적인 운동가들'의 멍청한 '봉'이라는 개념은 먼거번, 비스코 앤 더친의 이후 활동에서도 쭉 같은 방식으로 작용해 왔다.

■ 1987년에 먼거번과 페이건은 '넵튠 전략'이라는 기획안을 고안했다. 이것은 남아프리카공화국 아파르트헤이트 정부와 결탁해 사업 활동을 벌이던 쉘 사 제품의 불매 운동을 무력화하는 계획이었다. 넵튠 전략에는 남아프리카연대(COSA)라고 하는 제3자 집단을 만드는 것이 포함되었다. 남아프리카연대는 남아프리카 흑인의 교육과 직업 훈련을 장려하고, 남아프리카와 미국의 흑인

간 거래 관계를 구축해야 한다는 야심찬 계획을 주장하면서 쉘 사에게 남아프리카 내의 자산을 매각하라는 요구에 반대했다. 실제로 남아메리카연대는 이런 목표를 수행할 수 있는 자원과 수단이 전혀 없는 서류상으로만 존재하는 가짜 조직이었다.[16]

■ 1990년대에 MBD는 몬산토와 필립 모리스의 치즈 사업 분야인 크라프트 제너럴 푸드를 위해 정보를 수집했다. 몬산토가 개발한 유전자변형 소 성장 호르몬을 비판하는 자들이 누구인지 알아보는 것이 목표였다.

■ 1990년대에 MBD는 화학 및 식육 산업 고객을 위한 홍보계획안을 마련했다. 목표는 다이옥신과 기타 염소계 화학물질의 유해 효과에 관한 관심과 염려를 고조시키고 있던 소비자 및 환경 단체의 활동에 대응하는 것이었다.

■ 1997년에 MBD의 활동이 사소한 추문의 초점으로 떠올랐다. 농업 저널리스트 앨런 기버트(Alan Guebert)가 전국돼지고기생산자협회(NPPC)에서 MBD에게 약 4만 8,000달러를 주고, 전국농민연합(National Farmers Union), 공동체의향상을염원하는아이오와시민연대(Iowa Citizens for Community Improvement), 농촌문제센터(Center for Rural Affairs), 경자유전프로젝트(Land Stewardship Project), 미주리주농업위기대응센터(Missouri Rural Crisis Center) 등의 단체를 조사해달라고 의뢰한 사실을 폭로했던 것이다. NPPC는 농민들이 돼지를 내다팔 때 지불해야 하는 기탁금으로 기금의 대부분을 충당하는 준정부 조직이다. NPPC는 그 대가로 돼지고기 판촉을 지원함으로써 농민들의 이해관계를 대변하게끔 되어 있다. 그러나 총 기탁금 4,500만 달러 가운데 2,400만 달러가 상위의 40개 생산자한테서 나온다. 결국 실제로 조직을 좌지우지하는 것은 대규모 생산자들인 셈이다. 대단위의 기업형 생산자들은 유해한 냄새와 기름

배출로 환경을 오염시킬 뿐만 아니라 NPPC의 8만 회원 가운데서 독립적인 소규모 사육농 대부분의 생존권마저 위협하는 대규모 공장형 농장을 지어 왔다. NPPC에 제출된 MBD의 보고서는 새로운 기업형 돼지 사육시설의 건설에 반대하는 '농업 분야 운동가 단체들'에 대응하는 방법을 조언하고 있었다. 이들 운동가 단체는 사실상 소규모 가족 경영농을 방어하고 있었다. 동업 조직이 홍보회사를 고용해 자신들을 조사했다는 사실을 알고서 그들이 불쾌해 했으리라는 것은 불을 보듯 뻔한 일이다.[17]

우리가 MBD에 관해 알고 있는 사실은 크게 두 가지 출처에서 비롯된다. 바로 산업계 회의에서 가끔씩 배포되는 회사 소개 자료와 내부 고발자가 제공하는 유출 문서이다. 소 성장 호르몬과 관련해 몬산토와 필립 모리스를 위해 MBD가 수행한 활동, 염소 관련 쟁점과 관계된 공작, 전국돼지고기생산자협회 관련 추문, '넵튠 전략' 등은 회사나 고객사의 직원이 MBD의 내부문서 사본을 감시 조사 활동의 표적이 된 외부 단체에 제공하면서 드러난 MBD의 활동 사례들이다.

물론 유출된 문서를 바탕으로 결론을 내리는 데에는 분명히 한계가 있다. MBD의 내부 비망록은 연속적으로 계속되는 사건들을 단편적으로 묘사하면서 영향력 있는 고문이 주요 기업들에 제시한 조언들을 알려 준다. 그러나 구체적으로 어떤 제안을 채택했고 어떤 제안을 제외했는지는 알려 주지 않는다. 하지만 MBD가 각 고객사에 제시한 조언에는 일관된 문제의식과 양상을 엿볼 수 있다. 이 문제의식은 케첨이 클로록스에 제공한 조언과 홍보회사들이 환경 및 보건 문제와 관련해 다른 기업들에 제공한 위기관리 전략에서도 확인할 수 있다. 결론적으로 이 증거는 MBD의 조언이 홍보업계의 위기관리 표준 방안을 따르고 있음을 알려 준다.

1996년에 한 내부 고발자가 MBD가 작성한 두 개의 문건을 유출했다.

화학업계의 동업자협회인 염소화학위원회를 대신해 '염소를 방어하는 전투 계획'을 세부적으로 조정하는 내용이었다. 첫 번째 문건의 제목은 「운동가 최신 정보: 염소」였고, 작성된 날짜는 1994년 5월 18일로 되어 있었다. 두 번째 문건의 제목은 「답장: 8월 현재 운동가 보고서」였고, 날짜는 1994년 9월 7일이었다. 내용을 보자. "운동가들에 대응하는 최선의 방법과 관련해 우리는 8월에 염소화학위원회에 권고사항 목록을 전달했다. 예방 원리를 격파하는 과학을 동원해야 한다는 주요 내용은 여전히 유효하며 제대로 된 위기 평가와 관계가 있는 장기적 목표에도 부합한다." 두 문건은 염소화학위원회를 위한 MBD의 활동을 단편적으로 보여줄 뿐이다. 하지만 화학업계가 적으로 간주하는 진영과, 적들을 패배시키기 위해 추구하는 전략에 대해 어느 정도는 알 수 있다.

먼거번이 염소화학위원회와 주고받은 편지도 그들의 감시 조사 대상인 환경, 소비자, 여성 보건 단체들에 노골적으로 적대적이었던 이 기업의 사고방식을 잘 보여 준다. 염소화학위원회에 제출된 1994년 보고서들에서는 시에라 클럽, 그린피스, 랠프 네이더가 이끄는 공익연구집단, 천연자원보호위원회의 맑은물네트워크, INFORM이라고 하는 뉴욕 소재의 환경 문제 연구 집단, 여성경제및개발조직(WEDO), 세인트루이스의 환경 단체 녹색연대, 전국야생동물연맹이 언급되고 있다. 5월의 비망록에서 먼거번은 맑은물네트워크의 다음과 같은 경고를 강조했다. "염소는 선천적 결손증, 생식 문제, 암, 기타 인간 및 동물의 건강상 문제를 야기한다." 먼거번은 계속해서 이렇게 말했다. 이에 대한 대응책으로 맑은물네트워크가 "공격을 확대하리라고 예상된다. …… [그들은] 염소 화학의 다른 분야를 제품별로, 단계적으로, 특정의 용도에 따라 압박해올 것이다."[18]

먼거번은 전국야생동물연맹이 1994년에 발간한 보고서『위험에 처한 번식 능력』에 특별한 주의를 가져야 한다고 말했다. 먼거번은 전국야생동물연맹이 "주류 환경운동가, 자연 보호론자, 산업계와 정부가 매우 중요시하는" 단체라고 말했다. 그는 맑은물네트워크처럼 『위험에 처한 번식 능력』도 "번식력과 생식 문제의 원인이 염소계 화학물질 때문으로 본다"고 말했다. "이 보고서는 인간과 동물의 생식, 내분비, 면역 체계에서 일어나는 광범위하고도 해로운 영향을 염소계 화학물질이 속속들이 배어 있는 환경에 노출된 결과라고 설명한다."[19]

그러나 MBD는 이런 '복잡하고 심각한 영향'을 근심하기는커녕 염소업계의 이미지를 걱정했다. 먼거번은 전국야생동물연맹이 "번식력 문제를 대중의 정서와 미래 세대에 대한 관심에 영향을 미치는 수단"으로 이용했다면서 비난했다. 뿐만 아니라 이런 말까지 했다. "염소 사용에 반대하는 운동가들은 독성 물질에 대한 더 엄격한 규제를 강제하기 위해 어린이와 어린이를 보호할 필요성까지 이용하고 있다. 이 전술이 아주 효과적인 이유는 어린이를 담보로 한 호소가 취약한 집단에 대한 대중의 보호 본능을 자극하기 때문이다. …… 논조가 어린이들의 보호에 맞춰지면서 온갖 정책을 동원해 성장하고 있는 어린이의 안전을 확실하게 보장해 주어야 한다고 주장한다. 대부분의 경우에 태아의 발달 과정을 포함해 갓난아기와 어린이들의 〔유해 물질〕 최대 허용량이 일반적인 성인의 그것보다 훨씬 더 낮다는 것은 분명한 사실이다. 그러므로 '어린이들의 특수한 건강상의 기준에 기초해 작성된 환경 정책'은 모든 노출 기준을 가능한 가장 낮은 수준으로 끌어내릴 것이다."[20]

물론 사람들 대다수는 '미래 세대에 대한 염려'와 '아이들에 대한 특수한 보호'를 그저 정서적인 것 이상의 중요한 문제라고 생각한다. 그러나 MBD는 이런 관심이 비합리적일 뿐만 아니라 과학 그 자체를 위협한다고 본다. 먼거번은 "염소 사용에 반대하는 집단은 어쩌면 '예방 원리'의 채택을 촉진하는 전술을 고안해낼 것"이라고 경고했다. 그러나 "화학물질의 안전성을 확립해야 한다는 부담을 산업계에 떠넘기려는 이 원리가 채택될 가능성은 없다. '예방 원리'에 관한 논쟁은 다이옥신 문제를 보다 현전한 수준으로 끌어올릴 것이다. …… 지금은 분석 도구인 위험 평가의 미래에 매우 중요한 시기이다. 산업계는 '예방 원리'가 던져주는 의미들을 확인하고, 그것이 현대의 발전과 생산에서 과학의 역할에 미치는 해악을 대중이 이해할 수 있도록 도와야만 한다."21)

염소 전쟁

잭 먼거번이 예방 원리를 붙잡고 늘어지는 이유는 '유사 호르몬' 또는 '내분비 교란 물질'로 알려지고 있는 염소계 화학물질 — DDT, 다이옥신, PCB 등 — 과 관련해 이의를 제기하는 과학이 주목받고 있기 때문이다. 1990년대 이전에는 이런 화학물질과 관련한 논쟁 대부분이 과학 저술가 레이첼 카슨(Rachel Carson)과 그녀의 1962년 저서 『침묵의 봄』의 유산을 바탕으로 전개되었다. 여러 해 동안 이들 화학물질에 대한 관심은 과연 이것들이 암을 불러일으키는지에 모아졌다. 그리고 실제로 이 명제가 사실이라는 것을 입증해 주는 과학적 증거가 충분히 쌓였다. 그러나 암에 대한 관심은, 이들 화학물질이 태아기와 유아기에 인체의 발달을 제어하는 호르몬 전달 체계를 교란해 성장, 생식 및 면역계, 심지어 성격과 지능, 행동에도 영향을 미친다는 사실을 은폐하는 경향이 있었다. '내분비계 교란 물질 가설'을 뒷받침하고 있는 과학이 여전히 완성되지 않았지만, 주요 연구자들과 과학 단체들은 환경과 인간의 건강에 발생할 수도 있는 심각한 위험을 막기 위해 지금 당장 예방 활동이 필요하다고 주장했다.

DDT가 유사 호르몬으로서 수행하는 역할은 무려 1950년에 관찰되었다. 연구자들은 DDT에 노출된 수탉들이 남성성을 드러내지 않는다는 사실을 확인했다. 또 다른 염소계 화학물질인 DES는 1938년에 영국인 과학자 에드워드 찰스 도즈(Edward Charles Dodds)가 합성한 물질이다. 발견 당시 주요 연구자들과 부인과 의사들은 이 물질을 여성 호르몬인 에스트로겐의 인공합성물로 크게 환영했다. 의사들은 임신 문제로 고민 중이던 여성들에게 DES를 처방하기 시작했고, 마침내 전세계적으로 480만 명의 임신 여성이 이 합성 호르몬을 사용하게 되었다. 알려진 바대로 그것은 대규모의 무책임한 실험이었다. 1971년에 DES는 임신 첫 단계의 3개월 동안 이 약을 복용했던 엄마들이 낳은 딸들에게 발병한 질암의 원인으로 밝혀졌다. 후속 연구에서는 DES가 생식기 기형을 포함해 생식과 관련된 여러 문제의 원인이라는 사실도 밝혀졌다.

염소화학위원회의 근심과 그들이 잭 먼거번을 고용하기로 한 결정의 촉매 역할을 한 것은 또 다른 염소계 화학물질, 곧 다이옥신의 호르몬 문제였다. 다이옥신은 1970년대 이래로 맹렬한 논쟁의 주제였다. 다이옥신은 인류에게 알려진 가장 독한 물질 가운데 하나라는 명성을 얻었다.[20] 쓰레기 소각, 화학물질 제조, 펄프와 종이의 표백 같은 많은 산업 공정에서 의도치 않게 발생하는 부산물인 다이옥신은 지방 조직에 축적되는 경향이 있다. 결국 다이옥신이 고기나 유제품 같은 음식물에서 높은 농도로 발견될 수 있다는 얘기다. 다이옥신은 베트남전 당시에 사용되었던 고엽제 에이전트 오렌지(Agent Orange)의 구성 성분이었고, 뉴욕 주 나이아가라 폭포의 로브 운하에서도 발견되었으며, 이탈리아 세베소와 미주리 주 타임스 비치에서 이루어진 소개 작전의 원인이기도 했다. 1985년에 환경보호국의 위험 평가는 다이옥신이 동물에게 암을 발생시키며 어쩌면 인간에게도 그럴지 모른다고 알려 주었다.

1985년과 1988년에 환경보호국은 다이옥신에 대한 위험 평가를 수행했다. 환경보호국은 두 번 모두 다이옥신을 인간의 잠재성 발암 물질로 분류해야 한다고 결론지었다. 그러나 다이옥신이 인간에게 주는 영향과 관련된 과학적 자료는 제한적이다. 과학자들은 사람들이 얼마나 많은 양의 다이옥신에 노출되고 있는지를 잘 알지 못하고, 일상적으로 노출되는 다른 화학물질들의 복합적 영향에서 다이옥신의 영향만을 구별해내는 게 어렵기 때문이다. 1990년에 산업계와 공중보건 및 환경을 대변하는 과학자들이 뉴욕 콜드 스프링 하버 래버러토리(Cold Spring Harbor Laboratory)의 밴버리 센터에서 열린 회의에 모였다. 환경보호국의 위험 평가를 새로이 더 종합적으로 이해해 보자는 취지였다. 산업계의 희망은 새로운 위험 평가를 통해 다이옥신의 위험이 과거의 평가보다 더 낮다고 결론내리는 것이었다. 염소연구소는 홍보회사 에델만에게 밴버리 총회가 "다이옥신이 처음 믿었던 것보다 인간에 대한 독성이 훨씬 더 미약하다"는 취지의 '합의'에 도달했다고 거짓으로 주장하는 보도자료를 배포하라고 시키기까지 했다.[29] 이 주장은 밴버리 총회에 참석한 몇 명의 거센 항의로 나중에 철회되었지만 환경보호국 행정관 빌 라일리(Bill Reilly)는 다이옥신이 과거에 생각했던 것보다 덜 위험한 것 같다고 공개적으로 말했다. 산업계의 기대와 찬성 속에서 라일리는 다이옥신에 대한 환경보호국의 세 번째 위험 평가를 시작했다. 그러나 재평가 결과는, 산업계 측에서는 불행하게도 그들의 기대와 달랐다.

환경보호국의 재평가 작업은 햇수로만 거의 4년, 비용은 400만 달러가 들었다. 환경보호국은 다이옥신은 물론이고 비슷한 효과를 가져온다고 알려진 PCB와 같은 '다이옥신과 유사한' 화학물질들도 평가했다. 환경보호국은 기관 안팎의 개별 과학자들에게 보고서 초안 작성을 맡겼다. 결과적으로 과학자 100여 명이 보고서 작성에 참여하게 되었는데, 여기에는 서로의 초안을 읽어 보고 논평해 준 환경보호국 외부 과학자들도 포함되어 있었다. 1994년에 여섯 권 분량으로 전체 2,000페이지에 달하는 보고서 초안이 대중에 공개되었다. 보고서는 다이옥신과 다른 수많은 유사 화학물질이 암을 유발할 뿐만 아니라 내분비, 생식, 면역계를 교란할 수 있으며 아주 적은 노출만으로도 태아에 이런 영향을 줄 수 있다고 결론지었다. 그러나 산업계의 압력 때문에 이 초안은 뜨거운 감자로 전락했고 환경보호국은 이 사실을 공개적으로 밝히는 일에 주저했다. (이 책을 쓰고 있는) 2000년 말까지도 최종 위험 평가는 간행되지 않은 상태이다.

1994년 염소화학위원회에 조언을 하던 MBD 고문도 이렇게 말했다. "다이옥신 노출의 안전 기준이란 없으며 아무리 적은 양이라도 일단 노출되면 건강상의 위해가 발생한다는 것을 환경보호국 연구 결과를 통해 알 수 있다. 다이옥신의 독성 메커니즘과 관련해 새롭게 밝혀진 사실들은, 극소량이라도 다이옥신에 노출되면 인체의 천연 호르몬과 다른 생화학물질들의 작용이 방해를 받고, 이어서 암, 남성의 여성화와 정자 수 감소, 여성의 자궁내막증과 생식 계통 장애, 선천적 결손증, 어린이의 지능 발달 장애, 감염성 질환에 대한 면역 능력 약화 등 복잡하고 심각한 결과로 이어진다는 것이다. …… 게다가 다이옥신은 분해하기가 아주 어렵기 때문에 매우 적은 양에 노출된다고 할지라도 세월이 흐르면서 환경과 인체에 꾸준하게 축적된다."[24]

내분비계를 교란하는 화학물질의 영향에 관한 가장 충격적인 염려는 야생 동물 관찰 결과에서 나왔다. 생태학자들은 캘리포니아에서 수컷 갈매기에 대한 암컷 갈매기의 성비가 비정상적으로 높다는 사실을 발견했다. 플로리다의 오염 지역에서 흑표범들은 음낭으로 내려오지 않은 고환을 갖고 있었고, 내분비학자들은 수퍼펀드가 투입된 오염 정화 지역 부근에 사는 악어들의 음경이 기형이거나 비정상적으로 작다는 사실을 관찰했다. 영국에서는 생화학자들이 남녀의 생식기를 모두 가진 '암수한몸의' 물고기가 오폐수에서 번식하는 것을 발견했다. 극지의 바다표범과 북극곰은 번식력이 떨어졌다는 것을 보여 주었다. 인간도 세계 각지에서 남성의 정자 수가 큰 폭으로 줄어들었다. 60년 전에 확인된 수준의 절반으로 뚝 떨어져 버린 것이다.

연구자들은 동물 실험을 통해 이런 결과를 재현할 수 있었다. 데이비스에 위치한 캘리포니아 대학교의 독물학자 마이클 프라이(Michael Fry)는 갈매기의 알에 DDT를 주사하면 수컷인 아기 갈매기의 정소 조직이 여성화되어 불임이 된다는 사실을 확인했다. 한 연구에서는 다이옥신에 노출된 원숭이의 79퍼센트가 자궁내막증을 앓았다는 결과를 내놓았다.

염소와 탄소

DDT, DES, 다이옥신, PCB 등과 다른 많은 내분비계 교란 용매 및 살충제의 공통점은 이것들이 전부 유기염소 — 탄소와 결합한 염소를 함유하고 있는 유기 화합물 — 라고 하는 화학족이라는 사실이다. 자연 상태에서 염소는 전체 화학물질의 0.2퍼센트 미만을 차지할 뿐이지만 현재 약 1만 5,000종의 유기염소가 상업적으로 제조되어 시판되고 있으며, 현재까지 확인된 내분비계 교란 물질의 절반 정도가 유기염소이다. 『판도라의 독: 염소, 건강 그리고 새로운 환경 전략』을 쓴 생물학자 조 손튼(Joe Thornton)은 이렇게 말한다. "모든 염소화합물이 동일하게 작용한다는 얘기는 아니다. 그러나 사실상 지금까지 검사해본 모든 유기염소가 적어도 하나 이상의 중대한 부작용을 야기하는 것으로 파악되었다."[24] 자연계에는 거의 존재하지 않는 유기염소가 살충제, 제초제, 석유화학 제품, 플라스틱, 종이 제조 과정에서 만들어진다. 가정용 세제, 플라스틱 랩, 식품 용기, 어린이 장난감, CD, 자동차 문, 테니스화, TV 수상기와 같은 흔한 제품에도 유기염소가 들어가 있다.

펄프와 종이를 표백하거나, 마실 물을 소독하고 오수를 정화하기 위해 염소를 사용하면서 물에도 염소화된 화학물질이 들어간다.

염소계 화학물질이 상업적인 분야에서 높이 평가받는 이유는 그 영향력이 오랫동안 지속되기 때문이다. 그러나 이 지속성은 그것들이 방출된 이후에도 오랫동안 환경에 영향을 준다는 것을 의미한다. 예를 들어 DDT는 미국에서 사용이 금지되고 거의 한 세대가 지났지만 오대호에 서식하는 물고기의 지방 조직에 계속해서 놀라운 수준으로 축적되고 있다. 마찬가지로 PCB도 인간에게 암이 발생하는 것과 연관이 있어 1976년에 사용이 금지되었지만 여전히 곳곳에 존재한다.

현재 사용하고 있는 1만 5,000종의 유기염소를 전부 개별적으로 검사하는 일에 들어가는 비용과 어려움을 고려할 때 많은 환경운동 단체들은 이것이야말로 예방 원리가 적용되어야 하는 분야라고 말한다. 개별 화학물질을 위험하다고 입증될 때까지 안전하다고 가정하는 것보다 산업계가 화학물질의 안전성을 입증하는 짐을 짊어지거나 더 안전한 대안을 찾아야 한다고 생각하는 것이다. 그린피스는 30년에 걸쳐 유기염소의 사용을 단계적으로 금지해야 한다고 요구했다. 환경단체 외에도 수많은 정부 및 다른 기구들이 비슷한 결론에 도달했다.

■ 오대호국제공동위원회(IJC)는 미국과 캐나다 정부가 조직한 환경정책기구로 오대호 지역에 관심을 기울이고 있다. 1986년에 IJC의 과학자문위원회는 오대호에서 발견된 362종의 독성 화합물 목록을 작성하고 이것 가운데 적어도 절반이 염소화된 화학물질이라고 밝혔다. 1992년에 이 기구는 오대호의 생태계를 복원하고 보호하려는 노력의 하나로 염소 및 염소를 함유한 산업 재료의 사용을 단계적으로 금지하라고 권고했다.

■ 1993년 10월에 미국공중보건협회(클로록스 사를 위한 케첨의 홍보안에서 잠재적인 동맹자로 언급되었던 단체 중의 하나)는 종이 및 펄프 산업에서 염소계 표백제를 궁극적으로 사용하지 말자고 주장했다. 1994년 3월에 APHA는 산업계에 염소화된 유기 화합물과 관련 공정을 줄이거나 제거하고 더 안전한 대안을 도입하라고 촉구했다. 그들의 정책 선언문에는 이렇게 적혀 있다. "지금까지 연구된 거의 모든 염소화된 유기 화합물은 극소량에 노출된다고 하더라도 최소 한 가지 이상의 심각한 독성 부작용을 불러왔다. 내분비 기능 장애, 발달 장애, 선천적 결손증, 생식 기능 장애와 불임, 면역 억제, 암이 그것들이다."[25]

■ 유럽 정부와 유럽 공동체를 대변하는 북대서양파리위원회(Paris Commission on the North Atlantic)는 염소가 함유된 화합물의 배출을 줄이고, 유럽의 정부들이 염소화합물의 사용을 단계적으로 폐지하는 프로그램을 채택해야 한다고 권고했다.

'어쩌면'이라고 말하지 마

내분비계 교란 물질에 관한 논쟁은 1996년에 테오 콜본(Theo Colborn), 다이앤 듀마노스키(Dianne Dumanoski), 피트 마이어스(Pete Myers)가 저자로 참여한 『도둑맞은 미래』가 발표되면서 처음으로 대중의 관심을 받았다. 『도둑맞은 미래』는 내분비계 교란 물질 이론을 둘러싸고 있는 지식이 제한적이며 그래서 어려움이 있음을 인정했다. 그들은 "유방암을 일으키는 물질에 대한 지식은 빈약하며 노출과 관련해서도 불확실성이 두드러진다. 때문에 가설을 만족스러울 정도로 검증해 유방암 발생률 증가가 합성 화학 물질 때문이라는 것을 확인하는 데에는 많은 시간이 걸릴지도 모른다"고 밝혔다. 그리고 덧붙이기를 "인간의 건강과 복지에 닥치고 있는 이런 위협의 중대성은 여전히 막연한 상태이다."27)

콜본, 듀마노스키, 마이어스는 충분히 답변되지 않은 질문이 여전히 존재하고 내분비 교란 물질이 심각한 잠재적 위험을 불러올 수도 있다는 점을 내세우면서 화학물질에 대한 불필요한 노출을 줄이는 노력과 추가 연구를 제안했다. 그린피스처럼 그들의 입장도 부분적으로는 새롭게 부상하는 과학에 바탕을 두고 있었고, 또 다른 한편으로는 예방 원리에 바탕을 두고 있었다. 그들은 "화학 제조업체에게 입증할 책임을 지우라"고 촉구했다. "화학물질을 유죄로 입증될 때까지 무죄로 가정하는 현재의 체계는 상당히 심각하다. 이것은 잘못되었다. 입증의 책임은 정반대로 주어져야 한다. 무죄 추정이라고 하는 현재의 접근법 때문에 거듭해서 사람들은 병들었고 생태계 역시 훼손되었기 때문이다. 우리는 호르몬처럼 작용하는 화학물질들에 관한 새로운 증거들을 활용해 엄청난 위험을 제기하는 것들을 확인하고, 그것들을 시장과 음식과 마실 물에서 추방해야 한다고 확신한다. 후속 연구를 통해 그것들의 영향이 사소하다고 밝혀질 때까지 말이다."28)

책에 관한 공격은 즉각적이며 사악했다. 『월스트리트 저널』은 『도둑맞은 미래』를 환경을 팔아먹는 '거짓말'이라고 말했다. 산업계가 자금을 대는 워싱턴의 싱크탱크 경쟁기업연구소(CEI)는 각기 다른 두 개의 보고서를 발간해 이 책을 공격했다. 소비자경보라고 하는 또 다른 자유주의 단체는 『도둑맞은 미래』에 '유언비어로 세상을 소란케 하는 소책자'라는 딱지를 붙였다. 산업계의 자금을 지원 받는 건전과학진보연대(Advancement of Sound Science Coalition)는 기자 회견을 열어 이 책이 '허위'라고 주장하는 과학자 10명을 대동했다. 산업계로부터 자금을 지원 받으면서 DDT와 다이옥신 및 다른 화학물질들을 오랫동안 방어해 온 또 다른 단체 미국과학건강위원회(ACSH)는 문제의 책이 출판되기 몇 달 전에 교정쇄 상태의 사본을 입수했고, 『도둑맞은 미래』가 서점에 깔리기도 전에 11페이지 분량의 반박문을 작성해 배포했다. 독물학자이자 ACSH 회원인 스티븐 세이프(Stephen Safe)는 이 책을 '파파라치 과학'이라고 불렀다. ACSH의 회장인 엘리자베스 휠런(Elizabeth Whelan)도 저자인 콜본, 마이어스와의 논쟁에서 이 책에 제시된 분석의 신중한 태도를 공격했다. "『도둑맞은 미래』는 '어쩌면 ~일지도 모른다(might)'란 단어를 30번 사용한다"고 그녀는 말했다. " '어쩌면 ~일 것이다(may)'란 단어는 35번 사용되고 있다. 우리는 줄곧 등장하는 '가능성이 있다(could's)'란 단어는 세어볼 엄두조차 내지 못했다."

마이어스는 " '어쩌면 ~일지도 모른다'와 '어쩌면 ~일 것이다'란 단어를 사용하고, 책에서 몇몇 논의를 소개하는 우리의 신중함이 지금 이런 식으로 공격받는" 현실이 아이러니라고 생각한다고 응수했다. "처음 책이 나왔을 때는 우리가 자료를 과장했다고 주장하는 비평들이 난무했다. 실제로 책을 접할 기회가 없었던 과학자들에게 그런 식으로 호소했다. 당연히 그들은 이런 식으로 반응했다. '아둔하고 비과학적인 일이다.' 그러나 사람들이 책을 접하게 되었고, 책 속의 주장이 신중한 태도로 진전되는 것을 알게 되었다. 이제 그들은 우리 책의 결론을 비판하기 위해 다른 방법을 열심히 찾고 있다. 우리가 그런 주장을 내세울 때 취한 신중한 태도를 조롱하면서 말이다."[29]

예방 대책

잭 먼거번은 염소화학위원회에 보내는 메모에서 클린턴 행정부가 데브라 리 데이비스(Devra Lee Davis) 박사를 임명해 유방암 관련 정부 정책을 준비하도록 조치한 일에 특별한 주의를 기울여야 한다고 말했다. 먼거번은

"행정부 관리로 임명된 데이비스는 언론과 무제한으로 접촉할 수 있다. 더구나 그녀는 보건복지부 관리라는 지위를 바탕으로 자신의 '쓰레기 과학'을 유효한 정책으로 입안할 수 있게 되었다"고 썼다. "데이비스는 여성경제및개발조직이 후원하는 다른 각종 유방암 관련 회의에서 기조 연설자로 내정되어 있다. 모든 회의가 지엽적인 이해관계를 강조할 것이다. …… '환경과 유방암', '유기염소·살충제·유방암', '환경 정의' 등이 회의의 주제이다."

MBD는 염소화학위원회에 이에 대한 대응으로 여성경제및개발조직 회의가 열리기 전에 먼저 막으라고 조언했다. MBD는 "모든 경우에서 운동가들보다 앞서 나가는 게 중요하다"고 말했다. "예를 들어 여성경제및개발조직이 이번 가을에 회의를 개최할 모든 도시에서 화학주간염소회의(Chemical Week Chlorine Conference)와 다른 행사에 앞서 뉴올리언스의 미디어와 여론 선도자들을 만나라. 또 무엇이 더 필요한지 내게 알려 달라. 예를 들어 염소 반대 행사 연중 행사표를 보내 달라든지 하는 식으로 말이다. 원한다면 맞대응할 수 있는 행사를 기획할 수도 있을 것이다."[30] 오하이오 주 데이턴에서 열린 1994년의 여성경제및개발조직 회의에 앞서 먼거번은 염소화학위원회에 또 다른 홍보회사 케첨을 활용해 이런 공작을 수행하도록 권했다. "데이비스의 연설에 앞서 데이턴에서 언론사 편집진 모임을 주선하고, 관련 회의에서 기꺼이 날카로운 질문을 하겠다고 나서는 데이턴 지역의 과학자들을 모집하라."[31]

먼거번은 데브라 리 데이비스를 '쓰레기 과학자'라고 불렀지만 실제로 그녀는 암과 만성적인 질병의 환경적 원인을 연구하는 세계 최고 수준의 과학자 가운데 한 명이다. 생리학과 유행병학 학위를 갖고 있는 그녀는 마운트 시나이 의료 센터와 록펠러 대학교, 다른 권위 있는 교육 기관에서 강의를 했다. 그녀는 미국독물학협회와 미국유행병학협회 회원이기도 하다. 그녀는 공중위생국 국장, 여성복지차관보 등의 주요 보건 관리들에게 다양한 암 관련 문제들을 조언했고, 유방암의 원인을 밝히려는 조직인 국제 유방암예방연구협력단체(International Breast Cancer Prevention Collaborative Research Group)를 설립했다. 데이비스는 유행병학자이자 보건복지부 고위 과학 자문역을 역임하면서 『사이언티픽 아메리칸』에서 『랜싯』, 『미국의학협회저널』에 이르는 다양한 간행물에 논문을 140편 이상 발표했다. 그녀는 암 관련 국제회의를 조직해 왔고, 여성단체 회의에도 자주 연사로 참석함으로써 암 예방이라는 대의에 복무하는 과학자이자 운동가이다.

데이비스의 연구 업적은 의미심장하고 논쟁적이다. 그녀의 연구가 흡연과는 다른 환경적 요인들 때문에 암 발병률이 늘어났는지를 단도직입적으로 묻기 때문이다. 1989년에 그녀는 암으로 인한 사망자의 최근 변동 상황에 관한 체계적인 비교 통계값을 수집해 정리했다. 그녀는 선진 6개국에서 작성된 사망 확인서 수백만 건을 바탕으로 1960년대 이후 유방암, 뇌암, 신장암, 골수종, 흑색종, 비호지킨성임파종으로 인한 사망자가 증가했음을 밝혀냈다. 이들 암 가운데서 흡연이 원인이라고 밝혀진 것은 아무것도 없었다. 데이비스는 이런 증가가 담배로 인한 또 다른 주요 질병인 심장병으로 인한 사망이 감소한 시기에 발생했다는 점도 밝혀두었다.[32] 데이비스는 이렇게 말한다. "심장병과 암의 발병 원인은 흡연, 폭음, 그리고 어쩌면 지방이 많고 섬유질과 항산화제가 적은 식단 등으로 상당 부분 비슷하다." 하지만 "이들 질병의 추세가 정반대 방향으로 진행되고 있다. …… 심장병은 감소하는데 어떤 유형의 암은 증가하고 있는 것이다."[33] 이런 추세가 모든 연령 집단에 걸쳐 똑같이 적용되지는 않는다. 치료법이 발달하면서 어린이들의 암 사망률은 극적으로 감소했다. 그러나 45세 이상의 집단에서는 사망률이 증가했다. 데이비스는 "우리가 여기서 근소한 증가량을 언급하는 게 아니"라고 말한다. 1970년대 초 이래로 "이들 암 가운데 일부는 25퍼센트에서 200퍼센트 이상으로 증가했다."[34]

데이비스가 특별한 관심을 기울여 온 유방암이 다이옥신과 다른 화학물질의 내분비계 교란과 연결될 수도 있다. 여성을 여성적으로 만들어 주는 호르몬인 에스트로겐은 잘 알려진 유방암 위험인자이다. 조기 월경, 늦은 폐경, 출산 경험이 없는 것, 알코올 과용 이 모든 것이 평생에 걸쳐 여성의 에스트로겐 노출 수위를 끌어올린다. 그리고 이 모든 것이 평균 이상의 유방암 발병률과 연관되어 있다. 최근에 데이비스와 다른 과학자들이 수행한 연구는 데이비스가 '제노에스트로겐' — '외계의 에스트로겐'이라는 의미 — 이라고 부른 합성 화학물질을 또 다른 위험인자로 지목했다.35) 데이비스는 "아주 명백해 보이지 않는가?"라고 묻는다. "한 가지 공통된 요소가 위험인자를 전부 하나로 꿰고 있다. 여성이 에스트로겐에 더 많이 노출될수록 유방암에 걸릴 위험성이 더 커진다." 그녀는 계속해서 이렇게 덧붙인다. "우리는 에스트로겐이 호르몬, 여성 호르몬이기 때문에 그것과 관련해 할 수 있는 게 아무것도 없다고 생각해 왔다. 에스트로겐처럼 작용할 수 있다는 것이 밝혀진 환경 화학물질을 우리가 왜 보지 못했던 것일까?"36)

이런 가능성에 대한 연구가 1990년대에 시작되었다. 화학 공장에서 일하거나 유해 폐기물의 매립지 근처에 살거나 유기염소에 오염된 음용수를 마신 여성들의 유방암 발병률이 상승했다는 것이 다양한 연구를 통해 밝혀졌다. 1992년에 프랭크 팔크(Frank Falck)가 의심스러운 유방 멍울을 검사 받은 여성 40명의 표본 조직을 분석했다. 팔크는 코네티컷 대학교의 의학 임상학 조교수였다. 양성으로 판명된 멍울과 비교해 볼 때 악성 조직은 유기염소의 양을 훨씬 더 많이 포함하고 있었다.37) 1993년에 발표된 더 큰 규모의 연구에서 생화학자 메리 울프(Mary Wolff)는 뉴욕에 거주하면서 1985년부터 1991년 사이에 유방 X선 촬영을 위해 병원을 방문한 여성 1만 4,290명을 조사했다. 그녀는 악성 종양을 가진 유방 조직에 DDT와 PCB가 더 많이 농축되어 있다는 것을 확인했다. 혈액에 (DDT 분해 물질인) DDE

가 더 많이 들어 있던 여성은 유방암 발병률이 무려 네 배나 더 높았다.[38]

이 결과들은 모호하고 과학적으로도 논쟁의 여지가 있다. 울프도 참여한 몇몇 연구를 포함해서 대다수의 연구는, DDT와 PCB가 유방암의 발병 위험성을 높인다는 가설을 입증해 줄 증거를 확보하지 못했다.[39] 그러나 지난 50년 동안 유방암 발병률이 거의 모든 서방 선진국에서 극적으로 증가했다는 사실만은 명백하다. 1960년에는 미국 여성 스무 명 가운데 한 명만이 평생에 걸쳐 유방암 진단을 받을 것으로 예상됐다. 오늘날에는 여덟 명 가운데 한 명이다. 미국에서만 현재 160만 명의 여성이 유방암 진단을 받았다. 매년 18만 2,000명이 새로 유방암 진단을 받으며, 이 가운데 4만 6,000명이 사망한다.[40]

유방암 발병률이 상승해 왔다는 보고에는 의문의 여지가 없다. 문제는 이런 사태를 어떻게 해석하느냐이다. 환경 문제에 반대하는 사람들은 이 증가가 과거라면 모르고 지나쳤을 유방암 사례들을 탐지해낼 수 있는 의료 검진 기술의 발달로 인한 인위적인 통계 결과일 뿐이라고 주장한다. 그러나 데이비스는 개선된 유방 X선 촬영법 같은 요소들을 참작한다고 할지라도 "1940년대 이후 유방암으로 인한 사망률이 매년 1퍼센트씩 꾸준하게 증가해 왔음"을 보여 주는 연구 결과를 제시한다. "다른 연구 결과들도 많은 산업 국가에서 유방암으로 인한 사망률이 증가했음을 확인해 주었다."[41] 실제로 이것들은 단순한 진단 사례가 아니라 유방암으로 인한 사망자 연구이다. 발달한 검진 기술이 생명을 구한다면, 또 치료 기술이 발달하고 있다면 더 나은 검진 시스템 덕분에 사망률이 감소할 것을 예견할 수 있는 것이다.

데이비스의 연구는 암을 예방하려면 오염을 줄이는 게 필요하다는 것을 암시한다. 그녀는 이렇게 말한다. "유방암과 관련해서 말하자면 생식 행위나 식단과 관계가 있다고 밝혀진 위험인자의 대부분은 사회 정책으로는 쉽게 바뀌지 않는다. 유방암을 줄이기 위해 제안된 것으로는 평생 동안 약을 먹는 방법, 식단·생활방식·심지어 생식 행위에 급격한 변동을 주는 방법 등이 있다. 후자와 관련해 말하자면 생식 상의 자유를 확보하기 위해 오랫동안 투쟁해 온 여성 세대가 그녀들의 선택권에 올가미를 씌우는 제안들을 선선히 받아들일 것 같지는 않다."[너] 그러나 생활방식과 결부된 요소들과는 달리 제노에스트로겐에 환경적으로 노출되는 사태는 오염을 더 엄격하게 통제하는 정책으로 변화시킬 수 있다. 데이비스는 "우리가 결정적인 증거가 나올 때까지 기다릴 필요는 없다"고 말한다. "우리는 담배에 관한 첫 번째 경고가 나오고 무려 100년이 지나서야 비로소 엄격해졌다. 유방암이라는 대역병에 맞서 단호히 행동할 때까지 또 다시 그렇게 많은 세월을 기다려서는 안 된다."[너]

그러나 많은 과학 연구와 공적 토론은, 암 발생률에 영향을 미치는 환경적 요인들을 확인하려는 노력보다는 암을 치료하는 것에 관심을 집중해 왔다. 소위 '치료법을 확립하려는 대경주'가 계속되어온 것이다. 서류상으로만 보면 미국 국립암연구소의 한 해 예산 20억 달러 가운데 약 3분의 1이 예방책 연구에 투여된다. 그러나 맥길 대학교에서 오랫동안 암을 연구해 온 존 C. 베일러 3세(John C. Bailar III)에 따르면, 이 수치는 '고무줄 통계'이다. 연구소가 '예방'이라고 부르는 활동의 대부분은 실제로 유행병학적 연구나 예방 실험이 아니라 암 발생의 세포 메커니즘에 관한 기초 연구이기 때문이다. 생명을 구하기 위해서는 세포 메커니즘과 분자 생물학 연구에서 여전히 많은 것을 성취해야 한다. 그러나 그런 연구는 정치적으로 안전한 연구이다. 이해관계를 달리하는 다수의 배를 전혀 흔들지 않기 때문이다. 세포 생물학을 연구하는 학자는 담배업계, 농업 관련 사업자, 화학 제조업자들의 집중 공격을 받을 위험이 거의 없다. 베일러는 "대규모로 암을 예방하려면 습관을 바꾸고, 생활방식을 바꾸고, 작업장을 깨끗이 하고, 환경을 정화하고, 유해 물질을 함유하고 있는 소비재를 바꾸어야 한다"고 말한다. "그러려면 일상생활을 완전히 새로운 방식으로 접근해야 한다."[44]

유방암 연구에 얽힌 이야기는 다른 종류의 암 연구 이야기와 별반 다를 바가 없다. 연구자들은 예방보다는 기초적인 세포 연구나 이미 유방암에 걸린 여성들의 다양한 치료법에 관심을 집중하고 있다. 주요 치료법으로는 외과 수술, 화학 요법, 방사능 치료가 있다. 로스앤젤레스 소재 캘리포니아 대학교 유방 외과의이자 『수전 러브 박사의 유방 핸드북』을 쓴 수전 러브 (Susan Love) 박사는 이 각각의 방법을 "베어내기, 독극물 주입, 태우기" 기술이라는 용어로 불렀다.[45] 실제로 1980년대 이전에는 유방암 예방과 관련된 연구 중에서 국립보건원의 승인을 받은 게 하나도 없었다. 국립보건원은 미국 정부 의료연구 지원금의 상당액을 교부하는 정보 센터라고 할 수 있는 곳인데도 말이다. 국립보건원 관리들은 그때 이후 유방암 연구 기금이 지속적으로 늘었다고 말하지만 최근에도 몇몇 유망한 연구 계획이 거부되거나, 연기되거나, 포기되었다.

여성과 아이들이 우선이다

잭 먼거번은 염소화학위원회에 보내는 1994년 비망록에서 이렇게 말했다. "여성 문제, 곧 생식과 관계된 건강과 어린이들 문제가 염소의 전쟁터가 되리라는 것은 분명하다." 먼거번은 데브라 리 데이비스와 같은 과학자들의 권고에 대응하기 위해서는 염소화학위원회가 제3자 기술을 활용해 기업 친화적인 지금 상태가 대중의 건강에 필요하다는 인상을 심어 주는 캠페인을 전개해야 한다고 조언했다. 먼거번은 이렇게 썼다. "전국적으로 소아과 단체들을 겨냥한 프로그램을 시작하고, 염소와 관련해 아이들의 보건 문제에 대한 운동가들의 주장을 반박하는 것이 특히 중요하다. 의학협회가 염소 반대 운동에 가담하는 것을 막아라. 저명한 의사 집단을 확보해 그들로 하여금 건강에 해로운 요소로서의 염소, 또 제약 회사와 의료 장비의 핵심 화학물질로서의 염소와 관련한 자료를 검토하도록 위촉하라. 그들이 확인한 사실들을 발표하고, 의학협회와 간행물을 통해 널리 유포하라. 질병을 치료하는 데에 염소 화학이 담당하는 역할을 주제로 한 논문들이 『미국 의학협회 저널』에 실릴 수 있도록 격려하고 고무하라. …… 특정한 질병, 예를 들어 관절염, 낭포성섬유증 등을 전문적으로 연구하는 조직들과 (제약 회사 같은) 산업계의 대표들이 함께 모이는 자리를 주선해 그런 구체적인 질병의 치료법이 염소 화학을 통해 가능하다는 것을 납득시켜라. 그리고 그들에게 염소 화학을 지지하는 결의안을 통과시키고 그 결의안들을 또 다른 의학협회에 전파해 달라고 요구하라."

건강,환경,정의센터(Center for Health, Environment and Justice)의 샤를로트 브로디(Charlotte Brody)는 MBD에서 유출된 문건을 보고 나서 이렇게 말했다. "정말이지 환멸을 느낀다. 그러나 데브라 리 데이비스가 구축한 과학적 정보가 너무나 위험해서 거르지 않은 채로 내보낼 수는 없기 때문에 편집진을 방문해야 한다는, 전문가적이면서도 도덕과 완전히 무관한 지령을 보고 있노라면 숨이 멎을 지경이다." 브로디는 MBD의 다음과 같은 '권고사항'에도 충격을 받았다. "염소업계는 보건 단체들에 접근해 그들이 염소의 혜택을 방어하도록 해야 한다는 것"이었다. "그들이 정말로 무슨 일에 참가하고 있는지를 말해 줄 필요는 없다. 우리가 그들에게 다가가 다이옥신과 기타 내분비 교란 물질이 어떻게 그들의 건강을 해치고 있는지에 관해 말할 필요도 없다. MBD는 다이옥신이 우리의 말마따나 그렇게 위험하지 않은 이유를 떠들고 다니는 것을 제안하지 않는다. 그것보다는 염소가 없으면 낭포성섬유증을 치료할 수 없다는 것을 암시함으로써 그 질병을 앓고 있는 사람들이 염소 화학의 혜택을 방어하도록 하는 것이 훨씬 더 현명하고 간교한 전략이다. MBD는 다이옥신을 만들지도 않으면서, 우리가 약학 연구를 중단할지도 모른다고 그릇된 주장을 펴게 되는 것이다."

염소화학위원회와 다른 화학산업의 동업 조합들은 먼거번의 충고를 따르고 있는 것 같다. 먼거번이 염소화학위원회에 "예방 원리를 격파할 수 있는 과학을 동원하라"고 충고한 지 석 달 후인 1994년 12월에 『전국 저널』은 염소화학위원회가 "예산을 대폭 증액했다"고 보도했다. "〔염소화학〕위원회는 올해 로비 및 홍보활동 자금으로 약 1,200만 달러를 모금했다. 이 액수는 지난 1993년의 200만 달러와는 비교할 수 없을 만큼 많은 금액으로, 다우 케미컬과 옥시덴틀 케미컬(Occidental Chemical Co.) 등이 낸 것이다. 『화학 및 엔지니어링 뉴스』의 최근 보도에 따르면 염소 방어 캠페인 비용이 1995년에는 1,500만 달러로 늘었다." 그 예산의 3분의 1 정도는 '과학적 검토 집단'에 돈을 대면서 환경보호국의 다이옥신 재평가 결론에 이의를 제기하는 것과 같은 조사 연구 활동에 지출되었다. 『전국 저널』은 이렇게 보도했다. "〔염소화학〕위원회는 환경보호국 보고서의 내용을 예상했고 이에 따라 케첨 홍보회사를 고용해 지난여름 30개 도시 순회 여행을 조직했다. 산업계의 입장에 동조적인 과학자들이 뉴스 미디어 대표들과 지역 사회의 지도자들을 만나 다이옥신에 관한 공포를 누그러뜨렸다."[46]

케첨 워싱턴사무소의 부지사장 마크 섀넌(Mark Schannon)은 "우리는 수많은 독립적 과학자들을 찾아내 그들을 순회 여행에 참가시켰다"고 설명했다. 물론 여기서 '독립적'이라는 말은 섀넌도 암묵적으로 인정하고 있는데 산업계에 우호적이라는 의미이다. "근본적으로 우리는 산업계의 목소리가 정책 결정자들에 의해 반복되게 만들려고 한다."[47]

업계 소식지 『케미컬 위크』는 염소화학위원회 실행위원회 의장 레온 앤지아노(Leon Anziano)의 말을 인용하면서 이렇게 보도했다. "염소화학위원회는 1년 반 동안 규제 및 입법 당국의 위협과 싸우면서 자신의 주장을 개진할 수 있는 과학적 토대를 구축해야 한다는 더 장기적인 목표로 전환하고 있다고 발표했다." 앤지아노는 이렇게 말했다. "우리는 당장 발등의 불을 끄는 것에서 분별 있는 과학의 장기적 옹호로 옮겨가기를 원한다."[48]

염소화학위원회는 염소 전쟁에 참여한 여러 산업 단체 가운데 하나일 뿐이다. 그 밖의 단체들로는 염소연구소, 화학제조업체협회, 플라스틱연구소, 전국제조업협회, 미국 상공회의소가 있다. 이들 단체는 모두 홍보 예산을 책정하고 있으며, 신문에 특집 칼럼을 쓰고, 의회와 환경보호국에 출석해 증언을 하며, '전문가' 자격으로 뉴스쇼에 출연하고, 시민단체를 상대로 해명을 하는 인력도 갖추고 있다. 먼거번, 비스코 앤 더친 외에도 야전군으로 고용된 다른 홍보회사들로는 고다드 클로센/퍼스트 튜스데이(Goddard Claussen/First Tuesday), 제퍼슨 그룹(Jefferson Group), 존 애덤스 어소시에이츠(John Adams Associates), 켈러 앤 헤크먼(Keller & Heckman), 케첨 커뮤니케이션스(Ketchum Communications), 니콜스 데즌홀(Nichols Dezenhall)이 있다.[49]

살충제, 플라스틱, 펄프와 종이, 가정용품, 석유, 화장품업계가 환경 운동가들에 맞서 단결해 염소 화학을 방어했다. 다이옥신이 지방 조직에 축적되고, 따라서 고기와 유제품 어디에나 축적되어 있다는 사실을 염려했던 식품업계도 논쟁에 끼어들었다. 전국목장주쇠고기협회의 관리 속에서 식품업계의 '다이옥신 행동 그룹'에 참여한 단체들로는 전국우유생산자연맹, 미국동물과학협회, 전국불고기용닭고기위원회, 전국칠면조연맹, 국제유제품협회, 미국 양산업협회, 전국돼지고기생산자협회, 미국 식육연구소, 전국정제업자협회, 미국 농장주연맹, 전국식품가공업자협회가 있다. 먼거번은 염소화학위원회에 보내는 보고서에서 이렇게 말했다. 이들 단체는 "농무부와 강력한 연계를 맺어왔다. 따라서 그들이 이 견고한 유대 관계를 활용해 틀림없이 농무부를 매개로 환경보호국에 압력을 행사할 것이다."[50]

난 위험이 좋아

먼거번은 염소 문제 자체에 집중해야 하는 것 말고도 염소화학위원회가 예방 원리를 직접적으로 공격해야 한다고 조언했다. "주 정부 관리들에게 그 혜택을 널리 알림으로써 위험 평가 문제를 전국적 표준에 의존할 수 없게 만들어라. 제3의 집단을 구축해 그 집단이 가까운 장래에 이런 표준을 개발하게 만들라. 과학 및 의료 단체는 물론이고 더 온건한 환경단체도 예방 원리를 믿지 않도록 단계적 조치를 취하라."[51]

산업계와 동맹한 단체들이 예방 원리 공격에 초점을 맞춘 포럼을 1999년에만 두 개 이상 개최했다. 1999년 6월 3일과 4일에 산업계로부터 엄청난 자금 지원 받는 하버드위험분석센터(Harvard Center for Risk Analysis)는 "예방 원리: 다듬을 것인가, 대체할 것인가?"라는 회의를 열었다. 염소화학위원회, 화학제조업체협회, 우익인 코흐재단(Koch Foundation)이 회의에 자금을 댔다. 코흐 재단은 미국 최대의 석유 파이프라인 운영 회사 가운데 하나로, 악명 높은 오염 기업인 코흐 인더스트리(Koch Industries)의 자금으로 세워진 조직이었다.[52] 2000년 1월에 코흐 인더스트리는 과태료 및 복구 비용으로 3,500만 달러라는 기록적인 금액을 내는 데 동의했다. 여섯 개 주에서 수백 차례 기름이 유출되었던 것이다. 이것은 깨끗한물법령(Clean Water Act) 위반 혐의로 단일 기업에 부과된 벌금으로는 사상 최대 액수이다.

회의에 배포된 자료는 예방 원리에 대해 이렇게 말했다. 예방 원리는 "공중보건, 안전, 천연자원에 잠재적 위험을 제기하는 공공 기술 정책에서 점점 더 강력한 역할을 수행하고 있다. 예방 원리는 유럽에서 자주 채택되었으며, 이제는 북아메리카와 아시아에서도 정책의 고려 사항이 되고 있다. …… 지금의 기술들은 확실하지 않은 혜택을 두고 현재와 미래 세대들이 위험과 비용을 부담해야 하는 것들이다. 이처럼 복잡한 기술들의 선택에 직면한 의사 결정권자들을 안내하기에는 예방 원리가 너무나 단순하다. …… 우리는 다음의 규제 사례 연구를 통해서 예방 원리의 역할을 점검해 보고자 한다. 생명공학, 합성 화학물질, 전자기장, 지구 기후 변화."

논쟁에서 여성이 담당하게 될 중요한 역할을 깨달은 먼거번은 이렇게 조언했다. 예방 원리와 관련해 "전국적인 논쟁을 수행할 수 있을만한 이상적인 협력 관계로는 여성유권자연합(League of Women Voters)과 미국화학협회(American Chemical Society)가 있다. 이들 두 조직이야말로 신뢰를 상실하지 않으면서도 다른 믿을 만한 조직들을 끌어들일 수 있고, 나아가 프로젝트에 관한 기업의 기부도 받아들일 수 있다. 이 문제가 여성 단체와 어린이 복지 조직에 가지는 중요성을 고려할 때 이들은 물론이고 합리적인 환경 단체들의 참여가 장려되어야 한다는 점도 분명하다." 어쩌면 여성유권자연합이 쓸모없는 존재라고 밝혀졌는지도 모르겠다. 그리하여 반페미니즘 성향의 압력 단체 독립여성포럼(IWF)이 1999년 2월 워싱턴 D.C.의 전국 기자 클럽에서 "아프고 다치는 것에 질겁하다"란 주제로 회의를 개최했다. 이 단체는 보수 재단 올린(Olin), 쿠어스, 브래들리(Bradley), 카르타고(Carthage)에게 재정의 90퍼센트를 지원받고 있다. 독립여성포럼의 과학 고문인 정신과 의사 샐리 세이틀(Sally Satel)은 이런 논평으로 포문을 열었다. "집단으로서의 여성은 위험을 더 싫어하는 경향이 있다. 독립여성포럼이 근거 없는 공포와 보건 및 과학 정책의 관계를 탐색하기로 한 이유가 바로 여기에 있다."[53]

블랙웰 코퍼레이션(Blackwell Corporation)의 최고경영자이자 PBS 프로그램 <테크노폴리틱스 TechnoPolitics>의 제작자 닐 B. 프리먼(Neal B. Freeman)이 사회를 본 토론에서 이 최초의 패널이 예방 원리를 공격하고 나섰다. 프리먼은 '전체론적인 사고방식'과 '계통적 사유'의 종말에 관한 먼거번의 불평을 되풀이한 다음 핵심 주제로 넘어갔다. 프리먼은 예방 원리가 "약

10년 전에 염소화학 산업을 짓밟으려는 캠페인 과정에서 크게 성장했다"고 말했다. "이제 예방 원리는 정책 논쟁에 두루 퍼져 있다. 그것은 지구 온난화 논쟁, 생명공학 산업과 관련한 논쟁, …… 또 다른 여성 보건 문제에서 올바른 정보를 제공하는가 하면 잘못된 판단을 불러일으키기도 한다. 우리는 예방 원리가 아직까지는 우리의 창조적 삶을 옥죄지 않는 현실에 감사할 수 있다. 예방 원리가 철두철미하게 적용되었다면 콜럼버스는 미 대륙을 발견하지 못했을 것이고, 토머스 에디슨은 우리 미국 땅에 전등을 달아주지 못했을 것이며, 필로 T. 판스워스(Philo T. Farnsworth)는 우리 미국 땅에 텔레비전 영상을 전송해 주지 못했을 것이다."

기자들에게 스스로를 통계 및 과학 뉴스 해설 전문가 집단이라고 선전하는 보수주의 싱크탱크인 통계평가서비스(STATS)의 데이빗 머레이(David Murray)도 토론자로 참여해 이렇게 말했다. "우리가 사태의 안전을 우선적으로 보증해야 한다면 도대체 어떻게 길을 건널 수 있겠는가? 모든 보행자들에게 버스와의 충돌에서도 살아남을 수 있도록 준비를 갖춰 주어야 하는가? 아울러 뜻밖의 사태에서 발생하는 잠재적인 혜택을 우리가 어떻게 안단 말인가? …… 예방 원리가 지구 생명체에 의해 그 기원에서 처음부터 채택되지 않았다는 사실은 정말이지 다행한 일이다. 대부분의 돌연변이는 해롭다. …… 하나의 종으로서 우리가 목표로 삼고 적응해야만 했던 것은 바로 변화 그 자체이다."

산업계의 자금을 받는 ACSH의 엘리자베스 휠런은 이렇게 덧붙였다. "예방 원리 자체가 우리의 건강과 높은 생활수준에 위협을 가한다." 그녀는 오염을 줄이려는 노력이 미국인들의 생활수준을 하락시켜 "더 많은 빈곤, 더 많은 사람들이 의료 보험 없이 살게 되는 상황, 의료 혜택의 전반적 축소"를 가져올 수도 있다고 주장했다. "여러분의 어머니가 하신 말씀을 생각해 보자. '의심스러우면 예방 원리를 집어치우라'는 말씀 말이다." 머레이와 휠런의 어머니들이 일반적인 많은 어머니들과는 다른 조언을 해주었다는 것은 분명하다. 많은 어머니들은 자녀들에게 길을 건너기 전에 양 방향을 두루 살펴보라고 말한다. 많은 어머니들은 "의심스러우면 내던지라"는 문구를 미심쩍은 음식물을 회피하기 위한 예방 원리로 사용한다.

"환경운동가들이 세상을 소란스럽게 한다"면서 공격하는 행위의 근본적인 위선은, 공격자들 스스로 과장된 공포의 수사학에 지나치게 의존한다는 점이다. 우리가 아이들을 공기 오염으로부터 보호하면 **정말로** 경제가 무너질까? '전체론적 사고'가 **정말로** 과학적 진보와 서구 문명에 종말을 가져올까?

예방 원리에 대한 잭 먼거번의 적대감은 아이러니라고 하지 않을 수가 없다. 그 자신이 고객사들의 명성 및 이익과 관련해서는 예방 원리의 실천가이기 때문이다. MBD는 기다리지 않고 운동가들의 위협에 대응한다. 환경, 소비자, 교회 조직들을 대상으로 그들이 지속적으로 수행하는 감시 조사 활동은 자사 고객에 대한 비판이 뉴스 방송이나 다른 공개 포럼에서 공표되기 전에 미리 그 내용을 파악하려는 것이다. 먼거번은 염소화학위원회에 이렇게 조언했다. "모든 경우에서 운동가들을 앞서는 게 중요하다."

먼거번, 비스코 앤 더친은 환경 및 소비자단체에 대항하는 캠페인에서 독자적인 형태의 공포를 조장해 왔다. 그 속에서 산업계는 '급진주의자들'의 부당한 공격에 시달리는 억울한 거인으로 등장한다. MBD의 로널드 더친(Ronald Duchin)는 말한다. "이런 급진주의자들은 체제를 바꾸기를 원한다. 그들은 근본적인 사회적·정치적 동기를 갖고 있다." 급진주의자들은 다국적 기업을 '태생적 악'으로 본다. "이들 조직은 연방 정부와 주 정부 및 지역 정부들이 자신들을 지켜주고 환경을 보호한다고 생각하지 않는다. 오히려 그들은 개인과 지역 단체들이 산업을 직접 통제해야 한다고 생각한다." 먼거번은 염소업계에 보내는 비망록에서 내분비계 교란 물질에 대한 염려가 '원대한 전략'을 가져왔다고 주장한다. "그린피스가 이 문제와 관련해 강력한 지도력을 부여받았고, 다양한 단체들——이 가운데 일부는 주류에서 수용이 가능하다——이 구체적 쟁점들을 선도하게 되었으며 결국 염소 화학에 반대하는 대중의 캠페인이 전반적으로 지지받으며 광범위하게 전개되고 있다는 인상을 얻게 되었다는 얘기다."

살인 감자의 공격

> 이 문제에 관심을 갖고 있는 많은 사람들의 염려는 우리가 과연 이 기술을 현명하게 사용할 수 있는지, 또 우리가 우리의 과학적 능력을 따라갈 만큼 지혜로운지에 관한 의문에서 시작한다는 것이 내 생각이다. 사실 인간이 가끔씩 놀라운 방법을 동원하면서 신기술을 그럭저럭 대충 적용한 예는 비일비재하다. 핵 기술이 가장 대표적인 예이다.
>
> — 로버트 샤피로(Robert Shapiro), 몬산토 사 전(前) CEO[1]

아파드 푸츠타이(Arpad Pusztai)가 자신의 36년 경력에 종말을 고하는 데에는 딱 2분 30초가 걸렸다.

"150초였다." 푸츠타이는 1998년 8월 영국의 텔레비전 프로그램 <움직이는 세계 World in Action>에 출현한 일을 이렇게 말한다. "내가 한 말이라고는 유전자변형 감자를 먹은 동물에게 무슨 일이 일어나는지를 확인하는 실험에서 우리가 기괴하고 놀라운 사실을 발견했다는 것뿐이었다. 그러자 전세계가 나를 물어뜯었다."[2]

온유한 성품의 생물학자 푸츠타이는 제2차 세계대전 당시에 나치의 점령에 맞서 저항 운동을 지도했고, 고위 서훈을 받은 헝가리 전쟁 영웅의 아들이다. 푸츠타이는 이렇게 회고한다. "아버지의 목에 많은 현상금이 걸렸다. 그러나 그런 상황도 아버지가 옳다고 생각하는 일을 못 하게 할 수는 없었다." 푸츠타이의 아버지는 전쟁 말기에 권력을 장악했던 공산주의 정권도 공공연하게 비판했다. 1956년 소비에트 군대가 헝가리를 침략해 시민 봉기를 분쇄하자 젊은 아파드는 이 나라를 탈출했다. 당시 아파드 푸츠타이는 이미 과학자로서의 명성을 확고하게 다지고 있었다. 오스트리아의 난민 캠프에서 몇 달을 보낸 푸츠타이는 포드 재단이 주는 장학금을 받아들였다. 이제 그는 자신이 원하는 곳에서 공부하면서 살 수 있게 되었다. 그는 관용의 나라라고 믿었던 영국을 선택했는데, 지금 돌이켜보면 얄궂은 인생이 아닐 수 없다.

런던의 리스터 예방의학연구소에서 박사 학위를 취득한 푸츠타이는 스코틀랜드 애버딘의 권위 있는 로웻연구소(Rowett Research Institute)에 영입되어 연구 활동을 시작한다. 이곳에서 그는 270편 이상의 논문을 발표하면서 탄수화물 결합 단백질 족인 렉틴에 관한 세계 최고 전문가로서의 명성을 쌓았다. 렉틴은 대부분의 식물, 특히 시리얼이나 감자, 콩에 들어 있다. 일부 렉틴은 독성이 있지만 다른 렉틴은 인간과 포유동물에 안전하다. 1980년대 후반에 푸츠타이는 아네모네 뿌리에서 추출한 특정 형태의 렉틴을 연구하면서 6년을 보냈다. GNA라고도 알려진 '아네모네 렉틴'은 해충을 죽이면서 고농도로 동물에게 주입했을 때에도 안전하다는 것이 실험실에서 밝혀졌다. 그리하여 푸츠타이의 연구 결과는, 해충 내성을 가지면서도 인간이 안전하게 섭취할 수 있는 유전자변형 작물을 개발하려는 안전한 방법으로서 엄청난 관심을 끌어 모았다. 연구 기금을 모집하는 능력도 뛰어났던 푸츠타이는 은퇴 후에도 로웻에 계속 남아달라는 요구를 받았다. 1995년에는 로웻이 푸츠타이의 전문 지식을 바탕으로 27개의 경쟁 연구소를 따돌리고 정부 계약을 수주할 수 있었다. 이 사업의 내용은 "곤충과 선충류

해충에 대한 저항성을 확대하기 위해 식물에 이식할 만한 유전자를 찾아내는 것"이었다. "물론 그러면서도 목표가 아닌 이로운 유기체, 환경, 이 식물을 먹는 가축에 미치는 영향은 최소여야 하며 인간에게 어떤 건강상의 위험도 주어서는 안 된다"는 단서가 붙었다.

푸츠타이는 이렇게 회고한다. "1995년에 이 프로젝트를 시작하면서 우리는 유전자변형 식품에 관한 생물학적 조사 보고서를 찾아보았다. 아무것도 없었다. 우리는 틈나는 대로 계속 찾았다." 1996년에 푸츠타이는 드디어 『영양학 저널』에 실린 논문을 하나 발견했다. 그 논문은 유전자변형 식품 개발을 주도하던 몬산토 사에서 근무하는 B. G. 해먼드(B. G. Hammond)라는 과학자가 쓴 것이었다. 해먼드는 몬산토가 유전자를 변형해 만든 '라운드업 레디'(Roundup Ready)라고 하는 대두(大豆)를 쥐나 메기, 닭, 소에게 먹인 다음 유전자변형 콩이 기존의 콩과 동일한 영양학적 가치를 지닌다는 결론을 내렸다.³⁾ 그러나 푸츠타이는 해먼드의 보고서가 방법적으로 취약하다고 판단했다. 푸츠타이는 이렇게 말했다. "정작 중요한 문제는 그들이 조직과 기관을 새로 만들지 않는 성체 동물을 사용했다는 점이다. 성체 동물은 소량의 단백질만을 필요로 한다. 그들의 몸이 평형과 항상성을 유지하기 때문이다. 그러나 성장하고 있는 어린 동물은 훨씬 더 많은 양의 단백질이 필요하다. 근육과 조직을 만들고, 기관을 형성하기 때문이다. 게다가 해먼드가 실험에 사용한 식단에서 유전자변형 콩의 비율은 약 7퍼센트에 불과했다. 그 실험은 누가 보더라도 문제점이 발견되는 것을 회피하려고 의도적으로 계산된 것이었다. 우리와 연구 제휴를 하고 있던 모든 과학자들이 이 사실을 알고 있었다. 나는 아네모네 렉틴이 훨씬 더 나은 결과를 가져올 것이라고 생각했다. 만약 우리가 아네모네 렉틴을 이용한 유전자변형 감자가 더 안전하다는 것을 입증할 수만 있다면 우리는 진정한 영웅이 될 것이었다."

푸츠타이는 직접 동물실험을 시작하던 당시만 해도 '아주 열정적으로' 유전공학을 '지지했다.' 그는 자신의 실험으로 아네모네 렉틴을 이용한 유전자변형 감자가 인간에게 전적으로 해롭지 않다는 것이 밝혀질 것이라고 확신했다. 그러나 실험이 계속되면서 근심과 염려가 커졌다.

푸츠타이의 실험은 네 개의 쥐 집단에게 감자를 먹이는 것이었다. 대조군에는 유전자가 변형되지 않은 보통 감자를 먹였다. 다른 두 집단에는 아네모네 렉틴을 생산하도록 유전자가 변형된 각기 다른 품종의 감자를 먹였다. 네 번째 집단에는 유전자가 변형되지 않았지만 종래의 비유전적 방식을 통해 아네모네 렉틴을 첨가한 감자를 먹였다. 예상대로 유전자가 변형되지 않은 감자를 먹은 쥐들은 잘 자랐다. 렉틴이 첨가된 감자를 먹은 네 번째 집단의 쥐들도 건강했다.

그러나 유전자가 변형된 감자를 먹은 쥐들이 신체 기관의 크기와 무게에서 여러 가지 예기치 못한 변화를 보여 주자 푸츠타이는 깜짝 놀라고 말았다. 유전자가 변형된 감자를 먹은 쥐들은 다른 쥐들보다 간과 심장과 뇌가 더 작았던 것이다. 푸츠타이의 연구팀은 이 쥐들의 면역 체계가 약화되었다는 증거도 발견했다. 그는 이렇게 결론지었다. "유전자가 이식된 감자를 쥐에게 먹였더니 대다수의 경우에 필수 장기의 일부 또는 대부분의 무게가 아주 의미심장한 변화를 보였다. 특히 걱정스러운 점은 부분적인 간 위축증이었다. …… 지라 및 가슴샘 같은 면역 기관들도 빈번하게 나쁜 영향을 받았다."[4]

푸츠타이는 이렇게 회고했다. "나는 크게 당황했다. 사실에는 의심의 여지가 없었다. 나는 아무것도 발견하지 못할 것이라고 전적으로 확신하고 있었다. 그러나 실험을 하면 할수록 마음은 불편해지고 사태가 더 염려되었다. 나는 기술을 신봉한다. 그러나 우리가 하고 있는 일이 올바르다고 절대적으로 확신하기에는 너무 낯선 사태였다."[5]

유전자가 변형되지 않은 감자는 해롭지 않았다. 아네모네 렉틴 역시 그 자체로 괜찮았을 뿐만 아니라 감자에 직접적인 방식으로 주입되었을 때에도 해롭지 않았다. 사실 푸츠타이의 과거 연구는 유전자변형 감자에 들어 있는 아네모네 렉틴의 양을 1,000배까지 증가시켜 먹였을 때에도 쥐들에게 전혀 해롭지 않다는 결과를 보여 주었다. 따라서 유전자조작 과정에서 일어난 어떤 상황이 예기치 못한 결과를 불러온 것처럼 보였다. 답보다는 의문점이 더 많은 골치 아픈 상황이 펼쳐졌고, 푸츠타이는 추가 연구가 필요하다고 판단했다. 그러나 푸츠타이가 사태를 걱정하고 있음이 알려지면서 그의 연구 방법론에 대한 의문이 던져지기 시작했다. 정부의 면역학자가 급파되어 그의 연구를 점검했다. 면역학자는 어떤 결함도 발견할 수가 없었다. 그러나 정부에 추가로 자금을 지원해달라는 푸츠타이의 요구는 묵살되었다.

처음에는 로웻연구소도 유전자변형 식품의 안전성을 확인하는 심화 연구를 위해 기금을 모집해야 한다는 푸츠타이의 제안에 동의했다. 1998년 6월 푸츠타이는 로웻의 승인하에 <움직이는 세계>와 인터뷰를 하기로 했다. 그는 "나의 출연은 유전자변형 식품을 생물학적으로 검사할 때 사항별로 확인하는 작업이 필요하다는 점을 강조하기 위한 것이었다"고 말했다. 인터뷰는 방송 7주 전에 녹화되었고, 연구소의 홍보책임자가 배석했다. 푸츠타이는 "만약 로웻이 TV 프로그램의 내용과 관련해 조금이라도 불만이 있었다면 미리 조치를 취할 수 있는 7주라는 여유 시간이 있었던 셈"이라고 말했다. "나는 우리의 합의 사항에 충실했고, 유전자변형 식품이 우리의 식단에 포함되기 전에 생물학적 검사가 충분히 이루어져야 할 필요성만을 언급했다. 나는 프로그램에서 구체적인 실험 내용은 물론이고 사용된 유전자의 정보도 밝히지 않았다. 당시만 해도 우리는 유전자변형 감자 두 종류를 가지고 실험하는 영양학 및 면역학의 장단기 연구가 생물학적 검사 프로그램의 효과적인 출발점이라고 생각했으며, 로웻도 나와 의견이 같았다. TV 프로그램에서 나는 유전자변형 과학이 여러 가지 혜택을 가져올 수 있다고 말했다. 그러나 우리가 그것을 올바르게 적용해 철저한 검사와 투명한 관리를 실현함으로써 유전자변형 식품이 안전하다는 것을 보증할 때에만 가능하다는 단서를 달았다."

인터뷰에서는 몇 가지 곤란한 질문이 던져졌다. 푸츠타이 박사가 유전자변형 식품의 안전성 검사가 부족하다는 점을 염려했을까? "나는 두 가지로밖에 답할 수가 없었다. '예' 아니면 '아니요'였다." 푸츠타이의 말을 계속 들어 보자. "거짓말을 할 수는 없었다. 그래서 나는 그렇다고 대답했다." 푸츠타이라면 자신이 직접 개발한 유전자변형 감자를 먹겠는가? 푸츠타이는 부정적으로 대답했다. 그는 "같은 시민을 실험용 쥐로 사용하는 것은 아주, 아주 부당하다"고 말했다.

녹화가 있고 몇 주 동안, 아니 심지어 방송 직전까지도 로웻연구소는 언론에 노출되는 것을 즐거워했다. 연구소 책임자 필립 제임스(Philip James) 교수는 방송이 나간 후에 푸츠타이의 아내에게 전화를 걸어 남편이 좋은 인터뷰를 했노라고 축하하기까지 했다. 그런데 방송이 나가고 이틀 후에 갑자기 모든 것이 변했다. 푸츠타이는 연구소장의 사무실로 불려갈 때 자신이 곤경에 처했음을 눈치 챘다. 제임스 교수는 단호한 표정으로 앉아 있었고, 로웻의 인사담당자와 변호사가 함께 있었다. 제임스 교수는 푸츠타이에게 새로운 보도자료를 건넸다. 거기에는 그가 직무 정지되었고, '연구소를 떠날 것'이라고 적혀 있었다.[5]

푸츠타이는 "나는 12일 동안 직무를 정지당한 후에 로웻으로 돌아와 나머지 계약 기간을 종료했다"고 말했다. "실험실에 돌아가 봤더니 컴퓨터가 봉인돼 있었다. 책상은 자물쇠로 채워져 있었고, 자료는 전부 사라진 상태였다. 더 우울한 사실은 내게 말을 붙이려는 사람이 아무도 없었다는 것이었다. 함께 지냈던 동료들은 하나같이 내가 존재하지 않는 것처럼 행동했다. 휴게실에 들어갔더니 모두가 나에게 등을 돌렸다."기)

다시 말해 '직무 정지'란 말은, 그다지 공손하지 않은 완곡한 말로 해고되었음을 표현한 것이었다. 실제로 해고당한 것은 푸츠타이만이 아니었다. 그의 실험 활동이 갑자기 종결되었고, 자료 역시 몰수되었다. 그가 개발한 감자는 압류되었고, 18명으로 구성된 푸츠타이의 이끌던 연구팀은 해체되었다. 유전자변형 식품의 안전성을 규명하려던 그의 연구 과제는 폐기되고 말았다.

콘카나발린 A(Con A)

푸츠타이의 연구에 관한 초기의 뉴스 보도는 실수투성이였다. 보도에서 기자들은 푸츠타이의 유전자변형 감자에 콘카나발린 A(Concanavalin A, Con A)라고 하는 렉틴이 들어 있다고 말했다. 원산지가 남아메리카인 잭빈(jackbean)이라는 콩에서 추출되는 Con A는 아네모네 렉틴과는 완전히 다르며, 포유동물의 면역 체계에 위해를 가하는 것으로 알려져 있다. 만약 푸츠타이가 Con A를 사용했다면 면역계에 일어난 손상이 놀라운 일은 아닐 것이다. 그러나 그는 Con A를 사용하지 않았다.

푸츠타이는 "Con A 이야기가 어떻게 만들어졌는지는 모르겠다. 그러나 그게 나하고 상관이 없다는 것만은 확실히 말할 수 있다"고 말한다. "나는 지난 25년 동안 Con A를 비롯해 다양한 렉틴을 실험해 왔다. 얼마간은 내가 이 분야의 연구를 개척했다고도 할 수 있다. 내가 Con A에 관해 발언했는지, 아네모네 렉틴에 관해 발언했는지를 기억하지 못한다는 의견도 받아들일 수가 없다. 나와 이야기를 나눈 기자 가운데 우리의 Con A 연구 내용을

물어본 사람이 거의 없었기 때문에 나는 깜짝 놀라지 않을 수 없었다."[비]

Con A 렉틴에 관한 최초의 언급 가운데 하나는 몬산토의 대변인 댄 베라키스(Dan Verakis)에게서 나온 것으로 보인다. <움직이는 세계>의 인터뷰가 방송되기 직전인 8월 10일 오전에 푸츠타이는 다른 매체와 생방송 인터뷰를 했다. 그리고 여기에 베라키스도 참여했다. 푸츠타이는 이렇게 회고한다. "베라키스가 남아메리카 원산의 잭빈에서 유도된 독성 단백질의 유전자를 우리가 사용해서는 안 되었다고 말하는 소리를 듣고 나는 깜짝 놀랐다."

그날 오전 늦게 푸츠타이는 로웻연구소로 돌아왔다. 그는 "연구소의 모든 전화가 시끄럽게 울리고 있었으며 사무 요원들이 전화 내용을 기록하고 있었다"고 말한다. "나는 지쳐 있었고, 그래서인지 제임스 교수가 친절하게도 더 이상 인터뷰를 하지 말라고 제안했다." 물론 푸츠타이는 당시에 사태를 명확히 깨닫지 못하고 있었다. 8월 10일 오전의 그 인터뷰가 마지막이었던 것이다. 푸츠타이는 향후 6개월 동안 대중 앞에서 발언하는 것이 금지되었다.

다음 이틀 동안 로웻연구소가 기자들에게 알려 준 내용은 제임스 교수와 다른 연구진에게서 나온 것이었다. 그들은 불가사의하게도 Con A 관련 사항을 혼동한 채로 되풀이해서 말했다. 8월 10일에 연구소가 배포한 보도자료는 푸츠타이의 실험에서 '살충 능력이 있는 Con A'가 사용되었다고 밝혔다. 이 공식 입장이 이런 제목의 뉴스 기사들, 곧 "과학자의 감자 경보가 잘못되었음을 연구소 측이 공식 인정하다", "박사의 대실수"의 바탕이 되었다. 런던에서 발행되는 『타임스』는 상황을 이렇게 묘사했다.

푸츠타이 박사가 <움직이는 세계>와 『타임스』 및 다른 언론과의 첫 인터뷰에서 언급한 자료는 유전자변형 감자를 얘기한 게 아니었다. 잭빈에서 추출한 렉틴 단백질이 감자를 기본으로 한 먹이에 첨가되었고 이것을 먹이는 실험에 관한 것이었던 셈이다. 이 렉틴이 면역계를 손상시키는 것으로 밝혀진 상태이기 때문에 실험 결과는 놀라운 일이 못 된다.

연구소는 Con A라고 하는 렉틴의 유전자를 삽입해 변형시킨 감자를 가지고 동물 실험을 수행할 태세지만 아직 시작하지는 않았다. 연구소 측은 자신들이 "이렇게 중요한 문제와 관련해 대중과 과학계에 오도하는 정보를 배포한 것에 대해 반성한다"고 말했다. 연구소장 필립 제임스 교수는 푸츠타이 박사를 모든 연구 활동에서 배제했고, 연구 책임자 앤드류 체슨(Andrew Chesson) 박사에게 책임을 물었다.

유전자변형 작물 사업을 선도하고 있는 몬산토의 콜린 메릿(Colin Merritt) 박사는 이렇게 말했다. "이 프로그램을 주도한 과학자는 외국인인 것 같다. …… 어쨌든 푸츠타이 박사는 언론과 접촉했다. 그는 기본적으로 유전자가 조작되지 않은 감자 관련 자료를 들고 나타났다. 그런데 여기에는 천연 상태에서 존재하는 독성 물질 Con A가 첨가되었다. 그리고 그는 이 자료를 유전자변형 감자가 불러온 결과라며 읽어 내려갔다. 그것은 가공할 만한 실수이며, 사태가 폭로되면서 걷잡을 수 없이 확산되고 있다."[19]

이 기사의 유일한 문제는 본문의 모든 주요 사실이 거짓이라는 점이다. 푸츠타이의 실험에는 유전자변형 감자가 사용되었다. Con A 렉틴은 독성 물질이지만 푸츠타이는 Con A를 가지고 실험하지 않았다. 그는 아네모네 렉틴인 GNA를 사용했을 뿐이다. 제임스 교수가 배포하기 전에 자신에게 보도자료를 보여 주기만 했더라도 자신이 실수를 교정할 수 있었을 것이라고 푸츠타이는 말한다. 로웻연구소도 결국에 가서는 그 보도자료가 잘못된 것이라고 발표했다. 그러나 이미 엎질러진 물이었다. 연구소 측의 허술한 대응은 보도자료가 공식 철회되고 나서도 1년이 넘게 언론 보도 속에서 되풀이되었다.

푸츠타이는 "우리는 Con A의 유전자를 발현시킨 변형 감자를 가지고 실험을 한 적이 한 번도 없다"고 말한다. "연구소장이 나를 믿지 못하게 하려고 8월 10일에 발표된 보도자료에서 Con A 관련 얘기를 한 것인지 아니면 그저 몰랐기 때문에 그런 것인지를 아직까지도 모르겠고 또 어떤 태도를 취해야 할지도 모르겠다. 그러나 결과는 같았다. 그런 실험이 전혀 없었다고 밝히는 자리에서 나는 미덥지 못한 멍청이나 도둑놈 또는 사기꾼 취급을 받았다. 연구소장이 충분히 영리하다고 가정해 보면 내 입에 재갈을 물려 거꾸러뜨리는 게 전략이었던 것이다."[10]

온갖 종류의 엉터리 뉴스 보도로 얼룩진 Con A 소동은 이후로도 몇 달 동안 계속되었다. 『스코틀랜드 데일리 레커드 앤 선데이 메일』은 이렇게 보도하기까지 했다. "푸츠타이 박사는 유전자변형 감자를 쥐에게 먹이지 않았다. 그는 독을 먹인 쥐를 가지고 수행한 실험 결과를 발표했다."[11]

런던에서 발행되는 『인디펜던트』의 기술란 편집자 찰스 아서(Charles Arthur)는 이렇게 썼다. "렉틴은 잘 알려진 독물이다. 따라서 그것을 감자에 주입하면 결과는 뻔한 것이다."[12]

영국 정부의 수석 과학자 로버트 메이(Robert May) 경도 Con A와 관련한 혼동을 되풀이했다. "청산염을 베르무트 주〔약초 및 강장제로 맛을 낸 흰 포도주〕와 섞으면 몸에 안 좋으리라는 것은 누구나 안다. 그렇다고 모든 혼합 주류를 금지해야 한다고 결론지어서야 되겠는가?" 메이 경은 라디오 인터뷰에서 이렇게 말했다.[13]

제임스 교수는 푸츠타이의 연구를 오도했을 뿐만 아니라 그의 능력과 인격을 교묘하게 비방했다. 그는 푸츠타이가 "훌륭한 업적을 이루었지만 끔찍한 곤경에 처한 저명한 과학자"라고 말했다. 제임스는 푸츠타이가 노망이 났다고 넌지시 암시했다. 그는 푸츠타이의 사고가 "뒤죽박죽"이며,

푸츠타이가 "붕괴 직전의 상태"이고, "영문 모를 말을 지껄이며", "분노에 시달리고 있다"고 말했다. 제임스는 "그가 저항하지 않는다는 표시로 두 손을 들고 사죄하고 있다"고도 말했는데, 이것은 또 다른 거짓말이었다. 또 이렇게 말하기도 했다. "나는 친애하는 아파드 푸츠타이 박사가 자신의 과학적 명망을 유지할 수 있기를 간절히 바란다. 정말이지 그를 보호하고 싶다."14)

푸츠타이는 이런 발언과 태도 표명에 대해 한마디도 할 수 없었다. 로웻연구소가 그와의 고용 계약서에 그의 공개적 발언을 금지하는 함구령을 부과할 수 있다는 구속 조항을 넣었기 때문이다. 담배업계의 내부 고발자 제프리 위건드처럼 그도 기자들과 접촉했다가는 연금을 몰수당할 위험에 처했다. 제임스 교수는 나중에 "그가 지칠 대로 지쳐 있었으며 언론을 상대하는 일에 익숙하지 않기" 때문에 그런 제약이 정당하다고 주장했다. "그는 순진했고 당황했다. 그래서 내가 모든 대 언론 관계를 덜어 준 것이다. 그에게 함구령을 내렸다고 나를 비난하다니 놀라운 일이다."15) 그러나 푸츠타이는, 자신이 언론과 접촉을 할 경우 고소하겠다고 위협하는 제임스의 편지 사본을 갖고 있다. 로웻의 과학자이기도 한 푸츠타이의 아내 수전도 기자들과 이야기하는 것과 사진 촬영을 금지당했다. 푸츠타이는 이렇게 말했다. "평생에 걸쳐 나는 나를 돕고 있다고 말하는 사람들이 두려웠다. 나는 공산주의 체제에서 자랐다. 그들은 자신들도 내 의도를 진심으로 이해한다고 말했다. 나는 그들의 말을 믿지 않았고, 탈출해서 정치적 난민이 되었다. 그렇지만 불행하게도 난 제임스 교수에게서는 탈출할 수 없었다. …… 내 인생 최초로 나는 스스로를 방어할 권리를 빼앗기고 말았다. 나를 구속하는 금지 조항 때문에 나를 방어하는 데 필요한 발언을 할 수가 없었다."16)

광장에서의 논쟁이 점입가경으로 치달았다. 그러자 로웻연구소는 네 명의 과학자로 '심사위원회'를 구성해 푸츠타이의 연구 활동을 검토하게 했다. 이런 종류의 심사는 대개 실질적인 과학적 사기 행위가 의심될 때에만 일어나는 일이다. 로웻위원회는 그런 증거는 하나도 찾아내지 못했으며, 푸츠타이가 아네모네 렉틴을 함유하게끔 유전자를 변형한 감자를 가지고 실험했다는 사실만을 확인했다. 그러나 심사위원회는 푸츠타이가 실험 자료를 바탕으로 도출한 결론에는 동의하지 않았다. 로웻연구소는 푸츠타이에게 3일을 주고 심사위원회에 답변서를 제출하도록 요구했다. 그가 자신의 연구 자료에 접근할 수 있는 권리를 부인하면서 말이다. 그리고 로웻은 심사위원회의 보고서를 푸츠타이의 답변서와 함께 인터넷에 올렸다. 여기에는 '공식 출판될 수 없는' 자료라는 첨언이 붙었다. 동업자의 평가가 수반되는 과학 잡지에 공개적으로 간행하기에는 엄밀성이 떨어진다는 얘기였다. 푸츠타이도 이 사실에는 동의한다. 그가 답변서를 제출하도록 강요받은 상황을 고려할 때 전혀 놀랍지 않다는 얘기인 것이다.[17]

언론과의 직접적인 접촉을 금지당한 푸츠타이는 한 친구에게 편지를 써 보냈다. 그리고 그 편지가 기자들에게도 전달되었다. 편지에서 그는 로웻연구소가 정부의 조사위원회에 출석해 자신의 연구 활동에 관해 증언하는 과정에서 자체 심사위원회가 작성한 보고서의 결론을 제시했다고 말했다. 정부 조사위원회에 푸츠타이의 반론 내용을 알리지 않은 것이다. 이미 두 달이 지난 때였다. 로웻은 푸츠타이의 반론을 '고려할' 것이라고 말했지만 어떤 반응도 보이지 않았다. 푸츠타이가 압박을 가해오자 그들은 푸츠타이에게 자료를 과학 논문으로 구성해 제임스 교수에게 제출하라고 지시했다. 제임스가 푸츠타이가 제출한 논문을 과학 잡지에 투고할지의 여부를 결정할 것이라는 통보와 함께 말이다. 제임스가 승인한다고 할지라도—그럴 가능성은 거의 없지만— 이 과정 자체가 최소 6~8개월은 걸릴 것이었다. "그러나 과학적 명성이 훼손된 나 같은 사람에게는 그 기간이 훨씬 더 오래 걸릴 수도 있다. 따라서 나는 이 절차가 또 다른 지연책이라고

확신한다." 푸츠타이는 친구에게 보낸 편지에서 이렇게 말했다.[18]

푸츠타이가 로웻연구소와 맺은 계약 때문에 그가 자신이 발견한 사실을 독자적으로 발표하는 것은 불가능했다. 그는 자료의 일부를 애버딘 대학교의 병리학자 스탠리 유엔(Stanley Ewen) 박사에게 보내 평가를 의뢰했다. 마침내 1999년 2월 20명의 국제 과학자단이 푸츠타이를 공개적으로 지지하고 나섰다. 그제서야 비로소 로웻은 함구령을 해제했고, 푸츠타이는 스스로를 공개적으로 대변할 수 있었다. 그러나 연구소의 허가가 없었기 때문에 그는 여전히 연구 내용을 공개적으로 출판할 수 없었다. 이 과정에서 과학의 존재 이유 같은 것이 화제가 되었고 유엔은 평가서를 작성했다. 그 논문이 마침내 영국의 대표적인 의학 잡지 『랜싯』에 푸츠타이를 공동 저자로 참여시켜 10월에 출판되었다.

유전자변형 식품 개발의 과학적 기초를 다지면서 경력의 상당 부분을 구축한 푸츠타이는 이제 자신의 주요 옹호자들이 환경운동가, 유기농 제품 지지자, 다른 굳은 신념을 가진 생명공학 식품 반대자들이라는 사실을 깨달았다. 그는 "나는 무인도에 표착했다. 그곳은 머무르기에 편안한 곳이 결코 아니"라고 말했다. "나는 지금 빠져나올 수 없는 상황에 놓여 있다. 나는 지금 계속해서 싸워야 한다는 책임을 느낀다. 문제가 있음을 알려 주는 증거를 나만 갖고 있기 때문이다. 나에게는 선택권이 있다. 틀렸다고 사과하거나 계속 투쟁하는 것이다. 나는 내가 옳다는 것을 안다."[19]

작은 감자, 거대한 이해관계

환경운동가들과 생명공학 식품업계 사이의 전투가 21세기의 가장 중요하고 논쟁적인 정치 투쟁 가운데 하나로 부상하고 있다. 여기에는 엄청난 규모의 재정적인 이해관계가 얽혀있다. 몬산토, 노바티스(Novartis), 독일 핵스트(Hoechst of Germany), 파머시아(Pharmacia), 다우 케미컬, 듀폰 등 세계 최대의 화학기업 다수가 그들의 투자를 산업 화학에서 농업 관련 사업, 제약 사업, 식품 분야로 전환하고 있다. 1998년에 미국 정부는 유전자변형 콩, 면화, 옥수수, 호박, 감자, 캐놀라유, 양상추, 파파야, 토마토를 허가했다. 당시까지만 해도 졸졸 흐르던 작은 시내와 같던 생명공학 제품의 세계에 수문이 열린 것이다. 1999년 초에 국제종자거래연맹(International Seed Trade Federation)은 유전자조작 씨앗이 거래되는 세계 시장이 2005년에는 60억 달러에 이를 것이라고 예상했다. 미국 재무부 부장관 스튜어트 에이젠스타트(Stuart Eizenstat)는 1999년 6월 미국 상원에 출석해 "앞으로 5년 후면 우리 농업 수출의 거의 100퍼센트가 유전자변형 제품이거나 유전자변형 제품과 결부되어 있을 것"이라고 증언했다. 그러나 이런 예상은 유럽과 일본, 그 밖의 지역에서 늘어나는 소비자 불안과 함께 위협받고 있다. 새로운 작물에 관한 의심이 폭증하고 있는 것이다. 사실 에이젠스타트도 이렇게 덧붙였다. "생명공학 식품에 대한 유럽연합의 두려움은 …… 우리가 직면한 단일한 실체 중에서 가장 커다란 무역 장애 요소이다."*

유럽에서는 영국의 '광우병' 파동으로 인해 대중의 염려가 더 심각하다. 1996년 영국에서 이 사태가 일어났을 때 정부 관리들과 과학자들은 소에서 발생한 치명적인 뇌 질환이 인간을 감염시키기 시작했다는 사실을 인정함으로써 10년 넘게 부인해오던 정책을 뒤집었다.* 공식 명칭이 '소

---

* Stuart E. Eizenstat, 재무부 부장관 임명 청문회 과정에서 상원 재정 위원회에 출석해 한 발언, 1999년 6월 29일.
* 광우병의 역사와 과학적 쟁점들을 검토하려면 우리의 전작 *Mad Cow U.S.A.: Could the Nightmare Happen Here?* (Monroe, ME: Common Courage Press, 1997)를 보라. 광우병 파동이 생명공학 식품에 대한 유럽인들의 생각에 미친 영향에 관한 구체적 논의를 확인하려면 Frank Mitsch, *Ag Biotech: Thanks, But No Thanks?* Deutsche Banc, July 12, 1999, p.6을 보라.

해면상 뇌질환'(BSE)인 광우병은 뇌에 미세한 해면상 구멍을 내서 희생자들을 죽인다. 1980년대 이전에는 영국산 소에서 광우병을 전혀 볼 수 없었다. 그러던 것이 동물 사료가 혁신적으로 바뀌면서 대규모 역병의 수준으로 발생하기에 이르렀다. 사료 첨가물로 '정제한 동물 부산물'을 광범위하게 사용했던 것이다. 도살한 동물의 먹을 수 없는 찌꺼기를 가공하는 것이 바로 정제 과정이다. 몇몇 연구자들은, 소들이 스크래피라고 하는 광우병과 비슷한 질병에 감염된 양의 정제된 찌꺼기를 먹으면서 광우병에 걸렸다고 믿고 있다. 이 이론이 옳든 그르든 광우병을 연구한 과학자들은 정제된 소를 다시 다른 소에게 먹이는 관행 때문에 광우병이 역병 수준으로 확산되었다는 데 동의한다. 도살한 동물의 단백질을 한 조각도 남김없이 활용했던 농업 관련 업체들이 동족을 잡아먹는 먹이사슬을 만들어 내기에 이르렀던 것이다. 발달 생물학자 스튜어트 뉴먼(Stuart Newman)은 이렇게 말한다. "경제적인 이유로 초식동물이 다른 종에서 나온 쓰레기 내장을 먹는 초유의 사태가 발생했다. 자연계에서라면 결코 맛볼 수 없는 것이다. 기본적으로 상업적 이해관계 때문에 생물학적 경계가 무너졌고, 새로운 질병이 발생한 것이다."

정제한 동물 단백질을 다시 가축에게 먹이는 행위는 사실 기술 수준이 꽤 낮은 공정이다. 기술이 계속 발전하면서 화학물질 항생제와 살충제, 가짜 지방과 모조 감미료 등 새로운 과학적 발견에 따라 우리의 음식물에 도입되었거나 음식물로 간주되는 변화의 복잡성과 범위를 고려할 때 그것은 단순하기 이를 데가 없다. 이 모든 혁신 가운데서도 유전자조작은 가장 급진적이고 혁신적인 기술이다. 이 기술은 너무나도 복잡해서 과학자들조차 아는 게 별로 없을 지경이다. 유럽의 소비자들에게 광우병 발생은 식품에 함부로 손을 대는 과학이라는 행위에 내재한 예측할 수 없는 위험의 본보기이자 경고였다. 유럽인들의 생각이 더 많이 조심하고, 더 큰 안전성을 지지하는 쪽으로 급격하게 돌아서는 시점에 아파드 푸츠타이의 150초 방송 출연이 있었다. 더구나 그가 겪은 얄궂은 이야기는 유전자가 변형된 유기체를 사람들이 먹는 식료품에 도입하는 방안과 관련해 한창 뜨겁던 논쟁에 기름을 붓고 말았다. 생명공학 식품에서 이윤을 뽑아내려는 몬산토와 그 밖에도 상업적 이해관계가 같은 동업자들은 이 논쟁을 부당한 대중적 히스테리의 사례로 간주한다. 그리고 이런 병적 흥분 상태가 공포를 퍼뜨리는 운동가들과 언론의 선정주의에 의해 유도되었다는 것이다. 몬산토 유럽 지사의 수석대변인 댄 베라키스는 1999년 2월에 이렇게 탄식했다. "여기 있는 사람은 다 우리를 미워한다."[20]

대중의 두려움은 생명공학업계가 대중의 여론과 인식을 조작하려고 시도해 온 오만불손함을 반영한다. 1999년 7월에 『사이언스』는 생명공학이라는 주제를 다루는 유럽과 미국의 뉴스를 비교 분석한 후 이런 결론을 내렸다. 유럽인들은 미국인들보다 과학 교양이 더 풍부하면서도 "과학적으로 부정확한 가정에 기초해 미국인들보다 유전자변형 식품을 더 위험한 것으로 인식하고 있었다."[21]

사실 대중이 갖고 있는 두려움의 상당 부분은 과학적 해석이나 기술 전문 지식이라는 협소한 쟁점을 뛰어넘는 것이다. 예를 들어 푸츠타이 사건은 연구기관과 정부, 기업 후원자 사이의 유착 관계가 발휘하는 정치적 영향에 대해 의문을 제기했다. 로웻연구소는 몬산토에게 연구 기금을 약간 제공받고 있다. 더 중요한 사실은 연구소 기금의 90퍼센트가 영국 정부에서 나온다는 사실이다. 푸츠타이 사건이 진행 중일 때 영국 정부는 생명공학업계의 투자를 적극적으로 유치하고 있었다. 당시에 한 논평가는 이렇게 말했다. "이제 우리는 새로운 종류의 과학자, 새로운 종류의 과학이 출현했음을 알아야만 한다. 공공연하게 자금을 지원받는 연구소에서 일하는 과학자들은 임의로 고용되고 해고된다. 그들은 주인이 설정한 과제를 할당받고, 자신들이 행한 연구의 지적 재산권도 거의 없거나 전혀 없다. 실제로 그들의 고용주들이 작거나 크거나 또는 계량 불가능한 위험을 수반하는 연구 활동에 관여할 수도 있다. 만약 과학-노동자가 이런 현실을 달가워하지 않는다면 그도 푸츠타이처럼 내부 고발을 단행하는 순교자가 되거나 다른 직업을 찾아봐야 할 것이다. 대학에 터를 잡고 있는 '독립적인' 과학자들의 상황도 크게 다르지 않다. 그들도 모두 연구비가 필요하기 때문이다. 실제로 유전자변형 사업이 명확하게 보여 주고 있는 것처럼 산업계에 터를 잡고 있는 과학자들의 지위와 영향력이 훨씬 더 막강하다. 그들은 정부와의 교감 속에서 움직인다. 그러니 비판의 대가가 얼마나 크겠는가?"[22]

몬산토

생명공학업계의 세계 최고는 몬산토이다. 몬산토의 1997년 매출 107억 달러와 시장 자본 가치 220억 달러라는 규모는, 부상하고 있는 생명공학 시장에서 한몫 차지하기 위해 분투 중인 많은 군소 후발 업체들을 가볍게 따돌려 버린다. 지금은 몬산토가 스스로를 '생명과학' 회사라고 부르지만, 사실상 이 기업은 자신의 역사 대부분을 화학 제조업에 바쳐왔다. 최초의 인공감미료 사카린을 제조하기 위해 1901년에 설립된 몬산토는 재빨리 산업 화학물질 생산으로 사업을 확장했다. 제2차 세계대전 중에는 플라스틱과 합성섬유 개발에 참여했고, 원자 폭탄을 제조하는 맨해튼 프로젝트에서도 중요한 역할을 담당했다. 종전 후 수십 년 동안 몬산토는 농업 화학 회사 중의 하나로서 화학살충제의 사용을 무자비하게 장려했다. 1960년대에 이 회사는 광범위하게 사용되면서 암과 선천적 결손증을 야기하던 화합물인 PCB의 주요 생산자였다. 몬산토는 다이옥신이 들어간 제초제, 에이전트 오렌지의 최대 생산자이기도 했다. 에이전트 오렌지는 베트남전 당시 동남아시아의 열대우림을 고사시키기 위해 미군이 사용하기도 했으며 피부 발진, 관절 통증, 근육 약화, 신경 장애, 선천적 결손증을 야기하는 것으로 알려져 있다. 1960년대 후반에 이르러 이 회사가 세계 최악의 독물 가운데 일부와 연결되어 있다는 인식이 퍼지면서 그 명성은 물론이고 기업의 미래 생존마저 위협받기 시작했다. 몬산토의 전 부회장 윌 카펜터(Will Carpenter)는, "고객들이 우리를 경멸하고 있다"고 말했다.㉓ 유전공학에 대한 몬산토의 관심은 장래의 이익뿐만이 아니라 이런 과거에서 탈출해야 할 필요성 때문이었다. 1980년대에 몬산토는 화학 분야를 매각하기 시작했다. 그들은 자신들이 발생시킨 많은 긴급한 환경 문제를 해결할 수 있는, 구조자가 되겠다는 전망을 가지고 생명공학에 투자했다. 그러나 1996년까지도 몬산토는 여전히 미국 제4위의 화학기업이었다. 드디어 1997년에 몬산토는 산업화학 분야를 별도의 회사로 분리하고 생명공학 사업에만 전념하기 시작했다.

생명공학 식품 논쟁의 전선은 대부분 재조합 소 성장 호르몬의 승인을 얻기 위한 몬산토의 홍보 및 로비 활동에 관한 것이었다. 그것은 유제품 생산용 소에 주사되어 우유를 더 많이 생산하도록 유도하는, 논쟁의 여지가 많은 제품이었다. 1986년에 다섯 세대째 낙농업을 해온 존 킨즈먼(John Kinsman)이 주도하는 위스콘신 주의 낙농가들이 생명공학을 비판하는 제레미 리프킨(Jeremy Rifkin)과 연대해 재조합 소 성장 호르몬에 반대하고 나섰다. 이윽고 1988년에 재조합 소 성장 호르몬 반대 진영은 가족경영농 조직, 소비자단체, 동물복지 운동가들을 참여시키기에 이른다. 이들 집단이 쉽게 동의했던 한 가지 사안은 안전성 검사와 의무적인 소비자 표시 제도의 도입이었다. 그래야만 소비자 개인이 재조합 소 성장 호르몬이 들어간 우유의 구매 여부를 스스로 결정할 수 있다는 논리였다. 그러나 1986년 업계의 설문조사에서 약물을 주입받은 소에서 짜낸 우유임을 밝히면 소비자들이 그 제품을 구입하지 않을 것이란 사실이 드러났다. 몬산토는 의무 표시에서 벗어나는 것에 만족하지 못했다. 몬산토는 재조합 소 성장 호르몬을 주입받지 않은 소에서 짜낸 우유에도 **자유롭게** 관련 표시를 하는 것을 금지하는 공작까지 수행했다. 일부 주와 몇몇 유제품 제조업체들이 '재조합 소 성장 호르몬이 첨가되지 않았음'을 알리는 표시를 달려고 하자 몬산토는 해당 유제품 제조업체들에게 법정 소송을 제기하겠다고 위협했으며, 실제로도 이 가운데 두 회사를 상대로 소송을 제기했다.

워싱턴에 있는 홍보 및 로비 회사 캐피톨린/MS&L(Capitoline/MS&L)은 유제품연합(Dairy Coalition)이라고 하는 네트워크를 급조해 제약업계 및 유제품업계들을 끌어들였다. 몬산토가 자금을 대는 대학 연구자들이 주의 깊게 '제3의' 전문가들로 선발되었다. 참가자들의 면면은 다음과 같다.

■ 스스로를 "식품안전 및 영양과 관련해 소비자, 보건전문가, 정부 관리, 기자들에게 분별 있고 과학적인 정보를 제공하는 비영리 단체"라고 소개하는 국제식품정보위원회. 사실 국제식품정보위원회는 식음료업계의 홍보기구이다. 식음료업계가 이 단체에 엄청난 자금을 제공하고 있고, 임직원들도 전국청량음료협회(National Soft Drink Association)나 설탕협회(Sugar Association) 같은 산업계 출신이다. 실제로 이 단체는 글루타민산소다(MSG), 아스파탐(뉴트라스위트), 식품 염색제, 올레스트라 등 논란이 분분한 식품첨가물 방어 활동을 주도해 왔다.

■ 전국주정부농무부협회(National Association of State Departments of Agriculture). 이 기구는 전체 50개 주 농무부의 최고 수장을 대변한다.

■ 미국농업사무국연맹(American Farm Bureau Federation). 강력한 보수주의 압력 단체로 오프라 윈프리(Oprah Winfrey)가 텍사스에서 고소당한 것과 같은 식품 폄훼법(food disparagement law) 통과 운동을 지원한다.

■ 미국영양학협회(ADA). 등록된 영양사들의 전국 협회인 이 조직은 국제식품정보위원회와의 밀접한 협력 관계 속에서 식품업계를 옹호하는 대규모 자금을 끌어 쓰고 있다. 그들은 자신들의 임무가 "대중의 건강을 증진시키는 것"이라고 밝혔다. 그러나 식품 회사와 관련 업종에게 전체 예산의 15퍼센트 — 무려 300만 달러 이상이다 — 를 얻고 있는 이 조직은 자신들을 먹여 살리는 집단을 물지 않는 법을 체득했다. 컬럼비아 대학교 티처스 칼리지에서 영양교육 프로그램을 담당했던 조안 구소(Joan Gussow)는 이렇게 말한다. "그들은 결코 식품업계를 비판하지 않는다." 미국영양학협회의 웹사이트에는 각종의 음식 제품에 관한 '간단한 보고서들'마저 올라와 있다. 그 제품을 만드는 회사들이 이 단체를 후원하고 있다(몬산토의 생명공학, 프록터 앤 갬블의 올레스트라, 아지노모토의 글루타민산소다, 전국마가린제조업협회의 지방과 기름).[24]

■ 식음료업계의 주요 동업조합인 미국식료품제조업협회(GMA). 이 단체의 회원사들은 미국에서만 연간 매출이 4,600억 달러 이상이다. 미국식료품제조업협회 자체가 워싱턴의 로비 단체로, 1998년에 이 목적을 달성하기 위해 140만 달러를 지출했다.

■ 식품 도소매상의 동업조합인 식품마케팅연구소(Food Marketing Institute). 연구소를 후원하는 식료품 가게 회원사들이 미국 내 식료품 매출의 4분의 3을 차지한다.

재조합 소 성장 호르몬을 승인받기 위한 캠페인에서 이 지지자들은 광범위한 미디어 조사 활동을 병행해 동조적이지 않은 기자들을 가려내 공격했다. 1989년에 홍보회사 카르마 인터내셔널(Carma International)이 합류해 재조합 소 성장 호르몬 관련 기사를 전부 컴퓨터로 분석해 기자들을 친구와 적으로 분류했다. 우호적인 기자들에게는 보상을 제공하고 비우호적인 기사를 작성한 기자들에 대해서는 편집자들에게 이의를 제기하면서 이 정보를 활용했다. 유제품연합에서 내부문서가 유출되었고, 그리하여 통제에 따르지 않은 기자들이 어떤 취급을 받았는지 폭로되었다. 1996년 2월 8일 유제품연합은 『보스턴 글로브』의 부편집자 메리 제인 윌킨슨(Mary Jane Wilkinson)에게 보내는 편지에서 프리랜서 작가 린다 웰트너(Linda Weltner)가 작성하려고 한 식품 칼럼에 대해 불만을 제기했다. 웰트너는 칼럼에서 새뮤얼 엡스틴(Samuel Epstein) 박사가 재조합 소 성장 호르몬에 대해 우려를 표명했다고 말했다. 일리노이 대학교 직업 및 환경의학 교수인 엡스틴 박사는 1978년에 상을 받은 『암의 정치학』의 저자이며 다른 아홉 권의 책과 280편의 과학 논문을 집필했다. 재조합 소 성장 호르몬의 주요 비판자인 엡스틴은 사육장에서 가축을 살찌우기 위해 성장 호르몬을 사용하는 것을 강력하게 반대해 왔다. 그는 이 문제와 관련해 유럽공동체에 자문을 해주기도 했다. 그가 유럽공동체를 대변하여 세계무역기구(WTO) 공청회에 출석해 증언했던 것이다.

편지에는 이렇게 쓰여 있었다. "[1월] 23일에 새뮤얼 엡스틴은 …… 우유와 암을 연관시키는 얼토당토않은 주장을 했다. 우리는 웰트너 씨가 『보스턴 글로브』의 토론 마당을 엡스틴에게 제공해 과학적으로 전혀 근거가 없는 이론을 유포할 것이 심히 걱정된다." 편지는 엡스틴을 유언비언 유포자로 몰았다. "과학계의 동료들 사이에서도 전혀 입지가 없고, 이 나라의 주요 보건 조직들을 전혀 신뢰하지 않는다." 편지에는 이렇게도 쓰여 있었다. "엡스틴의 기자간담회에 참여했거나 그의 연구를 검토해본 다른 뉴스 미디어 종사자들 ─ 『월스트리트 저널』, 『뉴욕 타임스』, 『워싱턴 포스트』 등 ─ 은 이 '이야기'를 싣지 않기로 결정했다. …… 『유에스에이 투데이』가 이런 주장을 보도한 유일한 신문이었고, 우리는 최근에 그들과 열띤 논쟁을 벌였다."[25]

유제품업계의 또 다른 내부문서를 보면 『유에스에이 투데이』의 보건 담당 기자 아니타 매닝(Anita Manning)을 어떻게 다루었는지 알 수 있다. 매닝이 기사에서 재조합 소 성장 호르몬 로비스트들을 공격했던 것이다. "수요일에 유제품연합의 대표들이 아니타 매닝은 물론이고 매닝의 상관인 편집자를 『유에스에이 투데이』 사무실에서 만났다. 매닝이 엡스틴은 신뢰할 만한 정보원이라고 말하자 유제품연합의 웨인 캘러웨이(Wayne Callaway) 박사가 엡스틴은 과학자들 사이에서 전혀 입지가 없다고 반박했다. …… 다시 매닝이 사태의 양 측면을 소개하는 것은 자신의 책임 소관이라고 주장하자 캘러웨이는 그녀가 숙제를 제대로 하지 않고 변명을 늘어놓는 것뿐이라고 공박했다. 그녀는 자신이 보도자료만 보고 기사를 작성하지 않고 직접 기자간담회에 참석했더라면 언론사의 다른 동료들, 곧 『워싱턴 포스트』, 『뉴욕 타임스』, 『월스트리트 저널』, AP의 기자들이 출처 문제 때문에 그 이야기를 다루지 않기로 결정했음을 알았을 것이라는 훈계를 들었다. 이때 쯤 매닝은 자리를 떴고, 상관인 편집자는 유제품연합에 [재조합 소 성장 호르몬]과 보건 문제를 다루는 향후의 기사 일체를 철저하게 점검할 것을 약속했다."[26]

유제품연합의 1996년 2월자 내부문서는 이렇게 언급하고 있다. "[유제품]연합은 『뉴욕 타임스』, 『월스트리트 저널』, 『워싱턴 포스트』, AP의 기자들과 편집자들을 교육하는 데 쏟아부은 노력으로 인해서 이들 조직이 [재조합 소 성장 호르몬을] 추가로 제공받은 소에서 짜낸 우유가 유방암 및 결장

암을 불러일으킨다는 새뮤얼 엡스틴의 발표 내용을 배격하기에 이르렀다는 사실을 확신한다. 그들은 이 이야기를 기사화하지 않았다."[27]

이 문서는 『뉴욕 타임스』의 식품 담당 기자인 매리언 버로스(Marian Burros)의 입을 완전히 막아 버린 일도 언급하고 있다. "유제품연합은 산업계 반대 성향이 아주 강한 매리언 버로스 기자가 [재조합 소 성장 호르몬을] 추가로 제공받은 소에서 짜낸 우유가 유방암과 결장암을 야기한다는 새뮤얼 엡스틴의 주장을 '보도'하지 못하도록 하기 위해 작년에 『뉴욕 타임스』와 무던히 접촉했다. 버로스는 그 내용을 기사화하지 못했고, 이제 『뉴욕 타임스』의 보건 담당 기자들은 [재조합 소 성장 호르몬을] 지지하는 자들이다. 그들은 엡스틴의 말을 믿지 않는다. 매리언 버로스는 이런 상황을 달가워하지 않고 있다."[28]

1997년, 플로리다에서는 탐사 보도 기자들인 스티브 윌슨(Steve Wilson)과 제인 아크르(Jane Akre)가 재조합 소 성장 호르몬에 관해 비판적인 내용을 방송하려고 하자 몬산토의 변호사들이 개입했다. 탬파 베이 폭스 네트워크의 계열 회사인 WTVT에 방송될 예정이었던 그들의 보도물은 몬산토와 그 제품에 관해 불온한 주장들을 폈다.

■ 소 성장 호르몬이 충분히 검증되지 않은 상태였는데도 식품의약국은 시장 판매를 허용했다. 인간에게 사용될 신약의 표준 암 검사는 수백 마리의 쥐를 사용해 2년간 실험해야 한다. 그러나 재조합 소 성장 호르몬은 30마리를 가지고 90일 동안만 실험했다. 더 문제인 것은 실험 내용이 공개되지 않고 있으며, 식품의약국이 연구의 미가공 자료에 대한 공개적이고 과학적인 동업자 평가를 허용하지 않고 있다는 점이다.

■ 플로리다의 일부 가축이 재조합 소 성장 호르몬을 주입받기 시작하고 나서

곧바로 병에 걸렸다. 찰스 나이트(Charles Knight)라는 농부는 자신이 돌보던 가축의 75퍼센트를 잃었다고 전하면서 몬산토와, 몬산토의 기금을 받는 플로리다 대학교의 연구자들이 다른 가축들도 비슷한 상황에 놓여 있다는 사실을 발설하지 못하도록 억누르려 했다고 말했다.

■ 플로리다의 낙농 관리들과 과학자들이 TV 카메라 앞에 나와서 재조합 소 성장 호르몬을 주입받은 소에서 나온 모든 우유는 항생제 검사를 받는다는 몬산토의 주장을 반박했다.

■ 아크르가 플로리다의 낙농가를 무작위로 추출해 그 중 일곱 곳을 방문해 보았더니 그들은 모두 자신들의 소에게 호르몬을 주사하고 있었다. 윌슨과 아크르는 인근 수퍼마켓 체인도 방문해 보았다. 2년 전에 소비자들의 염려에 부응해서 우유 공급업자들에게 재조합 소 성장 호르몬을 사용하지 말도록 요청하겠다고 약속했던 수퍼마켓 체인이었다. 실제로 그들은 약속을 지키기 위해 아무런 조치도 취하지 않았다는 것을 인정했다.[29]

■ 최종적으로 보도 내용은 '인슐린 유사 성장 인자 1'(IGF-1)과 결부된 잠재적 암 발생의 위험성과 관련해 엡스틴 및 소비자연합의 연구원 마이클 핸슨과 같은 과학자들이 제기한 염려를 자세히 설명했다. 재조합 소 성장 호르몬 처방이 우유의 IGF-1 수치를 크게 증가시킬 수 있는데, 최근의 연구 결과는 IGF-1이 강력한 종양 성장 촉진자라는 것을 암시한다.

전체 4부로 구성된 최종 편집본은 1997년 2월 24일 월요일에 방송을 시작할 예정이었지만 경영진이 이 방송을 취소했다. 시청률을 끌어올리기 위해 항상 프로그램 사전 예고를 했기 때문에 취재 내용은 이미 라디오 광고 등을 통해서 상당히 알려진 상태였다. 바로 그때 폭스 뉴스(Fox News)의 회장 로저 에일스(Roger Ailes)의 사무실로 불길한 편지가 한 통 도착했다. 에일스는 공화당 정치 브로커 출신으로 루퍼트 머독(Rupert Murdoch)의 폭스 네트워크 뉴스를 이끌고 있었다. 편지를 보낸 사람은 존 J. 왈쉬(John J. Walsh)였다. 그는 캐드월레이더, 위커샘 앤 태프트(Cadwalader, Wickersham & Taft)라는 회사의 뉴욕 지사에서 활동 중인 막강한 변호사였다. 왈쉬가 기자들의 편견을 비난하면서 폭스 네트워크 뉴스 측에 프로그램 방영을 유보하고 몬산토 측에 '더 공정한 기회'를 보장하라고 촉구했다. 왈쉬는 이렇게 썼다. "플로리다에서 현재 진행 중인 사태는 몬산토뿐만이 아니라 폭스 뉴스와 그 소유자에게도 매우 위태롭다."[30]

윌슨은 "몬산토가 자신의 위력과 영향력을 과시하기 위해서 미국에서 가장 유명한 변호사 가운데 한 사람을 고용했다"고 말한다. "우리 보도물이 방영될 계획이었고 폭스가 값비싼 라디오 광고에서 시청자들에게 취재 내용을 미리 예고하기도 했지만 몬산토 변호사의 편지가 도착하고 몇 시간도 채 지나지 않아서 방송이 갑자기 취소되었다. 방영 하루 전이었다."

처음에는 방송이 1주일 연기되었다. 아크르와 윌슨은 몬산토에 추가 인터뷰를 하자고 제안하면서 언급되어야 할 일련의 주제들을 제시했다. 그러자 왈쉬가 훨씬 더 위협적인 편지를 보내왔다. "경험이 많은 기자가 회사의 대변인이 카메라 앞에 등장해 아크르 씨가 제시하는 모호하고 부정확한—더구나 대부분이 힐문조인—요점들에 답변하리라고 기대한다면 그것은 정말로 고지식한 행위이다. 실제로 일부 논점들은 분명하게도 비방적 진술의 요소를 포함하고 있다. 따라서 그 내용이 방송에서 되풀이된다면 몬산토는 심각한 타격을 입을 것이고, 폭스 뉴스도 감당하기 힘든 결과에 직면할 것이다."

윌슨과 아크르에 따르면 그 이후 방송은 계속 연기되었고 경영진의 지시에 따라 대본도 고쳐 써야 했다. 전부 73번을 고쳐 썼는데, 이것도 만족스럽지 못하다며 거부당했다. 그야말로 피 말리는 악몽의 시간이었던 것이다. 윌슨은 "예고된 방송일이 6일도 남지 않은 상태에서 취소된 경우는 없었다"고 회고한다. "신문과 라디오, 지역 및 전국 방송의 기자로 활동해 온 내 평생에 걸쳐 이런 사태를 목격한 적이 없다." 엡스틴의 암 발생 위험 경고를 배제해버린 사건에서처럼 기자들이 자신들이 방송국의 바뀌어 버린 태도에 난색을 표명하자 사장이 그들에게 반항을 이유로 48시간 내에 해고될 것임을 통고했고, 다른 기자가 필요한 변화에 부응했다고 말한다.

윌슨은 이렇게 말한다. "그런 일이 일어나면 우리가 연방 통신 위원회에 공식적으로 이의를 제기하겠다고 말했고 해고는 간신히 면할 수 있었다. 그러나 우리는 거액의 현금 타협안을 제안 받았다. 돈을 받고 보도 내용과 방송 취소 과정에 대해 함구하라는 것이었다." 기자들은 20만 달러짜리 타협안을 거부했고, 결국 1997년 12월에 해고되었다.

표시가 없다고? 그럼 문제가 없다는 얘기!

산업계가 자체 여론조사로도 식품내용 표시라벨이 유전자변형 식품 마케팅에서 죽음의 키스가 될 수 있음을 충분히 깨닫지 못했다면, 1994년에 칼젠에서 '플레이버-세이버'(Flavr-Savr) 토마토를 출시한 사건을 통해 그들은 이 교훈을 통감하게 되었다. 플레이버-세이버는 미국의 수퍼마켓에서 판매 승인을 받은 최초의 유전자변형 과일이었지만 시장에 안착하는 데 실패했다. 보통 토마토보다 가게 진열대에서 더 오랫동안 유지될 수 있도록 설계된 플레이버-세이버는 값이 비쌌고, 조직이 부드러워 포장 과정에서 멍이 들기 쉬웠다. 더구나 일부 소비자들은 플레이버-세이버의 맛이 이상한 금속성의 느낌이라고 생각했다.³¹⁾ 칼젠의 마케팅 노력도 제품명과 제품 출시에 따른 광고 때문에 어려움에 봉착했다. 소비자들은 플레이버-세이버가 유전자가 조작된 제품이라는 사실을 알고 있었다. 많은 사람들이 조심스러운 태도를 취했다.

1990년대 초에 생명공학 옹호자들은 막강한 로비 활동을 벌여 유전자 변형 식품에 그 사실을 알리는 라벨 부착을 금지시키는 데 성공했다. 1992년에 식품의약국은 유전자변형 식품이 기존의 재래식 음식물과 사실상 동일하다고 선언했다. 식품의약국의 법률 시행세칙하에서 새로운 식품은 식품의약국이 '통상 안전하다고 간주되는'(GRAS)이라는 용어로 규정한 식품의 범주에 들어가지 않을 때에만 철저하게 검사를 받았다. 식품의약국은 생명공학 식품이 기존의 재래식 음식물과 동일하다고 선언함으로써 그것들을 GRAS한 것으로 간주했고, 결과적으로 의무적 안전 검사와 특수 제품 내용 표시를 면제해 주었다. 규제 당국은 생명공학 회사들의 자발적 안전 검사에 의존하면서 문제가 되는 제품의 GRAS 여부를 스스로 판단하도록 방치하고 있다.³²⁾ 식품의약국의 정책 방향 초안을 작성한 주요 결정권자 가운데 한 사람은 마이클 테일러(Michael Taylor)로, 테일러는 몬산토에서 일하던 변호사였다. 실제로 정책 방향이 결정된 후에 테일러는 식품의약국을 떠나 다시 몬산토로 돌아갔다.³³⁾

산업계는 유전자변형 식품의 장점을 공개적인 대중 토론의 마당에 제시하기보다는 수퍼마켓의 진열대에 제품을 신속하게 쌓아놓고 기술 혁신이 이미 명백한 사실로 자리잡았다는 압력을 넣으면서 여론을 휘어잡으려고 했다. 아주 최근까지도 이 전략이 계속되는 것 같았다. 유전자이식 작물의 최초이자 대규모 상업적 재배가 1996년에 시작되었다. 1998년에는 중국을 포함하지 않은 여덟 개 나라에서 거의 6,900만 에이커에 유전자이식 작물이 파종된다. 1999년에는 파종된 미국 옥수수의 약 3분의 1, 콩의 절반 이상이 유전자조작 품종일 것으로 추산되었다.³⁶⁾ 시장에서 판매가 허용된 유전자이식 제품으로는 면실유, 캐놀라, 감자, 토마토, 피망, 호박, 해바라기, (재조합 소 성장 호르몬 처방을 받은 소에서 짠) 우유, 단단한 치즈에 흔히 사용되는 응유효소인 키모신(chymosin)이 있다. 특히 옥수수와 콩은 감미료, 기름, 씹는 느낌을 바꿔주는 음식 첨가물, 충전재, 증량제 같은 가공식품에 널리 들어가 있다. 그러나 미국의 소비자들은 식품 내용에 대한 사실 그대로의 표시라벨이 붙어 있지 않기 때문에 유전자조작 식품을 점점 더 많이 먹고 있다. 대개 모르는 상태에서, 동의도 없이 말이다.

1999년에 산업계가 후원한 어느 여론조사 결과에 따르면 미국인의 62퍼센트는 유전자변형 식품이 이미 폭넓게 판매되고 있다는 사실을 여전히 모르고 있는 것으로 나타났다. 노스캐롤라이나 주립 대학교의 사회학과 교수 톰 호번(Tom Hoban)은 생명공학업계를 위해 광범위한 여론조사를 수행해 왔다. 호번은 일반 대중의 무지하다고 여겨지는 상태를 조롱한다. "많은 미국의 소비자들은 종자가 농업과 관련이 있다는 사실을 모를 것이다. 어쩌면 그들은 **농장**이 농업과 관계가 있다는 사실조차 모를 것이다." 그가 생명공학산업기구(Biotechnology Industry Organization)의 1998년 6월 회의에서 빈정대며 한 말이다. 호번은 이런 대중의 무지를 산업계가 소비자들을 '전향적으로 교육할 수 있는' 엄청난 기회로 본다. 유전자가 변형되지 않은 제품을 가게 진열대에서 찾기가 어려워지면서 결국 산업계가 승리할 것이라고 그는 말한다. "머지않아 모두가 생명공학 식품을 사용하게 될 것이다. 따라서 달리 취할 길이 많지 않다."

그러나 유럽에서는 소비자에 대한 이런 경멸이 대실패로 돌아왔다. 유전자변형 토마토 퓨레는 영국 수퍼마켓 진열대에 자리를 잡은 최초의 생명공학 식품 가운데 하나였다. 미국에서처럼 이 제품도 과시적 선전 행위 없이 조용히 도입되었다. 그러나 푸츠타이 교수가 <움직이는 세계>에 출연했을 즈음에 영국과 다른 유럽 지역의 소비자들은 자신들이 유전자변형 식품을 먹고 있다는 사실을 깨닫고 있었다. 소비자들은 이 사태에 분개하기 시작했다. 『월스트리트 저널』에 따르면 몬산토는 1998년에 자기 발에 총을 쏘았다. 식품 내용 표시를 거부했을 뿐만 아니라 "유럽 시장에 내다팔던 콩 제품에서 정상적인 콩과 유전자가 변형된 콩을 절대로 분리하지 않기로 결정했던" 것이다. "격렬한 반발을 주도했던 것은 그린피스가 아니라 슈퍼마켓 산업을 책임지고 있던 사업가들이었다. 아이슬란드 식품 체인(Iceland grocery chain)의 사장인 맬컴 워커(Malcolm Walker)가 '소비자 선택권'의 옹호자를 자처하면서 광고와 인터뷰를 통해 몬산토를 비난했다. 세이프웨이(Safeway) 회장 데이빗 웹스터(David Webster)는 1999년에 자신의 회사가 영국의 제품 진열대를 장악하고 있는 유전자변형 식품과 다른 재료들에 맞서 강력한 투쟁을 벌일 것이라고 선언했다."[35]

1998년 가을쯤에 실시된 자체 여론조사 결과를 보면 유럽의 긍정적인 여론을 얻어내기 위한 전투에서 몬산토가 패배하고 있음이 드러났다. 여론조사 연구가 스탠 그린버그(Stan Greenberg)가 작성한 내부 보고서도 몬산토의 생명공학 옹호 캠페인이 대중의 격렬한 반발에 '압도당했음'을 알려 주었다. 몬산토가 유전자조작 제품에 식품내용 표시라벨을 부착하기를 거부한 것은 영국의 주요 슈퍼마켓 체인들의 고위 임원들마저 분노하게 만들었다. 그린버그는 "최신의 조사 연구는 생명공학과 유전자변형 식품에 대한 대중의 지지가 지속적으로 붕괴하고 있음을 보여 준다"고 썼다. "이 프로젝트에서 우리는 매번 우리가 바닥을 쳤으며 여론이 안정될 것이라고 생각한다. 그러나 우리가 밑바닥에 도달하지 못했다는 게 분명하다. 최근의 조사는 1년 내내 대중의 지지가 계속해서 꾸준하게 하락하고 있음을 보여 주며, 어쩌면 최근에 그 흐름이 가속화되었는지도 모른다. …… 이들 제품을 '수용할 수 없다'고 말하는 사람들의 수가 급등했다. 작년에 35퍼센트였던 것이 여름 이전에 44퍼센트로 상승하더니 현재는 무려 51퍼센트에 이른다." 그린버그는 정치인들과 정부, 과학자들이 계속해서 기업을 지지하고 있음을 보여 주는 조사가 유일하게 긍정적인 지표라고 말했다. 그는 몬산토의 전략이 국회의원들과 '고위 공무원들'을 구성하는 '사회-경제 엘리트'를 장악하는 데 초점을 맞추고 있기 때문에 그들의 지지가 매우 중요하다고 말했다.[35]

같은 달에 발표된 한 신문사의 여론조사 결과도 응답자의 68퍼센트가 유전자변형 식품을 먹는 일을 걱정스러워하고 있다는 것을 알려 주었다. 1999년 3월에 실시된 또 다른 여론조사 결과에 따르면 "쇼핑객 열 명 가운데 아홉 명이 유전자변형 식품을 회피하기 위해 수퍼마켓을 바꿀 태세였다." 스코틀랜드 국교회는 초국적 생명공학 기업들의 '비윤리적' 사업 행태를 비난하는 연구 보고서를 발행하기 시작했다. 국교회 대변인 도널드 브루스(Donald Bruce)는 이렇게 말했다. "사람들은 자신들에게 선택권이 없다는 사실에 분노하고 있다. 제국주의의 냄새가 난다. 그러나 보스턴 차 사건과는 달리 이번에는 우리가 로테르담 콩과 옥수수를 북해에 처박을 지도 모를 일이다."

저항의 움직임이 거세어지자 유럽 전역의 수퍼마켓 체인들이 소비자들의 압력에 굴복하기 시작했다. 진열대에서 유전자변형 식품을 치웠던 것이다. 1999년 4월에는 영국 최대의 식품 제조업체이자 생명공학 연구의 투자자인 유니레버(Unilever)조차 저조한 실적에 자극을 받아 자사 제품에서 유전자변형 재료를 빼겠다고 발표하기에 이른다. 런던에서 발행되는 『인디펜던트』는 이렇게 적었다. "발표가 있고 나서 주요 기업들의 항복이 일주일간 계속되었다." 유니레버의 항복 문서가 발표된 다음날 네슬레가 뒤를 이었다. 영국의 주요 수퍼마켓 체인들, 곧 테스코(Tesco), 세인스베리(Sainsbury), 세이프웨이, 애스다(Asda), 서머필드(Somerfield)도 마찬가지였다. 『인디펜던트』는 이렇게 언급했다. "이런 식으로 단계적 철수가 완료되자 주요 수퍼마켓 체인 가운데 계속해서 유전자변형 식품을 취급하는 곳은 하나도 없게 되었다. 이 사태야말로 유전자변형 식품이 조용한 가운데 급속하게 팽창하던 흐름 —— 3년이 채 안 되는 세월 동안 수퍼마켓 진열대에 0퍼센트에서 60퍼센트로까지 성장한 —— 에 불어 닥친 비상한 역전이다."37)

유럽 최대의 도이체 방크(Deutsche Bank)가 작성한 내부 보고서는 투자자들에게 생명공학 주식 보유분을 팔아치우라고 권했다. 보고서 내용을 보자. "지난달에 유럽에 본부를 둔 한 거대 화학기업의 고위 경영자는 유전자변형 식품의 밝은 미래에 심각한 유보 조항을 달면서 만약 자신에게 선택권이 주어진다면 언제라도 비유전자변형 식품 주를 택하겠노라고 말했다. 그런데 그가 일하는 회사는 실제로 생명공학 기업과 연계되어 있다."38)

제국의 역습

생명공학에 반대하는 정서와 흐름이 부상하자 산업 전략가들은 그들의 비밀스런 접근법을 재고하기 시작했다. 1998년 5월에 몬산토는 적극적인 홍보캠페인을 시작했다. 프랑스와 영국의 신문지상에서 500만 달러의 광고 예산을 지출하며 유전공학을 기적 같은 제3세계의 기아 해결책이라고 선전했던 것이다. "수확을 시작합시다"란 표제를 달고 대대적으로 선전된 이 광고들은 환경주의와 사회적 관심의 수사학을 동원했다. "우리 모두는 동일한 행성을 공유하고 있습니다. 우리의 요구는 똑같습니다." 몬산토는 이렇게 선포했다. "농업 분야에서 우리 요구의 상당수는 생명공학을 친구로 활용할 수 있습니다. 생명공학은 우리의 미래에 전도유망한 진보를 약속합니다. 건강에 더 좋고, 더 풍족한 음식물, 덜 비싼 작물, 살충제와 화석 연료에 덜 의존하게 됩니다. 더 깨끗한 환경, 이런 진보를 바탕으로 우리는 번영할 것입니다. 생명공학이 없다면 우리는 성공하지 못할 것입니다. 우리는 새 천 년의 벽두에 굶주림이 없는 내일을 꿈꿉니다. 그 꿈을 달성하려면 희망을 약속하는 과학을 환영해야 합니다. …… 오늘날 생명공학은 내일의 도구 가운데 하나입니다. 생명공학의 수용을 미루는 일이야말로 굶주리고 있는 우리 세계가 결코 받아들일 수 없는 사치입니다."[39]

그러나 이 캠페인은 실제로 기아 문제를 해결하기 위해 노력하는 국제단체들의 즉각적인 공격에 직면했다. 영국 최대의 해외 원조 단체 가운데 하나인 액션 에이드(Action Aid)의 이사벨 매크리어(Isabel McCrea)는 "이것은 이윤을 위해 개발되고 있는 기술이다. 생명공학은 세계의 빈곤을 조금도 해결해 주지 못할 것"이라고 말했다. "우리는 산업계가 생명공학이 반드시 수용해야만 하는 기술임을 북반구의 소비자들에게 설득하기 위해 이런 주장을 냉소적으로 동원하는 사태에 정말이지 소름이 끼친다."[40]

생명공학 옹호자들은 유전자조작 작물이 환경에 독소로 작용하는 살충제와 화학비료의 사용을 줄이기 때문에 환경에 유익하다고 주장한다. 그러나 지금까지는 그 정반대가 진실인 것 같다. 현재 시장에서 거래되고 있는 유전자변형 작물의 절대 다수가 제초제를 잘 견뎌 내거나(결국 더 많은 제초제가 뿌려질 수 있도록), 내부에서 살충제 성분을 만들어 내도록 조작되어 있다. 당연히 몬산토에게는 제초제 내성 작물이 공동 판매 마케팅의 완벽한 기회로 작용한다. 그들은 유전자가 변형된 특허 종자를 농민들에게 높은 가격으로 판매할 뿐만 아니라 화학 제초제도 더 많이 팔아먹을 수 있었던 것이다. 1999년에 미국에서 재배된 콩 작물의 절반 이상이 '라운드업 레디'였다. 이 콩은 몬산토의 유명한 제초제 라운드업을 살포해도 살아남도록 유전자를 변형한 제품이다. 그러나 찰스 벤브룩(Charles Benbrook) 박사가 각 대학교에서 실시한 8,200개의 실험을 비교 분석해본 결과는 몬산토의 장밋빛 약속과 크게 달랐다. 제초제에 내성을 갖도록 유전자가 변형된 콩의 수확량이 재래식 콩보다 5~10퍼센트 더 낮았던 것이다. 전미과학아 카데미농업분과(National Academy of Sciences Council's Board on Agriculture) 실행 국장을 지내기도 했던 벤브룩은 현재 독립적인 상담역으로 활동하고 있다. 그는 이런 수확량 하락에 의한 생산량 감소가 1999년에 8,000~1억 부셀[bushel, 용량의 단위로 약 35리터] 정도일 것이라고 추정했다. 벤브룩은 살충제 잔류물이 얼마나 증가했는지 알아보기 위한 실험과 그것에 관련된 연구자가 단 한 명도 없다는 사실도 언급했다. 게다가 환경보호국은 콩과 면화에 대한 라운드업 잔류 허용 한계 기준을 높여 주었다.[41]

유전자변형 작물 일부가 실제로 화학 살충제를 더 적게 필요로 하기는 한다. 그러나 이런 상황도 단기적으로만 유효하다. 그렇게 할 수 있는 가장 보편적인 방법은 식물이 바실루스 투링기엔시스(bacillus thuringiensis), 곧 Bt를 생산하도록 유도하는 유전자를 삽입하는 것이다. 유기농업을 하는 농부들이 Bt를 수십 년 동안 천연 살충제로 활용해 왔다. 푸츠타이의 아네모네 렉틴처럼 Bt의 독소도 오랜 검증을 통해 인간에게는 해롭지 않은 것으로 보고되고 있다. 그러면서도 Bt는 아주 성가신 특정 곤충의 소화관을 파괴한다. 생명공학 기업들은 Bt 유전자를 옥수수, 면화, 캐놀라, 감자, 쌀에 주입하는 데 성공했다. 예를 들어 몬산토의 뉴 리프(New Leaf) 감자는 환경보호국에 법률상 살충제로 등록되어 있다. 거기 들어 있는 Bt 유전자가 콜로라도감자딱정벌레에게 독성을 발휘하기 때문이다. 노바티스의 Bt 옥수수도 유럽과 미국 남서부의 조명충나방에 치명적이다. 옥수수대에 구멍을 내는 조명충나방의 애벌레들로 인해 매년 10억 달러 상당의 작물을 잃었다.

식물에 자체 살충제를 주입하겠다는 계획이 근사한 생각처럼 보일 수도 있다. 그러나 여기에도 문제는 있다. 유기농을 실천하는 농부들은 Bt를 마지막으로 기댈 수 있는 천연 살충제로서 아껴왔다. 따라서 해충이 Bt에 노출되는 기간도 비교적 짧았고, 현재 재배되고 있는 Bt 작물의 면적보다 훨씬 더 적은 에이커에 약물이 살포되었다. 현재 미국에서만 약 2,000만 에이커의 땅에서 Bt 작물이 재배되고 있다. 더구나 Bt 작물의 모든 세포에는 독소가 발현되어 있는 상태이다. 1945년 이래로 재래식 살충제를 광범위하게 사용하면서 살충제에 내성을 보이는 해충이 500종 이상 출현했다. 그 벌레들을 연구하는 생물학자들은 Bt를 환경에 광범위하게 도입하면 비슷한 선택압이 작용해 Bt 내성 해충도 빠른 속도로 생겨날 것이라고 예상한다. Bt 내성 해충이 출현하면 유기농업은 가장 효과적이고 유서 깊은 해충 방제 수단 가운데 하나를 잃게 될 것이고, 결국 합성 화학물질을 사용하지 않고서는 해충을 통제하기가 더 어려워질 것이다.[다]

식물학자들은 유전자변형 작물에서 나온 꽃가루가 이식 변형된 특성을 가까운 관계에 있는 잡초에 퍼뜨릴 수도 있다는 사실을 걱정하고 있다. 예를 들어 Bt 유전자를 가진 쌀이 가까운 친척 관계인 야생의 초본과 가루받이를 할 수도 있다. 이런 일이 일어나면 그 잡초가 해충 내성을 갖게 되고, 이런 식으로 해충 내성을 갖는 식물이 폭발적으로 증식하게 된다. 마찬가지로 라운드업 레디 작물을 재배하면 제초제에 저항성을 가지는 '수퍼 잡초'가 탄생할 수 있다. 상업적 작물이 예기치 않은 장소에 출현하게 되면 그것이 잡초가 될 수도 있다. 실제로 캐나다의 농부 찰스 보저(Charles Boser)에게 그런 일이 일어났다. 보저는 몬산토가 개발한 라운드업 레디 캐놀라 일부가 이웃 농장에서 묵혀 두고 있던 자신의 농지로 흘러 들어왔다는 사실을 알고서 깜짝 놀랐다. 캐놀라를 재배하고 싶지 않았던 보저는 두 종류의 제초제를 사용해 이 유입 식물을 죽이려고 시도했으나 실패하고 말았다. 보저는 몬산토에 전화를 걸어 불만을 토로했다. "당신들의 제품을 가져가라. 내 땅에서 그 빌어먹을 캐놀라를 없애 달라. 나는 정확히 그들에게 이렇게 말했다. 나는 그 물건을 원하지 않는다." 몬산토는 보저의 요구에 응했다.

일꾼을 고용해 보저의 밭에서 수작업으로 캐놀라를 제거하고 보저가 지불해야 했던 추가 농약 살포 비용도 변상했다.

알레르겐〔알레르기성 질환의 원인이 되는 항원〕 문제는 유전자변형 작물과 관련해 제기되는 또 다른 보건 쟁점이다. 1995년에 파이오니어 하이브리드(Pioneer Hybrid) 종자 회사는 단백질의 영양학적 균형을 달성하겠다는 생각으로 콩에 브라질 땅콩의 유전자를 집어넣었다. 유전자가 이식된 콩으로 실험을 해보니 이것이 브라질 땅콩에 민감한 사람들에게는 치명적일 수도 있는 알레르기를 일으킬 수도 있다는 사실이 밝혀졌다. 파이오니어 하이브리드는 이 프로젝트를 폐기했다. 우리는 브라질 땅콩에 이미 알려진 알레르겐이 들어 있었다는 사실에 감사해야 할 것이다. 연구자들은 무엇을 찾아내야 할지 알았다. 그러나 현재 식품에 주입되고 있는 외계 유전자의 많은 것들은 바이러스, 박테리아, 곤충에서 취해진 것이다. 이것들은 과거에 인간들이 먹는 식품의 일부였던 적이 없는 단백질을 만들어 낸다. 과연 독성이 있을까? 답을 찾는 유일한 방법은 엄밀한 실험일 것이다. 먼저 동물을 대상으로, 그 다음에 인간 지원자들을 대상으로 한 실험 말이다. 식품의약국은 유전자변형 식품이 정상적인 음식물과 '거의 같다'고 판결함으로써 이런 실험이 필요한지, 또 필요하다면 언제 수행해야 하는지 등의 문제를 산업계에 맡겨 버렸다. 『뉴잉글랜드 의학 저널』의 지적에 따르면, 이런 태도는 "소비자를 보호하기보다 산업계의 이익을 우선시하는 것처럼 보인다."[네]

예측할 수 없는 해악을 음식물에 집어넣는 행위의 위험성은 재조합 DNA 기술을 사용하는 과정에 내재해 있다. 유전자조작은 흔히 '유전자삽입'이라고 설명된다. 그러나 이 용어는 이 과정의 불확실성과 불명확함을 상당 부분 가리고 있다. 이 말은 유전자를 조작하는 사람이 영화를 편집하는 것 ─ 영화가 재단대 위에서 안전하게 보존되는 가운데 편집자가 순서에 따라 영화의 어떤 장면을 제거하고 덧붙여야 할지를 완벽하게 통제하는 엄밀한 과정 — 과 비슷한 어떤 작업을 하고 있다는 생각을 갖게 한다. 그러나 대개 유전자삽입 기술에는 '유전자 총'이라는 것이 사용된다. 유전자 총이 특정 유기체에서 취한 DNA로 코팅된 작은 금속 탄환을 또 다른 유기체의 세포 안으로 발사하는 것이다. 모든 일이 잘되면 유전자가 금속 '운반체'에서 벗겨져 해당 유기체의 세포 내 DNA와 섞인다. 그러나 새로운 유전자가 표적이 된 생물의 유전체 내부에서 정확히 어느 지점에 안착할지 예측할 수 있는 사람은 아무도 없다. 염색체와 결합할 수도 있고, 또 다른 유전자의 한 가운데에 부착되어 세포의 정상적인 활동을 방해할 수도 있다.

푸츠타이는 "이 위치 선정의 효과를 예측하기가 쉽지 않다"고 말한다. "윌리엄 텔이 표적에 화살을 날리는 것을 생각해 보자. 이제 그 사수에게 눈가리개를 씌워보자. 유전공학자가 유전자를 삽입하는 행위가 딱 그것이다. 그는 이식하는 유전자가 수용되는 유전체의 어느 부위에 안착할지 전혀 모른다." 푸츠타이는 자신의 유전자이식 감자 실험에서 먼저 이 기술의 부정확성부터 논했다. 그는 말한다. "우리에게는 동일한 유전자삽입과 동일한 생육 조건에서 산출된 두 종류의 유전자이식 감자가 있었다. 우리는 그것들을 부모 식물과 함께 키웠다. 서로 아주 비슷했어야만 하는 두 종류의 감자에서 우리는 한 종이 다른 종보다 단백질이 20퍼센트 더 적게 들어 있다는 사실을 확인했다. 두 종이 크게 달랐던 셈이다. 그러나 우리는 이것이 각각 부모 세대와도 크게 다르다는 사실을 확인했다. 이것은 유전자조작의 모든 과정에 예측 불가능성이 본질적으로 내재하고 있음을 증명한다. 결국 만들어지는 유전자변형 식물 모두가 다 다른 셈이다."

생명공학자들은 DNA를 컴퓨터 소프트웨어를 구성하는 디지털 부호에 비유한다. 그러나 컴퓨터 프로그램은 DNA에 새겨진 유전 암호보다 훨씬 더 간단하고, 이해하기 쉽다. 하버드 대학교의 유전학자 리처드 르원틴(Richard Lewontin)에 따르면 유전 암호는 선형적 컴퓨터 프로그램보다는 상호작용하는 생태계에 더 가깝다. 그는 1998년 『뉴욕 타임스 매거진』에서 이렇게 말했다. "언제라도 그 안에 있는 것에 개입해서 바꿀 수가 있다. 그러나 어떻게 발현될지, 또 발현의 결과가 환경에 어떤 영향을 미칠지 알 수 있는 방법은 아무것도 없다. 우리는 유기체가 자신의 DNA에서 어떤 방식으로 전개될지 아는 게 거의 없다. 따라서 우리가 충격을 받지 않는다면 그게 더 놀라운 일이다."[44]

건강식품

비 스테파니(Bea Stefani)는 인간 모르모트가 되는 것이 어떤 느낌인지 자신의 체험을 통해 알고 있다. 그녀는 살을 좀 빼려고 노력했을 뿐이다. 그녀는 1989년 여름에 의사가 권고한 L-트립토판을 복용하기 시작했다. L-트립토판은 고기, 콩, 맥주 효모, 땅콩버터에 들어 있는 필수 아미노산이다. 1980년대 후반에 L-트립토판은 인기 있는 '천연의' 식품 보충제로 큰 명성을 누렸다. 다이어트 보조 재료뿐만 아니라 불면증, 월경전증후군, 우울증의 천연 치료제로 널리 권장되었던 것이다. 스테파니에게도 처음에는 L-트립토판이 잘 듣는 것 같았다. 두 달 만에 기적처럼 11킬로그램이 빠졌다. 그런데 문제가 발생했다. 가려움을 느끼기 시작했던 것이다.

"처음에는 머리가 가렵더니 나중에는 귀까지 번지면서 참을 수가 없었다." 스테파니의 말을 더 들어 보자. "이윽고 온몸이 가렵기 시작했다. 나는 비누에 알레르기 반응을 보이는 것이라고 생각했다. 세탁용 비누와 목욕용 비누를 전부 바꿨다. 그러나 변화가 없었다. 어찌나 가렵던지 잠을 자면서 귀를 긁어대는 통에 피가 다 날 지경이었다."[45]

가려움 다음에는 쑤시고 아픈 통증이 온몸을 짓눌렀다. 머리카락이

빠지기 시작했다. 손을 피부에 대보면 뜨겁게 느껴졌다. 그녀는 심각한 근육 경련 증상을 보였고 병원에 입원했다. 의사들은 당황했다. 그녀는 미국에서 과거에 보고된 적이 없는 질병으로 고통받고 있던, 수천 명 가운데 한 명이었다. 이 질병은 나중에 '호산구증다중근육통증후군'(EMS)이라고 명명되었다. 이 질병에 걸린 5,000명 가운데 37명이 죽었고 1,500명이 마비와 신경 장애, 피부 질환, 기억력 및 인지 장애, 두통, 극도의 빛 민감성, 피로, 심부전 등 다양한 영구 장애를 갖게 되었다. 스테파니도 여전히 심각한 통증에 시달리고 있으며, 더 이상 골프를 치거나 자전거를 탈 수도 없고, 어쩌면 남은 평생 약물 치료를 받아야 할지도 모른다. 그러나 그나마 그녀는 비교적 운이 좋은 편이었다. 심장이 손상되는 것을 면한 그녀는 호흡장치 없이 숨을 쉴 수 있다.[16]

희생자들에게 가장 충격적이었던 사실은 그들의 질병이 건강식품 가게에서 비롯되었다는 것이었다. 그들이 복용한 L-트립토판이 라벨의 표시처럼 '자연물'이 아니었던 것이다. 그것은 소비자들이 입수하게 된 최초의 유전자조작 다이어트 제품 가운데 하나였다.

서로 다른 몇 개 기업이 L-트립토판을 제조한다. 그러나 EMS에 걸린 사람들은 일본 제3위의 화학기업 쇼와 덴코(Showa Denko)가 만든 제품을 섭취했다. 쇼와 덴코는 이전 몇 년 동안은 발효 기법을 사용해 L-트립토판을 안전하게 제조했다. 발효 기법은 영양 환경 내에서 박테리아를 증식하는 것으로 요구르트 배양과 비슷하다. 그러던 그들이 생산을 늘리기 위해 트립토판을 더 많이 생성하는 유전자변형 박테리아를 도입했다. 불행하게도 유전자변형 과정에서 독성이 아주 강한 트립토판 분해 물질도 만들어졌음이 분명했다. 『사이언스』에 발표된 논문에 따르면 쇼와 덴코의 제품은 기존의 트립토판에는 존재하지 않는 '새로운 아미노산'에 오염되었다.[17] 오염물질은 아주 적은 양만 발생했고, 트리토판 자체와 매우 비슷했기 때문에 탐지하는 것은 물론 여과 장치를 통해 제거하기도 어려웠다. 그러나 일단 인간이 이것을 소화해 흡수하자 인체의 면역 체계를 지나치게 자극한다는 사실이 분명하게 드러났다. 면역계가 신경과 그 밖의 인체 조직을 공격하기 시작했다. 이런 면역계의 공격으로 인해 이 질병의 가장 끔찍한 특징 중의 하나가 발생했다. "마비 상태가 진행되는 것이다." 환자는 발의 신경을 통제할 수 없게 되고, 이어서 다리, 내장, 허파가 마비된다. 결국 숨을 쉬려면 호흡장치가 필요한 상황에까지 이르고 마는 것이다.

식품의약국은 EMS가 발생하자 L-트립토판의 일반 판매(OTC)를 금지했다. 쇼와 덴코 제품만이 아니라 모든 상표의 L-트립토판을 말이다.* EMS 희생자들은 20억 달러 상당의 손해 배상을 청구했다. 쇼와 덴코는 이 사건을 법정 밖에서 조용히 해결했다. 식품의약국의 관리들이 EMS의 재앙과 유전자조작 사이의 인과 관계를 드러내는 증거를 부인하거나 무시하는 경우도 있었다. 그들은 여론의 압박을 받더라도 대개는 인과 관계가 충분히 입증되지 않았다고 주장할 것이다. 그러나 그 인과 관계가 거꾸로 **논박**당하지도 않았다.*

유전자조작이 L-트립토판 오염 물질과 같은, 잘 알려지지 않은 어떤 것을 여러분의 옥수수 빵이나 샐러드용 토마토에 집어넣을 수도 있다는

---

* EMS는 1989년 10월에 처음 증후군 질병으로 인정되었다. 식품의약국의 경보와 L-트립토판 제품 회수 조치는 1989년 11월에 발효되었다. 보다 종합적인 경보와 제품 회수는 1990년 3월에 실시되었다. 이 질병이 확인되는 과정과 식품의약국이 발효한 규제 조치와 관련해 대강의 줄거리를 확인하려면 Stephen A. Gold et al., "The Clinical Impact of Adverse Event Reporting," in *Medscape Clinician Reviews*, vol.7, no.7(1997)을 보라.

* 이 질병의 원인을 규명하려는 노력을 확인하려면 Arthur N. Mayeno and Gerald J. Gleich, "Eosinophilia-myalgia Syndrome and Tryptophan Production: A Cautionary Tale," *Trends in Biotechnology*, vol.12, no.9(September 1994), pp.346~352를 보라. Hertzman, P.A., "L-tryptophan Related Eosinophilia-myalgia Syndrome," in *Drug and Device Induced Disease: Developing a Blueprint for the Future*, Proceedings of a MEDWATCH Conference, January 21~22, 1994, Rockville, MD, Food and Drug Administration도 보라.

사실을 한번 떠올려 보라. 이런 일이 일어난다고 해도 표준적인 식품 안전 검사법으로는 그것을 알아낼 수가 없다. 표준분석법은 이미 존재하고 있는 음식물의, 이미 우리가 알고 있는 특성에 기초해, 이미 알려진 독소만을 탐지해낸다. 유전자가 조작된 트립토판의 '새로운 아미노산'은 존재하던 독소가 아니었다. 식품의약국이 유전자변형 식품을 규제하기 위해서 사용하는 표준 절차에 따르면 여러분을 죽일 수도 있는 토마토는 안전한 토마토와 '아주 유사할' 따름이다.

더구나 산업계가 유전자조작 식품임을 알리는 라벨 부착을 거부하면서 위험은 더 커졌다. L-트립토판은 라벨 부착과 포장 덕택에 질병통제센터가 쇼와 덴코의 오염된 제품과 EMS 사이의 연관을 추적하는 것이 가능했다. 그러나 유전자변형 제품임을 알려 주는 라벨이 없는 상태에서는 누가 돌연변이 콩을 먹었고 누가 자연산 콩을 먹었는지를 파악할 수가 없다. 알려지지 않은 독성 물질이 식품에 들어간다면 그 시원을 추적하는 작업이 불가능하지는 않다 할지라도 상당히 어려울 것이다.

터미네이터

자본 집약형 기술인 유전공학은 본질적으로 기업의 농업 독점화 경향을 반영하고 심화한다. 『뉴욕 타임스』의 1997년 특집 칼럼에서 벌린 클링켄보그(Verlyn Klinkenborg)는 이렇게 말했다. "지난 50년간 미국 농업에서는 주민들이 농촌에서 도시로 이주했을 뿐만 아니라 정보 또한 농민에게서 농업 기업으로 옮겨갔다. 정보만이 아니라 경제적·기술적 권능도 함께 움직였다. 유전자변형 작물의 도입과 이것을 보호하기 위한 면허장은, 한 농업 재단이 '생명공학 농노'(bioserfdom)라고 부르는 신분으로 농민들이 몰락하는 과정에서 이루어진 최후의 조치이다. 농민들이 단순한 노동력 공급자로 전락하고 만 것이다."⁴⁹⁾ 유전공학자들이 종자와 의료 제품의 세계 시장을 독점적으로 지배하게 되면서 고대부터 전해져온 농업 기술 — 세계의 여러 지역에서 석기 시대의 도구를 가지고 여전히 성공적으로 운용되는 — 이 첨단 기술의 '기업 농업'으로 바뀌고 있다. 이 첨단 기술의 기업농은 첫째, '자유 시장'이라는 권력과 둘째, 내일의 땅에서 펼쳐지는 새로운 과학의 성직(priesthood)이라는 이해할 수 없는 계율에 순응해야만 한다. 이 새로운 세계 질서 속에서 농민들은 농산물의 생산자가 아니라 몬산토의 지적 재산권을 단순히 재현하는 사람일 뿐이다.

소비자 인터내셔널(Consumers International)의 총재인 줄리언 에드워즈(Julian Edwards)는 이렇게 말한다. "이 문제가 전개되는 양상 속에서 제기되는 아이러니 가운데 하나는, 특허를 출원할 때 생물학적으로 조작한 작물이 별개의 독특한 제품임을 주장하다가도 거기에 라벨을 부착하라고 요구받을 때는 다른 음식물과 똑같은데 왜 하느냐고 항변하는 것 사이에 존재하는 뚜렷한 대비이다."⁴⁹⁾ 듀폰, 노바티스, 몬산토와 같은 기업들의 관점에서 볼 때 특허를 바탕으로 삶 자체에 기업의 통제력을 행사하는 능력은 생명공학을 시간과 노력을 들일만한 대상으로 만들어 주는 진정한 마법이다. 유전공학은 종자를 '지적 재산권'으로 바꿔 놓았다. 이제 종자를 사용하는 농부에게는 수확한 뒤에 다음에 파종할 씨앗을 저장 보관할 수 있는 권리가 없다. 몬산토는 자동차 임대에 관한 비유법을 동원하기를 좋아한다. 임대 기간이 만료되면 차를 반환해야 한다는 것이다.⁵⁰⁾ 이 새로운 계약 때문에 농부들이 씨앗을 저장 보관하는 전통적인 관행은 불법이 되었다. 이것은 특히 제3세계에서 보편적인 일이다. 몬산토는 미국과 캐나다에서 이 발상을 극단까지 밀어붙였다. 자기들한테서 씨앗을 구매하지 않은 농부들이 몬산토의 유전자이식 품종을 재배하는지를 점검하기 위해 사립탐정을 고용한 것이다. 몬산토는 농민들에게 대가를 지불하지 않고 유전자 이식 작물을 재배한다고 의심 되는 이웃을 밀고하라고 부추기까지 했다. 캐나다에서 몬산토는 퍼시 슈마이저(Percy Schmeiser)라는 농부를 지적 재산권 절도 혐의로 고소했다. 슈마이저는 자신이 몬산토의 유전자이식 종자를 파종하지 않았다고 선서하고 증언했다. 그러나 그의 밭에서 몬산토의 종자가 나타났다. 유전자 표류에 의해 사태가 발생했을 가능성이 아주 높았다. 다시 말해 유전자조작 꽃가루가 바람에 날려서 그가 심어 놓은 작물이 오염되었을 가능성이 높은 것이다.

몬산토는 이런 식의 올가미를 더 강화하기 위해 1998년 5월 생명공학 반대 운동가들이 '터미네이터'라고 명명한 기술을 도입했다. 미국 농무부가 여러분의 세금을 쏟아 부어 개발한 터미네이터 기술(공식 명칭은 '기술 보호 시스템'이다)은 어떤 작물에도 삽입할 수 있고 일단 발현되면 모든 식물이 두 번째 세대에는 번식을 할 수 없도록 만드는 유전자 구성체이다. 이 기술은 기업들이 특허 받은 유전자 특성을 도입할 수 있는 이상적인 기반이었다. 그들은 농부들이 종자를 다음 파종기까지 저장하기를 원하지 않기 때문이다. 몬산토는 이 기술을 바탕으로 철권 전술을 사용하지 않고서도 자신의 '권리'를 강제할 수 있게 되었다. 『뉴욕 타임스』는 이렇게 논평했다. "몬산토와 같은 기업들은 터미네이터 기술을 바탕으로 자연의 마지막 위대한 유산 가운데 하나를 사유화할 수 있게 될 것이다. 우리의 문명이 1만 년이 넘는 세월 동안 가꾸고 발전시켜온 재배 작물의 유전자원이 바로 그것이다."

터미네이터 기술이 대중의 분노에 불을 붙이자 몬산토는 1999년 말에 당분간 그 기술을 상업화할 계획이 없다고 발표했다. 미국 농무부가 그 계획에 반대했다는 점도 짚고 넘어가야 할 것이다. 터미네이터 기술 특허권의 공동 소유자인 미국 농무부는 이 기술을 상용화해 개발 비용을 메워주기를 바라고 있다. 현재의 연구는 '반역자 기술'(Traitor technology)이라고 명명된 대안으로 진화 하고 있다. 반역자 기술은 활성 화학물질이 분사되면 식물의 재생산이 불가능해지는 일종의 '터미네이터 2'다.

 터미네이터 같은 기술들은 그런 종자를 사용하지 않는 농부들에게도 위협을 준다. "새로운 특성을 가지는 꽃가루가 그 기술을 거부했거나 감당할 수 없는 농부들의 밭을 감염시킬 것"이라고 네스 다노(Neth Dano)는 말한다. 다노는 동남아시아의 농부들과 공동 행동을 모색해 온 필리핀 소재의 조직 SEARICE의 국장이었다. 케냐에서 활동하는 공동체의생물학적다양성개발과보존프로그램(Community Biodiversity Development and Conservation Program)의 모니카 오폴(Monica Opole)도 이에 동의하면서 경고한다. "농부들이 광에 들어가 파종할 씨앗을 꺼내 보았더니 그 가운데 일부가 생식능력이 없다는 것을 알게 될 수도 있다. 그러나 때는 이미 늦은 것이다. 농부들은 자신의 이웃이 그 기술을 구매했고, 그 작물이 자신의 밭에서 타화수분(他花受粉)되어 생명력이 없는 씨앗을 남겨 놓았다는 사실을 확인하게 되는 것이다. 이 기술이 자연과 어떻게 상호작용할지 누가 알겠는가? 특히 시간을 두고 확산되면서 다른 농부들이 심어 놓은 다양한 품종과 불가피하게 섞이는 사태를 누가 예측할 수 있겠는가?"[51]

느슨한 규제

 규제 당국은 제어되지 않을 경우 고삐 풀린 망아지처럼 굴고 마는 기업 권력을 점검하고 견제해야 한다. 그러나 유전자변형 작물의 재배 건과 관련해서 미국 정부는 앞장서지만 않았을뿐이지 거의 모든 것을 다 해왔다. 생명공학업계는 워싱턴의 정치인들을 주무르는 데서 탁월한 능력을 보여 주었다. 토론토에서 발행되는 『글로브 앤 메일』은 이렇게 논평했다. "민주당, 공화당 양당 및 식품안전위원회 소속 국회의원들에게 거액을 기부하는 몬산토는 사실상 클린턴 행정부 각료들이 퇴직한 후 그들의 안식처가 되었다. 통상및환경보호국 관리들과 클린턴이 임명한 위원들이 몬산토의 유급 임원직을 꿰차고 들어앉았다. 동시에 몬산토와 그 밖의 생명공학 회사 임원들이 같은 회전문을 걸어 나와 행정부와 규제 당국의 직책을 차지했다." 빌 클린턴의 1992년 대선 캠프 책임자이자 미국 통상협상단 수석대표를 지낸 미키 캔터(Mickey Kantor)는 현재 몬산토의 이사이다.

산업계의 주요 로비 단체인 생명공학산업기구의 집행위원장으로 가기 위해, 유전자변형 식품의 안전성을 검토하던 전미과학아카데미 심사원단 단장 자리를 박차고 나가면서 분란을 일으켰던 마이클 J. 필립스(Michael J. Phillips)는 이렇게 주장한다. "역사상 생명공학 기술로 개발된 식품만큼 연방 정부가 사전에 철저하게 검열한 음식물도 없다." 사실은 다르다. 생명공학 식품은 특별 건강 안전 검사와 라벨 표시를 면제받고 있을 뿐만 아니라 환경 안전성 검사마저 느슨하다. 유전자변형 작물이 생태적으로 안전하다는 것을 보증하는 일은 농무부 소관이다. 그러나 1999년에 『뉴욕 타임스』는 농무부가 생명공학 작물의 승인 요청을 단 한 건도 반려하지 않았으며 이에 대해 많은 과학자들이 "농무부가 종자 회사들의 입증되지 않은 주장과 겉만 번지르르한 연구에 의존하고 있다"고 말한다고 보도했다.[52]

정부 기관과, 그들이 규제하는 생명공학 회사들은 결코 적대자가 아니다. 그들은 너무나 자주 서로 싸고도는 엘리트 집단으로 변질되는 것 같다. 자기들 마음대로 하면서, 그들의 결정에 영향을 미치려고 하거나 의문을 제기하는 '외부인들'(예를 들어 일반 대중)을 수상쩍어 하는 것 같다. 사실 그들에게는 그럴만한 충분한 이유가 있다. 그들 자신의 의견이 생명공학 식품에 대한 대중의 의견과 날카롭게 대립하고 있기 때문이다. 1997년에 거대 생명공학 기업 노바티스가 수행한 여론조사 결과에 따르면 미국인의 93퍼센트가 생명공학 제품에 식품내용 표시라벨을 부착하는 것을 찬성하는 것으로 나타났다. 미 농무부와 『타임』이 실시한 최근의 여론조사들도 대체로 비슷한 결과를 보여 주었다. 수십 개의 환경, 소비자, 가족 경영농, 동물보호 단체들이 이 문제와 관련해 캠페인을 하고, 소송을 제기하고, 항의하고, 선전하고, 청원서를 써 왔다. 1998년에 농무부는 유전자변형 식품을 '유기농 제품'으로 분류되도록 할 수도 있는 계획안을 내놓았다. 27만 5,000명이 이 기관에 편지를 보내 그 계획안에 반대했다.

정부와 산업계의 내부자들은 대중의 무지에 대한 일반적인 수사를 동원해 시민들의 염려를 배척하면서 자신들과 여론을 갈라놓고 있는 장벽을 합리화해 버린다. '러다이트'(Luddite, 영국의 산업 혁명 당시 실직을 염려하여 기계 파괴 운동을 벌이던 사람들), '미치광이' 같은 용어들이 그런 예이다. 생명공학자들은 무지한 서민들의 지적 능력을 누가 가장 업신여기는 말로 표현할 수 있는지 경쟁이라도 하는 듯하다. 캐나다에서 발행되는 『파이낸셜 포스트』에서 기업계를 옹호하는 칼럼니스트 테렌스 코코런(Terence Corcoran)은 몬산토와 생명공학 식품에 대해 비판하는 사람들을 '급진적 경향으로', '유언비어를 유포해', '민심을 소란케 하는' 산업계 공격자라며 질타했다. 그는 "그들이 살인 토마토로부터 이 세상을 구원하고자 한다"면서 불만을 표시했다. "프랑켄슈타인 식품(Frankenstein Food)라는 말은 영국에서 이제 일상 언어로 자리잡았다. 유전자 연구가 나치의 유전학 실험에 비유되는 지경이다. 언론의 히스테리성 발작과 놀란 대중 때문에 겁을 집어먹은 수퍼마켓들이 유전자변형 식품을 더 이상 취급하지 않고 있다."[53] 미국식료품제조업협회 대변인 진 그라보프스키(Gene Grabowski)는 "생명공학 식품을 공격하는 사람들의 신랄한 논평과 난폭한 전술"에 불만을 토로했다.[54] 유럽이 생명공학 식품을 거부하자 미국의 유럽연합 주재 대사 리처드 모닝스타(Richard Morningstar)는 화가 나서 이렇게 불만을 쏟아냈다. "정치 선동과 흑색선전이 정상적인 과정을 완전히 대체했다. 이 문제가 해결될 전망은 어둡기 그지없다." 유럽의 건방진 태도에 『월스트리트 저널』의 논설위원들도 분개했다. "식품 기술 개척과 관련해 유럽에서 혼동과 병적 흥분 상태가 이성과 경제적 합리성을 대체해 버렸다." 그들은 생명공학 비판자들을 '광신자들'이라고 규정하며, "무역과 기술 문제에서 한동안 이 폭도들이 사태를 장악하고 있다"고 푸념했다.[55]

영국의 주요 과학 잡지 가운데 하나인 『뉴 사이언티스트』도 아파드 푸츠타이 사건 보도에서 비슷한 추론을 했다. 이 잡지는 푸츠타이를 해고하기로 한 로웻연구소의 결정이 '대실책'이었다고 결론지었다. 그로 인해 푸츠타이가 '순교자'가 되면서, '음모 이론가들'과 환경주의 광신자들이 '무기를 보충할' 수 있게 되었다는 것이다. 잡지는 "전 국민을 자극해 한 방향으로 쏠리게 하는 것으로서 음식물 공포만 한 것이 없다"고 덧붙였다. 『뉴 사이언티스트』의 보도는, 생명공학을 옹호하는 세력이 새로운 사실의 부상 여부에 관계없이 생명공학 식품의 안전성에 대한 자신들의 결론을 고수하면서 보여 주는 일관성을 자신도 모르게 드러내고 있다. 푸츠타이 사건이 1998년 8월 처음 발생했을 때 『뉴 사이언티스트』도 로웻연구소가 발표한 'Con A' 관련 오류를 다른 언론과 마찬가지로 똑같이 반복했다. 잡지는 이렇게 말했다. "푸츠타이와 그의 동료들은 남아메리카 원산의 잭빈에서 나온 유전자를 감자에 주입했다. 그러나 잭빈 유전자의 산물인 Con A는 오랫동안 해로운 것으로 알려져 왔다. 그것은 렉틴이라고 하는 많은 독성 단백질 가운데 하나로, 식물은 이런 독성 렉틴으로 해충에 맞서 스스로를 방어한다. 다른 렉틴으로는 리신이 있다. 리신은 1978년에 불가리아의 반체제 인사 게오르기 마르코프(Georgi Markov)를 살해하기 위해 우산 끝에 묻혀 사용했던 독물이다. 케임브리지 액시스 제너틱스(Axis Genetics)의 최고경영자 이아인 큐빗(Iain Cubitt)은 연구 결과가 널리 알려졌다는 것에 놀라움을 표시했다. 그는 이렇게 말한다. 'Con A가 독성이 있다는 것은 누구나 다 안다. 따라서 이걸 감자 안에 넣으면 독성을 갖게 마련이다. 그게 그렇게 놀라운 일인가?'"56)

그러나 1999년 2월에는 모든 사람이 푸츠타이의 감자가 Con A가 아니라 아네모네 렉틴을 사용했다는 사실을 알게 되었다. 사실이 바뀌었고, 그래서 렉틴의 안전성에 관한 『뉴 사이언티스트』의 태도도 바뀌었다. 잡지는 이렇게 적었다. "애처롭게도 여전히 불명확한 사실은 푸츠타이의 실험이 유전자변형 식품의 안전성과 관련해 정말로 무엇을 의미하는가이다. 그의 감자에 사용된 렉틴 유전자가 분명히 커다란 중요성을 가질 것이다. 이 점은 식품업계에만 그런 것이 아니다. 그것이 수백만 명에게 주식 작물인 쌀의 해충을 물리쳐 줄지도 모른다. 논란의 여지가 없는 푸츠타이 실험의 한 가지 결과는 그래서 고무적이다. 렉틴이 그 자체로 쥐에게 해를 입히지 않는다는 사실 말이다."57)

위기 봉쇄

『월스트리트 저널』은 1999년 10월 7일에 이렇게 썼다. "거의 모든 미국 소비자들은 사태를 잘 모르고 있지만 유전자변형 작물로 만든 재료가 코카-콜라, 켈로그(Kellogg Co.), 제너럴 밀스, H. J. 하인즈(H. J. Heinz Co.), 허쉬 푸드(Hershey Foods Corp.), 퀘이커 오츠(Quaker Oats Co.), 맥도널드(McDonald's Corp.) 등이 제조하는 다양한 제품에 들어가 있다. 미국인들이 이 사실에 무관심하거나 개의치 않는 현실보다 더 이 회사들에게 즐거운 일도 없을 것이다. 그러나 그런 일이 일어날 가능성은 거의 없다."『월스트리트 저널』

은 유럽의 상황을 지적하면서 이렇게 언급했다. "호주, 뉴질랜드, 일본, 캐나다의 규제 담당관들은 이런 식품들에 식품내용 표시라벨을 부착하는 전략을 채택하고 있다. 아울러서 다른 많은 나라들도 비슷한 조치를 고려하고 있다. 이런 염려가 미국으로 확산될 가능성이 크다. 유럽에서 유전자변형 식품에 대한 걱정을 불러일으켰던 조직들, 곧 그린피스나 지구의친구들(Friends of the Earth)의 미국 자매 조직들이 미국인을 각성시키기 위한 다양한 방법들을 궁리하고 있다. …… 미국에서 모든 유전자변형 식품에 식품내용 표시라벨을 부착하라는 압력이 거세어질 경우 제품의 판매량은 뚝 떨어지고 말 것이다. …… 이런 역풍이 미국 생명공학 사업의 개척자들, 곧 몬산토와 듀폰에 엄청난 타격을 줄 수도 있다. 그들이 유전자변형 종자의 판매 대가로 농민들에게 부과하는 할증 가격은 생명공학 연구 활동과 기업 합병에 투자된 수십억 달러를 이제 겨우 보상해 주기 시작했다."[58]

미국 농부들은 생명공학 작물에 대한 국제적 반발이 점점 더 거세어지고 있음을 이미 깨달았다. 1997년과 1998년 사이에 유럽은 미국 옥수수를 약 7,000만 부셸에서 300만 부셸 정도만 구매했다. 옥수수 구매량이 한 해만에 96퍼센트가 떨어진 것이다.[59] 1998년 6월에 미국 농무부 차관 거스 슈마허(Gus Schumacher)는 프랑스가 유전자변형 옥수수와 콩의 수입을 거부하는 바람에 미국 농민들이 한 해 2억 달러를 손해 보고 있다고 말했다. 산업계가 생명공학을 옹호하며 막강하게 전개한 구매 권유에 처음에는 호의적으로 반응했던 농부들이 반발하기 시작했다. 28개 주의 옥수수 재배농 수천 명을 대변하는 전국옥수수재배농협회(NCGA)는 회원들에게 비유전자변형 작물을 심으라고 권하고 있다. 이 단체는 1999년 9월에 발표한 성명에서 이렇게 말했다. "미국의 농부들은 신뢰 속에서 [유전자변형 작물을] 심었다. 그것은 그 생산물이 안전하고, 또 노력에 대한 보상을 받을 것이라고 믿었기 때문이다. 그러나 우리는 다국적 종자 기업과 화학 회사 및 다른 영리 단체들에게 속았다는 사실을 알았다. 그들은 소비자들이 받아들이지 않는 작물을 재배하는 것과 연결된 위험을 농민들에게 전혀 알려 주지 않은 채 더 넓은 땅에 〔그런 작물을〕 심으라고 장려하기만 했던 것이다."[50] 더 큰 규모의 재배농을 대변하는 '공식' 옥수수 단체인 친생명공학 성향의 전국옥수수재배농협회조차도 시장의 진실을 외면할 수는 없었다. 미국 상원의 농업위원회 청문회에서 전국옥수수재배농협회 위원 팀 흄(Tim Hume)은 생명공학 종자 회사들에게 재래식 방법으로 최고의 잡종 품종을 확실히 제공해달라고 호소했다.[51]

생명공학 논란이 비등해지면서 식품업계는 대중적 논쟁에 충분히 대비하지 않고 시장의 승인을 밀어붙인 행위의 결과를 깨달아 가고 있는 것 같다. 업계 소식지 『수퍼마켓 뉴스』 1999년 10월호는 이렇게 말했다. "식품 안전에 대한 경비견으로서 정부와 소매상인들에 대해 소비자들이 갖는 신뢰가 무너질 수 있었다. 현대적 수퍼마켓이 기초로 하여 건설된 기둥 가운데 하나가 훼손되었던 것이다."[52]

지금 생명공학업계는 다른 나라들의 좌초 사태를 주의 깊게 관찰하면서 미국에서 부상하고 있는 소비자들의 격렬한 반발에 맞서 싸우고 있다. 기술의 다양한 측면들에 의문을 제기하고, 국제적 소비자 반란을 알리는 기사들이 『뉴욕 타임스』, 『로스앤젤레스 타임스』, 『월스트리트 저널』, 『타임』, 『뉴스위크』, 『소비자 보고서』 같은 출판물에 등장하고 있다. 1999년 6월에 홍보업계의 소식지 『PR 위크』는 미국식료품제조업협회 — 하인즈, 크라프트, 프록터 앤 갬블 등 132개 회사를 대표하는 — 가 수백만 달러 규모의 홍보캠페인에 착수해 유전자변형 식품과 관련해 자신들이 '균형잡힌'(그러니까, 우호적인) 정보라고 일컫는 것을 소비자들에게 제공하고 있다고 보도했다. 대변인 진 그라보프스키에 따르면 이 캠페인은 "잠재적 위기에 앞서 행동해야 한다"는 식품업계의 결의를 반영하는 것이었다.

1999년 7월 5일판 기사 「악몽의 현장」에서 『PR 위크』 기자 존 프랭크 (John Frank)는 "유전자조작 식품이 홍보전문가의 잠재적 악몽"이라고 인정했다. 프랭크는 1999년 5월에 코넬 대학교에서 나온 연구 논문으로 인해 산업계가 '정신 바짝 차려야 한다는 경고'를 받았다고 말했다. 그 논문은 몬산토의 Bt 옥수수에서 나온 꽃가루가 유액 분비 식물로 흘러 들어가 군주나비들을 독살할 수도 있다는 사실을 보여 주었던 것이다. 에임스 소재 아이오와 주립 대학교의 곤충학과 교수 말린 라이스(Marlin Rice)에 따르면 군주나비는 '곤충 세계의 사슴 같은 존재'이다. "그 녀석은 크고 화려해 많은 관심을 끌어 모은다. 전국의 어린이들이 군주나비를 병에 담아 키우고 있다." Bt 작물이 표적이 아닌 풀잠자리, 무당벌레 같은 익충을 죽이고, 유익한 토양 미생물을 죽이고, 흙의 비옥도를 훼손하고, 곤충을 잡아먹는 새들에게까지 해를 입힐지도 모른다는 사실을 보여 주는 최근의 다른 연구들에 이어서 Bt-군주나비 논쟁이 나왔다.[53] 그러나 산업계의 대변인들을 잰 걸음으로 서두르게 만들었던 것은 사슴을 죽이는 것과 결부된 이미지 문제였다. 『PR 위크』에서 인용된 한 취재원은 이런 발견이 소비자의 만족을 '순식간에' 끝내 버릴 수도 있다고 걱정했다.

군주나비 연구에 대해 『PR 위크』가 보인 반응 가운데 가장 재미있는 부분은 홍보업계가 선택할 수 있다고 생각한 방법들의 협소함일 것이다. "우리가 유전자조작 식품 관련 논쟁에서 방어적 역할을 하는 것으로만 한정되어야 하는가?" 잡지는 이렇게 묻고 대답했다. 홍보전문가들은 생명공학 기술이 "증가하는 세계 인구를 충분히 먹여 살리기 위해서 필요하다"고 주장함으로써 그들에게 **유리한** 주장을 펼 수도 있다. 다시 말해 그 선택안은 생명공학을 방어하는 것과 공격하는 것 사이의 중간에 있었다. 혹시라도 누군가가 예방 원리를 강조하고 싶어할지도 모른다는 가능성은 전혀 고려되지 않았다. 『PR 위크』는 이렇게 말했다. "의도치 않은 결과의 법칙은 나비 연구와 같은 연구들이 부상할 가능성이 있음을 알려 준다. 기업의 연구자들이 주목하지 않는 어떤 것에 초점을 맞추는 것이다." 그러나 『PR 위크』는 홍보전문가들에게 그런 '의도치 않은 결과'를 심각하게 받아들이기보다는 '신속하게 처리할 수 있는 국지전'으로 취급하라고 충고했다. 이렇게 하려면 곤란한 과학적 연구와 시민단체들에 대응하는 '조기 경보 체계'를 확립하고, 종자 회사들에게 그들의 연구 결과를 널리 선전하게 하고, '제3의 대변인들'을 끌어들여 규제 당국이 생명공학에 찬성하는 선언과 의견을 표명하도록 해야 한다. 『PR 위크』는 특히 농민들이 훌륭한 대변인이 될 수 있다고 충고했다. 그들이야말로 "미국 소비자들의 긍정적인 반응을 끌어낼 수 있기" 때문이다.[54]

군주나비 연구에 대한 제1의 공격 전선은 코넬의 연구자들이 채택한 과학 방법론에 흠이 있다며 트집을 잡는 것이었다. 그들은 왜 죽은 나비가 섭취한 Bt의 양을 측정하지 않았는가? 그들이 실제의 농장에서가 아니라 실험실에서 연구를 한 이유는 무엇인가?[55] (아이오와 주립 대학교의 과학자들이 실제 농장에서 수행한 별도의 연구는 비슷한 결과를 보여 주었다.) 두 번째 공격 전선은 상반되는 연구를 지원하는 활동이었다. 코넬의 연구 보고서가 발표된 지 불과 6개월 만인 1999년 11월에 산업계가 자금을 대는 생명공학종사자연구그룹(Biotechnology Stewardship Research Group)이 심포지엄을 열고 군주나비 연구 활동의 의미를 토론했다. 연구 자체가 이제 막 시작되었을 뿐인데도 말이다. 심포지엄에 앞서 생명공학산업기구는 다음과 같이 자신 있게 예언하는 보도자료를 배포했다. "과학자들은 유전적으로 개량된 옥수수가 군주나비 개체군에 무시해도 좋을 만한 피해를 입힐 뿐이라고 결론내릴 것이다."[56]

심포지엄 자체보다는 보도자료가 이 행사를 소개하는 거의 모든 언론 보도의 기초로 활용되었다. 『시카고 트리뷴』, 『로스앤젤레스 타임스』, 『세인트루이스 포스트-디스패치』 및 그 밖의 신문들은 이런 제목의 기사를 실었다. "과학자들, 변형 옥수수가 나비에 미치는 위협이 과장되었다고 보다."[57] 이런 상황은 심포지엄에 실제로 기자를 특파한 몇 안 되는 신문사의 논평과 뚜렷하게 대비되었다. 심포지엄에 참석했던 환경보호기금의 생물학자 레베카 골드버그(Rebecca Goldburg)는 이렇게 회고한다. "『뉴욕 타임스』의 캐롤 윤(Carol Yoon) 기자가 와 주었다는 게 정말로 다행이었다. 그날 오후에 그녀는 발언권을 얻어 자기가 편집자들과 이야기를 나누었으며, Bt 옥수수가 군주나비에게 별다른 위해를 가하지 않는다고 결론날 것이라고 적힌 산업계의 보도자료를 받았다고 말했다. 캐롤은 참가자들에게 이 결론에 동의하느냐고 물었다. 거의 모든 연구자들의 대답은 명백히 '아니요'였다."[58]

윤은 이렇게 보도했다. "그날 행사는 합의에 이르는 것과는 거리가 멀었다. 오히려 가끔씩 열띤 논쟁이 벌어졌다고 보는 편이 더 적절할 것이다. 일부 과학자들은 생명공학 옥수수가 두려워하는 것보다는 더 안전하다고 주장했으며 다른 과학자들은 그런 결론을 이끌어내는 것 자체가 시기상조라고 말했다. …… 연구자들 대부분은 그들의 연구 결과가 예비적이라는 사실을 강조했다. 많은 연구들이 여전히 완결되지 않았다는 얘기였다. …… 일부 연구자들은, 완결되지도 않았고 동업자의 평가를 받거나 출판되지도 않은 많은 연구들이 이렇게 대중적으로 떠벌여지는 현실에 우려를 표했다. 특히 자신들의 제품이 안전성 의혹에 휩싸인 산업계가 조직한 포럼에서 말이다."[59]

일주일 후에 등장한 후속 기사를 보면 산업계가 후원한 행사에 참석한 일부 과학자들이 이런 비판에 응수했음을 알 수 있다. 『타임스』는 이렇게 보도했다. "작업이 10퍼센트 정도만 완료된 연구의 예비적 자료를 과학자들이 공개하기로 결정한 이유 가운데 하나는 농민들이 더 많은 정보를 원했기 때문이라고 그들은 밝혔다."[71]

    연구 결과를 공개하면서 보인 이런 경솔한 태도는 '친애하는 노과학자 아파드 푸츠타이'를 대우했던 방식과는 눈에 띄게 다르다. 그가 150초 동안 TV에 출연하자 출판되지 않은 연구 결과를 공개함으로써 그가 과학의 불문율을 위반했다는 비난이 쇄도했다. 푸츠타이가 방송에 출연하자 몬산토의 콜린 메릿은 푸츠타이의 연구 결과가 대중에게 공개된 '직업상의 규칙을 위반한' 방식에 불만을 표시했다. 메릿은 이렇게 고발했다. "제대로 검토되지도 않은 정보를 이렇게 여기저기 돌아다니면서 흘려서는 안 된다."[71] 로웻연구소가 푸츠타이를 정직시킨 그 몇 달 사이에 네 명의 과학자가 소집되어 푸츠타이의 결론을 공격했다. 영국 정부의 수석 과학자 로버트 메이 경은 푸츠타이의 연구를 '쓰레기'라고 말했고, 그가 "과학적 정직성의 모든 규범을 위반했다"고 비난했다. 푸츠타이가 자신의 연구 결과를 『랜싯』에 발표했을 때에도 비판자들은 전혀 수그러들지 않았다.* 생명공학및생명과학연구위원회(Biotechnology and Biological Sciences Research Council) 의장 레이 베이커(Ray Baker) 교수는 곧바로 『랜싯』이 '무가치한' 논문을 발표하는 '무책임한' 행동을 했다면서 비난하고 나섰다. 영국왕립학회 회장도 '자격이 없는' 푸츠타이의 논문에 '신뢰성'을 부여했다며 『랜싯』을 공격했다.[72] 『랜싯』의 편집자 리처드 호튼(Richard Horton)은 논문을 출판하기 전에 왕립학

---

* S. W. B. Ewen and Arpad Pusztai, "Effects of Diets Containing Genetically Modified Potatoes Expressing Galanthus Nivalis Lectin on Rat Small Intestines," *The Lancet*, no.354(1999), pp.1353~1354. 푸츠타이의 연구가 전부 유전자변형 식품의 문제점을 지적하는 것은 아니다. 1999년에 그는 완두콩에 주입된 또 다른 렉틴 유전자의 효과를 살펴보는 연구 논문을 『영양학 저널』에 발표했다. 그는 어떤 부작용도 확인하지 못했다. Arpad Pusztai, G. Grant, S. Bardocz, R. Alonso, M.J. Chrispeels, H.E. Schroeder, L.M. Tabe and T.J.V. Higgins, "Expression of the Insecticidal Bean Alpha-amylase Inhibitor Transgene Has Minimal Detrimental Effect on the Nutritional Value of Peas Fed to Rats at 30% of the Diet," *Journal of Nutrition*, no.129(1999), pp.1597~1603을 보라.

회의 고위 임원한테서 자신이 '아주 공격적인' 내용의 전화를 받았다고 전했다. 그는 호튼을 "부도덕하다"고 비난하면서 논문을 출판하면 호튼의 자리가 위험에 처할 것이라고 협박했다.[주] 푸츠타이의 논문에 대한 이런 공격은, 과학적 논쟁이 수행되는 과학 잡지가 아니라 뉴스 미디어를 통해서 널리 알려졌다.

총공격

1999년 10월 미 상원 농업위원회가 이틀 일정으로 생명공학 기업들에 대한 청문회를 개최했다. 이때 미국 식품업계는 유전자변형 작물에 반대하는 소비자들의 반발에 대응해 처음으로 대중적 예방 공격을 단행하기 위한 기구인 더나은음식연합(ABF)을 출범시켰다. 더나은음식연합은 자체 웹사이트(www.betterfoods.org)도 갖고 있다. 이 웹사이트는 유전공학을 미래의 영양학적 풍요를 보장하기 위한 핵심 기술이라고 설명한다. 더나은음식연합의 회원들로는 미국식료품제조업협회, 미국농업사무국연맹, 그 밖에도 식품업계의 거의 모든 부문을 포괄하는 24개의 동업자협회(유기농 식품 부문은 제외)가 포함되어 있다.[주] 종합 홍보회사 BSMG 월드와이드(BSMG Worldwide)의 워싱턴 사무소가 이 기구를 운영하고 있다. BSMG 월드와이드는 몬산토, 화학제조업협회, 프록터 앤 갬블, 필립 모리스, 다른 수많은 대규모 식품, 화학, 제약 회사들을 고객으로 확보하고 있다.[주]

더나은음식연합의 대변인 브라이언 산소니(Brian Sansoni)는 미국식료품제조업협회가 더나은음식연합의 주축 세력이라고 말했다.[주] 그는 연합이 생명공학 기업들과 그들의 동업자 단체인 생명공학산업기구를 가입시키고 있지는 않지만 식품업계가 기술을 지지하는 가운데 '동일한 주장을 펼치도록' 하기 위해 만들어졌다고 그는 밝혔다. 그는 "우리는 운동가들의 오해와 무시무시한 캠페인이 유럽에서 발생한 사태처럼 전개되기를 원하지 않는다"고 말했다.

이제는 기술 비판자와 옹호자 모두가 유전자이식 식품에 관한 대중적 논쟁이 처음의 예상보다 훨씬 더 위험해질 수 있다는 사실을 이해하고 있다. 유전자조작 식품을 환경과 식료품 가게에 도입하면서도 그 사실을 알리지 않을 정도로 대중을 못 믿었던 기득권 세력이 이제는 이런 혁신이 안전하고 좋은 것인지의 문제와 관련해 자신들을 신뢰할 수 있는 전문가로 봐달라고 요구하고 있다. 그들이 두려워하는 사태 — 문제의 다른 측면에서 운동가들의 희망이기도 한 — 는 생명공학 식품에 관한 논쟁이 대중을 각성시켜 규제 당국이 현재 최선의 공공 이익을 보호하기 위해 활동하고 있지 않다는 사실을 깨달아 버리는 것이다.

한편, 아파드 푸츠타이와 같은 과학자들은 자신들이 그 한 가운데 어느 지점에 묶여 있다는 것을 깨달아가고 있다. 푸츠타이는 여전히 유전자변형 식품이 시장에서 판매되기 전에 주의 깊게 검사를 받기만 한다면 그것들이 밝은 미래를 보장해 줄 것이라고 믿고 있다. "자연의 모든 것은 조화롭다. 변화는 좋은 결과를 가져올 수도 있고 나쁜 결과를 가져올 수도 있다. 따라서 그 변화가 시도할 만한 가치가 있다면 판단하고 결정해야 한다." 푸츠타이 이렇게 말한다. "이 경우에 대해서 나의 의견을 말하자면 이런 방식은 아니라는 것이다. 실험을 먼저 해야 하는데 그러지 않았다. 우리는 두 명의 과학자가 의견을 달리하는 민감한 종류의 쟁점을 다루고 있는 게 아니다. 우리는 우리가 먹는 음식물에 관해 이야기하고 있는 것이다."

푸츠타이는 자신의 경험 때문에 기업과 정부가 똑바로 처신할지 의문을 갖고 있다. 그는 이렇게 말했다. "우리는 철저한 검사가 이루어진다는 말을 듣는다. 하지만 그런 게 어디 있었나? 그 어떤 잡지에도 출판되지 않았다."⁷¹⁾ "나는 공개적으로 발언한 것을 전혀 후회하지 않는다. 나는 그 자료를 출판하려면 적어도 2년이 더 걸릴 것이라는 단순한 이유에서 그렇게 말했다. 그 사이에 온갖 제품이 수퍼마켓 진열대를 차지하게 되었을 것이다. 정치인들은 유전자변형 식품이 인류 역사상 가장 엄격하게 검사받는 음식물이라고 주장하면서 이런 사태가 어이없다고 말한다. 그러나 진실은 완전히 다르다." 푸츠타이는 에스파냐의 독물학자 호세 L. 도밍고(Jose L. Domingo)가 『사이언스』 1999년 6월호에 투고한 편지를 주목한다. 도밍고가 메들린 데이터베이스[Medline database, 전미의학도서관이 구축한 도서목록 데이터베이스]와 톡슬린 데이터베이스[Toxline database, 독물학 문헌 온라인(toxicology literature online) 데이터베이스]를 검색해 보았더니 유전자변형 식품의 건강상 위험과 관련된 실험을 다룬 공식 출판 논문은 8개에 불과했다. 그 가운데 두 개도 엉뚱한 논문이었다고 푸츠타이는 말한다.⁷²⁾

푸츠타이는 "동업자의 평가를 받은 관련 논문을 열 손가락으로 셀 수 있다"고 말한다. "여기에는 나의 실험실에서 나온 논문 두 개가 포함된다. 논문은 『영양학 저널』 1999년 8월호와 1999년 10월 13일판 『랜싯』에 실렸다. 누구든지 공평한 관찰자가 이런 현실을 본다면, 세계를 기아와 다른 큰 불행에서 구할 것처럼 덤벼드는 산업계의 아주 초라한 모습이라고 말할 것 같다."

Ⅲ부 전문 지식 산업

3부 들어가는 글

1999년 4월에 에른스트 앤 영(Ernst & Young)은 금융자문 회사가 내놓은 법정 밖에서의 화해 비용 가운데 최고액인 1억 8,500만 달러를 지불하는 데 동의했다. 원고였던 회전목마 엔터프라이즈(Merry-Go-Round Enterprises Inc.)라는 파산한 의류 소매상에 따르면 에른스트 앤 영은 "사기, 무자격, 파산 법정에 출석해 중대한 허위 진술을 한 것"에 대해 유죄였다. 회전목마 사의 재정 손실을 막도록 돕기 위해 부실기업 회생작업의 전문가라며 투입된 에른스트 앤 영이 오히려 이 회사를 벼랑으로 밀어 버렸던 것이다.[1]

의류 체인의 설립자 레너드 웨인글래스(Leonard Weinglass)는 "우리는 여러 해 동안 값싼 옷을 팔았다"고 말하면서, 탱크탑과 찢어진 미니스커트 외에도 10대 소녀들의 아슬아슬한 패션들을 활용해 성공적으로 시장을 관리해 왔다고 설명했다. 그러나 어느 시점부터 회전목마는 삐걱거리기 시작했다. 사세를 급속하게 확장하다가 지불 능력을 넘어서는 채무를 지게 되었던 것이다. 회전목마는 손해를 보기 시작했다. 에른스트 앤 영을 제외하면 채권자들은 물론이고 거의 모든 사람이 회전목마가 살아남으려면 수백 개의 점포를 폐쇄해야만 할 것이라는 점을 알았다.

그러나 에른스트 앤 영은 즉시 행동을 취하기는커녕 연구를 하고, 금융 비용을 산출하고, 제안서를 만든답시고 수개월을 쓸데없이 낭비했다. 에른스트 앤 영은 점포를 폐쇄하지 말고 상품을 사들여 판매를 늘리기 위해 노력하라고 권했다. 회전목마의 최고경영자가 동의하지 않자 당초에 에른스트 앤 영을 추천했던 법률 회사가 개입해 그의 권한을 제한했다. 결국 채권자들이 파산 결정을 내렸을 때에 이 회사는 2억 달러 이상의 부채에 허덕이고 있었다.

　『월스트리트 저널』에 따르면 에른스트 앤 영의 법률적 과실은 숨겨진 이해관계의 충돌을 드러내지 않았다는 데에 있었다. 『월스트리트 저널』은 이렇게 보도했다. "에른스트 앤 영을 추천하고 나중에는 그 일에 개입해서 에른스트 앤 영의 편까지 들어 주었던 그 법률 회사는 에른스트 앤 영과 사업 관계를 맺고 있었다. 그들 가운데 어느 누구도 파산 법정에서 이 사실을 솔직하게 말하지 않았다. 게다가 에른스트 앤 영은, 조속한 점포 폐쇄를 단행할 경우 피해를 입을 수도 있었던 가게 임대주 일부와도 거래를 하고 있었다. 물론 이 사실도 법정에서 비밀에 붙여졌다." 다시 말해서 에른스트 앤 영의 조언과 충고는 회전목마의 이해와 요구에 봉사한 것이 아니라 점포 주인들의 이익을 보호해 주었던 것이다.²)

　에른스트 앤 영과 같은 전문적인 상담역들은 사업상 관계를 맺고 조언을 할 때, 공정하고 유익한 충고를 할 수 있는 자신들의 판단과 능력에 영향을 미칠 수도 있는 외부와의 관계를 모두 고객에게 알릴 법률적·재정적 책임이 있다. 그렇게 하지 않으면 심각한 범법 행위로 혹독한 처벌을 받는다. 우리 사회는 사업체와 그들의 채권자들의 이익을 보호하기 위해 강력하고 상세하며 유력한 법률들을 발전시켜왔다. 이해관계의 충돌을 투명하게 밝히지 않는 행위는 재정 고문에게 형벌이 부과되는 의무조항 가운데 하나일 뿐이다. 실제로는 분별력 있는 투자자의 판단과 결정에 영향을 미칠 수 있는 위험 요소 **모두를** 밝히지 않는 행위가 사기로 간주되어 벌금형뿐만이 아니라 실제로 구속될 수도 있다.

그러나 이런 표준 규칙은 다른 문제들과 관련해 일반 대중에게 조언을 하는 전문가들에게는 전혀 적용되지 않는다. 권위 있는 자리에서 비평을 해대는 전문가들과 기자들은 있을 수 있는 이해관계의 충돌을 조사하거나 존재하는 갈등을 드러낼 필요성을 거의 느끼지 못한다.

저녁 뉴스와 그 밖의 공보 프로그램에 출현하는 전문가들은 저명하거나 그렇게 유명하지 않은 대학교, 통계 평가 서비스나 전미정책분석센터(National Center for Policy Analysis) 같은 인상적 명칭의 싱크탱크, 미국암협회나 미국의학협회 같은 '착할 것으로 생각되는' 비영리 단체, 그리고『뉴잉글랜드 의학 저널』같은 학술 잡지에서 나온다. 많은 전문가들이 강력한 이익 집단에 단단히 매여 있다. 정부, 산업계, 직능 단체들이 전형적이다. 이런 이익 집단들이 그들에게 일자리, 권력과 지위, 교육 훈련, 전문적이고 학술적인 잡지에 그들의 작업 내용을 출판할 수 있는 권한, 다른 다양한 특혜를 제공한다. 이런 조직들과 제휴함으로써 전문가들의 신뢰성이 높아진다. 언론과 대중의 처지에서 볼 때 신용이 강화되는 것이다. 기성 체제를 옹호하는 전문가들은, 비판자들의 작업이 주요 잡지에 소개되는 것을 막거나 그렇게까지 하지는 않더라도 그들의 견해가 대중적으로 널리 알려지는 것을 차단함으로써 조용하고 은밀한 방식으로 그런 생각들을 억압할 수 있는 권력을 가지고 있는 경우가 많다.[3]

돈으로 살 수 있는 과학

> 과학에는 얼굴이 있고, 집이 있고, 가격이 있다. 누가 과학을 하고 있으며, 어떤 제도적 맥락에서인지, 또 누구의 어떤 비용으로 수행되는지를 묻는 것이 중요하다. 그런 것들을 이해해야 우리는 비로소 과학이라는 도구가 어떤 문제들에는 날카로운 반면 다른 문제들에는 무딘 이유를 제대로 알 수 있다.
> ─ 로버트 프록터(Robert Proctor), 『암 전쟁』[1)]

역사학자 스티븐 메이슨(Stephen Mason)에 따르면 과학에는 역사적으로 두 가지 중요한 기원이 있다. "하나는 실질적 경험과 기술이 한 세대에서 다음 세대로 전해지면서 발전하는 기술적 전통이고, 다른 하나는 인간의 열망과 사상이 전달되고 확장되는 정신적 전통이다." 기술적 전통은, 과학이 물질세계를 조작하는 유용한 수단을 제공한다는 논리의 기초이다. 정신적 전통은, 과학이 '객관적이고' 공정한 용어로 세계를 **설명할** 수 있다는 논리의 기초가 된다. 그러나 이 두 전통은 가끔씩 불화를 일으킨다.

현대의 과학은 스스로를 '과학적'이라고 간주한다. 일정한 방법론을 고수하기 때문이다. 현대의 과학은 정량적 방법과 측정 가능한 현상을 활용한다. 과학의 자료는 경험적으로 유도되며 다른 사람들이 재현할 수 있는 실험을 통해 입증될 수 있다. 더구나 과학에 종사하는 사람들은 공평무사하고 사사롭지 않다. 이데올로기 사상가들이 교의를 보급하고 불리한 증거에 맞서 그 교의를 방어하는 데 반하여 과학자들은 증거가 일러주는 대로 수정할 수 있는 '가설'과 함께 작업한다.

과학적 방법에 대한 표준적인 설명을 듣다보면 그것이 오류에서 참을 가려내는 기계적 과정이라는 생각이 들 정도이다. 과학적 방법은 대체로 이런 단계들을 거친다.

(1) 어떤 현상을 관찰하고 기술한다.
(2) 가설을 세워 그 현상과, 그것이 이미 알려진 다른 사실들과 맺고 있는 관계를 설명하려고 시도해본다. 여기에는 대개 수학 공식이 동원된다.
(3) 가설을 활용해 예측한다.
(4) 실험이나 추가적인 관찰 활동을 통해 그런 예측들을 점검하고 맞는지 확인한다.
(5) 예측이 틀렸으면 가설을 폐기하거나 변경한다.

로체스터 대학교 물리학과 교수 프랭크 울프스(Frank Wolfs)는 이렇게 말한다. 우리는 "개인적 믿음이나 문화적 태도가 자연 현상에 대한 우리의 견해와 해석에 영향을 미친다는 것을 잘 알고 있다. 그렇기 때문에 이론을 구성할 때 그런 영향력을 최소화하기 위해 표준적인 절차와 규범을 활용하는 것이다. 과학적 방법은 가설이나 이론을 검증할 때 실험자의 마음속에 자리잡고 있는 선입견과 편견을 최소화해 준다." 편견의 영향을 최소화하는 한 가지 방법은 많은 독립적인 실험자에게 가설을 검증하도록 만드는 것이다. 가설이 많은 실험을 무사히 통과하면 공인된 이론으로 승격될 수 있다. 그러나 과학적 방법은, 가설의 예측이 실험한 내용과 양립할 수 없을

때 배제하거나 수정할 것을 요구한다. 울프스는 과학에서 '실험이 최고'라고 말한다.²⁾

그러나 경험에 따르면 과학적 방법에 대해 보편적으로 수용되는 이런 설명이 대개는 신화라는 것을 알 수 있다. 단순한 신화가 아니다. 그것은 통계학자 칼 피어슨(Karl Pearson)이 1800년대 후반에 처음으로 체계화한 비교적 최근의 신화이다.* 코페르니쿠스는 앞에서 기술한 과학적 방법을 사용하지 않았다. 그것은 아이작 뉴튼이나 찰스 다윈(Charles Darwin)도 마찬가지였다. 사람들은 흔히 프랑스의 철학자이자 수학자인 르네 데카르트 (René Descartes)가 『과학에서 올바른 추론을 통해 진리를 밝혀내는 방법에 관한 논설』을 통해 과학적 탐구의 시대가 도래하도록 했다고 믿는다. 그러

---

* Karl Pearson, The Grammar of Science(London: MacMillan, 1896) 통계학자 피어슨은 통계적 유의미성을 점검하는 카이제곱 검사를 고안해냈다. 그는 이렇게 썼다. "과학적 방법은 주의 깊고, 자주 사실들을 분류하고, 그것들의 관계와 결과를 비교하는 것, 최종적으로 간단한 언명이나 공식 — 몇 마디 말로 광범위한 사실들을 요약한다 — 이라는 규제적 상상력의 도움을 통해 발견하는 행위 속에서 존재한다. 이런 공식을 과학 법칙이라고 부른다." (The Grammar of Science, p.77) 피어슨은 이렇게 말하기도 했다. "무엇이 되었든 사실들을 분류하는 사람, 그 사실들의 상호 관계를 살펴보고 그 연쇄를 기술하는 사람은 과학적 방법을 채택하고 있는 것이며 따라서 과학자이다. …… 그 사실들은 인류의 과거 역사일 수도 있고, 우리가 사는 대도시의 사회 통계일 수도 있으며, 멀리 떨어져 있는 행성의 대기에 관한 것일 수도, 벌레의 소화 기관이나 눈에 거의 안 보이는 세균의 생활사에 관한 것일 수도 있다. 과학을 규정하는 것은 사실 그 자체가 아니라 과학이 수행되는 방법에 있다." (The Grammar of Science, Part 1, 12) 통계적 상관관계에 몰두한 그는 인구 집단 내의 특성을 측정하려던 '생물 측정 운동'(biometrical movement)의 유력한 옹호자이자 우생학이라는 인종 차별적 사이비과학의 지도적 인사로 알려졌다. 그는 이렇게 밝혔다. "역사는 내게 하나의 길을 보여 준다. 오직 하나의 길만을 말이다. 그 길에서 고도의 문명이 탄생했다. 다시 말해 인종과 인종이 투쟁을 벌여 육체적·정신적으로 더 적합한 인종이 살아남게 되는 것이다. …… 더 나은 자원에서 숫자를 충원해 내부적 효율성을 최고도로 끌어올리고, 대개 열등 인종과의 전쟁과 같은 형태로 벌어지는 경쟁을 통해 외부적 효율성을 최고도로 끌어올려 유기적 전체를 구성하자는 것이 나의 견해이다. 그것을 민족에 대한 과학적 관점이라고 부를 수 있다고 생각한다." (Karl Pearson, National Life from the Standpoint of Science, 2nd Edition, Cambridge: Cambridge University Press, 1919).

나 데카르트의 방법론도 앞에서 설명한 절차와는 거의 관계가 없다. 벤젠의 분자 구조는 실험실이 아니라 꿈속에서 처음 가설화되었다. 많은 이론이 가설을 구성하고 수정하는 수고스러운 과정을 거치지 않고 갑작스럽게 영감이 빛을 발하는 순간에 탄생한다. 과학자들의 실제 사고 과정은 표준 모형이 제시하는 것보다 더 풍부하고, 더 복잡하고, 덜 기계적이다. 과학은 인간의 노력이다. 실제 세계의 과학자들은 상상력, 창조성, 심사숙고, 선행 지식, 도서관 자료 연구, 안내, 또 어떤 경우에는 눈먼 행운 속에서 자신들의 작업을 수행한다. 간단히 정리해 보자. 과학자들이나 비과학자들이나 문제를 해결하기 위해서 동원하는 지적 자원은 동일하다.

보편적 과학 방법론에 대한 신화는 과학자들이 실제의 세계에서 활동하는 방식과 관련해 본질적인 참모습을 왜곡한다. 예를 들어 현대의 연구자들이 교부금 지원서를 작성하고, 부서의 책임자나 기업 기부자, 정부 관료들을 상대하고, 연구 기금을 얻기 위해 필요한 온갖 활동에 참여하면서 허송하는 시간에 대해서는 말할 필요도 없다. 과학적 방법은 과학자 **개인에** 의한 편견의 가능성은 인정하면서도 그 **체계에 존재하는** 편견을 바로잡는 수단을 제공하지 않는다. 울프스는 이렇게 말한다. "과학 종사자들이 능동적으로 실험할 수 있고 공개적으로 의사를 활발하게 교환할 수 있는 곳에서는 개인이나 집단의 편견이 쉽게 제거된다. 다른 편견을 가진 다른 과학자들이 실험을 재현해 검증하기 때문이다." 그러나 서로 다른 과학자들이 같은 편견을 공유하고 있다면? 그들은 편견을 제거하기는커녕 오히려 더 강화할 것이다.

연구하는 현상을 정확하게 관찰하고 측정하는 과학적인 방법에 대한 기준을 과학자들 스스로가 이상화하는 경향도 있다. 영국의 생물학자 고든 D. 헌터(Gordon D. Hunter)는 "연구를 많이 해본 사람이라면 공식적으로 출판된 교과서나 논문에 등장하는 아름다운 곡선과 직선의 그래프를 자신이 결코 재현할 수 없으리라는 것을 너무나도 잘 알 것이다"고 인정한다. "실제로 부정행위를 했다고 비난할 경우 가장 상처받을 과학자들은 대개 출판을 위해서 전형적인 결과보다는 최선의 결과만을 가려 뽑는 사람들이다. 덜 엄격한 몇몇은 만족스럽지 못한 결과를 폐기하는 이유를 찾을 것이다. 나는 동료 데이빗 베어드(David Vaird)와 함께 소 케톤증(bovine ketosis)과 관련해 저명한 노벨상 수상자 한스 크렙스(Hans Krebs) 경과 함께 연구하던 때를 똑똑히 기억하고 있다. 네 마리의 소에서 나온 결과는 완벽했다. 그런데 망할 놈의 다섯 번째 소가 완전히 다르게 행동했다. 한스 경은 다섯 번째 소에 영향을 미치는 추가 요소들이 분명히 있지만 분석에서는 무시하고 빼 버려야 한다고 말해서 데이빗을 충격에 빠뜨렸다. …… 이런 속임수가 커다란 피해를 입히지는 않는다. 그러나 그런 행위는, 실험이 '그릇된 결과'를 가져온 것에 대해 우리가 확인하거나 추측할 수 있는 이유가 있을 것이라고 확신함으로써 전체 실험이나 실험의 일부를 배제해버리는 길로 나아가는 초보 단계이다."[ㅋ]

    모든 과학 실험이 과정의 정직성을 담보하기 위해 재현될 수 있어야 한다는 생각 역시 신화이다. 실제로 어떤 과학자의 연구 결과를 다른 과학자들이 점검을 하는 경우는 아주 드물다. 거의 모든 과학자들은 너무나 바쁘다. 연구 기금도 형편없이 적다. 새로운 실적을 내놓으라는 압력도 너무 강하다. 그렇기 때문에 이런 검토 행위는 거의 없다. 대신 등장한 것이 '동업자 평가'(peer review) 체계이다. 전문가 심사단이 개입해서 다른 연구자들의 작업 내용을 판단하는 것이다. 주로 두 가지 경우에 동업자 평가를 활용한다. 어떤 연구에 기금을 주어야 할지 결정하는 교부금 승인 과정과 연구가 완료되어 그 결과가 과학 잡지에 출판되어도 좋은지를 판단할 때다.

    과학적 방법의 신화처럼 동업자 평가 역시도 비교적 최근에 자리잡은 현상이다. 동업자 평가는 19세기 중반에 가끔씩만 이루어지던 특별한 관례였다. 그러던 것이 제1차 세계대전을 겪으면서 확고한 체계로 자리잡게 된다. 연방 정부가 국립연구위원회(National Research Council)를 통해 과학자들을 지원하기 시작했던 것이다. 과학자들에 대한 정부의 지원이 늘어나면서 어떤 프로젝트에 자금을 지원해야 할지를 결정하는 공식적인 체계가 필요했다.

어떤 면에서 보면 동업자 평가 시스템은 앞에서 설명한 과학적 방법의 반정립인 것 같기도 하다. 과학적 방법이 '실험이 최고'라고 상정하고 편견의 제거를 의도하는 반면에 동업자 평가는 실험이 수행되기 전후에 걸쳐 과학적 과정에 동료들의 편견을 일부러 **부과하기** 때문이다. 그렇다고 동업자 평가가 꼭 나쁜 것이라는 얘기는 아니다. 어떻게 보면 동업자 평가는 보편적으로 규정되는 과학적 방법이 지니는 경험적 한계에 대한 불가피한 대응이기도 하다. 그러나 동업자 평가는 이해관계의 충돌과 특정한 인간관계를 제도화할 수도 있다. 1994년에 미 의회 회계감사원(General Accounting Office)이 정부의 과학 연구 지원금 교부 과정에서 동업자 평가가 적용된 사례들을 점검한 결과 평가자들이 대개 신청자들을 알고 있으며 자신들이 아는 사람에게 호혜적 특혜를 제공하는 경향이 있는 것으로 밝혀졌다.[4] 여성과 소수 민족들은 동업자 평가 시스템이 과학에서 '학벌'을 만들어 낸다고 비난해 왔다. 이 제도가 부정하게 활용되어 젊고 더 독립적인 연구자들을 배제하고 더 나이든 기성의 과학자들을 편들기도 한다. 평가 과정 자체가 이해관계가 충돌하는 여러 가지 계기를 만들어 낸다. 동업자 평가는 흔히 익명으로 이루어진다. 자신들이 평가하는 논문을 제출한 연구자들과 직접 대면할 필요가 없다는 얘기이다. 게다가 오늘날처럼 과학이 전문 분야로 세분화된 상태에서는 동료 평가자들이 교부금을 신청한 과학자의 친구이거나 경쟁자인 경우가 비일비재하다. 실제로 과학 역사학자 호레이스 프릴랜드 저드슨(Horace Freeland Judson)은 이렇게 말한다. "어떤 과학자의 교부금 신청서의 가치나 제출된 연구 논문의 우수성을 가장 잘 판단할 수 있는 사람은 정확히 해당 과학자와 가장 가까운 경쟁 과학자들이다."[5]

『영국 의학 저널』은 1997년에 이렇게 논평했다. "동업자 평가의 문제점은, 우리에게 그 폐해에 관한 증거는 많고 혜택에 관한 증거는 빈약하다는 데 있다. 우리는 동업자 평가 시스템이 비용이 많이 들어가고, 과정이 느리며, 편견에 사로잡히기 쉽고, 남용될 수 있으며, 혁신을 억누를 가능성이 다분하고, 사기 행위를 찾아낼 수 없다는 사실을 알고 있다. 우리는 이 과정에서 생산된 논문들이 함량 미달인 경우가 아주 많다는 사실도 알고 있다."[6]

이론상으로는 동업자 평가의 과정이 과학적 오류와 편견을 막아준다. 그러나 실제에 있어 동업자 평가는 정부와 기업 기부자들의 영향력을 배제하지 못하는 것으로 드러났다. 그들의 편견이 너무나 자주 연구 결과에 영향을 미치는 것이다.

출판의 현실

일부 과학자들이 얼마나 비겁하고 소심할 수 있는지 알고 싶다면 담배 업계에 얽힌 이야기를 살펴보면 된다. 내부 고발자와 법률 소송 덕분에 한때 비밀로 분류되었던 담배업계의 내부 문건 수백만 쪽이 공개되었고, 현재 인터넷에서 자유롭게 열람할 수 있다. 예를 들어 보자. 산업계가 1990년대 초반에 유력한 의학 잡지에 자신을 편드는 편지와 기사를 싣기 위해 후원한 캠페인에 관한 문건이 1998년에 폭로되었다. 담배 회사들은 유력한 의학 잡지에 단지 두세 통의 편지를 써 보내는 대가로 13명의 과학자에게 모두 15만 6,000달러를 비밀리에 지급했다. 워싱턴 소재 아메리칸 대학교의

네이선 맨틀(Nathan Mantel)이라는 생물통계학자는 『미국 의학협회 저널』에 실린 여덟 문단짜리 편지 단 한 통을 쓰고 사례비로 1만 달러를 받았다. 암 연구자 지오 바타 고리(Gio Batta Gori)는 『랜싯』, 『국립 암 연구소 저널』, 『월스트리트 저널』에 편지 네 통과 의견서 하나를 써 보내고 2만 137달러를 받았다. 과학자들이 참여할 만큼 특별히 전문적인 내용도 아니었으므로 여러분이 그 일을 할 수 있었다면 정말로 좋았을 것이다. 담배업계가 고용한 두 개의 법률 회사가 실질적인 기안과 편집을 담당했다. 과학자들이 실제로 한 일이라곤 서명뿐이었다. 샌프란시스코 소재 캘리포니아 대학교 의학부 교수이자 오랫동안 담배 산업을 비판해 온 스탠턴 글랜츠(Stanton Glantz) 박사는 이렇게 말했다. "그것은 과학 저술 행위를 오염시키는 체계적인 활동이다. 그것은 정당한 과학 논쟁이 아니다. 그들은 사람들을 고용해서 이런 편지를 쓰게 하고는 그것이 마치 독립적인 제3자적 과학자들의 글인 것마냥 이용해먹는 공작을 벌여왔다."[가]

과학자들이 단순한 편지가 아니라 완벽한 과학 논문을 작성해 주고 돈을 받은 경우도 있다. 적어도 한 번은 이런 봉사 활동의 가격이 2만 5,000달러에 달했다. 한 과학자가 『위험 분석』이라는 간행물에 논문을 하나 써 주고 이 만큼의 돈을 받았다. 환경보호국 관리 출신인 존 토드헌터(John Todhunter)와 담배업계의 상담역 W. 개리 플램(W. Gary Flamm)도 「환경보호국의 업무 과정, 위험 평가-위험 관리 문제들」이라는 제목의 논문을 작성해 주고 같은 액수의 돈을 받았다. 그들은 이 글을 『규제 독물학 및 약리학 저널』에 발표했는데, 플램은 이 잡지의 편집위원이었다. 그들은 자신들의 글이 담배업계의 위임으로 작성된 것임을 밝히지 않았다. 잡지의 편집인 C. 젤레프 카(C. Jelleff Carr)도 이렇게 말한다. "나는 다음과 같은 질문, 곧 '그 글을 작성하고 돈을 받았는지' 묻지 않았다. 내가 그렇게 하는 게 부적절하다고 생각한다."[나]

담배업계가 과학 출판 과정에 영향을 미치는 유일한 세력은 아니다. 와이어스-아이어스트(Wyeth-Ayerst Laboratories)가 개발한 다이어트 약물 콤보 펜-펜(combo fen-phen, 펜플루라민, 덱스펜플루라민, 펜터민의 혼합 약물)과 관련해서도 산업계의 영향력이 비슷한 방식으로 발휘되었음이 1999년에 폭로되었다. 와이어스-아이어스트는 유령 작가들에게 펜-펜을 비만 치료제로 선전하는 글 열 편을 작성하라고 주문했다. 실제로 이 가운데 두 편이 동업자들의 평가를 받은 후 의학 잡지에 발표되었다. 물론 이 약물이 심장 판막을 손상시키고 자주 치명적인 상태로 발전하는 폐 질병을 유발한다는 연구 결과가 발표되어 1997년 9월 마침내 이 회사가 해당 약물을 시장에서 철수시키기 전이었다. 펜-펜을 복용하다가 몸이 상한 소비자들이 소송을 제기했다. 압류된 회사 내부문서에 따르면 와이어스-아이어스트가 약물 부작용에 관한 설명을 축소 누락시키기 위해 논문 초안마저 편집했다는 사실을 알 수 있었다. 최종 논문들은 저명한 연구자들의 이름을 달고 출판되었다. 그들 가운데 한 사람은 나중에, 자신의 이름이 올라간 그 논문을 와이어스가 발주했다는 사실을 전혀 몰랐다고 주장했다. 『미국 의학 저널』 1996년 2월호에 문제의 논문이 발표된 펜실베이니아 대학교의 앨버트 J. 스턴카드(Albert J. Stunkard) 박사는 이렇게 말했다. "사실상 사기 행위이다. 정말 불쾌하다."[9]

스턴카드 자신은 누가 논문을 후원하는지도 모르는 상황이었는데 어떻게 그의 이름이 올라갈 수 있었던 것일까? 이 과정에는 와이어스-아이어스트가 고용한 중간 대행사 엑서프타 메디카(Excerpta Medica, Inc.)가 끼어 있었다. 이 회사는 논문당 2만 달러를 받았다. 엑서프타의 유령 작가들이 논문의 초고를 작성했다. 다음은 스턴카드와 같은 유명한 대학 연구자들에게 줄을 대는 것이었다. 엑서프타는 그들에게 1,000~1,500달러의 사례금을 지급하고 논문을 다듬어줄 것과 그렇게 해서 만들어진 최종 논문에 이름을 빌려줄 것을 요구했다. 스턴카드는 엑서프타가 자신에게 사례금의 원 출처가 와이어스라는 사실을 밝히지 않았다고 말한다. 명망 있는 연구자들 가운데 한 사람은 엑서프타의 유령 작가들이 만들어 낸 논문을 칭찬하는 편지를 써 보내기까지 했다. "귀사와 귀사의 작가가 작성한, 훌륭하고 철저한 논문에 경의를 표합니다. 초고는 아주 명확하게 작성 되었습니다." 위스콘신 대학교 의과 대학 의학 및 영양학 교수 리처드 L. 앳킨슨(Richard L. Atkinson) 박사는 이렇게 썼다. "어쩌면 저를 대신해서 제 논문을 전부 작성해 달라고 요청할지도 모르겠습니다! 제가 드릴 수 있는 전반적인 논평은, 이 논문이 덱스펜플루라민을 실제보다 더 좋은 것으로 인식하도록 만들 수도 있다는 점뿐입니다."[10]

당시에 『뉴잉글랜드 의학 저널』 편집자였던 제롬 P. 카시러(Jerome P. Kassirer)는 이렇게 말했다. "전체 과정이 기가 막혀서 말이 안 나온다. 와이어스가 누군가에게 자사에 유리한 논문들을 쓰도록 사주했다는 사실, 이 논문에 이름을 빌려주는 대가로 돈을 주었다는 사실, 사람들이 기꺼이 자기의 이름을 빌려주었다는 사실, 관련 잡지들이 의문을 제기하지도 않고 논문을 출판했다는 사실 등이 말이다." 그러나 과학 출판계의 이런 잘못이 관련된 개인의 탐욕이나 게으름을 반영하는 것이라고 생각한다면 그것이야말로 커다란 실수이다. 이런 종류의 사건에 연루된 연구자들의 의식 구조를 설명하는 말로는 멍청할 정도의 순진함이 더 적합할지 모르겠다. 아무튼 와이어스-아이어스트 사태는 고립된 별개의 사건이 아니다. 와이어스의 대변인 더그 펫쿠스(Doug Petkus)는 이렇게 말했다. "이것은 업계의 흔한 관행이다. 우리한테만 특별한 일이 아닌 것이다."

의학 편집자 제니 스피처(Jenny Speicher)도 와이어스-아이어스트 사건이 일탈이 아니라는 데 동의한다. "나는 의사들을 독자 대상으로 삼고 있는 뉴스 잡지 『메디컬 트리뷴』에서 일했다. 우리는 각종의 제약 회사들과 홍보회사들에게 많은 전화를 받았다. 그들은 기사 작성의 기준이 무엇이냐고 물어왔다. 자기들 소속의 홍보담당 의사들을 동원해 기사를 쓰도록 하거나 프리랜서 작가로 하여금 의사 명의로 대필 작업을 하도록 시키려고 했던 것이다. 실제로 나 자신도 이런 글쓰기 제안을 받기도 했다. 우리는 항상 그들에게 우리 잡지의 모든 기사는 독립적인 연구자들의 비평을 받아야 한다고 알려 주었다. 그러면 당연히 그들은 흥미를 잃었다. 그러나 그들은 계속해서 시도해 왔다."

과학 저술가 노먼 보먼(Norman Bauman)도 여기에 동의한다. "제약 회사들은 홍보회사를 고용해 약품을 판촉한다. 그들의 판촉 행위에는 프리랜서 작가들을 고용해 동업자의 평가가 잡지 게재의 기준이 되는 잡지들에 실을 논문을 작성케 하는 활동도 포함되어 있다. 물론 여기에는 고용된 의사들의 서명이 들어간다. 이 문제가 의학 잡지는 물론이고 『월스트리트 저널』에서도 심층적으로 논의된 바 있다. 나는 개인적으로 이런 논문을 써 주는 사람들을 알고 있다. 보수는 상당히 좋다. 6~10페이지 분량의 논문 한 편 가격이 약 3,000달러이다."

흔히 세계에서 가장 권위 있는 의학 잡지로 통하는 『뉴잉글랜드 의학 저널』조차 기사 내용과 결론을 규제하는 보이지 않는 경제적 이해관계와 관련해 논란에 휩싸인 바 있다. 예를 들어 1986년에 『뉴잉글랜드 의학 저널』은, 한 논문을 출판하면서 정반대의 결론에 도달한 또 다른 논문은 게재를 거부했다. 항생제 아목시실린에 관한 두 연구는 놀랍게도 동일한 자료를 바탕으로 하고 있었다. 첫 번째의 우호적인 연구 논문 작성에 참여한 과학자들은 약물 제조사로부터 지원금 160만 달러를 받았다. 반면에 비판적인 연구 논문의 저자는 기업의 후원을 거절했다. 『뉴잉글랜드 의학 저널』은 아목시실린을 긍정적으로 기술한 논문을 '공인'했다. 비판적 논문의 저자는 소속 대학의 학사국으로부터 수년에 걸쳐 징계와 좌천을 당했다. 대학마저 산업계의 후원을 받은 과학자의 편을 들었던 것이다. 5년 후에 이견을 제시했던 과학자의 비판적 논문이 마침내 『미국 의학협회 저널』에 발표될 수 있었다. 어린이들을 대상으로 한 다른 대규모 조사 연구에서 아목시실린을 복용한 사람들이 약을 전혀 먹지 않은 아이들보다 실제로 더 **낮은 회복률**을 경험했다는 것이 드러났던 것이다.[11] 『뉴잉글랜드 의학 저널』은 1989년에도 집중포격을 당했다. 석면 노출의 위험성을 경시하는 논문을 게재하면서 저자가 석면업계와 유착 관계에 있다는 사실을 밝히지 않았던 것이다.* 1996년에도 비슷한 논란이 있었다. 이 잡지가 다이어트 약물의 혜택을 몹시 칭찬하는 사설을 게재하면서 또 한 번 사설의 글쓴이들이 해당 약물을 판매하는 회사들의 유급 상담역임을 밝히지 않았던 것이다.*

1997년 11월에 이해관계의 상충이라는 문제가 다시 불거졌다. 『뉴잉글랜드 의학 저널』이 샌드라 스타인그래버(Sandra Steingraber)의 『리빙 다운스트림: 생태학자가 바라보는 암과 환경』에 대해 냉혹한 서평을 실었던 것이다. 제리 H. 버크(Jerry H. Berke)가 작성한 이 서평은 스타인그래버가 "환경오염이 암의 원인이라는 …… 망상에 사로잡혀 있다"고 서술하면서 그녀의 "부주의와 단순화, …… 편견에 빠진 작업, …… 형편없는 학문적 태도"를 비난했다. "환경오염과 농업 화학물질에 초점을 맞추어 인간의 암을 설명하는 작업은 소득도 없을 뿐만 아니라 유용한 예방 전략을 제시해 주지도 못한다. 『리빙 다운스트림』은 잔뜩 겁을 주며, 그릇된 정보를 제공하기도

---

* Brooke T. Mossman and J. Bernard L. Gee, "Asbestos-related Diseases," *New England Journal of Medicine*, vol.320, no.26 (June 29, 1989), pp.1721~1730. 이 사태에 대한 상세한 논평을 확인하려면 Paul Brodeur and Bill Ravanesi, "Old Tricks," *The Networker* (newsletter of the Science and Environmental Health Network), June 1998을 보라.

* 이 사태와 관련해 발생한 논란에 대해 『뉴잉글랜드 의학 저널』이 보여 준 반응을 확인하려면 Marcia Angell and Jerome P. Kassirer, "Editorials and Conflicts of Interest," *New England Journal of Medicine*, no.335 (1996), pp.1055~1056을 보라. 연구자들의 입장을 확인하려면 JoAnn E. Mason, "Adventures in Scientific Discourse," *Epidemiology*, vol.8, no.3 (May 1997)을 보라.

하고, 생활 방식을 바꾸어 암을 예방하려는 진지한 노력을 경멸한다. 『리빙 다운스트림』의 목표는 궁극적으로 논란의 대상이 되는 것인 듯하다."[12]

서평에 올라온 버크의 신분은 '의학 박사이자 공중보건전문가'였다. 그러나 『뉴잉글랜드 의학 저널』은 버크가 W. R. 그레이스(W. R. Grace)의 독물학 책임자라는 사실을 또 알리지 않았다. 그레이스는 세계 최대의 화학 기업 가운데 하나로 악명 높은 오염원 배출자이다. 석면이 들어간 건축 자재의 주요 생산자이기도 한 그레이스는 석면 관련 암 소송 수천 건에서 관련 재판으로 수백만 달러를 물어내기도 했다. 매사추세츠 주 워번에서 식수를 오염시킨 회사라고 하면 아마 가장 잘 알 것이다. 그레이스는 오염된 물을 마시고 백혈병에 걸린 워번 시의 성인 한 명과 어린이 7명의 가족에게 법정 밖에서의 화해 비용으로 나중에 800만 달러를 지불했다. 워번 시 사태의 조사 과정에서 그레이스 사가 환경보호국에 두 차례나 중대한 거짓말을 했다는 사실이 들통났다.

버크가 맺고 있던 제휴 관계를 왜 확인해 주지 않았느냐고 질문하자 『뉴잉글랜드 의학 저널』은 반항적이면서도 믿기 어려운 설명을 내놓았다. 우선은 버크의 신분이 누락된 게 '행정 착오'라고 했다. 그리고 자신들은 버크가 W. R. 그레이스와 제휴하고 있다는 사실을 몰랐다고 주장했다. 나중에 잡지의 한 대표는 그들이 **알았다**고 실토하면서도 자신들은 그레이스가 '병원이나 연구 기관'일 것으로 생각했다고 말했다. 만약 그게 사실이라면 무지 자체가 놀라운 일이다. 왜냐하면 『뉴잉글랜드 의학 저널』은 보스턴에 사무실이 있고, 『보스턴 글로브』가 1994년부터 1997년 사이에 그레이스 관련 뉴스 보도를 100건 이상이나 실었기 때문이다. 게다가 『뉴잉글랜드 의학 저널』의 편집자 마르시아 앤젤(Marcia Angell)은 그레이스의 세계 본부가 있는 매사추세츠 주 케임브리지에 살고 있다. 그녀의 집은, 조너선 하르(Jonathan Harr)의 베스트셀러 『시민 행동』— 영화로 제작되어 존 트라볼

타(John Travolta)가 출연했다—의 주제이기도 한 백혈병 소송이 발생한 워번에서 불과 13킬로미터 거리에 있다. 실제로 버크의 서평이 출판되기 직전 여러 달 동안 영화 <시민 행동 A Civil Action> 제작팀이 보스턴 지역에서 촬영을 했고, 그 자체가 수많은 뉴스 기사의 소재였다.[13]

이런 착오에 대한 비판이 높아지자 『뉴잉글랜드 의학 저널』의 편집자 제롬 P. 카시러는 이해관계 충돌과 관련한 잡지의 정책 방침이 "산업계와 가장 친밀하다"고 강조했다.[14] 슬픈 사실은 이 자랑이 사실이라는 데 있을 것이다. 1996년에 터프츠 대학교의 셸던 크림스키(Sheldon Krimsky)는 잡지에 기재된 이름들을 연구했다. 그는 14개의 주요 생명과학 및 생물의학 잡지를 대상으로 789편의 과학 논문을 발표한 1,105명의 저자들이 산업계와 맺고 있는 관계를 파헤쳤다. 논문의 34퍼센트에 속하는 주요 저자 가운데 적어도 한 명이 연구와 관련해 재정적 이해관계를 갖고 있음을 확인할 수 있었다. 크림스키는 34퍼센트라는 추정치가 재정적 이해관계가 충돌하는 실제의 수준보다 더 낮을 것이라고 말했다. 왜냐하면 그가 연구자들이 주식을 보유하고 있는지 또는 연구의 상업적 활용을 담당하고 있는 회사들에서 상담 및 자문료를 받았는지는 확인할 수 없었기 때문이다. 이런 재정적 이해관계는 잡지에 단 한 번도 발표되지 않았고, 독자들은 그런 이해관계를 고스란히 지켜보아야 했다.[15] 1999년 크림스키에 의해 수행된 더 큰 규모의 연구는 210종의 각기 다른 과학 잡지에 발표된 6만 2,000개의 논문을 검토했다. 그는 전체 논문의 0.5퍼센트만이 저자들이 연구와 관련해 맺고 있는 재정적 이해관계에 관한 정보를 담고 있다는 사실을 확인했다. 모든 잡지가 이해관계의 충돌을 공개해야 한다는 공식적인 의무 조항을 갖고 있기는 했다. 그러나 그 가운데 142개의 잡지는 연구가 진행 중이던 1997년에 단 한 번도 정보를 공개하지 않았다.*

기업이 후원하는 과학 심포지엄은 의학 잡지에 실리는 내용을 조작할 수 있는 또 다른 수단이 된다. 1992년에 『뉴잉글랜드 의학 저널』은 625개의 심포지엄에 대한 조사 결과를 직접 발표했다. 이 가운데 42퍼센트를 단 한 개의 제약 회사가 후원했음이 밝혀졌다. 이게 전부가 아니다. 단일 기업 후원과, 과학적 논평의 절차를 상업화하거나 매수하는 관행 사이에는 상관 관계가 있었다. 여기에는 구체적 상표명의 제품을 판촉하기 위해 의도된 적합하지 않은 제목의 심포지엄도 포함된다. 조사 연구는 이런 결론을 내렸다. "산업계가 후원하는 심포지엄들은 더 없이 판촉적이다. …… 심포지엄의 내용을 출판할 때 잡지들은 흔히 동업자 평가 과정을 생략해버린다."[16] 『미국 의학협회 저널』의 부편집자 드러먼드 레니(Drummond Rennie)는 이 과정이 어떻게 작동하는지를 보다 쉽게 설명한다.

나는 약물 판매에 골몰하고 있는 광고맨이다. 나는 잡지 하나를 선택해 그들에게 10만 달러를 줄 테니 해당 약물과 관련해 특집호를 꾸며 달라고 요구한다. 발행 부수에 따라 잡지에 많은 돈을 주는 것은 물론이고 실제로도 많은 양을 주문할 것이다. 나는 편집자와 저자들을 전부 직접 고를 것이다. 나는 그 약물에 대해 좋은 말들을 써 준 모든 이에게 전화를 건다. 그리고 이렇게 말한다. "당신과 당신 아내를 1등석에 태워 심포지엄이 열리는 뉴올리언스로 모셔가겠습니다. 또 잡지의 특집호에 당신의 논문을 실을 것입니다. 그리고 당신의 이력에 보탬이 되도록 별도 출판물로 만들어 드리겠습니다." 그리고서 나는 그 심포지엄의 내용을 어떤 의사의 책상 위에 내려놓으면서 이렇게 말할 것이다. "이 놀라운 약을 보세요."[17]

---

* Ralph T. King, "Medical Journals Rarely Disclose Researchers' Ties, Drawing Ire," *Wall Street Journal*, February 2, 1999에 보도됨. Sheldon Krimsky, "Will Disclosure of Financial Interests Brighten the Image of Entrepreneurial Science?" (Abstract A-29), in 1999 *AAAS Annual Meeting and Science Innovation Exposition: Challenges for a New Century*, C.J. Boyd, ed., American Association for the Advancement of Science도 보라.

돈이 중요한가?

　이런 사례들이 입증하는 것처럼 과학의 결과를 왜곡하는 요소들 가운데 다수는 노골적인 뇌물 수수나 사기 행위보다 포착하기가 훨씬 어렵다. 레니는 이렇게 말한다. "소소한 방식들로 출판의 방향을 비틀어 버리는 왜곡이 존재한다. 그리고 과학자들은 자신들이 영향을 받는다는 것을 모른다. 영향력은 곳곳에 존재한다. 이 사실을 단호하게 부인하는 사람들도 거기서 자유롭지 못하다."[18] 과학자들은 그들의 작업에 영향을 미치는 정치라든가 다른 외부적 요인들에 무지할 수 있으며 그래서 자신들의 연구 결과가 연구 기금에 영향을 받는다는 사실에 분개할 수도 있다. 그러나 과학은 진공 속에서 이루어지는 활동이 아니다. 동물을 연구하는 생물학자들은 '선택압'이라는 용어를 사용해 특정한 환경 조건 속에서 유전적 특성이 다른 특성을 누르고 살아남는 과정에 행사하는 영향력을 설명한다. 과학 사회 내부에서도 비슷한 형태의 선택압이 발생한다. 정치적 유행의 변천과 결부된 산업계와 정부의 지원이, 어떤 직업을 융성하고 어떤 직업은 쇠퇴할지를 결정하는 것이다. 보스턴 대학교 의과 대학의 데이빗 오조노프는 이렇게 말했다. "사상이나 관념도 살아 있는 생명체처럼 생각해 볼 수 있다. 성장하고 재생산하려면 지속적으로 자원을 공급받아야 하는 것이다. 물질적 필수 자원이 거부당하는 적대적 환경에서 과학 사상은 사멸해버리고 만다."[19]

　인간의 다른 제도처럼 과학도 발전과 퇴보를 반복했다. 과학은 자신이 존재하는 더 큰 사회적 환경에 매우 민감하다. 예를 들어 보자. 독일은 19세기와 20세기 초에 과학에 있어서 가장 앞선 국가였다. 그러나 파시즘이 득세하면서 과학이 쇠퇴하고 말았다. 나치 치하에서 과학자들은 너무나 '세계 시민적'인 것으로 보였다. 문화적으로 뿌리가 깊은 '독일 과학'이라는 관념은 응용과학자들을 '민속학자'로 변모시켰고, 천문학 대신 점성술을 장려했으며, 이론 물리학 연구로 명성이 드높았던 이 나라의 기관들을 쇠퇴시켰다. 소비에트 러시아에서도 비슷한 일이 일어났다. 천문학, 화학, 의학, 심리학, 인류학에서 이전에 수용되었던 이론들이 마르크스주의 유물론의 원리들과 모순된다는 이유로 비판을 받았던 것이다. 소련의 경우 가장 악명 높은 사례는 리셍코(Lysenko) 학설이 등장한 일이다. 리셍코는 멘델 유전학의 이론을 거부했다. 그것은 러시아 농업에 대재앙을 가져왔다. 미국에서는 정치 사회 운동으로 인해 모호한 과학적 경향이 수도 없이 출현했다. 초심리학이나 사이언톨로지 같은 운동은 물론이고 기독교 근본주의자들의 '창조 과학'이 그런 것들이다.

그러나 지난 세기 과학의 방향에 영향을 미친 가장 극적인 흐름은 과학이 정부와 산업계의 자금 지원에 더 의존하게 되었다는 사실이다. 재정적 독립을 바탕으로 상당한 정도의 자유를 누리며 자신들의 개인적 관심사를 탐구했던 19세기의 '신사 과학자들'과는 달리 오늘날의 주류 과학자들은 비용이 많이 들어가는 연구 활동에 종사하고 있고, 당연히 여기에는 돈 많은 기부자들의 지원이 필요하다. 큰 정부가 출현하고 과학 연구가 군사화되는가 하면 연구 활동의 주요 후원자로 초국적 기업들이 부상하는 등 수많은 요인들이 이런 현실의 탄생에 기여했다.

제2차 세계대전은 이런 경향이 발전하는 분수령이었다. 전시 생산, 군사 첩보, 정치적 동원의 요구들이 '군산 복합체' 탄생의 전조로 작용했다. 마침내 군산 복합체는 1950년대의 냉전기에 출현했다. 제2차 세계대전은 '거대과학' 시대의 막을 열기도 했다. 과거에는 거의 모든 과학자들이 혼자 내지 소수의 조력자들과 함께 활동했다. 그들은 자신들의 관심사와 호기심을 만족시키는 연구를 수행했다. 이런 태도는 우리가 오늘날 기대하는 것보다는 덜 엄격한 접근법이었지만 동시에 더 많은 창조성과 독립성을 부여했다. '거대과학'의 시대가 도래하기 전에 자신의 주요 연구를 수행했던 물리학자 퍼시 브릿지먼(Percy Bridgman)은 당시를 이렇게 회고했다. "나는 실험이든, 이론이든, 근본적인 비평이든 자유롭게 다양한 관심사를 추구했다. …… 소규모로 작업하는 것의 또 다른 커다란 이점은 과거에 저당 잡힐 필요가 전혀 없다는 것이다. 아침에 일어나 새로운 아이디어가 떠오르면 그 동안 고심하여 준비해 온 것들이 파기된다고 해도 기꺼이 새롭고 더 좋은 계획안에 착수한다. 크고 복잡한 조직과 함께 대규모로 작업을 한다면 도의적 차원의 배신을 감수하지 않고서는 이런 일이 불가능하다." 제2차 세계대전과 함께 큰 규모의 응용 연구가 우선적 지위를 차지하게 되자 "각자의 실험실에서 자신들의 문제의식에 준해 작업을 해왔던 구세대의 과학자들은 이런 사태가 애국적 의무 사항이라고 이해하고 받아들였다. 조금만 참으면 곧 이런 상황에서 벗어날 수 있다고 생각했던 것이다. 그러나 젊은 세대의 과학자들은 …… 독립적 연구 활동을 경험해본 적이 없으며 그것이 어떤 것인지도 전혀 모르게 되었다."[20]

맨해튼 프로젝트는 '거대과학'을 한 번도 보지 못했던 새로운 단계로 변모시켰다. 군사적 이유 때문에 과학자들은 엄격한 감시 체계하에서 작업해야만 했다. 그 과정에서 과학 그 자체에 대한 생각과 사회적 관례가 크게 바뀌었다. "맨해튼 프로젝트는 비밀이었다." 리처드 벨(Richard Bell), 스티븐 힐가트너(Stephen Hilgartner), 로리 오코너(Rory O'Conner)는 핵무기 시대의 사유와 수사에 관한 그들의 연구서인 『핵』에서 이렇게 말한다. "도시들이 비밀리에 지어졌다. 연구 활동도 비밀리에 수행되었다. 과학자들은 가명으로 여행했다. 연구 기금마저 의회에서 비밀에 부쳐졌다. 사실 존재 자체가 조직적으로 언론의 관심에서 배제되었다. …… 구획화, 다시 말해 프로젝트의 다양한 분야들에 관한 지식을 그 지식이 생산되는 '구획'으로 제한하는 것이 이 전략의 핵심이었다. …… 언론 검열이 구획화를 보완해 주었다."[21]

트루먼(Truman) 대통령은 원자 폭탄의 개발을 '역사상 조직화된 과학이 이룬 최고의 업적'이라고 치하했다. 구획화는 역사상 가장 거대한 과학의 **편성 통제화**(regimentation)이기도 했다. 이제 더 많은 통제와 더 많은 비밀이 요구되기에 이르렀다.

원자 폭탄이 개발되기 이전에 과학 사회는 거의 예외 없이 그들의 작업이 인류 사회에 유익할 것이라고 믿었다. 역사학자 루이스 코저는 이렇게 말한다. "새롭고 더 치명적인 무기를 개발하기 위해 과학이 동원되는 사태를 보면서 과학자 개인들이 가끔씩 비판을 제기하기도 했다. 여기저기서 매우 사려 깊은 과학자들은 과학계 대부분이 공유하고 있던 진보라는 전반적 철학에 의문을 제기했다. 그러나 많은 과학자들이 태도를 바꾸어 자신들의 활동이 야기하는 윤리적 문제를 지속적으로 숙고하기 시작한 것은 히로시마 사태 이후였다."[22]

일본에 원자 폭탄을 투하하기 전에도 핵 과학자들 한 무리가 미국 정부를 설득해 원자 폭탄 투하를 막으려고 시도하기는 했다. 핵 공격의 여파 속에서 그들은 『핵 과학자 회보』를 발행하기 시작했다. 이 잡지는 시민이 원자력을 통제해야 한다고 주장했다. 조직 성원의 일부는 과학자들에게 군사 관련 업무를 중단하라고 촉구했다. 그러나 1950년대에 매카시즘이 선동한 빨갱이 공포 아래에서 이런 주장을 폈던 과학자들이 고초를 겪었다. "게다가 과학 연구 활동이 더욱 정부의 후원에 의존하게 되면서 많은 과학자들이 공적인 문제에 입장을 표명하는 행동을 '위험한' 일로 여기게 되었다." 코저의 말이다. 1961년에는 미국 전체에서 연구 개발 자금의 약 80퍼센트를 군대 또는 군대와 강력한 연계를 맺고 있던 두 기관, 곧 원자력위원회(Atomic Energy Commission)와 미항공우주국(NASA)이 직간접적인 방식으로 제공하고 있었다.[23]

새로 개발되는 무기 체계의 가공할 잠재력을 핑계 삼아 맨해튼 프로젝트와 함께 시작된 과학 정보에 대한 비밀 유지와 '알려야 할 필요가 있을 때만 정보를 제공한다는' 정책 방침이 항구적으로 제도화되었다. 1947년에 원자력위원회는 법률적 책임의 문제뿐만 아니라 홍보나 '난처한 문제'와 관련해서도 비밀을 유지하게끔 강제함으로써 직접적인 군사적 중요성을 뛰어넘는 범위까지 비밀 유지 정책을 확대했다. 맨해튼 프로젝트의 의료 담당 부국장이 인간에게 플루토늄을 주사하는 등의 제2차 세계대전 당시에 수행했던 실험 내용 보고서를 공개해 달라고 요구하자 원자력위원회의 관리들은 그 요구를 기각하면서 이렇게 말했다. "그 결과들을 표로 작성하고 토론하는 냉정한 과학적 방식이 대중에게 바람직하지 못한 영향을 끼칠 것이다."[24]

오크리지국립연구소(Oak Ridge National Laboratory)에서 1955년부터 1973년까지 소장을 역임한 앨빈 웨인버그(Alvin Weinberg)는 원자력 시대의 과학에 대한 자신의 생각을 솔직하게 드러냈다. 그는 재앙을 막기 위해 사회가 '군사적 성직 위계'를 필요로 했다고 주장했다. "군사적 성직 위계는 의도치 않은 핵무기의 사용을 예방한다. 추측해 보건대 군사적 성직 위계는 즉각 전쟁에 돌입할 수 있는 능력과 전쟁을 마구 재촉하는 인간의 실수를 경계하는 능력 사이에서 불확실한 균형을 유지해 주는 것 같다."[25] 그는 '성직 위계'라는 말을 허투루 사용하지 않았다. 그는 "1,000년 동안 계속 유지된 정부는 없었다. 오직 가톨릭교회만이 2,000년가량 생존해 왔다"고 말했다. "우리가 영원히 핵에너지에 구속될 것으로 생각된다. 플루토늄 239의 반감기 동안만이라도 활력을 갖고 버텨낼 수 있는 국가적 실체를 우리가 상상할 수 있을까? 엄청나게 긴 시간에 걸쳐 지속성을 담보해낼 항구적 전문가 집단이 만약 국가 조직체라면 정말이지 성공할 가능성이 거의 없다. …… 가톨릭 교회는 내가 떠올릴 수 있는 최고의 사례이다. 가톨릭을 알리고 어느 정도까지 교의를 강요하는 중앙적 권위가 장기간에 걸쳐 자체의 사회

적 안정성을 유지하면서 각국의 가톨릭교회와 연계를 유지하는 것이다."²⁶⁾

'포고하고 교의를 강요하는 중앙적 권위'라는 개념은 지적 자유 및 과학적 연구의 정신과는 물론 상반된다. 갈릴레오는 이를 바탕으로 코페르니쿠스 천문학을 옹호하면서 가톨릭교회에 맞섰다. 웨인버그의 생각은 과학의 실천과 철학이 정부의 관료주의와 군사적 비밀주의하에서 어떻게 바뀔 수 있는지를 보여 준다. 과학은 질문하는 과정을 폐기하고, 정해진 답들을 구비한 교조, 사실상의 국가 종교가 되어 버렸다.

핵에 관한 헛소리

에드워드 버네이스가 대중은 불합리하고 다루기 쉬운 존재라는 믿음 속에서 지그문트 프로이트의 이론을 활용해 홍보의 이론을 개발했던 것처럼 원자력위원회도 정신 건강 전문가들을 동원해 대중을 정신과 의자에 묶어 버렸다. 1948년에 원자력위원회 임원 섬너 T. 파이크(Sumner T. Pike)는 미국정신과협회에 "원자력에 병적으로 흥분하는 사람들을 처리해 달라"고 호소했다.[27] 1957년에는 세계보건기구가 연구 집단을 소집해 원자력의 평화적 사용에 관한 정신 건강의 모든 측면을 살펴보도록 했다. 그들은 '개인의 역학'에 관한 전문 지식을 활용해 '건설적인 의욕'을 구축함으로써 '인류가 원자력 시대의 도래에 적응하는 데서 행동 과학이 매우 유익하고 구체적으로 기여할 수 있을 것'이라는 희망을 피력했다.[28] 정신과 의사, 교수, 원자력위원회와 유럽 원자력업계의 대표들로 구성된 연구 집단은 대중의 '불합리한 공포, 불합리한 희망, 불합리한 경향'이 "원자력에 대한 비정상적인 감정적 대응으로 근거가 없다"는 전제에서 출발했다. "모든 객관적인 증거를 가장 비관적인 방식으로 해석한다고 해도 증거의 무게로 볼 때 현재의 불안은 근거가 없다. 장래의 위험도 모호하고 멀리 떨어져 있을 뿐이다. 그러나 불안은 존재하고, 그것도 상당한 정도로 지속되고 있다. 이런 사태는 인간 자체의 심리적 본성을 탐구함으로써만 설명할 수 있다."[29]

원자 핵무기와 관련해 인간 본성의 어떤 점이 우리를 그토록 불합리하게 만들었던 것일까? 연구 집단은 핵무기의 힘 자체가 어른들로 하여금 "더 철부지 같은 행동 양태로 돌아가도록" 만들었다고 결론지었다. 그리하여 그들은 '이 세계를 처음 경험하는 어린 아이들'처럼 행동했다. 그들은 쪼개진 원자가 어찌어찌해서 '음식 섭취와 배설 같이 …… 어린이가 일상에서 처하는 상황'과 관련된 원초적인 공포를 불러일으킨다고 말했다. 그리하여 "원자 폭탄에 의한 것이든 핵 발전소 사고에 의한 것이든 방사능으로 인한 온갖 공포 가운데서 가장 걱정스러운 것은 음식물에 미치는 위험이다." 똑같은 원리가 핵폐기물에도 적용되었다. "음식 섭취가 문제가 되므로 배설도 문제가 되는 것이다. 핵폐기물 처리에 대한 대중의 걱정은 그 중요성에 걸맞지 않을 정도이다. 이로부터 '죽음의 재'에 대한 두려움이 핵폐기물과 인체 배설물 사이의 상징적 관계에서 나온다는 강력한 결론이 도출된다."[30]

"이런 설명은 가장 웃기는 종류의 싸구려 프로이트주의이다. 방사성 폐기물과 핵전쟁에 대한 대중의 걱정이 사소한 문제로 전락하고 마는 것이다." 힐가트너와 공동 저자들은 계속해서 이렇게 말한다. "그러나 연구 집단은 이런 조잡하고 편협한 분석이 제공하는 통찰력이 아주 풍부하다며 자못 심각했다."[31] 실제로 영국 윈드스케일의 원자로에서 사고로 방사능이 유출되자 정부는 방사성 요오드로 오염된 우유를 수거해서 폐기하지 않을 수 없었다. 연구 집단에 참가한 한 정신과 의사는 "신문사의 편집자들은 전부 모유를 먹고 자랐음에 틀림이 없다"고 말함으로써 우유 폐기와 함께 게재된 각종 기사의 부정적 제목들을 설명했다. 그에게는 이 사태가 '퇴보'를

알리는 완벽한 사례였던 것이다.㉚

이런 분석들은, 전문가들이 맨 먼저 증거에서 시작해 이를 발판으로 결론을 이끌어내야 한다는 경험주의의 전통에서 후퇴해 버렸음을 알려 준다. 핵 계획을 수립하고 책임지는 전문가들에게는 정치적 목표가 최우선이고, 증거는 그 다음이었던 것이다. 그들과 다르게 생각하는 사람은 누구라도 그저 신경증 환자로 진단될 뿐이었다.

군사 기밀에서 사업상의 비밀로

도로시 넬킨(Dorothy Nelkin)은 자신의 1984년 저서 『지적 재산권으로서의 과학』에서 "1950년대에 대학의 연구 활동이 늘어났던 것은 대개 군대에서 지원을 했기 때문이다"고 밝혔다. "시대적 맥락 속에서 대학의 과학자들 대다수는 군대가 설정한 목표와의 협력을 지지했다. 그들은 국가의 과학 역량을 발전시키기 위해서는 이런 공동 연구가 매우 중요하다고 생각했다. 그러나 이 시기조차 대학과 군대의 관계는 끊임없이 우려의 근원이 되었다. 그런 의혹은 베트남 전쟁 기간에 각성으로 바뀌었다."㉛

매사추세츠 공과 대학의 조지 래스젠스(George Rathjens) 교수는 학생들의 '상당수'가 군대에 의존하는 직업을 찾아야 할 운명이었다고 말했다.

신입생으로 대학에 입학할 때는 졸업 이후에 무엇을 하게 될지 당연히 모른다. 그러나 개연성을 바탕으로 살펴보면 그들이 국방 프로그램에서 일하고 있을 가능성이 아주 높다고 보는 것이 합리적이다. 사실 그들도 그 일이 인류의 복지에 어떤 영향을 끼칠지 확실하게 알지 못한다. 그들은 자신들이 구체적으로 어떤 종류의 폭격기를 만들게 될지, 그렇게 개발된 폭격기가 누구에게 사용될지, 또 그 전쟁이 정의로운지 정의롭지 못한 것인지도 어쩌면 알 수 없을 것이다. 그러나 그들은 18세가 되면 구체적으로 어떤 직업을 선택할지 결정해야만 한다. 그리고 많은 사람들에게 그 결정은 돌이킬 수가 없다. 빠져나오기란 어려운 일이다. 나는 많은 사람들과 이야기를 나누었다. 보스턴 외곽으로 첨단 기술 단지가 포진하고 있던 환상 도로 128번 주위에서 일하던 과학자들과 엔지니어들은 베트남전 기간에 국방 사업에서 빠져나오려고 필사적으로 몸부림쳤다. 그러나 그들에게는 선택의 여지가 없었다. 그들은 정말이지 달리 갈 데가 없었다. 그들은 뛰쳐나가서 어쩌면 진공청소기를 판매할 수도 있었을 것이다. 그러나 그들이 습득하기 위해 평생을 바친 기술을 사용하고자 한다면 그들에게는 별다른 선택이 없었다. 내 친구는 여러 해 동안 로스 알라모스에서 일급의 무기 설계자 가운데 한 명으로 일했다. 그는 50세쯤 되었을 때 더는 폭탄을 만들고 싶지 않다는 생각을 굳혔다. 그만 됐다고 생각했다. 그런 사람이 무엇을 할 수 있을까? 그 나이의 그런 사람에게는 선택할 수 있는 것이 많지 않은 법이다.[34]

    1960년대에 군사 프로그램은 미국의 과학자와 엔지니어의 거의 3분의 1을 고용하기에 이른다. 과학의 군사화는 미국 정부가 자금을 대는 과학 연구 활동의 중심적 조직 기반으로 자리를 잡았고, 현재도 그런 상태이다. 냉전이 종식되고 거의 10년이 지난 1998년에도 군사 연구와 개발이 미국 연방 정부 연구 개발 예산의 53퍼센트를 차지했다.

    군사 프로그램의 영역 밖에서도 과학의 상명하달식 수사학이 국민 생활의 여러 부분으로 침투해 들어갔다. 수십억 달러 규모의 재단과 대규모 정부 연구 계약이 흔한 일로 자리를 잡았다. 대학 교수들은 연구 기금을 타 내는 복잡한 기예에 통달했고, 자문 활동과 이해관계의 충돌 사이에 존재하는 비좁은 길을 아슬아슬하게 걷는 법을 익혔다. 연방 정부의 과세

정책이 사적 기부를 승인하면서 공적 기금과 사적 기금 사이의 구별이 모호해지기 시작했다. 린든 존슨(Lyndon Johnson)은 베트남 전쟁과 빈곤과의 전쟁이라는 두 개의 전쟁을 수행하면서 정책 지향적 사회과학의 개념을 새로운 단계로 바꾸어 놓았다. 대통령 연대기 작가 시어도어 화이트(Theodore White)는 존슨 연간을 '지식인 활동의 황금시대'라고 기술했다. 전문가들이 "국방 정책을 계획했고, 외교 정책을 조언했으며, 도시를 재설계했고, 빈곤을 제거했으며, 학교를 재조직화했던" 것이다.[35] 몇 년 후에는 닉슨(Nixon) 대통령이 다시 군사적 은유를 들고 나왔다. 1971년 연두교서에서 '암과의 전쟁'을 선포하고 나선 것이다. 이런 각각의 전쟁은 해당 전문가들을 부상시켰다. 그들의 임무는 필연적 승리가 가까이에 있으며, "터널 끝에 빛이 보인다"는 확고한 약속을 대중에게 보증하는 것이었다.

20세기의 마지막 사반세기 동안 거대과학은 상업화되었다. 소위 '지식 기반' 산업이라는 것들, 곧 컴퓨터, 이동 통신, 생명공학이 떠오르면서 기업 연구 활동이 광범위하게 촉진되었다. 1970년에 연방 정부의 연구 개발 기금 총액은 149억 달러였고, 산업계의 연구 개발 기금은 104억 달러였다. 1997년에는 정부의 지출이 627억 달러인데 반해 산업계의 연구 개발비 지출은 1,333억 달러였다. 인플레이션을 감안하면 정부의 지출은 거의 늘어나지 않은 데 반해 산업계의 지출은 세 배 이상 증가한 것이다.[36] 게다가 이런 증가액의 상당 부분은 기업이 대학 및 학술 기관과 맺은 협력 관계 속에서 발생했다. 사적 연구와 공적 연구 사이의 전통적 구분이 모호해졌다. 1980년에 산업계의 기금은 미국 대학의 전체 연구 기금에서 3.8퍼센트에 불과했다. "논란은 거의 발생하지 않았다. 대개는 교직원 개인들만 연락이 닿았고, 재정적 이익을 얻었다. 그러나 전체적으로 볼 때 그들이 대학의 책임을 방기하지는 않았다." 넬킨의 말이다. 그러나 많은 연구 영역에서 공적 연구 기금이 줄어들면서, "교수들과 대학 행정가들이 산업계의 지원을 받는 데

혈안이 되었다. 이 과정에서 불가피하게도 연구의 소유권과 통제권이 갖는 의미에 대한 비판도 줄어들었다."

대학은 처음에는 주저하는 듯하더니 이윽고 앞뒤 안 가리고 산업계와 협력하기 시작했다. 생명공학, 농업, 화학, 광업, 에너지, 컴퓨터 과학 등에서 공동 연구가 이루어졌다. 넬킨은 1984년 저서에서 "과학자와 연구 기관들이 다양한 형태의 상업적 벤처 기업을 통해 학술 연구의 결과물을 바탕으로 직접적인 이익을 취하는 것이 이제 당연한 관행이 되었다"고 말했다.[37] 당시로서는 주목할 만한 경향이었던 사태가 이후에는 대학 연구 활동의 뚜렷한 특징이 되었던 것이다. 1981년부터 1995년 사이에 미국 산업계가 제출한 논문 가운데 적어도 한 명 이상의 대학 연구자가 공동 저자로 참여한 논문의 비율이 21.6퍼센트에서 40.8퍼센트로 두 배 정도 늘었다. 생물의학 연구 분야에서는 그 증가가 훨씬 더 극적이었다. 여기서는 공동 집필된 논문의 수가 네 배나 증가했던 것이다.[38] 미국의과대학협회에 따르면 대학의 의학 연구 활동에 대한 기업의 후원이 1980년대 초반 약 5퍼센트 수준에서 오늘날 일부에서는 무려 25퍼센트까지 상승했다.[39]

1999년에 캘리포니아 대학교 버클리 캠퍼스의 식물 및 미생물학과는 전례가 없는 5년 계약에 서명했다. 스위스의 생명공학 회사 노바티스와 2,500만 달러 협정을 체결한 것이다. 대학은 기금을 제공한 대가로 노바티스가 식물 및 미생물학과에서 성취한 연구 업적의 3분의 1에 대해 우선 입찰권을 가질 수 있도록 해주겠다고 약속했다. 전미공공정책및고등교육센터(National Center for Public Policy and Higher Education)는 "미국의 다른 주요 대학들도 버클리 캠퍼스가 맺은 협약에 고무 받아 산업계와 유사한 협정을 맺으려고 시도하고 있다"고 지적했다.[40] 기금을 제공받은 과에서는 그런 거래를 환영했지만 다른 과에 소속된 많은 교수들은 상반된 견해를 드러냈다. 대학의 천연자원학부(College of Natural Resources) 의장이 수행한

한 조사 연구에 따르면 해당 학부 교수진의 3분의 2가 계약이라는 용어에 동의하지 않았다.

미구엘 알티에리(Miguel Altieri)와 앤드류 폴 구티에레스(Andrew Paul Gutierrez) 교수는 대학 동창회 잡지에 보내는 편지에서 이렇게 말했다. "우리는, 우리의 공공적 대학에서 사적인 투자를 끌어들이는 교수의 능력이 그의 학문적 자질보다 더 중요해질 상황이 두렵다. 과학자들이 사회적으로 책임을 져야 한다는 열의가 사라지는 상황이 두려운 것이다." 알티에리는 자신의 학문적 이력을 '생물학적 통제' 연구 — 살충제와는 다른 수단을 통해 농업 해충을 통제 조절하는 학문 — 에 바쳐왔다. 그는 노바티스의 자금이 쏟아져 들어올 때 생물학적 통제 연구에 대한 대학의 지원은 삭제되었다고 씁쓸하게 말했다. "40년이 넘는 세월 동안 우리는 생물학적 통제 연구 분야에서 세계 최고의 지도자들을 훈련시켜냈다. …… 모든 이론이 이곳에서 탄생되고 구축되었다. 살충제는 중요한 환경 문제를 가져온다."[나]
캘리포니아 대학교 버클리 캠퍼스의 인류학자 로라 네이더(Laura Nader)는 노바티스와의 계약에 "특히 젊은 세대로 종신 재직권이 없는 교수들이 공포에 떨었다"고 말했다. "처음에는 …… 대학이라는 환경에서 연구자들과 산업계가 맺어야 할 적절한 관계에 대한 이야기가 떠돈다. 그러다가 완전히 포박당했다는 심리 상태가 형성된다. 매카시 선풍과 빨갱이 공포가 연상되는 대목이다. 책임을 물을 수 있는 존재가 정부였다는 사실을 제외하면 말이다. 지금은 대기업인데 그들에게는 책임을 물을 수가 없다."[다]

군대가 연구 활동에 자금을 지원하면서 지식 추구와 아무 관계가 없는 의무 조항들을 부과했던 것처럼 기업의 기부 행위도 과학 및 공학상의 지식을 새로운 '정보 경제'의 상품으로 변모시켰다. 기업과 대학 이사회가 서로 맞물려 연동하는 정교한 망상 조직이 탄생했다. 1990년대 말이 되면 상아탑은 '대학 기업'(Enterprise U)으로 변신하게 된다. 교육 기관들은 학교 로고 사용을 인가하거나 판매하고, 각종의 대학-산업간 협력 관계를 끊임없이 구축하면서 현금 투자를 끌어들이려고 노력했다. 실제로 산업계가 기금을 댄 연구 단지에서 약물 실험처럼 비용을 받고 용역을 제공하는 연구 활동에 이르기까지 여러 가지 '기술 이전'이 대학 캠퍼스에서 이루어졌다. 특히 첨단 산업 분야의 교수들은 기업가로서 창업을 시도해 부업을 가지는 것이 허용 받는 정도가 아니라 격려를 받았다. 창업의 내용은 실험실의 업적을 상업적 제품으로 전환하는 것이었다. 이른 시기에 과학이 군대의 시녀였던 것과 꼭 마찬가지로 이번에는 월 가의 종이 되고 있었던 것이다.

"우리는 경제 모형을 채택해 보는 것이 아니라 사업을 하고 있다." 버지니아 폴리테크닉 인스티튜트 및 주립 대학교의 화학자 브라이언 M. 티슈(Brian M. Tissue)는 계속해서 이렇게 말했다. "협력이 좋은 이유는 돈을 벌수 있기 때문이다. 사람들은 우리가 더 나은 시설과 더 많은 학생을 갖추고 받을 수 있다고 말한다. 그것은 서로에게 좋은 상황이다. 그러나 꼭 그런 것도 아니다. 혜택이 있을 수는 있다. 그러나 학생들을 더 지도하지는 못한다. 학생들을 동원해 계약 내용에 종사시키는 것이다. 강조점은 학생에게 좋은 것에서 빠듯한 현실주의로 이동한다."[네]

하버드 대학교와 여러 주요 고등교육 기관을 대변해 온 변호사 마틴 마이클슨(Martin Michaelson)은 이렇게 말했다. "학자들, 특히 과학자들의 경력은 지적으로 평가받는 동료들 사이의 명망이 아니라 상업적 실행 가능성을 바탕으로 지출할 수 있는 돈이 많은 생물의학 분야의 사람들에게 자신을 판매하는 능력 여하에 따라서 등락하는 모습을 우리는 더 많이, 자주 목격하고 있다." 미국과학진보협회(American Association for the Advancement of Science)가 후원한 1999년 심포지엄에서 마이클슨은 '이런 사태는 일종의 황금광 열풍'이라고 말했다. "새로운 지식이 확산되기는커녕 몰래 축적된다. 연구 결과가 공표되지 않고 금지된다. 학문의 동료들에게 정보가 온전하게 공개되지 않고 장래의 구매자들을 호객한다. 오늘날 우리는, 새로운 과학이 학문적 토론이라는 전통적이고 더 완벽한 형태의 영역이 아닌 기자 간담회나 증권거래위원회의 서류철에서 먼저 제시되는 현상을 지켜보고 있다."44)

산업계와 학계는 여러 가지 형태로 연계한다. 그리고 그 가운데 일부는 구체적인 연구 활동에 대한 기부금 공여와 직접적인 관계가 없다. 과학자들은 이윤을 추구하는 기업의 이사 자리를 맡아 달라는 요구를 더 자주 받고 있다. 그 자리는 비교적 적은 시간을 근무해도 보수는 아주 좋다. 1년에 5만 달러 이상을 받는 경우도 흔하다. 사기업이 제공하는 다른 특혜들로는 실험실 장비와 현금을 연구자들에게 선물하기, 연설, 여행, 상담에 따른 후한 보수 제공 등이 있다.

기업의 자금이 유입되면서 군대의 자금이 유입되었을 때처럼 자유로운 학문 탐구에 위협을 가할 수 있는 비밀주의 문화가 만들어졌다. 이제 우리는 정부 검열 대신에 상업의 언어를 듣고 있다. 비공개 협정, 특허권, 지적 재산권, 지식 자본 등. 기업들은 경쟁사들이 자신들의 업무상 기밀에 끼어들지 못하도록 과학자들에게 '독점적인 정보'를 비밀로 유지하라고 시도 때도 없이 요구한다. 제너럴 일렉트릭의 연구 책임자였던 고(故) 아서 뷔쉬(Arthur Bueche)는 이렇게 주장했다. "우리가 비밀을 유지할 수 없다면 연구 활동은 의미가 없다. 연구는 당연히 아이디어를 보호하는 특허권으로 이어진다. 그러나 비밀이 유지되지 못한다면 유리한 특허 지위를 확보하는 데 어려움이 발생할 것이다."45)

1994년과 1995년에 매사추세츠 종합 병원의 데이빗 블루멘설(David Blumenthal)이 이끈 연구자들은 생명과학에 종사하는 연구자 3,000명 이상을 대상으로 설문 조사를 했다. 응답자의 64퍼센트가 산업계와 모종의 재정적 관계를 맺고 있음이 드러났다. 그들은 산업계와 연계된 과학자들이 확보한 자료를 공개하지 않거나 유보할 가능성이 더 높다는 점도 확인했다. 『미국 의학협회 저널』에 발표된 그들의 연구에 따르면 설문 조사가 이루어지기 전 3년 동안 연구자들의 20퍼센트는 6개월 넘게 자신들의 연구 결과 발표를 유보하고 있었다. 발표를 연기하는 표면적인 이유는 발견 사실을 바탕으로 특허를 신청하고자 하는 욕심 때문이었고, 일부 연구자들은 '원하지 않는 결과의 유포를 늦추고' 싶었기 때문이라고 밝혔다. 정보를 다른 과학자들과 공유하려고 하지 않거나 출판을 보류하는 관행은 특히 생명공학 연구자들 사이에서 흔하게 확인되었다.[46]

스탠포드 대학교 생화학과 교수이자 노벨상 수상자인 폴 버그(Paul Berg)는 이렇게 말했다. "과거에는 연구 내용을 출판하면 피험자들에게 결과를 물어볼 수가 있었다. 지금은 비밀 유지 약정이라는 게 있다. 기업에게 교부금이라도 받으면 기업의 허락 없이는 아무것도 발표하지 않겠다는 단서 조항에 서명해야 한다. 그로 인해서 과학은 부정적인 영향을 받고 있다."

1996년에 국립암연구소의 스티븐 로즌버그(Steven Rosenberg) 박사는 연구 활동의 비밀주의가 "달갑지 않다"고 말했다. "암 연구가 지체되고 있다. 나의 연구를 가로막고 있는 것이다."

문제를 일으킬 수 있는 발표는 절대로 하지 마라

과학의 비밀주의는, 기업의 마케팅 목표와 대중의 알 권리 사이에서 이해관계가 충돌할 때 특히 곤란을 불러온다. 연구 결과가 후원자의 마음에 들지 않으면 기업은 고압적 수단을 동원해 이를 금지하기도 한다. 그렇게 함으로써 대중의 건강과 공공선이 크게 희생된다고 할지라도 말이다.

그런 사건 가운데 하나가 1997년에 폭로되었다. 캘리포니아 대학교의 연구자 베팅 덩(Betty Dong)의 연구와 관련된 것이었다. 1980년대 후반에 부츠 제약 회사(Boots Pharmaceutical company)는 덩의 연구에 흥미를 느꼈다. 그녀가 완결되지 않은 연구를 발표한 직후였다. 부츠가 제조하는 갑상샘 약물 신스로이드(Synthroid)가 경쟁사가 제조하는 약물보다 우수할지도 모른다는 것을 암시하는 내용이었던 것이다. 부츠는 이 예비 연구의 결과를 확증해 줄 대규모 연구를 지원하기 위해 25만 달러를 제공했다. 그러나 회사로서는 실망스럽게도 덩이 1990년에 완료한 더 큰 규모의 연구는 그녀가 도출한 초기 결론과 배치되었다. 신스로이드가 부츠의 경쟁사들이 내놓고 있던 더 싼 약물들보다 결코 효과적이지 못했던 것이다. 이후 7년 동안 덩의 신뢰를 떨어뜨리고, 그녀의 연구 결과가 출판되는 것을 막기 위한 전투가 벌어졌다. 덩과 캘리포니아 대학교가 회사와 함께 작성하고 서명한 계약서에 의하면 미출간 상태의 연구 결과에 접근할 수 있는 것은 회사뿐이었다. 그것의 발표 여부를 최종적으로 승인할 수 있는 것도 회사였다. 부츠 사가 덩과 그녀가 수행해 온 연구 활동의 신뢰를 무너뜨리는 공작을 전개한 5년 동안 연구 결과는 선반에서 잠을 자야 했다. 부츠는 그녀가 비윤리적 행동을 했고 연구 방법과 관련해서도 궤변으로 일관하고 있다고 주장하면서 총장과 다른 대학 직원들을 못 살게 굴었다. 그런데 문제가 있다는 방법론은 과거에 회사가 인정했던 것이었다. 1994년에 덩은 『미국 의학협회 저널』에 자신의 연구 결과에 기초한 논문을 제출했다. 논문은 게재 승인을 받았고 인쇄에 들어갔다. 바로 그때 회사가 거부권을 행사해 논문 철회를 강제했다.[47]

  1995년에 부츠 사는 놀 제약 회사(Knoll Pharmaceutical)에 매각되었다. 놀 제약 회사도 계속해서 덩의 결론을 금지했다. 그녀는 자신의 연구 결과를 여전히 출판할 수 없는 상태였다. 그 사이에 놀 사는 길버트 메이어(Gilbert Mayor)라는 사람을 내세워 그녀의 자료를 재해석한 논문을 발표했다. 물론 이 의사는 회사가 고용한 사람이었다. 메이어는 그녀와 그녀의 연구 동료들에게 사실을 알리지도 않고 자료를 재분석한 논문을 출간했다. 후에 『미국 의학협회 저널』은 이 행위를 '연구를 수행한 사람들에게서 자료를 강탈해' 출판한 것이라고 규정했다.[나] 법률 분쟁이 계속되었고, 『월스트리트 저널』에 놀의 악랄한 전술이 폭로되었다. 마침내 덩은 1997년 『미국 의학협회 저널』에 독자적인 논문을 출판해도 좋다는 허락을 받았다. 거의 7년이 지난 뒤였다. 그 7년 동안 부츠와 놀은 신스로이드가 우수하다는 주장을 펴가며 매년 6억 달러에 이르는 합성 갑상샘제 시장을 지배했다. 『미국 의학협회 저널』에 덩의 논문이 제출되면서 신스로이드 사용자들의 집단 소송이 시작되었다. 그들은 부츠와 놀 사에 속아서 약값으로 실제보다 매년 3억 6,500만 달러를 더 지불했다고 주장했다. 놀은 9억 8,000만 달러를 주고 법정 밖에서 화해를 시도했다. 이 금액은 놀이 덩의 연구 결과 발표를 억누르던 그 시기에 벌어들인 추가 이윤의 일부에 지나지 않았다.[다]

연구 결과 발표를 억누르려던 또 다른 공작이 1995년에 발생했다. 토론토 대학교의 간 전문의 낸시 올리비에리(Nancy Olivieri)는 환자들에게 자신이 실험하고 있던 약물의 독성 부작용을 경고하고 싶었다. 캐나다의 거대 제약기업 아포텍스(Apotex)가 그녀에게 침묵을 강요했다. 해당 약물의 판매를 촉진하겠다는 희망 속에서 연구를 지원하던 아포텍스는 그녀가 서명한 정보 비공개 협정을 주지시켰다. 하지만 올리비에리는 결국 환자들에게 경고했고, 『뉴잉글랜드 의학 저널』에도 자신이 걱정하고 있는 사태를 밝혔다. 아포텍스는 소송을 제기하겠다고 그녀를 위협했고, 그녀는 병원에서 해고되었다. 병원 역시 아포텍스 사에게서 연구 기금으로 매년 수십만 달러를 받고 있었던 것이다.

1997년에 브라운 대학교의 직업 건강 전문의 데이빗 컨(David Kern)은 마이크로파이버(Microfibres, Inc.)의 노동자들을 검진하다가 치명적인 폐 질환을 8건이나 새로 발견했다. 로드아일랜드 주 포터켓에 위치한 이 회사는 미세 절단 나일론 섬유 제조업체였다. 마이크로파이버 사는 컨이 발견한 사실이 공표되는 것을 막으려고 했다. 그들은 컨의 연구가 시작되기 1년도 더 전에 회사를 교육적 차원에서 방문할 때 서명했던 비밀 준수 서약을 들먹였다. 아무튼 컨은 발표해 버렸다. 그가 소속되어 근무하던 병원과 대학(마이크로파이버 사가 제공하는 자선 기부의 수혜자이기도 했던)의 관리자들은 그 질병의 돌연한 발생에 대해 그가 제기한 과학 성명을 철회하고 회사에서 일했던 환자들에게 의료 혜택을 제공하는 행위를 중단하라고 요구했다. 로드아일랜드 주의 유일한 직업 건강 센터였던 컨의 프로그램은 곧 폐쇄되었다. 컨의 일이 사라져 버린 것이다.[50] 그의 연구 동료 가운데 많은 이들이 보인 반응은 훨씬 더 실망스러웠다. 컨은 이렇게 말했다. "나를 지지해 준 용감한 분들도 있었다. 그러나 대부분은 외면했다. 나는 동료 과학자 집단이 더 많은 일을 해주지 않은 것에 크게 낙담했다."[51]

1999년에 『미국 의학협회 저널』의 편집자 드러먼드 레니는 사기업 기금이 의료 연구에 미치는 영향력 때문에 '윤리적 하한선으로 치닫는 경쟁'이 탄생했다고 불만을 토로했다. 폭로된 공표 금지 사례들은 빙산의 일각일 뿐이다. 레니의 말을 더 들어 보자. "대학과 과학자들이 보이는 행동은 슬프고, 놀랍고, 충격적이다. 그들은 산업계의 기금에 농락당하고 있다. 그들은 자신들이 이 함구령을 준수하지 않으면 그 돈이 덜 엄격한 기관으로 흘러 들어갈 것이라며 두려워한다."[52]

이게 다가 아니다. 노골적인 사기와 금지 말고 더 크고 포괄적인 문제가 도사리고 있다. 상업적으로 이윤을 내야만 하는 분야의 연구자들 사이에서 산업계의 기금이 만들어 내는 체계적인 편견이 그것이다. 캘리포니아 대학교 로스앤젤레스 캠퍼스의 오빌 채프먼(Orville Chapman)은 이렇게 말한다. "거의 모든 생명공학 연구자들이 해당 학문을 상업적으로 활용하는 일에 연루되어 있다. 우리는 생물체의 복제나 변이와 같은 주제들과 관련해 공평무사하다는 신뢰를 잃어 버렸다. 그 문제를 생각하는 것 자체도 이상하게 주저하는 것 같다."[53]

미리 정해진 결론

사전에 정립된 후원자의 이해관계와 부합하는 결론을 도출하기 위해 연구 규약을 조작할 수 있는 다양한 기법들이 존재한다. 연구 기간 조정(독성 효과가 나타날 시간을 주지 않는다), 대상 집단과 대조군 또는 투약량의 미세한 조작, 복잡한 자료의 주관적 해석 등이 이런 기술이다. 이런 방법들은 노골적인 사기 행위에는 못 미치지만 예측할 수 있는 뻔한 결과로 이어진다. 코넬 대학교의 조지프 하치키스(Joseph Hotchkiss)는 이렇게 말한다. "연구를 후원하는 집단은 대개 그 결과가 어떠해야 할지를 훤히 알고 있다. 그렇지 않다면 돈도 안 준다." 신시아 크로슨(Cynthia Crossen)은 저서 『타락한 진리: 미국에서 벌어지는 사실의 조작』에서 발표되는 연구를 통해 얻어지는 결과와 연구 후원자들의 재정적 이해관계 사이에 존재하는 충격적인 상호 조화에 관해 언급했다.

플로리다 대학교 의과 대학 부교수이자 일반 내과의인 리처드 데이빗슨(Richard Davidson)은 지원받은 연구 활동이 일관되게 후원자가 원하는 결과를 내놓는다는 사실에 흥미를 느꼈다. 그는 이렇게 말한다. "제약 회사가 후원한 연구 논문을 읽을 때마다 그 회사의 약물이 비교 대상보다 못 하다는 결과를 내놓는 논문이 하나도 없다는 사실에 충격을 받았다." 데이빗슨은 이게 사실인지 확인해 보기로 했다. 그는 발표된 107편의 논문을 검토하면서 새로 발매된 신약과 기존의 치료제를 비교해 보았다. 데이빗슨은 자신이 의심했던 사항을 확증할 수 있었다. 제약 회사가 후원한 신약 연구 보고서는 비영리 단체가 지원한 연구 보고서보다 해당 약물에 우호적일 가능성이 더 높았다. 연구 후원사가 제조한 약물이나 치료제가 다른 회사의 제품보다 못 하다고 밝히는 논문은 단 하나도 없었다.[54]

다른 연구자들이 기금의 출처와 연구 결과 사이의 상관관계를 조사해 보았다. 그들도 마찬가지로 데이빗슨과 비슷한 결론에 도달했다.

■ 1994년에 보스턴의 연구자들은 관절염 치료제로 사용되던 항염증성 약물의 실험 결과를 발표한 논문들을 통해 연구 기금과 보고된 약물 효과 사이의 상관관계를 살펴보았다. 그들은 56건의 약물 실험 결과를 검토했다. 그리고 모든 경우에 제조사와 결부된 약물이 비교 대상 약물보다 효능과 독성에서 같거나 우위에 있다고 보고되었음을 확인했다. 그들은 "특히 부작용과 관련한 이런 비교 우위 주장은 실험 자료에 의해 입증되지 않는 경우가 다반사였다"고 말했다. "이 자료들은 제조사가 결탁한 실험에서 결과가 선택적으로 출판되고 공정하지 못한 해석이 이루어지고 있다는 걱정을 불러온다."[55]

■ 1996년에 밀드레드 K. 조(Mildred K. Cho)와 리사 A. 베로(Lisa A. Bero)는 신약 치료에 관한 논문을 비교해본 후 제조사가 기금을 댄 논문의 98퍼센트가 안전성과 효능에서 우호적인 결론에 도달했음을 확인했다. 독립적 기구의 지원을 받은 연구의 76퍼센트와는 비교가 되는 수치이다.[56]

■ 1998년에 『뉴잉글랜드 의학 저널』은 제약업계의 기금과 고혈압 치료제로 사용되는 칼슘 경로 차단제(calcium channel blocker)에 관한 연구 결론 사이의

상관관계를 조사한 논문을 발표했다. 이뇨제나 베타 수용체 차단약 같은 더 오래 되고 값싼 형태의 혈압 약물보다 심장 발작의 위험성이 더 높다는 연구 결과 때문에 칼슘 경로 차단제 사용과 관련해서는 안전을 우려하는 목소리가 존재한다. 『뉴잉글랜드 의학 저널』의 보고서는 경로 차단제에 관한 논문 70편을 검토하고 그것들을 세 개의 범주, 곧 우호적, 중립적, 비판적으로 나누었다. 우호적 논문의 저자 96퍼센트가 칼슘 경로 차단제 제조사와 재정적으로 얽혀 있었다. 중립적 논문의 저자는 60퍼센트, 비판적 논문의 저자는 37퍼센트였다. 70편의 논문 가운데 오직 두 편만이, 저자들이 기업과 맺고 있던 유착 관계를 공개했다.[57]

■ 1999년 10월에 시카고 소재 노스웨스턴 대학교의 연구자들은 자금 출처와, 새로 개발된 암 치료 약물에 대한 연구 논문이 도출한 결론 사이의 상관관계를 살펴보았다. 그들은 제약사의 후원을 받은 연구가 비영리 단체의 지원을 받아 수행된 연구보다 비우호적인 결론을 도출할 가능성이 거의 여덟 배나 적다는 사실을 확인했다.[58]

이런 식으로 자금 출처에 따라 발생하는 편견을 확인할 수 있는 분야는 약물 연구만이 아니다. 1996년에 댄 파진(Dan Fagin)과 마리안 라벨(Marianne Lavelle) 두 기자는 네 가지 화학물질, 곧 제초제 알라클로와 아트라진, 포름알데히드, 드라이클리닝에 사용되는 발암성 용매 과염소에틸렌의 안전성과 관련해 주요 과학 잡지에 발표된 최근의 연구들을 검토했다. 산업계와 연계가 없는 과학자들이 그 연구를 수행했을 때는 60퍼센트가 이들 화학물질에 비우호적인 결론에 도달한 반면 산업계의 자금을 제공받은 과학자들은 74퍼센트가 우호적인 결론에 도달했다. 파진과 라벨은 농업 제초와 관련된 연구 활동에 농업 관련 사업체가 기금을 대는 문제와 관련해서 특별히 강력한 편견이 존재한다고 논평했다. 그들은 "잡초 과학자들—산업계, 학계, 정부의 연구자들이 동업자로 굳게 맺어져 있다—은 스스로를 '호스의 노즐을 잡는 사람'이나 '분무기 사용자'라고 칭하기를 좋아한다"고 말했다. "별명이 암시하듯이 그들의 관심사는 잡초보다 훨씬 더 편협하다. 주요 인사들의 대부분이 인정하듯이 잡초 과학은 언제나 제초제 과학을 의미한다. 그리고 제초제 과학은 항상 제초제를 정당화하는 과학이다. 화학기업들은 가장 중요한 연구 재원을 무기로 능숙하게 잡초 과학자들을 동원했고, 이를 바탕으로 환경보호국, 유기농업인을 비롯해 미국의 농부들이 아트라진과 알라클로 및 다른 화학제초제에 의존하는 상황에서 벗어나기를 원하는 사람들을 물리쳐 왔다."[59]

산업계의 자금을 지원받은 연구가 너무나 자기 과시적인 나머지 풍자적인 모방처럼 보이는 경우도 있다. 1998년 5월에 권위 있는 킨지성별,성,재생산연구소(Kinsey Institute for Research in Sex, Gender and Reproduction)는 인디애나 대학교 심리학과와 공동으로 냄새가 여성의 성적 흥분에 미치는 영향을 연구했다. 연구 책임자 신시아 그레이엄(Cynthia Graham)은 자신의 연구를 설명하면서 '이것은 복잡한 분야'라고 말했다. 향수 및 화장수업계가 자금을 댄 조직후각연구기금(Olfactory Research Fund)이 그녀의 연구를 후원했다. 『밀워키 저널 센티늘』이 '엄정한 실험'이라고 묘사한 이 연구는 33명의 여성에게 성애 영화를 보거나 성적 환상에 몰입하라고 요구했다. 연구자들은 이 과정에서 그녀들의 생식기에 일어나는 육체적 변화를 관찰하고 측정했다. 연구자들은 향기가 성적 흥분에 미치는 영향을 확인하기 위해 여성들에게 여성의 향수, 남자의 화장수, 물을 묻힌 목걸이를 착용토록 했다. 『밀워키 저널 센티늘』은 "가장 설득력 있고 과학적으로도 의미 있는 연구 결과는, 남성의 화장수가 월경이 끝나고 이틀이 경과한 여성에게서 성적 흥분 상태를 눈에 띄게 증대시킨다는 것이었다"고 보도했다.[60]

오늘날의 대중은 약물은 물론이고 안전벨트부터 어린이들의 장난감에 이르기까지 온갖 것들의 안전성 및 효능과 관련해 과학 정보의 홍수에 휩싸여 있다. 냉동 마늘빵을 만드는 페퍼리지 팜스 제빵 회사(Pepperidge Farms bakeries)가 후원한 연구는 마늘빵을 먹으면 가족의 유대가 강화된다고 말한다. 퀘이커 오츠(Quaker Oats)가 후원한 연구에 따르면 귀리기울을 먹으면 콜레스테롤 수치가 낮아진다고 주장한다. 프린스턴치과자원센터(Princeton Dental Resource Center)는 초콜릿을 먹으면 충치가 예방된다고 말한다. 이 기구는 M&M/마스 제과 회사에게 재정을 지원받으며 프린스턴 대학교와도 상관이 없다. 주류업계에 고용된 의사들은 적포도주를 매일 한 잔씩 마시면 심장병 발생률이 줄어든다고 말한다. 다이어트 보충제업계는 다이어트 보충제로 섭취되는 피콜린산 크롬이 지방 분해를 도와준다고 말한다. 아연 정제 회사 주식 9,000주를 보유하게 된 한 연구자는 아연 정제가 감기의 지속 기간을 단축시켜준다고 보고했다.

이런 정보의 상당수는 혼란스럽고 모순적이다. 상반된 주장들이 일치하지 않는다는 것을 보여 주는 경우도 있지만, 대부분의 의견들은 상이한 기업들과 산업계의 정반대되는 이해관계를 반영하고 있다. 햇볕보호파트너(Partners for Sun Protection)와 제휴한 의사들은 피부암을 막으려면 해변에서 선크림을 바르는 것이 중요하다고 말한다. 카퍼톤(Coppertone) 선크림을 만드는 제약 회사 셰링-플라우(Schering-Plough)가 이 조직을 후원하고 있다. 반면에 일광욕 살롱을 대표하는 동업단체인 국제현명한일광욕네트워크(ISTN)가 후원한 연구는 "규칙적으로 일광욕을 하면 미국에서만 매년 3만 명의 암 사망자를 줄일 수 있다"고 주장한다. ISTN에 따르면 '적법한 연구'는 '거대 제약 기업'과 '피부병학 산업계의 로비스트들'이 일광욕과 연계된 피부암에 대해 '편집적 망상증'을 선동해 왔음을 알려 준다.

이런 쟁점들을 보도하는 기자들은 '어떤 대학의 과학자'라는 식의 단순

정보 이상을 제공해야 한다. 대중은 자신들이 수용하는 정보의 가치와 경중을 판단할 수 있도록 상황적 맥락을 알아야 한다. 과학자나 다른 전문가가 해당 쟁점에 이해관계를 갖고 있는 기업에게 자금을 제공받았는가? 다른 이해관계의 충돌은 없는가? 그 전문가의 과거 발언이나 제휴 관계가 드러내는 양상이 특정한 이데올로기적 성향을 암시하지는 않는가? 그 전문가의 견해가 해당 주제와 관련해 다른 전문가들 대부분의 의견과 일치하는가, 상반되는가? 이런 질문들에 대한 답변이 당연히 있어야 하지만 그런 일은 거의 일어나지 않는다.

9 쓰레기 과학과 건전 과학

> 오늘날 과학의 정직성을 훼손하는 쓰레기 과학을 더 자주 보게 되는 현실은 불행한 일이 아닐 수 없다. 이와 함께 전반적인 산업과 특히 소비자 제품 산업에 대한 불필요한 규제가 이유도 없이, 원인과 결과를 고려하지 않고 마구잡이로 강제되는 무시무시한 환경이 조성되고 있다.
>
> — 마이클 A. 마일스(Michael A. Miles), 필립 모리스의 전 CEO[*]

과학이 현대 사회에서 수행하는 놀라운 역할을 고려해 볼 때 과학의 결론과 방법에 대한 논쟁이 발생하는 현실은 전혀 놀랍지 않다. 지난 세기에 자행된 최악의 잔학 행위 가운데 일부가 과학의 이름으로 저질러졌다. '과학적 사회주의' 실험, 우생학이라는 인종주의 과학, 현대 산업의 파괴적 오염 행위 등 말이다. 주요 기업과 비열한 사기꾼들은 모두 과학이라는 외투를 뒤집어쓰고 온갖 종류의 치료약을 팔아먹는다. 이 가운데 다수는

---

[*] 이 장에서 인용되는 문서의 다수는 담배업계와 미국 주정부법무부 장관들 사이에서 법률적 타협이 이루어지면서 대중에게 공개된 것이다. 이 문서들의 각 페이지에는 독특하게도 '베이츠 넘버'(Bates number)라는 것이 할당되었다. 필립 모리스(www.pmdocs.com)와 R. J. 리놀즈(R. J. Reynolds, www.rjrt.com)의 문서 웹사이트를 통해 이 문서들을 열람할 수 있다.

그 효능을 전혀 입증할 수가 없고, 어떤 것은 해롭기까지 하다. 정신 의학이나 사회 과학의 역사 역시 인간 행동에 대한 합리적인 과학적 설명이라는 것들로 채워져 있다. 물론 그 바탕 위에서 죄 없는 사람들이 자신들의 의지에 반해 불임이나 백질 절제 수술을 받았고, 강제로 약물을 투여 받거나 투여되었다.

그러나 '쓰레기 과학'이라는 말은 기업의 변호사들, 로비스트들, 홍보 회사들, 산업계의 자금 지원을 받는 싱크탱크들이 만들어낸 특수한 개념이다. 그것은 문제가 되는 연구의 품질과는 아무런 상관이 없다. '쓰레기 과학'은 규제 법률이나 책임 소송이 뜨겁게 달아오를 때 기업의 변호사들이 환경과 대중의 건강을 보호하는 규제안들의 바탕이 되는 연구에 갖다 붙이는 용어이다. 그런 연구라면 엄정함의 여부와는 상관없이 무조건 '쓰레기 과학'이라고 부르는 것이다. 환경과 공중보건 보호 조치에 이의를 제기하고 무효로 하고 파기하는 데 동원될 수 있는 연구면, 결함이 있든 없든 거기에는 무조건 '건전(분별 있는) 과학'이라는 정반대 용어가 사용된다.

'쓰레기 과학'은 변호사들이 고객을 대신해 증언하게끔 고용한 전문가를 비난하는 용어로 법정에서 처음 등장했다. 물론 많은 소송에서 전문가의 증언은 불필요하다. 누군가가 목격자들 앞에서 다른 사람에게 총을 쏘았다면 누구에게 책임이 있는지 알아내기 위해서 로켓 과학자 따위가 필요하지는 않을 것이다. 그러나 20세기에 법원은 인과 관계의 증거가 복잡한 사건을 해결하기 위해, 개인 상해 법률 소송이 제기하는 불법 행위 법률의 체계를 확대했다. 이런 사건들 중에서도, 특히 문제가 되는 상해가 환경이나 독성물질에 의한 것일 때 과학자의 증언을 필요로 한다. 예를 들어 원자 폭탄 실험의 방사능에 노출된 퇴역 군인의 암, 석면 관련 중피종(mesothelioma), 아스피린 복용으로 인한 라이증후군(Reyes Syndrome), 돼지 인플루엔자 백신과 길랭-바레증후군(Guillain-Barré Syndrome, 급성감염성 다발신경염〕 사이의 관계 등이 그런 것들이다. 법원이 불법 행위 법률의 체계를 확장함으로써, 이런 종류의 원인들로 상해를 입은 사람들이 책임을 져야 할 기업들이 입힌 피해 사실을 수집하는 활동이 가능해졌다. 물론 이런 사건들이 법원에 갈 수 있었다고 해서 고소인들이 승리를 보장받는 것은 아니다. 쓰레기 과학이라는 말이 위력을 발휘한 사례로 흔히 인용되는 '독성 물질 불법 행위' 사건을 살펴보자. 그 가운데 하나인 메렐 다우(Merrell Dow) 제약 회사는 자사의 아침 구토증 치료약 벤덱틴(Bendectin)이 선천적 결손증을 야기한다며 소송을 제기한 1,200명의 원고에 맞서 자신을 방어하는 데 성공했다.

쓰레기 과학이 법정에서 피에 굶주려 날뛰고 있다는 생각은 1980년대 후반 『갈릴레오의 복수: 법정의 쓰레기 과학』이 출간되면서 많은 주목을 받았다. 공학자이자 변호사인 피터 허버(Peter Huber)가 쓴 『갈릴레오의 복수』는 돈에 환장한 변호사들이 사이비 과학을 동원해 무고한 기업에게서 대규모의 부당한 화해 비용을 뜯어내고 있다고 주장했다. 책 제목은 오늘날의 기업들이 과학적 정직성의 상징인 갈릴레오라는 신화적 지위의 희생양이 되었다는 허버의 생각을 드러내고 있다. 허버는 기성 제도의 억압적 권위에 맞서 홀로 분연히 떨쳐 일어섰던 갈릴레오가 옳았을지도 모른다고 말했다. 그러나 이단적 교설을 주장하는 오늘날의 과학자들은 다분히 기회주의자들이라는 것이다. 허버에 따르면 그들의 견해는 어리석은 소송을 진행시킴으로써 법률 제도를 타락시킬 뿐이다. 허버는 "저명한 동료들이 멀리하는 이단적 과학자들을 변호사들이 껴안았다"고 썼다. "과학자라고 자칭하는 자들이면 누구라도 법정에서 증언하도록 모셔질 것이다. 그의 견해가 아무리 이상하고 인습을 벗어난 것이라 해도 말이다. …… 기회와 동기가 뒤섞여 우리의 법정에서 쓰레기 과학이 조장되고 있다. '모든 것을 바치자'는 결연함의 법률 이론 속에서 기회가 만들어진다. 돈이 바로 그

동기이다."[1]

허버는 쓰레기 과학자들이 "과학 정보를 전달하기 위해 잡지 같은 보통의 의사소통 경로를 활용하지 않고 대중 매체나 구술에만 의존하기" 때문에 그들을 쉽게 가려낼 수 있다고 말했다.[2] 그러나 허버 자신의 책과, 쓰레기 과학에 대한 견해는 바로 전격적인 대규모 캠페인을 통해 대중에게 전달되었다. 맨해튼공공정책연구소(Manhattan Institute for Public Policy Research)가 후원한 1986년의 '책임 위기'에 관한 포럼이 그 시작이었다. 허버는 이 기관의 상급 연구원이었다. 연구소가 작성한 캠페인 관련 내부 보고서에는 이렇게 쓰여 있었다. "전국의 신문과 잡지 기자들이 포럼에 참석했고, 이 행사를 통해 수없이 많은 새로운 기사들이 쏟아져 나왔다." 이제 포럼은 24쪽의 「맨해튼 보고서」로 정리되었다. 이 보고서는 "정부, 학계, 기업계, 언론계, 법조계에서 주의 깊게 고른 2만 5,000명에게 발송되었다. …… 우리는 6월에 워싱턴 D.C.에서 한 차례, 8월에 뉴욕에서 한 차례, 모두 두 번의 워크숍을 열었다. 첫 번째 워크숍에는 정부의 공보 담당 관리 30명이 참석했다. 꼬박 하루 동안 세미나 형태로 열린 두 번째 워크숍에는 전국에서 15명의 학계 인사들이 참석했다. …… 우리는 많은 동료들의 도움을 받아 책임위기에 관한 기사를 작성했던 400명이 넘는 기자들의 우편 수취자 명단을 작성했다. …… 프로젝트 감독 월터 올슨(Walter Olson)은 이 문제와 관련해『월스트리트 저널』의 주요 기사를 포함해 수많은 '기명 특집 기사'를 발표했다."[3]

이게 전부가 아니다. 허버의 학문적 태도는 자신이 쓰레기 과학의 특징이라고 설명한 '자료 조작, 기대가 섞인 사고, 호전적인 독단론, 간간히 자행되는 노골적인 사기 행위'라는 혐의에 똑같이 노출되어 있다.『미국 대학 법률 논평』에서 케네스 체즈브로(Kenneth Chesebro)는 허버가 인용한 법률 소송 연구가 수많은 사실을 왜곡했다고 지적했다. 허버는 책임 법률 소송으로 미국 경제가 매년 3,000억 달러를 부담한다고 주장하는, 널리 인용되는 통계의 원 출처이기도 하다. 위스콘신 대학교의 법학과 교수 마르크 갤런터(Marc Galanter)가 허버의 주장을 검토해 보았다. 그는 사실관계에서 이 발언의 유일한 근거가 "기업 책임 문제에 관한 1986년의 어느 원탁 토론에서 기업 경영자 로버트 맬롯(Robert Malott)이 말한 단 한 문장뿐"이라는 사실을 발견했다. 맬롯은 기업이 책임 소송으로 매년 800억 달러를 지출하고 있다고 추산했다. 갤런터는 이 수치가 "이 비용에 관한 주의 깊고 체계적인 연구의 결과로 산정된 추정액보다 훨씬 더 높게 책정된 금액"이라고 지적한다. "당시 허버는 맬롯의 추정액에 3.5를 곱해서 대충 3,000억 달러로 만들어 놓고는 그 액수를 불법 행위 체계의 '간접 비용'이라고 불렀다."[4]

법정은 실험실이 아니다. 좋은 과학도 법정에서 정의만큼이나 자주 유린당한다. 나쁜 과학처럼 나쁜 평결도 오랫동안 우리와 함께 해왔다. 그러나 허버는 특정한 기소 행위에만 '쓰레기 과학'이라는 딱지를 붙여야 한다고 보았다. 그는 흡연을 "우리들이 가장 흔하게 행하는 형태의 자살"이라고 무심코 몇 번이나 언급한 적이 있다. 그러나 그가 든 쓰레기 과학의 사례에는 담배업계가 과학 사기꾼들을 고용해 법정에서 자신들을 변호한 일은 전혀 포함되지 않았다. R. J. 리놀즈(R. J. Reynolds)의 한 간부는 1981년 연설에서 이렇게 으스댔다. "대개는 과학자의 증언 덕택에 흡연이 폐암과 심장 혈관 질환을 불러일으킨다고 주장하는 법률 소송에서 담배 회사에게 단 한 푼이라도 긁어간 원고는 없다. 1954년 이후 무려 117건의 소송이 제기되었지만 말이다."[5] 이런 자랑은 『갈릴레오의 복수』가 서점에 깔릴 때에도 여전했다. 그러나 허버는 담배 과학을 언급하면서 '쓰레기 과학'이라는 말을 전혀 사용하지 않았다. 어쩌면 허버의 고용주인 맨해튼연구소가 보수적 싱크탱크라는 사실을 반영하는 자발적인 복종일 것이다. 맨해튼연구소는 담배업계는 물론이고 기업 책임 관련 소송을 제한하는 데서 기득권을 가지는 다른 산업계에게 막대한 자금을 지원 받고 있다.*

실제로 1990년대에는 담배업계가 나서서 '쓰레기 과학'이라는 용어를 사용하며 자신들을 비판하는 사람들을 맹렬히 공격했다. 건전 과학을 옹호하겠다는 취지의 조직들에 대한 담배업계의 막후 지원은 지난 10년간 보도되지 않은 엄청난 이야기 가운데 하나를 차지한다. 영국의 주요 의학 잡지인 『랜싯』이 2000년 4월 8일 처음으로 이 이야기를 보도했다. 『랜싯』의 기사는 샌프란시스코 소재 캘리포니아 대학교의 연구자들, 곧 스탠턴 글랜츠와 엘리자 옹(Elisa Ong)이 작성한 것이었다. 그들은 지금까지 공개된 적이 없는 필립 모리스와 R. J. 리놀즈의 내부 문건을 조사한 후 은폐 공작이 이루어졌음을 발견했고, 이를 폭로했다. 담배업계의 캠페인은 막대한 자금을 들였고, 범위도 국제적이었으며, 심지어는 『랜싯』의 편집국에도 영향력을 행사했을 정도였다.

글랜츠와 옹의 기사는 담배업계가 유럽에서 벌인 활동에 초점을 맞추었지만 그것은 일부일 뿐이다. 미국에서도 담배업계는 '쓰레기 과학'이라는 수사를 성공적으로 활용해 왔다. 공중위생국 국장을 지낸 C. 에버렛 쿠프(C. Everett Koop)는 가장 철저한 담배 비판자 가운데 한 사람이다. 그런 그조차도 의식하지 못하는 사이에 그 캠페인에 휘말려들고 말았다. 쿠프 발언이 이상하게 비틀려 인용되면서 마치 그가 담배업계의 동맹자처럼 간주된 것이다.

---

* 체즈브로(Chesebro)에 인용된 윌리엄 M.H. 해멧(William M.H. Hammett)의 메모. 체즈브로는 맨해튼연구소의 허버 프로젝트 지원 기금이 미국 전역의 상위 14개 보험 회사, 상위 16개 화학 및 제약업체, 상위 21개 산업 제조업체에서 출연된 것이라고 말한다. 그것은 비용이 많이 들어가는 작업이다. 체즈브로는 1993년에 맨해튼연구소 사법 연구 프로그램의 허버와 다른 두 직원이 "봉급과 수당으로 올해 50만 달러를 가져갈 예정"이었다고 지적한다.

알라르(Alar) 공포

'쓰레기 과학'이라는 개념은 1989년에 법정 밖으로 그 영역을 확대했다. 산업계를 지지하는 집단들이 이 용어를 사용하면서 '가공할 알라르 공포'라고 알려진 사실을 공격했던 것이다. 알라르는 1968년에 처음 출시된 화학 물질로, 사과나무에 뿌리면 낙과를 방지해 열매가 더 오랫동안 익을 수 있도록 만들어 주었다. 그런데 알라르는 사용 중에 '비대칭형 에탄 히드라진'(UDMH)이라고 하는 예기치 못한 부산물로 분해된다. 1973년에 UDMH가 암을 발생시킬 수 있다는 최초의 연구 결과가 발표되었다. 1977년과 1978년에 발표된 추가 연구는 알라르와 UDMH가 실험실에서 동물들에게 종양을 발생시킨다는 사실을 밝혀 주었다. 환경보호국이 1980년에 알라르의 유해성을 확인하는 조사에 착수했다. 그러나 알라르 제조사인 유니로열 화학 회사(Uniroyal Chemical Company)와의 비밀 회동 이후에 조사가 무기한 연기되었다. 1984년에 환경보호국은 조사 활동을 재개했고, 1985년에 알라르와 UDMH가 모두 "인간에게 암을 일으킬 가능성이 아주 높은 물질"이라고 결론 내렸다. 그러나 제조사의 압력에 굴복한 환경보호국은 알라르의 시장 판매를 계속 허용했다. 심지어는 전국식품가공업자협회(National Food Processors Association)와 거버 베이비 푸드(Gerber Baby Foods)가 유아용 유동식을 포함해 사과 소스와 사과주스 시료에서도 알라르가 발견되었다고 거듭 주장했지만 그것은 여전히 사용되었다.

마침내 1989년 매사추세츠 주와 뉴욕 주가 이 화학물질을 금지했다. 미국소아과학회(American Academy of Pediatrics)도 연방 차원에서 금지 조치가 취해져야 한다고 촉구했다. 사과 재배농에게 발송된 환경보호국의 서한은 "현재 활용할 수 있는 최고의 자료를 바탕으로 그 위험성을 판단해 볼 때, 장기간의 지속적 노출이 불러오는 안전성에 관련해 심각한 우려가 제기된다"고 밝혔다. 편지는 정기적으로 사과를 먹은 성인 백만 명 당 50명이 알라르 장기 노출에 따른 암에 걸릴 것으로 추정했다. 다시 말해, 환경보호국이 '허용할 수 있다'고 간주하는 건강 유해 기준을 50배나 초과한 셈이었다. 편지는 아이들에게 미치는 위험은 훨씬 더 크다고 경고했다. 그러나 연방 기관은 이런 경고 말고는 별다른 규제 조치를 취하지 않았다.

1989년 2월 26일 CBS-TV의 <식스티 미니츠>가 "A는 애플(Apple)"이라는 폭로물을 방송했다. 그제서야 대중은 알라르의 위험성을 알게 되었다. 프로그램의 제목은 나중에 자연자원보호위원회(NRDC)가 고심 끝에 정한 홍보캠페인의 구호가 되었다. 자연자원보호위원회는 홍보회사를 고용할 여력이 있는 몇 안 되는 환경 단체 가운데 하나이다. 이 단체는 펜턴 커뮤니케이션스(Fenton Communications)라는 홍보회사를 동원했다. 펜턴 커뮤니케이션스는 여배우 메릴 스트립(Meryl Streep)이 출연하는 광고를 제작해 배포했다. 스트립은 병에 담겨 판매되는 어린이용 사과주스에서 알라르가 검출되었다고 경고했다. <식스티 미니츠>가 방송되었을 즈음 제출된 자연자원보호위원회의 보고서는 어린이가 경험하게 될 누적적 위험성이 어른들의 그것보다 더 크다고 강조했다. 어린이가 단위 체중 당 훨씬 더 많은 사과 산물을 흡수하기 때문이다. 자연자원보호위원회의 보고서는 정부 규제 정책의 비일관성을 지적하면서 아이들을 보호하기 위해서 정책이 개선되어야 함을 강조했다. 사과 한 개와 주스 한 잔을 먹고 마시는 것만으로도 심각한 위험이 발생할 수 있다는 사실을 언급한 곳은 전혀 없었다. 그러나 <식스티 미니츠>의 명성과 영화배우라는 메릴 스트립의 지위 때문에 대중의 반응은 극적이었다. 일부 어머니들은 사과주스를 개수대에 버렸고, 학교는 구내식당의 메뉴에서 사과를 빼 버렸다.

궁지에 몰린 사과업계는 허겁지겁 알라르 사용을 중단했다. 사과 시장은 신속하게 반등했다. 실제로 5년이 채 안 되어서 사과 재배농들의 이윤은

<식스티 미니츠>가 방송되었던 당시보다 50퍼센트가 더 높아졌다.ᵗ⁾ 워싱턴 주의 사과 재배농들은 CBS, 자연자원보호위원회, 펜턴 커뮤니케이션스를 상대로 명예가 훼손되었다며 소송을 제기했다. 그들은 이들이 불러온 '공포' 때문에 자신들이 1억 달러의 손해를 보았고, 수많은 과수원이 파산했다고 주장했다. 그러나 소송은 결국 기각되었다. 판사는 연방 정부의 식품안전정책이 미비했다고 지적하면서 이렇게 말했다. "정부의 방법론은 취학 전 아동이 직면한 현저한 위험을 진지하게 다루지 못한다. 정부는 화학물질에 노출되는 연령대를 고려하지 않고 …… 허용 가능한 노출치를 계산함으로써 중대한 과오를 범했다."⁷⁾ 산업계가 여러 해 동안 자연자원보호위원회의 경고를 논박했지만, 전미과학아카데미(NAS)는 1993년에 알라르 소송 관련 핵심 사안을 재확인했다. 그 내용은 유아와 어린이들이 화학물질에 노출되는 것을 더 조심해야 한다는 것이었다. 전미과학아카데미는 특히 어린이들을 보호하기 위한 규제 절차를 철저하게 검토하라고 요구했다. 화학물질 허용치에 대한 연방 정부의 계산이 아동기의 과일 섭취량 증가와 비교적 낮은 그들의 체중, 독성물질 노출에 따른 민감한 반응을 고려하지 않았다고 본 것이다. 전미과학아카데미의 연구위원회를 이끈 필립 랜드리건(Philip Landrigan) 박사는 이렇게 말했다. "자연자원보호위원회는 절대적으로 옳았다. 그들이 독성물질이 25년 동안이나 시장에서 판매되도록 허용한 규제 당국을 통렬히 비난한 것은 정당했다." 세계보건기구의 국제암연구국(International Agency for Research on Cancer)과 미국공중위생국 전국독물학프로그램이 각기 제출한 후속 보고서들도 알라르가 발암 물질이라는 결론을 공유했다.

알라르와 관계된 모든 이야기는 산업계와 환경단체 간에 벌어진 수십 년의 투쟁에서 하나의 작은 전쟁일 뿐이다. 그러나 산업계 옹호자들에게는 '거대한 알라르 공포'가 거의 신화적인 지위를 차지하고 있다. 아직도 계속

되고 있는 산업계의 대규모 선전 캠페인이 알라르를 쓰레기 과학과 기자들의 무책임성에 대한 상징으로 바꾸어 놓는 데 성공했기 때문이다. 반격의 선봉은 엘리자베스 휠런이었다. ACSH 의장인 그녀는, 기금의 대부분을 화학, 식품, 제약업계에서 받고 있는 자칭 건전 과학의 옹호자이다.

『워싱턴 포스트』의 미디어 담당 기자 하워드 커츠는 이렇게 말한다. "휠런을 미디어 영역으로 끌어올린 것은 다름 아닌 1989년의 거대한 알라르 공포였다."[8] ACSH와 휠런은 알라르 문제가 제기되기 오래 전부터 환경운동 반대 진영의 고정 인사였다. 그들은 DDT, 다이옥신, 석면 및 수많은 오염 화학물질의 위험성을 축소하거나 은폐했다. 그러나 휠런이 알라르 축소 은폐 캠페인에서 두드러진 역할을 맡자 ACSH는 보건 문제에 관한 전문가 논평을 원하던 기자들에게 인기 있는 취재원이 되었다. 커츠는 이렇게 말한다. "텔레비전 프로듀서들이 휠런을 좋아하는 이유는 그녀가 화려하고 간결한 화법을 사용하기 때문이다. 그녀는 '독극물 테러리스트'와 같은 문구를 쓰면서 반대자들을 날카롭게 공격한다. 그녀는 그들의 연구를 '부두교 통계학'이라고도 했다. 신문 기자들도 자주 그녀에게 전화를 건다. 그녀가 여러 논쟁에서 '다른' 편을 옹호하는 대변인으로서 쉽게 접근할 수 있기 때문이다."[9]

1990년에서 1995년 사이에 ACSH는 워싱턴 D.C.의 전국기자클럽에서 알라르 관련 기자간담회를 최소 세 번 이상 열었다. 이 간담회에서 알라르는 고의적이고 사악한 공포 캠페인 때문에 시장에서 퇴출된 유익하고 안전한 화학물질이었다. 화학 및 식품업계와 제휴한 다른 집단들이 합류해 알라르 논쟁에 대한 이런 해석을 지지하고 나섰다. 사과업계는 힐 앤 놀턴 홍보회사에 100만 달러 이상을 지불하고, 어린이들이 매일 '트럭 한 대 분량'의 사과를 먹어야 한다고 주장하는 광고를 제작해 배포하게 했다. 힐 앤 놀턴은 미국공중위생국 국장 출신인 쿠프의 말을 널리 인용했다. 쿠프는 사과는 안전한 것이며 공포는 과장된 것이라고 말했다. 주요 기업농 홍보회사인 포터/노벨리는 한 업체가 '농산물품질센터'(Center for Produce Quality)로 하여금 식품 소매상들에게 2만 개 이상의 '자료'를 배포하도록 요구하는 활동을 지원했다. 그 자료는 <식스티 미니츠>에 제공된 과학적 자료를 헐뜯는 내용이었다.[10] 경쟁기업연구소, 하틀랜드연구소(Heartland Institute), 카토연구소(Cato Institute) 등 산업계의 지원을 받는 싱크탱크들은 '알라르 공포'가 미디어 선정주의의 파렴치한 배후 조종자들이 양산한 대중의 병적 흥분상태를 알려 주는 불합리한 사건이라는 주장을 되풀이했다.

 1989년 이래 알라르 이야기의 개정판이 끊임없이 등장했다. 사건을 왜곡하고, 사실을 생략함으로써 그 이야기는 환경 공포를 조장하는 일의 위험성과 정부의 지나친 규제, 그리고 언론의 무책임성에 관한 교훈적인 이야기로 변질되었다. 1991년 농산물품질센터가 실시한 여론조사 결과에 따르면 미국 소비자의 68퍼센트가 알라르 공포가 과장되었다고 믿고 있는 것으로 나타났다. 알라르에 대한 ACSH의 이런 견해가 채택되어 많은 기자들과 학자들에 의해 무비판적으로 재생산되었다. 그리고 그들 가운데 대부분은 이데올로기에 의해 부추겨진 사태의 왜곡을 잘 알지 못하고 있다. <식스티 미니츠>가 방송된 이후 10년 동안 양산된 기사들을 살펴보기 위해 넥시스(NEXIS) 뉴스 데이터베이스를 검색해 보면 알라르 관련 기사가 5,000개가량 뜬다. 몇 건을 제외한 거의 모든 기사가 이 사건을 치킨리틀 환경보호주의[Chicken Little, 갑자기 하늘에서 떨어진 무언가에 의해 머리를 다친 치킨리틀이 하늘이 무너지고 있다고 확신하고, 고향 마을인 오키 오크를 대혼란으로 몰고 간다는 내용의 이야기로, 영화화되기도 했다]의 사례로 취급했다. 그 기사들의 제목은 이런 식이었다. "환경주의자들, 편집적 망상증을 선동했다고 비난받다", "과학 공포의 세기", "식품 경찰의 제약에 맞서 싸우는 연합", "<식스티 미니츠>의 날조", "사이비 과학의 허튼소리, 오늘날 선택할 수 있는 공포 전술로 자리를 잡다." 기자들에게 **알라르**라는 말은 쓰레기 과학에서 유래한 불합리한 건강상의 공포를 뜻하는 보편적인 축약어로 자리를 잡았다.

담배 과학이 쓰레기 과학을 만났을 때

'쓰레기 과학'에 맞서는 산업계의 캠페인이 대규모 담배업계에 흥미로운 기회를 제공했다. 스스로에게 과학계의 부랑자가 아닌 다른 이미지를 부여할 수 있는 기회를 발견했던 것이다.

물리적 세계에서 이루어지는 모든 활동은 동등한 반작용을 수반한다. 마찬가지로 대중의 건강에 가해지는 모든 위협도 제품으로 얽혀 있는 산업계의 부인에 똑같은 역효과를 발생시키는 것 같다. 미국공중위생국 국장이 1960년대 이래 "이 나라의 질병, 장애, 조기 사망의 가장 커다란 원인"[11]이라고 명명한 담배업계는 과학자들을 제3자적 옹호자로 동원하는 전략을 창안했다. 이런 캠페인에 오스카상을 줘야 한다면 담배업계가 분명히 평생 공로상을 받아야 할 것이다. 1950년대 이전에 담배 회사들은 의사와 명사들의 증언으로, 담배가 가져다준다고 하는 건강상의 '혜택'을 광고했다. 담배가 암과 그 밖의 치명적인 질병에 미치는 역할을 상술한 초기의 과학 연구들이 등장하자 업계는 공황 상태에 빠져들었다. 에른스트 L. 와인더(Ernst L. Wynder) 박사의 1953년 보고서가 흡연과 암 사이에 결정적 상관관계가 있음을 과학계에 알렸다. 산업계의 자금을 지원받는 담배연구소(Tobacco Institute)의 내부 비망록에서 '1954년의 비상사태'라고 언급하는 일이 벌어졌다. 경제적 생존을 위해 투쟁해야 했던 담배업계는 역사상 비용이 가장 많이 들어갔고, 오래 지속되었으며, 또 가장 성공한 위기관리 캠페인을 시작했다. 산업계의 말을 빌리면 그 캠페인은 "건강상의 기소 내용을 부인하지 않으면서 의문을 제기하고, 동시에 대중에게 흡연을 습관화하라고 조르지 않으면서도 그들의 흡연권을 옹호함으로써 담배 판매를 촉진하고 이런저런 공격으로부터 담배를 보호하기" 위한 것이었다.[12]

담배업계는 1950년대에 당대 세계 최고의 홍보기업이었던 힐 앤 놀턴에 도움을 요청했다. 이 회사는 미시시피 주 대 담배 카르텔 사건이라고 명명된 1993년의 소송에서 다음과 같이 기술된, 엄청난 비용의 기막힌 캠페인을 계획했다.

이런 노력의 결과 나중에 담배연구협의회(CTR)로 알려지게 되는 담배산업연구위원회(TIRC)가 결성되었다.

담배산업연구위원회는 즉시 4,300만 명의 미국인을 겨냥해 400개 이상의 신문에 전면 광고를 실었다. …… 제목은 "흡연자들에게 드리는 솔직한 성명"이었다. …… 이 광고에서 담배 회사들은 대중에 대한 자신들의 '특별한 책임'을 인식하고 있으며 흡연 및 건강에 관한 사실들을 확인해 나가겠다고 약속했다. 그들은 독립적인 연구 활동을 후원하겠다고 약속했다. …… 그들은 공중보건 관리들과도 긴밀하게 협력하겠다고 약속했다. ……

담배산업연구위원회는 이런 식으로 대중을 흡연 및 건강의 안전성에 관한 그릇된 인식으로 몰아넣은 다음 계속해서 담배업계의 이익을 위해 활동했다. 최초의 대중 성명과 그럴듯한 자세, 자신들이 정보를 모두 공개하고 있으며 매우 진지하다는 거듭된 주장을 하면서도 담배산업연구위원회는 공중보건 문제를 주요 관심사로 취급하지 않았다. …… 실제로 통합되어 조정되는 산업계 전반의 전략이 적극적으로 꾸며졌고, 흡연과 결부된 진정한 위험과 관련해 대중은 오도되어 혼란에 빠졌다. 담배 회사들과 그 상담역들은 자신들이 약속한 대중의 건강이라는 공공선을 위해 일하지도 않았고 독립적인 연구 활동을 후원하지도 않았다. 그들은 담배 동업조합으로 활동하면서 과학계와 의료계에서 나오는 정보를 반박했고, 훼손했으며, 물 타기를 시도했다.[13]

담배산업연구위원회는 자신들의 신뢰를 향상시키기 위해서 제3자 기술을 활용했다. 1954년 6월에 클래런스 리틀(Clarence Little) 박사가 담배산업연구위원회의 의장으로 왔다. 리틀은 그 전에 오늘날 미국암협회의 전신인 미국암통제협회(American Society for the Control of Cancer)에서 전무이사로 일한 바 있었다.[14] 리틀은 연구를 통해 흡연과 암 사이에 직접적인 상관관계가 있음이 밝혀지면 "다음으로 해야 할 일은 담배의 위험을 제거하는 방법을 궁리하는 것이 될 것"이라고 약속했다. 이렇게 존경 받는 인물을 내세워 정직한 배려를 하는 듯한 인상을 풍기자 예상했던 대로 마법과 같은 결과가 발휘되었다. 힐 앤 놀턴이 여론의 동향을 분석해 보았더니 담배산업연구위원회에 의견을 표명한 신문사 가운데 9퍼센트만이 비우호적이었고, 65퍼센트는 유보 조항도 달지 않은 채 호의를 보였다.[15]

담배업계가 어떤 과학자들이 담배를 연구하고 있는지를 파악하고 있었다는 데에는 의문의 여지가 없다. 담배산업연구위원회는 신문 스크랩, 정부 보고서, 다른 문건들은 물론이고 2,500종의 의학 잡지에서 상호 참조 표시가 된 의료 및 과학 논문으로 도서관을 구축했다. 담배산업연구위원회의 직원들은 이 도서관에서 담배 및 인간의 건강에 미치는 위해와 관련해 상반되거나 결론에 이르지 못한 결과들을 갖는 과학적 자료를 무엇이든지 찾아낼 수 있었다. 이 자료들은 18페이지짜리 소책자로 편집되어 1954년에 「담배 논쟁에 대한 과학적 견해」라는 제목으로 출간되었으며 의사, 국회의원, 뉴스 미디어를 포함해 20만 명 이상에게 발송되었다.

1950년대에 담배 회사들은 광고 예산을 두 배 이상 늘렸다. 1953년에 7,600만 달러였던 것이 1957년에는 1억 2,200만 달러가 되었다. 담배산업연구위원회가 1954년에만 별도로 94만 8,151달러를 지출했다. 이 가운데 4분의 1이 힐 앤 놀턴으로 흘러 들어갔고, 또 다른 4분의 1이 언론 광고로 지출되었으며, 나머지 대부분은 행정 비용으로 나갔다. 담배산업연구위원회가 "독립적 연구 활동을 후원하겠다"고 약속했지만 그 해 전체 예산의 10퍼센트에도 못 미치는 8만 달러만이 과학 프로젝트에 배정되었다.[16]

1963년에 담배산업연구위원회는 담배연구협의회로 이름을 바꾸었다. 이런 '과학' 위원회가 전부가 아니었다. 힐 앤 놀턴은 담배연구소라고 하는 개별적인 홍보 및 로비기구를 출범시켰다. 1990년에 『홍보 저널』은 1958년에 만들어진 이 담배연구소를 '역사상 가장 강력한 홍보, 로비 기구들' 가운데 하나라고 기술했다. 담배연구소는 한 해에 약 2,000만 달러를 지출하면서 120명의 홍보전문가를 고용해 미국공중위생국, 국립암연구소, 미국암협회, 미국심장협회, 미국폐협회의 연합 세력과 싸우고 있다.[17]

연기가 풀풀 나는 방

미국암협회는 담배업계의 홍보전략을 "현재의 통계학적·병리학적 증거로 판단할 때 흡연 습관을 바꿀 것을 전혀 지시하지 않는다고 대중이 믿게끔 오도하는 지연 전술"이라고 묘사했다.[18] 물론 어떤 선전 전략도 담배의 치명적인 효과와 관련해 꾸준히 축적되어온 산더미 같은 증거들을 영원히 가릴 수는 없었다. 1980년대에는 흡연이 암, 심장병, 폐기종 및 수많은 질병들을 일으킨다는 사실을 부인하려는 담배업계의 노력을 믿는 사람이 아무도 없었다. 심지어는 업계의 대변인들조차도 낡은 거짓말을 똑같이 나서서 되풀이하려고 하지 않았다. 필립 모리스는 1999년까지 흡연이 암을 일으킨다는 사실을 공개적으로 인정하지 않았다. 그러나 변호사들과 홍보

전문가들은 이미 1970년대부터 이런 입장에서 전략적으로 후퇴할 것을 계획하고 있었다. 그들은 모두가 가짜로 알고 있는 과학적 입장을 계속해서 방어하는 일을 그만두고 비흡연자들 역시 술집과 식당과 다른 공공장소에서 들이마시는 2차적인 담배 연기로 인해 건강상의 해악을 경험하고 있음을 보여 주는 증거들을 반박하는 과학적 주장을 개진하기 시작했다.

산업계의 내부 비망록에서는 2차적인 담배 연기가 다양한 명칭으로 등장한다. '간접적 담배 연기', '수동적 담배 연기', '생담배 연기', '환경적 담배 연기'(ETS)가 그것들이다. 담배업계의 경영자들은 일찍부터 담배가 일으키는 간접적 효과가 흡연자들이 경험하는 직접적인 효과보다 사업상의 이익에 훨씬 더 큰 위협이 될 것이라고 생각했다. 대중이 일단 담배가 비흡연자들을 죽이고 있다는 사실을 알게 되면, 담배 반대 운동가들이 기세등등하게 압박을 가해오면서 공공장소에서의 흡연을 금지하라고 요구할 것이었다. "만약 흡연자들이 일터로 가는 길에서, 직장에서, 가게에서, 은행에서, 식당에서, 쇼핑몰에서, 다른 공공장소에서 담배를 피울 수 없게 되면 결국 담배를 덜 피우게 될 것이다." 필립 모리스의 정치 담당 전무이사 엘런 메를로(Ellen Merlo)는 담배 판매상들의 모임에서 이렇게 불평했다. "그들의 상당수가 담배를 끊을 것이다. 간단히 말해 담배 구입이 급격히 감소하면서 판매고 감소가 가속화될 것이다."[19] 필립 모리스의 1993년 비용 결산 발표회에서는 "흡연 제한으로 올 한 해에만 필립 모리스의 이윤이 4,000만 달러 감소한 것으로 추정된다"고 푸념했다.[20]

간접흡연 문제와 관련해 친산업계 성향의 과학자들을 길러내려는 캠페인은 대규모로 다방면에 걸쳐 진행되었으며 국제적이기까지 했다. 일부 과학자들이 담배를 방어하는 시민의 목소리를 대변했는가 하면 다른 과학자들은 막후에서 임무를 수행했다. 조용히 동맹자들을 끌어 모으거나 반대 진영의 회합들을 감시하면서 담배업계의 법률 및 정치 전략가들에게 보고서를 제출했던 것이다. 필립 모리스를 대변했던 주요 법률 회사 가운데 하나인 코빙턴 앤 벌링(Covington & Burling)이 작성한 1990년의 한 내부 비망록은 리스본, 하노버, 부다페스트, 밀라노, 스코틀랜드, 코펜하겐, 스위스, 노르웨이, 오스트레일리아, 핀란드, 아시아에서 담배업계의 상담역들이 수행한 활동을 기록하고 있다. 비망록에는 "우리의 유럽 상담역들이 다음 달 리스본에서 온화한 기후의 실내 공기를 주제로 과학 회의를 열 예정"이라고 적혀 있었다. "전세계에서 100명 이상의 과학자들이 참석할 것이다. …… 회의의 초점은 담배가 아니다. 회의의 목표는 온화한 기후에서 공기의 질을 결정하는 진정한 문제에 관심을 집중함으로써 환경적 담배 연기가 대수롭지 않음을 보여 주는 데 있다. 물론 설득력을 높이려면 문제를 제기하는 데서 어느 정도의 '균형'은 필요하다. 그러나 전반적인 결과는 긍정적이고 의미심장할 것이다. …… 독물학 포럼이 7월에 부다페스트에서 개최될 것이다. 그리고 이 자리에서 우리의 상담역 가운데 한 사람이 환경적 담배 연기에 관해 발표할 것이다. …… 우리는 우리의 상담역들에게 과학적 견해와 대중의 여론에 영향을 미칠 수 있는 과학적 회합이나 자리라면 전부 참석하라고 요구한다. 그들은 일상적 과학 행위의 일부로서도 독자적으로 다른 많은 회의에 참석한다."[21]

상담역들은 과학 회의에 참석하는 것으로 그치지 않았다. 그들은 언론을 대상으로 기자회견을 했고, 항공기 승무원들을 두들겨 기내 흡연을 지지하게 했으며, 특집 기명 기사를 작성하거나 비디오에 출연했고, 담배 광고가 사기 행위를 했다고 주장하는 소송에서 증언했다. 보고서는 이렇게 으스대고 있었다. "우리의 상담역들은 실내 공기의 질 문제를 다루는 세계 유일의 과학협회를 만들어 냈다. 이 협회는 곧 정기적인 자체 회보를 발행하게 될 것이다. 그리고 여기서 환경적 담배 연기와 다른〔실내 공기의 질〕문제가 규제 관리, 과학자, 건물 관리인 등에게 균형 잡힌 방식으로 논의될 것이다.

이 협회는 독자적인 과학 잡지도 펴낼 것이다. 발행은 유럽의 주요 출판사가 담당한다. 여기서도 다양한〔실내 공기의 질〕쟁점들을 다룰 예정이다."⁽ᴱ⁾

다른 상담역들은 책을 썼다. 환경적 담배 연기와 건강의 문제를 다룬 책이 있는가 하면 또 다른 책은 "담배와 관련된 사실들을 포함해 의학적 공리에 관해 엉뚱한 생각들을 표명했다." "간교하고 유쾌한 방식으로 의학적 '확실성'이 진정한 과학적 기초가 없는 경우가 비일비재하다고 암시했던" 것이다. 다른 고용된 전문가들은 주요 의학 잡지에 발표되는 논문을 활용했다. "우리 상담역 중의 한 사람은 프랑스의 유력한 의학 잡지에 중요한 논문이 한 편 실리기를 기다리고 있다. 환경적 담배 연기 및 폐암과 관련한 증거의 신뢰성을 아주 효과적으로 공격하는" 논문이었던 것이다. 또 다른 상담역은 애완용 새를 기르는 일이 간접흡연보다 암 발생의 위험성이 더 크다고 주장하는 과학 논문을 발표했다. 그들의 상담역에는 『랜싯』의 편집자도 있었다. 그는 "계속해서 환경적 담배 연기와 다른 문제에 관해 수많은 논평, 사설, 비평을 발표하고 있다." 스칸디나비아에서 필립 모리스의 한 상담역은 "건강 위험성이라는 인기 있는 개념이 전문가의 과학적 평가를 받게 될 때 실제로는 얼마나 자주 잘못 이해되고 있는지"를 보여 주는 연구를 수행하기도 했다.⁽ᴲ⁾

작은 일에 화를 내다가 터무니없는 일은 묵인하기

미국심장협회, 미국폐협회, 미국암협회 같은 조직들은 직접흡연으로 미국에서 매년 약 40만 명이 사망한다고 추정하고 있다. 세계보건기구의 추정치를 활용하면 전세계적으로 매년 약 300만 명이 사망한다. 1986년에 미국 공중위생국 국장인 쿠프는 간접흡연이 비흡연자들에게 상당한 건강상의 위협을 제기한다고 결론짓는 검토 보고서를 발표했다. 개인 연구자들은 물론이고 저명한 보건단체들이 수행한 다른 많은 연구도 비슷한 결론에 도달했다. 가장 보편적이고도 심각한 결과는 천식, 폐기종, 심장병이다. 미국에서 환경적 담배연기와 관련된 심장병 사망자 수만 해도 매년 3만 7,000에서 6만 2,000명 사이에 이른다. 아이들의 폐는 여전히 발달하고 있다. 따라서 그들의 폐는 환경적 담배 연기에 특별히 민감하다. 캘리포니아 주의 한 추정치에 따르면 환경적 담배 연기가 미국에서 매년 2,700건의 영아돌연사증후군을 가져온다고 한다.

환경적 담배 연기에 대한 환경보호국의 위험 평가는 1993년에 발표되었다. 이 평가 보고서는, 간접흡연으로 18개월 미만 어린이의 기관지염이나 폐렴 같은 기도 하부 감염증이 매년 15만~30만 건 발생하며 이 가운데 7,500~1만 5,000명이 병원에 입원을 한다고 추정했다. 보고서는 천식 환자가 40만~100만 건 발생한다고 추정하기도 했다. 환경보호국은 사상 처음으로 간접흡연을 'A등급 발암 물질'로 분류해야 한다고 결정하기도 했다. A등급 발암 물질이란 환경적 담배 연기가 폐암을 유발하는 것으로 의심되는 수준을 넘어 그 원인으로 확실하게 규명되었다는 것을 의미하는 정부의 분류 용어이다. 간접흡연의 영향은 직접흡연의 효과와 비교해 보면 미미하다. 그러나 환경보호국은 비흡연자 가운데 매년 발생하는 약 3,000명의 폐암 사망자가 간접흡연 때문이라고 어림했다.

담배 옹호자들은 환경보호국의 위험 평가 보고서에 등장하는 증거 전부를 반박하는 일은 불가능하다고 판단했다. 간접흡연이 아이들의 호흡기에 악영향을 미친다는 보고서의 결론은 폭넓게 받아들여졌고, 사실 논쟁의 여지가 없었다. 간접흡연과 암 사이의 상관관계를 논한 보고서의 결론은 몇 가지 다른 형태의 증거들을 바탕으로 하고 있었다. 이것들도 마찬가지로 반박하기가 어려웠다. 첫째, 2차적인 담배 연기에 직접 담배를 피우는 사람들이 흡입하는 것과 기본적으로 동일한 암 발생 독성 물질이 전부 함유되어 있다는 사실은 명백하다. 둘째, 2차적인 담배 연기에 노출된 사람들의 실험 결과는 그들의 몸이 이 독성 물질을 상당량 흡수해서 대사한다는 사실을 보여 준다. 셋째, 동물 실험을 통해 2차적인 담배 연기에 노출되는 것이 암을 발생시킨다고 드러났다. 이 사실은 2차적인 담배 연기가 인간에게도 같은 영향을 미치리라는 것을 강하게 암시한다. 넷째, 환경보호국은 각기 다른 8개국에서 제출된 약 30건의 역학 조사 논문을 검토한 후 본인이 담배를 피우지 않지만 남편의 흡연에 노출되었던 여성이 비흡연자 남편과 결혼한 여성보다 폐암 발생률이 더 높다는 사실도 확인했다.

  이런 증거들을 종합해 볼 때 간접흡연이 폐암을 발생시킨다는 결론을 외면하기는 쉽지 않다. 그러나 환경보호국의 사망자 수 추정치는 역학에만 기초하고 있었다. 역학은 통계적 분석을 활용해 인구 집단 내의 질병 분포를 연구하는 의과학의 한 분야이다. 역학은 통계적 상관관계를 활용해 질병의 원인에 대한 결론을 이끌어낸다. 그러나 이것은 엄밀하지 못한 과학으로 악명이 높다. 누군가가 평생 동안 2차적인 담배 연기에 노출되었다고 추정하려면 연구자들은 그 사람의 부정확할 수도 있는 과거의 기억에 의존해야 한다. 게다가 이런 조사 행위는 연구 결과에 영향을 미칠 수도 있는 온갖 혼란스런 요소들을 다 고려할 수도 없다. 조사 대상자들이 석면이나 라돈 같은 다른 폐암 유발 물질에 노출되었을까? 그들은 자신들이 기억하는 것보다 2차적인 담배 연기를 더 많이, 아니 어쩌면 더 적게 흡입하지는 않았을까? 이런저런 불확실성을 감안한다면 환경적 담배 연기 관련 암으로 매년 3,000명이 사망한다는 환경보호국의 추정은 정말이지 대충 해보는 추측일 뿐이다. 실제로는 더 많을 수도 있고, 아니면 더 적을 수도 있다. 담배업계의 선전가들은 이런 불확실성의 틈을 놓치지 않았다. 과학이나 정책의 견지에서 볼 때 특별히 폐암에 초점을 맞춰야 할 논리적인 근거는 전혀 없다.

결국 그것은 간접흡연이 원인으로 작용한 전체 사망자 수의 일부일 뿐이다. 폐암으로 인한 사망자보다 폐기종이나 심장병으로 죽은 사망자를 선호해야 할 특별한 이유도 전혀 없는 셈이다. 그러나 폐암 관련 추정 내용이 환경보호국 위험 평가 보고서의 일부를 구성했고, 결국 방법론적 기초에 대한 논쟁으로 비화되었다. 담배업계는 이 문제에 집중함으로써 보고서에 나타난 반박의 여지가 없는 더 광범위한 결론에서 다른 곳으로 사람들의 주의를 분산시키려고 했다.

개리 허버(Gary Huber, 피터 허버와는 전혀 관계가 없는) 교수는 산업계의 자금 지원을 받고 이 호소에 부응한 과학자 중 한 명이었다. 허버는 담배의 치명적 효과와 관련해 과학적 증거들이 제시될 때마다 반대 논쟁을 일삼으면서 자신의 이력을 쌓아왔다. 그는 여러 해에 걸쳐 담배업계의 연구 기금에서 700만 달러 이상을 받았다. 허버는 '담배업계에 몸을 판 형편없는 자식'이라는 평과 함께 학계 동료에게는 신망을 잃었지만 담배업계 쪽에서는 여전히 스타였다. 최고 경영자들과 격의 없이 지냈고, 고위 변호사들과 낚시 여행을 함께 다녔으며, 법률 전략 회의에도 참석했다.* 허버는 하버드 대학교가 자신의 실험실을 폐쇄해버릴 때까지 그곳에서 근무했다. 그는 켄터키 대학교로 자리를 옮겨 친산업계 성향의 담배및건강연구소에서 일했는데 여기서도 그릇된 일처리 때문에 해고되었다. 그러나 그는 어디를 가든 항상 따라오는 담배업계의 자금 덕택에 언제나 어려움을 극복할 수

---

* 허버는 결국 편을 바꾸어서 1998년에 담배업계에 맞서는 원고들을 위해 법원에서 증언하는 데에 동의했다. 그는 자신이 말을 갈아탄 이유가 흡연 관련 폐 질환으로 아버지가 사망했기 때문이라고 설명했다. 그는 1998년 3월 4일 <NBC 심야 뉴스 *NBC Nightly News*>의 밥 커(Bob Kur) 기자와 만나 이렇게 말했다. "딸이 내게 와서 이렇게 말했습니다. '아빠, 조심하세요. 사람들이 아빠를 못 살게 굴고 있어요.'" 허버의 변절과 관련해 더 자세한 사항을 확인하려면 Lee Hancock and Mark Curriden, "Researcher's Defection Sets Stage for Court Showdown With Tobacco Industry," *Buffalo News*, January 4, 1998, p.11A를 보라.

있었다.²⁴⁾ 켄터키 시절을 마친 그는 텍사스 대학교에 안착했다. 이곳에서 그는 영양건강센터를 운영하면서 동시에 슈크, 하디 앤 베이컨(Shook, Hardy and Bacon)이라는 전국적 법률 회사에 비밀 상담 서비스를 제공했다. 이 법률 회사는 필립 모리스와 R. J. 리놀즈를 대변하고 있었다. 텍사스 시절에 담배업계의 변호사들은 허버에게 170만 달러를 지불하고 흡연과 폐기종, 천식, 기관지염의 관계를 연구한 과학 논문들을 비판하라고 했다. 담배업계의 변호사들은 자신들이 허버에게 돈을 지불한 사실을 은폐하기 위해 뛰어난 공작을 벌였다. 병원 장부와 별도로 관리할 수 있도록 그리스식 암호명을 가진 외부 구좌를 통해 돈을 지급함으로써 외부인이 찾기 어렵도록 만들었던 것이다.²⁵⁾

제3자적 독립성이라는 허울을 유지하는 것이 비밀의 목적이었다는 것은 분명하다. 허버는 이를 바탕으로 공공연하게 담배를 방어하면서도 신뢰성을 유지할 수 있었다. 1980년대 후반에 그는 환경적 담배 연기의 위해성을 규명하는 연구들을 비판하는 과학계의 유력인사 가운데 한 사람으로 부상한다. 1991년에 그는 『소비자 보고서』를 빼다 박은 잡지 『소비자 연구』에 논설을 발표했다. 담배업계가 이 잡지의 운영 기금 일부를 대고 있다. 그는 간접흡연과 암을 연관짓는 과학적 연구들이 "겉만 번지르르했지 발상은 형편없다"고 썼다. 그의 논설은 담배업계와 연결된 칼럼니스트들과 정부의 흡연 규제 조치에 반대하는 다른 잡지들에 의해 반복적으로 인용되었다. (담배업계의 자금이 부분적으로 흘러 들어간 전국저널리즘센터 졸업자인) 마이클 퍼멘토(Michael Fumento)는 『인베스터스 비즈니스 데일리』에 실은 기사에서 허버와 담배업계에 우호적인 다른 연구자들을 인용하면서 그들이 "담배 회사의 이윤을 하찮게 생각할 수 없을 뿐만 아니라 환경보호국이 열거하는 자료가 자신의 결론을 뒷받침해 주지 못한다고 말하는 과학자들이자 정책 분석가들"이라고 했다. 자유주의 잡지 『이성』

(필립 모리스가 자금을 대고 있다)의 편집자 제이콥 설럼(Jacob Sullum)도 허버의 주장을 반복했다. 설럼의 논설은 『포브스 미디어 크리틱』이라는 잡지에 다시 실렸다. 필립 모리스와 R. J. 리놀즈는 설럼의 기사가 아주 마음에 들었다. 1994년 5월에 R. J. 리놀즈는 그가 『월스트리트 저널』에 쓴 사설의 판권을 구매했다. 몇 달 후에 필립 모리스는 설럼에게 그가 쓴 기사 중의 하나에 대한 판권료로 5,000달러를 지불했다. 미국 전역의 신문에 5일 연속으로 나가는 전면 광고에 싣는 대가였다. 『뉴욕 타임스』, 『워싱턴 포스트』, 『로스앤젤레스 타임스』, 『시카고 트리뷴』, 『마이애미 헤럴드』, 『보스턴 글로브』, 『볼티모어 선』에 광고가 실렸다. 광고의 제목은 "우리가 말하면 믿지 않을지도 모릅니다"였다. 『소비자 보고서』(『소비자 연구』와는 전혀 관계가 없다)는 그 결과 "이제 환경보호국의 보고서를 맨 처음 읽은 사람보다 족히 수백만 명은 더 되는 사람들이 허버의 주장을 보게 되었다"고 말했다. "이 주제와 관련해 의학 잡지에 실린 과학 논문 수백 편은 말할 것도 없었다."

담배 회사를 대변하는 허버의 활동은 거기서 끝나지 않았다. 1993년 5월에 그는 개리 캐러더스(Garrey Carruthers)에게서 흥미로운 편지를 한 통 받았다. 캐러더스는 농업 경제학과 교수 출신으로 뉴멕시코 주의 주지사를 지낸 인물이었다. 편지는 이렇게 시작되었다. "친애하는 허버 박사에게. 나는 과학자, 대학인, 전직 정부 관료, 기업체와 산업계의 대표들로 구성되는 연합체를 만들려고 하고 있습니다. 이 단체는 건전 과학의 발달에 기여하고자 합니다. 이 연합체의 이름은 건전과학진보연대(TASSC)입니다. 단체의 목표는 건전한 공공 정책을 세우는 데 사용되는 과학의 원리들을 발달시키는 것입니다." 편지는 허버에게 단체에 그의 이름을 빌려줄 것과 '공공 정책에서 적절하게 과학을 사용하는 것과 관련해' 캐러더스가 '대중을 교육하는 일'에 참여해달라고 요청했다.[26]

허버는 TASSC의 자료를 살펴보면서 환경적 담배 연기가 '쓰레기 과학'의 긴 사례 목록에 들어가 있다는 사실을 확인했다. 그는 앤서니 앤드레이드(Anthony Andrade)에게 편지를 한 통 써 보냈다. 앤드레이드는 슈크, 하디 앤 베이컨에서 일하는 허버의 대리인 가운데 한 명이었다. "친애하는 앤드레이드 씨께. 당신이 아주 흥미로워할 자료를 동봉합니다. 이 자료를 내면서 새로 결성된 단체는 공공 정책에서 건전 과학을 확립하겠다는 게 분명한 목표인 듯합니다. …… 이와 관련해 제가 당신의 주의를 환기시키는 이유는 그들의 성원 가운데 일부가 이미 환경적 담배 연기를 불건전 과학이 우세한 분야의 하나로 인식하고 있기 때문입니다. 동봉한 '회원 설문 조사' 양식에서 당신도 이 사실을 확인할 수 있을 것입니다. 나는 이 문제에 관심을 기울일 것이고 계속해서 당신에게 알려드리겠습니다."27)

담배업계에 비밀 유지 정책이라는 게 없다면 그들은 허버에게 신경 쓰지 말라는 답장이라도 썼을 것이다. 왜냐하면 그들이 이미 이 문제를 완전히 장악하고 있었기 때문이다. 필립 모리스는 환경적 담배 연기 문제와 관련해 TASSC와 단순히 제휴 협력하고 있었던 게 아니다. TASSC를 만든 것은 사실 필립 모리스였다.

화이트코트(whitecoat)

필립 모리스가 만든 TASSC의 전신 가운데 하나는 1988년의 '화이트코트프로젝트계획'(Proposal for the Whitecoat Project)이었다. 이 명칭은 과학자들이 가끔 입는 실험실 용 흰색 가운에서 가져온 것이다. 이 프로젝트는 네 가지 목표를 갖고 있었다. "흡연 규제에 저항하고 이를 격퇴하라. 흡연자의 자신감을 회복시켜라. 환경적 담배 연기가 해롭다는, 폭넓게 수용되고 있는 과학적 오류를 역전시켜라. 흡연에 대한 사회적 용인을 복원하라." 이 목표들을 달성하기 위해 우선 "연구원들, 계약을 맺은 실험실, 상업적 기구가 수행하는" 연구를 통해 "과학적·기술적 지식을 생산"해야 했다. 그 다음 단계는 "구체적인 커뮤니케이션 계획을 수립해 생산된 지식을 퍼 뜨리면서 철저하게 이용하는 것"이었다. 필립 모리스의 법률 회사 코빙턴 앤 벌링이 화이트코트 프로젝트의 실행을 담당할 예정이었다. "(연구원, 실험실 등) 가동 단위와 연락을 주고받으며 …… 법률적 완충 장치"로 기능했던 것이다.[28]

간접흡연을 과학적으로 방어하려던 노력은 담배업계가 수백만 달러를 쏟아 부으며 펼치던 홍보캠페인의 아주 작은 부분에 불과했다. 담배세를 물리치기 위해 필립 모리스는 '제3의 납세 단체와의 공동 행동'을 도모했다. 자유주의 성향의 세금 반대 싱크탱크들, 곧 세제개혁을 지지하는 미국인들(Americans for Tax Reform), 건전경제를 지지하는 시민들(Citizens for a Sound Economy), 과세정의를 염원하는 시민들(Citizens for Tax Justice), 세금재단(Tax Foundation)이 연대의 대상이었다.[29] 다른 제3의 동맹자들로는 클레어몬트 연구소(Claremont Institute), 보수 성향의 TV 네트워크인 내셔널 임파워먼트 텔레비전(National Empowerment Television), 전국저널리즘센터, 하틀랜드연구소가 있었다. 부사장 크레이그 L. 풀러(Craig L. Fuller)는 CEO 마이클 A. 마일스에게 보낸 비망록에서 이렇게 적고 있다. "많은 제3자 집단과 협력해 성명서, 기명 특집 기사, 편집자에게 보내는 편지 등을 통해 담배가 이미 시장에서 규제를 가장 많이 받는 상품 가운데 하나임을 알리고 담배 광고 금지 계획안을 반대하는 주장을 개진하고 있음."[30]

필립 모리스는 버슨-마스텔러를 동원해 '전국흡연자연맹'(NSA)도 조직했다. 이 단체는 공공장소에서의 흡연 금지가 미국인들의 기본적 자유권을 침해한다고 주장하는 개인들이 뭉친 독립적인 조직처럼 보였다. 흡연 규제에 반대하는 시민 여론이 고조되고 있다는 인상을 심어주기 위해 만들어진 전국흡연자연맹은 제3자 기술의 '서민적' 형태였다. 버슨-마스텔러는 담배업계의 자금 수백만 달러를 동원해 전국흡연자연맹을 만들고 운영했다. 신문의 전면 광고를 구매하고, 가구별 방문자와 전화 광고원을 유급으로 고용하고, 수신자 부담의 전화 상담 서비스를 제공하고, 회보와 그 밖의 '서민적인' 자료들을 발행해 줏대 없는 대중을 동원했던 것이다. 전국흡연자연맹이 밝힌 목표는 흡연자들에게 그들의 권리를 주장할 수 있도록 '힘을 부여하는 것'이었다. 그러나 업계의 고위 인사들은 막후에서 이런 수사가 너무 멀리 나아갈까봐 노심초사했다. 그들도 전체 성인 흡연자의 70퍼센트가 담배를 끊고 싶어한다는 것을 보여 주는 여론조사 결과를 잘 알고 있었던 것이다. 담배 회사의 전략 문건은 이렇게 언급하고 있었다. "'흡연자들에게 힘을 부여하자'는 계획은 조금 위험해 보였다. 우리는 그들이 담배를 끊어 버리는 수준에 이를 만큼 '힘을 부여하고' 싶지는 않다."³¹⁾

　버슨-마스텔러가 전국흡연자연맹을 설립하면서 널리 알려지는 바람에 필립 모리스의 경영진은 다른 홍보회사를 선택해 TASSC 출범을 관리하게 해야 한다고 판단했다. 그들은 국제적인 광고 및 홍보회사 GCI/그레이 어소시에이츠(GCI/Grey Associates)의 자회사인 APCO 어소시에이츠(APCO Associates)를 선택했다. APCO 어소시에이츠는 월간 의뢰비 3만 7,500달러에 소요 경비를 추가로 받는 대가로 "환경적 담배 연기 관련 정보를 언론과 정부 관리들에게 제공하는 제휴 노력을 조직하기"로 합의했다.³²⁾ TASSC의 목표는 APCO의 톰 하커데이(Tom Hockaday)와 닐 코언이 작성한 메모처럼 "담배를 '정치적으로' 더 '올바른' 다른 제품들과 결부시키는" 것이었다. 다시 말해서, 담배를 규제하려는 노력이 알라르, 식품첨가물, 자동차 배기 가스, 그 밖에도 아직까지는 담배의 패륜적 지위에 도달하지 않은 다른 산업 제품들을 규제하려는 노력과 같은 '쓰레기 과학'을 바탕으로 하고 있다고 주장하는 것이었다. 필립 모리스의 한 전략 문건은 이렇게 적고 있다. "환경보호국의 신뢰성은 깨뜨릴 수 있다. 그러나 환경적 담배 연기만 가지고서는 안 된다. 환경보호국의 적 전부를 한 번에 응집시키는 더 큰 모자이크의 일부여야만 한다."33)

처음에 '과학정직성복원연대'(Restoring Integrity to Science Coalition)라고 불렸던 건전과학진보연대(The Advancement of Sound Science Coalition)가 나중에 이름을 바꾼 이유는 유서 깊은 미국과학진보협회(American Association for the Advancement of Science)를 모방하기 위해서였다. APCO의 계획 입안자들이 그렇게 해서 만들어진 단어 — ASSC, 또는 ASS 연대 — 가 그다지 유망해 보이지 않는다고 판단했다. 그들은 명칭의 앞에 대문자 'the'를 붙이기 시작했다. 이렇게 해서 TASSC가 탄생했다. TASSC는 "'쓰레기 과학'의 위험성과 관련해 미디어, 정책 관료, 대중을 교육하는 것이 목적인 전국 연대"였다.34)

1993년 9월에 APCO의 회장 마저리 크라우스(Margery Kraus)는 필립 모리스의 연락 책임자 빅 핸(Vic Han)에게 메모를 보내 최신 정보를 알려 주었다. "우리는 올 가을에 TASSC가 성공적으로 출범할 것으로 기대하고 있습니다." 그녀는 계속해서 이렇게 말했다. "우리는 성공적으로 출범하기 위해 수행된 기초 작업을 바탕으로 TASSC가 1994년에 문제가 되었던 주들에서 현안과 관련해 필립 모리스의 노력을 확대하고 지원할 수 있으리라고 믿습니다." APCO의 작업은 TASSC의 회원수를 늘리고, 주요 기부자인 필립 모리스의 역할을 은폐하기 위해 외부의 자금을 끌어들이고, '불건전 과학의 사례를 추가로' 수집하고, '과학계와 대학 사회에 손을 내밀어 영향력을 행사하는' 활동에 맞추어졌다. APCO는 개리 캐러더스도 관리했다. 캐러더스는 TASSC의 대변인으로 고용되어 있었다. 크라우스는 "캐러더스의 시간 계획을 짜고, 순위를 결정해 그의 시간과 에너지를 중요한 일에 활용하고,

캐러더스와 TASSC의 대변자들에게 요점을 간략하게 설명하는 것이 지휘 관리 활동에 포함된다"고 썼다. 그녀는 '종합적인 대 언론 관계 전략'을 수립했다. '목표 대상 주들에서 TASSC와 그 회원들을 동원해 필립 모리스와 관련해 불거지는 문제들의 해결을 극대화하기' 위한 전략이었다. "목표로 삼은 입법 투쟁에서 TASSC를 도구로 사용하는 것도 이 전략에 포함되어 있다." 월간 회보 발행, 수시로 보도자료 내놓기, TASSC 대변인들이 활용할 수 있도록 '판에 박힌 어구가 동원되는' 연설문과 기명 특집 칼럼을 작성하기, 여러 동업 단체 간행물에 기사를 실어 농업, 화학, 생명공학, 식품첨가물 산업에서 새로운 회원을 충원하기 등이 계획된 활동 내용이었다. 개리 캐러더스는 APCO의 월급 말고도 매달 5,000달러를 더 받았다.[35]

TASSC가 거의 필립 모리스에 의해 만들어졌으며 자금을 제공받고 있다는 사실을 은폐하기 위해 상당한 노력이 필요했다. APCO는 TASSC가 '메이저 언론의 냉소적 기자들을 회피'하려면 먼저 '워싱턴 D.C.와 뉴욕이라는 대규모 시장 바깥에서 분권적인 출범'을 통해 대중에게 소개되어야 한다고 충고했다. APCO는 더 작은 시장에선 'TASSC의 메시지에 대한 비판과 도전이 더 적을' 것으로 보았다. 또한 분권적 출범은 '반격의 가능성을 제한할' 것이었다. "TASSC의 적대자들은 최고의 시장에서 자신들의 노력을 집중하는 경향이 있다. 부차적인 시장은 무시하는 것이다. 따라서 TASSC의 메시지는 먼저 우리에게 더 수용적인 시장으로 들어가야 한다. 이를 바탕으로 우리는 조기에 성공을 달성할 수 있을 것이다."[36]

계획안에는 개리 캐러더스가 이런 부차적 시장에서 지방 도시들을 순회하며 미디어 유세를 벌이는 활동이 포함되었다. "APCO가 각 도시에서 기자들 서너 명의 현장 방문을 주선할 것이다. TASSC의 숙달된 대변인들, 제3의 동맹자들(예를 들어 불건전 과학을 주제로 책을 쓴 저자들), TASSC의 과학위원회위원들, 그리고 주지사 캐러더스를 활용하는 이런 인터뷰들이

9장 쓰레기 과학과 건전 과학 343

매 도시마다 이루어지는 하루와 이틀 일정의 미디어 유세에서 계획될 것이다." APCO는 인터뷰를 성사시킬 때 필립 모리스의 언론 업무 담당자 존 볼츠(John Boltz)가 제공한 그들에게 우호적인 기자들의 목록을 활용했다. "우리는 필립 모리스와의 연계를 가능한 한 제거하는 것이 최선이라고 생각했다. 그래서 볼츠는 전화를 하지 않고 있다." 필립 모리스의 공보 책임자 잭 렌지(Jack Lenzi)는 계속해서 이렇게 말했다. "TASSC와 관련해 언론이 필립 모리스를 조사할 것에 대비해 나는 Q&A 목록을 준비하고 있다. 우리는 필립 모리스가 회원이며 후원자라는 사실을 부인하지 않을 것이다. 우리는 금전적 내용을 구체적으로 밝히지 않을 것이다. 우리는 그들에게 (APCO의) 데이빗 쉬언(David Sheon)이 인력을 배치한 TASSC의 수신자 부담 전화 상담을 이용해 보라고 안내할 것이다."37) 나중에 입안된 다른 계획으로는 TASSC의 웹 페이지를 구축하는 것이 있었다. TASSC의 인터넷 페이지는 '흡연 및 환경적 담배 연기 논쟁에 우호적인 연구와 발표 논문들을 널리 퍼뜨리고, 환경적 담배 연기 과학과 나쁜 과학 및 나쁜 공공 정책과 관련해 …… 필립 모리스가 작성한 문서들을 배포하는' 데 사용할 수 있었다.38)

캐러더스는 1993년 12월에 미디어 유세 여행을 시작했다. 샌디에이고, 댈러스, 덴버를 포함한 여러 도시에서 짧은 기간 동안 머물렀다. 해당 도시에 도착하기 전에 배포된 보도자료는 TASSC를 '대학과 독립적 조직, 산업계의 과학자 및 대표들로 구성된 일반 대중의 비영리 감시 단체'라고 설명했다. 보도자료는 "그들이 공공 정책의 영역에서 건전 과학의 활용을 지지한다"고 강조했다. 그리고 불건전 과학의 사례로 '알라르 공포', 석면 금지 지침, 미주리 주 타임스 비치의 '다이옥신 공포', '음용수의 라돈 수치를 제한하는 전에 없던 규제안'을 지목했다. 텍사스의 지역 TASSC 출범식에는 마거릿 맥시(Margaret Maxey) 박사와 플로이 릴리(Floy Lilley)가 끼어 있었다.

두 사람 다 텍사스 대학교 소속이다. 릴리는 이렇게 말했다. "깨끗한 공기 법안은 실험실의 과학이 실제에 피상적으로 적용된 완벽한 사례이다." 캐러더스는 기회를 놓치지 않았다. 그는 환경보호국이 "과학을 편향된 특수한 이해관계에 '부합하도록' 만들기 위해" 과학을 정치적으로 악용하고 있다며 비난을 퍼부었다. 그는 환경보호국의 연구가 "동업자 평가나 연구의 품질이 검증되지 않은 채로 이루어지는 경우가 비일비재하다"고 고발했다.[39] 캐러더스는 덴버에서 지역 라디오 방송국과 회견을 가졌다. 그는 대중이 "겉만 번지르르한 과학에 속아 왔으며 이로 인해 소비자들과 정부가 상당한 비용 손실을 감수해야 했다"고 말했다. 누가 TASSC에 재정을 지원하느냐는 물음에 캐러더스는 두루뭉수리하게 그 질문을 피했다. "우리는 단일 산업계를 위해 활동하는 십자군 전사라는 혐의를 받고 싶지 않다. 우리는 화학산업을 방어하기 위해 이 자리에 선 게 아니다. 우리는 자동차 산업을 방어하기 위해 이 자리에 선 게 아니다. 석유업계도, 담배업계도 물론 아니다. 우리가 이 자리에 선 것은 다만 건전 과학이 확실하게 활용되도록 하자는 취지에서다."[40]

 거의 모든 보도자료에서 '알라르 공포'에 관한 이야기가 언급되었다. 대개는 미국 공중위생국장을 지낸 쿠프의 이름을 연상시키는 내용이었다. "과학은 무기가 아니라 수단이다"라는 '홍보기사'에서 TASSC는 이렇게 말했다. "당시 공중위생국 국장이었던 쿠프를 포함해 존경받는 전문가들이 과학적 증거로 볼 때 알라르 위해 가능성이 전혀 없다고 말했다. …… 이것은 정책 결정자들이 나쁜 과학을 악용한 단 한 차례의 개별적인 사건이 아니다. 석면, 다이옥신, 독성 폐기물과 관련해 이런 일이 일어났다. …… 환경적 담배 연기, 다시 말해 2차적인 담배 연기에 관한 논쟁에서도 이런 일이 일어나고 있다. 이 쟁점과 관련해 지금까지 수행된 연구들은 2차적인 담배 연기가 암을 발생시킨다는 증거를 제시하지 못하고 있다. 그것이 흔해

빠진 상식임에도 불구하고 말이다."^{내)} 보통의 독자라면 이 홍보기사를 보고 덕망 있는 쿠프 박사가 환경적 담배 연기를 가장 격렬하게 비판하는 사람이 아니라 옹호하는 사람이라고 생각할 것이다.*

유럽 건전과학진보연대(TASSC)

1994년에 필립 모리스는 TASSC 예산으로 88만 달러를 썼다.^{녀)} APCO 및 버슨-마스텔러와의 상담한 후에 필립 모리스는 유럽에서 제2의 건전 과학 기구를 세우는 계획에 착수했다. 이 조직은 처음에 '건전한공공정책을 지지하는과학자들'(Scientists for Sound Public Policy)이라고 불리다가 나중에 유럽과학및환경포럼(European Science and Environment Forum)으로 이름을 바꾸었다. TASSC처럼 유럽 기구도 담배 옹호를 '건전 과학'이라는 더 큰 쟁점 속에 살며시 끼워 넣으려고 시도했다. 그 밖의 건전 과학 쟁점으로는 '성장 호르몬의 가축 사용 금지, [유전자가 조작된 소 성장 호르몬을 사용해] 우유 생산을 늘리려는 시도 금지, 살충제 사용 제한, 실내 흡연 금지, 염소 사용 제한, 특정 의약품 사용 금지, 생명공학 활용 제한'이 있었다. 버슨-마스텔러는 대중과 정책 결정자들을 '교육'할 필요가 있다고 설명했다. 왜냐하면

---

* 예를 들어 "A Symposium: Doctors and Smoking: The Cigarette Century," *New York Times*, April 10, 1986을 보라. 여기서 쿠프는 이렇게 말했다. "지난 20~30년의 대부분의 기간 동안 우리의 관심은 주로 흡연자들에게 집중되어 왔다. 그러나 흡연은 밝은 면이 전혀 없는 구름과도 같다. 흡연자들은 직접 담배를 피운다. 간접흡연자들은 본의 아니게 주위 공기의 담배 연기를 흡입한다. …… 이런 현실이 담배를 피우지 않는 미국 성인 인구의 3분의 2에게는 놀라운 소식으로 취급되어야 한다. 그들은 자신들이 담배를 피우지 않는다고 생각하기 때문이다. 그들은 불쾌한 흡연 상황에서 스스로를 보호해 왔을지도 모른다. 그러나 그들이 그 모든 건강상의 위해에서 자신을 완벽하게 보호하지는 못했다. 그리고 사실 이 지점이 거의 모든 공공장소에서 흡연을 금지하려는 비흡연자 운동의 핵심이다."

'정책 결정자들이 운동가들의 정서적 호소와 언론 보도에 쉽게 영향을 받기' 때문이라는 것이다. "예방 원리는 이제 널리 인정되는 지침이다. 가설이 100퍼센트 과학적으로 입증되지 않았다고 할지라도 예를 들어 지구 온난화의 경우에서처럼 행동을 취해야만 한다." 버슨-마스텔러가 유럽에서의 활동을 지원하도록 영입할 수 있다고 판단한 기업들로는 "소비자 제품(식품·음료·담배) 제조사들, 포장 산업, 농업 화학산업, 화학산업, 제약 산업, 생명공학 산업, 전력 산업, 통신 산업"이 있었다.[43]

유럽에서 캠페인을 시작하기 전에 어떤 홍보회사가 총괄 지휘할지의 문제를 놓고 버슨-마스텔러와 APCO 사이에서 세력 다툼이 벌어졌다. 버슨-마스텔러의 짐 린드하임(Jim Lindheim)은 자사가 이미 유럽의 담배 과학을 방어하는 데서 탁월한 전문 지식을 뽐내며 능력을 검증받았다고 강조하면서 고객에 대한 권리를 주장했다. "우리에게는 네트워크가 있다. 이 네트워크의 상당 부분이 이미 필립 모리스의 특수한 요구에 맞추어져 있다. 우리는 각국의 과학자들과 일해 본 경험도 풍부하다. …… 우리에게는 '과학적 문제들'로 골머리를 앓고 있어서 후원을 요청할 수 있는 고객 기반도 풍부하다."[44]

APCO의 마저리 크라우스는 필립 모리스의 조정 업무 책임자 매튜 위노커(Matthew Winokur)에게 담배업계와 연관된 버슨-마스텔러의 오랜 역사는 대중 광고였고 따라서 그들이 참여한다면 이런 활동에 상처를 입힐 수도 있다고 상기시켰다. 크라우스는 이렇게 말했다. "TASSC가 수행하는 다른 활동의 민감성과, TASSC로 하여금 버슨-마스텔러와 직접적인 방식으로 공동 활동을 수행하도록 하지 않겠다던 이전 결정을 상기해 보라. 나는 버슨-마스텔러의 스타이그(Steig)나 그 밖의 다른 사람이 TASSC의 과학자들과 공동 행동을 하는 주요 책임을 떠맡도록 한다는 계획에 마음이 놓이지 않는다."[45] '과학적 문제들'을 취급해 온 경험과 관련해서 그녀는 "과학 및 환경

정책 결정으로 충격에 휩싸였던 다음의 산업들, 곧 화학, 제약, 원자력, 폐기물 관리와 자동차 산업, 전력 생산, 생명공학 제품, 포장 및 합성 세제, 페인트 산업을" 위해 모회사가 해온 활동을 지적했다. "그들은 농업 제조, 동물 실험, 염소, 다이옥신, 독성폐기물, 오존/염화불화탄소, 전력 생산, 해안 오염, 유연 휘발유, 폴리우레탄, 윤활유 등 다양한 쟁점들과 관련해 고객들에게 조언을 해왔다."⁴⁶⁾

TASSC는 겉으로는 다양한 학문 분야의 과학자들이 결집한 광범위한 연합체처럼 보였다. 생명공학, 화학, 독성 폐기물, 해안 오염, 윤활유 등 다른 산업과 이해관계가 보호적 위장 수단을 제공하면서 활동의 핵심에 깔려 있던 담배업계의 자금을 은폐해 주었다. TASSC는 산타페 퍼시픽 골드 코퍼레이션(Santa Fe Pacific Gold Corporation), 프록터 앤 갬블, 루이지애나화학협회(Louisiana Chemical Association), 전국해충구제협회(National Pest Control Association), 제너럴 모터스, 로렌스리버모어국립연구소(Lawrence Livermore National Laboratory), 엑손, W. R. 그레이스 앤 컴퍼니, 아모코(Amoco), 옥시덴틀 석유(Occidental Petroleum), 3M, 쉐브론, 다우 케미컬의 지원에 동의했다. '쓰레기 과학'을 공격하는 TASSC의 많은 보도자료 가운데 대부분은 담배를 전혀 언급하지 않았다. TASSC는 정부의 석면 금지 지침에 반대했다. 그들은 미주리 주 타임스 비치의 '다이옥신 공포'가 사소한 일이 가져온 큰 소동일 뿐이라고 말했다. 그들은 환경보호국이 콜로라도 주 애스펀에서 수퍼펀드를 동원해 대규모 정화 작업을 해야 할 필요성이 있다고 지적하자 이를 비웃었다. 그들은 피임약 노르플랜트(Norplant) 사용에 따른 건강 문제 보고서도 간단히 기각해 버렸다. 그들은 깨끗한물법안을 비난했다. 그들은 지구온난화와 결부된 산업계의 활동을 제한하는 데 초점을 맞춘 모든 정부 정책에 반대하는 내용의 편지 쓰기 캠페인을 조직했다.

미국과학건강위원회(ACSH)와 건전과학진보연대(TASSC)

여러 면에서 TASSC는 엘리자베스 휠런의 ACSH를 모범으로 삼고 있었다. 두 조직 모두 수백 명의 회원으로 구성된 '과학고문위원회'를 자랑했다. 이들 가운데 대부분은 산업계에 몸을 담고 있거나 기업과 제휴 관계에 있는 대학 부서에서 근무했다. 두 조직 모두 산업계의 자금에 크게 의존했으며 다양한 쟁점들과 관련해 친산업계의 시각을 공유했다.

1978년에 설립된 ACSH는 (오늘날 화학제조업체협회로 알려지는) 공업화학협회(Manufacturing Chemists' Association)의 같은 해에 있었던 모임에서 불과 몇 분 만에 '견해가 다르지 않을 뿐만 아니라 기업의 이해관계와 더 비슷한 과학자들로 구성된, 세금을 면제 받는 조직'이라고 묘사된다. 최근에 ACSH는 기업 기부자들의 목록을 전부 공개하던 관행을 중단했다. 그러나 과거의 자료를 보면 이 조직 예산의 무려 76퍼센트가 산업계에서 직접 나오거나 산업계와 긴밀하게 협력하고 있는 다른 재단들에서 나온다는 것을 알 수 있다.*

---

* 알려진 ACSH의 기업 기부자들로는 아메리칸 시안아미드(American Cyanamid), 미국정육연구소(American Meat Institute), 아모코, 안호이저-부시, 버거킹(Burger King), 아처 대니얼스 미들랜드(Archer Daniels Midland), 애쉴랜드석유재단(Ashland Oil Foundation), 보이즈 캐스케이드(Boise Cascade), 브리스톨-마이어스 스킵, 쉐브론, 시바-가이기, 코카-콜라, 콘솔리데이티드 에디슨(Consolidated Edison), 쿠어스, 다우 케미컬, 듀폰, 엑손, 포드 자동차, 프리토레이, 제너럴 일렉트릭, 제너럴 밀스, 제너럴 모터스, 허시 푸드(Hershey Foods), 존슨 앤 존슨, 조지프 E. 시그램스 앤 선스(Joseph E. Seagrams & Sons), 켈로그, 크라프트재단(Kraft Foundation), 크라프트 제너럴 푸드, 메르크 제약 회사(Merck Pharmaceuticals), 모빌, 몬산토, 전국농업화학물질협회(National Agricultural Chemicals Association), 네슬레, 전국유제품위원회(National Dairy Council), 전국청량음료협회(National Soft Drink Association), 전국녹말및화학물질재단(National Starch and Chemical Foundation), 뉴트라스위트 컴퍼니(NewtraSweet Co., 몬산토 소유임), 오스카 메이어 푸드(Oscar Mayer Foods), 펩시-콜라, 화이자, 프록터 앤 갬블, 쉘 석유(Shell Oil), 설탕협회(Sugar Association), 유니언 카바이드, 유니로열 화학 회사, USX(USX Corp.), 캘리포니아 포도주 재배농(Wine Growers of California)이 있다.

ACSH와 휠런의 견해가 여러 해 동안 일관되게 유지되어 왔다는 사실은 주목할 만하다. 휠런은 자신을 '공화당보다 자유주의적 성향이 더 강한' 보수주의자라고 설명한다. ACSH 설립 이후 휠런은 환경보호주의를 공격하면서 기업 오염자들을 방어해 왔다. 그녀는 1981년에 「화학물질과 암 공포증」이라는 논설을 통해 '현재 전 국민을 사로잡고 있는 암 공포증'을 비난하면서, "많은 정부 기관에서 행하는 연방 정책이 대체로 화학물질에 대한 공포로 소급될 수 있다고 성토했다. 사업을 하는 사람들에게 그 의미는 명확하다. 규제가 더 많아지고, 비용이 더 많이 들어가고, 일거리는 더 적어지며, 생산은 감소하게 된다. 과학자이자 소비자인 나에게도 그 의미는 명백하다. 가격이 비싸지고, 세금이 인상되고, 제품의 수는 줄어든다. 결국 생활수준이 하락하고 마는 것이다. …… 이 쇼를 주도하고 있는 오늘날의 소비자 옹호자들 때문에 우리는 위험이 없는 세상으로 달려가는 것이 아니라 음식이 없고, 일자리가 없고, 에너지가 없고, 성장이 없는 사회로 달려가기 때문이다. 어쩌면 우리의 건강을 위협하는 진정한 위험은 산업계의 이윤이 아니라 운명의 예언자들일지도 모른다."[17]

ACSH 이사회 의장 A. 앨런 모기시(A. Alan Moghissi)는 레이건 행정부 시절에 환경보호국 관리로 재직했던 인물로 휠런과 비슷한 견해를 갖고 있다. 그는 환경보호주의를 "멸종 위기에 처한 종의 개체들은 보호를 받아야 하고, 인류는 수십억 명이나 되기 때문에 보호를 받을 필요가 없다"는 믿음이라고 치부한다. 17명으로 구성된 ACSH의 이사회에는 두 개의 홍보 및 광고 회사 대표들도 끼어 있다. 라이언스 래비 니켈 스위프트(Lyons Lavey Nickel Swift, 그들의 모토는 "우리는 지각의 내용을 바꾼다"이다)의 앨버트 니켈(Albert Nickel)과 케첨 커뮤니케이션스의 로렌 설리언(Lorraine Thelian) 이 그들이다. 설리언은 케첨의 워싱턴 D.C 사무소를 총괄하고 있다. 워싱턴 D.C. 사무소는 다우 케미컬, 미국아스피린재단(Aspirin Foundation of America),

소비자에어로졸제품위원회(Consumer Aerosol Products Council), 브리스톨—마이어스 스킵, 북미단열재제조업협회(North American Insulation Manufacturers Association), 전국제약업협회(National Pharmaceutical Council), 미국자동차제조업협회(American Automobile Manufacturers Association), 미국산업보건협회(American Industrial Health Council), 제넌테크(Genentech) 등을 비롯해 발암물질 규제가 '지나치다'고 판단되는 대상에게 이면공작을 수행하는 산업계를 대신해서 케첨의 '환경 홍보업무'를 수행한다. 케첨은 자사의 워싱턴 사무소가 "독성 물질 규제, 지구적 기후 변화, 전력 규제 철폐, 핵에너지, 제품 및 화학오염, 농업 화학물질과 수퍼펀드 지역 등 각종의 문제를 취급해 왔다"고 자랑한다.

ACSH는 미국의 DDT 금지를 20세기 최악의 근거 없는 건강 공포 20가지 가운데 하나라고 주장한다. 그들은 내분비계를 교란하는 화학물질이 인간의 건강과 생식력에 미치는 위험을 비웃는다. 그들은 살충제와 화학적 식품첨가물은 물론이고 석면, 에이전트 오렌지, 핵에너지도 방어해 왔다. 휠런의 영양학적 충고에 건강 전문가들은 눈살을 찌푸렸다. 그들 대부분은 "'정크 푸드' 같은 것은 없"고 "식단과 질병 사이의 상관관계를 입증하는 증거가 불충분하다"는 휠런의 주장에 동의하지 않는다. ACSH는 후원자들에게 정기적으로 '최신의 언론 정보'를 발송한다. 이 자료는 그들이 권위 있는 출처로 인용된 신문과 잡지의 기사들을 바탕으로 여론에 영향력을 행사하는 데 성공했음을 보여 준다. 실제의 신문 기사 제목에서 그들은 이런 전형적인 사례들을 이끌어냈음을 자랑한다.

- ■ "지구적 공포: 환경적 최후 심판의 날을 조장하는 기제가 최고조에 이르다"[내]
- ■ "방사선 조사법: 미국의 식품을 보호할 수 있는 유일하게 확실한 방법"[내]
- ■ "안전한 고기: 더 나은 방법이 있다" (미 농무부가 대장균에 오염된 쇠고기를

회수하라고 한 일을 비판한 휠런의 『월스트리트 저널』 사설)[50]
- "PCB가 건강에 위해를 가한다는 증거는 없다"[51]
- "새로 제정된 깨끗한공기법 뒤에 자리한 뒤죽박죽 과학"[52]
- "유방암 절규"[53]
- "환경 경보주의자들은 공중보건의 향상을 설명하지 못한다"[54]
- "미국이여, 쇠고기를 먹어라"[55]와 "샐러드의 시절은 끝났다"[56]
- "크리스마스 만찬 자리에서는 다 함께 살충제와 안전한 음식을 일용할 수 있게 된 현실을 감사하자"[57]

그러나 담배 문제와 관련해서 ACSH는 강경하면서도 시종일관 비판적인 태도로 대중의 건강을 지지했다. 휠런은 담배를 주제로 수많은 사설과 잡지 기사를 썼고, 『결정적 증거: 담배업계는 어떻게 살인을 자행하고도 멀쩡하게 버틸 수 있는가』와 『담배: 경고 표시 문구가 당신에게 말해 주지 않는 것』이라는 두 권의 책도 발표했다. 그녀는 담배업계를 고소한 원고들을 위해 전문가 참고인의 자격으로 법정에서 증언을 하기도 했으며 심지어 담배와 관련해 '불명예스런 견해'를 지녔다면서 동료 보수주의자들을 비판하기도 했다. 대통령 후보 밥 돌이 흡연은 중독성이 없다는 견해를 피력하자 휠런은 다른 경우에서처럼 공개적으로 이의를 제기했다. 1995년에 그녀는 "보수주의 정치인, 그들의 대변인, 우파 저널리스트들이 10대의 흡연에 맞서 클린턴이 수행해 온 '전쟁'을 거의 이구동성으로 비난했다"고 불만을 토로했다. "보수파 학자들은 금연운동가들을 맹렬히 비난한다. 그들은 우리의 방법만이 아니라 우리의 우선순위마저 의심한다. …… 담배업계의 친구임을 자처하는 공화당은 자신과 미국의 젊은이들에게 엄청난 피해를 끼치고 있다. 공중보건전문가이자 평생의 공화당원으로서 나는 묻고 싶다. 왜 그러는가?"

초기의 탐색전에도 불구하고 담배에 대한 휠런의 입장은 사실상 ACSH와 담배업계 사이에서 어떤 형태로든 직접적인 협력의 가능성을 두고 있었다. 조직 출범 직후 ACSH의 회장 프레더릭 스테어(Frederick Stare)는 필립 모리스의 부사장 레이 웨이크햄(Ray Wakeham)에게 활동 자금을 지원해달라는 호소문을 보냈다. 그러나 그의 요구는 받아들여지지 않았다. "이제 확고하게 자리를 잡았고 계속 성장하고 있으므로 우리는 각종의 산업계로부터 지원을 요청할 수 있게 되었다." 1980년 12월에 스테어는 필립 모리스가 지원하는 산업연구소(Industrial Research Institute)라고 하는 기업연합에 제시한 발표문에서 여세를 몰아 이렇게 썼다. 스테어는 이렇게 밝혔다. "산업연구소의 회원사인 기업들 가운데 두세 군데가 우리에게 약소하나마 재정적으로 지원해 주었다. 그러나 이제 우리는 여러분 모두가 적극 나서서 도와주기를 정중하게 요청한다. 우리는 사이비 과학, 과장, 오도의 바다에서 과학적 이성의 목소리를 대변한다. 우리는 ACSH를 돕는 것이 당신들에게 이익이 되리라고 믿는다. …… 현재 우리가 제시하고 있는 기업의 기본 회원 자격은 3,000달러이다. 그러나 우리는 많은 분들이 1만 달러 또는 그 이상을 기부해 주었으면 한다."[58]

2주 후에 작성된 필립 모리스의 내부 비망록에서 웨이크햄은 자신이 미국에서 '암'이 '유행병'으로 자리잡았다는 생각을 무시해버리는 최근의 ACSH 보고서를 읽었고 같은 생각이라고 말했다. 그러나 그는 이렇게 덧붙였다. "집행위원장 엘리자베스 휠런에 대해 내가 아는 게 거의 없다는 점만 봐도 필립 모리스가 이 조직과 아무 관계가 없음을 알 수 있을 것이다. 기록으로 볼 때 그녀는 흡연이 비난받아온 거의 모든 것의 원인이라고 확신하고 있을 뿐만 아니라 담배업계가 흡연이 여성에게 미치는 영향과 관련해 경멸적 진술을 담고 있는 기사들을 싣지 못하도록 잡지, 특히 여성잡지에 압력을 행사했다고 비난하는 지경에까지 이르렀다. …… 나는 담배업계의 어느 누구

9장 쓰레기 과학과 건전 과학　353

에게도 ACSH를 지원하라고 얘기하고 싶지 않다."⁵⁹⁾

실제로 ACSH는, 담배가 환경오염이 제기하는 '가설적이고 하찮은' 위험보다 더 긴급한 우선순위여야 한다는 주장을 외면하고 다른 오염 산업을 방어했다. ACSH는 『우선순위』라는 잡지를 가지고 있는데, 이 잡지의 제목과 내용은 '비과학적' 건강 옹호자들이 '기껏해야 사소하거나 최악의 경우 존재하지 않는' 위험을 강조하면서 실질적인 건강상의 위험을 우선적으로 다루지 못한다는 생각에서 유래했다.

만약에 휠런이 담배 문제와 관련해 좀 더 사근사근하게 굴었더라면 필립 모리스가 TASSC를 만들 필요를 느끼지 않았을지도 모른다. 그러나 필립 모리스는 그녀의 원칙을 벗어난 다른 사람들을 찾기 위해 멀리 살펴볼 필요가 없었다. 실제로 TASSC를 가장 강력하게 지지하는 사람들의 대부분이 ACSH와 긴밀하게 제휴하고 있었다. ACSH의 집행위원장 마이클 폭스(Michael Fox)가 TASSC의 자문위원이었고, ACSH 의장 A. 앨런 모기시 및 이사회 임원 빅터 허버트(Victor Herbert)와 F. J. 프랜시스(F. J. Francis)도 그것은 마찬가지였다. ACSH 자문위원회의 다른 임원 46명도 TASSC 자문위원회 위원이었다.

쓰레기 청소부의 독설

1994년 2월에 APCO의 부사장 닐 코언은 자신의 회사가 위장한 외곽조직을 만들 때 활용하는 비열한 방법들을 솔직하게 자랑하는 실수를 저질렀다. 그가 이 발언을 한 것은 공보위원회 회의에서였다. 공보위원회는 최고위 기업 로비스트와 홍보상담역들만 모이는 협회이다. 『뉴욕 타임스』의 정치부 기자 제인 프리치(Jane Fritsch)는 그의 말을 인용해 1996년 3월 이런 제목의 기사를 작성했다. "가끔은 로비스트들도 어둠 속에서 밝은 곳으로 나오려고 한다."[50]

APCO가 이런 식으로 낭패를 겪은 직후 TASSC를 관리하는 책임은 연줄이 탄탄한 워싱턴의 로비 회사 EOP 그룹(EOP Group)으로 조용히 넘어갔다. 미국농작물보호협회(American Crop Protection Association, 살충제업계의 주요 동업조합), AT&T, 미국기업인원탁회의(Business Roundtable), 에디슨전기연구소(Edison Electric Institute, 원자력), 포트 하워드(Fort Howard Corp., 종이 제조업체), 국제식품첨가물위원회(International Food Additives Council), 전국광산협회(National Mining Association), 다우 케미컬, 핵에너지연구소(Nuclear Energy Institute), 몬산토, 염소화학위원회, 미국석유연구소가 EOP 그룹의 고객이었다. 1997년 3월에 EOP의 로비스트 스티븐 밀로이(Steven Milloy)가 TASSC의 집행 위원장으로 임명되었다. 그는 TASSC의 보도자료에서 '환경 위험과 규제 정책 문제에서 전국적 명성의 전문가이자 저술가'로 소개되었다.*

* 밀로이는 자신이 직접 로비 활동에 가담하지 않았다고 주장한다. 그는 압박을 받자 EOP 그룹을 '규제 정책 상담 그룹'이라고 둘러댔다. 모든 직원이 연방법에 따르기 위해 '어쩔 수 없이' 로비스트로 등록되는 회사라는 것이었다. 그러나 『리걸 타임스』에 따르면 EOP 그룹은 1997년에만 로비 비용으로 138만 달러를 받았다. 『펄리티클 파이낸스 앤 로비 리포터』는 구체적인 사례를 제시한다. "다우 엘란코(Dow Elanco)에 고용되어 살충제 등록에 영향을 미치는 규제안과 입법 행위에 압력을 행사하다. 워싱턴 D.C.의 미국자동차제조업협회에 고용되어 지구 온난화 법안에 압력을 행사하다. 오하이오 주 핀들레이의 OHM 리메디에이션 서비스(OHM Remediation Services Corp.)에 고용되어 독성 폐기물 정화 작업 계약 문제와 관련해 압력을 행사하다." EOP 그룹의 '규제 상담' 방법은, 클린턴 행정부에서 농업 비서관을 지낸 마이크 에스피(Mike Espy)에게 뇌물을 주고 그의 영향력을 동원한 일에서 뚜렷하게 부각되었다. EOP가 에스피의 여자 친구를 연봉 3만 5,000달러에 고용했다는 사실이 폭로되었다. EOP 그룹 자체의 평가에 따르더라도 그녀의 업무가 '기껏해야 산발적'이었음에도 불구하고 말이다. EOP 그룹은 1994년 자사 고객 가운데 하나가 물어야 했던 2억 8,600만 달러의 벌금을 탕감하기 위해 로비하는 과정에서 6,600달러를 주고 암표를 구해 에스피가 수퍼볼 경기를 구경할 수 있도록 주었다. 이것은 연방 윤리 규정 위반으로 고객사는 결국 100만 달러의 벌금을 물었다. (에스피 자신은 벌을 면했다.)

개리 캐러더스는 "스티븐 밀로이는 TASSC에 학문적이면서도 전문적인 배경을 확고하고 튼튼하게 제공했을 뿐만 아니라 공공정책 결정 과정에서 건전 과학을 활용해야 한다는 원리에 마찬가지로 확고하고 강력하게, 또 열정적으로 헌신한다"고 말했다. "전국적으로 쓰레기 과학이라는 쟁점이 네트워크 뉴스의 특집 방송으로, 일간지의 주요 기사로, 의회와 주 의회의 핵심 사안으로 자리잡았다. 나는 계속해서 스티븐과 협력해 공공정책 결정 과정에서 건전 과학의 필요성을 납득시킬 수 있기를 기대한다."[51]

보도자료에 '지난 6년간 환경 및 규제 정책 문제에서' 밀로이가 보여온 활약상이 소개되었지만 그가 구체적으로 담배업계를 위해 일했다는 사실은 전혀 언급되지 않았다. 1992년에 밀로이는 멀티내셔널 비즈니스 서비스 (Multinational Business Services)에서 제임스 토치(James Tozzi)와 함께 일했다. 토치는 미관리예산국(U.S. Office of Management and Budget) 관료 출신으로 레이건 행정부 시절 환경 규제 정책을 말살하는 캠페인의 선봉에 섰던 사람이다. 필립 모리스의 내부 문건은 그를 '1992년 하반기에 환경보호국/환경적 담배 연기 위험 평가와 관련해' 회사의 '유력한 중개자'라고 묘사하고 있다. 문건은 그 기간에 "토치는 기술적인 요약 문서는 물론이고 각급 기관에 보내는 수많은 편지, 미디어 인터뷰를 만들고 계획하는 등 우리의 워싱턴 활동을 조율하는 데서 매우 귀중한 존재였다"고 밝히고 있다. 필립 모리스는 이 활동에 약 30만 달러를 지불했다.[52] 필립 모리스는 토치의 회사에 별도로 88만 달러를 제공하면서 규제정책연구소(IRP)라고 하는 '비영리' 싱크탱크를 만들게 했다. 규제정책연구소는 필립 모리스를 대신해서 '건전 과학을 지지하는 세 개의 상이한 연합체, 곧 행정명령연대(Coalition for Executive Order), 위험평가유예연대(Coalition for Moratorium on Risk Assessments), 환경명령제도시및주연대(Coalition of Cities and States on Environmental Mandates)'를 규합했다. 1993년 2월에 "규제정책연구소는 APCO는 물론이고 우리와도 협력해서 활동할 수 있다"고 필립 모리스의 볼랜드(Boland)와 보렐리(Borelli)는 말한 바 있다.⁴³⁾

토치의 회사를 그만둔 밀로이는 규제정책이미치는영향분석프로젝트(Regulatory Impact Analysis Project, Inc.)라고 하는 자신이 세운 조직의 회장으로 취임했다. 여기서 그는 "거의 모든 환경 위험은 규모가 작거나 사소한 수준이어서 그 존재 자체를 증명할 수가 없다"고 주장하는 논설을 여러 편 썼다.* 그 밖에도 밀로이는 '쓰레기 과학 홈페이지'(Junk Science Home Page, www.junkscience.com)를 만들었다. 그는 자기 자신을 '쓰레기 청소부'라고 부르면서 환경운동가들, 공중보건 및 식품안전 규제자들, 핵 반대 운동가들, 동물권 옹호론자들, 환경보호국, 그 밖에도 다양한 표적들을 매일 공격했다. 그는 이들이 여러 가지 정치적 의제를 만들어 내기 위해서 불건전 과학을 활용한다고 비난했다.

쓰레기 과학 홈페이지는 과학 담론의 질을 향상시키기보다는 낮추려고 작정한 것 같았다. 밀로이의 표적은 '정신적으로 문제가 있'거나 '믿을 수

---

* 그 가운데 「위험 평가의 선택, 환경 위험 관리 과정에서 과학 정책이 맡는 역할 Choices in Risk Assessment, the Role of Science Policy in the Environmental Risk Management Process」이라는 논설은 샌디아국립연구소(Sandia National Laboratories)를 위해 준비되었다. 샌프란시스코 소재 캘리포니아 대학교 교수 스탠턴 글랜츠는 담배업계의 저명한 비판가로 1996년에 그 보고서를 철저하게 분석하고 비판했다. 그는 이 보고서의 내용이 정부 청문회에서 담배업계의 증인들에 의해 "여러 차례 언급되었다"고 말했다. 그는 "그 보고서에 정보를 제공한 조직들이 미국자동차제조업협회, 미국석유연구소, 화학제조업협회, 할로겐화용매산업협회(Halogenated Solvents Industry Association), 전국농업화학물질협회 등을 포함하여 오염자들을 대변하는 산업 협회의 지배를 받고 있다"고 말했다. "'선택'은 담배 연기를 과학 정책의 쟁점으로 폭넓게 다루면서도 보고서를 준비하는 과정에서 공인된 정부 기관이나 권위 있는 협회 등과 전혀 접촉하지 않았다. 질병통제센터의 흡연건강국이나 미국암협회 같은 보건 단체 등이 외면되었던 것이다." 오히려 "'선택'의 저자들은 필립 모리스, 보건정책연구소(Health Policy Institute), 엔비론 코퍼레이션(ENVIRON Corporation) 등 담배업계와 긴밀히 결합된 몇몇 자료원에 의존했다." Stanton Glantz, Post-OSHA Hearings Comments, 1996 <http://www.tobacco.org/Misc/oshapost.html>, (July 25, 2000).

없는 존재' 아니면 공포를 퍼뜨리는 '허풍선이', '겁쟁이', '괴팍한 환경운동가', '식품 경찰'의 구성원이었다. 그는 '분별없이 화학물질에 반대하는 병적 홍분'이라는 비난과 함께 학교식 왕따 전술을 동원해 세계에서 가장 권위 있는 과학 잡지들, 예를 들어 『사이언스』, 『네이처』, 『랜싯』, 『미국의학협회 저널』을 수없이 공격했다. 밀로이는 얇아지는 오존층에 관한 보고서들을 '머리가 돈' 것이라고 배격했다. 그는 자동차 배기가스 검사를 '소비자의 돈을 갈취하려는 또 하나의 간교한 계략'이라며 반대했다. 밀로이의 웹사이트에는 테오 콜본, 다이앤 듀마노스키, 피터 마이어스가 내분비계 교란 물질에 관해 저술한 책 『도둑맞은 미래』를 심층적으로 비판하는 특집도 있었다. 밀로이가 '과장된 미래'라는 제목으로 풍자한 이 특집 페이지에는 수레에 돈을 가득 싣고 은행으로 향하는 콜본(그녀의 저술 동기가 돈벌이라는 것이다)의 이미지 만평이 있었고, 다이앤 듀마노스키는 '다이앤 멍청이'라고 언급되었다. 그가 이름을 가지고 장난치면서 인종적 비방을 한 것은 처음이 아니었다. 일본의 연구자들이 내분비계 교란 물질에 대해 염려하고 있다는 보도 내용을 접하고서 '도라, 도라, 도라'(도라(tora)는 '호랑이'라는 뜻의 일본어로, 진주만 공격의 작전명이었다)라고 썼다.

밀로이는 특히 환경적 담배 연기와 관련해 담배업계를 방어하는 데도 열심이었다. 그는 2차적 담배 연기와 암을 결부시킨 환경보호국의 1993년 보고서를 '농담'이라며 배격했다. 『영국 의학 저널』이 1997년에 비슷한 결과를 담은 독자적인 연구 보고서를 발표하자 그는 "그런 얘기가 오늘날까지도 여전히 농담으로 남아 있다"며 조롱했다. 한 연구원이 2차적 담배 연기와 암을 결부시키는 연구를 발표하자 밀로이는 그녀가 "잡지 편집자들이 동물들과 수간(獸姦)하는 모습을 담은 사진을 갖고 있음에 틀림이 없다"고 썼다. "그렇지 않고서야 그녀의 연구가 달리 어떻게 빛을 볼 수 있겠는가?" 1997년 8월에 『뉴욕 타임스』는 밀로이가 브리티시-아메리칸 담배 회사(British-American Tobacco Company)가 후원하는 외신 기자들을 위한 마이애미 간담회에서 돈을 받고 연설한 사람 가운데 한 명이라고 보도했다. 이 회사의 브라운 앤 윌리엄슨 부문이 칼턴(Carlton), 쿨(Kool), 럭키 스트라이크(Lucky Strike) 같은 인기 있는 담배를 제조하고 있다. 미국 기자들은 출입이 금지된 이 간담회에서 브리티시-아메리칸 담배 회사는 브라질, 아르헨티나, 칠레, 페루 등 세계 각국 기자 수십 명을 비행기로 실어 왔고, 간담회에 참석한 기자들의 호텔 투숙 비용과 값비싼 식대를 대신 지불했다. 그 간담회는 '불건전 과학'이 동원되어 '미국처럼 소송이 만능으로 자리잡은 사회'를 비웃으며 '훅 내뿜는' 담배 연기 '한 모금'을 흡입하는 것과 관련해 '가설대로가 아니라면 극미량일 위험'에 대해 의문을 제기했다.[54]

담배 문제에서 ACSH와 TASSC 사이의 차이는 1997년 6월에 불거졌다. 밀로이가 『뉴잉글랜드 의학 저널』에 발표된 하버드 대학교의 연구 보고서를 '통계 남용'이자 '역학자들이 쓰레기 과학을 노벨상급 작업으로 속여 넘기려고 한' 경우라고 공격하면서부터였다. 이런 수식어가 윌리엄 F. 버클리(William F. Buckley, Jr.)의 보수주의 잡지 『내셔널 리뷰』 1997년 6월호에 게재된 '담배 연기 고리'라는 기사의 바탕이 되었다. '필생의 『내셔널 리뷰』 팬'임을 자임해 온 엘리자베스 휠런은 이 기사에 크게 '실망했다.' 그녀는 편집자에게 "『내셔널 리뷰』가 『뉴잉글랜드 의학 저널』을 쓰레기 과학의 유포자로 간주하는 자들을 신뢰해서는 안 된다"고 경고하는 편지를 써 보냈다. "하버드 대학교의 연구를 '쓰레기 과학'이라고 딱지 붙였다가는 모든 과학을 폐기처분해야 할지도 모른다."

『내셔널 리뷰』는 이렇게 응답했다. "우리는 여러 주제에 걸쳐 휠런 박사가 이룩한 연구 업적을 높이 평가한다. 그러나 그녀는 담배 문제와 관련해서 현실감을 결여하고 있다."[55] 그녀조차도 가끔은 '괴팍한 공포 유발자'가 될 수 있는 것 같았다.

정크 본드

밀로이의 쓰레기 과학 홈페이지를 우연히 방문한 사람들은 그를 웹사이트를 만드는 재주가 있는 밉살스런 청소년 정도로 치부하고 곧 잊어버릴지도 모른다. 사람들은 밀로이가 워싱턴의 보수파 정계에서 연줄이 막강한 인물임을 알고 깜짝 놀랄 수도 있다. 그는 현재 자유주의 성향인 카토연구소의 '임시 연구원' 직책을 유지하고 있다. 카토연구소는 입법부 직원들과 기자들을 상대로 실시된 1999년 설문 조사 결과 워싱턴 D.C.에서 영향력 4위의 싱크탱크로 평가받은 단체이다.[55]

밀로이의 신랄한 태도가 문외한들에게는 낯설어 보일지도 모른다. 그러나 우파인 가짜 민중주의자들은 그렇게 해서 만들어진 분노를 환경운동가들에게 돌리는 일에 천부적인 재능을 발휘해 왔다. 밀로이의 웹사이트는 방문객들이 뉴스 편집자와 정치인들에게 탄원서를 퍼붓는 데 활용할 수 있는 전화 및 팩스 번호를 자주 제공한다. 그는 자신의 메시지를 강화하기 위해 디토헤드(dittohead, 강력한 정치적 견해를 고수하지만 화술이 부족한 사람)를 활용해 왔다. 그는 자신이 이런 전략으로 『미국 의학협회 저널』의 편집자 조지 런드버그(George Lundberg)를 1999년에 해고시켰고, 정부 기금을 제공받은 과학자들이 자료를 공개하는 것과 관련된 시행 세칙을 상당 부분 개정하는 의회의 입법 과정 등을 주도해 처리했다고 주장했다.

웹사이트 말고도 밀로이는 생태주의자들을 공격하는 논설을 정력적으로 집필해 왔다. 카토연구소가 신문과 다른 간행물에 밀로이의 글이 실리는 것을 도와주고 있다. 쓰레기 과학을 공박하는 그의 통렬한 비난은 『뉴욕 포스트』, 『워싱턴 타임스』, 『애리조나 리퍼블릭』, 『일렉트리서티 데일리』, 『샌프란시스코 이그재미너』, 『디트로이트 프리 프레스』, 『인베스터스 비즈니스 데일리』, 『신시내티 인콰이어러』, 『유에스에이 투데이』, 『뉴욕 타임스』,

런던의 『파이낸셜 타임스』, 『월스트리트 저널』, 『시카고 트리뷴』, 『필라델피아 인콰이어러』, 『케미컬 앤 엔지니어링 뉴스』 등의 간행물에 실렸다. 『시카고 선 타임스』는 밀로이가 작성한 '특집 기사'를 실어 주었다. 그 기사는 의견 기사가 아니라 단순 보도로 제공되었다. 그는 여기서 생명공학 식품 같은 쟁점들에 대한 환경적 염려를 무시한다. 밀로이는 필요하다고 판단할 경우 어조를 완화하기도 했다. 그래서 그가 작성한 기사 가운데 일부는 단순 뉴스처럼 읽힌다. 그의 기사 작성과 관련해 『시카고 선 타임스』에 가장 문제가 되었던 일은 아마도 그의 산업계 로비스트 경력을 독자들에게 전혀 알리지 않은 점일 것이다. 신문은 그를 "과학을 전공하고 워싱턴에서 활동하는 경제 저술가로, 존스 홉킨스 대학교 보건 과학 고급 학위와 조지타운 대학교 법학사 자격을 갖고 있다"고만 설명했다. (밀로이가 가졌다는 존스 홉킨스 대학교의 '고급 학위'란 생물통계학 석사 학위이다.) 실제로 밀로이를 인용하는 일부 간행물은 그의 자격 증명을 부풀리거나 왜곡하는 경향이 있다. 그는 다양한 곳에서 '위기 전문가', '경제학자', '통계학자'로 소개되었다.

기업에게 자금을 지원 받는 다른 외곽 조직들처럼 건전 과학을 선전해 대는 조직들도 오래 가지 못하는 경우가 있다. 특정한 목표나 입법 청원 캠페인이 존재 이유라고 밝힌 조직들은 흔히 해당 캠페인이 끝나면 사라져 버린다. 집단들이 나타났다가 사라지는 경향 때문에 또 다른 형태의 속임수가 등장했다. 기자들과 평범한 생활을 영위하는 시민들이 머리가 어지러울 정도로 다양한 각종 명칭과 약칭을 가려내는 게 어려워진 것이다. TASSC가 1998년 말에 조용히 사라지면서 정말로 이런 일이 일어났다. 그러나 그 유산은 계속되고 있다. 밀로이의 쓰레기 과학 홈페이지는 현재 '과학의정직성을지지하는시민들'(Citizens for the Integrity of Science)이라는 단체의 지원을 받고 있다고 주장한다. 이 단체와 관련해서는 공개된 정보가 하나도 없다. 과학의 정직성을 지지하는 시민들은 산업계의 자금 지원을 받는 수백 개는 아닐지라도 수십 개의 단체와 보수적인 싱크탱크들 가운데 하나이다. 그들은 계속해서 건전 과학의 기치를 내세우고 있다. 일부는 대규모로 잘 알려져 있는가 하면 다른 일부는 소규모로 활동하기도 한다. 아래의 예들을 보자.

■ **워싱턴법률재단**(WLF)은 계속해서 '법정의 쓰레기 과학'에 반대하는 캠페인을 벌이고 있다. 이 단체는 『뉴욕 타임스』에 4분의 1페이지짜리 광고를 실으면서 이것들을 '공익적 정보를 통해 자유 기업을 옹호하는 공공적 메시지'라고 부른다. "쓰레기 과학이 쓰레기 법을 만든다"는 제목의 1997년 광고에서 WLF는 낯익은 이야기 — 알라르, 벤덱틴, 유방 보형물 — 를 되풀이했다. 광고는 이렇게 결론 내리고 있었다. "쓰레기 과학 때문에 미국인들이 만져보지 못할 제품들을 한번 상상해 보라."[57] 필립 모리스의 내부 문건들은 WLF를 '여러 해에 걸쳐 필립 모리스의 긴밀한 동맹 세력'으로 설명하고 있다. "WLF는 담배업계 논쟁의 수많은 쟁점들에 관여해 왔다. 그들은 환경보호국을 공박하는 여러 가지 소송을 제기해 왔다. 그들은 광고 및 수정헌법 제1조의 쟁점과 관련해 우리의 입장을 지지하는 정책 문서들을 작성하고 배포했다. 가장 최근에는 담배업계가 이미 미국에서 가장 규제를 많이 받는 산업 분야라는 것을 밝히고 왜 더 이상의 추가 규제가 필요 없는지를 상세히 정리한 중요한 논문을 작성하기도 했다."[58]

■ 1960년대와 1970년대에 핵전쟁 시나리오를 구상하고 베트남 전쟁을 방어했던 보수주의 싱크탱크 **허드슨연구소**(Hudson Institute)는 오늘날 쓰레기 과학에 대응하기 위해 반(反)환경주의 전문가 데니스 T. 애버리(Dennis T. Avery)를 '임시로' 고용하고 있다. 애버리는 『살충제와 플라스틱으로 지구를 구하자』라

는 소책자의 저자로 유기농 제품이 인공 살충제를 사용해 재배한 식품보다 더 위험하다는 생각을 옹호했다. 1998년 가을에 애버리는 이렇게 주장하기 시작했다. "유기농이나 '자연' 식품을 먹는 사람들은 나머지 인구에 비해 새로운 종류의 치명적인 대장균 박테리아 O157:H7의 공격을 받을 가능성이 여덟 배나 더 많다." 그는 유기농 제품이 동물의 똥거름으로 재배되기 때문에 이런 일이 일어난다고 말한다. 그는 자신의 자료가 음식으로 인한 질병의 발생을 추적하는 연방 기관인 미 질병통제센터에서 얻은 것이라고 주장한다. 실상을 알아보자. 유기농 식품이 비유기농 식품보다 동물의 똥거름으로 재배될 확률은 결코 더 높지 않다. 미 질병통제센터는 애버리의 주장을 적극적으로 부인했다. 질병통제센터는 애버리의 주장을 성토하는 보도자료까지 배포하면서 강경하게 대응했다. 하지만 애버리의 메시지는 자신이 쓴 특집 기사들에서 반복되었다. 특집 기사들의 제목은 이런 식이었다. "유기농 식품으로 인해 여러분이 병들 수도 있다"[44] 『월스트리트 저널』, AP 통신의 기사들, 그 밖에도 미국과 유럽의 수많은 간행물들이 이 내용을 되풀이해서 보도했다. 2000년 2월에 애버리는 ABC 방송의 <트웬티/트웬티 20/20>에 전문가 자격으로 출연해 집중 인터뷰를 했다. 텔레비전 기자 존 스토셀(John Stossel)은 이 프로그램에서 "유기농 식품을 사 먹었다가는 죽을 수도 있다"는 내용을 언급했다. 스토셀의 보도물이 애버리가 허드슨 연구소와 제휴하고 있다는 사실은 전혀 언급하지 않았다. 이 연구소가 몬산토, 듀폰, 다우 엘란코(Dow Elanco), 산도스(Sandoz), 시바-가이기, 콘아그라(ConAgra), 카길(Cargill), 프록터 앤 갬블 등 농업 화학 및 농업 관련 거대 기업의 자금 지원을 받는다는 사실은 말할 것도 없었다. 스토셀은 <트웬티/트웬티>가 자체 실험한 결과 유기농 제품에서도 재래식 방법으로 재배된 농산물과 마찬가지로 살충제 잔류물이 발견되었다고 주장했다. 이 실험에 참가했던 연구원들이 나중에 그런 실험은 전혀 없었다고 실토하자 ABC는 그 주장을 철회해야 했다.

■ 주요 석유기업들의 지원을 받는 **경쟁기업연구소**는 "수천 명의 과학자들이 지구 온난화 문제의 확고한 증거가 전혀 없다는 데 동의하고 있다"고 주장한다. 연구소는 자신들이 『월스트리트 저널』, 『워싱턴 포스트』, 『USA 투데이』, <맥닐/레러 뉴스 아워 *MacNeil/Lehrer News Hour*>, <굿 모닝 아메리카 *Good Morning America*>, <생방송 래리 킹 *Larry King Live*> 등 언론의 주목을 받고 있다고 자랑한다. 경쟁기업연구소의 활동에는 "정부의 간섭이 그 자체로 치명적인 결과를 가져온다"고 주장함으로써 환경 규제 조치와 관련된 '정책 논쟁을 변화시키는 것'을 목표로 한 '규제에 의한 사망'(Death by Regulation) 프로젝트가 포함되어 있다. 예를 들어 이 연구소는 자동차 배기가스 기준 때문에 소비자들이 더 작고, 더 보잘 것 없는 자동차를 구매하게 되고 결국 자동차 충돌 사고로 더 많은 사람이 죽게 된다고 주장한다. 연구소는 "의약품 규제와 식품의 영양 성분 표시 의무 제도가 공중보건에 악영향을 끼치고 있다"고도 주장한다. 의약품 규제 때문에 신약이 시장에 안착하지 못하고 있다는 것이다. 식품의 영양 성분 표시 의무 제도에 관해 말하자면 그들은 포도주 제조업자들이 포도주 소비가 심장 발작을 예방해 준다고 광고할 수 있어야 한다고 믿고 있다.[71] 그러나 재조합 소 성장 호르몬이 처방된 소에서 짜낸 우유에 그 경위를 표시하는 의무 조항이 있어서는 안 된다. 2차적 담배 연기에 관한 환경보호국의 보고서를 공박하는 홍보캠페인이 절정으로 치닫는 과정에서 경쟁기업연구소는 주요 신문에 게재할 이런 의견 기사를 생산해냈다. "연기가 나는 총에서는 공포탄만 발사되었다", "환경보호국의 나쁜 과학이 환경적 담배 연기 보고서를 망쳐놓다", "안전은 자동차에서도 상대적인 것이다. 하물며 담배에서야?" 경쟁기업연구소에 돈을 대는 단체들로는 아모코, 아르코재단(ARCO Foundation), 암스트롱재단(Armstrong Foundation), 벌링턴 노던 철도 회사(Burlington Northern Railroad Co.), 카르타고재단(Carthage Foundation), 찰스 C. 코흐자선재단(Charles C. Koch Charitable Foundation), 클로드 R. 램자선재

단(Claude R. Lambe Charitable Foundation), 코카-콜라, CSX(CSX Corp.), 데이빗 H. 코흐자선재단(David H. Koch Charitable Foundation), 디트로이트 농업 회사(Detroit Farming Inc.), 다우 케미컬, EBCO(EBCO Corp.), 포드 자동차 회사(Ford Motor Co.), 제너럴 모터스, IBM, JM 재단(JM Foundation), 린드앤해리브래들리재단(Lynde and Harry Bradley Foundation), 필립 모리스 계열사들, 필립 M. 맥케너재단(Phillip M. McKenna Foundation), 프리시전 밸브 코퍼레이션(Precision Valve Corp.), 텍사코재단(Texaco Foundation), 새라 스카이프재단(Sarah Scaife Foundation), 스미스리처드슨재단(Smith Richardson Foundation), 미국석유연구소, 화이자가 있다.

■ 일리노이 소재의 **하틀랜드연구소**는 연구소 회장 조 배스트(Joe Bast)의 『생태적 온전함』 같은 제목의 반(反)환경주의 책자를 간행한다. 이 연구소는 '정책팩스'(PolicyFax) 시스템이라는 것도 갖추고 있다. 이 시스템을 통해서 다양한 쟁점과 관련해 이용 가능한 의견서가 제출되는 것이다. 제이콥 설럼, ACSH, 카토연구소, 전국흡연자연맹, 마이클 퍼멘토, 담배 연구소가 작성한 보고서들을 재발행하는 것이 정책팩스 시스템 활동에 포함되어 있다. 정책팩스 데이터베이스에 엘리자베스 휠런이 작성한 논설이 다수 포함되어 있기는 하지만 담배업계를 공격하는 그녀의 저술은 배제되었다. 하틀랜드연구소는 알라르에서 생명공학, 다이옥신에 이르기까지 그 모든 것에 대해 보수적인 입장을 되풀이하는 것은 물론이고 2차적 담배 연기와 관련해서도 담배업계의 입장을 열렬히 옹호한다. 이 연구소의 위원회는 제너럴 모터스, 아모코, 프록터 앤 갬블, 필립 모리스 출신자들이다. 사실 이들 회사는 연구소의 주요 기부자들이다. 1994년 3월에 작성된 필립 모리스의 내부 비망록은, 필립 모리스가 "하틀랜드연구소가 발행하는 『생태적 온전함』에 기술적 논평을 제공했다"고 밝히고 있다.[71]

■ 오랫동안 홍보전문가로 활약해 온 토머스 디위즈(Thomas DeWeese)가 이끌고 있는 **미국정책센터**(APC)는 건전 과학 운동의 소수 과격파라고 할 수 있는 집단과 관련해 사태에 개입하고 있다. APC가 발행하는 회보 중 하나는 필생의 환경운동가이자 저술가인 제레미 리프킨을 '반산업적, 반문명적, 반국민적'이라며 공격한다. 그들은 그가 '자살과 낙태와 만행과 남색'을 설교했다며 비난한다.[티] APC는 「미래를 보호하기: 신뢰할 수 있는 과학, 신뢰할 수 있는 결정」이라는 보고서도 간행했다. 이 보고서는 환경보호국의 규제 방침이 '불확실한 과학적 기반'에 의존하고 있다고 주장했다. APC는 보너 코언(Bonner Cohen)이 편집하는 『환경보호국 감시』라는 회보도 발행한다. 이 회보는 환경보호국이 미국의 경제 기반을 파괴하는 것은 물론이고 사람들이 샤워하는 것까지 막으려 한다며 환경보호국의 모든 활동을 비난한다. 필립 모리스의 전략 문건은 『환경보호국 감시』를 '필립 모리스에 더 광범위한 긍정적 영향을 미치는 ...... 단체들을 설립하기 위해' 할애된 자금 지원 활동으로 얻게 된 '자산'이라고 소개한다. 또 다른 전략 문건은 '보너 코언의 『환경보호국 감시』를 환경보호국 문제 전문가, 예를 들어 환경보호국의 활동과 관련해 신디케이트 라디오 방송의 고정 출연자'로 키우려는 계획을 논의하고 있다. "환경보호국을 다루는 문제와 관련해 그의 노출 빈도와 신뢰성을 증대시키기 위해 무슨 일이라도 할 수 있을 것이다."[티]

■ **전국불안센터**(National Anxiety Center)는 '뉴저지 주 메이플우드에 본부를 둔 싱크탱크'로 자신들의 임무가 삼림 파괴, 살충제, 폐기물, 멸종 위기에 처한 종과 관련해 환경주의가 불러일으키는 '근거 없이 만연한 공포'를 없애는 것이라고 밝히고 있다. 이 단체의 설립자이자 유일한 지배자인 앨런 캐루바(Alan Caruba)는 평생 살충제업계에 홍보자문을 해온 사람으로 스티븐 밀로이의 친구이기도 하다. 그는 자신의 웹사이트(www.anxietycenter.com)를 통해

환경보호국 국장 캐럴 브라우너(Carol Browner)에서 이제는 고인이 된 해양학자 자크 쿠스토(Jacques Cousteau)에 이르기까지 모든 사람을 '인간을 죽임으로써 지구를 구하려는 녹색 대량학살 의제'의 공모자라며 공격한다. 캐루바는 미국정책센터가 발행하는 회보에도 기고한다.

전문가 되기의 전문가들

산업계의 자칭 쓰레기 과학 폭로자들을 하나로 묶는 것은 과학이 아니라 이데올로기이다. 그러므로 산업계가 내세우는 과학 문제 '전문가들' 대부분이 과학자가 아니라는 사실은 전혀 놀라운 일이 아니다. 1997년 7월에 환경옹호및연구정보센터(CLEAR)는 「내게 과학을 보여 줘! 기업 오염자들과 '쓰레기 과학' 전략」이라는 '건전 과학' 운동 분석 보고서를 발표했다. 이 보고서는 보수 성향의 전국공공정책연구센터(NCPPR)가 1996년에 발간한 『환경 과학자 및 경제학자 인명부』에 등장하는 주요 '과학 전문가들'의 신뢰성을 조사했다. 표면상 그 인명부는 알파벳순으로 농업에서 야생 동물에 이르는 27가지 정책 분야의 전문가들을 소개하는 것으로 되어 있었다. 인명부의 서문에는 이렇게 쓰여 있었다. "환경은 너무나도 중요한 문제여서 정치인들의 손에 맡겨둘 수가 없다. 그러나 최근에 미국에서 이루어진 거의 모든 환경 정책 결정 과정에서 바로 이런 일이 일어나고 말았다. 권위 있는 환경학자나 과학자나 경제학자가 아닌 정치인들이 신문의 헤드라인과 워싱턴의 입법 의제를 장악하고 있다." 그러나 환경옹호및연구정보센터는 인명부를 자세히 조사하면서 놀라운 사실을 발견했다. 전국공공정책연구센터의 인명부에 등재된 전문가들 가운데 실제 과학자가 절반에도 못 미쳤던 것이다. 실제로 등재된 141명 가운데 어느 분야에서고 박사 학위를 가진 사람은 51명에 불과했다.

물론 이것이 TASSC와 ACSH 같은 단체들이 취한 입장을 지지하는 과학자 중에 저명한 인사가 하나도 없다는 의미는 아니다. 노벨상 수상자인 노먼 볼로그(Norman Borlaug)는 여러 해 동안 ACSH에 관여해 왔으며 현재는 ACSH 이사회의 일원이다. 미국공중위생국 국장 출신의 쿠프와 『미국 의학 협회 저널』 편집자 출신의 조지 런드버그(스티븐 밀로이는 자신이 런드버그의 해고를 꾸몄다고 주장한다)도 유명한 ACSH 지지자들이다. 이 문제에 관해서라면 전성기의 TASSC도 프레더릭 J. 세이츠(Frederick J. Seitz)에게 지지를 요청할 수 있었다. 그는 물리학 분야의 저명한 연구자로 전미과학아카데미 회장을 역임했으며 록펠러 대학교 총장을 지냈다.

과학자도 인간이다. 그들이 특정 연구 분야에서 두각을 나타낼 수도 있지만 전공 이외의 분야에서는 바보처럼 고지식할 수도 있다. 그들은 정치 이데올로기와 돈의 유혹에서 자유롭지 못하다. 쿠프와 세이츠의 정치적 보수주의는 잘 알려져 있다. 쿠프가 담배와 관련해 보여 주는 곧은 태도는 분명 신뢰할 만하다. 그러나 그는 공직을 떠난 후에 윤리적 이해관계의 충돌을 회피하는 그의 능력과 객관성에 의심을 품을 만한 행동을 여러 차례 일삼았다. 예를 들어 1999년 4월에 그는 의회에 회람장을 보내 쉐링-플로사(Schering-Plough Corporation)가 알레르기 약물 클래리틴(Claritin)에 대한 특허권을 연장할 수 있도록 허용하라고 촉구했다. 이 회사는 해당 약물에 대한 특허권을 계속 보유함으로써 다른 기업들이 값이 더 싼 카피 약물을 공급해 결과적으로 약 10억 달러로 추정되는 추가 발생 이윤을 가져가는 것을 차단할 수 있을 터였다. 간염 치료에 사용되는 또 다른 약물과 관련한 입법 활동에 즈음해 다음 달에 국회의원들과 회동한 자리에서 쉐링-플로의 입장을 옹호했다. C. 쿠프는 한 해 전에 쉐링-플로사가 자신이 운영하는 비영리 조직 쿠프재단(Koop Foundation)에 100만 달러를 기부했다는 사실은

밝히지 않았다.74)

쿠프는 또 다른 자리에서 라텍스 장갑을 편드는 증언을 했다. 라텍스 장갑은 생명을 위협하는 알레르기와 연결되어 왔다. 전체 인구의 약 3퍼센트와, 장갑 및 다른 의료 물품을 사용함으로써 정기적으로 라텍스에 노출되는 보건 의료 노동자의 약 10퍼센트가 라텍스 알레르기 반응을 보인다. 약 20만 명의 간호사가 장애를 가져올 수 있으며 심지어 치명적일 수도 있는 라텍스 알레르기를 앓아 왔다. 라텍스 대체물들이 존재하며 보건의료 업계는 점진적으로 이 대체물을 채택하고 있다. 그러나 쿠프는 의회에 출석해 라텍스 장갑에 대한 걱정이 '경계성 공황 장애'라고 말했다. 그는 라텍스 장갑에 대한 염려를 완화해 주는 연구가 미 질병통제및예방센터에 의해 수행되었다고도 주장했다(그가 나중에 깨달은 것처럼 이 내용은 사실이 아니다). 실제로 그가 언급한 연구는 장갑을 만드는 회사가 후원한 것이었다. 쿠프는 이번에도 2년 전에 또 다른 라텍스 장갑 제조 회사가 그에게 '회사의 대변인'으로 활약해 준 대가로 자문료 65만 6,250달러를 지급했다는 사실을 밝히지 않았다.75)

수전 윌번(Susan Wilburn)은 "이렇게 오랫동안 존경과 찬탄의 대상이었던 인물이 장갑 제조사한테서 돈을 받고 그들을 대변한 일들은 부당하기 그지없다"고 말했다. 그녀는 미국간호사협회(ANA)를 위해 일하는 직업안전 및 보건전문가이다.76) 미국간호사협회의 대변인 미셸 나와르(Michelle Nawar)는 라텍스 알레르기가 '매우 심각한 질병'이라고 말했다. "간호사들을 쇠약하게 만들어 더 이상 직업에 종사하지 못하도록 만들 수도 있는 질병"이라는 것이다. 실제로 다섯 명의 사망자가 라텍스 장갑 사용 때문이라는 것이 보고되었으며, 이 가운데 네 명이 간호사였다.77)

프레더릭 세이츠가 끼어 있는 이해관계의 충돌 양상은 훨씬 더 많은 것을 시사한다. 그는 1979년 록펠러 대학교에서 은퇴하기 직전에 R. J.

리놀즈 담배 회사의 '영구 자문역'으로 갔다. 이 사실은 일부러 공개하지 않았다.* 담배업계는 세이츠의 명성을 적극적으로 활용했다. 물론 R. J. 리놀즈의 CEO 윌리엄 홉스(William Hobbs)가 1989년에 필립 모리스의 경영자들에게 세이츠가 "상당히 나이가 들었고, 조언을 해줄 만큼 합리적이지는 못하다"고 은밀히 충고하기는 했지만 말이다.[76] 1993년 6월에 CNN은 다음과 같은 필립 모리스의 주장을 인용해 보도했다. '저명한 과학자들이' 2차적 담배 연기에 대한 환경보호국의 위험 평가 보고서를 놓고 필립 모리스의 견해에 "은밀하게 동의하고 있다"는 것이었다. CNN 기자 스티브 영(Steve Young)은 "우리는 필요하다면 익명으로 처리하겠다고 약속하면서 구체적 인사를 밝혀줄 것을 요구했다"고 말했다. "필립 모리스가 제공한 유일한 이름은, 뉴욕 소재 록펠러 대학교라는 권위 있는 교육 기관의 전직 총장뿐이었다." CNN이 담배업계의 자문역이라는 세이츠의 배경을 밝혀내지 못했음에도 불구하고 그는 제3자적 대변인으로서의 역할을 충실히 수행하지 못했다. 영이 세이츠에게 전화를 걸어 환경보호국의 보고서가 엉터리 과학에 근거한 것이라고 말했는지 직접 물어 보았다. 세이츠는 "그런 적 없다"고 대답했다.

"그렇게 말하지 않으셨다고요?" 영이 다시 물었다.

"나는 그렇게 말한 적이 없어요, 없다고요." 세이츠가 말했다.

"글쎄요, 그럼 어떻게 된 일일까요?"

---

* 예를 들어 R. J. 리놀즈가 담배 법률 회사 슈크, 하디 앤 베이컨의 윌리엄 신(William Shinn)에게 1978년 9월 13일자로 보낸 편지를 보라. 편지는 신에게 세이츠가 담배 연구소의 정보 대책 회의에 참석하도록 초청되었음을 알리고 있다. "세이츠 박사가 우리에게 상담을 해주고 있습니다. 제 생각에 이번 발표회가 그에게는 흥미로울 것입니다." 편지에는 계속해서 이렇게 쓰여 있었다. "그가 우리를 돕고 있다는 사실이 공개적으로 발표되지는 않았습니다. 따라서 나는 회의에서 이 사실을 강조하고 싶지는 않습니다." (RJR documents website, Bates no.503648881에서) R. J. 리놀즈의 연구 기구인 생물의학연구산업재단의 기사들은 세이츠를 설립위원회 임원으로 기록하고 있다. (Bates no.504480764~504480767)

"난 그 보고서를 읽어 보지도 않았어요." 세이츠의 대답이었다.[79]

그러나 같은 달 멀티내셔널 비즈니스 서비스(짐 토치의 로비 회사로 스티튼 밀로이가 한때 여기서 근무했다)는 필립 모리스에 이렇게 보고했다. "(우리는) 환경적 담배 연기에 관한 우리의 결론을 지지하게 만드려고 록펠러 대학교의 세이츠 박사와 토론을 시작했습니다."[80] 다음 해에 세이츠가 저자로 등재되어 발표된 한 보고서는 이런 결론을 내리고 있었다. "정상적 환경에서 담배 연기를 수동적으로 조금 흡입하는 것이 정말로 위험하다는 과학적 증거는 거의 없다."[81]

유산

환경 및 소비자 건강의 옹호자들을 비난하는 산업계의 캠페인은 효과를 발휘했고 계속해서 대중과 미디어의 태도에 영향력을 행사하고 있다. 1999년에 펜실베이니아 대학교 교수 에드워드 S. 허먼(Edward S. Herman)은 1996년부터 1998년 사이에 '쓰레기 과학'이라는 용어를 사용한 주류 언론의 기사 258개를 조사했다. 이 기사들 가운데 8퍼센트만이 기업이 조작한 과학을 언급하면서 그 용어를 사용했다. 이와는 대조적으로 무려 62퍼센트는 환경운동가들, 기업 비판자들, 또는 기업을 고소한 개인 상해 소송 변호사들이 제기한 과학적 주장을 언급하면서 '쓰레기 과학'이라는 용어를 사용했다.[82]

루신다 핀리(Lucinda Finley)는 "'쓰레기 과학'이라는 용어가 마구잡이로 아무 때나 쓰이고 있다는 것이 현 사태의 모습"이라고 말한다. 그녀는 제품 책임과 여성 건강을 전공한, 버팔로 소재 뉴욕 주립 대학교 법학과 교수이다. "사람들은 자신들과 의견이 다른 과학자들을 '쓰레기'를 퍼뜨리는 사람이라고 부르고 있다. 그러나 정말이지 우리가 이야기하고 있는 것은 과학적 불일치와 의견 교환이라는 아주 정상적인 과정이다. 누군가를 '쓰레기 과학자'라고 부른다면 그것은 그들의 입을 틀어막는 행위일 뿐이다."⁽⁸³⁾

쓰레기 과학을 공격하는 산업계의 캠페인 때문에 언론의 자유처럼 매우 기본적인 헌법적 권리가 침해되는 사례도 부쩍 증가했다. 피터 허버는 『갈릴레오의 복수』를 발표하면서 쓰레기 과학이라는 개념을 법정 밖으로 끌어내 대중 매체에 소개했다. 허버의 개념은 알라르의 이미지를 복권시키려던 엘리자베스 휠런의 캠페인을 계기로 미디어를 공격하는 무기로 변신했다.

허버는 어리석은 법률 소송이 폭주하게 된 것은 쓰레기 과학 때문이라고 고발했다. 그는 '오늘날 변호사들의 동기는 간명하고도 압도적'이라고 썼다. "과학계가 위험이 실질적이고 상당한 수준이라는 것에 대체로 동의하고 있다면 법정에서도 그것에 대해 보상하고 처벌하고 할 것이다. 위험이 만들어질 것이고 사소한 수준이라면 법정은 그런 주장을 배제할 것이다. 그리하여 다르게 증언하는 비주류의 전문가들이 등장했다. …… 솔직히 말해서 쓰레기 과학은 돈벌이가 아주 잘되는 수지맞는 장사로 자리를 잡았다. …… 쓰레기 과학이라는, 모래 위에 아주 많은 손실을 발생시키는 소송의 탑들이 세워지고 있다."⁽⁸⁴⁾

그러나 쓰레기 과학이 미디어의 문제로 재규정되면서 ACSH 같은 조직들은 우리 사회에 더 많은 법률 소송이 필요하다고 주장하기 시작했다. 위험한 제품을 만드는 기업들을 대상으로 한 것이 아니라 생산품의 안전성에 의문을 제기한 시민들을 겨냥한 법률 소송 말이다. 작가 톰 홀트(Tom Holt)는 ACSH의 계간지 『우선순위』에서 이런 주장을 직접적으로 밝혔다. 홀트의 논설 제목은 "법률 소송으로 쓰레기 과학이 치유될 수 있을까?"였다. 글은 알라르 이야기에 대한 분석으로 시작되었다. 그는 현행의 명예훼손 관련 법률이 "워싱턴 주 사과 재배농들이 알라르 공포를 불러온 범인인 자연자원보호위원회를 상대로 제기한 법률 소송에서 심각한 장애물로 작용했다"고 불만을 토로했다. "재배농들은 먼저 워싱턴 주 야키마 카운티 최고 법원에서 소송을 제기했다. 그러나 재배농들은 패소했다." 다행스럽게도 "지금은 대규모 기업농들이 공격을 저지하고 있다. 주 의회 입법 활동을 통해 '농업생산물결함법률'(agricultural product disparagement law)이라고 하는 것을 통과시키고 있는 것이다."[85]

농업생산물결함법률은 증거의 규칙들을 새로 만들라고 했다. 그리하여 식품업계 비판자들에 대한 법률 소송이 법정에서 승리할 가능성이 더 많아졌다. 알라르가 신문의 헤드라인을 장식하면서 몇 년이 지나는 사이에 식품업계에서 쏟아져 나온 "결코 다시는 용납할 수 없다"는 외침이 13개 주 — 앨라배마, 애리조나, 콜로라도, 플로리다, 조지아, 아이다호, 루이지애나, 미시시피, 노스다코타, 오하이오, 오클라호마, 사우스다코타, 텍사스 등 — 에서 농산물결함법률의 의회 통과로 이어졌다. 새로운 법률은 사람들이 특정 식품에 대한 소비자들의 구매 기피를 자극할 수도 있는 의견을 표명하는 것을 차단함으로써 산업계의 이익을 방어하기 위한 것이었다. "결함발설금지법률이 필요한 이유는 몇 년 전에 발생한 알라르 공포 같은 사건들 때문이다. 사람들이 사과 소비를 중단하면서 사과 생산자들은 커다란 재정적 손실 때문에 고통 받았다." 오하이오 주 농업국은 새로운 법률의 필요성을 설득하면서 이렇게 주장했다.[86] 홀트에 따르면 새로운 법률은 '책임법률하에서보다 결함을 발견하고 비난하는 운동가들에게 무거운 부담을' 주었다. "책임법률하에서는 결함 있는 제품의 제조자나 생산자가 무거운 부담을 떠안았다."[87] 책임 부담의 이전으로 기업은 자신의 비판자들이 틀렸다는 것을 입증할 필요가 없어졌다. 이제 식품 안전의 비판자들이 자신의 발언이 옳다는 것을 입증하지 못할 경우 법정에서 유죄 판결을 받을 수 있게 된 것이었다.

1996년에 새로 제정된 주 법 가운데 하나가 처음으로 활용되었다. TV 토크쇼에서 진행자 오프라 윈프리가 광우병의 위험성과 관련해 초대 손님 가운데 한 사람이 했던 말을 시비 삼았다. 그 일로 텍사스의 목장주들이 그녀를 고소했다. 고소건은 마침내 1998년 재판에 회부되었고, 윈프리에 대한 승리로 끝났다. 그 후 또 다른 목장주들이 별도의 재판 관구에서 비슷한 소송을 제기했다. 두 번째 소송은 결국 2000년 초에 기각되었다. 윈프리는 그때 이미 자신을 방어하기 위한 변호사 비용으로 수백만 달러를 지출한 상태였다. 오하이오 주에서도 한 소비자단체가 결함발설금지법률을 어기고 말았다. 이 단체가 지역의 한 계란 생산업자가 낡은 계란을 씻어서 다시 포장해 판매하고 있다는 사실을 확인했던 것이다. 피고측 변호인 마크 피네건(Mark Finnegan)은 "우리는 재포장 사실을 알고 있는 직원을 40명 이상 인터뷰했다"고 말한다. "노동자들은 자신들이 계란에서 구더기를 발견했다는 사실을 우리에게 말해 주었다." 이 소비자단체는 적발한 사실을 공개했다가 법률 소송을 당했고, 소송이 기각될 때까지 상당한 액수의 재판 비용에 시달렸다.

법조계에서 이렇게 필요 이상으로 상대방을 고소하는 전술은 '슬랩 소송'(SLAPP suit)으로 통한다. '대중의 참여를 막는 전략적 소송'(strategic lawsuit against public participation)이라는 뜻이다. 승리를 위해서 법정에서 실질적으로 승소하는 일이 꼭 필요한 것도 아니다. 진짜 목표는 피고측에게 엄청난 소송 비용을 감당하도록 만드는 것이다. 오프라 윈프리 같은 부자가 아닌 사람에게는 법률적으로 자신을 방어하는 데 들어가는 비용이 사실상 재정적 파산을 의미할 수도 있다. 소송이 재판까지 가지 않는다고 할지라도 말이다.

친구와 적

담배 문제에서 스티븐 밀로이와 엘리자베스 휠런은 많은 차이점을 보였지만, 결국 그들은 서로 입을 맞추며 화해한 것 같다. 2000년 초에 발행된 ACSH의 소식지는, ACSH가 쓰레기 과학 홈페이지 여러 곳에서 우호적으로 언급되었다는 사실을 만족스럽게 전하고 있다. "12월 24일 Junkscience.com의 머리기사가 ACSH의 '러브 커낼: 건강 사기와 건강 진실'[Love Canal, 1890년대에 공사가 중단되어 버려진 운하에 염소 제조 회사인 후커 케미컬(Hooker Chemical)이 1940년대에 독성 폐기물을 매립했다. 지역 주민들이 이 독성 폐기물로 인한 환경오염으로 고통받기 시작한 것은 1970년대였다. 급기야 1980년에 지미 카터 대통령은 이 지역에 국가비상사태를 선포하기에 이른다. 러브 커낼 사건은 미국에서 수퍼펀드법이 제정되는 결정적 계기로 작용했다]"이었다고 소식지는 전했다.

ACSH는 1999년 11월에 벤 앤 제리스(Ben & Jerry's) 아이스크림에서 자신이 다이옥신을 발견했다고 주장했다. 그러면서 밀로이가 발표한 '과학적 연구'라는 것을 널리 퍼뜨려 주어 호의에 보답했다. 카토연구소의 마이클 고(Michael Gough)가 공동 저자로 참여한 밀로이의 연구는 과학적 연구의 어떤 합리적 기준으로 보더라도 쓰레기 과학으로 비난받아 마땅하다. 밀로이는 과학자들이 자신들의 연구에서 시료를 적게 쓰는 것을 자주 비난해 왔다. 그러나 밀로이 자신의 연구는 **단 하나의** 아이스크림 시료에만 의존하고 있었다. 밀로이와 고는 식료품 가게에서 벤 앤 제리스 한 통만을 사가지고 실험실에서 분석했다. 과학 연구 논문의 형태로 작성된 그들의 실험 결과는 동업자의 평가를 받는 과학 잡지에 출판되지 못했고, 방법론에 대한 그들의 진술은 겨우 단 한 문장으로 구성되어 있었으므로 명성이 있는 출판업자를 찾기도 힘든 상황이었다. 벤 앤 제리스의 아이스크림에 다이옥신이 들어 있다는 사실에 관해 말하자면 그런 사태는 전혀 놀라운 일이 못 된다. 다이옥신은 지방 조직에 축적되고, 따라서 유제품에는 보편적으로 들어 있는 성분이기 때문이다. 연구의 진짜 목표는 벤 앤 제리스의 '위선'을 공격하는 것이었다. 벤 앤 제리스가 다이옥신 생산을 줄이고, 제품 포장을 만드는 데서 다이옥신을 제거하는 공정을 도입하는 개혁을 솔직하게 요구해왔던 것이다.

밀로이와 고의 논문은 과학 연구라기보다는 대중 홍보이벤트로 규정하는 것이 더 적절할 것이다. 그러나 ACSH는 그 논문이 마음에 들었다. '벤 앤 제리스를 화학적으로 신사인 척하는 회사라고 불러도 좋을 것'이라고 ACSH 웹사이트 사설은 밝혔다. "그러므로 두 명의 연구원이 그들의 제품에서 다이옥신이 들어 있다는 사실을 확인한 것은 대단한 아이러니다. …… 벤 앤 제리스는 제 꾀에 넘어가고 말았다."[49] ACSH의 회보는 나중에 "ACSH의 벤 앤 제리스 아이스크림 관련 사설이 36시간 동안 700회가 넘는 조회수를 기록했다"고 자랑했다.[50]

ACSH와 밀로이의 화기애애한 관계는 공익과학센터 같은 다른 저명한 소비자 및 환경단체들과의 적대적 관계와 현격한 대조를 이룬다. 밀로이는 공익과학센터가 발행하는 『영양 행동 건강 보고서』를 '허섭스레기'라고 부르며 이 조직이 "미국인들의 식품 공포를 불러일으키기 위해서 사력을 다하고 있다"고 비난한다. 마찬가지로 휠런도 공익과학센터를 '미국에서 가장 유력한 식품 테러리스트 집단'이라고 부른다. 그들이 식당과 간이식당에서 제공되는 음식의 과도한 지방과 설탕과 인공첨가물을 공개적으로 경고하고 있다는 것이 그 이유이다. 그녀는 켈로그 사에 자금 지원을 요청하는 호소문에서 자신이 이끄는 조직이 공익과학센터의 집행위원장 마이클 제이콥슨과 관련 식품 분쟁에서 오랫동안 싸워 왔다고 자랑했다. "우리는 그가 현대적 식품 가공 기술의 거의 모든 측면을 공격해올 때마다 공익과학센터의 주장을 반박해 왔다. 그것이 카페인이든, 설탕이든, 식이 섬유든, 지방 대체물 올레스트라든, 음식 지방과 콜레스테롤이든, 알코올의 적정 소비 문제든 말이다. 그 밖에도 발암성이 있다고 주장되는 물질이나 독성 물질, 또는 그의 조직이 고발해 온 '살인' 물질도 마찬가지이다."

횔런은 ACSH가 돈을 대주는 기업들에 묶여 있다는 비난에 오랫동안 속이 상했다. 1997년에는 "나는 돈을 받고 산업계를 대변해 주는 거짓말쟁이라는 비난을 자주 받았다. 너무 많아서 그 횟수를 기억할 수 없을 정도"라고 불만을 토로했다. 그녀는 담배에 대한 자신의 입장을 개인적 정직성의 증거로 자주 언급한다. 그녀는 유명한 환경 및 소비자단체들도 담배업계의 돈에 놀아난다고 에둘러 말하면서 자신의 조직이 산업계의 자금에 의존해 왔다는 비판에 대응했다. "우리와 대항하는 조직들, 그들은 자금 지원과 관련한 질문을 왜 받지 않는 겁니까?" 그녀는 『워싱턴 포스트』의 기자 하워드 커츠에게 이렇게 물었다. 자연자원보호위원회와 공익과학센터가 "담배 관련 계열사들, 예를 들어 R. J. 리놀즈 가족 재단에게 상당한 자금 지원"을 받고 있다고 덧붙이면서 말이다. "그들이 다른 어떤 곳에서 자금을 확보하는지 누가 압니까? 그들은 자신들의 기부자 내역을 정기적으로 공시하지 않습니다."

그러나 이런 주장을 확인해본 커츠는 자연자원보호위원회와 공익과학센터가 ACSH와는 달리 자신들의 기부자 내역을 상세히 공개하고 있다는 사실을 발견했다. 자연자원보호위원회와 공익과학센터가 담배 회사의 돈을 받고 있다는 휠런의 주장은 두 조직이 메리리놀즈밥콕재단(Mary Reynolds Bobcock Foundation)한테서 자금을 일부 지원받았다는 사실에 근거하고 있었다. 이 재단은 자신들의 돈을 자유주의적 대의에 쓰겠다고 결정한 2~3세대 상속자들이 운영하는 재단이다.

아무튼 공익과학센터가 비록 몇 단계 분리되었다고 할지라도 담배업계의 돈을 수수했다는 사실이 거론되어야 한다면, 휠런이 담배업계가 돈을 대서 만든 외곽 조직 소비자경보의 자문위원으로 일하고 있다는 사실도 언급해야만 그나마 공정하다고 할 수 있다. 부시 행정부에서 육군 참모총장을 지냈던 존 서누누(John Sununu)가 설립한 소비자경보는 필립 모리스, 쿠어스, 맥주연구소, 몬산토, 화학제조업협회, 쉐브론, 엑손, 아메리칸 시안아미드는 물론이고 그 밖에도 수많은 기업 후원자들에게 자금을 지원 받았다. 1993년에 클린턴 행정부는 건강 계획 기금을 마련하기 위해 담배세 인상안을 발의했다. 소비자경보는 필립 모리스와 긴밀하게 협력하면서 이 계획안을 공격했다. 필립 모리스의 전략 문건을 보자. " '소비자 보호'를 기치로 내건 네이더/시민 행동(Nader/Citizen Action)의 반정립인 소비자경보가 우리와 협력해 클린턴의 계획안이 소비자의 이익에 반한다는 여론을 확산시켰다. …… 우리는 포럼 연장과 성명서, 기명 특집 칼럼 등을 통해서 초봄의 언론 대공세를 추가로 진행한다는 계획을 논의하고 있다."[91]

실제로 ACSH는 이사진과 자문위원단을 통해 담배업계가 자금을 대고 있는 여러 보수파 조직들과 엄청난 유착 관계를 맺고 있다. 휠런은 이들이 담배에 대해 '흐리멍텅한 견해'를 갖고 있다고 비난한다. ACSH의 자문위원단에는 허드슨연구소, 진보와자유재단, 카토연구소 대표들이 포함되어 있다. 그리고 이들 단체는 모두 담배업계에게 자금을 지원 받으며 담배 규제 노력에 반대하고 있다. 잡지 『우선순위』도 이런 저런 친담배업계 싱크탱크들과 제휴한 사람들이 작성한 논설들을 반복해서 게재하고 있다. 경쟁기업연구소와 자본연구센터(Capital Research Center, 1990년대에 직접흡연이 암을 유발한다는 사실을 부인하는 책을 두 종 발행했다)가 그런 싱크탱크들이다.[92] 17명으로 구성된 ACSH의 이사진에는 식품의약국 관리 출신으로 현재 후버연구소(Hoover Institution)에서 일하고 있는 헨리 밀러가 끼어 있다. 그는 유전자조작 식품 및 신약과 관련해 식품의약국이 '지나치게 무거운 규제'를 가한다고 생각하는 것에 대해 날카로운 비판을 가해 왔다. 1996년에 밀러는 담배를 규제해야 한다는 식품의약국의 제안에 반대하는 의견을 피력하기도 했다. 그는 식품의약국 위원 데이빗 케슬러(David Kessler)가 "개인적으로 한 가지 문제에 너무 집착하고 있다"고 지적하면서 이렇게 말했다. "식품의약국이 제출한 담배 규제안은 …… 미국의 소비자들과 납세자들을 희생시키지 않고서는 실현될 수가 없다."

『우선순위』는 『이성』의 편집자 제이콥 설럼의 글도 발표해 왔다. 담배업계에 대한 설럼의 집요한 방어는 신문의 전면 광고로 등장했고, 필립 모리스와 R. J. 리놀즈가 이 광고에 돈을 댔다. 담배업계 옹호자라는 설럼의 전력을 잘 알고 있는 휠런이 한번은 이렇게 말하기도 했다. 그는 "환경적 담배 연기가 해로울 수도 있다는, 이제는 거의 만장일치로 합의된 과학자들의 견해에 도전하고 있다."㉓ 1996년에는 설럼이 작성한 논설「의사가 지시하는 것」이 『우선순위』에 커버스토리로 실렸다. 거기서 설럼은 권총 규제, 오토바이 헬멧, 안전벨트 규정과 함께 흡연, 알코올, 약물 남용을 억제하려는 정부의 노력을 공격했다. 그는 이런 활동이 '근본적으로 집산주의적이며 …… 공중보건 운동의 목표'라고 규정했다. 함께 실린 편지에서 휠런과 ACSH의 보건국장 윌리엄 런던(William London)은 설럼의 논설을 '정부의 공중보건 활동에 대한 가장 중요한 비판'이라고 칭송했다. "모든 공중보건 학파가 이 자료를 읽어야 한다"는 것이었다. 『우선순위』의 같은 호는 설럼의 글에 대한 다른 여덟 명의 논평도 함께 실었다. 그들은 비슷비슷한 칭찬의 말을 사소한 비평까지 곁들여 서술하고 있었다. 설럼은 이렇듯 짜고 치는 고스톱식으로 전개된 말의 '향연'을 이런 대응으로 마무리를 지었다. 덤으로 메디케이드(Medicaid, 65세 미만의 저소득자, 신체장애자를 대상으로 하는 국민의료보험제도)와 메디케어(Medicare, 65세 이상의 노인을 대상으로 하는 노인의료보험제도)를 공격했던 것이다.

ACSH를 밀로이나 설럼 같은 사상가들과 묶어 주는 요소는 우익적 '자유 시장' 이데올로기라는 바탕이다. 바로 이 공통의 이데올로기가 담배의 위험성에 대한 엘리자베스 휠런의 인식까지 지배한다. 휠런이 그 밖의 담배 반대 운동 세력을 비난하는 이유를 생각해 보면 이 사실을 알 수 있다. 다른 보수주의자들이 그들에게 합류하는 것을 허용하지 않기 때문이다. 그녀는 "담배 및 보건정책에 관한 논의가 거의 전적으로 악의 없는 사회공학자들과 안전 경보 발령자들에 의해 지배되고 있다. 그들의 광범위한 논쟁 때문에 우파의 다수가 반대 진영으로 인입되고 마는 지경"이라고 주장한다. "이렇게 해서 열성적으로 흡연에 반대하는 자유주의자들이 정치적 우파의 독소로 작용해 왔다."

이런 이데올로기 때문에 휠런은 가끔씩 다른 담배 반대 운동 세력의 전략이나 의견과 충돌을 빚는다. 예를 들어 1998년 5월에 ACSH와 친담배업계 성향의 경쟁기업연구소는 공동으로 성인 흡연자들에게 세금을 돌려줌으로써 의회가 자신들의 '성실함'을 증명할 것을 요구하는 이상한 탄원을 냈다. 당시에 입법부는 담배세(결국 가격)를 올려 미성년의 흡연을 억제하려고 하던 중이었다. "이 세금이 진정으로 미성년 흡연을 줄이기 위한 것이라면 의회는 성인 흡연자들에게 그 세금을 돌려주어야 한다." 휠런과 경쟁기업연구소의 고문변호사 샘 캐즈먼(Sam Kazman)은 공동기자회견에서 이렇게 주장했다. "의회는 성인 흡연자들에게서 걷어 간 세금을 돌려줌으로써 동기의 순수성을 솔직하게 보여줄 수 있어야 한다. 그게 아니라면 이 문제는 완전히 기각되어야 마땅하다."

판매상들은 미성년자에게는 환불해 주지 않으면서 성인들에게 세금을 돌려주는 방법에 관한 질문에는 답변하지 않고 넘어갔다. 그런데 미성년자들은 현행법상 담배를 직접 구매할 수가 없다. 미성년자들에게 담배를 판매하는 행위가 이미 금지되어 있기 때문이다.

용어의 규정

'쓰레기 과학'이라는 개념과 관련된 놀라운 사실 가운데 하나는 그 이론가들이 이 용어의 의미를 제대로 규정하는 일을 거부해 왔다는 점이다. 허버는 쓰레기 과학을 "자신들의 능력이 발견과 해답에 대한 열정에 훨씬 못 미치는 연구자들이 그러모은 편향된 자료의 잡동사니, 그럴싸한 추론, 논리적 허위"라고 정의한다. 밀로이는 자신의 웹사이트에서 쓰레기 과학을 "소송 만능주의 변호사들, '식품 경찰', 치킨리틀 환경주의자, 권력에 취한 규제 정책 담당자들, 비윤리적인 것에서부터 부정직한 과학자들이 눈가림 소송, 해괴한 사회정치적 의제, 개인의 이익을 위해 활용하는 나쁜 과학"이라고 규정한다. 이런 정의 가운데서 좋은 과학과 나쁜 과학을 구별해 주는 방법을 제시하고 있는 것은 단 하나도 없다. 오히려 이런 정의들은 세계관이 다른 사람들의 동기, 도덕, 능력에 대한 인신공격으로 구성되어 있다.

쓰레기 과학과 건전 과학을 구별해 주는 진정한 기준의 부재 속에서 기업을 옹호하는 사람들은 담배처럼 근본적이고 중요한 문제와 관련해 평화적으로 다른 의견을 제시하면서도 동시에 자신감 있게 이 용어를 사용한다. 쓰레기 과학이라는 개념이 그들의 친기업적 성향과 과학적 우월성에 대한 자부심을 화해시키면서 동시에 이해관계의 윤리적 갈등을 그럴 듯하게 얼버무리는 편리한 기능을 수행하고 있는 것이다.

과학을 놓고 벌어진 진흙탕의 싸움이 공공정책 토론에 주입한 수사학적 독극물의 양도 무시할 수 없는 수준이다. 이것 때문에 논쟁이 양극화되었으며 대중의 과학 담론 이해 수준이 높아지기는커녕 낮아지고 말았다. 공적 무대에서 가장 존경받는 사람들 중 일부가 공격의 표적이 되었다. 소비자연합과 그들이 발행하는 월간지 『소비자 보고서』는 1936년 설립 이래 정직성의 표상으로 군림하며 소비자 상품에 대한 불편부당한 과학 실험을 통해 진정한 소비자 보호의 대변자로 기능해 왔다. 그렇지만 '쓰레기 청소부' 스티븐 밀로이에게는 이런 사실이 전혀 문제가 되지 않는다. 1999년에 그는 '소비자 왜곡'(Consumer Distorts, www.consumerdistorts.com)이라는 두 번째 웹사이트를 개설했다. 소비자 왜곡은 『소비자 보고서』가 사회주의자들의 선정주의 잡지로 "상품에 대한 소비자들의 공포를 조장한다"면서 비난한다. ACSH도 반복해서 소비자 연합과 전쟁을 벌여 왔다. 그들은 소비자연합이 이 평범한 가정용품과 식품에서 발견된 살충제와 다른 화학물질이 건강상의 위협을 제기한다는 보고서를 발표해 "무책임하게 공포를 조장한다"면서 비난했다.

자칭 '건전 과학' 운동 세력이 분별 있는 방법론을 제시하지 못했다는 사실은 두 배로 실망스럽다. 결국 쓰레기 과학 비판자들 역시 그들 편의 진실을 어느 정도 갖고 있기 때문이다. 정말로 뉴스 미디어와 법정에는 쓰레기 과학이 넘쳐난다. 쓰레기 과학이 전부 기업에서 나오는 것도 아니다. 여러 해에 걸쳐 기업의 마케팅 담당자와 옹호 단체들은 공포를 만들어내고 그것을 과장하고, 애매한 통계를 조작하고, 소비자들의 정서에 호소해 상품을 판매하거나 대중이 운동을 지지하게 만드는 데 탁월한 재주와 능력을 발휘해 왔다. 텔레비전의 시각적 특성과 제약 때문에 단순한 메시지가 복잡한 메시지보다 더 쉽게 드러나는 시대가 도래했다. 이제 마케팅 담당자들은 현대 매스 미디어의 이런 특성을 철저히 이용하는 법을 배웠다. 이런 호소의 바탕이 되는 정치적 목표 외에 가끔씩 상업적 동기가 자리하기도 한다. 상어 연골이나 멜라토닌 같은 '천연의' 식품 보충제를 과대 선전해서 팔면 엄청난 이익을 챙길 수가 있다. ACSH가 이런 마케팅 책략 일부를 사기 행위라고 비판한 것은 옳다.

문제는 엘리자베스 휠런도, 스티븐 밀로이도 — 쓰레기 과학 전쟁에 참여하고 있는 그 어떤 인사도 마찬가지이다 — 환경 안전과 공중보건에 관한 오늘날의 논쟁에서 사기꾼과 존경할 만한 목소리를 구분할 능력이 없어 보인다는 점이다. 그들이 규정한 쓰레기 과학의 개념 자체가 좋은 것과 나쁜 것을 구별할 능력이 없다는 것은 입증되었다. 담배 과학의 쓰레기 과학 여부를 명확하게 알려줄 수 없는 세력은 사회의 과학적 권위자를 내세울 권리가 없다.

지구 온난화

> 기후 변화가 임박했다는 징후에 대응해, 석유 및 석탄업계는 부인으로 일관해 왔다. 현 시점에서는 이 캠페인이 다른 홍보계획보다 결코 더 사악해 보이지는 않는다. 그러나 정보의 자유로운 흐름을 제한하고 있다는 점에서 이 캠페인은 미묘하게 반민주적이며 나아가 전체주의의 가능성마저 내포하고 있다. 이 캠페인 속에서 의회 토론이 지배당하고, 점점 커지는 위기를 해결하기 위한 의미 있는 국제적 공조 노력이 전부 방해를 받고 있는 것이다.
> — 로스 겔브스팬(Ross Gelbspan), 『지구가 뜨거워지고 있다』[1]

핵전쟁을 예외로 하면 지구 온난화보다 더 아슬아슬한 문제를 상상하기는 어렵다. 산업 국가의 이산화탄소 배출과 그 밖의 온실 기체가 기후 변화로 이어질 수도 있다는 인식은 1957년 이래 과학자들 사이에서 심각하게 토론되었다. 이 문제가 대중적 논쟁으로 처음 떠오른 것은 유난히 더웠던 1988년 여름이었다. NASA 고다드우주연구소(Goddard Institute for Space Studies)의 제임스 핸슨(James Hansen) 박사가 국회의원단에게 인간의 산업활동이 지구 기후에 무시할 수 없을 정도로 큰 영향력을 미치고 있다고 경고했던 것이다. 핸슨의 증언에 자극을 받은 『타임』은 지구 온난화라는

"일어날 수도 있는 결과가 아주 끔찍하며 따라서 각국 정부들이 예방 조치를 통해 이산화탄소의 축적을 늦추는 것만이 현명한 처사"라는 사설을 발표했다.[2] 이후에도 지구 기온은 계속해서 기록적인 상승세를 보였다. 기후학자들은 자신들이 개발한 컴퓨터 모형이 알려 주는 사실들 때문에 걱정이 더 커졌다. 이렇게 드러난 염려 가운데서 가장 권위 있는 성명은 1995년 11월에 정부간기후변화위원회(IPCC)가 발표한 보고서이다. 정부간기후변화위원회는 전세계 약 2,500명의 기후학자들이 모인 집단으로 유엔에 자문을 해주고 있다. 위원회는 조만간에 온실 기체 배출을 제한하는 조치를 취하지 않으면 "다음 세기에 광범위한 경제적, 사회적, 환경적 혼란이 생길 것"이라고 예측했다. 정부간기후변화위원회는 재앙을 막기 위해 온실 기체 배출을 1차적으로 1990년 수준의 20퍼센트, 최종적으로 70퍼센트를 줄이는 정책을 취해야 한다고 호소했다.

자동차 배기가스, 석탄을 태우는 화력 발전소, 공장의 굴뚝, 그 밖에도 산업화 과정에서 배출된 폐기물들이 현재 60억 톤의 이산화탄소와 또 다른 '온실 기체'를 매년 지구 대기로 뿜어내고 있다. 이것들을 온실 기체라고 부르는 이유는, 우주로 다시 방사되었을 태양 복사 에너지를 이 기체들이 가두고 있기 때문이다. 자연적으로도 온실 효과가 발생한다는 사실은 잘 알려져 있고, 여기에는 논쟁의 여지가 없다. 사실 온실 효과가 없다면 온도가 현격하게 떨어질 테고, 그러면 대양은 얼어붙고 우리가 알고 있는 것처럼 생명 활동도 불가능해질 것이다. 그러나 기후학자들이 걱정하는 것은, 대기 속에 온실 기체의 양이 많아지면서 더 많은 열이 갇히고 있다는 점이다. 현재 온실 기체의 대기 집적도는 가까운 42만 년 동안 최고 수준이다.[3]

"지구 온난화의 기본적인 내용은 이 문제가 세기 초에 제기된 이후로 전혀 변하지 않았다." 영국기상청(British Meteorological Office)과 미국국립대양대기국(NOAA)의 책임자들이 1999년 12월에 발표한 공개서한은 이렇게 밝히고 있다. "게다가 과학계와 산업계 내부에서 모두 의견 일치에 접근해 가고 있다. 우리가 새롭게 축적한 자료와 지식은 우리가 중대한 갈림길에 놓여 있음을 가리키고 있다. 미래의 변화 속도를 늦추기 위해 우리는 지금 즉시 조치를 취해야만 한다. 동시에 우리는 과거 및 현재의 활동으로 인해 일어날 수도 있는 결과와, 그에 대처하는 법도 배워야만 한다. 더 극단적인 기후, 해수면 상승, 변화하는 강수 유형, 생태 및 농업 환경의 혼란, 질병의 확산, …… 기후 변화를 무시했다가는 우리와 우리의 자식 세대가 가능한 모든 선택 가운데서 가장 값비싼 대가를 치르게 될 것이다."[4]

제임스 매카시(James McCarthy)는 "무슨 일이 일어나고 있는지와 관련해 최고 과학자들 사이에서는 이견이 없다"고 말한다. 그는 국제과학연대위원회(International Committee of Scientific Unions)의 환경자문위원회 의장이다. "논란이 되는 것은 사태의 속도뿐이다." 1987년부터 1993년 사이에 매카시는 60개 국가의 주요 기후학자들이 수행한 연구 작업을 두루 조사했다. 사실 정부간기후변화위원회가 발표한 1995년의 기념비적인 보고서는 그들의 노력으로 탄생한 것이었다.

물론 상당히 논쟁적이고, 사실 과학적으로 불확실한 부분도 있다. 지구 온난화가 얼마나 빨리, 또 얼마나 맹렬하게 진행될지 그것이 식량의 생산과 해수면의 높이와 질병의 확산에 얼마나 심각한 영향을 미칠지 아는 사람은 아무도 없다. 가뭄, 강력해진 허리케인, 산호 파괴 같은 환경 붕괴에 지구 온난화가 이미 어느 정도 관여하고 있는지도 논란이 분분하다. 이런 불확정성을 고려할 때 '최악의 시나리오'를 예상한다는 것이 쉬운 일은 아니다. 그러나 그럴 듯한 시나리오에도 충분히 비참한 사태가 여러 가지 포함된다. 로스 겔브스팬의 저서 『지구가 뜨거워지고 있다』에서 이런 가능성들을 볼 수 있다. 겔브스팬은 노벨상을 수상한 물리학자인 고(故) 헨리 켄돌(Henry Kendall) 박사를 인용한다. 켄돌은 늘어나는 인구로 이미 엄청난 농산물

수요가 발생하고 있는 시점에서 기후 변화로 농업이 붕괴할 수도 있다며 걱정했다. 켄돌은 1995년에 이렇게 말했다. "지구 인구를 먹여 살리려면 다음 30년 안에 세계의 식량 생산이 두 배 늘어나야 한다. 지구 인구는 향후 60년 안에 두 배가 증가할 것이다. 그렇게 하지 못하면 다음 세기 중반 이전에 — 제3세계의 많은 나라들이 관개용수를 확보하지 못하면서 — 인구가 식량 공급을 앞지르면서 대혼란이 발생할 것이다. 우리는 가뭄과 곡물 재배를 망치는 강우 등 기후 변화로 인한 또 다른 충격에도 노출되어 있다. 우리는 대포의 포구를 내려다보고 있다."[5]

겔브스팬은 이런 규모의 지구적 재앙이 대량 기아를 의미할 뿐만 아니라 특히 제3세계에서 민주주의의 생존을 위협할 것이라며 걱정한다. 그는 "민주적 전통이 생태계처럼 쉽게 파괴되고 마는 이들 나라가 독재로 회귀하면 생태적 비상사태가 불가피할 것"이라고 경고한다. "그들의 정부는 식량 공급, 수자원, 보건 문제에 닥친 혼란을 해결하는 데서 민주주의를 운영하는 게 너무나 성가시다는 점을 재빨리 깨닫게 될 것이다. 고향을 등진 환경 난민의 유입은 말할 것도 없다."[6] 계엄령 하의 굶주리는 세계라는 미래상을 피할 수 없는 것은 아니다. 그러나 지구 온난화를 억제하는 강력한 조치들을 추진하고 있는 조직들은, 악몽 같은 시나리오가 충분히 가능하고 따라서 예방 원리를 발동하는 것이 정당하다고 믿고 있다.

석유, 석탄, 자동차 및 기타 제조업계에는 이런 경고가 또 다른 중대한 이해관계로 다가온다. 온실 기체 배출을 규제하려는 조치가 그들의 오랜 사업 관행에 위협으로 작용하는 것이다. 담배업계가 폐암을 연구하는 과학자들에게 보여 주는 것처럼, 그들도 지구 온난화에 대한 과학자들의 결론을 동일한 적개심을 가지고 바라본다. 담배업계와 마찬가지로 그들도 자신들이 증오하는 과학을 훼손하기 위해 수백만 달러를 투입했다. 그러나 그들은 매카시가 언급한 '저명한 과학자들' 사이에서 별다른 지지를 얻지 못했다.

실제로 관련 연구에 종사하며 자신들의 작업이 동업자의 평가를 받는 과학 잡지에 발표되는 사람들 사이에서는 말이다. 지구 온난화에 대한 이들 과학자들의 의견 일치는 아주 강력하다. 그리하여 석유 및 자동차업계는 그들의 부인 정책에 기꺼이 가담할 법한 목소리를 찾는 데 많이 고생하고 있다. 이런 사실을 고려할 때 주목할 만한 현실은, 지구 온난화 문제에 대해, 첨예한 논쟁이 벌어지고 있으며 이견이 분분한 이론일 뿐이라는 환상을 만들어내는 데 홍보업계가 어느 정도 성공했다는 점이다.

무감각 상태를 조장하기 위한 로비

제임스 핸슨의 국회 증언이 널리 알려지고 얼마 지나지 않은, 유엔의 정부간기후변화위원회가 첫 번째 회합을 가진 직후였던 1989년에 버슨-마스텔러 홍보회사는 지구기후연합(GCC)을 만들었다. 미국석유연구소의 중역 윌리엄 오키프(William O'Keefe)가 의장을 맡은 지구기후연합은 전미제조업협회(National Association of Manufacturers)의 호의 속에서 1997년까지 활동했다. 아모코, 미국삼림및종이협회(American Forest & Paper Association), 미국자동차제조업협회, 미국석유연구소, 쉐브론, 크라이슬러, 미국 상공회의소, 다우 케미컬, 엑손, 포드, 제너럴 모터스, 모빌, 쉘, 텍사코, 유니언 카바이드 및 40개 이상의 기업과 동업자 단체들이 이 조직의 회원사였다. 지구기후연합은 '쓰레기 청소부' 스티븐 밀로이를 고용했던 EOP 그룹은 물론이고 홍보기업인 러더 핀(Ruder Finn)의 자회사 E. 브루스 해리슨 컴퍼니(E. Bruce Harrison Company)와도 손을 잡았다. 해리슨은 홍보업계 내에서 거의 전설적인 인물이다. 1960년대에 살충제업계를 위해 일한 전력이 분명한데도 그가 '녹색 홍보의 창안자'로 간주되는 것은 정말 아이러니이다. 해리슨은 레이첼 카슨과 그녀의 『침묵의 봄』을 공격하는 데 앞장섰다.

지구기후연합은 미국의 온실 기체 배출 감소 전투에서 가장 노골적이고 투쟁적으로 산업계를 대변하던 조직이었다. 겉만 그럴싸한 보고서 발행, 국제 기후 협상 부대에서의 공격적인 로비 활동, 실업에 대한 불안 조장 ─ 그들은 배출 가스 규제 때문에 실업이 발생할 것이라고 주장한다 ─ 이 그들 활동의 내용이었다. 1994년 이래 지구기후연합은 기후 위기에 대응하기 위한 모든 진보적 조치에 맞서 싸우면서 6,300만 달러 이상을 썼다. 지구기후연합의 활동은 회원사들이 별도로 벌이는 캠페인과 함께 이루어졌다. 예를 들어 전국석탄협회(National Coal Association)는 1992년과 1993년에 지구 기후 문제와 관련해 70만 달러 이상을 썼고, 미국석유연구소는 1993년에 컴퓨터가 추출한 '서민들의' 주소로 편지를 발송하고 시청자 전화 참여 캠페인을 성공적으로 진행시키면서 화석 연료에 대한 세금 인상안을 저지하는 비용으로 180만 달러를 버슨-마스텔러에 지불했다.

기업들이 광고에 쏟아 붓는 수십억 달러와 비교해 보면 이런 액수가 대단해 보이지 않을 수도 있다. 예를 들어 코카-콜라 회사는 청량음료 광고로 매년 약 3억 달러를 지출한다. 그러나 지구기후연합은 제품을 광고하지 않는다. 그들의 선전 예산은 단 한 가지 쟁점과 관련해 뉴스 미디어와 정부의 정책 입안자들에게 영향을 미치는 데에만 쓰인다. 결국 그 비용은 산업계가 이미 정규 활동 과정에서 지출하는 마케팅, 로비 활동, 캠페인 자금에 추가된 덤인 셈이다. 1998년에 석유 및 가스업계는 미 의회를 상대로 로비를 벌이면서 5,800만 달러를 지출했다. 참고로 환경단체들은 상대적으로 보잘것없는 금액인 470만 달러를 사용했다. 지구 온난화라는 단일 쟁점이 아니라 모든 쟁점에 걸쳐서 말이다.[7]

지구 온난화 문제와 관련한 산업계의 홍보전략은 매우 실질적이기도 하다. 그 전략은 제한적이고도 현실적인 목표에 집중하고 있다. 지난 10년 동안 수행된 여론조사는 대중이 다른 많은 환경 쟁점들과 더불어 지구 온난화 문제와 관련해서도 무언가 조치가 취해지기를 원한다는 사실을 지속적으로 보여 주었다. 산업계의 홍보전략은 여론의 대세를 역전시키려고 하지 않는다. 불가능할 수도 있기 때문이다. 그들의 목표는 사람들이 문제와 관련해 행동에 돌입해 무언가를 하도록 내버려 두지 않는 데 있다. 지구 온난화의 심각성과 관련해 의구심을 불러일으켜서 사람들이 우유부단한 상태에 머물도록 유도하는 것이다. 지구의친구들은 이 전략을 '무감각 상태를 조장하는 로비'라고 규정한다.

홍보학 교재로 널리 사용되는 『레슬리의 홍보 및 커뮤니케이션 참고』를 쓴 필 레슬리(Phil Lesly)는 이렇게 설명한다. "주장들이 양쪽으로 고르게 분포되어 있어서 의심하지 않을 수 없는 평범한 상황이라면 일반적으로 사람들은 행동에 나서지 않는다." 그러므로 기업이 현상을 유지하기 위한 방법은 간단하다. "대중이 느끼는 생각의 무게를 안정적으로 균형 잡아 주어야 한다. 그러면 사람들은 의심하게 될 것이고 행동에 나설 동기가 사라진다. 그러므로 대중이 신뢰할 만하다고 생각하는 출처를 바탕으로 균형적인 정보를 제공해 주는 수단이 필요하다. 분명한 '승리' 따위는 필요 없다. …… 우리에게 필요한 것은 당면한 문제가 반대자들이 옳다는 것을 알려 주는 명백한 상황이 아니라는 것을 입증함으로써 대중이 의심하도록 만드는 것이 전부이다."[B]

처음에는 빙하가 있었다

정치 이론가 괴란 서본(Göran Therborn)이 얘기했듯이 사람들이 문제에 무관심하도록 만드는 기본적인 방법은 세 가지이다. (1) 존재하지 않는다고 주장하기. (2) 사실상 문제이기보다는 좋은 것이라고 주장하기. (3) 비록 문제일지라도 사람들이 해당 사항과 관련해서 할 수 있는 게 전혀 없다고 주장하기. 지구 온난화 문제에 대한 산업계의 최초의 선전 방식은 그런 일이 전혀 일어나지 않고 있다고 말하면서 첫 번째 방어선에 집중하는 것이었다. 1991년에 전국석탄협회, 서부에너지협회(WFA), 에디슨전기연구소로 구성된 기업연합은 '환경정보위원회'(ICE)라는 외곽 홍보조직을 만들어, "(사실이 아닌) 이론으로서의 지구 온난화를 재정립하는" 50만 달러 규모의 광고 및 홍보캠페인을 시작했다.

    ICE는 신뢰성을 강화하기 위해 버지니아 대학교 환경학과 패트릭 마이클스(Patrick Michaels), 미국물절약연구소(U.S. Water Conservation Laboratory)의 셔우드 이드소(Sherwood Idso), 애리조나 주립 대학교 로버트 볼링(Robert Balling)을 주축으로 하는 과학 자문단을 꾸렸다. ICE는 세 명의 과학자와 함께 버지니아 대학교 환경학과 명예 교수이자 온실 효과에 회의적인 S. 프레드 싱어(S. Fred Singer)를 방송 출연시키고 기명 특집 칼럼, 신문 인터뷰에 배치할 것을 요구했다. 워싱턴 소재의 홍보회사 브레이시 윌리엄스 앤 컴퍼니(Bracy Williams & Co.)가 인터뷰를 위한 사전 홍보작업을 맡았다. 또 다른 회사는 여론조사를 하기로 계약을 맺었다. 여론조사 결과 '평소에 적극적으로 정보를 찾지 않는 대가족 출신의 교육 수준이 낮고 나이 든 남성'과 '젊고 소득 수준이 낮은 여성'이 '라디오 광고의 효과적인 목표'로 확인되었다. 라디오 광고는 "역사적이거나 신화적인 어두운 전망의 사례들과 지구 온난화를 비교 대조함으로써 …… 지구 온난화의 지지자들을 직접 공격하는" 내용이 될 것이었다.* ICE의 캠페인의 인쇄 광고는 평평한 지구

---

* Mary O'Driscoll, "Greenhouse Ads Target 'Low-income' Women, 'Less-educated' Men," *The Energy Daily*, vol.19, no.120, June 24, 1991, p.1. 몇몇 기자들은 브레이시 윌리엄스가 ICE의 캠페인을 "주도했다"고 강력하게 주장했다. 실제로 이 홍보회사는 중요한 역할을 담당했다. 1998년

의 끝에서 추락해 용의 아가리로 굴러 떨어지려는 배를 보여 주었다. 그리고 큰 표제로 이렇게 적혀 있었다. "지구가 더워지고 있다고 말하는 사람이 있습니다. 지구가 평평하다고 말하는 사람도 있었죠." 또 다른 인쇄 광고에는 벌벌 떨고 있는 닭이 나왔다. 윗부분에 "당신에게 지구가 더워지고 있다고 말한 사람은 누구인가 …… 치킨리틀인가?"라고 씌어져 있었다. 미니애폴리스의 독자들을 겨냥한 또 다른 광고는 이렇게 물었다. "지구가 점점 더 더워지고 있다는데 왜 미니애폴리스는 점점 더 추워지고 있는 거지?"⁵⁾

에디슨전기연구소의 윌리엄 브라이어(William Brier)가 쓴 내부 비망록은 이렇게 적고 있었다. "과학이 팔리는 방식을 살펴보는 일도 흥미로울 것이다." 그러나 브라이어의 말과 다른 내부 비망록이 언론에 유출되면서 이 캠페인은 맥없이 주저앉고 말았다. 난처해진 마이클스는 캠페인의 '노골적인 부정직성'을 탓하면서 서둘러 ICE와 결별했다.

양심의 가책을 받으면서도 마이클스는 계속해서 화석 연료업계와의 제휴를 통해 이익을 얻었다. 그는 1995년 5월 미네소타 주에서 열린 행정 청문회에서 지난 5년간 에너지 기업들로부터 후원금으로 16만 5,000달러를 받았다고 실토했다. 여기에는 독일석탄협회(Germany Coal Association)가 제공한 4만 9,000달러와, 그가 편집하는 동업자 평가가 필요하지 않는 잡지 『세계 기후 보고서』에 서부에너지협회 소속 회사가 제공한 자금이 포함되어 있었다. 마이클스는 지구 온난화 문제와 관련한 법률 소송에서 편리하게 활용할 수 있는 유급 전문가 증인으로도 꾸준히 활동해 왔다. 그는 편집자에게 보내는 편지와 기명 특집 칼럼을 작성했고, 텔레비전과 라디오

에 마이클 브레이시(Michael Bracy)는 이 사실을 축소하려고 했다. 그는 "1990년대 초반에 브레이시 윌리엄스 앤 컴퍼니는 ICE와 결부된 기업들 가운데 하나를 위해 제한적으로만 일을 했다. 우리는 결코 조직을 만들거나 '운영하지' 않았다"고 주장했다. (Michael Bracy, personal e-mail correspondence with Tom Wheeler, July 23, 1998.)

에 출연했으며, 정부 기구에도 출석해 증언했다. 그는 산업계가 자금을 대는 여러 가지 선전 캠페인의 자문위원이며 카토연구소의 '상급 연구원'이기도 하다.

산업계의 입장을 대변해 온 다른 과학자들도 비슷한 제휴 관계를 맺고 있다. 로버트 볼링은 지질학자로 1990년 이전까지는 사막화와 토양 관련 문제들을 연구했다. 그는 ICE의 캠페인에 동참하면서 석탄 및 석유업체에게 연구 기금으로 약 30만 달러를 받았다. 그 가운데 일부는 셔우드 이드소가 나누어 가졌다. 환경연구재단(Environmental Research Foundation)의 피터 몬태그에 따르면 현재 S. 프레드 싱어는 ARCO, 엑손, 쉘, 선 석유 회사(Sun Oil Company), 우노칼 등의 회사에 "'독립적으로' 자문을 해주고 있다." 싱어는 이제 연구를 수행하기보다 "편집자에게 편지를 쓰거나 의회 증언을 하는 데 더 많은 시간을 보낸다."[10] 싱어의 과학및환경정책프로젝트(SEPP)는 대체로 보수적 정치 이념을 후원했던 문선명 목사의 통일교 재단에 의해 처음 수립되었다. SEPP는 이제 더 이상 문선명의 종파와 제휴하고 있지 않다. 그러나 싱어의 논설은 통일교 재단이 소유한 『워싱턴 타임스』 지면에 자주 등장하고 있다.[11]

비록 ICE는 무너졌지만 산업계는 이런 식의 온갖 이면 합의와 외곽 조직을 배치하는 전술 속에서 선전 활동을 계속했다. ICE의 캠페인에 참여했던 과학자들, 마이클스, 볼링, 이드소, 싱어는 새로운 이름의 새 조직에서 재활용되었다. 겔브스팬이 말하는 것처럼 이 "소수의 이단적 과학자들은 지구 온난화 문제와 관련해 자신들이 과학계에서 차지하는 입지와 전혀 어울리지 않게 폭넓은 대중적 관심을 받으며 의회에도 막강한 영향력을 행사했다. 그들은 이런 지위를 십분 활용해 기후 변화에 관한 의혹의 목소리로 요란하게 떠들었다. 이런 의심과 회의가 이 나라의 모든 신문과 라디오, 텔레비전 뉴스의 거의 모든 기후 관련 기사에서 반복된다. 이들 수십 명의 이단자들은—세계 최고의 기후학자들이 공유하고 있는 일치된 견해에 반대하면서— 정말로 문제가 있기나 한 것인지에 대한 논의로 토론을 제한함으로써 문제 해결 방법을 토론하지 못하게 만들고 있다."[12]

사실 왜곡

지구기후연합 외에도 산업계의 지원을 받는 여러 외곽 조직들이 이 난투극에 뛰어들었다. 지구기후연합은 기후 변화와 관련한 개혁 조치에 반대하는 캠페인을 주도하면서도 산업계의 동업자 단체, 반환경주의 성향의 현명한 이용(Wise Use) 운동 세력과 제휴한 '재산권' 단체, 지구 온난화가 이 세계를 유엔 주도의 '세계 정부' 하에 두려는 음모라고 믿는 국제자치공동체(Sovereignty International) 같은 비주류가 참여하는 네트워크와 폭넓게 협력하고 있다.

산업계의 지구 온난화 캠페인에 참여하고 있는 단체들로는 미국에너지연대(American Energy Alliance, 전국제조업 협회, 미국석유연구소, 에디슨전기연구소로 구성되어 있다), 국제기후변화연합(International Climate Change Partnership, BP, 엘프, 듀폰이 회원사이다), 기후위원회(Climate Council, 전세계 기후 협상의 고정 인사이자 석유 기업을 주요 고객으로 모시고 있는 로비 회사 패턴 보그스의 이사인 돈 펄먼이 이끌고 있다), 국제상공회의소(International Chamber of Commerce), 건전경제를지지하는시민들(워싱턴에 위치한 로비단체로 BMW, 보잉, BP, 쉐브론, 제너럴 모터스, 모빌, 도요타, 유니레버가 자금을 대고 있다)이 있다. 1997년에 일본 교토에서 국제지구온난화협정을 맺기 위한 협상이 일본 교토에서 열렸다. 수많은 산업단체들이 동원되었다. 참가 집단의 일부를 소개한다.

■ 미국에서 가장 강력한 동업자 단체의 일부가 1997년 9월 9일에 출범시킨 **지구기후정보프로젝트**(GCIP)는 신문과 텔레비전 광고로 1,300만 달러 이상을 썼다. 캘리포니아의 홍보회사 고다드 클로센/퍼스트 튜스데이가 그 광고를 제작했다. 염소화학위원회, 화학제조업협회, 듀폰 메르크 제약 회사, 플라스틱판자벽연구소(Vinyl Siding Institute)가 이 회사의 고객사들이다. 고다드 클로센은 자사의 '해리 앤 루이즈'(Harry and Louise) 광고로 악명이 높다. 이 광고 때문에 클린턴 대통령의 1993년 보건 개혁안이 좌초했다. 이 회사의 지구 온난화 광고는 교토 의정서 때문에 가솔린 가격이 갤런 당 50퍼센트나 오를 것이고 결국 '난방에서 식품, 의류에 이르기까지' 모든 제품의 가격도 오를 것이라고 주장하면서 예의 공포 조장 전략을 활용했다. 랠프 네이더가 이끄는 비판적대중(Critical Mass)의 의장 출신인 리처드 폴락(Richard Pollock)이 GCIP를 대변했다. 그는 편을 바꾸어서 이제 미국 제2위의 홍보기업 샌드윅 퍼블릭 어페어스(Shandwick Public Affairs)의 부회장으로 일하고 있다. 브라우닝-페리스 인더스트리(Browning-Ferris Industries), 센트럴 메인 파워(Central Maine Power), 조지아-퍼시픽 회사(Georgia-Pacific Corp.), 몬산토 화학(Monsanto Chemical Co.), 뉴욕 주 전기 및 가스 회사(New York State Electric and Gas Co.), 시바-가이기, 포드, 하이드로-퀘벡(Hydro-Quebec), 화이자, 프록터 앤 갬블이 샌드윅의 최근 고객사들이다.

■ 자동차 제조업체들의 외곽 조직인 **자동차선택연합**(CVC)은 독자적인 광고 캠페인을 시작했다. 교토 기후 회담을 미국 경제에 대한 공격이라고 격렬하게 비난하는 『워싱턴 포스트』의 3면 광고도 여기에 포함되었다. 수백 개의 석유 및 가스 기업들, 자동차 판매상 및 부품 가게들과 함께 미국토지권리협회(American Land Rights Association), 국제자치공동체 같은 많은 극우 조직들이 광고를 후원했다. 1991년에 설립된 CVC는 미국의 자동차와 트럭에 더 높은

연료 효율 기준을 적용해야 한다는 요구를 성공적으로 차단해 왔다. 처음부터 론 드포어(Ron DeFore)가 이 조직을 대변해 왔다. 그는 E. 브루스 해리슨 홍보회사의 부회장 출신이다. 이 조직의 1993년 한 해 예산은 220만 달러였다. 세 개의 대규모 자동차 제조업체, 포드, 제너럴 모터스, 크라이슬러가 이 자금을 전부 댔다.

■ 산업계에서 자금을 지원 받는 싱크탱크 **전국공공정책연구센터**는 '교토 지구 정상회의 정보센터'를 세웠고, '지구 정상회의 사실 보고서'를 발행했으며, '편리한 곳에서 자유롭게 인터뷰할 수 있는 서비스'를 통해 언론에 기후협정에 반대하는 주장을 유포했다. 이 서비스는 '지구 온난화 문제와 관련해 주요 과학자, 경제학자, 공공정책 전문가들과의 인터뷰를 원하는 기자들에게 원조'를 제공했다.

■ '쓰레기 청소부' 스티븐 밀로이가 이끄는 TASSC는 1,000달러의 상금을 내걸고 클린턴 대통령에게 협정에 항의하는 이메일을 보내라고 부추겼다. 밀로이의 웹사이트도 지구 온난화 과학을 신랄하게 비방하고 있다. 미국기상학학회(American Meteorological Society), 미국지구물리학협회(American Geophysical Union), 『네이처』도 밀로이의 공격 대상이다.

■ **미국정책센터**는 '자유를 지키기 위한 파업'을 성사시키기 위해 활동했다. 그들은 교토 의정서에 대한 항의 표시로 트럭 운전수들에게 자신들이 운전하는 차량을 한 시간 동안 길 옆에 주차시키고, 농부들에게는 주요 도시로 트랙터를 몰고 나와 "전국을 마비시키자"고 호소했다. 미국정책센터는 협정에 서명하지 말라고 경고했다. "단 한 차례의 펜 놀림으로도 우리가 건설했고, 알고 있고, 사랑하는 조국이 사라지기 시작할 것이다." 그들은 "앨 고어(Al Gore)가 지구

온난화를 줄이기 위해 낙태를 활용할 수도 있다고 말했다"면서 낙태 반대 운동가들에게도 함께 행동하자고 부추겼다.

서명 모으기

과학자들이 제출한 탄원서를 떠벌리는 것은 온실 효과 회의론자들이 제일 좋아하는 홍보전략인 것 같다. S. 프레드 싱어가 이끄는 과학및환경정책프로젝트의 웹사이트는 네 개의 탄원서를 올려놓고 있다. 1992년의 '온실 효과에 대한 대기 과학자들의 성명', (마찬가지로 1992년에 발표된) '하이델베르크 성명', 싱어 자신의 '지구 기후 변화에 대한 라이프치히 선언문(1997)', 물리학자 프레더릭 세이츠가 1998년에 발표한 '오리건 탄원서'가 그것들이다. 산업계가 돈을 대는 수많은 싱크탱크들의 메아리 덕택에 '건전 과학' 운동 진영의 보수적 목소리가 이 탄원서들을 널리 인용하면서 이 탄원서들은 기자들의 주목을 받고 있다.

하이델베르크 성명은 1992년 리우데자네이루 지구정상회담에서 처음 회람되었으며 이후 72명의 노벨상 수상자를 포함해 약 4,000명의 과학자들이 지지 서명을 했다. 스티븐 밀로이, 엘리자베스 휠런 같은 '건전 과학' 옹호자들도 이 성명서를 열렬히 환영했다. 과학자들이 지구 온난화 이론뿐만 아니라, 식품에 들어 있는 살충제에서부터 항생제 내성 박테리아에 이르기까지 온갖 것들과 결부된 다른 환경적 보건 위험을 거부하고 있다는 증거로 자주 인용되는 것이 바로 이 성명서이다. 하이델베르크 성명은 '과학과 산업의 진보에 반대하며 경제적, 사회적 발전을 지연시키는 비합리적 이데올로기의 부상'을 경계했다. 하이델베르크 성명은 "우리 행성의 운명을 책임지고 있는 당국자들에게 사이비 과학의 주장이 지지하는 결정들과,

그릇되고 의미 없는 자료들에 현혹되지 말라고" 충고한다. "우리의 행성에 만연한 최대의 악은 무지와 억압이지 과학과 기술과 산업이 아니다."

하이델베르크 성명이 지구 온난화는 물론이고 살충제나 항생제 내성 박테리아를 전혀 언급하고 있지 않다는 점이 문제라면 문제였다. 그것은 합리성과 과학을 지지하는 단순한 성명서에 불과했다. 내용 자체만 놓고 보면 전세계의 어떤 과학자라도 내면의 갈등을 전혀 느끼지 않고 편하게 동의할 수 있는 문서였던 것이다.* 실제로 하이델베르크 성명의 일부 내용은 환경적 염려를 지지하는 것처럼 보인다. 다음 문장을 보자. "우리는 전 우주의 과학적 생태주의라는 목표에 전적으로 동의한다. 그 우주의 자원은 자세히 고찰되고, 상태가 점검되고, 보존되어야만 한다." 노벨상을 수상했던 72명의 서명자 가운데 49명은 '세계 과학자들이 인류에게 보내는 경고'(World Scientists' Warning to Humanity)에도 서명했다. 같은 해에 자유주의 성향의 우려하는과학자연합(UCS)이 이것을 제출해 전세계의 살아 있는 과학 부문 노벨상 수상자의 압도적인 다수와 약 1,700명의 주요 과학자들의 지지를 얻었다.[28] 하에델베르크 성명의 모호함과는 달리 '세계 과학자들의

---

* 고(故) 라이너스 폴링(Linus Pauling)도 하이델베르크 성명에 서명한 사람 가운데 한 명이었다. 노벨상을 두 차례(화학상과 평화상)나 수상한 폴링도 말년에 비타민C를 매일 대량으로 섭취하라는 논란이 분분한 영양학 이론과 결탁했다. 폴링의 초기 활동이 널리 칭송되었지만 그의 비타민C 이론은 사이비 과학으로 치부되며 거의 보편적으로 배격되었다. 그러므로 (1) 노벨상 수상자도 사이비 과학을 할 수 있으며, (2) 사이비 과학의 옹호자들도 자신들이 사이비 과학에 반대한다고 생각하는 것 같다.

28) 하이델베르크 성명과 "세계 과학자들의 경고" 둘 다에 서명한 노벨상 수상자들은 다음과 같다. Philip W. Anderson, Julius Axelrod, Baruj Benacerraf, Hans A. Bethe, James W. Black, Nicolaas Bloembergen, Thomas R. Cech, Stanley Cohen, John W. Cornforth, Jean Dausset, Johann Deisenhofer, Christian R. de Duve, Manfred Eigen, Richard R. Ernst, Donald A. Glaser, Herbert A. Hauptman, Dudley Herschbach, Antony Hewish, Roald Hoffmann, Robert Huber, Jerome Karle, John Kendrew, Klaus von Klitzing, Aaron Klug, Edwin G. Krebs, Leon M. Lederman, Yuan T. Lee, Jean-Marie Lehn, Wassily Leontief, Rita Levi-Montalcini, William N. Lipscomb, Simon van

경고'는 아주 분명한 환경 선언문이다. 이 문서는 "인류와 자연이 극한 충돌이 일어날 상황에 놓여 있다"고 말하면서 "우리가 알고 있는 방식으로 생명을 유지하는 게 불가능할 정도로 생태계를 현격하게 바꾸어 버릴" 위험으로 오존층 고갈, 지구 기후 변화, 공기 오염, 지하수 고갈, 삼림 파괴, 어류 남획, 종의 멸절 등을 꼽았다. 보다 최근에는 110명의 노벨상 수상 과학자들이 우려하는과학자연합의 또 다른 탄원서에 서명했다. 1997년에 발표된 '행동 호소'는 구체적으로 세계의 지도자들에게 지구 온난화와 관련해서 교토 의정서에 서명하라고 촉구했다.[13]

하이델베르크 성명처럼 라이프치히 선언문도 독일 도시의 이름을 따서 이름이 정해졌다. 라이프치히라는 도시 덕분에 이 선언문은 고색창연한 고귀함을 띠게 되었다. 더 이른 시기에 발표된 '대기 과학자들의 성명'에 서명한 사람들의 대부분을 포함해 110명이 서명한 이 선언문은 '건전 과학' 운동 진영의 보수적 인사들에 의해 폭넓게 인용되면서 일부에서는 지구 기후 변화에 대한 과학적 전문 지식의 표준으로도 보고 있다. 싱어 자신이 『월스트리트 저널』, 『마이애미 헤럴드』, 『디트로이트 뉴스』, 『시카고 트리뷴』, 『클리블랜드 플레인 딜러』, 『멤피스 커머셜 어필』, 『시애틀 타임스』, 『오렌지 카운티 레지스터』 등 수백 개의 보수 성향 웹사이트와 주요 간행물에 등장하는 칼럼에서 라이프치히 선언문을 인용했다. 『보스턴 글로브』의 칼럼니스트 제프 자코비(Jeff Jacoby)는 라이프치히 선언문의 서명자들이 '저명한 학자들'이라고 평한다. 헤리티지재단은 그들을 '유명한 과학자들'이라고 했다. 건전경제를지지하는시민들, 하틀랜드연구소, 오스트레일리아

---

der Meer, Cesar Milstein, Joseph E. Murray, Daniel Nathans, Louis Neel, Erwin Neher, Marshall W. Nirenberg, George E. Palade, Max F. Perutz, John Polanyi, Ilya Prigogine, Heinrich Rohrer, Arthur L. Schawlow, Charles H. Townes, John Vane, Thomas H. Weller, Torsten N. Wiesel, and Robert W. Wilson.

공보연구소(Australia's Institute for Public Affairs) 같은 보수 성향의 싱크탱크들도 마찬가지이다. 라이프치히 선언문과 세이츠의 오리건 탄원서는 모두 미 상하 양원의 논의 과정에서 권위 있는 출처로 인용되었다.

『세인트 피터스버그 타임스』의 데이빗 올린저(David Olinger) 기자가 라이프치히 선언문을 조사하고 나섰다. 그는 서명자의 대다수가 기후 문제를 취급해본 적이 전혀 없는 사람들이라는 사실을 발견하고는 깜짝 놀랐다. 그들 가운데 널리 인정받는 전문가는 단 한 명도 없었다. 서명자 가운데 25명은 텔레비전 일기예보 아나운서였다. 기후 연구라는 심층적 지식이 전혀 필요 없는 직업인 것이다. 일부는 대학 학위도 없었다. 오하이오 주 스프링필드에서 딕의 날씨 정보 서비스(Dick's Weather Service)를 운영하는 딕 그뢰버(Dick Groeber)가 그런 사람이었다. 그뢰버가 자신을 과학자라고 여겼을까? "어느 정도는 나 자신이 그렇다고 생각해요." 그는 질문을 받자 이렇게 대답했다. "2~3년 정도는 대학에서 과학 공부도 했고, 30~40년간 계속해서 혼자 공부해 왔으니까요."[14] 다른 서명자들로는 치과 의사, 의료 연구원, 토목 기사, 아마추어 기상학자가 있었다. 일부는 제공한 주소도 확인되지 않았다.[15] 덴마크 방송 회사(Danish Broadcasting Company)의 한 기자는 라이프치히 선언문에 서명한 유럽인 33명과 접촉을 시도했다. 그들 가운데 네 명은 소재를 확인할 수 없었고, 12명은 서명 사실조차 부인했으며, 심지어 일부는 라이프치히 선언문에 대해 들어 본 적도 없다고 했다. 자신이 서명했음을 인정한 사람들은 의사, 핵 과학자, 비행 곤충 전문가였다.[16] 자격이 과장되었거나 관계가 없거나 잘못되었거나 확인할 수 없는 서명자들을 뺐더니 목록 가운데 불과 20명만이 기후 변화 연구와 과학적 관계를 맺고 있었다. 그리고 그 가운데 일부는 독일 석탄 산업과 (주요 석유 수출국인) 쿠웨이트 정부를 포함해 석유 및 에너지업계에게서 교부금을 받은 것으로 확인되었다.

더운 날씨를 좋아하는 사람도 있다

오리건주과학및의학연구소(OISM)가 후원한 오리건 탄원서는 1998년 4월에 수만 명의 미국 과학자들에게 대량 우편물의 형태로 발송 회람되었다. 우편물에는 탄원서 외에도 어떤 과학 논문의 재쇄 같은 것이 들어 있었다. 아서 B. 로빈슨(Arthur B. Robinson)과 다른 세 명이 저자로 표시된 그 논문은 「대기 중의 이산화탄소가 환경에 미치는 영향」이었고, 전미과학아카데미의 공식 회보와 동일한 활자 및 판형으로 인쇄되어 있었다. 1960년대에 전미과학아카데미 의장을 지냈던 프레더릭 세이츠의 표지말 때문에 로빈슨의 논문은 동업자의 평가가 수반되는 학술 잡지에 공식적으로 발표된 글이라는 인상을 풍겼다.

로빈슨은 대기 중으로 이산화탄소를 방출하는 행위가 사실상 **좋은 일**이라고 주장했다. "대기 중에 이산화탄소가 증가하면 식물의 성장 속도가 빨라진다. 또 이산화탄소가 증가하면 잎들이 수분을 더 적게 잃는다. 결국 식물이 더 건조한 조건하에서 자랄 수 있게 되는 것이다. 먹이를 식물에 의존하는 동물도 그에 따라서 증가한다." 로빈슨은 결과적으로 산업 활동이 생물의 종 다양성을 확대해 더 푸른 지구를 만드는 데 이바지할 수 있다고 했다. 논문은 "석탄, 석유, 천연 가스가 사용되면서 전세계의 수많은 사람들을 먹이고 빈곤에서 구제하고 있기 때문에 더 많은 양의 이산화탄소가 대기 중으로 방출될 것"이라고 밝혔다. "이로 인해서 모든 인류의 건강, 장수, 번영, 생산성이 유지되거나 강화될 것이다. 인간의 활동은 대기 중의 이산화탄소 양이 증가하는 원인으로 여겨진다. 인류는 석탄과 석유와 천연 가스의 탄소를 지하에서 대기와 지표면으로 옮기고 있다. 그 이산화탄소를 생물체가 이용한다. 우리는 이산화탄소의 증가로 식물과 동물이 점점 더 번성하는 환경에서 살고 있다. 우리의 아이들은 현재 우리가 받고 있는

축복보다 훨씬 더 다양하고 풍부한 식물과 동물로 가득 찬 지구 환경을 즐기게 될 것이다. 이것은 산업 혁명이 선사한 놀랍고도 예기치 못한 선물이다."17)

그렇지만 로빈슨의 논문은 물론이고 OISM의 탄원서도 전미과학아카데미와는 아무 관계가 없었다. 전미과학아카데미는 회원들이 전화를 걸어 전미과학아카데미가 교토 의정서에 반대 입장을 취했느냐고 물어 왔을 때에야 탄원서 얘기를 처음 들었다. 논문의 저자 아서 로빈슨은 기후학자도 아니었다. 기후학 분야에서 연구 발표 활동이 전혀 없는 생화학자였다. 그의 논문은 해당 분야에서 훈련을 받은 어느 누구에게도 동업자 평가를 받지 않았다. 실제로 그 논문은 전미과학아카데미 회보는 말할 것도 없고 그 어느 곳에서도 발표가 허용되지 않았다. 그 논문은 로빈슨 자신이 설립자인 OISM의 후원하에 자비로 출판한 것이었다.

그렇다면 OISM은 정확히 어떤 조직인가? 과학자들에게 발송된 대량 우편물은 우편 사서함 주소 이외에는 다른 어떤 정보도 제공하지 않았다. 그러나 OISM은 웹사이트를 갖고 있고, 여기에서 그들은 자신을 오리건 주 케이브 정션에 위치한 '작은 연구소'라고 소개한다. 웹사이트를 보면 여섯 명의 연구진이 '생화학, 진단 의학, 영양학, 예방 의학, 분자 노화 생물학' 연구에 종사하는 것으로 나와 있다.18) OISM은 수소 폭탄 발명자 에드워드 텔러(Edward Teller)가 머리말을 쓴 『핵전쟁 시대의 생존 기술』이라는 책도 판매하고 있다. 이 책은 "핵무기의 위험이 혼란스런 미신으로 왜곡되고 과장되었다"고 주장한다.19) (인구 1,126명의) 케이브 정션이라는 곳도 연구소만큼이나 매우 불분명한 장소이다. 당신이 핵전쟁에서 살아남기를 원할 경우 찾아가 볼지도 모를 외딴 장소인 것이다. 그곳은 과학과 의학 연구의 중심지로 알려진 곳이 절대 아니다.

저널리스트 로스 곌브스팬은 "로빈슨이 결코 신뢰할 만한 인물이 아니"라고 말한다. "1994년에도 그는 오존층 파괴가 '날조'라고 선언했다. 지구가 평평하다는 이론을 방어하는 것과 비슷한 태도라는 것이다. 그는 자신이 만드는 회보에서 독자들에게 체르노빌 핵 발전소의 방사능에 노출된 물을 마셔도 안전하다고 말했다. 그는 '공립학교의 사회주의 사상이 염려되는 부모들'에게 재택 교육 교재도 판매했다."[20]

「대기 중의 이산화탄소가 환경에 미치는 영향」의 다른 공저자들 가운데 기후 변화 연구자로서 로빈슨보다 더 두드러지는 배경을 가진 사람은 한 명도 없었다. 로빈슨의 22살 난 아들 자카리(Zachary, 아버지의 재택 교육을 받았다), 천체물리학자 샐리 발리우나스(Sallie Baliunas)와 윌리 순(Willie Soon)이 그 논문의 공저자들이었다. 발리우나스와 순은, 프레더릭 세이츠가 집행국장으로 일했던 워싱턴 D.C. 소재의 싱크탱크 조지 C. 마샬연구소(George C. Marshall Institute)에서 그와 함께 일했다.[21] 스카이프와 브래들리 등 여러 우익 재단들이 자금을 대는 조지 C. 마샬연구소는 독자적인 연구를 전혀 수행하지 않는다. 그곳은 원래 레이건 행정부 연간에 레이건의 전략 방위 구상 ─ '스타 워즈' 무기 프로그램 ─ 에 자금을 쏟아 붓는 일을 옹호하기 위해 세워진 보수주의 싱크탱크이다.[22] 오늘날에도 마샬연구소는 첨단 무기의 필요성을 역설하는 주요 선동가이다. 1999년에 이 연구소의 웹사이트는 사이먼 P. 워든(Simon P. Worden) 대령이 쓴 논설 '우리에게 항공기 레이저가 필요한 이유'와 함께 '국민을 위한 미사일 방어 계획 ─ 그것은 무엇을 하는가? 우리는 왜 그것을 하지 않는가?'라는 논설을 주요 기사로 취급했다. 그러나 소련은 붕괴했다. 이제 마샬연구소는 환경주의, 특히 지구 온난화를 경고하는 '공포 조장자들'에 맞선 전쟁에 역량을 집중함으로써 시류에 적응했다.

시카고 대학교의 레이몬드 피에르험버트(Raymond Pierrehumbert)는 "그 우편물은 어쩌면 사실일 수도 있는 진술로 가득 찬 논설이 재쇄되어 동업자의 평가를 통과했다는 인상을 심어줌으로써 사람들을 명백히 기만하려 했다"며 분노했다. 마찬가지로 대기 화학자인 전미과학아카데미의 대외 업무 비서관 F. 셔우드 롤랜드(F. Sherwood Rowland)도 연구자들이 "누가 자신들을 농락하려고 하는지 궁금해 하고 있다"고 말했다. 어바인 소재 캘리포니아 대학교 물리학과장이자 전미과학아카데미 위원인 랠프 J. 시세론(Ralph J. Cicerone)은 세이츠가 표지말에서 자기 자신을 전미과학아카데미의 '과거 의장'이라고 소개한 사실에 특히 큰 충격을 받았다. 세이츠가 1960년대에 그 직책을 수행한 것은 사실이었다. 그러나 시세론은 탄원서를 우편으로 받은 과학자들이 그 사실에 오도되어 그가 '조직을 통할하는 업무에서 여전히 일정한 역할을 수행하는 것'으로 믿는 일이 없기를 간절히 바랐다.[23] 전미과학아카데미는 이 탄원서 소동에 매우 솔직하게 반응했다. "전미과학아카데미 위원회는 이 탄원서가 우리와 아무런 관련이 없고, 논문이 우리의 회보나 동업자 평가가 수반되는 잡지 어디에도 실리지 않았다는 사실을 명확히 해 두고자 한다." 보도자료는 계속해서 이렇게 언급하고 있다. "이 탄원서는 아카데미의 전문가들이 작성한 보고서들의 결론을 반영하고 있지 않다." 실제로 전미과학아카데미가 이전에 발표한 연구 내용은 "관련 현상에 대한 우리의 지식이 상당히 불완전함을 인정한다고 해도 지구 온난화가 즉각적인 대응이 필요할 만큼 충분히 잠재적인 위협을 준다"는 것이었다. "사태를 완화하는 조치에 대한 투자야말로 놀라운 극적 사태가 일어날 가능성과 커다란 불확실성에 대비한 보험일 것이다."[24]

이런 비판에도 불구하고 오리건 탄원서는 불과 한 달 만에 1만 5,000명의 서명을 확보하는 데 성공했다. 프레드 싱어는 이 탄원서를 "평범한 과학자들이 정치적 목적을 위해 과학을 타락시키려는 계획에 자신들의 반대 의사를 명확하게 밝힌 최후 최대의 노력"이라고 불렀다.[25]

네브래스카 주 상원의원 척 헤이걸(Chuck Hagel)은 이 탄원서를 '비상한 대응'이라고 부르면서 지속적으로 지구 온난화 협약에 반대하는 자신의 활동의 기초로 삼았다. 헤이걸은 이렇게 말했다. "서명 과학자 1만 5,000명 거의 전부가 기후 연구 자료를 검토하고 평가할 수 있는 기술적인 훈련을 받았다."[26] 지구 온난화 문제와 관련해 신뢰할 만한 의견으로 세이츠의 탄원서와 로빈슨의 논문을 인용하는 칼럼들이 『뉴스데이』, 『로스앤젤레스 타임스』, 『워싱턴 포스트』, 『오스탄-아메리칸 스테이츠먼』, 『덴버 포스트』, 『와이오밍 트리뷴-이글』 등 각종 간행물에 등장했다.

대량 우편물 발송이 전부는 아니다. OISM의 웹사이트는 사람들이 인터넷 상에서 탄원서에 서명할 수 있도록 하고 있다. 그리하여 OISM은 2000년 6월 현재 1만 9,000명 이상의 과학자가 서명했다고 주장했다. 그러나 이 연구소는 이름을 가려내는 방법이 아주 느슨해서 사실상 누구나 서명을 할 수가 있다. 예를 들어 살충제업계의 홍보맨 앨 캐루바나, 우리가 9장에서 간단히 소개한 '전국불안센터'의 보수주의 이데올로그도 가능한 것이다. 캐루바는 자신의 웹사이트에 지구 온난화 과학을 비난하는 논설을 발표했다. 그는 그것이 "가까운 십 년 동안 일어난 가장 큰 사기"이자 "'지구를 구하기' 위해 인류를 파멸시켜야만 한다"고 믿는 환경주의자들의 '대량학살' 캠페인이라고 불렀다. "지구 온난화는 없다. 실패로 돌아간 소련의 공산주의 실험에 필적하는 전 지구적 정치 의제가 있을 뿐이다. 이 의제는 유엔이 통합 조정하고 있으며 많은 녹색 NGO들의 지지를 받고 있다. 유엔은 온갖 국제 협약을 부과해 전세계 모든 국민국가의 주권을 압도하면서 자신을 세계 정부로 바꾸려 하고 있다."

OISM의 아서 로빈슨은 1998년에 질문을 받고 오리건 탄원서 서명자 가운데 2,100명만이 자신의 신분을 물리학자, 지구물리학자, 기후학자, 기상학자라고 확인해 주었다고 실토했다. "그리고 이 가운데서 물리학자가 가장 많았다."[27] OISM의 웹사이트를 방문하면 서명자들의 이름을 볼 수 있다. 그러나 어떤 기관과의 제휴 사실이나 거주 도시 같은 것이 전혀 적혀 있지 않아서 그들의 신뢰성을 확인하는 일이 아주 어려울 뿐더러 도대체 그들이 실존 인물인지를 파악하는 것도 불가능한 지경이다. 실제로 오리건 탄원서가 처음 발표되었을 때 환경운동가들은 실제하지 않는 인물과 명사들이 서명자 명단에 포함되어 있는 것을 확인했다. 존 그리샴(John Grisham), 마이클 J. 폭스(Michael J. Fox), 프랭크 번스(Frank Burns), B. J. 하니컷(B. J. Honeycutt), (TV 쇼 <매시 MASH>의 진행자) 벤자민 피어스(Benjamin Pierce), '적포도주 박사'라는 이름의 개인, 스파이스 걸스(Spice Girls)의 진저 스파이스(Ginger Spice)로 알려진 제랄딘 할리웰(Geraldine Halliwell)이 그들이었다. 진저의 전공은 '생물학'으로 되어 있었다.[28]

또 다른 음모

1998년 4월, OISM의 탄원서가 처음 발표되었을 당시에 『뉴욕 타임스』는 미국석유연구소가 전개하고 있던 또 다른 선전에 관해 보도했다. 미국석유연구소의 홍보책임자 조 워커(Joe Walker)가 그 사업안의 개요를 내부 비망록 8페이지 분량으로 작성했다. 그런데 책략가들에게는 불행하게도 내부 고발자가 이 문건을 유출하고 말았다. 워커의 비망록은 '기후 변화 논쟁에 가담하면서 오랫동안 대중에게 노출된 적이 없는' 과학자들을 영입하라고 요구했다. 분명 새로운 얼굴들이 필요했고, 그 이유는 산업계가 오랫동안 활용해 온 과학계의 앞잡이들—마이클스, 볼링, 이드소, 싱어—이 기자들에게 그 신뢰성을 잃었기 때문이었다.[29]

워커는 2년 동안 500만 달러를 들여 "우리의 것과 일치된 과학적 견해가 의회와 미디어와 주요 청중에게 미치는 영향을 최대로 끌어 올리자"고 제안했다. 성공을 이끌어 내려면 미디어 추적 활동이 필요했다. 기후학과 관련해 의문을 던지는 뉴스 기사의 비율과 압도적 견해에 이의를 제기하는 과학자들의 라디오 토크쇼 출연 횟수를 조사한 뒤에 기록해야 했던 것이다. '높이 평가받는 기후학자' 집단 20명을 확보하고 '언론 활동에 참여할 다섯 명으로 구성된 독립적 과학자단을 발굴 영입해 훈련시키는' 예산으로 60만 달러가 배정되었다. (물론 석유연구소가 영입해 훈련시킨 사람이 어떻게 '독립적인' 인사로 소개될 수 있느냐는 질문에는 답변하지 않았다.) 이렇게 해서 훈련을 마친 과학자 대변인들이 각지로 파견되어 과학 저술가, 신문 편집자, 칼럼니스트, 텔레비전 네트워크 기자들을 만났다. "이 과정을 통해 '유력한 과학적 진실'에 의문을 제기하면서 그 신뢰성을 무너뜨렸던 것이다."[30]

『세인트루이스 포스트-디스패치』는 "가장 소름이 끼치는 폭로 가운데 하나는, 지구 온난화 문제와 관련해 석유 기업과 그들의 동맹 세력이 정직한 과학자들을 영입해 일을 혼란스럽게 만들려 한다는 것"이라고 평했다. 이런 '제3자' 기술이 아주 오랜 옛날부터 산업계가 구사해 온 캠페인 전략 가운데 하나임을 모르고 있는 것 같다.[31]

말은 무성하고 행동은 굼뜨고

1990년대에 클린턴 때리기는 산업계가 보수파들에게 호소하면서 들먹이는 단골 메뉴였다. 그들은 지구 온난화 쟁점이 사유 재산 제도를 '사회주의', '관료주의', '큰 정부'로 대체하려는 자유주의자들의 시도라고 주장했다. 특히 당시 부통령이었던 앨 고어를 강력하게 비난했다. 고어가 가끔씩 유창한 달변으로 온실 효과를 이야기하고 『위기에 처한 지구』라는 책에서 이 문제를 논의하기도 했던 것이다. 산업계가 클린턴과 고어를 공격하면서 클린턴 행정부가 온실 기체 배출을 규제하는 모든 정책 수단을 차단하는 데에 공모했다는 사실이 은폐된 것은 아이러니이다.

1993년 4월의 지구의 날 전야에 클린턴은 지구온난화협약에 서명하겠다는 자신의 계획을 발표했다. 그러나 그는 나중에 남은 재임 기간 동안 모호한 말을 지껄이다가 결국 약속을 철회했다. 1993년 10월에 제출된 그의 '기후변화행동계획안'(Climate Change Action Plan)은 결국 산업계의 선의에 그 시행을 전적으로 맡겨버리는 '자발적 노력'으로 끝나고 말았다. 1996년 초에 클린턴은 계획안이 본래의 궤도를 벗어났으며 2000년까지 온실 기체를 감축하겠다는 처음의 목표에 근접하지도 못할 것임을 인정해야 했다.

1997년 6월에 클린턴은 유엔 지구정상회의 연설을 통해 미국이 지구온난화 저지를 위해 지속적으로 노력하겠다고 서약했다. 그는 침식해 들어오는 바다와 살인적인 더위를 종말론적으로 그리면서 지난 5년 동안 미국의 활약이 '충분치 못했다'고 인정했다. "우리는 더 잘해야만 하고 더 잘할 것이다." 그러나 4개월 후에 클린턴은 온실 기체 배출 감소의 현실적 목표와 시간표가 20년간 늦춰져야 한다고 발표했다. 호주의 환경 저술가 샤론 베더(Sharon Beder)는 "BP, 쉘, 에소(Esso), 모빌, 포드, 제너럴 모터스 및 미국과 호주와 유럽의 석탄, 철강, 알루미늄 기업들의 중역 회의실에서는 샴페인의 코르크 마개가 터지고 있다"고 말했다. "새로운 규제안은 미국이 현행 협상에서 제시할 가장 비관적인 안과 비교해 보더라도 너무나 취약하다. 12월의 합의에 도달하기 위해 150개 나라가 2년 동안 해온 고생은 이제 의미가 없어졌다."[32]

교토에서 벌어진 협상 과정에서 미국은 엄청난 로비를 벌였고, 온실 기체를 제한하려는 실질적인 조항들을 무력화하는 데 성공했다. 그렇게 해서 탄생한 교토 의정서는 2012년까지 세계의 온실 기체 배출량을 불과

7퍼센트 줄이자고 제안하는 데 그쳤다. 정부간기후변화위원회와 유럽 국가들이 처음에 제안한 20퍼센트 감축, 극지방의 얼음이 녹으면서 해수면이 상승해 발생하는 대규모 홍수를 두려워하는 저지대의 도서 국가들이 요구한 30퍼센트 감축에는 훨씬 못 미치는 수준이다. 미국은 목표치보다 더 많이 감축하는 국가에게 오염 권리를 구매함으로써 배출 목표치를 초과하는 것을 허용하는 조항까지 집어넣었다.

그린피스는 이렇게 끝나 버린 교토 의정서를 '비극이자 소극(笑劇)'이라고 불렀다. 미국 산업계는 교토 의정서가 '너무 지나치다'며 비난했다. 공화당 상원의원들은 교토 의정서가 시행되기도 전에 사문화되었다고 선언했다. 일부 환경단체들은 교토 의정서를 환영했다. 클린턴 행정부의 잘잘못에 대한 정치적 해석의 자유 재량권이 발동한 것이었다. 클린턴은 협정을 환영했지만 동시에 빈곤에 허덕이는 제3세계 국가들이 자신들의 온실 기체 배출 감축에 동의할 때까지는 상원에 비준 동의안을 제출하지 않을 것이라고 말했다.

워싱턴의 압력단체 사회에서는 이런 말도 안되는 태도와 방법이 아주 흔한 일이다. 물론 이런 식의 태도가 대중적으로 토론되는 일은 거의 없다. 교토 협약에 착수하면서 환경 문제에 대해 강경 발언을 쏟아냄으로써 클린턴과 고어는 협정 실패의 책임을 반환경주의의 공화당과 무관심한 대중의 탓으로 돌리면서도 자신들의 정치적 '녹색 신뢰성'을 보존할 수 있었다. 민주당에게 그것은 '윈–윈하는 상황'이었다. 그들은 문제를 해결하겠다는 입에 발린 말을 하면서도 사실상 기업 기부자들이 원하는 행동을 함으로써 손쉽게 선거 자금을 모을 수 있었다. 1997년 12월 12일자 『뉴욕 타임스』는 클린턴이 "위험에서 자유로운 상황에 놓여 있다"고 썼다. 그가 "강경한 친환경 발언을 하면서도 상원에서 불리한 표결에 직면하지 않았다"는 것이다. "백악관의 한 고위 관리는 …… 클린턴의 남은 재임 기간 동안 ……

협정 비준안이 제출되지는 않을 것이라고 말했다." 그리고 정말로 이런 예측이 옳았다. 산업계의 '무감각 상태를 조장하는 로비 활동'이 성공을 거두었던 것이다.

궂은 날씨

네로가 바이올린을 연주하는 사이에 로마가 불타고 있다. 아니 어쩌면 일부 기후학자들이 예상하는 것보다 사태가 더 빨리 진행되고 있는지도 모른다. 기록된 역사 중에서 가장 더웠던 12년이 전부 1983년 이후에 몰려 있다. 세계기상협회(World Meteorological Association)와 미국국립대양대기국은 1997년이 가장 더웠던 해라는 데 의견이 일치했다. 그러나 이 기록은 1998년이 지나면서 깨졌다. 그리고 1999년에 기록은 다시 갱신되었다. 2000년 1월에 전미과학아카데미의 전국연구위원회(National Research Council)는 중요한 보고서를 통해 지구 온난화가 '의심할 여지가 없는 사실'이며 정부간기후변화위원회가 불과 5년 전에 내놓은 속도보다 30퍼센트 더 빠르다고 결론지었다.[33]

극단적 기후 현상들도 정부간기후변화위원회의 예측을 확실하게 보여주는 것 같았다. 1998년 1월에 불어 닥친 눈폭풍으로 인해 캐나다 동부와 미국 북동부의 광범위한 지역에 전기 공급이 차단되었다. 2월에는 플로리다에서 역사상 최악의 토네이도가 발생했다. 4월에서 6월에 걸쳐 플로리다, 텍사스, 루이지애나, 뉴멕시코에 기상 관측이 시작된 104년 이래 최악의 가뭄이 찾아들었다. 5월에서 6월은 가장 더웠다. 더위와 건조한 날씨 때문에 러시아 중부와 동부 및 인도네시아, 브라질, 중앙아메리카, 플로리다에서 대형 화재가 발생했다. 큰 홍수가 아르헨티나, 페루, 방글라데시, 인도,

중국을 강타했다. 양쯔강의 범람으로 3,000명 이상이 사망했고, 300억 달러의 재산 피해가 발생했다. 가이아나, 파푸아뉴기니, 파키스탄, 우크라이나, 카자흐스탄, 러시아 남부에 가뭄이 찾아왔다. 1998년 10월 4일에 오클라호마 주는 무려 20개의 토네이도 공격을 받았다. 단 하루에 발생한 토네이도 신기록을 갈아치운 것이었다. 세 개의 허리케인과 네 개의 열대성 폭풍우가 미국에 수십억 달러의 재산 피해를 입혔다. 9월 말에는 허리케인 조지(George)가 카리브해 북부를 초토화시키면서 40억 달러의 재산 피해가 발생했다. 한 달 후에는 중앙아메리카가 허리케인 미치(Mitch)의 공격을 받았다. 가까운 218년 동안 중앙아메리카에서 발생한 최악의 자연 재해 속에서 1만 1,000명 이상이 사망했고, 240만 명이 집을 잃었다. 태평양에서는 10월에 초특급 태풍 젭(Zeb)이 필리핀 북부, 타이완, 일본을 침수시켰다. 불과 8일 후에 초특급 태풍 밥스(Babs)가 필리핀을 강타해 마닐라의 여러 지역이 물에 잠겼다.[34]

1999년에는 미국 대서양 연안의 북동부와 중부에 사는 농민들이 기록적인 가뭄으로 고통을 겪었다. 장기간의 열파[여름에 남쪽 해양으로부터 더운 기단이 주기적으로 밀려오는 현상]로 인해 중서부와 북동부에서 271명이 사망했다. 허리케인 플로이드(Floyd)가 노스캐롤라이나를 강타해 10억 달러 이상의 손실이 발생했다. 보스턴에는 304일 연속으로 눈이 내리지 않았다. 인도에서는 사이클론이 내습해 약 1만 명이 죽었다. 베네수엘라에서는 폭우와 진흙 사태로 1만 5,000명이 사망했다. 프랑스에서는 허리케인급 위력의 폭풍이 몰아쳐 수목과 건물과 기념물들이 파괴되었다. 이로 인해 40억 달러의 재산 피해가 발생했다. 태평양 남서부의 도서 국가 바누아투에서는 테부아 타라와(Tebua Tarawa) 섬과 아부누에아(Abunuea) 섬이 바다 아래로 사라졌다. 지구 규모의 해수면 상승으로 인한 첫 번째 제물인 셈이다.

재앙의 물결은 2000년에도 계속되었다. 케냐는 장기 가뭄으로 목말라 했고,

호주에서는 덥고 습한 날씨 때문에 메뚜기 수십억 마리가 발생해 농작물 피해가 발생했으며 로스 알라모스는 가뭄으로 인한 화재의 공격을 받았다. 남극의 빙하가 녹으면서 금이 가고 있다는 사실이 1995년 최초이자 극적인 형태로 확인되었다. 마침내 2000년 5월에 세 개의 거대한 빙산이 쪼개져 나왔다. 이 빙산들의 표면적을 다 합하면 코네티컷 주의 면적보다 약간 작은 정도이다.

물론 이런 개별적 사실들이 전부 지구 온난화 때문에 발생했다고 주장할 수는 없다. 그러나 증거가 쌓이면서 이 명제를 부인하기가 점점 더 어려워지고 있다. 증거가 계속해서 쌓이고 있기 때문에 석유업계의 일부 구성원들조차도 점차 발을 빼기 시작했다. 1999년에 석유 기업들인 BP 아모코(BP Amoco)와 로열 더치/쉘(Royal Dutch/Shell)은 다우 케미컬과 함께 지구기후연합을 이탈해 자기들도 이제는 지구 온난화가 실질적이고도 당면한 문제라고 생각한다고 공개적으로 밝혔다. 그 다음 해에는 포드, 다임러크라이슬러(DaimlerChrysler), 서던 컴퍼니(Southern Company), 텍사코, 제너럴 모터스가 비슷하게 발뺌을 했다.* 듀폰은 자신들이 앞장서서 2010년까지 온실 기체 배출량을 1990년 수준의 35퍼센트로 줄이겠다고 선언했다.

마이클 맥크래컨(Michael MacCracken)은 2000년 2월에 "현재 우리가 하고 있는 짓을 고려해 볼 때 기후 변화가 중단될 것 같지는 않다"고 말했다. 그는 지구의 기후변화를 연구하는 국립평가조정국 국장이다. 이 기구는 1989년 부시 대통령에 의해 출범했다. 맥크래컨은 대기로 방출된 이산화탄

---

* 이런 이탈로 인해 지구기후연합은 개별 기업들의 비호 조직보다는 동업자 단체의 보호 조직으로 스스로를 재조직해야 했다. 1999년경에는 지구 온난화 과학이 아주 확고하게 자리를 잡았고, 그래서 많은 기업들이 지구기후연합과 자신들의 결탁 관계를 홍보활동의 부담으로 받아들였다. 그러나 아직도 많은 기업들이 여러 동업자 단체를 활용해 기후 위기에 대응하려는 노력과 활동을 계속해서 훼손할 가능성은 많다. 미국석유연구소, 미국자동차제조업협회, 전국석탄재단(National Coal Foundation) 등이 그런 단체들이다.

소 양이 이미 상당히 축적되어 있기 때문에 지구 온난화를 막기에는 때가 이미 늦었다고 말했다. 그나마 문제를 최소화하고 변화에 적응하는 것이 최선인 셈이다. 그는 미국에서 수반되어야 할 조치로 미국 서부의 수자원 관리 방식 변화, 공중보건 정책의 강화, 교량을 더 높이 짓기, 대규모 환경 복원 계획 재고를 제안했다.[35]

여러 해 동안 대규모 석탄 및 석유 기업들의 홍보기구는 거의 모든 핵심적 의사 결정자들에게 지구 온난화가 환상일 뿐이라고, 다시 말해 그런 일은 일어나지 않고 있다고 설득했다. 그렇지 않다는 걸 입증하는 과학적 자료들이 축적되면서 이에 대한 반대 의견도 바뀌었다. 산업계의 대변인들은 산업 활동의 온실 효과가 실제로 발생한다는 것을 인정하기 시작했다. 그리고 OISM의 아서 로빈슨처럼 일부는 온실 효과가 **좋은** 것이라고, 다시 말해 온실 효과 덕분에 식물 생장이 촉진된다거나, 예측되는 온도 변화가 비교적 경미한 수준이므로 심각한 결과는 전혀 발생하지 않을 것이라고 주장했다. 다른 대변인들은 산업계의 예의 그 비탄을 쏟아내고 있다. 그러면서 지구 온난화가 비록 나쁜 것이라고 할지라도 문제를 해결하려면 수조 달러가 투입되어야 하고, 그 과정에서 경제가 망가지고 일자리가 사라지기 때문에 이 문제를 해결하는 것은 불가능하다고 주장한다.

전기 생산 회사들에 석탄을 공급하는 서부에너지협회는 지구 온난화 논쟁을 여러 번 미궁에 빠뜨리려고 노력해 왔다. 1990년대 초에 서부에너지협회는 지구가 실제로는 냉각되고 있다고 주장하는 ICE의 캠페인을 지원했다. 그들이 더 최근에 만들어낸 단체로는 지구녹색화협회(Greening Earth Society)가 있다. 이 단체는 대기 중에 이산화탄소 양을 증가시키는 행위가 '지구에 좋다'는 생각을 퍼뜨리고 있다. 식물 생장이 촉진된다는 이유에서다. 지구녹색화협회는 <행성 지구의 녹색화는 계속된다>는 비디오를 제작했고, 『세계 기후 보고서』라는 회보를 발간하며, 이산화탄소와지구변화

연구센터(Center for the Study of Carbon Dioxide and Global Change)라는 단체와 긴밀히 협력하고 있다. 이들 단체는 독자적인 웹사이트를 갖고 있다.[36]

또 다른 웹상의 단체로 보너 앤 어소시에이츠(Bonner & Associates)가 서부에너지협회를 위해 만든 '서민동원노력'(grassroots mobilization effort)이 있다. 보너 앤 어소시에이츠는 워싱턴 D.C.에 있는 로비 회사로 '서민 대상 홍보' 활동이 전문이다. 전화 광고와 컴퓨터 데이터베이스를 활용해 고객의 목표를 서민 대중이 지지하는 듯한 모양새로 만들어 내는 홍보의 한 분야 말이다. '지구온난화비용'(Global Warming Cost) 웹사이트[37]는 선거로 뽑힌 공직자들에게 이메일을 보내는 일에 집중하고 있다. 서부에너지협회는 1997년 9월부터 1998년 7월 사이에 이 사이트에서 2만 통의 이메일을 의회로 발송해 교토 의정서에 반대했다고 주장했다. 이 사이트가 작동하는 방식은 간단하다. 웹사이트 홈페이지 방문자들은 자신의 해당 여부에 따라 '사업가', '노인', '농민', '가정주부', '근로자'를 가리키는 아이콘을 클릭해야 한다. 해당 아이콘을 클릭하면 자신의 주소를 요구하는 웹페이지로 이동한다. 그리고 난방에 지출하는 비용, 교통비, 그 밖의 연료 비용에 관한 몇 가지 질문이 제시된다. 웹사이트는 이 정보를 바탕으로 '최적화된' 이메일을 자동으로 생성한다. 그리고 그 메시지가 방문객의 선거구를 대변하는 하원의원과 상원의원에게 발송되는 것이다. 이메일은 그들에게 "유엔의 지구기후변화협약을 강화하는 그 어떤 시도도 거부하라"고 요구한다. 이 모든 과정이 컴퓨터로 처리된다. 웹사이트는 그렇게 해서 생성된 편지가 정확한지 또는 그럴싸하기는 한지를 조회하는 활동은 전혀 하지 않는다.

우리는 '조지 제슨'(George Jetson)이라는 가명으로 접속해 보았다. 그가 현재 가솔린과 전기와 난방유와 천연 가스 비용으로 매년 2,416만 6,666달러를 지출하고 있는 것으로 입력해 보았다.

웹사이트는 우리 선거구의 의원들에게 보내는 메시지를 즉석에서 생성해냈다. 제슨 씨는 이렇게 말하고 있었다. "나는 당신이 대변하는 선거구의 근로자인 것이 자랑스럽습니다. 계산을 해 보았더니 내가 전기와 천연 가스와 가솔린 비용으로 매년 2,423만 9,987.52달러를 내야 하겠더군요!"

민주주의 제도가 작동하는 방식을 아는 것은 좋다. 그러나 기적과도 같은 현대의 컴퓨터 기술과 현란한 홍보활동 덕택에 만평에 등장하는 캐릭터까지 환경 말썽꾼과 그들이 내세우는 최신 유행의 과학 이론으로부터 미국을 구원하는 일에 자기의 본분을 다할 수 있게 되었다.

11 권위에 도전하라

> 사회의 궁극적 권력을 믿고 맡길 만한 안전한 대상으로 민중만한 것이 없음을 나는 잘 알고 있다. 그러므로 민중이 건전한 분별력을 바탕으로 자신들의 통제력을 행사할 수 있을 만큼 충분히 깨우치지 않았다고 생각한다면 그들에게서 권력을 빼앗지 말고 그들의 판단력을 키워주어야 한다.
> ── 토머스 제퍼슨(Thomas Jefferson)[1]

심리학자들은 개인과 권력 사이의 관계를 탐구하는 과정에서, 안타깝게도 그릇된 전문가들이 다른 사람들의 사고와 행동을 손쉽게 조종할 수 있다는 사실을 발견했다. 1974년에 스탠리 밀그램(Stanley Milgram)이 이것에 관한 고전적인 실험 가운데 하나를 수행했다. 밀그램은 겉으로 보기에 권위 있는 과학자가 지시하는 명령들을 사람들이 어디까지 따르는지 알아보려고 했다. 밀그램의 연구 대상자들은 현대적인 실험실로 불려가 처벌이 학습 과정에 어떤 영향을 미치는지 알아보기 위해 전기 충격을 가하는 실험을 돕게 될 것이라는 말을 들었다. 피실험자들은 '충격 발생기'라는 이름의 기계 앞에 앉았다. 그 기계에는 '경미한 충격'에서 '격심한 충격'에 이르기까지 다양한 강도를 알려 주는 스위치들이 있었다. 또 다른 사람은 '학습자'

로 지정되어 문제에 잘못된 답을 했을 경우 전기 충격을 받게끔 장치를 해두었다. 세 번째 사람은 '과학자'로, 그는 실험을 총괄하면서 지시하고 감독했다. '학습자'와 '과학자' 모두가 배우라는 사실은 진짜 피실험자들에게는 알려 주지 않았다. 실제로 전기 충격이 가해지는 일도 없었다. 가짜 전기 충격이 가해질 때마다 '학습자'는 고통을 연기하며 울부짖기로 되어 있었다. 전기 충격을 가하는 피실험자가 주저하면 '과학자'는 이런 말을 하기로 되어 있었다. "충격이 고통을 주기는 하지만 항구적인 조직 손상 같은 것은 없으니 진행해 주세요.", "당신이 해주는 일이 매우 중요합니다." 많은 '학습자'가 심장 이상을 호소하거나 울부짖거나 놓아 달라고 간청했을 때조차도 실험을 돕는 연구대상자들은 계속해서 전기 충격을 가했다. 밀그램은 이렇게 논평했다. "정상적인 감정의 작용을 마비시키면 착한 사람도 권위의 요구에 굴복해 냉담하고 가혹한 행동을 하는 것 같았다. 일상생활에서 분별력을 발휘하며 너그럽게 구는 사람들이 권력이라는 장치에, 지각 통제, 실험 주도자의 상황 정의에 대한 무비판적 수용에 농락당해 잔인한 행동에 나섰다."[2]

'폭스 박사의 강의'(Doctor Fox Lecture)로 알려진 또 다른 유명한 실험에서는 저명한 듯 보이는 연기자가 '체육에 응용할 수 있는 수학 게임 이론'이라는 제목으로 아무 의미도 없는 강연을 했다. 의도적으로 '앞뒤가 안 맞는 허튼소리, 신조어, 불합리한 추론, 모순적 진술'로 가득 채워진 강연이 정신과 의사, 사회 복지사, 심리학자, 교육 전문가, 교육 행정가 등으로 구성된 세 무리의 청중을 대상으로 행해졌다. 청중 대부분은 석사 이상의 학위를 갖고 있었다. 강의가 끝난 후 그들은 강연자를 평가해 달라는 질문지를 받았다. 청중 가운데서 그 강의가 사기라는 것을 간파해낸 사람은 아무도 없었다. 거의 모든 사람이 강사의 전문 지식에 우호적인 인상을 받았다고 적어 냈던 것이다.[3]

부자와 권력자들도 사이비 전문가를 간파해내는 데서 다른 사람들보다 결코 더 뛰어난 것 같지는 않다. 1999년 9월에 『월스트리트 저널』은 마틴 A. 암스트롱(Martin A. Armstrong)의 체포 소식을 전했다. 일본인 투자자들을 속여서 9억 5,000만 달러를 갈취한 혐의였다. 『월스트리트 저널』은 이렇게 보도했다. "암스트롱은 무려 10년 동안 귀중한 가치를 지닌 것이면 무엇이든지 자신이 그것에 대한 전문가라고 투자자들을 속였다. 당대의 주식, 채권, 현물, 외환 시장은 말할 것도 없고 이집트의 파라오들이 만든 동전에서부터 세기의 전환기에 발행된 미국의 우표에 이르기까지 품목도 가지가지였다. 이제 암스트롱 씨는 …… 이런 시장의 귀재라는 이미지를 동원해 금융의 역사에서 가장 흔한 사기 행위 가운데 하나, 다시 말해 자신이 실현해 줄 수 없는 껍데기뿐인 커다란 약속을 투자자들에게 했다는 이유로 연방 정부에 의해 기소되었다."

암스트롱은 '자신감 넘치는 예언자 스타일'로 투자 유치 회의에서 큰 성공을 거두었다. 그는 수백 명의 일본인 기업 지도자들 앞에서도 연설했다. 그의 외환 거래 실적이 수억 달러의 손실을 내고 있을 때조차도 『월스트리트 저널』은 "암스트롱은 계속해서 자신을 시장 변화의 예측자라고 자신 있게 내세웠다. 그는 대체로 다른 사람들의 실수를 조롱하면서 자신을 포장했다"고 적었다. "암스트롱의 투자 관련 논문들은 페르시아 화폐의 역사에서 '세계적 자본 유통의 공황적 주기'에 이르기까지 다양하다며 많은 사람들이 그의 웹사이트에서 글을 올렸다. 그의 프린스턴경제연구소(Princeton Economic Institute)가 작성한 역사적 자료를 여러 미디어들이 사용했다. 그는 "첫 번째이자 가장 중요한 투자 규칙은 '당신이 무엇을 사고 왜 사는지를 아는 것!'"이라고 1997년 7월의 한 보고서에서 경고했다. …… 그는 대담하게 자신을 판촉했다. 그는 어떤 시장에서든 자신의 이미지가 강력하게 구축될 수 있도록 적극적으로 활동했다. 시장에 관한 암스트롱의 논설이 가득한 프린스턴 경제 연구소의 웹사이트에는, 영국의 전 수상이었던 마거릿 대처(Margaret Thatcher)가 이 회사가 주최한 1996년도 회의 가운데 하나에 참석해 암스트롱과 함께 찍은 사진도 있다."44)

이런 사례들을 살펴보면 절망하기 쉽다. 사람들이 이렇게 쉽게 속아 넘어간다면 누가 감히 홀로 전문가에게 면역되기를 기대할 수 있겠는가? 대답은 물론 아무도 그럴 수 없다는 것이다. 그러나 우리 모두가 각자의 기회와 가능성을 개선하기 위해 할 수 있는 일이 약간은 있다.

선전은 선전일 뿐!

양차 세계대전 사이에 미국에서는 홍보산업이 발전했고 파시스트 및 공산주의 정부들은 선전 기술을 대거 활용했다. 이런 흐름 속에서 사회과학자들과 기자들은 선전분석연구소라고 하는 주목할 만한 조직을 설립했다. 선전분석연구소는 광고업자, 사업가, 정부, 그 밖의 조직들이 수행하는 조작적 행위들을 조사하고 폭로하는 정기 회보를 발행했다. 대담무쌍한 절충주의 노선의 이 조직은 어떤 정파적 입장도 따르지 않으면서 대중의 정서를 조작하기 위해 선전이 활용되는 방식을 탐구하는 일에만 온 에너지를 집중했다. 선전가들이 사용하는 몇 가지 기본적 수사 기교를 알아보자.

1. **중상**(name-calling). 가장 노골적인 형태인 이 기술은 모욕적인 언어를 사용한다. 미 하원의장을 지낸 뉴트 깅그리치(Newt Gingrich)가 이 기술을 의도적으로 사용했던 것으로 유명하다. 그는 부정적인 단어와 구절들을 보여 주면서 공화당 의원들에게 정치적 반대파를 겨냥해 발언할 때 사용하라고 지시했다. '배신', '부정', '부패', '실패', '위선', '급진적', '묵인', '쓰레기'가 그런 말들

이었다. 우리가 9장에서 말했던 '쓰레기 과학'도 이런 전략의 예이다. 선전분석연구소는 중상이 시도될 때 사람들에게 스스로 이런 질문들을 던져보라고 권했다. 그 욕설이 무슨 의미인가? 문제가 되고 있는 생각이 비방의 실제 의미와 정당하게 관련이 있는가? 나의 최선의 이익에 봉사하는 생각이 내가 싫어하는 명칭을 부여받음으로써 배격되고 있는가?

2. **화려한 일반화**(glittering generalities). 이 기술은 중상을 물구나무세운 형태이다. 화려한 일반화는 모욕 대신 긍정적인 정서를 강력하게 불러일으키는 어휘를 사용한다. '민주주의', '애국심', '모성', '과학', '진보', '번영' 등이 이에 해당하는 말들이다. 정치인들은 연설할 때 이런 용어들을 사용하기를 좋아한다. 뉴트 깅그리치는 공화당 의원들에게 '상냥함', '어린이', '선택권', '헌신', '상식', '꿈', '본분', '권한', '자유', '근면' 같은 단어들을 사용해 자신들과 그들의 정책을 설명하라고 조언했다. 물론 민주당 의원들도 같은 전략을 사용한다. 예를 들어 클린턴 대통령의 '미래'나 '경제 성장'에 관한 이야기를 상기해보라. 그의 선거 캠페인 표어는 "나는 여전히 희망이라는 것을 믿는다"였다.

3. **완곡어법**(euphemism)은 말놀이의 또 다른 형태이다. 완곡어법은 부정적이거나 긍정적인 의미를 연상시키려고 노력하지 않는다. 그것은 평이한 영어를 일부러 모호한 전문 용어로 대체함으로써 언급되는 대상의 의미를 알아듣기 힘들게 만든다. 럿거스 대학교 교수 윌리엄 러츠는 최근의 『애매한 허튼소리의 정체를 밝힌다』를 포함해 이 전략을 분석하는 책을 여러 권 발표했다. '거짓말'을 '전략적 허위 진술'로, '해고'를 '직원 변화'로 표현하는 것이 완곡어법의 예다. 완곡어법은 보통의 하수 찌꺼기를 '조정된 유기 영양 물질'로 바꾸어 부른다. 이렇게 조정된 유기 영양 물질은 악취를 내뿜지 않는다. 다만 '냄새가 조금 더 날' 뿐이다.

4. **전이**(transfer). 선전분석연구소는 이것을 "선전가들이 우리가 존경하고 숭배하는 어떤 것의 권위, 구속력, 명성을 우리가 받아들이게끔 만드는 어떤 것으로 이월시키는 장치"라고 설명한다. "예를 들어 우리들 대다수는 우리의 교회와 우리의 국가를 존경하고 숭배한다. 선전가가 교회나 국가가 어떤 계획을 지지하는 캠페인을 승인하도록 만드는 데 성공한다면 그는 이것을 바탕으로 그 권위와 구속력과 명성을 해당 계획에 전이시킬 수 있다. 이렇게 해서 우리는 그렇지 않았을 경우라면 거부했을 어떤 것을 받아들이게 된다." 1998년에 ACSH는 '최고 과학자 위원회'라는 것을 소집해 부드러운 비닐 소재의 어린이용 장난감에 사용되는 화학첨가물인 프탈염산과 결부된 건강상의 위험에 관한 보고서를 발행했다. 다른 쟁점들에서 ACSH가 보여 준 전력을 잘 알고 있던 사람들은 최고위원회가 프탈염산이 안전하다고 말했을 때 전혀 놀라지 않았다. 아무튼 위원회의 진짜 목표는 과학의 권위를 ACSH가 방어하는 화학물질로 전이시키는 것이었다.

5. **증언**(testimonial). 이것은 존경 받는 개인들이 생각, 제품, 대의 따위에 보증을 서는, 전이 방법의 구체적인 형태이다. 시리얼 회사들은 유명 운동선수들의 사진을 자사의 시리얼 상자에 새겨 넣는다. 정치인들은 인기 있는 배우들의 지지를 얻고자 한다. 시민단체들은 자신들이 주최하는 집회에서 연설을 해달라고 명사들을 초대한다. 물론 증언의 의도가 빤히 들여다보이는 경우도 있다. 그러나 증언 기술이 사용될 때마다 선전분석연구소는 이런 질문들을 던져 보라고 권한다. 쟁점과 관련해 우리가 왜 이 사람(또는 조직이나 발표문)을 신뢰할 만한 정보의 원천으로 간주해야 하는가? 증언의 지원 사격이 없을 경우 주장은 스스로 어느 정도 위력을 발휘하는가?

6. **평범한 대중**(plain folks). 이 방법은 연사가 '일반 대중'임을 입증하려고 시도

한다. 빌 게이츠(Bill Gates) 같은 컴퓨터 매니아 억만장자조차도 자신이 패스트푸드와 대중 영화를 즐기는 평범한 시민일 뿐이라는 인상을 전달하려고 노력한다. 정치인들도 '보통 사람' 이미지를 우려먹는다. 조지 부시(George Bush)는 자신이 돼지 껍데기를 먹는다고 주장한다. 힐러리 클린턴(Hillary Clinton)은 슬그머니 남부 억양으로 돌아왔다. 미국의 상원의원은 거의 모두가 백만장자이다. 그러나 그들이 자신들을 내세우는 방식 때문에 사람들은 그 사실을 모른다.

7. **부화뇌동**(bandwagon). 이 방법은 다른 모든 사람이 어떤 생각을 지지하고 있으니 당신도 그 생각을 지지해야 한다고 설득하는 기술이다. 바로 이런 목표를 달성하기 위해 여론조사가 꾸며지기도 한다. 거의 모든 사람들이 코카콜라보다 펩시의 맛을 선호한다고 주장하는 소위 '펩시의 도전장'이 대표적인 예다. 선전분석연구소는 "선전가는 집회장을 빌리고, 라디오 방송을 빌리고, 거대한 스타디움을 가득 채우고, 행렬에 100만 명 아니 적어도 많은 사람들을 동참시킨다"고 논평했다. "선전가는 상징, 색깔, 음악, 정치 사회적 운동, 그 밖에도 극적인 온갖 기술을 활용한다. 그는 우리가 편지를 쓰고, 전보를 보내고, 자신의 목표에 이바지하도록 만든다. 그는 우리들 대다수가 공유하고 있는 군중 심리에 호소한다."

8. **공포**(fear). 이 방법은 가장 원시적이고 압도적인 감정 상태로 당신을 몰아가려고 한다. 정치인들은 범죄에 대해 얘기할 때 공포를 활용한다. 그리고 자신은 법과 질서의 수호자가 되겠다고 다짐한다. 환경운동가들은 공해와 연관된 암에 대해 얘기할 때 공포를 활용한다. 그리고 그들의 적대자들은 환경 규제 정책이 경제를 망치고 일자리를 없애 버릴 것이라고 주장하면서 공포를 조장한다. 사람들은 공포를 느끼면서 그러지 않았다면 결코 고려해 보지

않았을 일들을 하게 된다. 예를 들어 전쟁이 좋다고 생각하는 사람은 거의 없다. 그러나 거의 모든 사람들은, 잔인하고 비인도적이며 그들이 소중하게 여기는 모든 것을 파괴하려는 적과 싸워야 한다고 여기게 되면 **특정한** 전쟁을 기꺼이 지지한다.

선전분석연구소는 제2차 세계대전이 시작되면서 해산했다. 따라서 그들의 분석은 '터무니없는 거짓말'처럼 이후에 활용된 또 다른 선전 방법들을 포괄하지 못하고 있다. 터무니없는 거짓말은 "거짓말이 엄청나게 터무니없으면 없을수록 더 많은 사람들이 그 거짓말을 믿게 된다"는 나치의 선전 장관 요제프 괴벨스(Joseph Goebbels)의 말에 기초하고 있다. 선전분석연구소가 언급하지 않았지만 오늘날 더 보편적인 형태로 자리잡은 또 다른 방법은 '정보 과잉 공급' 전술이다. 대중에게 아주 많은 통계 수치와 다른 정보들을 우겨넣으면 사람들은 그 모든 것을 분류하고 정리해야 한다는 생각에 곧 생각하기를 멈춰 버리는 것이다.

현대의 선전이 얼마나 교묘하고 현란해졌는지 알고 싶다면 선전분석연구소가 작성한 선전 기술 목록을 또 다른 목록과 비교해 보라. 이 목록은 상담역 피터 샌드먼이 자신의 고객들에게 건강상의 위험과 관련해 대중이 느끼는 분노를 최소화하려고 시도할 때 명심해야 한다고 충고한 12가지 요점이다. 선전분석연구소의 목록처럼 샌드먼도, 자신과 고객들이 위험이나 대중적 위해와 관련해 '합리적이고 실질적'이라고 판단하는 것보다는 대중의 마음에 영향을 끼치는 정서적 요소들에 주로 관심을 보이고 있다. 그러나 그가 제시하는 요점은 선전분석연구소 목록의 요점과는 표면적으로 비슷한 점이 거의 없다.

1. **자발적인가, 강제적인가.** 샌드먼은 사람들이 자신들의 의지에 반하여 강제로

부과된 위험보다는 자발적으로 짊어진 위험에 대해 분노할 가능성이 더 적다고 본다. 그는 이렇게 말한다. "미끄러지면서 산을 내려오는 것과 스키 타러 가는 것의 차이점을 생각해 보라."

2. **자연적인가, 산업적인가.** 사람들은 자연적이라며 판촉되는 것을 신뢰하는 경향이 있다. 유기농 식품이나 자연적인 해충 구제 방법.

3. **익숙한가, 생소한가.** 샌드먼은 "생소한 첨단 제품은 익숙한 위험(당신의 집, 당신의 차, 당신의 땅콩버터 통)보다 더 큰 분노를 불러일으킨다"고 말한다.

4. **잊을 만한가, 기억할 만한가.** 당신이 분노를 최소화하고 싶다면 잊을 만한 것을 사용하는 방법이 더 좋다. 샌드먼은 "러브 커낼, 보팔, 타임스 비치 등 기억할 만한 사건들은 위험을 더 쉽게 마음 속에 그려볼 수 있게 만든다"고 설명한다. 기억할 만한 상징이나 이미지도 같은 역할을 할 수 있다. 유전자변형 작물 때문에 화려한 색상의 군주나비들이 피해를 입었다는 증거가 다른 곤충들의 비슷한 피해 사실보다 더 큰 걱정을 불러일으킨 것은 이런 이유 때문이다.

5. **대수롭지 않은가, 우려할 만한가.** 예를 들어 암, AIDS, 전염병, 결핵 같은 질병들은 심장병 같은 다른 질병들보다 더 많은 대중의 우려를 불러일으킨다.

6. **만성적인가, 재앙적인가.** 매년 수천 명이 고속도로 교통사고로 죽는다. 그러나 한꺼번에 많은 사람들이 죽는 일은 그다지 많지 않다. 항공기 사고는 교통사고보다 빈도가 훨씬 더 작고 사망자 수도 더 적다. 그러나 항공기 사고는 커다란 재난을 불러일으킬 수 있기 때문에 흔히 자동차 여행보다 훨씬 더 큰 두려움의 대상이다.

7. **알 수 있는가, 알 수 없는가.** 사람들은 평가할 수 없는 위험보다 알려져 있고 판정할 수 있는 위험을 덜 우려하는 경향이 있다. 위험이 가진 미지의 측면들이 사람들을 더 불안하게 만드는 것이다.

8. **스스로 통제할 수 있는가, 다른 사람들이 통제하는가.** 개인은 각자 스스로 담배를 피울지, 운동을 할지, 자동차를 운전할지 결정할 수 있다. 그러나 지역사회는 공장의 오염 물질 배출 여부를 결정할 수 없는 경우가 훨씬 더 많다.

9. **공정한가, 불공정한가.** 샌드먼은 "주변 사람들보다 더 큰 위험을 감내해야만 하는 사람들에게 더 큰 보상이 제공되지 않을 경우, 그들이 분노하는 것은 당연하다"고 말한다. "특히 그들에게 부담을 지우는 논리가 과학이 아니라 정치일 때 더욱 그렇다."

10. **도덕적으로 부적절한가, 도덕적으로 정당한가.** 위험을 불러오는 것이 처음부터 도덕적으로 잘못되었을 경우 위험이 작다고 아무리 주장해도 그것은 소귀에 경 읽기이다. 샌드먼은 말한다. "경찰서장이란 사람이 가끔씩 등장하는 어린이 추행범은 '있을 수 있는 위험'이라고 말했다고 상상해 보라."

11. **신뢰할 만한 출처인가, 믿을 수 없는 출처인가.** 우리가 이 책에서 계속 얘기한 '제3자 기술'은 겉으로 보기에 신뢰할 만한 출처의 입을 빌려 산업계의 메시지를 전달하려는 노력으로 구축된 홍보전략이다.

12. **민감하게 반응하는가, 그렇지 않은가.** "어떤 주체가 신뢰를 주는가 부정직한가, 또 관심을 가지고 민감하게 반응하는가 오만한가?" 샌드먼은 이렇게 묻는다. "그들이 결정을 내리기 전에 진행 상황을 지역 사회에 솔직히 알리는가?

그들이 지역 사회의 우려를 경청하고 이에 민감하게 반응하는가?"

샌드먼은 기업들에게 대중의 의견을 경청하고 그들의 우려에 민감하게 반응하라고 충고한다. 그러나 실제로 그의 충고는 조작 행위에 자주 악용된다. 산업계나 정부 기구가 자신들의 활동이 '강제'이기보다는 '자발적으로' 수용되고 있는 것처럼 보이게 만들려고 소위 지역사회자문단(CAP)을 만들어서 그들의 시설이 들어서는 곳에 살고 있는 주민들의 조언을 구하는 것이 그런 예다. 샌드먼의 고객 가운데 하나인 미 에너지부는 이 전술을 활용해 주민들의 반대를 물리치고 네바다 주 유카 산에 연방 차원의 고준위 핵폐기물 처리장을 건설하는 데 성공했다. 주디 트리첼(Judy Treichel)과 스티브 프리시먼(Steve Frishman)은 "에너지부 장관은 '시민자문단'이 결성되어 유카 산 프로젝트를 토론하게 될 것이라고 발표했다"고 회고한다. 트리첼과 프리시먼은 이 계획을 저지하려던 네바다 주의 운동을 이끌었던 사람들이다. "그러나 자문단의 진짜 목표는 우리 같은 반대자들을 끌어들여 유카 산 프로젝트를 수용할 수 있도록 만드는 표준을 기안하는 것이었다. 우리는 정부와 산업계와 국회의원들이 '당신들의 가치를 최우선으로 취급하겠다'며 개최한 워크숍에도 초대되었다. 그곳에서 우리는 받아들일 만한 타협안에 도달하기 위해 우리의 가치를 '팔아'야만 했다. 우리는 '절대로 안 된다'고 말했다. 우리는 '터무니없는' 사람들이라는 얘기를 들었다."5)

선전분석연구소의 목록과 피터 샌드먼의 12가지 요점의 공통점은 그것들이 대중의 합리적 관심보다는 정서에 집중하고 있다는 사실이다. 정말로 이것은 선전가들이 일반적으로 공유하고 있는 요소이다. 광고와 홍보분야에서 일하는 현대의 선전가들은 비합리적 호소가 뉴스와 여론을 얼마나 쉽게 조작할 수 있는지를 '보여 주는' 이야기들을 무수히 할 수 있다. 그들은 이것이 대중의 존재 방식이라고 말한다. 이것이 미디어가 작동하는 방식이라는 것이다. 따라서 정말로 역사에 무지한 사람만이 정서적이고 비합리적인 호소에 의해 대중이 항상 조작당해 왔음을 부인할 수 있을 뿐이다. 그러나 이것은 인간성을 드러내 주는 부분적인 진실일 뿐이다. 사람들은 다면적 인격을 가진 복잡한 피조물이다. 예를 들면 시인 에즈라 파운드(Ezra Pound)는 감수성이 풍부한 화가였지만 동시에 나치를 지지하는 노골적인 반유대주의의 앞잡이였다. 우리가 행동하는 수많은 방식은 우리 인격의 특정한 측면들이 스스로를 드러내는 방식에 의존한다. 당신이 누군가의 선량한 측면에 호소한다면 그 사람의 사악한 측면에 호소했을 때와는 다른 결과를 얻어낼 수 있을 것이다. 선전으로 가득 찬 세상에서 일부 사악한 호소들이 성공을 거두는 일은 별로 놀라운 일이 아니다. 그러나 선전가들도 대중의 비합리성이 그들 자신이 만들어 내는 자족적 예언인지, 만약 그렇다면 어느 정도인지를 말해 줄 수는 없다. 아마도 그 질문에는 여러분이 더 잘 대답할 수 있을 것이다. 물론 여러분을 어린 아이처럼 취급하는 커뮤니케이션 전략과 어른으로 취급하는 전략 사이의 차이점을 구별할 줄 알아야 대답할 수 있다.

안내 받으며 성장하자

어린 아이의 세계와 어른의 세계 사이의 차이점은 대개 통제, 권한, 책임 등의 용어로 설명된다. 아이였을 때 당신은 자신에게 영향을 미치는 결정에 대해 통제력을 거의 발휘하지 못했다. 당신은 주는 것을 먹어야 했고, 정해진 시간에 학교에 가야 했고, 정해진 취침 시간에 잠자리에 들어야 했다. 어른들은, 어린이인 당신이 스스로 판단할 능력이 없다고 가정하고 대신 결정했다. 당신이 결정을 내려도 그 결정이 꼭 구속력을 가지는 것도 아니었다. 실수의 결과에 책임을 지는 것은 당신이 아니라 당신의 부모였으니 말이다.

성인인 당신은 모든 결정과 그 이상에 대해서도 책임을 진다. 실제로 성인의 책임은 그들의 실질적인 권한 범위를 넘어선다. 이 사실을 이해하면 세상이 돌아가는 방식에 대해 많은 것을 알 수 있다. 당신이 집을 증축하고자 한다면 건축업자를 고용할 것이다. 건강을 돌보는 데는 의사가 필요하고, 법률적 문제를 해결하려면 변호사가 필요하다. 당신은 신발 제조 전문 지식으로 무장한 기업에게 신발을 구매한다. 이 모든 상황에서 당신 자신이 전문 지식을 결여하고 있다는 사실은 큰 문제가 되지 않는다. 왜냐하면 당신은 당신이 원하는 것을 알고 있고 전문가의 임무는 당신이 원하는 바를 충족시켜주는 것이기 때문이다. 철학자 게오르그 헤겔(Georg Hegel)의 말을 빌리면 "신발이 맞는지를 알기 위해 우리가 신발 제조공이 될 필요는 없다. 보편적 이해관계의 문제에 관한 지식을 얻기 위해 우리가 굳이 전문가가 될 필요가 없는 것과 마찬가지이다."

공공적 쟁점의 결정과 관련해 기술, 지식, 경험으로 표현되는 전문 지식은 가치에 대한 근본적 질문보다 덜 중요한 경우가 다반사이다. 낙태는 옳지 않은가? 부모가 건강 보험이 없다고 해서 그 아이에게 의료보건 혜택을 제공하지 않는 것이 과연 도덕적으로 타당한가? 살인자들을 사형에 처해야 하는가? 본인의 동의 없이 인간을 상대로 의학 실험을 해도 되는가? 이런 물음들을 포함해 수천 가지 다른 질문에 과학적으로 대답할 수는 없다. 우리가 무엇을 믿고, 우리가 무엇을 가치 있게 생각하는지 스스로에게 되물어야만 이 질문들에 답할 수 있다. 이런 문제들과 맞닥뜨렸을 때 아는 것이 많은 전문가를 찾아가는 것보다 우리의 가치를 공유하는 전문가를 찾아가는 것이 더 중요하다. 지식이 중요하지 않다는 말이 아니다. 낙태를 결정할 때도 그렇고 부엌을 다시 꾸밀 때도 그렇고 지식은 중요하다. 그러나 당신의 부엌을 꾸며 주는 사업자들도 벽을 어떤 색으로 칠해야 할지, 바닥재로 목재를 쓸지 아니면 리놀륨을 쓸지를 결정해 주지는 못한다. 그들의 조언이라고 해봐야 고작 각각의 선택에 비용이 얼마나 드는지를 알려 주는 정도이다. 민주사회에서 공공정책과 관련해 우리가 전문가들한테서 기대하는 것도 바로 그런 복종이다. 여러분의 분노를 최소화하는 방법을 연구하면서 많은 시간을 보내는 전문가는 정말로 우리가 고용하고 싶은 사람이 아닐 것이다.

당신은 계약자를 물색할 때 주 면허국이나 거래개선협회(Better Business Bureau, 공정 거래를 위한 생산자 단체)를 찾아가 면허가 유효한지 또는 정직한 일 처리로 신망이 두터운지를 알아볼 수 있다. 공공정책 전문가들의 신뢰성을 평가하는 시스템 같은 것은 없다. 그러나 그 전문가라는 사람이 과학을 들먹이며 주장한다면 여러분도 그들이 어떤 종류의 교육을 받았고, 자격 면허는 무엇이며, 전문 지식을 떠벌이는 분야에서 다른 신뢰할 만한 이력을 보유하고 있는지 물을 수 있다. 전문가들이 동료들 사이에서 어떤 지위를 차지하고 있는지 묻는 일도 중요하다. 물론 여러분은 모든 직업에는 맹점이 있으며 바깥 세계 사람들의 비판에 맞서 '자기들을 싸고도는' 경향이 있음을 명심해야 한다. 예를 들어 미국의학협회 문헌에 의존하면 의료 과실 소송이 실제의 의료 과실보다 더 크게 부풀려졌다고 생각할 수도 있다. 흔히 그렇듯이 어느 분야고 해당 분야의 전문가들은 자신들의 직업이 원인을 제공하는 피해를 과소평가하는 경향이 있다.

전문 지식은 정당하게도 대중의 마음속에서 재능, 기술, 교양, 경험과 연결된다. 동시에 수많은 진부한 특성들이 **부당하게도** 전문 지식과 연결된다. 따라서 그런 특성들에 기대는 것을 피하는 일이 중요하다. 나이, 재산, 남성, 백인, 자신감, 자격 증명, 전문 분야, 기술 관료주의 등이 이런 고정관념들이다. 말하는 사람의 메시지를 평가할 때 당신이 그에게 회색 머리칼이나 장중한 목소리, 인상적인 학위를 가졌다거나, 멋진 양복을 걸쳤다고 해서 점수를 더 주고 있는지를 자신에게 물어보는 일이 필요하다.

과학은 항상 옳은가?

우리 사회가 과학에 바치는 존경 덕택에 과학이야말로 절대적으로 확실한 진실의 원천이라는 아주 **비과학적인** 관념이 만들어지는 경향이 있다. 실제로 모든 과학은 어느 정도 불확실하다. 자연은 복잡하고, 연구는 어렵다. 주어진 질문과 관련해 과학이 우리에게 알려 주는 최대치는 이러이러한 대답이 진실일 가능성이 아주 많다는 정도이다. 그러므로 과학 정보를 바르게 이해하려면 불확실성을 정량적으로 표현하기 위해 과학자들이 활용하는 통계 기술을 이해해야 한다. 이 주제를 다룬 저널리즘의 고전 가운데 하나가 바로 『워싱턴 포스트』의 과학 담당 편집자를 지낸 고(故) 빅터 콘(Victor Cohn)의 『뉴스와 숫자: 건강 및 다른 분야에 등장하는 통계적 주장과 분쟁에 대한 보도 지침』이다.

과학자들은 불확실성과 함께 살면서 확률을 측정한다. 일반적으로 인정되는 수학적 표현은 이미 알려진 결과가 우연히 일어날 수 있는 가능성의 통계적 계산치인 유의확률(P value)이다. 유의확률이 0.05 이하 — 일반적으로 인정되는 '통계적 유의미성'의 분계점 — 이면 과학 연구에서 보고된 결과가 오직 우연에 의해 일어날 가능성이 100에 5 이하라는 얘기다. 건강상의 위험을 연구할 때는 통계적 유의미성을 달성하는 게 불가능한 경우가 많다. 무엇인가가 1,000명 가운데 한 사람을 죽였다고 치자. 따라서 유의확률 0.05 이하를 달성하려면 사실상 수천 명을 연구해야 한다. 그리고 그때조차도 다른 혼란스런 요소들의 가능성 때문에 연구 결과가 의심스러울 수 있다. 콘은 "수십만 명 가운데 한 사람에게 영향을 미치는 이상 상태가 특정한 원인으로 인식되거나 연결되지 못할 수도 있다"고 말한다. "환경이나 산업이 원인인 많은 산발적인 질병들은 영원히 환경 질병으로 밝혀지지 못할 가능성이 아주 많다. 그것이 불가피한 일인지도 모른다. 왜냐하면 그것들은 훨씬 더 광대한 정상적인 경우의 일부일 뿐이기 때문이다."*

이런 개념들을 이해하기가 어렵다고 해도 그런 사람이 당신 혼자만은 아니라는 사실을 안다면 조금은 마음이 편할 것이다. 토머스 랭(Thomas Lang)은 "의학 논문의 모든 주요 통계 발표 연구가 잘못투성이일 가능성이 아주 높다. 최고의 잡지들이라고 하는 곳도 사정은 마찬가지"라고 말한다. 그는 클리블랜드병원재단(Cleveland Clinic Foundation)의 의료 편집 책임자이자 『의학에서 통계를 전달하는 방법: 저자, 편집자, 비평가들을 위한 주석 안내서』의 공저자이다. "이렇게 발생하는 실수의 상당수는 저자가 발견한

---

* 밀로개나이트(Milorganite) 사건을 예로 들어 보자. 밀로개나이트는 밀워키 시의 하수 찌꺼기를 고온으로 건조시켜 만든 비료였다. 1987년에 연구자들은 밀로개나이트에 노출된 사람들 사이에서 루게릭 병이 대규모로 발생한 사실을 확인했다. 미국인 10만 명 가운데 통상 1.23명이 루게릭 병으로 죽는다. 그런데 샌프란시스코 포티나이너스 미식축구 팀의 1964년도 팀원 가운데 세 명이 루게릭 병에 걸렸다. 그들의 연습장에 밀로개나이트가 뿌려졌던 것이다. 『밀워키 센티널』의 후속 보도에 따르면 이 도시의 밀로개나이트 생산 공장에서 일했던 155명의 사망자 가운데 2명이 루게릭 병으로 죽었다. 『센티널』은 위스콘신 주에서도 25명의 루게릭 병 발병 사실을 추가로 확인했다. 그들은 자신들이 이 비료에 노출되었다고 증언했다. 그러나 이런 사례들이 밀로개나이트가 루게릭 병의 원인이라는 사실을 증명할 수 있었을까? 그게 아니라면 단순한 우연의 일치였을까? 밀워키 시 당국은 위스콘신 주 밀워키 의과 대학과 환경보호국의 병리학자들을 투입했다. 그들은 위스콘신 주의 사망확인서를 검토했고, 주 전체의 루게릭 병 발병률이 10만 명 당 1.90명이라고 확인했다. 전국 평균보다 약간 더 높았지만 통계적 유의미성의 기준을 만족시킬 만큼 높은 정도는 아니었다. 병리학자들은 밀로개나이트에 청정하다는 건강 보증서를 부여했고, 이것은 과학적으로 올바른 결론이었다. 그렇다고 밀로개나이트와 루게릭 병 사이에 연관이 전혀 없다고 말할 수 있을까? 과학은 이 질문에 답할 수 있는 방법이 전혀 없다. 과학이 준비한 대답은 연관이 있다고 할지라도 그 위험성은 낮아 보인다는 것 정도이다.

사실을 의심토록 할 만큼 심각한 수준이었다."

과학 정보를 평가할 때 고려해야 할 구체적인 지침들이 몇 가지 있다. 콘은 누군가가 당신에게 어떤 연구를 했다고 말하면 이렇게 질문해야 한다고 권한다. "어떤 종류의 연구인가? 당신은 그 연구 결과를 얼마나 자신하는가? 연구에 결함이 존재할 가능성은 없는가?" 마지막 질문이 특히 중요한 까닭은 이에 대한 대답이 그가 정직한 연구자인지 당신에게 특정한 관점을 강요하기 위해 애쓰는 판매상인지 알려줄 수 있기 때문이다. 콘은 "정직한 연구자라면 거의 언제나 연구의 결함들을 본문에 적어둔다"고 말한다. "〔반면에〕 부정직한 연구자라면 자신의 연구가 완벽하다고 주장할 것이다." 물어볼 다른 질문들로 다음을 생각해 볼 수 있다.

■ 어떤 종류의 연구 규약을 사용했는가? 연구 방법이 그 의도에 있어서 건전하며 또 결론이 믿을 만하다는 것을 입증하기 위한 정보가 충분히 제공했는가?
■ 왜 연구를 했는가?
■ 연구의 통계적 유의미성과 허용 오차는 얼마인가?
■ 연구 결과가 독립적인 동업자 논평을 받기 위해 제출되었는가? 저명한 과학 잡지에 발표되었는가? (그러나 동업자 평가가 수반되는 일부 잡지에서도 과학 논문을 출판하기 위해서 저자들이 돈을 내기도 한다는 사실을 명심하라.)
■ 연구 결과가 다른 연구자들이 수행한 연구의 결과와 일치하는가?
■ 같은 분야의 연구자들 사이에서 의견이 일치하는가?
■ 누가 당신에게 이의를 제기하는가, 또 그 이유는 무엇인가?

이런 질문을 던지는 게 위압적으로 보일지도 모른다. 과학 연구는 관련자가 아니면 이해하기 어려운 전문 용어들이 가득하다. '카이 제곱', '대립 형질', '가축 유행병' 등이 그런 말들이다. 이런 말들에 기가 죽어서는 안

된다. 거주지 근처의 지역 대학교에서 이런 난해한 단어를 쉬운 영어로 기꺼이 바꿔 주겠다고 나서는 우호적인 과학자들을 쉽게 찾을 수 있다. 대학의 과학자들은 교육 전문가로 훈련을 받고 그 대가로 봉급을 받는다. 따라서 그들 대부분은 의욕적으로 의문을 제기하는 지적인 개인들을 기꺼이 도와줄 것이다. 질문하는 것을 두려워하지 마라. 이해할 수 없는 대상이 있다고 해서 풀이 죽을 필요도 없다. 누군가가 당신에게 무언가를 믿게끔 만들고 싶어한다고 치자. 그는 당신이 이해할 수 있는 언어로 상황을 설명하기 위해 많은 증거를 제시해야 할 것이다. 만약 어떤 대상이 너무 복잡해서 설명할 수 없다면 마찬가지로 너무 복잡해서 안전할 수도 없을 것이다.

예방이 최선이다

과학(사실상 인간의 모든 활동)의 고유한 불확실성 때문에 우리는 예방 원리가 중요하다는 것을 확고하게 믿는다. 예방 원리는 6장에서 얘기했다. 우리는 이 책에서 기술과 그것이 대중의 삶에 미치는 영향과 관련해, 결정을 내리는 과정에서 민주주의가 매우 중요하다는 것을 강조해 왔다. 과학과 과학이 영향을 미치는 정책에서 민주주의가 중요한 이유는 불확실성이 존재하고, 서로 다른 사람들이 중요한 쟁점과 관련해 서로 다른 결론에 도달하기 때문이다. 토론과 타협은 사람들이 이런 차이를 해결하고 극복하는 과정이자 절차이다. 핵에너지나 유전공학 같은 새로운 기술이 도입되었을 때 어떤 사람들은 전적으로 이 신기술이 가져올 잠재적 혜택에 집중하면서 위험을 도외시할 것이다. 반면에 다른 사람들은 그 위험에 집중하면서 잠재적 혜택을 무시할 것이다. 그리고 또 다른 사람들은 이 두 극단 사이에 존재하는 의견의 연속선에 무리지어 포진할 것이다. 이상적인 의사 결정

과정이라면 서로 다른 견해를 놓고 활발하게 토론하면서 '무모한 혁신가들'이 제지되고 동시에 '공포를 유포하는 자들'의 우려가 과학적 대중 토론 속에서 철저하게 검토된 후 유익한 혁신만을 도입할 것이다. 이 과정 때문에 신기술의 도입 속도가 늦춰질 수도 있다. 그러나 이 점이야말로 민주적 의사 결정 과정의 중요한 부분이다.

정부와 산업계에 고용되어 있는 많은 전문가들은 훈련과 문화 적응 과정을 통해서 기술 지상주의자로 변모해 있는 상태이다. 그들은 점점 더 가공할 위력을 보여 주는 여러 기술을 도입하고 적용하는 일에 열정적으로 매달리면서 능숙한 재주를 뽐낸다. 마법사의 도제처럼 그들은 기술의 위력에 취해 있다. 그러나 그 위험을 인식하는 데 필요한 지혜는 부족하다. 1954년 전국과학저술가협회(National Association of Science Writers) 회의석상에서 원자력이 불과 한 세대 안에 '계측할 수 없을 정도로 싼 전기 에너지'를 공급해 줄 것이라고 호언장담했던 사람은 정부 소속의 전문가였던 원자력위원회 의장 루이스 L. 스트라우스(Lewis L. Strauss)였다.* 『대중 과학』 지난 호들을 들춰보라. 심령학네트워크(Psychic Friends Network)를 찾아가 물어보는 게 더 나을 정도로 황당하고 낙관적이며 그릇된 예언들을 수도 없이 발견할 수 있다. 이런 예언들이 적중했다면 지금쯤 우리들은 개인용 분사 추진기를 타고 일터에 가고, 바다 아래 거품형 외막에 감싸인 도시에서 살고, 달과 화성을 식민화하고 있을 것이다. 번영에 대한 약속처럼 암 치료법도 거의 언제나 완성 직전 단계에 와 있다고 했다. 그러나 실제로 우리는 그 근처에 가 본 적이 없다. 컴퓨터와 관련된 예언은 과도한 수사로 악명이

---

* 미국원자력위원회의 보도자료, 창립 기념일 당시 만찬 연설을 위해 준비된 원고, National Association of Science Writers, September 16, 1954, p.9. Stephen Hilgartner, Richard C. Bell, and Rory O'Connor, *Nukespeak: The Selling of Nuclear Technology in America*(New York, NY: Penguin Books, 1983), p.44에서 인용.

높다. "3~5년만 지나면 우리는 평균적 인간의 지능을 갖춘 기계를 갖게 될 것이다." 1970년에 MIT의 컴퓨터 과학자 마빈 민스키(Marvin Minsky)는 이렇게 예언했다. "나는 셰익스피어를 읽고, 자동차를 광내고, 사무를 보고, 농담을 하고, 싸울 수도 있는 기계를 염두에 두고 있다. 그때가 되면 기계는 놀라운 속도로 스스로 배우기 시작할 것이다. 몇 달 후면 기계는 천재 수준에 도달해 있을 것이다. 그리고 다시 몇 달 후면 그 기계의 위력을 측정하는 게 불가능해질 것이다."⁶⁾ 이런 종류의 전문가 예측은 끊임없이 등장했다. 컴퓨터가 (셰익스피어를 읽는 것은 고사하고) 자동차를 닦는 능력을 보유하게 될 날도 계속해서 늦춰지는 마당에 말이다.

이런 기술 낙관주의자들의 견해가 의사 결정 과정의 일부가 되는 것은 당연하다. 그러나 그런 견해들이 회의주의자들의 견해와 우려를 밀어내도록 허용해서는 안 된다. 회의론자들은 신기술의 해로운 영향을 걱정하고, 따라서 그들도 신기술은 언제 어떻게 도입해야 할지를 결정하는 과정에서 일정한 역할을 맡는 것이 마땅하다. 전쟁이 너무나 중요해서 장군들에게만 맡길 수 없는 문제인 것처럼 과학과 기술도 너무나 중요하기 때문에 전문가들에게만 맡겨 둘 수 없다.

예방 원리의 반대자들은 그것을 "보건 및 환경 상의 위해가 존재한다는 명백한 증거가 없는 상황에서도 예방적 차원의 활동을 요구하면서, 우리가 어떤 것에 대해 모르면 연구 결과가 나올 때까지 기다려야 한다"고 주장하는 규칙이라고 희화하면서 공격해 왔다. 이것은 정말로 예방 원리의 의도가 아니다. 예방 원리는 심각하거나 돌이킬 수 없는 위험 또는 입증되지는 않았지만 현행의 과학 지식에 비춰볼 때 개연성이 높다고 판단되는 위험과 관련해 그 지식이 불완전할 경우에 적용되는 정책 결정의 지침이다. 순전히 실재하지 않는 위험과 관련해 예방 원리가 발동되어야 한다고 주장하는 사람은 아무도 없다. 예방 원리를 정식으로 발동할 수 있을 만큼 위험의 가능성이 높은지를 두고 정당한 논쟁이 이루어진다. 예방 원리를 가동하는 **방법**과 관련해서도 합리적인 논쟁이 이루어진다. 그러나 이 원리 자체를 '비과학적'이라고 몰아붙이는 집단은 과학이 아니라 선전에 의존한다.

검은 돈의 흐름

당신이 업자나 변호사를 고용하면 그들은 당신을 위해 일한다. 당신이 그들이 제공하는 서비스에 돈을 지불하기 때문이다. 그렇지만 다양한 쟁점과 관련해 무대 뒤에서 일하는 홍보전문가들과 대중적 무대에 등장해 여러분을 '교육하는' 전문가들은 여러분을 위해 일하는 게 아니다. 그들은 이해관계와 가치가 여러분과 정반대일 수도 있는 고객에게 봉사한다. 전문가들은 아무데서나 갑자기 나타나는 게 아니다. 그들은 누군가에게 봉사한다. 그러므로 그들이 여러분에게 영향을 미치는 쟁점들의 결과에 변화를 주려고 노력하고 있다면 여러분도 누가 그들에게 돈을 대고 있는지 반드시 알아야 한다.

이런 태도에 모두가 동의하는 것은 아니다. 제프 스타이어(Jeff Stier)는 우리가 9장에서 논의했던 ACSH의 부회장이다. 그는 "연구 활동의 기업 후원 정보를 밝히라는 오늘날 상식화된 흐름이 '새로운 매카시즘'"이라고 주장한다. 그는 대중에게 정보를 공개하는 정도가 법정 준수 기준을 반영해야 한다고 주장한다. 법정에서 "증거는 그 증거를 제시하는 행위가 편견을 갖게 하는 효과를 능가할 때에만 용인된다." 자금 후원 내역을 공개하는 것이 "과학적으로 견실한 연구를 불공정하게 훼손해서 편견을 갖게 할 수 있다"는 것이다. 그는 자금 출처를 바탕으로 연구 결과를 판단하기보다는 '가설과 방법론과 결론'이 '엄정한 과학적 기준'에 부합하는지를 물어야 한다고 주장한다.⁷⁾ 우리가 그에게 ACSH의 기업 및 재단 후원자 명세를 제시해달라고 요청하자 그는 이런 주장을 펴면서 자신의 거부 행위를 정당화했다. 그 정당성을 십분 이해해 준다 해도 우리는 스타이어의 주장이 철저한 조사 활동을 회피하기 위한 변명에 불과하다고 생각한다. 법정에서도 전문가 증인들은 증언의 대가로 무엇을 받는지 밝혀야 한다.

유력한 과학 잡지의 편집자들을 포함해 일부는 자금 출처 공개와 관련해 좀 더 미묘한 문제를 던져준다. 그들은 문제가 어디까지 한계를 두는지를 아는 것이라고 말한다. 누군가가 특정 약물을 연구하기 위해 한 제약 회사에서 20년 전에 소액의 보조금을 받았다면 같은 회사가 제조하는 완전히 다른 약물과 관련해 무슨 얘기를 할 때마다 그 사실을 밝혀야 하는가? 편견을 조장하는 비재정적 요소들은 또 어떤가? 비영리 조직들도 그들의 관심사를 출판하면서 무언가를 얻는다. 그들도 이데올로기적으로 다른 속셈이 있을 수 있다. 널리 알려지면 새로운 회원과 기부금을 끌어 모을 수 있고 간접적으로나마 재정적 혜택을 누리기도 하는 것이다. ACSH의 엘리자베스 휠런이 소비자연합의 네드 그로스(Ned Groth)와 편지를 주고받으면서 이 점을 지적했다. "당신은 상업적 의제는 의심스럽지만 이데올로기적 의제는 그렇지 않다고 믿는 것 같다." 휠런은 계속해서 이렇게 불평했다. "이것은 순전히 눈가림식 구별이다. …… 어떤 단체가 이데올로기적 의제를 추구하는 것도 기업이 정당하게 상업적인 이익을 추구하는 것과 똑같이 회의적인 태도로 검토해야만 한다. 사회 변혁에 대한 바람, 부의 재분배, 사적 부문에 대한 규제 강화, 강제적 유토피아에 대한 일반적 주장 등이 그들의 이데올로기적 의제를 규정할 것이다."⁸⁾

휠런의 추론도 어느 정도는 진실하다. 그러나 기업의 자금 후원을 추적하는 일은 이런 이유들 때문에 매우 중요하다.

■ 기업은 명백하고도 자명한 편견에 의해 일관되게 움직인다. 이윤을 극대화하겠다는 욕망 말이다. 반면 비영리 조직들의 '이데올로기적 편견'을 평가하는 일은 그 자체가 주관적이며 이데올로기적이다.

■ 돈이 항상 편견을 **조장하는** 것은 아니겠지만 편견을 낳는 주요한 원인인 것은 사실이다. 일부 비영리 조직들은 그들의 활동 자금을 주로 광범위한 대중에게서 조달한다. 예를 들어 소비자연합은, 그들이 발행하는 『소비자 보고서』를 받기 위해 가입하는 소비자들에게 활동 자금의 대부분을 충당한다. ACSH와 같은 조직들은 활동 자금의 상당 부분을 주요 기업들로부터 받는다. 엘리자베스 휠런이 살충제의 안전성과 관련해 그녀 자신이 하는 말을 전부 믿고 있을지도 모른다. 어쩌면 그녀는, 화학이나 식품업계가 단돈 1달러도 제공하지 않았을지라도 같은 결론을 이끌어내 발표할 것이라고 스스로 그렇게 믿을지도 모른다. 하지만 소비자 연합과 ACSH 사이에 존재하는 자금 조달 방식의 차이는 각각의 조직이 누구의 이익에 봉사하는지와 관련해 상당히 분명한 기준을 제공한다.

■ 기업들이 공공정책에 영향을 주기 위해 쏟아 붓는 돈은 비영리 조직들의 지출 내역과 비교해 볼 때 엄청난 규모다. 예를 들어 1998년에 환경단체들은 국회 로비에 총 470만 달러를 썼다. 낙태와 관련해 여성의 선택권을 지지하는 사람들, 낙태 금지론자, 인권단체, 페미니스트, 소비자단체, 노인단체, 그 밖에도 다양한 집단들이 관여한 이데올로기적 단일 쟁점 관련 총 로비 비용은 7,620만 달러였다. 반면 기업은 농업 한 분야에서만 1억 1,930만 달러를 지출했고, 전 산업계의 총 로비 비용은 무려 12억 달러에 달했다. 이 액수는 로비 금액일 뿐, 선거 캠페인 기부금이나 기업들이 정치적 영향력을 행사하기 위해 다른 방법으로 지출한 금액은 포함되지 않은 액수이다. 물론 이데올로기

적 편견에서 완전히 자유로운 사람은 아무도 없다. 그러나 실제로 당신이 가장 걱정해야 할 편견은, 당신의 삶에 영향을 미치는 정부 정책을 변화시키기 위해 돈과 권력을 쥐고 있는 사람들이 행사하는 편견이다.[9]

어떤 조직에 누가 돈을 대고 있는지를 확인하는 가장 간단한 방법은 물어보는 것이다. 기부자들의 목록이나 연간 보고서를 요청하라. **누가** 돈을 대고 있는지만을 물어서는 안 된다. **얼마씩** 내고 있는지를 확인해야 한다. 정보조작 전문가들은 '부인하지 않으면서 부인하는' 기술에 통달한 자들이다. 필립 모리스가 건전과학진보연대(TASSC)의 실질적인 창립자임을 숨기기 위해 동원한 전략을 생각해 보라. "우리는 필립 모리스가 회원이며 후원자라는 사실을 부인하지 않을 것이다. 우리는 금전적 내용을 구체적으로 밝히지 않을 것이다. 우리는 그들에게 (APCO의) 데이빗 쉬언이 인력을 배치한 TASSC의 수신자 부담 상담 전화에 연락해 보라고 안내할 것이다."[10] 후원자임을 인정하면서도 기부금 액수를 구체적으로 밝히지 않는 전략은 질문을 비껴가면서도 노골적인 거짓말을 회피하기 위한 것이었다. 후원금의 역할이 나중에 폭로되면 회사가 난처한 상황에 빠질 수도 있었던 것이다.

조직 자체가 후원금 내역을 공개하지 않는다고 해도 다른 곳에서 정보를 얻을 수도 있다. 해당 조직의 이사회가 맺고 있는 제휴 관계와 이익을 살펴보라. 조직이 이런 정보를 전혀 공개하지 않거나 답변을 제한한다면 그런 행위 자체가 의혹의 대상이다.

위장 단체 간파하기

자금 출처를 확인하는 것이 전부가 아니다. 여러분은 그들이 과거에 구체적인 쟁점에서 어떤 입장을 취했는지 물음으로써 더 많은 것을 알 수 있다. 미묘한 차이에 관심을 집중하라. 산업계의 외곽 조직들은 온건 '중도파'인 척하기를 좋아한다. 조직명에 '분별 있는', '책임 있는', '건전한' 따위의 단어가 들어가 있는지 살펴보라. TASSC의 진짜 목표가 후원자들을 불편하게 하는 과학에 오명을 씌워 비난하는 것이었던 것처럼 '건전한환경정책을지지하는시민들'(Citizens for Sound Environmental Policy)이라는 이름의 조직은 진짜 환경주의자들을 믿지 못하게 만드는 공작을 펴고 있을 가능성이 많다. 산업계가 후원하는 조직들은 자주 오도하는 이름을 택한다. 깨끗한공기향상재단(Foundation for Clean Air Progress), 산성비의현명한통제를지지하는시민들(Citizens for Sensible Control of Acid Rain), 책임있는염화불화탄소정책연합(Alliance for Responsible CFC Policy), 고형폐기물해결위원회(Council for Solid Waste Solutions), 전국야생동물연구소(National Wilderness Institute), 전국환경정책연구소(National Environmental Policy Institute), 과학및환경정책프로젝트가 그런 예들이다.[11]

특히 최근에 자기 이익만을 도모하는 학문의 생산 방식으로서 급격히 증가하고 있는 '싱크탱크들'을 의심하라. 이들은 대부분 산업계의 이익에 봉사하고 있다. 오늘날 존재하고 있는 싱크탱크들의 대부분은 대개 연구와 분석 활동의 중심이 아니라 주나 연방 정부 소재지에 본부를 둔 홍보조직에 불과하다. 『워싱턴 포스트』의 칼럼니스트 조엘 아첸바흐(Joel Achenbach)는 이렇게 말한다. "다른 도시에 소방서가 있는 것처럼 싱크탱크들이 있다. 이곳은 생각이 넘치는 도시이다. 내 친구 한 명이 잠시 어떤 싱크탱크에서 일했는데, 그곳 소장한테서 이런 말을 들었다고 한다. '우리는 50에서 55세 사이의 백인들이다. 다른 분야는 취급하지 않는다.'"[12]

싱크탱크들은 대기업과 주요 재단에서 자금을 지원받으면서 평범한 미국인들의 삶에 영향을 미치는 정책을 고안하고 장려한다. 사회 보장 제도의 사유화, 세금 및 투자 관계법, 석유에서 인터넷에 이르는 각종 규제들

말이다. 싱크탱크들은 국회의사당에서 증언하고, 신문에 기명 특집 칼럼을 싣고, 현안 해설자로 TV에 출연할 전문가들을 공급한다. 싱크탱크들은 대권의 꿈을 품은 정치인들에게 조언하고, 세미나를 열어 미래의 국회의원들을 훈련시킨다.

싱크탱크들은 분명하게 정치적으로 기울어져 있다. 보수주의 싱크탱크들이 자유주의 싱크탱크들보다 두 배나 더 많다. 그리고 보수주의 싱크탱크들이 일반적으로 돈도 더 많다. 이것은 결코 우연이 아니다. 싱크탱크들의 중요한 기능 가운데 하나가 부유한 사업가들이 자신들의 사상을 널리 확산시킬 수 있도록 은밀한 방법을 제공하는 것이기 때문이다. 『클리블랜드 플레인 딜러』의 톰 브라자이티스(Tom Brazaitis)는 이렇게 말한다. "현대의 싱크탱크들은 비영리 조직으로 세금을 면제받고, 기부금은 기부자의 수표장만큼이나 크며 내역도 거의 공개되지 않는 정치사상의 공장이다. ······ 기술 기업들은 인터넷에 임의로 자유롭게 접근하는 것을 장려하는 싱크탱크들에게 기부한다. 월 가의 기업들은 퇴직 연금의 사적 투자를 지지하는 싱크탱크들에 기부한다." 그렇게 해서 이제 많은 돈이 유입되었다. 현재 상위 20개의 보수주의 싱크탱크들은 공화당의 '현찰' 기부금 총액보다 더 많은 돈을 지출하고 있다.[13]

싱크탱크에 상근하는 전문가들에게는 '상급 연구원'이나 '부교수'라는 칭호가 붙는다. 그러나 이런 명칭들이 붙었다고 해서 그들이 해당 분야의 학위를 반드시 가지고 있는 것도 아니다. 우리는 이 책의 다른 곳에서 외부의 자금 지원이 대학 학문의 정직성을 타락시키기도 한다는 사실을 비판했다. 같은 부패 상황이 싱크탱크들에도 일어난다. 어쩌면 더 심할 것이다. 싱크탱크는 학생과, 학계가 사상의 다양성을 보장하기 위해 채택하고 있는 동업자 비평 제도와 다른 방편들이 제거된 대학이라고 할 수 있다. 진정한 학자라면 일차적으로 연구를 수행하고, 그 다음에 결론을 이끌어낼 것이다.

그러나 정책에 의해 움직이는 거의 모든 싱크탱크들에서는 이 과정이 역전된다. 경제학자 조너선 로위(Jonathan Rowe)가 말한 것처럼 '싱크' 탱크라는 용어 자체가 잘못된 말이다. 로위의 비판은 보수 성향의 헤리티지 재단을 겨냥한 것이었다. 그러나 그의 발언은 이데올로기에 관계없이 다른 많은 싱크탱크들에도 똑같이 적용된다. "그들은 생각하지 않는다. 그들은 정당화할 뿐이다."

책임성을 요구하라

정보 시대의 삶이 상반되는 주장들로 뒤죽박죽되어버린 이유 중 하나는 기자들이 자신들의 본분을 책임 있게 다 하지 못했기 때문이다. 기자들은 정보의 위계에서 평범한 시민들에게 경종을 울리는 사람이 되어야 한다. 그들은 정보원의 자격과 신뢰성을 확인하는 책임을 떠맡아야 한다. 기자들이 자신들의 기사에 선전이 스며들도록 허용하는 것은 제품의 품질을 떨어뜨려 싸구려로 팔아먹는 것과 다를 바 없다. 밀가루에 톱밥을 집어넣고 빵을 굽는 제빵사의 행위와 똑같은 짓인 셈이다. 배경과 자격, 권위 있는 저자라며 인용된 사람의 이해관계가 충돌하거나 편견이 존재할 가능성을 밝혀내지 못하는 뉴스 기사를 발견하면 불만을 제기하라. 편지를 보내고, 전화를 걸어서 항의하라.

과학 언론은 일반 언론보다 더 엄격한 책임 기준을 가져야 한다. 과학 언론이 이런 기준을 만족시키지 못하면 그 피해가 커진다. 일반 뉴스 기자들은 과학 잡지에 등장하는 정보를 다른 출처의 정보보다 사실 확인을 하지 않은 채로 반복해서 게재하는 일이 흔하기 때문이다. 예를 들어 1999년 12월에 『영국 의학 저널』은, 흔든 (휘저은 게 아니라) 마티니가 유익한 항산화 효과를 갖는다고 주장하는 '연구'를 소개했다. 그 연구라는 것은 그 해 『영국 의학 저널』최고의 우스갯거리가 되었다. '색소폰을 너무 많이 배치하면' 재즈 연주자들이 어떤 영향을 받는지, 외과의가 자신 있게 말하는 빈도, 샤론(Sharon)이라는 이름을 가진 젊은 여성들이 성 관계로 옮는 질병에 걸릴 확률이 과연 더 높은지를 조사하는 비슷한 성격의 다른 우스개 논문들이 쏟아져 나왔다. 『영국 의학 저널』의 마티니 연구는 이 모든 것이 불성실한 것이라는 점을 강조하기 위해서 제임스 본드(James Bond)를 적절하게 인용했다. "이 유명한 허구의 비밀 첩보원이 …… 개인의 문제든 국제 관계에서든 교활한 비밀공작의 전문가일 뿐만 아니라 의학에도 심오한 통찰력을 갖고 있을지 모른다"고 말하면서 "007의 완벽한 건강 상태는 적어도 부분적으로는 요구 사항이 복잡해 불평이 많았던 바텐더 때문일지도 모른다"는 것이었다. 오리무중의 상태에서 실마리를 찾으려는 이런 노력에도 불구하고 로이터, 나이트-리더(Knight-Ridder), AP, UPI, 스크립스 하워드(Scripps Howard) 등 많은 통신사들이 암과 심장병을 물리친다는 마티니의 새로운 효능을 전세계로 알렸다. 흔든 마티니의 '노화 저지 효과'에 관한 기사들이 『뉴욕 타임스』, 『휴스턴 크로니클』, 런던에서 발행되는 『파이낸셜 타임스』, 『시카고 선-타임스』, 『밀워키 저널 센티널』, 『시애틀 타임스』, 『포브스』, 그리고 당연히 『플레이보이』 등 100개 이상의 간행물에 그대로 실렸다.[14]

언론은 자신들이 보도하는 정보의 내용을 충분히 조사하거나 검토하지 못하고 있을 뿐만 아니라 심지어는 손쉽게 이용할 수 있는 정보조차 밝히지 않는 일이 비일비재하다. 예를 들어 텔레비전 뉴스 방송에 들어 있는 비디오 보도자료(VNR) 수천 개를 떠올려 보라. TV 뉴스 제작자들은 누가 그 VNR을 제공하는지 분명히 알고 있다. 그것들의 출처를 알려 주는 자막을 화면 아래쪽에 작게 표시하는 일은 아주 쉽다. 예를 들어 '제약 회사 화이자 제공'처럼. 그렇지만 이런 일은 거의 일어나지 않는다. 방송사 자신들이 소위 뉴스라고 하면서 방송하는 것들이 실제로는 홍보회사들이 미리 제작해 공급한 것을 알리면 시청자들이 난감해 하면서 분노하리라는 것을 잘 알고 있기 때문이다. 결국 대중이 VNR과 다른 홍보전술 활용에 대해 더 잘 알게 되면 방송 언론의 자정과 개혁에 대한 압력이 생긴다고 기대할 수 있을 뿐이다.

적극적으로 나서라

"권위에 도전하라"는 구호가 처음 등장한 것은 1960년대의 급진주의 운동에서다. 여기에는 많은 지혜가 담겨 있다. 그러나 그것만으로는 충분하지 않다. 우리는 우리의 삶에서 실제로 권위가 필요하다. 자동차와 컴퓨터를 고치고, 아플 때 우리를 도와주고, 우리가 사는 세상을 이해하고 더 잘 경영할 수 있도록 도와주는, 믿고 의지할 수 있는 사람들이 필요한 것이다. 진정한 문제는 우리가 그 권위와 어떤 종류의 관계를 맺느냐이다. 전문가들이 나머지 우리를, 에드워드 버네이스의 말마따나 '끌고 가야 할 가축떼' 정도로 간주하는 관계여야 할까? 그게 아니라면 전문가들이 자신들을 대중의 하인으로 여기는 관계여야 할까? 쟁점은 권위의 존재 여부가 아니라 권위가 책임성을 담보하는 방식이다.

로카연구소(Loka Institute)가 이 문제에 접근하는 한 가지 태도를 발전시켰다. 로카연구소는 매사추세츠 주 앰허스트에 있는 조직으로 1987년 이래 일반 시민과 노동자들이 과학의 절차와 기술적 결정에 참여할 수 있는 방법들을 장려해 왔다. 이 연구소는 '합의위원회'(consensus conference)라고 하는 일종의 시민 토론자집단을 연구해오고 있다. '정책 배심'이나 '시민 배심'이라고도 불리는 합의위원회는 어떻게 보면 미국의 법정에서 활용되는 무작위 추출 배심원단과도 비슷하다. 물론 그들은 형사 사건을 심리하지 않고 공공정책의 문제들을 판정한다. 특정한 쟁점과 관련해 합의위원회를 조직하기 위해 '본업이 아닌 평범한 사람들의 자발적 참여'를 요구하는 광고가 실린다. 신청자들은 지역 사회의 인구 통계학적 구성을 반영하도록 선발된다. 그들은 별다른 선행 지식이 없고 당면 쟁점과도 연루되어 있지 않은 사람들이어야 한다. 최종 토론자집단은 15명 정도로 구성된다. 주부, 사무직 및 생산직 노동자, 대학 교육을 받은 전문직이 포함된다. 참가자들은 학습과 토론은 물론이고 공개 토론으로 절정을 이루는 기술 전문가들의 자문, 마지막으로 해당 쟁점에 대한 토론자단의 결론을 요약 정리하는 보고서 작성 과정에 참여한다.

합의위원회가 최초로 시도된 곳은 덴마크였고, 현재는 유럽에서 평범한 시민들에게 기술 정책과 관련한 논쟁에서 자신들의 의견을 전달할 수 있는 진정한 기회를 부여하는 절차로 널리 채택되고 있다. 로카연구소의 소장 리처드 스클로브(Richard Sclove)는 이렇게 말한다. "평범한 시민들이 탁월한 수준으로 향상되었다. 이게 전부는 아니다. 주의 깊게 준비된 독서와 토론 프로그램 속에서 그들은 충분한 정보를 바탕으로 사려 깊게 판단한다. …… 공식 보고서에 상세하게 기술되는 공개 토론과 토론 결과를 받아들인 후속 판단 모두가 전국적으로 엄청난 관심을 끌어 모은다. 당면 쟁점은 대부분 의회 토론을 앞두고 있다. 물론 합의위원회가 공공정책의 방침을 지시하겠다는 의도로 만들어진 것은 아니다. 그러나 합의위원회가 입법가들에게 그들을 뽑아 준 사람들이 중요한 문제들에 대해 어떤 생각을 가질 수 있는지와 관련해 얼마간 각성의 기회를 제공했다는 것은 사실이다. 그들은 산업계가 대중의 항의를 불러일으킬 가능성이 많은 신제품이나 절차를 피할 수 있게 도울 수도 있다."*

로카연구소는 흔히 시민, 일반 대중, 노동자단체와의 협력 속에서 시작하는 '지역 사회 기반의 연구 활동'에 대한 후원 증가도 옹호한다. "이런 연구는 미국에서 흔히 수행되는 연구 개발(research and development)과는 다르다. 그 연구 개발의 대부분은 사업체와 군대, 또는 정부의 필요에 부응하거나 학문적 관심을 추구하는 과정에서 이루어진다. 이 활동에 소요되는 금액만 매년 2,000억 달러 이상이다."[15] 스클로브는 펩시 사가 1994년에 5,000만 달러—미국에서 지역 사회 기반의 연구 활동에 투여되는 한 해 총비용의 무려 5배—를 투자해 도리토스(Doritos) 상표의 토르티야 칩을 새롭게 만들어 내겠다는 계획을 발표했다고 말한다. 바깥 면의 향을 강화하고, 칩의 가장자리를 둥글게 만들고, 포장을 새롭게 디자인하는 것이 혁신의 내용이었다. 그는 "도리토스 칩을 새롭게 만들기 위해 5,000만 달러를 쓸 수 있는 사회라면 지역 사회 기반의 연구 활동에도 1,000만 달러 이상을 쓸 수 있을 것"이라고 말한다.

'지역 사회 기반의 연구 활동'이 그림의 떡처럼 비현실적인 생각으로 들리는가? 스클로브는 그것이 네덜란드에서는 이미 흔한 관행이 되었다고 지적한다. 네덜란드인들은 연간 약 2,000개의 연구 요구에 부응하는 '과학공방'(science shop) 네트워크를 발전시켰다. 미국을 포함해 오스트리아, 체크공화국, 덴마크, 영국, 독일, 말레이시아, 북아일랜드, 루마니아에도 과학공방이 세워졌다. 예를 들어 테네시 주 하일랜더에서는 지역 사회 단체가 대학 연구자들과 협력해 보건 설문 조사를 실시했고, 도시의 음용수를 오염시키고 있던 인근의 제약 회사가 폐기물을 투기하는 현장을 비디오로 촬영

---

* Richard E. Sclove, "Town Meetings on Technology," *Technology Review*, July 1996. 호주인 교수 브라이언 마틴(Brian Martin)도 시민 배심의 활용을 연구했다. 그는 '민주체'(demarchy)라는 용어를 사용해 이런 의사 결정 과정과 전통적 대의제 민주주의라는 기존의 방법을 비교 대조한다. 이 주제에 대한 그의 견해를 더 자세히 알아보려면 마틴의 웹사이트를 방문하라. <http://www.uow.edu.au/arts/sts/bmartin/>, (July 25, 2000).

했다. 뉴욕에서는 고등학생들이 디젤 배기가스 노출이 동료 학생들의 폐 기능에 미치는 영향을 알아내기 위해 자료를 수집해 논문까지 작성했다. 이 논문은 동업자의 평가를 받아야 하는 『공중보건 저널』 1999년 7월호에 실렸다.

이것들은 민주주의와 시민 참여의 증대가 어떻게 과학과 정책 결정 과정에 영향을 미칠 수 있는지를 보여 주는 몇 가지 사례일 뿐이다. 이런 활동의 장애물은 기술적인 것도 아니고 경제적인 것도 아니다. 사회적, 정치적인 것이다. 과학 쟁점들이 일반 시민에게는 너무 복잡한 문제라는 인식 때문에 사회가 과학의 과정에 시민들을 참여시키지 못하고 있다. 그러나 여론조사 전문가 대니얼 얀켈로비치(Daniel Yankelovich)가 설립한 비영리 조직 공공의제재단(Public Agenda Foundation)의 존 도블(John Doble)과 에이미 리처드슨(Amy Richardson)이 1992년에 수행한 연구는 일반적으로 과학적 의제에 관심을 기울이지 않는 사람들도 과학과 관련된 정책 결정을 훌륭하게 수행해낼 수 있다는 사실을 밝혔다. 도블과 리처드슨은 미국의 서로 다른 지역에서 대표성을 담보할 수 있는 402명을 선발했다. 그들은 기술적으로 복잡한 두 가지 쟁점 — 지구 온난화와 고형 쓰레기 처리 — 과 관련해 균형 잡힌 발표를 짧게 제공받았다. 그리고 그 문제들을 해결하기에 가장 적합하다고 생각하는 정책 대안을 토론해서 결정해달라는 요구를 받았다. 도블과 리처드슨은 동시에 동일한 쟁점들을 놓고 유력 과학자 418명을 설문 조사했다. 그들은 연구에 참가한 평범한 사람들이 과학자들과 대체로 같은 정책 수단을 택했다는 사실을 확인했다. 예를 들어 지구 온난화와 관련해 두 집단 모두 대중교통 수단에 대한 투자 확대, 에너지 효율이 더 높은 자동차 생산, 에너지 절약을 장려하는 세제 유인, 식목 계획 등을 지지했던 것이다. "이 연구를 바탕으로 우리는 이런 결론을 얻었다. 대중 — 그들은 평소에 과학의 내용을 경청하는 사람들이 아니다 — 은 과학적으로 복잡한 쟁점을 전문가들이 헷갈려할 때조차도 현명하게 평가하고 판단할 수 있다." 도블과 리처드슨의 말이다.[16]

도블은 두 집단이 서로 다른 대안을 내놓았을 때조차도 그 차이점이 "과학적으로 다른 평가를 해서가 아니라 다른 가치 판단에서 기인한 것 같다"고 덧붙였다. 예를 들어 과학자들은 "핵에너지가 지구 온난화 문제의 원인이 아니라는 사실을 아주 분명하게 이해하고 있었다. 그들은 미국이 대규모로 핵 발전소를 건립해야 한다고 생각했다. 과학자의 68퍼센트가 그렇게 대답했다." 반면 비과학자들 가운데서는 불과 36퍼센트만이 핵 발전소 건설에 우호적이었다. 그러나 "이 문제를 이야기할 기회를 부여받은 토론 집단에서는 그들의 관심사가 기술적인 게 아니며 관리 감독의 문제라는 게 분명하게 드러났다. …… 그들은 에너지 기업들을 믿지 않았다. 그들은 공익사업체를 믿지 않았다. 그들은 정부의 규제 당국을 신뢰하지 않았다. 그들은 이 모든 일을 관리 감독하는 위원회를 신뢰하지 않았다. 그들은 그 집단들이 기술을 안전하게 운용할 것이라고 믿지 않았다." 다시 말해 그들은 기술적인 문제들을 이성적으로 잘 이해하고 있었다. 그러나 대중에게 그것들은 가장 중요한 문제가 아니었다.[17]

우리가 바로 전문가다

전문가들이 우리의 삶에 미치는 영향력을 파악하고자 할 때 우리는 정보의 소비자로서 우리의 역할을 잘 생각해 보아야 한다. 대부분의 선전은 쟁점과 관련해 수동적이거나 잘 모르는 사람들에게 영향을 미치려고 한다. 이런 전략에는 이유가 있다. 선전가들은 적극적이며 잘 알고 있는 사람들의 경우 쉽게 바뀔 수 없는 강력한 견해를 이미 갖고 있을 가능성이 많다는 사실을 잘 안다. 가장 쉽게 조종할 수 있는 사람들은 주제에 대해 아는 게 많지 않고 그래서 그럴싸한 주장에 쉽게 쏠려 버리는 사람들이다.

물론 모든 쟁점에 통달해 있으며 동시에 적극적인 사람은 하늘 아래에 없다. 이 세상은 그러기에는 너무나 복잡하다. 우리의 삶이 너무 바쁜 것도 사실이다. 그러나 우리들 각자는 가장 심금을 울리는 주제들을 선택할 수 있고, 또 거기에 일정 시간을 할애할 수 있다. 적극적 활동은 다방면에서 우리의 삶을 풍요롭게 해준다. 그런 활동을 통해 우리는 정보에 밝고, 열정적이며, 이타적인 다른 사람들과 만나게 된다. 그들과 우리의 헌신적인 활동이 이 세상을 더 살기 좋은 곳으로 만들어 준다. 이들은 좋은 친구들이고, 신문이나 텔레비전에 이름이 나오는 전문가들보다 더 훌륭한 정보원인 경우가 많다. 우리가 생각할 때, 적극적 행동주의는 단순히 시민의 책무만이 아니다. 그것은 계몽으로 가는 길이다.

이 책은 민주 사회의 앞길을 방해하는 잘못들에 대한 긴 보고서이다. 이것들이 보편적인 추세가 아니라는 것을 기억하는 게 중요하다. 우리는 뉴스 미디어가 자신의 책무를 수행하는 과정에서 저지르는 잘못들을 적어 놓았다. 그러나 진취적이며 헌신적인 기자들도 있다. 그들은 대중의 눈과 귀로 봉사해야 한다는 자신들의 책무를 진지하게 받아들인다. 기자들만 있는 게 아니다. 능동적으로 활약하는 의회 보좌관, 정부의 내부 고발자, 공익 옹호 단체, 심지어 소송 변호사들도 정부와 산업계의 공식적인 교의에 적극적으로 이의를 제기하며 도전하고 있다. 예를 들어 모드 드 빅터(Maude De Victor)가 고엽제 에이전트 오렌지에 노출된 재향군인들의 질병을 폭로했을 때, 미재향군인 당국에서 일하던 23살의 상담사였다. 그녀는 이 사실을 CBS의 기자 빌 커티스(Bill Kurtis)에게 알렸다. 커티스는 고엽제에 대한 심층 보도로 피바디상(Peabody Award)과 세 개의 에미상을 받았다. 드 빅터는 해고를 당했고, 블랙리스트에 올랐으며, 상근직 공무원 임용도 금지되었다. 그러나 그녀는 정부의 책임과 독성 화학물질 없는 세상을 꿈꾸는 사람들의 영웅이다.

운동가들과 내부 고발자들은 인생의 모든 단계에서 나온다. 70대의 증조모인 이멜다 웨스트(Emelda West)는 루이지애나 주 저소득층 거주 지구에서 독극물 방출에 항의하는 캠페인을 이끌었다. 플로리다 주 펜사콜라에서는 마거릿 윌리엄스(Margaret Williams)가 자신의 집 근처에 독극물 매립장을 건설하던 환경보호국에 맞서 1991년에 결성된 독극물노출에항의하는시민들(Citizens Against Toxic Exposure)을 이끌고 있다. 주민들 — 그들 대부분이 노년이거나 재정적으로 풍족하지 못하다 — 이 눈의 통증과 피부 발진, 호흡 문제로 고통을 겪기 시작하자 그녀는 곧바로 다이옥신이 문제라는 것을 깨달았다. 그녀가 이끄는 단체가 매립장 건설을 막지는 못했다. 그러나 연방 정부는 358세대 전체의 재정착 비용을 지불하기로 약속할 수밖에 없었다.

테리 스웨어링엔(Terri Swearingen)의 적극적 행동주의가 분출한 것은 1982년이었다. 그녀는 당시를 이렇게 회상한다. "저는 그때 임신 중이었습니다. 우리가 사는 동네에 세계 최대의 독성 폐기물 소각로가 건설될 계획이라는 걸 알았죠. 1990년 그들이 소각로를 건설하기 위해 터 닦기 작업을 시작했을 때 나의 삶은 영원히 바뀌었습니다."[18]

폐기물 기술 산업(WTI)이라는 회사 소유의 소각로는 오하이오 주 이스트 리버풀에 용지를 정했다. 스웨어링엔이 살고 있던 웨스트버지니아 주 경계 바로 옆이었다. 소각로는 큰물이 질 때에 물에 잠기는 하천의 양쪽 곁에 있는 낮은 땅에 위치했고, 가까운 마을과 초등학교가 불과 360미터 떨어진 거리에 있었다. 더 안 좋았던 점은 소각로가 공기를 가두어 오염원 배출을 막아버리는, 기온 역전이 수시로 발생하는 강 유역에 위치했다는 사실이다. 간단히 말해서 그곳은 다이옥신, 염화수소 같은 산성 기체, 수은

·납·크롬 등의 중금속을 내뿜는 거대 위해 폐기물 시설을 세우기에는 최악이라고 할 만한 장소였다.

"나는 자격증이 있는 간호사예요." 스웨어링엔은 말한다. "그래서 납에 중독된 어린이들을 실제로 보았습니다. 납이 불러일으키는 행동 및 발달 장애를 말이에요. WTI와 관련해서 내가 알아낸 첫 번째 사실은 정부가 그들에게 매년 4.7톤의 납을 배출해도 좋다고 허용했다는 것입니다. 나는 정부가 어떻게 이럴 수 있는가? 하고 생각했죠. 도대체 정부가 무슨 권리로 그들에게 납 배출을 허용할 수 있단 말입니까? 납은 결코 분해되지 않아요. 변하지도 않죠. 그저 쌓일 뿐입니다. 당신이 납의 영향에 대해 조금이라도 알고 있다면 그 나머지는 상식이죠. 학교 옆에 이런 시설을 세우는 일을 감히 생각할 수도 없다는 것을 깨닫기 위해서는 이 사실만 알아도 돼요."

스웨어링엔은 자신이 처음 소각로 건설에 맞서 싸움을 시작했을 때 "아무 것도 몰랐다"고 말한다. 그녀는 잡지 『뉴스데이』의 기자들이 1989년에 폐기물 소각로에 관해 쓴 책 『달려가 불태워라』를 집어 들었다. "나는 그 책을 두 번 읽으면서 참여한 사람들이 나오는 부분에 밑줄을 그었어요. 그리고 당장 전화를 걸어 도움을 요청했지요. 그들이 말했습니다. '당신이 스스로 이 문제를 해결해야만 할 겁니다.'"

그녀는 폴 코넷(Paul Connett) 같은 사람들에게 전문 지식을 배웠다. 스웨어링엔은 세인트로렌스 대학교의 화학 교수 코넷을 '우리의 비밀 병기'라고 부른다. 코넷이 복잡한 과학 데이터를 지역 주민들이 이해할 수 있는 언어로 바꾸어 주었다. 허버트 니들먼과 데이빗 오조노프가 또 다른 조언자로 활약했다. 니들먼은 아동의 납 신경독물학을 연구하는 피츠버그 대학교의 연구원이었고, 오조노프는 보스턴 대학교 보건 학교 책임자였다. 그녀는 환경보호국의 위험 평가에 이의를 제기하기 위해 내부 고발자 휴 코프먼(Hugh Kaufman)에게 전화했다.

스웨어링엔은 소각로 건설에 맞서 20건 이상의 시민 불복종 운동을 조직했고, 미 의회에서 증언하기도 했다. 그녀는 소각로 문제를 전국적인 쟁점으로 부상시키는 데 성공했고, 1992년 당시 부통령 후보였던 앨 고어는 자신이 당선되면 이 프로젝트를 중단시키겠다고 약속했다. 고어는 "범람원에 WTI의 소각로를 설치하겠다는 생각은 나조차도 믿을 수가 없다"고 말했다. "지역주민들이 소각로가 가족들과 자신들의 미래에 미치는 영향을 걱정하는 것은 당연하다. 주민들의 안전과 건강을 위해 철저한 조사가 시급히 요구된다."[19]

많은 정치인들의 약속처럼 이 공약도 헛된 약속이었음이 드러났다. 집권에 성공한 고어는 한 발 뒤로 물러섰다. 놀라운 일도 아니었다. 리틀록의 투자 은행가 잭슨 스티븐스(Jackson Stephens)가 소각로 사업에 자금을 조달하고 있었던 것이다. 그는 클린턴-고어 선거 캠페인의 최대 재정 후원자였다.

결국 WTI의 소각로 건설은 막지 못했다. 그러나 이 사건은 새로운 소각로 건설 사업에 반대하는 전환점이 되었다. 스웨어링엔의 끈질긴 항의 행동 — 대의를 위해 체포되는 것도 불사하겠다는 불굴의 의지를 포함해서 — 은 많은 주목과 관심을 끌어냈고, 오하이오 주 주지사 조지 보이노비치(George Voinovich)는 이제 소각로를 건설하지 않겠다고 선언했다. 백악관 앞에서 시위를 했다는 이유로 그녀가 투옥된 다음 날 클린턴 행정부는 새로운 소각로 건설 사업의 전국적 공사 중단을 선언했고, 다이옥신과 중금속 배출을 더 엄격하게 규제하는 법령을 만들었다. 그녀는 1997년 4월에 헌신적으로 운동을 이끈 것을 인정받아 권위 있는 골드먼 환경상(Goldman Environmental Prize)을 받았다.

"나는 과학자도 아니고, 박사도 아닙니다." 스웨어링엔은 수상 소감으로 이렇게 말했다. "나는 간호사이고 주부입니다. 그러나 내가 어머니라는 사실이 내게는 가장 중요합니다. …… 우리는 무엇이 위험한지 압니다. 우리는 스스로 배우지 않을 수 없었습니다. 그리고 최종 시험에 우리 아이들의 미래가 달렸습니다. …… 그렇기 때문에 우리는 상식과 열정을 바탕으로 문제에 접근했습니다. 우리는 더 개선된 규제안과 더 엄격한 기준, 더 나은 공기 오염 통제 장치, 더 많은 부차적 혜택을 따내야 한다는 생각에만 매몰되지 않았습니다. 우리는 기술이 우리의 문제를 다 해결해 주지 못하리라는 것을 알고 있습니다. 우리는 문제의 핵심으로 파고 들어가야 한다는 사실을, 필요한 것은 예방이라는 사실을 알고 있습니다."[20]

그녀는 당시에 한 14세 소녀와 WTI에 대해 나누었던 이야기를 회상했다. 학교 옆에 소각로가 설치된다는 얘기를 듣자마자 그 소녀는 불쑥 이렇게 말했다. "하지만 잘못됐다는 것을 알아내기 위해서는 아무것도 조사하지 않을 걸요." 스웨어링엔은 4년에 걸쳐 4,000쪽의 위험 평가서를 작성한 환경보호국이 발견하지 못한 요점을 단 한 문장으로 표현해낸 십대의 능력에 놀라움을 금치 못했다.

스웨어링엔은 "우리는 전문 지식이 무엇이고, 누가 전문가의 자격이 있는지를 재검토해야 한다"고 말한다. "기업에서 일하면서 분명한 사실을 모호하게 하고 상식에 이의를 제기하는 전문가들이 있다. 또, 공익을 위해 일하는 전문가와 비전문가들이 있다. 경험으로 인해 나는 직업적 전문가들을 더 믿지 않게 되었다. 그들이 영리하지 못해서가 아니라 올바른 질문을 하지 않기 때문이다. 사실 영리한 것과 현명한 것의 차이점이 바로 그것이다. 아인슈타인은 말했다. '영리한 사람은 문제를 해결한다. 반면 현명한 사람은 문제를 회피한다.' …… 여기서 성실하게 노력하는 시민들— 새로운 폐기물 처리장이나 소각로 설치 계획을 막기 위해 싸우는 사람들, 삶이 위험에 처해 열대 우림 파괴 저지 활동에 나선 사람들, 염소나 PVC 플라스틱의 산업 이용을 금지하기 위해 노력 하는 사람들— 은 흔히 의사 방해자 또는 진보에 저항하는 세력이라는 딱지가 붙는다. 그러나 진짜로 진보를 대변하는 세력은 우리들이다. 우리는 기술적 진보가 아니라 사회적 진보를 대변한다. 우리야말로 진정한 전문가들이다. 어떤 칭호나 다녔던 대학 때문이 아니라 우리가 위협받고 있다는 사실 속에서 세상을 다른 방식으로 보기 때문이다."[21]

부록

권장할 만한 자료

    이 책을 준비하면서 우리가 참고한 도서와 다른 자료의 대부분을 후주에서 밝혀 놓았다. 아래 적어 놓은 목록은 우리가 특별히 중요하다고 판단해서 더 읽어볼 것을 권하는 그 밖의 자료들이다.

    그러나 우리가 무엇보다도 가장 추천하는 것은 공공 도서관이다. 도서관의 사서들은 우리가 존경하지 않을 수 없는 전문가 집단이다. 그들은 정보를 분류하는 방법은 물론이고 도서관 이용자들이 광범위한 자료를 활용하는 것을 돕는 데서도 뛰어난 전문가들이다. 납의 신경독물학을 탐구할 작정이든 워싱턴에 위치한 어떤 싱크탱크의 자금 후원 내역을 조사할 계획이든 상관없다. 몇 분만 시간을 내서 사서에게 도움을 요청하면 낭비되는 시간을 크게 줄일 수 있을 뿐만 아니라 주목할 만한 발견을 해내는 커다란 수확을 거둘 수 있다. 지난 10년간 진행된 움직임 가운데 하나는 도서관에 대한 공공 지원이 후퇴했다는 점이다. 그 돈은 값비싼 컴퓨터 시스템 같은 다른 정보원을 구축하는 데 쓰였다. 이런 사태는 불행한 일이다. 특히 오늘날과 같은 데이터 폭주의 시대에는 정보학 훈련을 받은 사람과 대화하면서 도움을 받을 수 있는 기회를 대체할 수 있는 방법이 없는 경우가 많기 때문이다. 우리가 성질 사나운 사서를 만난 적이 결코 없다는 점도 덧붙여두고 싶다. 무료로 이용할 수 있는 공공 도서관은 공중과 민주 사회의 유지에 필수적인 제도이자 기관이었고 앞으로도 그래야 한다. 공공 도서관을 활용하고, 지원하자!

도서

샤론 베더(Sharon Beder), 『세계적 정보 조작: 환경 운동에 대한 기업의 공격 Global Spin: The Corporate Assault on Environmentalism』(White River Junction, VT: Chelsea Green Publishing Co., 1998).

이 책은 기업이 전세계적으로 자행하고 있는 반환경주의 홍보캠페인을 종합적으로 분석하고 있다. 산업계의 외곽 조직, 보수주의 싱크탱크, 미디어 전략, 어린이들을 겨냥한 활동, 기업 비판자들을 짓밟아 대중의 참여를 저지하기 위한 전략적 법률 소송(SLAPP 소송)의 활용 등을 검토하고 있다.

앨릭스 캐리(Alex Carey), 『민주주의에서 위험을 끄집어내기: 기업의 선전 대 독립과 자유 Taking the Risk Out of Democracy: Corporate Propaganda versus Freedom and Liberty』(Chicago, IL: University of Illinois Press, 1997).

이제는 고인이 된 호주 학자 앨릭스 캐리의 에세이들을 모은 이 책은 불편하지만 영감으로 가득하다. 캐리는 이렇게 말했다. "정치적으로 엄청나게 중요한 세 가지 변화상이 20세기를 규정했다. 민주주의의 신장, 기업 권력의 증대, 민주주의에 맞서 기업 권력을 방어하는 수단으로서 기업이 주도하는 선전 활동의 성장."

더크 아렌드 윌콕스(Derk Arend Wilcox) 편집, 『오른쪽 길잡이 The Right Guide』와 『왼쪽 길잡이 The Left Guide』(Ann Arbor, MI: Economics America, Inc.).

2~3년 주기로 갱신되는 이 두 권의 편람은 각종 조직과 그들의 정치적·이데올로기적 성향, 자금 조달, 지도부, 세금 관련 지위, 목표 등을 간략하고 훌륭하게 요약하고 있다.

존 스토버(John Stauber)와 셸던 램튼(Sheldon Rampton), 『독성 폐기물은 여러분에게 좋은 것입니다!: 거짓말, 새빨간 거짓말, 홍보산업 Toxic Sludge Is Good for You!: Lies, Damn Lies and the Public Relations Industry』(Monroe, ME: Common Courage Press, 1995).

우리가 공동으로 집필한 이 첫 작품은 오늘날 수백만 달러 규모의 사업으로 성장한 홍보업계가 활용하는 갖가지 기술을 상세하게 파헤친다. 이 책에서 논의되지 않은 수많은 기술들, 예를 들어 '일반 대중 홍보', 운동가 감시, 기업의 '분열 지배' 전략 등이 검토된다.

시어도어 로작(Theodore Roszak), 『정보 숭배: 첨단 기술, 인공 지능, 진정한 사유 방법에 관한 새로운 러다이트식 해결책 The Cult of Information: A Neo-Luddite Treatise on High-Tech, Artificial Intelligence, and the True Art of Thinking』 (Berkeley, CA: University of California Press, 1994).

이 책은 특별히 컴퓨터 과학자들의 과대망상적 주장을 파헤치는 일에 집중하고 있다. 그러나 컴퓨터가 우리를 대신해서 사고할 수 있으며, '정보'가 지식이나 지혜와 같은 것이라는 관념에 대해 놀랍고도 사려 깊으며 어떤 면에서는 시적인 비판마저 제공된다.

『워싱턴의 국회의원 Washington Representatives』(Washington, D.C.: Columbia Books).

매년 발행되는 이 주소록은 워싱턴 D.C.에 사무실을 두고 로비스트로, 외국의

에이전트로, 법률 자문으로, 산업계의 외곽 조직으로, 홍보대행사로 활동하는 개인과 조직들을 추적해 파악할 수 있는 단 한 권의 책으로서는 최고의 참고 문헌이다. 빼어난 조사와 교차 참조를 바탕으로 작성된 이것은 연방 정책과 이 나라 수도의 미디어에 영향력을 행사하는 사람들의 배경과 이해관계, 상호 결탁의 내막을 조사하는 데서 첫 손가락에 꼽을 만한 뛰어난 자료이다.

로버트 A. 달(Robert A. Dahl), 『민주주의와 그 비판자들 Democracy and Its Critics』(New Haven, CT: Yale University Press, 1989).

정치 토론에서 민주주의가 자주 입에 오르기는 하지만 '민주주의'의 개념이 철저하게 검토되는 경우는 거의 없다. 이 책은 민주주의를 역사적·이론적으로 점검한다. 고대 그리스의 도시 국가에서 시작되는 그의 책은, 민주적인 사회가 앞으로도 존재하려면 민주주의가 어디로 나아가야 할지에 대한 토론으로 끝을 맺는다.

윌리엄 그레이더(William Greider), 『누가 대중에게 말하는가: 미국 민주주의의 배신 Who Will Tell the People: The Betrayal of American Democracy』(New York, NY: Simon & Schuster, 1992).

영향력을 행사하는 공작이 워싱턴에서 작동하는 방식에 대한 최고의 책.

정기 간행물

『엑스트라! EXTRA!』는 보도의공정성및정확성(FAIR)이 발행하는 잡지이다. 전국적인 미디어 감시단체인 FAIR는 미디어가 기업에 충성하고 여성, 소수민족, 저소득층의 의견은 무시하는 현실을 폭로하는 데 주력하고 있다.

『오드와이어스 PR 서비스 O'Duyer's PR Services』는 홍보업계의 동업자 단체 월간지이다. 당연한 얘기지만 이 잡지는 거리낌 없이 홍보업계를 지지한다. 그러나 홍보회사들의 활동에 대한 정직한 기사를 읽을 수 있고, 주류 미디어보다 더 훌륭한 분석 기사도 자주 제공된다.

미디어민주주의센터(Center for Media & Democracy)가 발행하는 계간지 『홍보 감시 PR Watch』는 홍보업계의 조작적, 기만적 활동을 심층 보도한다.

『주간 레이첼의 환경과 건강 Rachel's Environment and Health Weekly』은 10년 동안이나 발행되어온 2쪽 분량의 주간 소식지이다. 이 간행물은 환경, 건강, 민주주의의 각종 최신 쟁점들을 다룬다. 피터 몬태그(Peter Montague)가 편집하고, 비영리 단체 환경연구재단이 발행한다. 이 잡지는 확고한 열정을 바탕으로 행동주의를 표방하면서도 기사의 품질이 아주 우수하다. 이 잡지를 통해 좋은 과학이 예방적 태도와 어떻게 결합할 수 있는지를 확인할 수 있다. 환경연구재단은 환경 및 보건 문제와 관련한 편지 및 전화 문의에도 기꺼이 응한다. 그들은 시민과 기자들을 학계 및 운동가단체들과 연결해준다. 지난호들은 www.rachel.org에서 검색할 수 있다.

인터넷

웹사이트가 생겼다가 사라지는 속도 때문에 우리는 이 책에서 추천 사이트의 목록을 제공하지 않기로 했다. 그러나 미디어민주주의센터의 웹사이트에 추천할 만한 링크의 목록을 만들어 두었다. 다음 주소에서 확인할 수 있다. www.prwatch.org/links/index.html.

미디어민주주의센터(Center for Media and Democracy)

이 책은 비영리 단체 미디어민주주의센터의 계획 사업이다. 미디어민주주의센터는 정부와 산업계가 구사하는 은폐된 홍보 속임수를 찾아 보도하는 공익 추구 단체이다. 미디어 민주주의 센터는 계간지『홍보 감시 PR Watch』를 발행한다. 지난호들은 www.prwatch.org에서 검색할 수 있다.

미디어민주주의센터는 시민과 기자와 학자와 연구자들에게 정보를 제공한다. 단체의 활동 자금은 개인과 다른 비영리 조직들에서 나온다. 산업계의 후원금이나 정부 교부금은 일절 받지 않는다.『홍보 감시』를 구독하고 싶거나 더 자세히 알고 싶은 사항이 있다면 아래 주소로 연락하라.

Center for Media and Democracy
520 University Avenue, Suite #310
Madison, WI 53703
Phone (608) 260-9713
www.prwatch.org

옮긴이 후기

칼 마르크스는 한 사회의 지배적 사상은 지배 계급의 사상이라고 갈파한 바 있다. 물질적 생산 수단을 소유한 자가 정신적 생산 수단을 소유하고 있다고도 지적했다. 한국과, 이 책에서 검토되는 미국 사회를 포함하여 전 세계는 '자본주의'라고 하는 경제 제도 위에서 운영된다. 저자들은 이 자본주의의 바탕이 '기업'(corporation)이라고 하는 제도(institution)이자 조직(organization)인 산업(industry, 빈번하게 사용되지만 명확하게 정의되지는 않는다)이라고 믿고 있다. 그리하여 책의 부제도, "거대 기업(산업)과 전문가들은 어떻게 정보를 조작하는가?"이다.

제1부 기만의 시대에서는 홍보회사와 기업들이 어떻게 우리의 실재를 다시 만들고, 우리의 동의를 조작하며, 우리의 돈을 갈취하고, 나아가 우리의 삶까지 바꾸어 버리는지를 소름끼칠 정도로 자세하게 설명한다.

제2부 위험한 사업에서는 이윤 추구를 제1의 목표로 하는 기업의 산업 활동이 '민주주의'와 '정의'의 원리를 배신하면서 공동체의 안전에 위해를 가하고 그 미래까지도 저당 잡으려는 과정을 폭로한다. 특히, 사전 예방 대책과 관련된 6장의 논의는 독자들의 공분을 사기에 충분하다.

제3부 전문 지식 산업에서는 과학과 기술이 기업의 구미에 맞게 악용되는 사례들을 검토된다.

2006년 6월 17일
옮긴이

    인도의 작가 아룬다티 로이는 미국의 대외 정책에 대한 노엄 촘스키의 정치 비평이 왜 그렇게 상세하고 집요한지에 대해 의문을 제기한 바 있다. 그녀에게는 미국의 추악한 진실이 너무나도 분명하게 보였기 때문이리라. 물론 그녀 자신도 인정했듯이 거기에는 그만한 이유가 있다. 범죄의 내용에 대한 상세한 기소장이 필요하기 때문이다. 그리고 그 보고서를 작성하는 과정은 대안을 모색하는 방법이기도 하다. 이 책도 마찬가지이다. 존 스토버와 셸던 램튼은 자본주의 기업의 여론 조작이라는 범죄 행위를 상세하게 적시하며 기소장을 작성하는 수고를 기꺼이 떠맡았다.

    TV에 나와 거짓말을 일삼는 자들을 달려가서 패주고 싶었던 적이 한 번이라도 있을 것이다. 이 책은 가지각색의 교언과 추문을 폭로하고, 위선을 날카롭게 비판하고, 야바위꾼 및 기업에 고용된 전문가들과 진짜 전문가를 구별해 내는 방법을 우리에게 가르쳐 준다.

    그러나 주의 깊은 독자라면 저자들의 결론에서 한 발 더 나아갈지도 모르겠다. 자본주의적 방식으로 운영되는 산업이 '민주주의'와 '정의'의 원리를 파괴하면서 인류를 멸망에 빠뜨릴지도 모른다는 생각이 들 수도 있을 것이다. 그 대안이 저자들의 결론처럼 '풀뿌리 민주주의'에 기초한 개량과 야만적 자본주의를 '제어'하는 것이든 근본적으로 사회를 변혁하는 것이든 판단은 이 책을 다 읽은 독자들의 몫일 것이다.

후주

서문

1. Burson-Marsteller home page, <http://www.bm.com>, (September 27, 1999).
2. James Lindheim, "Restoring the Image of the Chemical Industry," *Chemistry and Industry*, no. 15, August 7, 1989, p. 491.

1장

1. Greg Miller and Leslie Helm, "MicrosoftTried to Grow 'Grass Roots,'" *Los Angeles Times*, April 10, 1998
2. Ibid.
3. "An Open Letter to President Clinton from 240 Economists on Antitrust Protectionism," the Independent Institute, June 1999.
4. Robert MacMillan, "240 Economists Slam U.S. for Antitrust Action," *Newsbytes*, June 2, 1999.
5. Joel Brinkley, "'Unbiased'Ads for Microsoft Came at a Price," *New York Times*, September 18, 1999, p. 1.
6. David J. Theroux, "Winners, Losers and Microsoft Strikes a Sensitive Nerve: Response to *New York Times* Article," Independent Institute news release, September 19, 1999, <http://Independent.org/tii/news/990919Theroux.html>, (July 25, 2000)
7. David Callahan, "The Think Tank As Flack," *Washington Monthly*, vol. 31, no. 11 (November 1, 1999), p. 21.
8. Robert Dilenschneider, keynote speech at Media Relations '98, Marriott Marquis Hotel, New York, Ny, April 27, 1998.
9. *Jack O'Dwyer's Newsletter*, vol. 31, no. 16 (April 22, 1998), p. 8.
10. Ben Wildavsky and Neil Munro, "Culture Clash," *National Journal*, vol. 30, no. 20 (May 16, 1998), p. 1102.
11. Mary Mosquera, "Spin Accelerates as Microsoft Trial Nears," *TechWeb News*, October 16, 1998.
12. Ted Bridis, Glenn Simpson, and Mylene Mangalindan, "When Microsoft's Spin Got Too Good,

Oracle Hired Private Investigators," *Wall Street Journal*, June 29, 2000, p. 1.

13. Mary Jo Foley, "Microsoft Still Considering Image Makeover Plan," *PC week online*, April 13, 1998.
14. David Coursey, "Microsoft's PR Effort Is Just Part of the Game," *PC Magazine Online*, April 10, 1998, <http://www.zdnet.com/zdnn/content/zdnn/0410/306168.html>, (July 25, 2000).
15. Robert Cwiklik, "Ivory Tower Inc.: When Research and Lobbying Mix," *Wall Street Journal*, June 8, 1998.
16. Annabel Ferriman, "An End to Health Scares?" *British Medical Journal*, vol. 319, September 11, 1999, p. 716.
17. "State Ags Investigate Healthcare PR Alliance," *O'Dwyer's PR Services Report*, October 1999, p. 1.
18. Mark Megalli and Andy Friedman, *Masks of Deception: Corporate Front Groups in America* (Essential Information, 1991), p. 82.
19. Bob Burton, "Sometimes the Truth Leaks Out: Failed PR Campaigns 'Down Under,'" *PR Watch*, vol. 4, no. 4 (Fourth Quarter 1997).
20. Merrill Rose, "Activism in the 90s: Changing Roles for Public Relations," *Public Relations Quarterly*, vol.36, no.3 (1991), pp.28-32.
21. Susan B. Trento, *The Power House: Robert Keith Gray and the Selling of Access and Influence in Washington* (New York: St. Martin's Press, 1992), p. 62.
22. Douglas Walton, *Appeal to Expert Opinion: Arguments from Authority* (University Park, PA: Pennsylvania State University Press, 1997), pp. 33-35.
23. Edward L. Bernays, *Public Relations* (Norman, OK: University of Oklahoma Press, 1952), pp. 163-164.
24. Jack O'Dwyer, "Hire a PR Firm to Get the Two 'I's'—Ink and Intelligence," *O'Dwyer's PR Services Report*, May 1997, p. 57.
25. Scott Cutlip, *The Unseen Power: public Relations: A history* (Hillsdale, NJ: Lawrence Erlbaum Associates, Inc., 1994), p. 210.
26. Brian Tokar, "The Wise Use Backlash: Responding to Militant Anti-Environmentalism," *The Ecologist*, vol. 25, no. 4 (1995), p. 151.
27. *Jack O'Dwyer's Newsletter*, vol. 31, no. 36 (September 16, 1998), p 8.
28. Neal Cohen, "Fine Tuning for Grassroots Effectiveness 1994," presentation to the Public Affairs

Council National Grassroots Conference, February 1994.

29. Jennifer Sereno, talk to the Madison, Wisconsin chapter of the Public Relations Society of America, March 26, 1998.
30. Martin A. Lee and Norman Solomon, *Unreliable Sources: A Guide to Detecting Bias in the Media* (New York, NY: Carol Publishing, 1991), p. 66.
31. Trento, p. 233.
32. Kevin E. Foley, "Ethics and Sigma are in 'VNR Cartel,'" O'Dwyer's PR Services Report, April 1993, p. 13.
33. Debra Hauss, "Ways to Save Money on VNRs," *PR Week*, July 19, 1999, p. 24.
34. Darren Bosik, "TV Stations Desire Health, Medical VNRs the Most," *O'Dwyer's PR Services Report*, April 1991, p. 12.
35. Ted Anthony, "Film Review—Thirteenth Floor," Associated Press, May 27, 1999.
36. Walter Lippmann, *Public Opinion* (New York, NY: Free Press Paperbacks, 1997), pp. 27-28.
37. Ibid., p. 10.
38 Ibld., pp. 41-42.
39. Ibid., pp. 19-20.
40. Ibld., p. 241
41. Ibid., p. 244.
42. Ibid., p. 251.
43. Ibld., p. 158.
44. "O'Dwyer's 1999 PR Buyer's Guide Celebrities," *O'Dwyer's PR Services Report*, January 1999, p. 42.
45. Gerard F. Anderson and Jean-Pierre Poullier, "Health Spending, Access, and Outcomes: Trends in Industrialized Countries," *Health Affairs*, Vol. 18, No. 3 (May-June 1999), pp. 178-192.
46. "PR Pros Are Among Least Believable Public Figures," *O'Dwyer's PR Services Report*, August 1999, p. 1.
47. Ibld.
48. Randall Rothenberg, "The Age of Spin," *Esquire*, December 1996, p. 71.

2장

1. Thomas L. Haskell, "Power to the Experts" (review of Burton J. Bledstein's *The Culture of Professionalism*), *New York Review of Books*, October 13, 1977.
2. *Chicago Times-Herald*, October 22, 1897; University of Chicago, *University Record*, II (October 22, 1897), pp. 246-249.
3. Howard S. Miller, *Dollars for Research: Science and Its Patrons in Nineteenth-century America*, (Seattle, WA: University of Washington Press, 1970), p. 184.
4. Stephen F. Mason, *A History of the Sciences* (New York, NY: Macmillan, 1962), p. 591.
5. Ibid., p. 142.
6. Quoted in David F. Noble, *The Religion of Technology* (New York, NY: Penguin Books, 1997), p. 204.
7. Quoted in Lewis A. Coser, *Men of Ideas: A Sociologist's View* (New York, NY: Free Press, 1970), pp. 28-29.
8. Frank Fischer, *Technocracy and the Politics of Expertise* (Newbury Park, CA: Sage Publications, Inc., 1990), pp. 67-68.
9. Coser, pp. 150-152.
10. E. H. Carr, *Studies in Revolution* (New York: Grossett and Dunlap, 1964), p. 2. Cited in Fischer, p. 69.
11. Howard P. Segal, *Technological Utopianism in American Culture* (Chicago: University of Chicago Press, 1985), pp. 62-63. Cited in Fischer, p. 69.
12. Fischer, p. 69.
13. Ibid., pp. 74-75.
14. H. H. Gerth and C. W. Mills, trans. and eds., *From Max Weber, Essays in Sociology* (New York: Oxford University Press, Inc., 1947), pp. 232-233. In Coser, p. 174.
15. V. I. Lenin, "The Immediate Tasks of the Soviet Government," In *Lenin: Selected Work* (New York: International Publishers, 1971), p. 417. In FIscher, p. 303.
16. Fischer, pp. 125, 306, 335.
17. Ibid., p. 132.
18. Ibid., p. 84.

19. Quoted from Ralph Chaplin In Howard Scott, *Science versus Chaos* (New York: Technocracy, Inc., 1933), foreword. In Fischer, p. 85.
20. Fischer, p. 86.
21. Frederick Lewis Allen, *Only yesterday* (New York, NY: Bantam Books, 1959), pp. 69, 140.
22. Scott Cutlip, *The Unseen Power: Public Relations: A History* (Hillsdale, NJ: Lawrence Erlbaum Associates, Inc., 1994), pp. 170-176.
23. Irwin Ross, *The Image Merchants: The Fabulous World of Public Relations* (Garden City, NY: Doubleday & Co., Inc., 1959), pp. 51-52.
24. Ibid., p. 61.
25. Ibid., p. 52.
26. Edward L. Bernays, *Propaganda* (New York: 1928), p. 9.
27. Richard Swift, "One-Trick Pony" (Interview with Stuart Ewen), *New Internationalist* 314 (July 1999), pp. 16-17.
28. Stuart Ewen, *PR! A Social History of Spin* (New York, NY: HarperCollins, 1996), pp. 9-10.
29. Bernays, *Crystallizing Public Opinion* (New York, NY: 1923), pp. 109, 122.
30. Ibid., p. 109.
31. Bernays, *Propaganda*, pp. 47-48.
32. Bernays, *Crystallizing Public Opinion*, p. 217.
33. Ibid., p. 122.
34. Cutllp, pp. 162-163.
35. Ibid., pp. 196-197.
36. "The Public Relations Counsel and Propaganda," *Propaganda Analysis* (Institute for Propaganda Analysis), August 1938, p. 62.
37. Cutlip, pp. 208-209.
38. Edward L. Bernays, *Biography of an Idea* (New York, NY: Simon and Schuster, 1965), p. 445.
39. Cutlip, p. 185.
40. Bernays, *Biography of an Idea*, p. 445.
41. Ibid., p. 446.
42. Ibid., p. 449.

43. Ibid., pp. 458-459.
44. Neil Baldwin, *Edison: Inventing the Century* (New York, NY: Hyperion, 1995), p. 396.
45. Cutlip, p. 207.
46. Bernays, *Biography of an Idea*, pp. 456-457.
47. Ibid., pp. 466, 468-472.
48. Ibid., p. 647.

3장

1. International Food Information Council, "How Americans Relate to Genetically Engineered Foods" (research report), September 14, 1992, pp. 1, 2.
2. Ibid., pp. 1, 4-5.
3. Ibid., p. 6.
4. Ibid., p. 13.
5. Ibid., p. 31, 32.
6. Libby Mikesell and Tom Stenzel, "Re: Refining the Dictionary" (memo to Biotech Research Core Team), International Food Information Council, October 28, 1992.
7. Robert Yongson, *Scientific Blunders: A Brief History of How Wrong Scientists Can Sometimes Be* (New York, NY: Carroll & Graf Publishers, Inc., 1998), p. 301.
8. "Television Show Spotlights Major PR Controversies," *O'Dwyer's PR Services Report*, April 1991, p. 62.
9. Ibid.
10. Randall Rothenberg, "The Age of Spin," *Esquire*, December 1996, p. 71.
11. Jack O'Dwyer, "Marketing is Perception—Not Truth," *Jack O'Dwyer's Newsletter*, vol. 25, no. 8 (February 19, 1992), p. 7.
12. Rothenberg, p. 71.
13. "Cutilp Tells of Heroes and Goals Encountered In 55-Year PR Career," *O'Dwyer's PR Services Report*, May 1991, p. 12.
14. Rothenberg, p. 76.
15. William Greider, *Who Will Tell the People: The Betrayal of American Democracy* (New York, NY:

Touchstone Books, 1992), p. 54.
16. James E. Lukaszewski, "When the Press Attacks: Should You Stonewall or Cooperate)" presentation at Media Relations '98, Marriott Marquis Hotel, New York, NY, April 27, 1998.
17. James E. Lukaszewski, "Face the Press: Media Training for Public Relations Professionals," presentation at Media Relations '98, Marriott Marquis Hotel, New York, NY, April 28, 1998.
18. Lukaszewski, "When the Press Attacks."
19. Lukaszewski, "Face the Press."
20. Ibid.
21. A news release based on the study is available at CSPI's website: <http://www.cspinet.org/nah/octfern.html>, (July 25, 2000).
22. PR Newswire, "Much Ado About Nothing—Sound Science Group Responds to the Latest CSPI Scare" (news release from The Advancement of Sound Science Coalition), February 21, 1996.
23. Ibid.
24. Bob Condor, "Dr. Robert Kushner" (Interview), *Chicago Tribune*, July 18, 1999, p. 3.

2부 들어가는 글

1. Peter Bernstein, Against the Gods: The Remarkable Story of Risk (New York, NY: John Wiley & Sons, 1998).
2. Matthew White, Atlas—Wars and Democide of the Twentieth Century, <http://users.erols.com/mwhite28/war-1900.htm>, (July 25, 2000).

4장

1. Rachel Scott, *Muscle and Blood* (New York, NY: E. P. Dutton & Co., 1974), p. 293.
2. David Rosner and Gerald Markowitz, "Worker's Health and Safety—Some Historical Notes," in Rosner and Markowitz (eds.), *Dying for Work: Worker's Safety and Health in Twentieth-Century America* (Bloomington, IN: Indiana University Press, 1987), p. xvii.
3. Marie H. Bias-Jones, "For Survivors of the Hawk's Nest Tunnel, It Was Just a Job," *Charleston Gazette*, August 7, 1996, p. 4.
4. Scott, p. 175.

5. Rosner and Markowitz, p. xvii.
6. Abid Aslam, "Environment: New Book Records Neglect by Union Carbide," Inter Press Service, May 2, 1990.
7. Robert D. Bullard, *Unequal Protection* (San Francisco, CA: Sierra Club Books, 1994). Quoted In Craig Fluorney, "In the War for Justice, There's No Shortage of Environmental Fights," *Dallas Morning News*, July 3, 1994, p. 8J.
8. James L. Weeks, "Deadly Dust" (book review), *Science*, vol. 256, no. 5053 (April 3, 1992), p. 116.
9. Scott, p. 175.
10. Ibid.
11. Ibid., p. 179.
12. Gerald Markowitz and David Rosner. "The Reawakening of National Concern About Silicosis," *public Health Reports*, vol. 113, no. 4 (July 17, 1998), p. 302.
13. "Preventing Silicosis and Death In Construction Workers," Centers for Disease Control and prevention. Cited in James E. Roughton and John C. Pierdomenico, "Crystalline Silica: The New Asbestos," *Professional Safety*, vol. 43, no. 5 (May 1998), pp. 12-13.
14. Gardiner Harris, "Dust, Deception and Death," *Courier-Journal* (Louisville, KY), April 19, 1998, p. 01K.
15. Jim Morris, "Silicosis: A Slow Death," *Houston Chronicle*, August 9, 1992, p. A1.
16. Ibid.
17. Quoted in Markowitz and Rosner, "The Reawakening of National Concern About Silicosis," p. 302.
18. David Rosner and Gerald Markowitz, *Deadly Dust: Silicosis and the Politics of Occupational Disease in Twentieth Century America* (Princeton, NJ: princeton University Press, 1991), p. 186.
19. Mark Savit, "Will Crystalline Silica Become the Next Asbestos?" *Aggman Online*, March and April 1997, <http://www.aggman.com/Pages/Agg397/Regulatlons397.html> & <http://www.aggman.com/Pages/Agg497/Opinion497.html>, (July 25, 2000).
20. Gerald Markowitz and David Rosner, "The Reawakening of National Concern About Silicosis," p. 302.
21. J. Paul Leigh, et al., "Occupational Injury and illness in the United States: Estimates of Costs,

Morbidity and Mortality," *Archives of Internal Medicine*, July 28, 1997, pp. 1357-1358.

22. William Serrin, "The Wages of work," *The Nation*, vol. 252, no. 3 (January 28, 1991), p. 80.

23. David Kotelchuck, "Asbestosis—Science for Sale," *Science for People*, v. 7, no. 5 (September 1995), p. 10.

24. Jim Morris, "Worked to Death," *Houston Chronicle*, October 9, 1994, p. A1.

25. Scott, p. 199.

26. David F. Noble, "The Chemistry of Risk," *Seven Days*, vol. 3, no. 7 (June 5, 1979), p. 24.

27. Ibid., p. 25.

28. Quoted in Scott, p. 40.

29. Scott, p. 41.

30. Serrin, p. 80.

31. William Graebner, "Hegemony Through Science: Information Engineering and Lead Toxicology, 1925-1967," in Rosner and Markowitz (eds.), *Dying for Work: Workers' safety and health in Twentieth-century America* (Bloomigton, IN: Indiana University Press, 1987), p. 143.

32. David Rosner and Gerald Markowitz, "'A Gift of God'? The Public Health Controversy Over Leaded Gasoline In the 1920s," in Rosner and Markowitz, *Dying for Work*, p. 125.

33. Ibid., p. 128.

34. Ibid., p. 125.

35. Ibid., pp. 123-130.

36. Quoted in *Rachel's Environment & Health Weekly*, no. 539 (March 27, 1997).

37. Rosney and Markowitz, "'A Gift of God'?" p. 131.

38. Ellen Ruppel Shell, "An Element of Doubt: Disinterested Research Casts Doubt on Claims that Lead Poisoning from Paint is Widespread Among American Children," *Atlantic Monthly*, vol. 276, no. 6 (Dec. 1995), p. 24.

39. Deborah Baldwin, "Heavy Metal," *Common Cause Magazine*, Summer 1992.

40. William Graebner, "Hegemony Through Science: Information Engineering and Lead Toxicology, 1925-1965," in Rosner and Markowitz, *Dying for Work*, p. 147.

41. Baldwin.

42. Ellen M. Perlmutter, "Pitt Scientist Prevails Over Lead, Critics, Wins $250,000 Heinz Award,"

Pittsburgh Post-Gazette, 12/1/95, p. A1.

43. Baldwin.

44. Ibid.

5장

1. Karwoski and Courage Public Relations, "Karwoski & Courage—A Fable," <http://www.creativepr.com/fable.html>, (July 25, 2000).

2. "Clear Thinking in Troubled Times" (Shell newspaper ad), quoted in "Clear Thinking," Moneyclips, November 21, 1995.

3. Andy Rowell, "Shell Shocked: Did the Shell Petroleum Company Silence Nigerian Environmentalist Ken Saro-Wiwa?" *The Village Voice*, November 21, 1995, p. 21.

4. Polly Ghazi, "Shell Refused to Help Saro-Wiwa Unless Protest Called Off," *The Observer* (London), November 19, 1995, p. 1.

5. Thomas Buckmaster, "Defusing Sensitive Issues Through Risk Communication," presentation at the Public Affairs Council's National Grassroots Conference for Corporate and Association Professionals, Key West, Florida, February 9-13, 1997. Quoted in PR Watch, vol. 4, no. 1 (first quarter 1997).

6. Daniel E. Geer, "Risk Management Is Where the Money Is," presentation to the Digital Commerce Society of Boston, November 3, 1998.

7. Ian Stewart, "Playing with Numbers," *Guardian* (London), March 28, 1996.

8. C. R. Cothern, W. A. Coniglio and W. L. Marcus, "Estimating Risk to Human Health," *Environmental Science and Technology*, vol. 20 (February 1986), p. 111.

9. Peter Montague, "The Waning Days of Risk Assessment," *Rachel's Environment and Health Weekly*, no. 652 (May 27, 1999).

10. David F. Noble, "Cost-Benefit Analysis," *Health/PAC Bulletin*, vol. 11, no. 6 (July/August 1980), p. 27.

11. Ibid., p. 30.

12. H.W. Lewis, Technological Risk (New York, NY: W.W. Norton & Co., 1990), pp. 43-45.

13. Ibid., pp. 45, 41.

14. Ibid., pp. 26, 48.

15. Peter Sandman, "Speak Out: When Outrage Is a Hazard," essay on the Qest Consulting Group website, <http://www.qest.com.au/downloads/speakout.doc>, (July 25, 2000).
16. Suketu Mehta, "After Bhopal: What Does It Mean to Take 'Moral Responsibility' for a Disaster?" *Village Voice*, December 10, 1996, p. 74. See also Wilbert Lepkowski, "Ten years Later: Bhopal," *Chemical & Engineering News*, December 19, 1994, pp. 8-18.
17. Fink, pp. 169-170.
18. Geoffrey Bennet, *By Human Error: Disaster of a Century* (London: Seeley, Service, 1961), p. 144.
19. Carl Sagan, "Gailleo: To Launch or Not to Launch," October 9, 1989, <http://www.jpl.nasa.gov/cassini/rtg/sagan.htm>, (July 25, 2000).
20. Mark Carreau, "10 Years After Challenger, NASA Feels Shuttle Safety Never Better," Houston Chronicle, January 19, 1996, p. 1, <http://chron.com/content/chronicle/page1/96/01/21/shuttle.html>, (July 27, 2000).
21. "Crisis Busters," *PR Week*, May 17, 1999, p. 16.
22. Ibid., p. 17.
23. Gray Lewi, "How to Polish a Tarnished Reputation," presentation at Media Relations '98, Marriott Marquis Hotel, New York, NY, April 27, 1998.
24. Steve Crescenzo, "Fighting a Blitzkrieg: PR Firms Representing Swiss Authorities Find Themselves in a Foxhole," *Public Relations Tactics*, vol. 4, no. 7 (July 1997), pp. 1, 12.
25. *Public Relations Tactics*, November 1995.
26. Kathleen Fearn-Banks, *Crisis Communications: A Casebook Approach* (Mahwah, NJ: Lawrence Erlbaum Associates, 1996), pp. 149-150.
27. Larry Dobrow, "Got a Plan? H&K CD-ROM Simulates Crisis Exercise," PR Week, April 12, 1999, p. 5.
28. Larry Kamer, "Crisis Drill: Testing Your Company Before Disaster Strikes," presentation at Media Relations '98, Marriott Marquis Hotel, New York, NY, April 27, 1998.
29. Paul Holmes, "This Is a Drill," Reputation Management, May/June 1997, pp. 17-28.
30. Ibid., p. 27.

6장

1. Charles Campbell, "Crisis Plan's Leak Smudges Clorox," *Los Angeles Times*, May 14, 1991, p. 9D.
2. Hank Baughman and Patty Tascarella, "Ketchum—Winning in the Age of Zapping," *Executive Report*, vol. 10, no. 5 (January 1992), sec. 1, p. 16.
3. Carolyn Raffensperger and Joel Tickner, eds., Protecting public Health and the Environment: Implementing the Precautionary Principle (Washington, D.C.: Island Press, 1999), p. 1.
4. Jean Halloran, "Re: Beef Hormones," May 27, 1999, personal e-mail to John Stauber.
5. Frederick Kirschenmann, "The Organic Rule: Risk Assessment vs. the Precautionary Principle," February 10, 1998, <http://www.pmac.net/nosfk5.htm>, (July 25, 2000).
6. Ibid.
7. Gregory Bond, Ph.D., M.P.H., "In Search of Balance Between Science and Societal Concerns in Shaping Environmental Health Policy," a presentation at the First Annual Isadore Bernstein Symposium, "Environmental Health Policy: Whither the Science?" March 12, 1999, University of Michigan School of Public Health, Ann Arbor, MI.
8. John O. Mongoven, "The Precautionary Principle," *eco.logic*, March 1995, pp. 14-16. *eco.logic* is a publication of the Environmental Conservation Organization, Hollow Rock, TN.
9. Ibid.
10. "MBD Profile," Mongoven, Blscoe & Duchin (undated).
11. "MBD—A Brief Description," Mongoven, Biscoe & Duchin (undated).
12. "Core Issues Monitored by MBD," Mongoven, Biscoe & Duchin (undated).
13. "MBD—A Brief Description."
14. "Table of Contents of Each Organizational Profile," Mongoven, Biscoe & Duchin (undated).
15. Bartholomew Mongoven, Letter to the Wilderness Society, Sydney, Australia, January 25, 1995.
16. Samantha Sparks, "South Africa: U.S. Clergy Group Linked to Shell Oil," Inter Press Service, October 7, 1987. See also "Ex-Nestlé Firm Goes Bankrupt," *O'Dwyer's PR Services*, November 1990, p. 1.
17. Alan Guebert, "Pork Battles: Pork Groups Pays Firm to 'Monitor' Other Ag Groups Using Checkoff Money," *The Pantagraph* (Bloomington, IL), February 9, 1997, p. E4.
18. "MBD Update and Analysis: Confidential For: Chlorine Chemistry Council," Mongven, Biscoe &

Duchin, May 18, 1994, p. 2.

19. "MBD Issue Research and Analysis: Activists and Chlorine in August," Mongven, Biscoe & Duchin,1994, pp. 1-2.

20. Ibid., pp. 1-4.

21. Ibid., pp. 5-6.

22. There are some 75 different types of dioxin, however, with varying levels of toxicity.

23. Lesile Roberts, "Flap Erupts Over Dioxin Meeting," *Science*, vol. 251, no. 4996 (February 22, 1991), p. 866.

24. "MBD Update and Analysis," p. 6.

25. Gordon Graff, "The Chlorine Controversy," *Technology Review*, vol. 98, no. 1 (January 1995), p. 54.

26. American Public Health Association, Policy Statement 9304, "Recognizing and Addressing the Environmental and Occupational Health Problem Posed by Chlorinated Organic Chemicals," *American Journal of Public Health*, vol. 84, no. 3 (March 1994), pp. 514-515. Quoted in *Rachel's Environment & Health Weekly*, no. 495, May 23, 1996.

27. Theo Colborn, Dianne Dumanoski, and John Peterson Myers, *Our Stolen Future: Are We Threatening Our Fertility, Intelligence, and Survival?—A Scientific Detective Story* (New York, NY: Dutton Books, 1996), pp. 155, 210.

28. Ibid., p. 218.

29. "Exposure to Environmental Chemicals: PR Hype or Public Health Concern," debate between Elizabeth Whelan, Peter Myers, and Theo Colborn, sponsored by Environmental Media Services, June 12, 1996.

30. Jack Mongoven, "Re: MBD Activist Report for August," memorandum to Clyde Greenert and Brad Lienhart, September 7, 1994.

31. "Summary of MBD Recommendations to CCC, August 1994," Mongoven, Biscoe & Duchin, p. 2.

32. Devra Lee Davis et al., "International Trends In Cancer Mortality in France, West Germany, Italy, Japan, England and Wales, and the USA," *Lancet*, vol. 336, no. 8713 (August 25, 1990), pp. 474-481.

33. Devra Lee Davis, Capitol Hill Hearing Testimony on Use of Estrogenic Pesticides and Breast Cancer, U.S. Congress Subcommittee on Health and the Environment, October 21, 1993.
34. Karen Wright, "Going by the Numbers," *New York Times*, December 15, 1991, section 6, p. 59.
35. Devra Lee Davis et al., "Medical Hypothesis: Xenoestrogens as Preventable Causes of Breast Cancer," *Environmental Health Perspectives*, vol. 101, no. 3 (October 1993), pp. 372-377.
36. Gayle Greene and Vicki Ratner, "A Toxic Link to Breast Cancer?" *The Nation*, vol. 258, no. 24 (June 20, 1994), p. 866.
37. Michael Castleman, "Despite Mounting Evidence," *Mother Jones*, no. 3, vol. 19 (May 1994), p. 33.
38. Mary S. Wolff et al., "Blood Levels of Organochlorine Residues and Risk of Breast Cancer," *Journal of the National Cancer Institute*, vol. 85, no. 8 (April 21, 1993), pp. 648-672.
39. F. Laden and D. J. Hunter, "Environmental Risk Factors and Female Breast Cancer," *Annual Review of public Health*, vol. 19 (1998), pp. 101-123. See also N. Krieger et al., "Breast Cancer and Serum Organochlorines: A Prospective Study Among White, Black, and Asian Women," *Journal of the National Cancer Institute*, vol. 86, no. 8 (April 20, 1994), pp. 589-599.
40. E. J. Feuer et al., "The Lifetime Risk of Developing Breast Cancer," *Journal of the National Cancer Institute*, vol. 85, no. 11 (June 2, 1993), pp. 892-897. Lezak Shallat, "Up in Arms Over Breast Cancer," *Women's Health Journal*, January 1995, p. 31.
41. Davis, Capitol Hill Hearing Testimony.
42. Ibid.
43. Michele Landsberg, "Breast Cancer Battle Now Focuses on Deadly Chemicals," *Toronto Star*, July 20, 1997, p. A2.
44. Wright, "Going by the Numbers."
45. Michelle Slatalla, "The Lagging War on Breast Cancer," Newsday, October 3, 1993, p. 4.
46. Peter H. Stone, "From the K Street Corridor," National journal, vol. 26, no. 51-52 (December 17, 1994), p. 2975.
47. Peter H. Stone, "Back Off!" *National journal*, vol. 26, no. 45 (December 3, 1994), p.2840
48. Allison Lucas, "Health Studies Raise More Questions in Chlorine Dispute," *Chemical Week*, December

21, 1994, p. 26.
49. Joseph Walker, "Gender-Bending Chemicals," Quill, October 1996, FACSNET, <http://www.facsnet.org/tools/nbgs/a__thru__h/g/genderben.php3>, (July 25, 2000).
50. "MBD Update and Analysis," p. 10.
51. "Summary of MBD Recommendations to CCC," p. 3.
52. "Koch Hit With Record Fine for Pipeline Spills in Six States," *Octane week*, January 24, 2000.
53. ex femina, The Newsletter of the Independent Women's Forum, special edition (May 1999), Washington, DC.

7장

1. Alastair Thompson, "A Conversation with Robert Shapiro," State of the World Forum, October 28, 1998, <http://www.worldforum98.org/technology/artic le__shapiro2.html>, (October 30, 1998).
2. Pennie Taylor, "Smear Campaign Fails to Silence Scientist Who Spilled GM Beans," *Sunday Herald* (Scotland), May 23, 1999, p. 7.
3. B. G. Hammond, J. L. Vicini, G. F. Hartnell, et al., "The Feeding Value of Soybeans Fed to Rats, Chickens, Catfish and Dairy Cattle Is Not Altered by Genetic Incorporation of Glycophosphate-Tolerance," *Journal of Nutrition*, no. 126 (1996), pp. 717-727.
4. Arpad Pusztai, "SOAEFD Flexible Fund Project RO 818: Report of the Project Coordinator on Data Produced at the Rowett Research Institute (RRI), October 22, 1998, <http://www.rri.sari.ac.uk/gmo/ajp.htm>, (July 25, 2000).
5. Liane Clorfene-Casten, "FrankenFoods: Monsanto Engineers the Farming Biz," *Conscious Choice: The Journal of Ecology and Natural Living*, vol. 12, no. 5 (May 31, 1999), pp. 48-49.
6. Alan Rimmer, "I Have Been Crucified, Says Dr. Arpad Pusztai," *Sunday Mirror*, February 21, 1999, p. 7.
7. Ibid.
8. Arpad Pusztai, "Reply," December 9, 1999, personal e-mail to Sheldon Rampton.
9. Nigel Hawkes, "Scientist's Potato Alert Was False, Laboratory Admits," *The Times* (London), August 13, 1998.
10. Arpad Pusztal, "Your Book," November 23, 1999, personal e-mail to Sheldon Rampton.

11. Euan McColm, "Doctor's Monster Mistake," *Scottish Daily Record & Sunday Mail*, October 13, 1998, p. 6.
12. Charles Arthur, "The Strange Case of the Rats, the 'Cover-up' and a Political Hot Potato," *The Independent* (London), February 16, 1999. p. 3.
13. Charles Clover and Aisling Irwin, "Heartfelt Fears of the Whistleblower Who Spilled the Beans over GM," *The Daily Telegraph* (London), June 10, 1999, p. 4.
14. Christopher Leake and Lorraine Fraser, "Scientist in Frankenstein Food Alert Is Proved Right," Mail on Sunday, January 31, 1999, p. 20. Euan McColm, "Doctor's Monster Mistake," *Scottish Daily Record & Sunday Mail*, October 13, 1998, p. 6.
15. Pennie Taylor, "GM Food Feud Comes to the Boil," Sunday Herald (Scotland), March 14, 1999, p. 3.
16. Ibid., and Charles Clover and Aisling Irwin, "Heartfelt Fears of the Whistleblower Who Spilled the Beans over GM," *The Daily Telegraph* (London), June 10, 1999, p. 4.
17. Geoffrey Lean, "How I Told the Truth and Was Sacked," *The Independent* (London), March 7, 1999, p. 11.
18. Christopher Leake, "Minister Blackened My Name Says Doctor," *Mail on Sunday* (London), February 14, 1999, p. 5.
19. Taylor, "Smear Campaign."
20. Sarah Ryle, "Food Furor: The Man With the Worst Job in Britain," *The Observer* (London), February 21, 1999, p. 13.
21. Howard J. Lewis, "Science Journalism Around the World: Vive la Difference!" *ScienceWriters* (newsletter of the National Association of Science Writers), vol. 48, no. 2 (Summer 1999), p. 12.
22. Ziauddin Sardar, "Loss of Innocence: Genetically Modified Foods," *New Statesman* (UK), No. 4425, vol. 129 (February 26, 1999), p. 47.
23. Tom Rhodes, "Bitter Harvest," *Sunday Times* (London), August 22, 1999.
24. Marian Burros, "Additives in Advice on Foods?" *New York Times*, November 15, 1995, p. C1.
25. James C. Barr and E. Linwood Tipton, letter to Mary Jane Wilkinson, February 8, 1996.
26. Dairy Coalition, "Dairy Coalition Has Meeting, Heated at Times, with *USA Today*" (memorandum),

February 9, 1996.

27. Dairy Coalition, "Making Headway with the Media" (memorandum), february 23, 1996.
28. Ibid.
29. For further documentation of this point, see Larry Lebowitz, "Hormone-Free Milk? There's No Guarantee," *Fort Lauderdale Sun-Sentinel*, April 4, 1998, p. 1A.
30. Jennifer Nix, "Hard-Hltting TV News Hard to Get on Air," Variety, April 20-26, 1998, p. 5.
31. "Improving on Mother Nature?" Consumer Reports, vol. 60, no. 7 (July 1995), p. 480.
32. Michael Pollan, "Playing God in the Garden," *The New York Times Magazine*, O October 25, 1998.
33. Phil Bereano and Florian Kraus, "The Politics of Genetically Engineered Foods: The United States Versus Europe," *Loka Alert* vol. 6, no. 7 (November 22, 1999), Loka Institute, Amherst, MA.
34. Clive James, "ISAA Briefs: Global Review of Commercialized Transgenic Crops," 1998, Ag Biotech InfoNet, <http://www.biotech-lnfo.net/isaaa__briefs.html>, (July 25, 2000). See also Paul Jacobs, "Protest May Mow Down Trend to Alter Crops: Public Outcry Over Genetically Modified Foods Has the U.S. Agriculture Industry Backpedailng," *Los Angeles Times*, October 5, 1999; and Frank Mitsch, *Ag Biotech: Thanks, But No Thanks?* Deutsche Banc, July 12, 1999, p. 20.
35. "Greenwar" (editorial), *Wall Street journal*, August 11, 1999.
36. John Vidal and David Hencke, "Genetic Food Facing Crisis," *The Guardian* (London), November 18, 1998.
37. Geoffrey Lean, "GM Foods—Victory for Grassroots Action," *The Independent* (London), May 3, 1999.
38. Quoted in Bereano and Kraus, "The Politics of Genetically Engineered Foods: The United States Versus Europe."
39. "Let the Harvest Begin" (attachment to a letter from Donald B. Easum of Global Business Access Ltd. on behalf of Monsanto), May 1998.
40. Claudia Parson, "Aid Agencies Say Biotechnology Won't End Hunger," Reuters, September 1998.
41. Charles Benbrook, "Evidence of the Magnitude and Consequences of the Roundup Ready Soybean Yield Drag from University-Based Varietal Trials in 1998," Ag BioTechInfoNet Technical Paper Number 1, July 13, 1999, <http: //www.biotech-info.net/RR__yield__drag__98.pdf>, (July 25, 2000).
42. "Playing God in the Garden," *New York Times*, October 25, 1998.

43. "Allergies to Transgenic Foods" (editorial), *New England Journal of Medicine*, vol. 334, no. 11 (March 14, 1996), p. 726.
44. "Playing God in the Garden," *New York Times*, October 25, 1998.
45. Mary Challender, "Sufferers Hope to Get Word Out on L-Tryptophan Illness," *Des Moines Register*, October 12, 1993.
46. Ibid.
47. Arthur N. Mayeno et al., "Characterization of 'Peak E,' a Novel Amino Acid Associated with Eosinophilia-Myalgia Syndrome," *Science*, vol. 250, no. 4988 (December 21, 1990), pp. 1707-1708
48. Verlyn Klinkenborg, "Biotechnology and the Future of Agriculture," *New York Times*, December 8, 1997.
49. Statement delivered by Julian Edwards, Director General, Consumers International, before the Codex Committee on Food Labeling, 26th Session, Ottawa, Canada, May 26-29, 1998.
50. Karen Charman, "America for Sale: Destruction of the Heartland," unpublished master's thesis, 1994 (updated).
51. "New Study Backs Up Biotech Fears," Inter Press Service, September 4, 1998.
52. Carol Kaesuk Yoon, "Squash with Altered Genes Raises Fears of 'Superweeds,'" *New York Times*, November 3, 1999.
53. Terence Corcoran, "Attack of the Tomato Killers," *Financial Post* (Canada), May 8, 1999, p. C7.
54. David Barboza, "Biotech Companies Take On Critics of Gene-Altered Food," *New York Times*, November 12, 1999, p. 1.
55. "Greenwar" (editorial), *Wall Street Journal*, August 11, 1999.
56. Andy Coghlan and Kurt Kleiner, "Spud U Dislike," *New Scientist*, September 15, 1998, <http://www.newscientist.com/ns/980815/nspuds.html>, (July 25, 2000).
57. "Monster Mash," *New Scientist*, February 20, 1999, <http://www.newscientist.com/nsplus/insight/gmworld/gmfood/gmnews62.html>, (July 25, 2000).
58. Scott Kilman, "Food Fright: Bioteth Scare Sweeps Europe, and Companies Wonder If U.S. Is Next," *Wall Street Journal*, October 7, 1999, p. A1.
59. "Biotech Crops Gain Favor on the Farm: Controversy Abroad Hasn't Slowed Planting," St. Louis post-Dispatch, May 23, 1999. "U.S. Agriculture Loses Huge Markets Thanks to GMOs," *Reuters*,

March 3, 1999.

60. Rick Weiss, "Food War Claims Its Casualties," *Washington Post*, September 12, 1999, p. A1.

61. Testimony of Tim Hume, board member of the National Corn Growers Association, before the Senate Agriculture Committee, October 7, 1999.

62. Jim Ostroff, "Genetically Modified Foods: Peril or Premise? U.S. Fight Over Bioengineering Starting to Take Shape in Congress, in Stores, and in the Minds of Consumers," *Supermarket News*, October 25, 1999.

63. A. Birch et. al., "Interactions Between Plant Resistance Genes, Pest Aphid Populations and Beneficial Aphid Predators," 1996/1997 Scottish Crop Res. Inst. Annual Report, Dundee, pp. 58-72; A. Hilbeck et al., "Effects of Transgenic Bacillus thuringiensis Corn-Fed Prey on Mortality and Development Time of Immature Chrysoperla carnea (Neuroptera: Chrysopidae)," Environmental Entomology no. 27 (1998), pp. 480-487. Deepak Saxena, Saul Flores, and G. Stotzky "Transgenic Plants: Insecticidal Toxin in Root Exudates from Bt Corn," Nature, no. 402 (December 2, 1999), p. 480.

64. John Frank, "Field of Bad Dreams," *PR Week*, July 5, 1999, p. 17.

65. "Butterflies and Bt Corn Pollen: Lab Research and Field Realities." Monsanto position paper, Feburay 15, 2000.

66. Biotechnology Industry Organization, "Scientific Symposium to Show No Harm to Monarch Butterfly" (news release), November 2, 1999.

67. Robert Steyer, "Scientists Discount Threat to Butterflies from Altered Corn," *St. Louis Post-Dispatch*, November 2, 1999, p. A5.

68. Rebecca Goldburg, "Industry Manipulation of Research Results on Bt Corn and Monarchs," November 4, 1999, e-mail to distribution list.

69. Carol Kaesuk Yoon, "No Consensus on the Effects of Engineering on Corn Crops," *New York Times*, November 4, 1999.

70. David Barboza, "Biotech Companies Take on Critics of Gene-Altered Foods," *New York Times*, November 12, 1999, p. 1.

71. Camillo Fracassini, "Food Row: Scientist 'sacked' Over Data Mistake," *The Scotsman*, August 13, 1998, p. 1.

72. Robin McKie, "Why Britain's Scientific Establishment Got So Ratty with This Gentle Boffin," *The Observer*, October 17, 1999, p. 10.

73. Laurie Flynn and Michael Sean Gillard, "Pro-GM Food Scientist "Threatened Editor,'" *The Guardian* (London), November 1, 1999.

74. "BetterFoods.org—Who We Are," <http://betterfoods.org/memlist.htm>, (July 25, 2000).

75. 1999 O'Dwyer's Directory of Public Relations Firms (New York, NY: J. R. O'Dwyer Co., 1999) lists all clients but Philip Morris, who is listed in 1999 *Washington Representatives* (New York, NY: Columbia Books, Inc., 1999).

76. Telephone Interview by Karen Charman with Brian Sansoni, October 27, 1999.

77. Stephen Rouse, "GM Scientist Defends Himself on Internet," *Aberdeen Press and Journal*, June 14, 1999, p. 2.

78. Jose L. Domingo, "Health Risks of GM Foods: Many Opinions but Few Data," *Science*, vol. 288 (June 9, 2000), pp. 1748-1749.

3부 들어가는 말

1. Elizabeth MacDonald and Scot J. Paltrow, "Merry-Go-Round: Ernst & Young Advised the Client, but Not About Everything," *Wall Street Journal*, August 10, 1999, p. A1.

2. Ibid.

3. See Brian Martin, *Confronting the Experts* (Albany, NY: State University of New York Press, 1996), pp. 5, 175-176.

8장

1. Robert N. Proctor, *Cancer War: How Politics Shapes What We Know and Don't Know About Cancer* (New York, NY: Basic Books, 1995), p. 9.

2. Frank Wolfs, "Appendix E: Introduction to the Scientific Method," <http://teacher.nsrl.rochester.edu/phy_labs/AppendixE/AppendixE.html>, (July 25, 2000).

3. Gordon D. Hunter, *Scrapie and Mad Cow Disease* (New York: Vantage Press, 1993), pp. 25-25.

4. "Peer Review: Reforms Needed to Ensure Fairness in Federal Agency Grant Selection," General Accounting Office, June 24, 1994, GAO/PEMD-94-1.

5. Horace Freeland Judson, "Structural Transformations of the Sciences and the End of Peer Review," *Journal of American Medical Association*, no. 272 (July 13, 1994), pp. 92-94.

6. Richard Smith, "Peer Review: Reform or Revolution?" *British Medical Journal*, no. 315 (1997), pp. 759-760.

7. David Hanners, "Scientists Were Paid to Write Letters: Tobacco Industry Sought to Discredit EPA Report," *St. Louis Pioneer Dispatch*, August 4, 1998.

8. Ibid.

9. Charles Ornstein, "Fen-phen Maker Accused of Funding Journal Articles," *Dallas Morning News*, May 23, 1999, p. 1A.

10. Ibid.

11. Robert Bell, *Impure Science: Fraud, Compromise and Political Influence in Scientific Research* (New York, NY: John Wiley & Sons, Inc., 1992), pp. 190-219.

12. Jerry H. Berke, "Living Downstream" (book review), *New England Journal of Medicine*, no. 337 (1997), p. 1562.

13. Nate Blakeslee, "Carcinogenic Cornucopia," *Texas Observer*, January 30, 1998.

14. "Medical Journal Apologizes for Ethics Blunder," *Washington Post*, December 28, 1997.

15. Sheldon Krimsky et al., "Scientific Journals and Their Authors' Financial Interests: A Pilot Study," *Psychother Psychosom*, vol. 67, nos. 4-5 (July-October 1998), pp. 194-201.

16. Lisa A. Bero, Alison Galbraith, and Drummond Rennie, "The Publication of Sponsored Symposiums in Medical Journals," *New England Journal of Medicine*, vol. 327, no. 16 (October 15, 1992), pp. 1135-1140.

17. Cynthia Crossen, *Tainted Truth: The Manipulation of Fact in America* (New York: Simon & Schuster, 1994), pp. 183-184.

18. David Shenk, "Money+Scienfe=Ethics Problems On Campus," *The Nation*, March 22, 1999, p. 14.

19. David Ozonoff, "The Political Economy of Cancer Research," *Science and Nature*, no. 2 (1979), p. 15.

20. Percy W. Bridgman, *Reflections of a Physicist* (New York: Philosophical Library, Inc., 1950), pp. 294-296, 299-300. Quoted in Lewis A. Coser, *Men of Ideas: A Sociologist's View* (New York, NY:

Free press, 1970), pp. 300-301.

21. Stephen Hilgartner, Richard C. Bell, and Rory O'Conner, Nukespeak: *The Selling of Nuclear Technology in America* (New York, NY: Penguin Books, 1983), pp. 25-35.

22. Coser, p. 306.

23. Ibid., p. 308.

24. Quoted in Susan Lederer, remarks at AAAS symposium on Secrecy in Science, MIT, Cambridge, MA, March 29, 1999.

25. Alvin M. Weinberg, "Social Institutions and Nuclear Energy," *Science*, vol. 177, no. 4043, July 7, 1972, p. 34. Quoted in Hilgartner, p 58.

26. J. Gustave Speth, Arthur R. Tamplin, and Thomas B. Cochran, "Plutonium Recycle: The Fateful Step," *Bulletin of the Atomic Scientists*, vol. XXX, no. 9, November 1974, p. 20. Quoted in Hilgartner, p. 58. The half-life of plutonium, by the way, is 24,400 years.

27. *New York Times*, May 20, 1948, p. 2. Cited in Hilgartner, p 101.

28. World Health Organization (WHO), *Mental Health Aspects of the Peaceful Uses of Atomic Energy*, Report of a Study Group, Technical Report Series no. 151, Geneva, 1958, p. 6. Also annex 1, "Statement of the Sub-committee on the Peaceful Uses of Atomic Energy of the World Federation for Mental Health, approved by the 25th Meeting of the Executive Board of the WFMH, London, 8-12 February 1957," pp. 47-48. Quoted in Hilgartner et al., p. 102.

29. Ibid., p. 31.

30. Ibid., pp. 31, 33.

31. Hilgartner, p. 103.

32. Ritchie Calder, *Living With the Atom* (Chicago: The University of Chicago Press, 1962), pp. 24-25. Quoted in Hilgartner et al., p. 103.

33. Dorothy Nelkin, *Science As Intellectual Property: Who Controls Scientific Research?* (New York, NY: Macmillan Publishing Co., 1984), pp. 85-86.

34. George Rathjens, "The Role of the Scientist in Military Preparedness," from Warfare in the 1990s (conference proceedings), October 1981, <http://itest.slu.edu/dloads/80s/warfare.txt>, (July 25, 2000).

35. Theodore H. While, "The Action Intellectuals," *Life*, June 9, June 16, June 23, 1967. Cited in

Frank Fischer, *Technocracy and the Politics of Expertise* (Newbury Park, CA: Sage Publications, Inc., 1990), p. 152.

36. "U.S. Expenditures for Research and Development by Source of Funds and Performer," *Wall Street Journal Almanac 1999* (New York, NY: Ballantine Books, 1998), p. 363.

37. Dorothy Nelkin, Science As Intellectual Property: Who Controls Scientific Research? (New York, NY: Macmillan Publishlng Co., 1984), pp. 18-21.

38. "Industry Trends in Research Support and Links to Public Research," National Science Board, 1998, <http://www.nsf.gov/pubs/1998/nsb9899/nsb9899.html>, (July 25, 2000).

39. Melissa B. Robinson, "Medical School Faculty Say Budget Cuts Are Hurting Teaching," Associated Press, May 19, 1999.

40. Carl Irving, "UC Berkeley's Experiment in Research Funding," National Crosstalk, Fall 1999, <http://www.hishereducation.org/crosstalk/ct1099/news 1099-berkeley.html>, (July 25, 2000).

41. Ibid.

42. Remarks by Laura Nader, delivered at AAAS symposium on Secrecy in Science, MIT, Cambridge, MA, March 29, 1999, <http://www.aaas.ors/spp/secrecy/prese nts/nader.htm>, (July 25, 2000).

43. "Special Report: What Happens When Universities Become Businesses?" (Research Corporation Annual Report, 1997), p. 6.

44. Remarks by Martin Michaelson, delivered at AAAS symposium on Secrecy in Science, MIT, Cambridge, MA, March 29, 1999 <http://www.aaas.ore/spp/secrecy/presents/michael.htm), (July 25, 2000).

45. Letter from Arthur Bueche to S. Dedijer, quoted in S. Dedijer, "Management Intelligence and Secrecy Management," in Manfred Schmutzer, *Technische Innovation* (Wien: Interdisziplinares Forschungszentrum, 1979), p. 119.

46. David Blumenthal et al., "Withholding Research Results in Academic Life Science," *Journal of American Medical Association*, vol. 277, no. 15 (April 16, 1997).

47. Drummond Rennie, "Thyroid Storm" (editorial), *Journal of American Medical Association*, vol. 277, no. 15 (April 16, 1997), p. 1242.

48. Ibid.

49. Shenk, pp. 11-12.

50. Robert Lee Hotz, "Secrecy Is Often the Price of Medical Research Funding," *Los Angeles Times*, May 18, 1999, p. A-1.
51. Richard A. Knox, "Disclosure Fight May Push Doctor Out of Occupational Health Field," *Boston Globe*, May 22, 1999, p. B5.
52. Richard A. Knox, "Science and Secrecy," Boston Globe, March 30, 1999, p. A3.
53. "Special Report: What Happens When Universities Become Businesses?" (Research Corporation Annual Report, 1997), p. 9.
54. Richard A. Davidson, "Source of Funding and Outcome of Clinical Trials," *Journal of General Internal Medicine*, vol. 12, no. 3 (May-June 1986), pp. 155-158. Quoted in Crossen, p. 169.
55. P. A. Rochon, J. H. Gurwitz, R. W. Simms, P. R. Fortin, D. T Felson, K. L. Minaker, et al., "A Study of Manufacturer-Supported Trials of Nonsteroidal Anti-inflammatory Drugs in the Treatment of Arthritis," *Archives of Internal Medicine*, vol. 154, no. 2 (January 24, 1994), pp. 157-163.
56. Mildred K. Cho and Lisa A. Bero, "The Quality of Drug Studies Published in Symposium Proceedings," *Annals of Internal Medicine*, vol. 124, no. 5 (3/1/96), pp. 485-489.
57. Henry Thomas Stelfox et al., "Conflict of Interest in the Debate over Calcium-Channel Antagonists," *New England Journal of Medicine*, vol. 338, no. 2 (January 8, 1998), pp. 101-106.
58. M. Friedberg, B. Saffran, T. J. Stinson, W. Nelson, and C. L. Bennett, "Evaluation of Conflict of Interest in Economic Analyses of New Drugs Used in Oncology," *Journal of the American Medical Association*, vol. 282, no. 15 (October 20, 1999), pp. 1453-1457.
59. Dan Fagin and Marianne Lavelle, *Toxic Deception* (Secaucus, NJ: Birch Lane Press, 1996), pp. 51-52.
60. Neil D. Rosenberg, "Love Makes the World Go 'Round, and Cologne May Offer Some Help," *Milwaukee Journal Sentinel*, May 11, 1998, p. 1.

9장

1. Peter Huber, Galileo's Revenge: Junk Science in the Courtroom (New York, NY: Basic Books, 1991), pp. 2, 3.
2. Ibid., p. 33.
3. Memorandum from William M. H. Hammett, President, Manhattan Institute for Policy Research, to All Civil Justice Contacts, January 7, 1987. Quoted in Kenneth J. Chesebro, "Galileo's Report:

Peter Huber's Junk Scholarship," *The American University Law Review*, vol. 42, no. 4 (Summer 1993).

4. Marc Galanter, "Pick a Number, Any Number," *Am. Law*, April 1992, p. 84. Quoted in Chesebro, p. 1655.

5. Colin Stokes, "RJR's Support of Biomedical Research," 1981, Bates nos. 503082904-503082915.

6. Peter Montague, "How They Lie, Pt. 3: The Alar Story," *Rachel's Environment & Helth Weekly*, nos. 530-534 (January 23-February 20, 1997).

7. Ibid.

8. Howard Kurtz, "Dr. Whelan's Media Operation," *Columbia Journalism Review*, March/April 1990.

9. Ibid.

10. Janet Key, "Seeds of Debate Over Food Safety," *Chicago Tribune*, March 19, 1989.

11. H. S. Diehl, *Tobacco and Your Health: The Smoking Controversy* (1969), p. 1.

12. Memo from Tobacco Institute vice president Fred Panzer to president Horace Kornegay, May 1, 1972. Cited in Richard W. Pollay, "Propaganda, Puffing and the Public Interest," *Public Relations Review*, vol. XVI, no. 3, Fall 1990, p. 50.

13. Mike Moore, Attorney General, State of Mississippi in lawsuit filed on May 23, 1994.

14. Scott M. Cutlip, "The Tobacco Wars: A Matter of Public Relations Ethics," *Journal of Corporate Public Relations*, vol. 3 (1992-1993), p. 28.

15. Scott M. Cutlip, *The Unseen Power: Public Relations: A History* (Hillsdale, NJ: Lawrence Erlbaum associates, 1994), p. 488.

16. Pollay, pp. 45-49.

17. Cutlip, The Unseen Power, p. 501.

18. Ibid.

19. Speech by Ellen Merlo to the Philip Morris USA vendor conference, January 25, 1994, Bates nos. 2024007050-2024007066.

20. Corporate Affairs 1994 Budget Presentation, October 21, 1993 (overhead slides), Bates nos. 2046847121-2046847137.

21. Covington and Burling (London), Report on the European Consultancy Program, March 1990, Bates nos. 2500048956-2500048969.

22. Ibid.

23. Ibid.
24. For information about the institute's pro-tobacco bias, see R. G. Dunlop, "Lawmakers Refuse Close Look at Institute," *Courier-Journal* (Louisville, KY), July 31, 1996, p. 4A.
25. "Study's Tobacco Funding Hidden by School," *Austin American-Statesman*, November 16, 1997, p. B5.
26. Letter from Carrey Carruthers to Gary L. Huber, May 21, 1993, Bates nos. 2024233657-2024233658.
27. Letter from Gary L. Huber to Anthony J. Andrade, September 27. 1993, Bates no. 2024233656.
28. Proposal for the Organization of the Whitecoat Project, 1988, Bates nos. 2501474262-2501474265.
29. Corporate Affairs 1994 Budget Presentation, October 21, 1993, Bates nos. 2045521070-2045521111.
30. Craig L. Fuller, February Monthly Report to Michael A. Miles (Philip Morris Interoffice Correspondence), March 17, 1994, Bates nos. 2041424310-2041424316.
31. Task Force Review off Y&R ETS Materials, p. 1, Bates no. 2025835738.
32. Ellen Merlo, letter and contract to Margery Kraus, March 3, 1993, Bates nos. 2045930469-2045930472.
33. Victor Han, "Re: Burson/ETS," memo to Ellen Merlo, February 22, 1993, Bates nos. 2023920035-2023920040.
34. Ellen Merlo, Philip Morris Interoffice Correspondence, February 19, 1993, Bates nos. 2021252097-2021252110.
35. Letter from Margery Kraus to Vic Han, September 23, 1993, Bates nos. 2024233677-2024233682.
36. APCO Associates, "Revised Plan for the Public Launching of TASSC (Through 1993)," October 15, 1993, Bates nos. 2045930493-2045930504.
37. Jack Lenzi, "Re: TASSC Update," note to Ellen Merlo, November 15, 1993, Bates no. 2024233664.
38. Consumer Issues Program, Draft I., Bates nos. 2046039179-2046039194.
39. "National Watchdog Organization Launched to Fight Unsound Science Comes to Texas" (news release), December 3, 1993, Bates nos. 2046988980-2046988982.
40. Garry Carruthers and Donald Stedman, interview with KWMX 107.8-FM, "Mile High Magazine," Denver, CO, November 21, 1993 Bates nos. 2046988927-2046988943.
41. "Science: A Tool, Not a Weapon," Draft Advertorial #1, 1993, Bates nos. 2023332314-2023332316.

42. 1994 Communications Plan, Bates nos. 2023918833-2023918852. See also Ellen Merlo, "Re: TASSC," memo to Matthew Winokur, April 29, 1994, Bates no. 2024233594.

43. Scientists for Sound Public Policy: Assessment project and Symposium (slide presentation), Burson-Marsteller, Bates nos. 2028363773-2028363791.

44. Jim Lindheim, "Scientist Group in Europe," memorandum to David Greenberg and Matt Winokur, April 18, 1994, Bates nos. 2025493128-2025493129.

45. Margery Kraus, "Re: Sound Science/Lindheim Meeting/Next Steps," memorandum to David Greenberg and Matt Winoker, April 26, 1994, Bates nos. 2025493192-2025493194.

46. Tom Hockaday and Neal Cohen, "Re: Thoughts on TASSC Europe," memorandum to Matthew Winokur, March 25, 1994, Bates nos. 2024233595-2024233602.

47. Elizabeth M. Whelan, "Chemicals and Cancerphobia," *Society*, March/April 1981, p. 7. Cited in Stephen Hilgartner, "The Political Language of Risk: Defining Occupational Health," in Dorothy Nelkin, ed., *The Language of Risk: conflicting Perspectives on Occupational Health* (Beverly Hills, CA: Sage), pp. 25-65.

48. *Daily Messenger*, Canandauigua, NY, December 8, 1997.

49. *Scranton Times*, Scranton, PA, September 12, 1997.

50. *Wall Street Journal*, August 26, 1997.

51. *Record*, Troy, NY, September 13, 1997.

52. *Orange County Register*, July 14, 1997.

53. *Washington Times*, June 18, 1997.

54. *Intelligencer*, Wheeling, WV, January 16, 1998.

55. *Agri-News*, Billings, MT, January 2, 1998.

56. *San Mateo County Times*, San Mateo, CA, August 1, 1997.

57. *Houston Chronicle*, Houston, TX, December 14, 1997.

58. Frederick Stare, letter to H. R. R. Wakeham, December 5, 1980, Bates nos. 1000283163-1000283164.

59. R. H. H. Wakeham, memorandum, January 5, 1981, Bates nos. 1000283166-1000283167.

60. Jane Fritsch, "Sometimes Lobbyists Strive to Keep Public in the Dark," *New York Times*, March 19, 1996.

61. "TASSC Names Executive Director" (news release), *PR Newswire*, March 3, 1997.
62. New Project (1993), Bates nos. 2046662829-2046662837.
63. J. Boland and T. Borelli, "Monthly Budget Supplement Re: ETS/OSHA Federal Activities" (Philip Morris Interoffice Correspondence, February 17, 1993, Bates nos. 2046597149-2046597150.
64. Barry Meier, "Tobacco Industry, Conciliatory in U.S., Goes on the Attack in the Third World," *New York Times*, January 18, 1998, section 1, p. 14.
65. Elizabeth Whelan, "Secondhand Facts?" (letter to the editor), *National Review*, July 28, 1997.
66. "Heritage, Brookings Get Top Rankings," *O'Dwyer's Washington Report*, vol. 9, no. 17, August 23, 1999, p. 4.
67. "Junk Science Makes Junk Law" (*New York times* advertisement), Washington Legal foundation, February 10, 1997.
68. "Tobacco Strategy" Bates nos. 2022887066-2022887072.
69. Neal Smith, "Organic Foods Can Make You Sick," *Des Moines Register*, March 12, 1999.
70. The Human Cost of Regulation: Reframing the Debate on Risk Management, Competitive Enterprise Institute, 1994, Bates nos. 2047099454-2047099464.
71. Thomas Borelli, "February Activity Report," Philip Morris Interoffice Correspondence to Jim Botticelli, February 1, 1994, Bates nos. 2046585282-2046585283.
72. Karen Anderson, "One Man's Demented Vision Becomes a Nation's Nightmare," *the Deweese Report*, vol. 3, no. 12 (December 1997), p. 1.
73. Ellen Merlo, "Burson/ETS," memo to Victor Han, February 22, 1993, Bates nos. 2023920035-2023920040.
74. Holcomb B. Noble, "Hailed as a Surgeon General, Koop Criticized on Web Ethics," *New York Times*, September 4, 1999.
75. Holcomb B. Noble, "Koop Criticized for Role in Warning on Hospital Gloves," *New York Times*, October 29, 1999.
76. Ibid.
77. Marcy Gordon, "Koop Criticized for Contract," *AP Online*, October 29, 1999.
78. Alexander Holtzman, "Fred Seitz," Philip Morris Interoffice Correspondence to Bill Murray, August 31, 1989, Bates no. 2023266534.

79. Steve Young, "Tobacco Giant Questions EPA Study on Secondhand Smoke," *CNN's Moneyline* (transcript #930-3), June 24, 1993.

80. Multinational Business Services, Inc., Invoice #SPPM-0693 to Steven Parrish, Vice President and General Counsel of Philip Morris USA, June 1993, Bates nos. 2023593676-2023593579.

81. Craig L. Fuller, February Monthly Report to Michael A. Miles (Philip Morris Interoffice Correspondence), March 17, 1994, Bates nos. 2041424310-2041424316.

82. Edward S. Herman, *The Myth of the Liberal Media: An Edward Herman Reader* (New York: Peter Lang Publishing Inc., 2000), p. 235.

83. Ruth Conniff, "Warning Feminism Is Hazardous to Your Health," *The Progressive*, vol. 61, no. 4 (April 1997), p. 33.

84. Huber, pp. 175, 187, 213.

85. Tom Holt, "Could Lawsuits be the Cure for Junk Science?" *Priorities* (American Council on Science and Health), vol. 7, no. 2 (1995).

86. Flier circulated by Ohio Farm Bureau during 1996 lobbying for Ohio's agricultural product disparagement law.

87. Holt, "Could Lawsuits Be the Cure for Junk Science?"

88. "ACSH Web Briefs," *News from ACSH*, vol. 8, no. 1 (2000), p. 7.

89. Francis Koschier, "Humpty Dumpty Sat on a Wall" (ACSH editorial), <http://www.acsh.org/press/editorlais/ice__cream111099.html>, (July 25, 2000).

90. "ACSH Web Briefs."

91. Tobacco Strategy, March 1994, Bates nos. 2022887066-2022887072.

92. Dave Zweifel, "Media Snookered by Prof's Cancer Report," *Capital Times* (Madison, WI), June 8, 1992, p. 6A.

93. Elizabeth Whelan, "Cigarettes and Blurred Vision Among 'Right' Minded People," Priorities (American Council on Science and Health), vol. 6, no. 3, 1994.

10장

1. Ross Gelbspan, *The Heat Is On: The Climate Crisis, the Coverup, the Prescription*(Cambridge, MA: Perseud Books), p.154

2. Quoted in Joseph L. Bast, Peter J. Hill, and Richard C. Rue, *Eco-Sanity: A Common Sense Guide to Environmentalism* (Lanham, MD: Madison Books, 1994), p. 53.

3. Bernhard Stauffer, "Climate Change: Cornucopia of Ice Core Results," Nature 399:6735 (June 3, 1999), p. 412. See also Rick Callahan, "Humans Changing Climate," *Associated Press*, June 7, 1999.

4. Peter D. Ewins and D. James Baker, Open Letter, December 22, 1999.

5. Ross Gelbspan, *The Heat Is On: The High Stakes Battle Over Earth's Threatened Climate* (Reading, MA: Addison-Wesley Publishing Co., Inc., 1997), p. 155.

6. Ibld., pp. 154-155.

7. Lobbying Spending By Industry, 1998 data, Center for Responsive Politics <http://www.openscerets.org/lobbyists/98industry.htm>, (July 25, 2000).

8. Philip Lesly, "Coping with Opposition Groups," *Public Relations Review*, vol. 18, no. 4 (1992), pp. 325-334.

9. "Inside Track: Sowing Seeds of Doubt in the Greenhouse," Greenwire, June 20, 1991. Also, Sheila Kaplan, "Cold facts," *Legal Times*, July 1, 1991, p. 5.

10. Peter Montague, "Ignorance is Strength," *Rachel's Environment and Health Weekly*, no. 467, November 9, 1995.

11. Sharon Beder, *Global Spin: The Corporate Assault on Environmentalism* (White River Junction, VT: Chelsea Green Publishing Co., 1997), p. 94.

12. Gelbspan, p. 40.

13. World Scientists' Call for Action at the Kyoto Climate Summit, 1997.

14. David Oilnger, "Cool to the Warnings of Global Warming's Dangers," *St. Petersburg Times*, July 25, 1996.

15. Hans Bulow and Poul-Eric Heilburth, "The Energy Conspiracy" (video documentary), Filmakers Library, 124 East 40th Street, New York, NY 10016.

16. Danish Broadcastlng Corporation (DRI) report, cited in Christian Jensen, "Re: Fred Singer's Comment on Trenberth's Article," *naturalSCIENCE*, February 11, 1998, <http://naturalsclence.com/ns/letters/ns_let08.html>.

17. Arthur B. Robinson, Sallie L. Baliunas, Willie Soon, and Zachary W. Robinson, "Environmental Effects of Increased Atmospheric Carbon Dioxide," George C. Marshall Institute, April 1998.

18. "Overview—Oregon Institute of Science and Medicine," <http://www.oism.ors/>, (June 15, 1998).
19. Cresson Kearny, *Nuclear War Survival Skills*, Chapter 1, <http://www.oism.org/nwss/s73p912.htm>, (June 15, 1998).
20. Ross Gelbspan, "Putting the Globe at Risk," *The Nation*, November 30, 1998, p. 20.
21. David Malakoff, "Advocacy Mailing Draws Fire," *Science*, April 10, 1998, p. 195.
22. David Helvarg, "The Greenhause Spin," *The Nation*, December 16, 1996, p. 21.
23. Malakoff, *Science*, April 10, 1998, p. 195.
24. "Top Scientist Denies Threat of Global Warming," *Vancouver Sun*, June 3, 1998, p. B2.
25. "Climate Change III: Academy Slams Skeptics' Petition," *National Journal's Daily Energy Briefing*, April 22, 1998.
26. Al Kamen, "A Chair for the Fallen," *Washington Post*, May 1, 1998, p. A13.
27. William K. Stevens, "Science Academy Disputes Attack on Global Warming," *New York Times*, p. A20.
28. Jake Thompson, "Spice Girl on Petition Hagel Touted," *Omaha World-Herald*, May 1, 1998, p. 12.
29. Ross Gelbspan, "Potting the Globe at Risk," *The Nation*, November 30, 1998, p. 20.
30. John H. Cushman, Jr., "Industrial Group Plans to Battle Climate Treaty," *New York Times*, April 26, 1998, p. 1.
31. "A Misinformation Campaign," *St. Louis Post-Dispatch*, April 23, 1998, p. B6.
32. Sharon Beder, Paul Brown and John Vidal, "Environment: Who Killed Kyoto?" *The Guardian* (London), October 29, 1997, p. 4.
33. "Panel Says Global Warming Is 'Real,'" *Business Wire*, June 13, 2000. See also Patrick Connole, "Global Warming Real and Worsening," *Reuters Online Service*, January 13, 2000.
34. National Oceanic and Atmospheric Administration, "1998 Warmest Year on Record, NOAA Announces," <http://www.publicaffairs.noaa.gov/releases99/jan99/noaa991.html>, (July 25, 2000).
35. Seth Borenstein, "Experts Give Dire Warning About Changing Climate," Knight Ridder Newspapers, February 21, 2000.
36. The URLs are: www.greeningearthsociety.org, www.nhes.org, and www.co2science.org.
37. The URL is: www.globalwarmingcost.org

11장

1. Thomas Jefferson, *Writings* (New York, NY: Library of America, 1984), p. 493.
2. Stanley Milgram, *Obedience to Authority* (New York: Harper & Row, 1974), p. 20.
3. Donald Naftulin, John E. Ware, Jr., and Frank A. Donnelly, "The Doctor Fox Lecture: A Paradigm of Education Seduction," *Journal of Medical Education* 48 (1973): 630-636, p. 631.
4. Jathon Sapsford, Peter A. McKay, Mitchell Pacelle, and Bill Spindle, "Armstrong's Visions of Business Glory Collapse in Securities-Fraud Indictment," *Wall Street Journal*, September 15, 1999, pp. C1, C11.
5. Judy Treichel and Steve Frishman, "Sandman's Cagey Tactics," *PR Watch*, vol. 6, no. 2 (second quarter 1999).
6. *Life*, November 20, 1970, p 586, quoted in Theodor Roszak, The Cult of Information: A Neo-Luddite Treatise on High-Tech, Artificial Intelligence, and the True Art of Thinking (Berkeley, CA: University or California Press, 1994), p. 122.
7. Jeff Stier, "Flagging for Bias' Can Unfairly Taint Studies," *Wall Street Journal*, F, February 17, 1999.
8. Elizabeth Whelan, open letter to Ned Groth, August 16, 1999, <http://www.acsh.org/press/editorials/reply081699.html>, (July 21, 2000).
9. "Lobbyist Spending by Industry" (1998), Center for Responsive Politics, <http://www.opensecrets.org/lobbyists/98industry.htm>, (July 25, 2000).
10. Consumer Issues Program, Draft I. Bates nos. 2046039179-2046039194.
11. For details and further examples, see Carl Pope, "Going to Extremes: Antienvironmental Groups Hide Their Extremism," *Sierra*, vol. 80, no. 5 (1995), p. 14.
12. Joel Achenbach, "Putting All the X in One Basket," *Washington Post*, April 27, 1994, p. B1.
13. Tom Brazaitis, "Big Think Tanks Lead the Charge in Washington," *The Plain Dealer* (Cleveland), December 19, 1999, p. 1A. See also David Callahan, "$1 Billion for Ideas: Conservative Think Tanks in the 1990s," National Committee for Responsive Philanthropy, March 1999.
14. See, for example, Eric Nagourney, "Recipe for Health: Shaken, Not Stirred," New York Times, December 21, 1999, p. F8; and Lee Bowman, "Martini Recipe for Good Health?" *Houston Chronicle*, December 17, 1999, p. 32.
15. Richard E. Sclove and Madeleine L. Scammell, "Community-based Research in the United States"

(summary), *Loka Alert* vol. 5, no. 4 (August 2, 1998).

16. John Doble and Amy Richardson, "You Don't Have to be a Rocket Scientist," *Technology Review*, vol. 95, no. 1 (January 1992), p. 51.

17. "Tackling the Question of Science Literacy," Education Report, Australian Broadcasting Corporation, April 17, 1996.

18. Terri Swearingen, speech upon acceptance of the Goldman Environmental Prize, San Francisco, CA, April 14, 1997.

19. Jake Tapper, "The Town that Haunts Al Gore," *Salon*, April 26, 2000.

20. Terri Swearingen, Goldman Environmental Prize speech.

21. Ibid.

찾아보기

【ㄱ】

거래개선협회(Better Business Bureau) 429
건전경제를지지하는시민들(Citizens for a Sound Economy) 340 394 399
건전과학진보연대(The Advancement of Sound Science Coalition; TASSC) 102 ……
경자유전프로젝트(Land Stewardship Project) 190
경쟁기업연구소(Competitive Enterprise Institute; CEI) 201 325 364, 378 380
고형폐기물해결위원회(Council for Solid Waste Solutions) 440
공공의제재단(Public Agenda Foundation) 447
공기위생재단(Air Hygiene Foundation; AHF) 115 116 117 120 129
공보위원회(Public Affairs Council; PAC) 34, 354
공업화학협회(Manufacturing Chemists' Association) 349
공익과학센터(Center for Science in the Public Interest; CSPI) 99 100 101 102 103 104, 376 377
과세정의를염원하는시민들(Citizens for Tax Justice) 340
과학및환경정책프로젝트(Science & Environmental Policy Project; SEPP) 393 397 440

광산안전및보건청(Mine Safety and Health Administration; MSHA) 122
국립연구위원회(National Research Council) 282
국립직업안전및보건연구소(National Institute for Occupational Safety and Health; NIOSH) 117 120 121
국제과학연대위원회(International Committee of Scientific Unions) 386
국제기업홍보가협회(International Association of Business Communicators) 47
국제기후변화연합(International Climate Change Partnership) 394,
국제납아연연구조직(International Lead Zinc Research Organization) 138
국제상공회의소(International Chamber of Commerce) 394,
국제식품정보위원회(International Food Information Council; IFIC) 80 235 236 81 82 83
국제식품첨가물위원회(International Food Additives Council) 355
국제암연구국(International Agency for Research on Cancer) 324
국제유방암예방연구협력단체(International Breast Cancer Prevention Collaborative Research

찾아보기 497

Group) 204

국제자치공동체(Sovereignty International) 394, 395

국제종자거래연맹(International Seed Trade Federation) 230

국제현명한일광욕네트워크(International Smart Tan Network; ISTN) 314

규제정책연구소(Institute for Regulatory Policy; IRP) 356

규제정책이미치는영향분석프로젝트(Regulatory Impact Analysis Project, Inc.) 357

규토안전협회(Silica Safety Association; SSA) 120, 121

규토연합(Silica Coalition) 122

기후변화행동계획안(Climate Change Action Plan) 408

기후위원회(Climate Council) 394

길랭-바레증후군(Guillain-Barré Syndrome) 317

깨끗한공기향상재단(Foundation for Clean Air Progress) 440

깨끗한물법령(Clean Water Act) 212

【ㄴ】

남아프리카연대(Coalition on Southern Africa; COSA) 189

납산업협회(Lead Industry Association) 136, 141

네이더/시민 행동(Nader/Citizen Action) 378

넥시스(NEXIS) 뉴스 데이터베이스 325

농산물품질센터(Center for Produce Quality) 325

농업생산물결함법률(agricultural product disparagement law) 373

농촌문제센터(Center for Rural Affairs) 190

뇌물반대시민독립동맹(Citizens Independent Anti-Boodle League) 50

뉴트라스위트(NutraSweet) 80, 97, 98, 295, 349

【ㄷ】

담배산업연구위원회(Tobacco Industry Research Committee; TIRC) 328, 329, 330

담배연구소(Tobacco Institute) 327, 330

담배연구협의회(Council for Tobacco Research; CTR) 328, 330

대중의 참여를 막는 전략적 소송(strategic lawsuit against public participation; SLAPP) 374, 457

더나은음식연합(Alliance for Better Foods; ABF) 270

독극물노출에항의하는시민들(Citizens Against

498 거짓 나침반

Toxic Exposure) 450

독립여성포럼(Independent Women's Forum; IWF) 213

독립연구소(Independent Institute) 18, 19, 20, 21, 22, 24,

독일석탄협회(Germany Coal Association) 392

DDT 127, 179, 194, 195, 198, 199, 201, 205, 206, 325, 351

DES 195, 198

딜렌슈나이더 그룹(Dilenschneider Group) 22

【ㄹ】

라이언스 래비 니켈 스위프트(Lyons Lavey Nickel Swift) 350

라이증후군(Reyes Syndrome) 317

라틴 아메리카 및 카리브해 외교국(Office of Public Diplomacy for Latin America and the Caribbean) 44,

로렌스리버모어국립연구소(Lawrence Livermore National Laboratory) 348

로웻연구소(Rowett Research Institute) 218, 221, 222, 224, 225, 227, 228, 229, 232, 252, 259

로카연구소(Loka Institute) 44, 45, 46

록펠러재단(Rockefeller Foundation) 46

루빈스틴 어소시에이츠(Rubenstein Associates) 166

루이지애나화학협회(Louisiana Chemical Association) 348

리셍코(Lysenko) 학설 293

【ㅁ】

맥주연구소(Beer Institute) 28, 378

맨해튼공공정책연구소(Manhattan Institute for Public Policy Research) 319

멀티내셔널 비즈니스 서비스(Multinational Business Services) 356, 371

메들린 데이터베이스(Medline database) 272

메리리놀즈밥콕재단(Mary Reynolds Bobcock Foundation) 377

멜론연구소(Mellon Institute) 114, 115

미관리예산국(U.S. Office of Management and Budget) 356

미국간호사협회(American Nurses Association; ANA) 369

미국과학건강위원회(American Council on Science and Health; ACSH) 201 ……

미국과학진보협회(American Association for the Advancement of Science) 304, 342

미국광산국(U.S. Bureau of Mines) 133

미국국립대양대기국(U.S. National Oceanic and Atmospheric Administration; NOAA) 385 410
미국기상학회(American Meteorological Society) 376
미국기업연구소(American Enterprise Institute) 101
미국기업인원탁회의(Business Roundtable) 355
미국농업사무국연맹(American Farm Bureau Federation) 236 270
미국농작물보호협회(American Crop Protection Association) 355
미국당뇨병협회(American Diabetes Association) 27
미국물절약연구소(U.S. Water Conservation Laboratory) 391
미국산업보건협회(American Industrial Health Council) 351
미국삼림및종이협회(American Forest & Paper Association) 388
미국석유연구소(American Petroleum Institute; API) 124 355 357 365 388 389 394 406 412
미국소아과학회(American Academy of Pediatrics) 176 322

미국식료품제조업협회(Grocery Manufacturers of America; GMA) 236 261 265 270
미국식품의약국(FDA) 39 101 186 239 243 251 255 256 378 379
미국심장협회(American Heart Association; AHA) 26 330 333
미국아스피린재단(Aspirin Foundation of America) 350
미국안전기사협회(American Society of Safety Engineers) 121
미국암통제협회(American Society for the Control of Cancer) 329
미국암협회(American Cancer Society) 27 276 329 330 333 357
미국에너지연대(American Energy Alliance) 394
미국영양학협회(American Dietetic Association; ADA) 236
미국자동차제조업협회(American Automobile Manufacturers Association) 351 355 357 388 412
미국정책센터(American Policy Center; APC) 366 367 376
미국지구물리학협회(American Geophysical Union) 376
미국토지권리협회(American Land Rights

Association) 395
미국폐협회(American Lung Association) 27
330 333
미국홍보협회(Public Relations Society of America;
PRSA) 46 47 167
미국화학협회(American Chemical Society) 213
미디어 조작 산업 복합체(media-spindustrial
complex) 88
미시시피 주 대 담배 카르텔(State of Mississippi
vs. the Tobacco Cartel) 사건 328
미연방연구윤리국(Office of Research Integrity)
140
미주리주농업위기대응센터(Missouri Rural Crisis
Center) 190
미항공우주국(National Aeronautics and Space
Administration; NASA) 295 164

【ㅂ】
바실루스 투링기엔시스(bacillus thuringiensis)
249 250 266 267 268
베르너, 리퍼트, 베른하르트, 맥퍼슨 앤 핸드
(Verner, Liipfert, Bernhard, McPherson & Hand)
23
보너 앤 어소시에이츠(Bonner & Associates)
414

보도의공정성및정확성(Fairness & Accuracy In
Reporting; FAIR) 480
북대서양파리위원회(Paris Commission on the
North Atlantic) 200
북미단열재제조업협회(North American Insulation
Manufacturers Association) 351
빅토리아 청서(Victorian Blue Book) 58

【ㅅ】
사회문제연구센터(Social Issues Research Center;
SIRC) 25 26
산성비의현명한통제를지지하는시민들(Citizens for Sensible Control of Acid Rain) 440
산업연구소(Industrial Research Institute) 353
샌드윅 퍼블릭 어페어스(Shandwick Public
Affairs) 395
생명공학및생명과학연구위원회(Biotechnology and Biological Sciences Research Council) 259
생명공학산업기구(Biotechnology Industry Organization) 244 260 267 270
생명공학종사자연구그룹(Biotechnology
Stewardship Research Group) 267
서민동원노력(grassroots mobilization effort) 414
서부에너지협회(Western Fuels Association; WFA)
391 392 413 414

찾아보기 501

석면폐(asbestosis) 124, 125
선전분석연구소(Institute for Propaganda Analysis; IPA) 69, 419, 420, 421, 422, 423, 426
셀레브러티 포커스(Celebrity Focus) 43, 44
설탕협회(Sugar Association) 236, 349
세계기상협회(World Meteorological Association) 410
세계무역기구(WTO) 237
세금재단(Tax Foundation) 340
세이프웨이(Safeway) 245, 246
세인스베리(Sainsbury) 246
세제개혁을지지하는미국인들(Americans for Tax Reform) 340
소 성장 호르몬(rBGH) 180, 186, 190, 191, 234, 235, 237, 238, 239, 240, 244, 346, 364
소 케톤증(bovine ketosis) 281
소비자에어로졸제품위원회(Consumer Aerosol Products Council) 351
소비자제품안전위원회(Consumer Product Safety Commission) 28
슈크, 하디 앤 베이컨(Shook, Hardy and Bacon) 337, 339, 370
슬로언-케터링 암 연구소(Sloan-Kettering Institute for Cancer Research) 134
시에라클럽(Sierra Club) 151

식품마케팅연구소(Food Marketing Institute) 236
식품폄훼법(food disparagement law) 236
신용연구센터(Credit Research Center) 25

【ㅇ】
아동납중독종식연합(Alliance to End Childhood Lead Poisoning) 136
언론중재위원회(Press Complaints Commission) 26
언리미티드 퍼블릭 릴레이션스(Unlimited Public Relations) 29
에디슨전기연구소(Edison Electric Institute) 355, 391, 392, 394
에이전트 오렌지(Agent Orange) 195, 234, 351, 449
엑손 발데즈 호(Exxon Valdez) 165, 168, 169
L-트립토판 253, 254, 255, 256
여성경제및개발조직(Women's Economic and Development Organization; WEDO) 192, 203
여성유권자연합(League of Women Voters) 213
염소화학위원회(Chlorine Chemical Council; CCC) 177, 184, 187, 192, 195, 197, 202, 203, 208, 210, 211, 212, 215, 355, 395
염화불화탄소(CFC) 179, 348

영국기상청(British Meteorological Office) 385
영국화학산업협회(BSCI) 11
영양조정센터(Nestlé Coordination Center for Nutrition; NCCN) 189
오대호국제공동위원회(International Joint Commission on the Great Lakes; IJC) 199
오리건주과학및의학연구소(Oregon Institute of Science and Medicine; OISM) 401 402 405 406 413
오스트레일리아공보연구소(Australia's Institute for Public Affairs) 400
오염에반대하는어머니들(Mothers Opposing Pollution; MOP) 28 29
O157:H7 363
오크리지국립연구소(Oak Ridge National Laboratory) 296
온도연구재단(Temperature Research Foundation) 69
올레스트라(Olestra) 99 101 235 236 377
올스테이트 보험 기금(Allstate Insurance Fund) 28
우려하는과학자연합(Union of Concerned Scientists; UCS) 398 399
워싱턴법률재단(Washington Legal Foundation; WLF) 362

원자력위원회(Atomic Energy Commission) 295 296 297 434
위험평가유예연대(Coalition for Moratorium on Risk Assessments) 356
윙스프레드 선언문(Wingspread Statemen) 173 178
유럽과학및환경포럼(European Science and Environment Forum) 346
유제품연합(Dairy Coalition) 235 237 238 239
이란/콘트라(Iran/Contra) 게이트 434
이산화탄소와지구변화연구센터(Center for the Study of Carbon Dioxide and Global Change) 414
EOP 그룹(EOP Group) 355 388
인슐린 유사 성장 인자 1(IGF-1) 240

【ㅈ】

자동차선택연합(Coalition for Vehicle Choice; CVC) 395
자본연구센터(Capital Research Center) 378
자연자원보호위원회(Natural Resources Defense Council; NRDC) 323 324 373 377
자연지식의증진을위한왕립학회(Royal Society for the Improvement of Natural Knowledge) 55
전국 독물학 프로그램(National Toxicology

Program; NTP) 175 324,
전국공공정책연구센터(National Center for Public Policy Research; NCPPR) 367 396
전국과학저술가협회(National Association of Science Writers) 434,
전국광산협회(National Mining Association) 355
전국농민연합(National Farmers Union) 190
전국돼지고기생산자협회(National Pork Producers Council; NPPC) 190 191 211
전국물기업협회(National Association of Water Companies) 142
전국부동산업자협회(National Association of Realtors) 142
전국불안센터(National Anxiety Center) 366 405
전국석탄협회(National Coal Association) 389 391
전국식당연합회(National Restaurant Association) 99 100
전국식품가공업자협회(National Food Processors Association) 211 322
전국야생동물연구소(National Wilderness Institute) 440
전국연구위원회(National Research Council) 410
전국옥수수재배농협회(National Corn Growers Association; NCGA) 284, 285
전국제약업협회(National Pharmaceutical Council) 351
전국주정부농무부협회(National Association of State Departments of Agriculture) 235
전국주택건설업자협회(National Association of Home Builders) 142
전국청량음료협회(National Soft Drink Association) 235 349
전국해충구제협회(National Pest Control Association) 348
전국환경정책연구소(National Environmental Policy Institute) 440
전국흡연자연맹(National Smoker's Alliance; NSA) 11 340 341 365
전국흡연자연맹(National Smokers' Alliance) 11 340 341 365
전미공공정책및고등교육센터(National Center for Public Policy and Higher Education) 302
전미과학아카데미(NAS) 280 324, 368 401 402 404, 410
전미과학아카데미농업분과(National Academy of Sciences Council's Board on Agriculture) 249

전미안전한일터연구소(National Safe Workplace Institute) 128
전미정책분석센터(National Center for Policy Analysis) 276
전미제조업협회(National Association of Manufacturers) 388
정부간기후변화위원회(Intergovernmental Panel on Climate Change; IPCC) 385 386 388 409 410
제퍼슨 그룹(Jefferson Group) 211
조지 C. 마샬연구소(George C. Marshall Institute) 408
조직후각연구기금(Olfactory Research Fund) 313
존 애덤스 어소시에이츠(John Adams Associates) 211
종이팩제조업협회(Association of Liquidpaperboard Carton Manufacturers; ALC) 29
중피종(mesothelioma) 317
지구기후변화연구프로그램국립평가조정국(National Assessment Coordination Office of the U.S. Global Climate Change Research Program) 412
지구기후연합(Global Climate Coalition; GCC) 388 389 394, 412
지구기후정보프로젝트(Global Climate Information Project; GCIP) 395
지구녹색화협회(Greening Earth Society) 413
지구의친구들(Friends of the Earth) 264, 390
지역사회자문단(community advisory panels; CAP) 426
직업안전및보건법(Occupational Safety and Health Act; OSHA) 123 138
직업안전및보건청(Occupational Safety and Health Administration; OSHA) 121 122
진보와자유재단(Progress and Freedom Foundation; PFF) 23 378
질병통제센터(Centers for Disease Control) 121 256 357 363

【ㅊ】
찰스 F. 케터링 재단(Charles F. Kettering Foundation) 134, 136
책임있는염화불화탄소정책연합(Alliance for Responsible CFC Policy) 440
치킨리틀 환경보호주의(Chicken Little) 326 381 392

【ㅋ】
카르마 인터내셔널(Carma International) 237
카웨키 버릴코 인더스트리스(Kawecki

Berylco Industries) 116
카토연구소(Cato Institute) 325 360 365 375 378 393
캐드월레이더, 위커샘 앤 태프트(Cadwalader, Wickersham & Taft) 241
캐피톨린/MS&L(Capitoline/MS&L) 235
캘리포니아기술연구소(California Institute of Technology) 136
케머/싱어 어소시에이츠(Kamer/Singer Associates) 95
케첨 커뮤니케이션스(Ketchum Communications) 211 350
케첨 홍보회사(Ketchum PR firm) 165 173 210
케터링응용생리학연구소(Kettering Laboratory of Applied Physiology) 134
켈러 앤 헤크먼(Keller & Heckman) 211
코빙턴 앤 벌링(Covington & Burling) 332 340
코퍼러트 리스폰스 그룹(Corporate Response Group) 165
코흐재단(Koch Foundation) 212
콘솔리데이티드 코울(Consolidated Coal) 117
콜드 스프링 하버 래버러토리(Cold Spring Harbor Laboratory) 196

콤보 펜-펜(combo fen-phen) 285
쿠프재단(Koop Foundation) 368
퀘벡석면광업협회(Quebec Asbestos Mining Association) 124
클래리틴(Claritin) 368
클레어몬트연구소(Claremont Institute) 340
클로팩, 레너드, 셰히터 앤 어소시에이츠(Chlopak, Leonard, Schechter & Associates) 24
클리블랜드병원재단(Cleveland Clinic Foundation) 431
킨지성별,성,재생산연구소(Kinsey Institute for Research in Sex, Gender and Reproduction) 313

【ㅌ】
톡슬린 데이터베이스(Toxline database) 272
통계평가서비스(Statistical Assessment Service; STATS) 214
통상 안전하다고 간주되는(generally regarded as safe; GRAS) 243

【ㅍ】
패턴 보그스(Patton Boggs) 122 394
펜턴 커뮤니케이션스(Fenton Communications) 323 324
프라바콜(Pravachol) 26

프랑켄슈타인 식품(Frankenstein Food) 81 261

프로이트 커뮤니케이션스(Freud Communications) 61

프린스턴경제연구소(Princeton Economic Institute) 418

PCB 127 194, 196 198 199 205 206 233 352

【ㅎ】

하버드위험분석센터(Harvard Center for Risk Analysis) 212

하틀랜드연구소(Heartland Institute) 326 340 365 399

핵에너지연구소(Nuclear Energy Institute) 355

행정명령연대(Coalition for Executive Order) 356

허드슨연구소(Hudson Institute) 362 378

헐 하우스(Hull House) 127

헤리티지 재단(Heritage Foundation) 102 442

호산구증다증근육통증후군(eosinophilia-myalgia syndrome; EMS) 254, 255 256

호손 연구(Hawthorne Studies) 59

화학물질오염에대한대안을찾는시민의모임(Citizens for Alternatives to Chemical Contamination; CACC) 186 187

환경보호기금(Environmental Defense Fund) 147 168

환경연구재단(Environmental Research Foundation; ERF) 398 480

환경옹호및연구정보센터(Clearinghouse on Environmental Advocacy and Research; CLEAR) 367

환경정보위원회(Information Council for the Environment; ICE) 391

찾아보기 507

【작품 찾아보기】

『갈릴레오의 복수: 법정의 쓰레기 과학Galileo's Revenge: Junk Science in the Courtroom』 318 320 372

『결정적 증거: 담배업계는 어떻게 살인을 자행하고도 멀쩡하게 버틸 수 있는가A Smoking Gun: How the Tobacco Industry Gets Away with Murder』 352

『과학에서 올바른 추론을 통해 진리를 밝혀내는 방법에 관한 논설Discourse on the Method of Rightly Conducting the Reason and Seeking the Truth in the Sciences』 279

『과학의 대실책: 과학자들이 때때로 얼마나 그릇될 수 있는가에 관한 간략한 역사Scientific Blunders: A Brief History of How Wrong Scientists Can Sometimes Be』 84

『규제 독물학 및 약리학 저널Journal of Regulatory Toxicology and Pharmacology』 284

『그린 백래시Green Backlash』 148

『근육과 피Muscle and Blood』 110 128

『기술 위험Technological Risk』 160

『내과학 기록Archives of Internal Medicine』 123

『누가 국민에게 말하는가Who Will Tell the People』 90

『뉴스와 숫자: 건강 및 다른 분야에 등장하는 통계적 주장과 분쟁에 대한 보도 지침News and Numbers: A Guide to Reporting Statistical Claims and Controversies in Health and Other Fields』 430

『달려가 불태워라Rush to Burn』 451

『담배: 경고 표시 문구가 당신에게 말해 주지 않는 것Cigarettes: What the Warning Label Doesn't Tell You』 352

『대중 과학Popular Science』 434

『대중의 건강과 환경을 보호하기Protecting Public Health and the Environment』 178

『도둑맞은 미래Our Stolen Future』 200 201 202 358

『독성 폐기물은 여러분에게 좋은 것입니다!Toxic Sludge Is Good for You!』 8 176 186 458

『독점 금지의 역설The Antitrust Paradox』 23

『동의의 주조The Engineering of Consent』 62

『레슬리의 홍보 및 커뮤니케이션 참고서Lesly's Handbook of Public Relations and Communications』 390

『리빙 다운스트림: 생태학자가 바라보는 암과 환경Living Downstream: An Ecologist Looks at Cancer and the Environment』 288, 289
『명성 관리Reputation Management』 170
『미국 대학 법률 논평American University Law Review』 319
『미국의 광우병 소Mad Cow U.S.A.』 9, 230
『사상의 전기Biography of an Idea』 63
『살충제와 플라스틱으로 지구를 구하자Saving the Planet with Pesticides and Plastic』 362
『생태적 온전함Eco-Sanity』 365
『선량한 테러리스트The Good Terrorist』 8
『선전Propaganda』 62, 64, 70
『세계 기후 보고서World Climate Report』 392, 413
『수전 러브 박사의 유방 핸드북Dr. Susan Love's Breast Book』 208
『승자와 패자, 그리고 마이크로소프트: 첨단 기술의 경쟁과 독점 금지Winners, Losers and Microsoft: Competition and Antitrust in High Technology』 18, 19, 20
『시민 행동A Civil Action』 289
『신들에 반대한다Against the Gods』 108
『암 전쟁Cancer Wars』 277
『암의 정치학The Politics of Cancer』 237
『애매한 허튼소리의 정체를 밝힌다Doublespeak Defined』 420
『여론의 구체화Crystallizing Public Opinion』 62
『영양 행동 건강 보고서Nutrition Action Health Letter』 376
『위기에 처한 지구Earth in the Balance』 407
『위험 분석Risk Analysis』 284
『위험에 처한 번식 능력Fertility on the Brink』 192, 193
『의학 평론의 평론Medical Review of Reviews』 67, 68

찾아보기 509

『의학에서 통계를 전달하는 방법: 저자, 편집자, 비평가들을 위한 주석 안내서How to Report Statistics in Medicine: Annotated Guidelines for Authors, Editors, and Reviewers』 431
『이성Reason』 337 379
『전문가의 견해에 호소하기: 권위에 의한 논증Appeal to Expert Opinion: Arguments from Authority』 30
『정신분석 강의Introductory Lectures in Psychoanalysis』 62
『지구가 뜨거워지고 있다The Heat is On』 384, 386
『지적 재산권으로서의 과학Science as Intellectual Property』 299
『최초의 100년The First Hundred Years』 63
『치명적인 먼지Deadly Dust』 117
『침묵의 봄Silent Spring』 194, 389
『타락한 진리: 미국에서 벌어지는 사실의 조작Tainted Truth: The Manipulation of Fact in America』 310
『판도라의 독: 염소, 건강 그리고 새로운 환경 전략Pandora's Poison: Chlorine, Health and a New Environmental Strategy』 198
『핵전쟁 시대의 생존 기술Nuclear War Survival Skills』 402
『허튼소리Doublespeak』 82
『호크스 네스트 사고The Hawk's Nest Incident』 111
『홍보: 정보 조작의 사회사PR: A Social History of Spin』 65
『화학 및 엔지니어링 뉴스Chemical and Engineering News』 210
『환경 과학자 및 경제학자 인명부Directory of Environmental Scientists and Economists』 367
『환경보호국 감시EPA Watch』 366

「내게 과학을 보여 줘! 기업 오염자들과 '쓰레기 과학' 전략Show Me the Science! Corporate Polluters and the 'Junk Science' Strategy」 367

「대기 중의 이산화탄소가 환경에 미치는 영향Environmental Effects of Atmospheric Carbon Dioxide Process, Risk Assessment-Risk Management Issues」 401 408

「맨해튼 보고서Manhattan Report」 319

「미래를 보호하기: 신뢰할 수 있는 과학, 신뢰할 수 있는 결정Safeguarding the Future: Credible Science, Credible Decisions」 366

「의사가 지시하는 것What the Doctor Orders」 379

「화학물질과 암 공포증Chemicals and Cancerphobia」 350

「환경보호국의 업무 과정, 위험 평가-위험 관리 문제들EPA process, Risk Assessment-Risk Management Issues」 284,